Über dieses Buch Unermüdlich und unerschrocken stellt sich Luise Rinser der Auseinandersetzung mit der Welt und den Menschen unserer Tage. Schreiben und Handeln, Reagieren und Agieren sind für sie eins. Diese vierte Fortsetzung ihrer vor bald zwanzig Jahren begonnenen tagebuchartigen Aufzeichnungen enthalten Notizen, Reflexionen, Reden, Impressionen, geschlossene Prosastücke, in denen sich neue Beobachtungen und Erlebnisse niedergeschlagen haben. Sie handeln von Reisen nach Fernost, in den USA und in der DDR, von Friedensdemonstrationen, immer wieder von ihren Friktionen mit der katholischen Amtskirche, von Trauer über verstorbene Weggefährten. Temperamentvoll und charaktervoll bringt Luise Rinser zum Ausdruck, was und wie sie denkt, wie sie in ihrer Sorge um den Menschen, um Natur und Kreatur fühlt. Petra Kelly schrieb in der ›Zeit‹ zu diesem Buch: »Ich kann vielen Menschen dieses Buch empfehlen, besonders denen, die seit vielen, vielen Jahren oft verzweifelt, oft schon sehr müde geworden, immer wieder kämpfen für eine gewaltfreie Zukunft, für ein entmilitarisiertes Europa, für eine atomwaffenfreie Welt, für ein menschliches Miteinander ohne Feindbilder.«

Die Autorin Luise Rinser, Lehrerstochter, 1911 in Pitzling/Oberbayern geboren; 1939 Berufsverbot als Volksschullehrerin; 1941 ihr erstes Buch ›Die gläsernen Ringe‹; Verfolgung und Gefängnis während der NS-Zeit; 1946 ›Gefängnistagebuch‹; 1948 das frühe Meisterwerk ›Jan Lobel aus Warschau‹; danach die Nina-Romane ›Daniela‹, ›Ein Bündel weißer Narzissen‹ und ›Geh fort wenn du kannst‹ – Arbeiten, die den Ruhm der Autorin festigen und erweitern; von nun an in rascher Folge Erzählerisches, Berichtendes und Betrachtendes; 1981 das autobiographische Werk ›Den Wolf umarmen‹ und ›Nordkoreanisches Tagebuch‹, 1982 ›Winterfrühling‹; nach ›Der schwarze Esel‹ (1974) legt Luise Rinser 1983 den Roman ›Mirjam‹ vor, 1985 ›Die Erzählungen‹; zahlreiche Preise und Auszeichnungen, darunter das Bundesverdienstkreuz. Luise Rinser lebt in Rocca die Papa bei Rom.

Die Werke Luise Rinsers sind im S. Fischer Verlag und im Fischer Taschenbuch Verlag lieferbar.

Luise Rinser

Im Dunkeln singen

1982–1985

Fischer Taschenbuch Verlag

Ungekürzte Ausgabe
Veröffentlicht im Fischer Taschenbuch Verlag GmbH,
Frankfurt am Main, Dezember 1988

Lizenzausgabe mit freundlicher Genehmigung des
S. Fischer Verlags GmbH, Frankfurt am Main

Umschlagfoto: Martina Gunkel
Druck und Bindung: Clausen & Bosse, Leck
Printed in Germany
ISBN 3-596-29251-4

Statt eines Vorworts

Das alte Neue

Zu Me-ti sagte ein Schüler: Was du lehrst, ist nicht neu. Dasselbe haben Ka-meh und Mi-en-leh gelehrt und unzählige außer ihnen.
Me-ti antwortete:
Ich lehre es, weil es alt ist, das heißt weil es vergessen werden und als nur für vergangene Zeiten gültig betrachtet werden könnte.
Gibt es nicht ungeheuer viele, für die es ganz neu ist?

Brecht

Es ist schon spät, es wird schon kalt,
Kommst nimmermehr aus diesem Wald.

Eichendorff

1982

Dieser Rebell Goethe. Eben in ›Eckermanns Gesprächen mit Goethe‹ geblättert und sofort eine Szene gefunden, die es mir wert scheint, ins Gedächtnis gerufen zu werden.
Goethe will an der Universität Jena der Bibliothek mehr Raum verschaffen. Es gibt da einen Saal, der geeignet wäre. Aber die Fakultät der Mediziner will ihn nicht freigeben. Man kann auf einmal den Schlüssel zum Saale nicht finden. Da faßt Goethe den Entschluß, sich des Raumes durch das Recht der Eroberung zu bemächtigen: er läßt einen Maurer kommen und sagt ihm, er möge einmal prüfen, wie dick die Saalmauer ist; sie erweist sich als so dünn, daß man leicht eine türgroße Öffnung schlagen kann. Durch diese Öffnung stürzen sich Goethes Bibliothekare in den Raum, und in wenigen Tagen ist der neue Bibliotheksaal eingerichtet.
Das sollte sich heute einer erlauben. Aber Goethe hatte eben alle Vollmachten als »Kultusminister« (so würden wir heute sagen). Er hatte, nach Eckermann, sämtliche Anstalten unter sich, die sich »auf den öffentlichen Unterricht beziehen. Die meisten davon sind seine Schöpfung«.
Wie vertraut klingt aber der Satz: »Ein neuer Erlaß hat die Summen vermindert, über die er verfügen konnte.«
Die nächste Eintragung Eckermanns berichtet von einem Gespräch über den Radikalismus. Goethe sagt: »Da ist der Sömmerings gestorben, kaum elende 75 Jahre alt. Was doch die Menschen für Lumpe sind, daß sie nicht die Courage haben länger auszuhalten als das! Da lobe ich mir meinen Freund Bentham, diesen höchst radikalen Narren; er hält sich gut . . . In seinem Alter so radikal zu sein ist der Gipfel aller Tollheit.«
(Im Philosophie-Lexikon finde ich über Bentham nur seine These, daß das Handeln jedes einzelnen »the greatest possible

quantity of happiness« hervorbringe, und daß das höchste Ziel »das größtmögliche Glück der größtmöglichen Zahl« sei. Was natürlich Sozialismus bedeutet, also »radikal« ist.)

Die Verarmung. Das funktionierte doch vor einigen Jahren noch, das Zauberwort: »Ich mach mirs gemütlich.« Oder: »Ich kaufe mir zum Trost ein neues Kleid, oder Ohrringe.« Oder auch dies: »Der X hat mein neues Buch gelobt.« Oder: »Ich steh auf der Bestseller-Liste.«
Töricht kindische Tröstungen. Gehen nicht mehr. Sichs gemütlich machen, das hieße: sich in eine Sofa-Ecke drücken, leise Musik hören, eine Kerze anzünden, Wein trinken, eine Zigarette rauchen, allein oder mit Freunden, Gleichgestimmten. »Gut sein zu sich selber, sich verwöhnen.« Nein, wirklich: das geht nicht mehr. Die schützende Sofa-Ecke (der Mutterschoß) ist nicht mehr zu finden. Ich sitze im Freien, kein Haus ist mehr da. Nichts »Liebes« ist mehr da, nichts »Heimeliges«. Von harten Tatsachen geht Eises-Kälte aus.
Thomas Mann, der die Welt-Angst kannte, baute um sich eine Mauer aus Schönem: von Seidenwäsche, von gutem Essen, von Lieblingszigarren, von Gelobtwerden, von vielen Besuchern. Nur nicht allein sein, nur nicht ausgesetzt sein. Aber die Angst drang mörderisch durch alle Fugen.
Ich versuche gar nicht mehr, Mauern aufzubauen. Ich liefere mich aus. Nur: was mich bedrängt, ist nicht eigentlich Angst, jedenfalls keine, die meine Existenz beträfe; es ist vielmehr die Angst, daß die Menschheit ihre letzte Chance zur Umkehr verspiele. Meine Angst ist die Angst um die andern, die keine Konsequenz aus ihrer Angst ziehen.

Tag der »Unschuldigen Kinder« (27. Dezember). Was ist eigentlich im Weltenplan mit jenen Kindern aus Betlehem, die der König Herodes hat umbringen lassen, weil er

den vorhergesagten, den gefährlichen Thronfolger unter ihnen vermutete?
Der Eintritt des Christos in der historischen Figur des Jeschua in die Erden-Wirklichkeit begann mit einem Kinder-Massenmord. Unschuldige Kinder unschuldiger Mütter starben. Der Friedensfürst begann sein Erdenleben mit einem Massaker um seinetwillen. Und das soll nötig gewesen sein?
Anders: Das Kommen des großen Lichts entfesselte den Gegner: der Teufel war los. Das strahlende Licht weckte die schwärzeste Tiefe und rief das geballte Böse auf den Plan. In diesen Kindern wollten sie DAS Kind töten.
Dennoch: es ist schrecklich! Wenn ich eine jener Mütter wäre, würde ich Gott fluchen. Im Namen aller Mütter, deren Kinder um eines Glaubens willen ermordet werden.

»Es ist genug.« Im Radio gehört Alban Bergs Violinkonzert mit dem Bach-Choral »Es ist genug«, den er zitiert und zum Thema hat, wenn ich recht verstand. Ein Mensch sagt: »Es ist genug.« Er kann nicht mehr weiter. Hiob am Ende seiner Kraft. Er gibt auf. Bergs Musik, sein Spätwerk, seine allerletzte Arbeit. Sein Abschied von der Welt, genauer gesagt: sein Abschied von allem, was er liebt; sein Abschiedsblick auf die sterbende Kultur, in der es Bach und Mozart und Gott und Sicherheit gab. Aber da, am dunkelsten Punkt, erhebt sich die Musik nocheinmal, überraschend. Da wagt einer einen Aufsprung. Wohin? In die Unsicherheit. Und sieh da: sie trägt!

Wintermärchen mit Folgen. Ein junger Polizist, mit dem ich seit einiger Zeit in Briefwechsel stehe, schickt mir den Zeitungsbericht eines Reporters, dessen Gegenstand er, der Polizist, und eine gute Tat ist, die er sich erlaubte. Als Polizist. Sie war unstatthaft, weil berufswidrig, und trug dem Polizisten die Androhung eines Disziplinar-Verfahrens ein.

Der Tatbestand:
Der Polizist machte mit einem Streifenkollegen die Runde und fand einen halb erfrorenen Obdachlosen im Freien auf der Straße liegen. Es war Dezember, sehr kalt, es ging gegen Weihnachten. Die beiden Polizisten brachten den Mann in ein Obdachlosenheim. Das heißt: sie versuchten, dies zu tun. Man wies sie ab: voll belegt.
Der Mann klagte über starke Herzschmerzen. Die Polizisten brachten ihn ins Krankenhaus. Das heißt: sie versuchten, dies zu tun. Man wies sie ab, zunächst. Schließlich nahm ein zufällig anwesender Arzt den Kranken auf. Er tats auf eigene Verantwortung.
Was die Polizisten dabei vom Herbergsvater, vom Klinikpförtner, von einem Arzt zu hören bekamen, das war so, daß der eine der beiden Polizisten einen empörten Bericht verfaßte und ihn einer Zeitung gab.
Das aber war ein Verstoß gegen den Paragraphen 68 des Landesbeamtengesetzes, der heißt: »Auskünfte zur Unterrichtung der Öffentlichkeit erteilt der Leiter der Behörde oder der von ihm dazu bestimmte Beamte.« Das heißt: kein Polizist ist befugt, menschlich zu fühlen, über Mißstände nachzudenken und sie aufzudecken. Wo käme man da hin, dächten Polizisten nach. Die Behörde aber darf darüber nachdenken und darüber sogar öffentlich schreiben, ob dieser vorwitzige Gesellschaftskritiker kein Disziplinarverfahren bekommen müsse. Statt daß die Behörde froh wäre darüber, daß ein Polizist durch sein Verhalten zeigt, die Polizei sei wirklich »Freund und Helfer der Bürger« und nicht nur Schlägertrupp.
Und das alles geschah zu Weihnachten.
»Es war aber kein Platz in der Herberge . . .«
Ich rate dem Polizisten, das Obdachlosenheim, das Krankenhaus und die Polizeibehörde anzuklagen wegen Unterlassung der Hilfeleistung an Gefährdeten.

Rosenkreuzer. Unter den vielen Drucksachen heute ein Heft ›Der Weg des Rosenkreuzes in unsrer Zeit‹. (Alte esoterische Lehre. Geheimbund, im 17. Jahrhundert entstanden.) Schön zu lesen. Der Atem der großen Erkenntnis. Es fällt mir leicht, beizustimmen, wenn die Rede vom Christus-Geist ist, vom Christus-Strahl, vom kosmischen Christus, vom Zerbrechen (Auf-brechen) des Ich, von der Entwicklung der unsterblichen Persönlichkeit in jedem von uns durch das Sich-Öffnen für den Christus-Geist. Auch die These, daß die Welt sich nicht ändere, außer jeder einzelne wandle sich, ist mir ganz und gar vertraut. Und die, daß der Christus-Geist sich auch in andern Religionen manifestiert habe. Auch die grundsätzliche Ablehnung von Institutionalisation der Religion in »Kirchen«. (Hier fällt mir, wie so oft, die Rede Jesu an die Frau am Jakobsbrunnen ein, diese revolutionärste aller Reden Jesu: »Einst kommt der Tag, da man den Höchsten nicht mehr im Tempel zu Jerusalem anbetet und nicht mehr auf dem Berg Garizim, sondern im Geist und in der Wahrheit.« [Joh. 4, 21–24.])
Aber da steht nun etwas, was mich aufbegehren läßt. »Alle Bestrebungen, durch eine andere Politik oder ein andres Wirtschaftssystem die Macht besser zu verteilen und dadurch zu einer Gesellschaft ohne Zwang und Ausbeutung zu kommen, konnten und können die Verhältnisse nur verlegen, jedoch nicht grundsätzlich ändern. Sie zerschellen an der Egozentrik des Menschen.« Letzteres stimmt. Aber dann wieder: ein Mensch beim geistigen Aufstieg »muß sich zum Geschehen in seiner Umwelt neutral verhalten und . . . keine Aktivität unterstützen, sich aber auch keiner widersetzen . . . Nach wie vor erfüllt er seine Pflichten gegenüber der Gemeinschaft . . .« Ja, schon. Aber: geht er dann zur Wahl-Urne? Wenn nicht: weiß er dann, wem er gerade dadurch seine Stimme gibt oder entzieht? Weiß er, welche Folgen das hat, politische, gesellschaftliche, geistig-seelische?
Nicht-Tun. Lao Tse spricht auch davon.
Jeschuas Wort: Dem Kaiser geben, was des Kaisers ist . . .

Er selbst, der Meister: keine Einmischung in die Politik, keine Gewalt, keine Macht für sich, keine Revolution, das Halten der alten Gebote, das Durchbrechen des Tabu nur um der Liebe willen.
Ja. Schon, schon. Tun, als täte man nicht. Ich begreife. Aber zwischen Mich-selbst und dieses Begreifen schiebt sich jene Wirklichkeit, die mir genau so wirklich ist wie geistige. Mit einem Fuß in der Politik, mit dem andern in dem, was man Esoterik nennt. Noch ist die Dialektik nicht überstiegen. Noch leide ich zu sehr an dieser Erden-Wirklichkeit. Frage: hat nicht Jeschua (Jesus) auch in »zwei Welten« gelebt, sofern er Menschenkind-Gottessohn war? Ist er nicht vielleicht daran zerbrochen? Hat er nicht hochpolitische Reden geführt? War das kein Eingriff, kein Tun?
Wie als Antwort schlägt sich mir, vom Wind oder von selbst aufgeblättert, das Vorsatzblatt meines Tagebüchleins auf. Da steht: Contraria sunt complementa. Wer sagts? Der Physiker Niels Bohr.

Almosengeben. In Martin Bubers ›Chassidischen Legenden‹ beim zufälligen Aufschlagen gefunden: ein Rabbi hatte mit seinen Gemeindevorstehern vereinbart, daß man ihn nur rufe, wenn etwas Neues aufgeführt werde in einer Versammlung. Sie riefen ihn. Aber was ist das Neue? Daß man, statt den Armen das Almosen in die Hand zu geben, es in eine Gemeindebüchse lege. Der Rabbi ist empört: soll das Neues sein? Das tat man schon in Sodom und Gomorra; da hatte man auch wohl eine solche Büchse, in welche die Reichen ihr Almosen legten, um den Armen nicht ins Auge schauen zu müssen.

Die Juden und die Gewalt. Brief einer Leserin aus der ČSSR. Sie erzählt, Gandhi habe 1939 über Martin Buber an die deutschen Juden geschrieben, sie sollen Hitler den gewaltfreien Widerstand entgegensetzen; und Martin Buber habe geantwortet: »Wissen Sie, Mahatma, was ein KZ ist? Ohne Gewalt

kann die vernichtende satanische Walze nicht aufgehalten werden.« Die Juden wagten den Aufstand; im Warschauer Ghetto wagten sie ihn. Sie wurden alle getötet.
Die Briefschreiberin erzählt, sie sei in Lasko auf dem Rest des jüdischen Friedhofs gewesen. Ein junger Mann, Nicht-Jude, der sie begleitete, sagte, es sei ihm unverständlich, daß sich Millionen Juden wie Rinder zum Schlachthof abführen ließen, statt (zumindest) zu flüchten oder auch nur den geringsten Widerstand zu wagen, außer in Warschau.

Der liebe Führer. Ein Leser aus Coburg, meine Generation, schreibt mir über die »Kristallnacht«, 9. November 1938. Dessen Vater, Anti-Nazi, angesehener Geschäftsmann, Christ, fotografierte von seinem eigenen Grundstück aus die brennende Synagoge. Er wurde umgehend von Gestapo-Beamten verhaftet. Das Fotografieren sei verboten. Wieso? Keine Antwort. Vierzehn Tage Gefängnis, zusammen mit jüdischen und auch nicht-jüdischen Bürgern, die ihren Protest gegen den Synagogen-Brand geäußert hatten. Der Sohn dieses Mannes war Augenzeuge, daß die Feuerwehr erst dann zu löschen begann, als die Flammen auf ein nebenstehendes Wohnhaus übergriffen. Er erinnert sich des Kommentars vieler Mitbürger: »Wenn das der Führer wüßte! So etwas tut die Partei ohne sein Wissen.«
Der Führer wußte auch nichts von Auschwitz. Mein Gott. Die Dummheit der Menschen schreit zum Himmel. Der gute Pinochet in Chile weiß nichts von den Foltern, der gute Chon Doo Hwan in Südkorea weiß nichts von den Hunderten von Studenten, die in seinen Kerkern verkommen, der gute Reagan weiß nichts von den Slums in seinem Land . . .

Aus einem Leserbrief zum Frieden. Viel verdanke ich meinen Lesern, den jungen vor allem, so dem jungen Holger Neitz das Zitat Gandhis:

»Wir sind heute erstaunt über die Entdeckungen, die auf dem Felde der Gewalt gemacht werden. Ich halte dafür, daß noch weit traumhaftere und unmöglich erscheinende Entdeckungen gemacht werden können auf dem Felde der Gewaltlosigkeit.«

Der Junge schreibt dazu: »Weshalb gehen wir nicht auf Entdekkungsreise im Bereich zwischenmenschlicher Beziehungen? Wir müssen endlich wagen, zu unserm Gegenüber Vertrauen zu haben.«

Polen. Als Beratungsmitglied der deutsch-polnischen Gesellschaft muß ich antworten auf die Frage, wie wir unsre Arbeit fortführen sollen; es haben sich Divergenzen innerhalb der Gesellschaft ergeben. Ich antworte pflichtgemäß, doch mit großem Widerstreben und Unbehagen. Denn: mit welchem Polen halten wir Verbindung? Heute! Mit dem Polen, das Solidarnosz heißt und das nicht nur Freiheit will, sondern, sich befreiend vom sowjetischen Einfluß, unter jenen des kapitalistischen Westens sich begibt und sich von ihm ideologisch, moralisch, wirtschaftlich unterstützen läßt, vor allem vom antikommunistischen Polenpapst und vom Vatikan! (Wieviel Geld ging von der verkrachten Vatikanbank ›Ambrosiano‹ nicht nur über das ›Opus Dei‹ ins reaktionäre katholische Spanien, sondern vor allem nach Polen!) Oder aber mit dem Polen, das eine sowjetisch regierte Minorität ist? Oder mit einem Polen, das eine realistisch vernünftige Verbindung von Sozialismus und Freiheit will, ein Ziel, das von uns unterstützt werden könnte und müßte, wäre diese Unterstützung nicht wieder gleichbedeutend mit Unterstützung von Solidarnosz, und wäre das nicht wiederum eben eine Einmischung vom Westen her, den Osten provozierend und also die polnische Lage verschärfend.

Keine Einmischung also. Aber Sympathie für dieses seit tausend Jahren von Fremdvölkern gequälte, todesmutige Volk.

Rosa Luxemburg aktuell. Das große Bücherpaket aus der DDR: die gesammelten Werke der Rosa Luxemburg. Ich schlage Band II auf, der mir als erster in die Hand fällt (aus dem Jahr 1911), und die erste Stelle, auf die mein Auge trifft, ist diese:

Deshalb kann auch die Wiederherstellung des polnischen Staats nicht die Aufgabe des polnischen Proletariats sein. Die Arbeiterklasse soll nicht danach streben, neue bürgerliche Staaten und Regierungen aufzubauen, sondern danach, diese *abzuschaffen*, vor allem aber danach, die politischen Freiheiten in den Staaten, in denen sie lebt, möglichst auszubauen. Deshalb erfordert das Arbeiterinteresse nicht, Polen von Rußland abzutrennen, um einen unabhängigen Staat aufzubauen, sondern es erfordert die Abschaffung des Absolutismus in Rußland und Erringung politischer Freiheiten für das polnische und das russische arbeitende Volk.

»Josef«, 19. März. Vorgestern den alten, hervorragenden Film über Sigmund Freud im TV angeschaut, gestern auch noch die Wiederholung. Sehr seltsam, daß die Versuchspatientin Freuds in der Analyse den Namen ihres Vaters nennt, den sie inzestuös liebt: »Josef«. Heute ist Josefs-Tag. Mein Vater hieß auch Josef. Ich habe im ›Wolf‹ eine Selbst-Analyse gewagt. Meine Erinnerung an die Lilien-Geschichte in den ›Gläsernen Ringen‹: die Lilienart heißt ›Josefs-Lilie‹.

Warum kommt mir diese Josefs-Geschichte gerade zum Josefs-Tag zu? Wozu soll sie mich denn führen?

Die Versuchspatientin Freuds beschuldigt ihren Vater der Verführung; die Analyse bringt zutage, daß das Kind den Vater verführen wollte. Um sich dies lang erfolgreich Verdrängte nicht eingestehen zu müssen, schob die Erwachsene die Schuld auf den Vater.

Frage an mich: trifft das bei mir zu? Nein, das nicht; so gewiß nicht. Das Sexuelle wars bei mir nicht. Aber tiefer gegraben: wir schieben alle die Schuld an unserm Versagen, an unserm Leiden, an unseren Sünden auf »die Väter«. Als ob die unser Leben restlos determinierten! Als ob wir gar nichts andres sein könnten, als die manipulierten Kinder unserer Eltern. Wo bleibt denn da die menschliche Freiheit und Würde?

Hätte Freud, hätten alle seine Nachfolger und Interpreten recht, müßte ich eine schwere Neurotikerin geworden sein, beladen mit einem heillosen Minderwertigkeitskomplex und dementsprechend vor dem Leben versagend. »Du bist nichts und wirst nichts«, hatte mein Vater zu mir gesagt. Ich wurde etwas. Ich wurde keine neurotische Versagerin. Trotz aller finstern Prognosen meines Vaters, und nicht einmal aus Trotz gegen sie, sondern aus »Eigenem«. Was aber ist das?

Wo suche ich meine Wurzeln?

Nicht bei den Eltern. Nicht bei »der Gesellschaft«, sondern in mir selbst.

Wer bin ich?

Doch nicht das Zufallsergebnis der Verbindung väterlicher und mütterlicher Gene. Wer hat die Gene so angeordnet, daß »Ich« daraus entstand? Da gabs doch vorher einen Bauplan. Nichts ist Zufall und Willkür. Allem liegen Gesetze zugrunde: dem Bau von Kristallen, der Bahn der Sterne, dem Tanz der Neutronen im Atom. Und für den Menschen soll es kein Baugesetz geben?

Wo liegt es, wer schuf es?

Der Weltgeist, den wir »Gott« nennen. Gewiß.

Aber ich frage nicht so weit zurück. Ich gehe nur auf mich selbst zurück: ich selbst habe mein Schicksal gewählt, ich selbst wählte die Personen aus, die meine Eltern werden sollten, ich selbst mußte die schwierigen Folgen des früheren Daseins tragen, ich selbst durfte die Früchte früherer heißer Bemühungen ernten. »Ich«, jenes Bewußtsein, das Aionen durchläuft, bis es einst die endgültige Heimat findet.

Ich, die Ursache meines So-seins.

Ich, die Folge meiner selbst. Ich, verantwortlich für mich. Ich: weit mehr als die Summe aller Einflüsse.
Es ist freilich viel bequemer, die Väter und Mütter und »die Gesellschaft« verantwortlich zu machen für unser Versagen. Es gehört Einsicht und Mut dazu, sich zu Sich-selbst zu bekennen. Ehe mans kann, muß man das Labyrinth der Selbst-Erfahrung durchschreiten.
Die delphische Inschrift: »Erkenne dich selbst«.
Die Psycho-Analyse als Hilfe dabei, gewiß. Aber: als Freud, der Arzt, seine Versuchspatientin durch die Analyse von einer Lähmungshysterie geheilt hatte, sagte er: »Und jetzt beginnt die Behandlung.« Wie aber? Konnte er das? Ich stelle mir vor, ich sei wegen meiner (nicht klinischen, aber zeitweilig unangenehmen) Depressionen Freuds Patientin geworden. Er hätte keine hysterisch-neurotischen Symptome gefunden. Er hätte aus mir die Verdunkelung meines Lebens durch meinen saturnisch finstern, buckligen Vater nicht herauszufragen gebraucht, ich hätte sie ihm ruhig erzählen und selbst interpretieren können. Und dann? Dann hätte er sagen müssen: Heilen Sie sich selbst, falls das, was Sie erleben, überhaupt »Krankheit« ist.
Plötzlicher Einfall: wer oder was war denn das: mein Vater? War das mein irdisch-leiblicher Erzeuger und unbarmherziger Erzieher? Oder war es derjenige, den man den »himmlischen Vater« nennt? War »mein Vater« die mir anerzogene Gott-Vater-Vorstellung? War mir mein leiblicher Vater die irdische Verkörperung jeder Autorität? War »mein Vater« vielleicht der »Heilige Vater«, der Papst, für mich als katholisches Kind Konzentrat aller Autorität? War »mein Vater«, der »Heilige Vater«, nicht die Manifestation äußerer Autorität in mir selbst, mein Über-Ich, das meine menschlich-geistige Entwicklung hinderte, indem es mich an mir wesensfremde Gesetze fesselte?
Josef, der pater familias in Nazareth. Ein jüdischer Vater, der gewiß viel mehr Autorität forderte als im Evangelium steht, wo

er kaum vorkommt. Der junge Jeschua entlief ihm. Die Tempelszene: der Zwölfjährige ging nicht mit dem Vater brav nachhause, er war ungehorsam, er war geradezu aufsässig, er befreite sich früh. Danach ist von Josef nicht mehr die Rede; Jeschua hatte ihn überwunden, so wie er später jede irdische Autorität überwand und nur jene Autorität anerkannte, die in ihm selber war, identisch mit der Autorität des göttlichen Geistes.

Er hatte seinen eigentlichen, den wahren Vater gefunden.

Die frühe Tempelszene: ein archetypisches Phänomen. Das war kein Bild für Freud. Und da eben liegt der Grund, warum er zum Beispiel für mich ganz und gar nicht zuständig gewesen wäre (und ist). Für ihn galt ein anderes Bild: Als sein Vater, den er haßte aus sexueller Eifersucht auf seine Mutter (wie er meinte), begraben wurde und der Leichenzug das Friedhofstor passierte, fiel Freud in Ohnmacht: er war unfähig, das Tor zu durchschreiten.

Er deutet das so, daß er damals noch unfähig war, in den Bereich des Unbewußten einzutreten, um seine eigene Schuld zu erkennen: seine Todeswünsche, den gehaßten Vater treffend.

Jedes Bild stimmt so oder so; es kommt auf die Ebene an, auf der gedeutet wird.

Ich sehe das anders: das Tor war das Friedhofstor; das Tor, hinter dem das Reich der Toten liegt; das Tor, das zu der Frage zwingt, was denn mit unsern Toten und also mit uns selbst, den Sterblichen, ist, jenseits des Tores. Das Tor: die Frage nach der Metaphysik, nach Religon, nach der Herkunft des Menschen und, dringender, nach der Hinkunft, nach der Ankunft »irgendwo«. Die Frage nach dem, was die (analysierte) Seele denn nun wirklich ist. Die Frage nach dem Menschen, die Frage nach dem Sinn.

Vor dieser Frage fiel Freud in Ohnmacht. Hier war seine Grenze.

Weil C. G. Jung das Tor passieren konnte, haßte ihn Freud.

Freilich durchschritt Jung nur das erste Tor, aber immerhin: er wußte, daß man, auf Leben und Tod, diese Tore durchschreiten muß.
Mir ist, als könnte ich Tag für Tag weiterdenken in dieser Richtung. Eine ungeheure Fülle von Bildern überstürzt mich. Ich bin noch nicht imstande, sie im Wortnetz einzufangen. Vielleicht im zweiten Teil meiner Autobiographie. Vielleicht.

In Čechovs Tagebuch-Notizen gefunden: »Wenn du Lust hast zu trinken und dir scheint, du würdest ein ganzes Meer austrinken – das ist Glaube; und wenn du anfängst zu trinken und trinkst im Ganzen ein zwei Gläser, das ist Wissenschaft.«

An Reagan und andere Zeitgenossen. Ein Gedicht gefunden, geschrieben vor hundert Jahren von einem Dichter, den wir vergaßen: Friedrich von Bodenstedt.

Ihr mögt von Krieg und Heldentum
so viel und wie ihr wollt verkünden
nur schweigt von eurem Christentum
gepredigt aus Kanonenschlünden ...
Verhaßt ist mir die Heuchelei
der kriegerischen Nazarener ...

Seltsame Irrtümer, tradiert. Beim Suchen nach der genauen Definition der mittelalterlichen Sekte der Bogomilen im ›Lexikon für Theologie und Kirche‹ unter B auf »Beseelung der Leibesfrucht« gestoßen. Da gehts um die Frage, wann der Embryo eine Seele bekommt, ob im Augenblick der Zeugung oder später, und da steht, Aristoteles habe die zweite Auffassung vertreten, und sie sei im Mittelalter allgemein gewesen, und zwar glaubte man, daß der männliche Embryo am 40. Tag, der weibliche am 80. Tag beseelt werde ... Woher konnte man das denn wissen? Aber wir Frauen müssen froh sein, daß man uns überhaupt eine Seele zuerkannte.

Unerwünschter Brückenbau. Ein Mann, Lehrer an einer theologischen Hochschule, geht von West-Berlin nach Ost-Berlin, will sagen: von Judäa nach Samaria. Es gibt keine Betonmauer und keine Grenzpolizei auf beiden Seiten, aber es gibt eine ideologische Mauer und eine emotionale. Beide Völker sind jüdisch, will sagen: es sind Brudervölker, getrennt durch weit zurückliegende historische Ereignisse, die sich in Ideologien fixierten. Die bösen Samaritaner, die bösen Judäer: die bösen Kommunisten, die bösen Kapitalisten. Vor allem die Juden aus Judäa nähren ihren alten Haß. »Von einem Samaritaner ein Stück Brot annehmen ist schlimmer als Schweinefleisch essen«, und das schon war ein schweres Vergehen gegen das Gesetz. Und die Sache mit den beiden politischen Ideologien, die sich manifestierten im Bau zweier Tempel, dem alten der »Orthodoxen« in Jerusalem, dem neuen, dem provokatorischen, dem Anti-Tempel, auf dem Berg Garizim. Hie Friedensengel, hie Brandenburger Tor. Der Mann, von dem die Rede sein soll, geht mit einigen seiner Schüler durch die feindbrüderliche Provinz. Man behelligt sie nicht, man ignoriert sie. In der Stadt verkauft man ihnen Eßwaren, Geschäft ist Geschäft. Der Lehrer sitzt inzwischen vor der Stadt an einer Zisterne, die gutes klares Wasser hat. Eine Frau kommt, um Wasser zu holen. Der Fremde grüßt sie freundlich. Sie hört den fremden Akzent und verschließt sich feindlich. »Einer von drüben.« Der Fremde bleibt freundlich. Er beginnt ein Gespräch. Hat er denn keine Vorurteile gegen das Feindbrudervolk? Er hat keine. Es kommt die Rede auf theologisch-ideologische Fragen. Die Frau ist intelligent. Dieser seltsame Fremde hat keine ideologischen und keine politischen Vorurteile. Er tut, als gäbe es keine Mauer zwischen Männern und Frauen, zwischen Gelehrten und einfachen Leuten, zwischen Priestern und Laien. Gar keine Grenzen. Was für ein Mann! Hat er denn keine Angst, daß man ihm seinen Verkehr mit Samaritanern übel auslegen könne als Fraternisation mit dem Feind? Ist es ihm gleichgültig, was die da unten in Judäa denken? Und wenn die erst wüßten, was er ihr, der Samaritanerin, der Frau, sagt! Was für einen Explosivstoff deponiert er in ihrem Kopf (Daß sie seine Rede weitersagen wird, ist klar, und von ihm gewollt.) Was sagt dieser Unerschrockene, dieser Revolutionär? Anspielend auf die Anbetung desselben Gottes auf verschiedene Art und in zwei verschiedenen Tempeln, sagt er: »Einst kommt der Tag, an dem man den Höchsten weder auf dem Garizim noch in Jerusalem anbeten wird, sondern im Geist und in der Wahrheit.« Einst kommt der Tag, an dem man weder von Kommunismus noch von Kapitalismus redet und sich nicht mehr wegen überalteter Ideologien und Strukturen die Köpfe einschlägt. Einst werden alle Mauern fallen. Einst wird Friede sein. Darum bin ich gekommen, Frau!

Der Fremde will die Frau nicht bekehren, zu nichts, nicht zum orthodoxen Judentum, nicht zum »Christentum«, nicht einmal zu einer neuen Gesellschaftsordnung (obwohl sie bitter nötig und fällig wäre). Er gibt ihr nur brüderlich die Hand. Er stiftet Frieden.

Der selbe Fremde, dieser Provokateur, erzählte seinen Zuhörern einmal eine Geschichte: Ein Mann wurde auf der Straße von Räubern überfallen, bestohlen, zusammengeschlagen und liegengelassen. Dann kam ein Priester aus Jerusalem, sah ihn liegen, ritt eilig vorüber. Nur keine Scherereien mit der Polizei. Danach ein Levit, also auch ein Klerikaler. Er ritt vorüber. Beides Juden aus Judäa. Dann kam ein Kaufmann, ein Samaritaner, und nahm sich des Verwundeten an, über alle Pflicht hinaus. Einer aus Samaria. Wird ausdrücklich gesagt. Und so ging er in unser Bewußtsein und in die Geschichte ein: »Der barmherzige Samariter«. Was für eine Provokation dieses Jeschua (latinisiert »Jesus« genannt). Wo er konnte, baute er

Brücken, stiftete er Frieden. Aber seine Kirche (die seine, die westliche) von heute verbietet Friedenskundgebungen und politischen Brückenbau.

Woran glaubt Ihr Hund? Die Frage stellt mir eine Neunjährige, nachdem sie lange nachdenklich meinen Hund angeschaut hat.
Was meinst du mit »glauben«?
An Gott glauben.
Du fragst also, ob mein Hund an Gott glaubt.
Ja.
Was meinst du selber?
Also: wenn er so da liegt und zufrieden ist, ob er dann denkt, daß es Gott gibt, nein, ich meine, denken tut er das nicht, so nicht wie Menschen denken, und es hat ihm ja auch niemand was darüber gesagt, aber so auf seine Art.
Auf seine Art; ganz richtig. Jeder glaubt auf seine Art und doch glauben alle auf die selbe Art.
Versteh ich nicht.
Also: du glaubst an Gott. Wie geht das bei dir?
Ich denke, daß es Gott gibt.
Weil man dir das gesagt hat? Aber wenn es dir niemand gesagt hätte?
Dann käme ich selber drauf. Ich würde denken, daß es wen gibt, der alles gemacht hat und der für mich sorgt.
Für dich sorgen deine Eltern.
Aber sie können keinen Baum machen und kein Schaf und gar nichts.
Aber ohne die Eltern oder andre gute Menschen hilft dir kein Baum und kein Schaf, die Eltern brauchen auch wen, jeder braucht immer einen andern, und alle zusammen brauchen auch einen, ob sie das wissen oder nicht; sie denken einfach meistens nicht daran, daß es Gott gibt.
Und der Hund, der braucht auch Eltern, ich meine, er braucht

seinen Herrn, und der Herr braucht Gott. Der Hund denkt nicht an Gott, das kann er ja nicht, er meint vielleicht, sein Herr, das ist Gott.
Ja, und wenn er so daliegt, so zufrieden, und er könnte reden, dann würde er sagen: Danke, lieber Gott, daß ich lebe.
Dann glaubt er an Gott.
Ja, so ists. Alle Lebewesen glauben an Gott. Sie sagen das einfach mit ihrem Dasein.
Ich denke für mich hinzu den Titel von Dorothee Sölles Buch: »Atheistisch an Gott glauben«.

Kirche und Synagoge. Ein Leser schickt mir seinen 1964 im ›Westfälischen Volksblatt‹ veröffentlichten »Leserbrief«, in dem er Reinhold Schneider zitiert: »Am Tage des Synagogensturmes hätte die Kirche schwesterlich neben der Synagoge erscheinen müssen. Es ist entscheidend, daß das nicht geschah.«
Er schreibt dazu: »Warum sind in Deutschland weniger Juden durch Untertauchen von ihren Mitbürgern – ihren christlichen Mitbürgern – gerettet worden als in dem kleinen holländischen Volk?«
Das von Hitler besetzte Dänemark hat 1944 fünftausend Juden das Leben gerettet durch die Organisation der Flucht nach Schweden.

Weiteres Nachdenken über den S. Freud-Film. Freud analysiert sich selbst: er wurde nicht der Mörder seines Vaters, aber er wünschte dessen Tod. Ob Wunsch, ob Tat: beides ist Schuld. Der materielle Akt des Tötens ist nicht das Wesentliche. Das Wesentliche ist der Gedanke.
Der Vater-Mord wiederholt sich millionenmal. Immer muß ein Vater getötet werden, damit ein Sohn leben kann. Was innen ist, ist außen. Wenige Väter werden im Außen gemordet; im

Innen werden sie auf jeden Fall getötet, aus dem Weg geräumt. Auch Väter töten ihre Söhne, diese Lebens-Rivalen, diese brutalen Zeugen des ablaufenden Vater-Lebens. Es ist nicht Platz genug für Väter UND Söhne. Vater Kronos fraß seine Kinder.

Wie war das mit dem Vater-Gott der Juden? Mußte auch er seinem Sohn den Platz räumen? Dieser Sohn hat seinen Vater nicht getötet. Er hat sich mit ihm EINS gewußt.

Das Vor-Bild im Alten Testament: Gott (Adonai) befahl dem Abraham, seinen Sohn Isaak zu töten; Abraham ist bereit, doch der Vater-Gott fällt ihm in den Arm: dieser Vater tötet seinen Sohn nicht. Die Stelle ist mir noch immer dunkel, auch wenn mein theologischer Verstand sie zu interpretieren weiß. Ich vermute ein noch tieferes Mythologon als das des Gehorsams. Hat Abraham IN SICH SELBST den Wunsch überwunden, seinen Sohn zu töten?

Die Rose anbeten. Beim Suchen einer bestimmten Sendung im TV plötzlich auftauchend ein Bild: eine rote Rose, und eine Stimme: »Gäbe es nur diese eine Rose auf der Erde, so müßte man niederknien und sie anbeten.« Die folgende Reklame wischt Bild und Wort hinweg. Beides bleibt in mir haften. Aber warum sagt die Stimme: Wenn es nur diese einzige Rose gäbe? Warum nur dann? Eine oder hundert oder tausend Rosen: es ist immer DIE EINE ROSE, und sie IST anbetungswürdig.

»Rose, oh reiner Widerspruch«. Das stammt von Rilke. Widerspruch wogegen? Daß es die Rose gibt, widerspricht allen Formen von Pessimismus und Nihilismus.

»Rose, oh reiner Widerspruch«. Könnte wie ein zen-buddhistisches Koan meditiert werden. So auch Goethe im ›Divan‹: »Unmöglich scheint immer die Rose«.

Jetzt denke ich: daß unsre geschändete, vergiftete Erde uns immer noch Rosen schenkt! Diese unendliche Geduld. Diese unendliche Hoffnung.

Ich knie in meinem Garten nieder, ich streichle die Erde, ich sage ihr Liebesworte, ich verspreche ihr, daß wir sie retten . . .

Die Arbeitslosen in den Gefängnissen. Der arme W., ein unverbesserlicher Autoknacker, mein Sorgenkind, ich weiß nicht mehr wie lang schon. Kaum in Freiheit, wird er rückfällig. Er richtet sich im Gefängnis ein. Auf Lebenszeit, praktisch. Es geht ihm an sich ja dort nicht gerade schlecht: das Essen ist gut, er darf rauchen und sich Zigaretten kaufen, er kann lesen, radiohören, fernsehen, sogar »far' l'amore«, homosexuell. Kurzum: er darf vieles, er darf nur eines nicht: arbeiten. Hat nicht jeder Mensch das Recht auf Arbeit? Warum nicht darauf pochen? Aber was sollen sie denn arbeiten? Früher banden sie Reisigbesen, machten Holzpantoffeln, in Straubing machten sie in der Schreinerei Skier, in Werl (oder wo wars) banden sie Bücher und restaurierten Ikonen, zu meiner Haft-Zeit arbeiteten die Männer, die ihre Haft in Bernau am Chiemsee absaßen, als Torfstecher; ich arbeitete im Winter 1944 auf 45 in Traunstein in Leimers Semmelbrösel-Fabrik an der Abfüllmaschine, und daß ich das durfte, war eine Art Vergünstigung.
Der arme W. aber, der darf nicht arbeiten. Rein gar nichts. Das aber ist un-menschlich. Das ist vorbedachter, langsamer Mord. Meine Intervention beim Gefängnis-Direktor in Hannover blieb ohne Antwort. Wird mein Schreiben an den Justizminister eine Antwort bekommen? Gleichviel: ich schreibe und schreibe, ich schreibe um die Würde gefangener Mitmenschen, um ihren Verstand, um ihr Leben.
Und dabei gibts in Niedersachsen drei Modell-Versuche: in Braunschweig, in Oldenburg, auch in Hannover. Was macht man dort? Man ließ, zum Beispiel in Burgdorf, Gefangene Holzhäuser bauen für Kindergärten. Spielhäuser. Unter den Gefangenen sind »Lebenslängliche«, die vorher noch keinen Ausgang hatten und deren Einsatz ein Risiko ist. Sie arbeiten

kostenlos in ihrer Freizeit, und ebenso die Sicherheitsbeamten, die damit aus ihrer eigenen entnervenden Ghetto-Situation herauskommen.
Was ich nicht wußte: daß jeder Strafentlassene durchschnittlich etwa 25 000 DM Schulden hat. Soviel kostet er dem Land. Ein großer Teil wird bei der Strafentlassung allerdings gestrichen. Es gibt einen Resozialisierungs-Fonds. Warum die Gefangenen die Schuld nicht noch während der Gefängniszeit abarbeiten lassen?
Warum, warum, warum. Warum werden etwa neunzig von hundert wieder straffällig? Warum setzt man Sicherheitsleute ein, die keine Vorbildung für ihren schweren Dienst haben? Warum müssen sie, gleich kriminellen Lebenslänglichen, sozusagen auch lebenslänglich im Knast arbeiten? Warum wählen junge Soziologen, Psychologen, arbeitslose Lehrer nicht den Strafvollzug als Arbeitsfeld?
Und warum wird mein Freund Felix Kamphausen, ein Lebenslänglicher, Schriftsteller geworden im Gefängnis, noch immer nicht entlassen, obwohl er sich längst bewährt hat und keine Spur von Sicherheitsrisiko besteht? Warum: weil die Bürokratie so langsam arbeitet wie ein wiederkäuender Ochse. Und dabei sind die Gefängnisse überfüllt. Und dabei klagt der Staat über die Ausgaben, die ihm die Gefängnisse auferlegen.

Der Komfort. »Sie leben in großem Komfort.« Im Luxus. Komfort kommt vom lateinischen conforto: sich stark machen. Im Italienischen wurde daraus conforto als Ermutigung, als Trost. Der »Komfort« als Trost für einen Mangel, für einen Schmerz, zum Ausfüllen einer Leere. Je armseliger ein Mensch in seinem Innern, desto bedürftiger der komfortablen Umgebung. Die Frau, vom Ehemann betrogen, kauft sich ein teures Kleid, ein teures Parfum. Die N.s mit ihrem Luxushaus, die B.s mit ihrem Jaguar, die alten verdorrten, nordamerikanischen Witwen mit ihrem Schmuck, die unfähigen Zölibatäre

mit ihrem Essenskult: alles Ersatz für Mangel an Liebe, an lebendigem Leben. Oder auch als Schutzmauer gegen jeden Schmerz; das komfortable Leben, das der Not der andern keinen Einlaß gewährt. Auch Thomas Mann (immer wieder beschäftigt er mich) baute sich diesen Schutzwall: teure Häuser, teure Autos, teure Anzüge, teure Zigarren. Er schreibts selbst.
Franziskus von Assisi brauchte keinen Luxus: sein Komfort war seine Liebe.

Biologie heute. Ein Leser, Professor für Biologie, berichtet mir von einem Fach-Kongreß der »Spitzenphysiologen«, geschrieben in einer schlaflosen Nacht in erregter Handschrift, einige Worte kaum leserlich.
»Wenige erkennen die geheimnisvollen Zusammenhänge in unserm Körper, die in Zusammenhang stehen mit dem großen Ur-Zusammenhang ... Aber dann und vor allem: blindes Vorwärtsdrängen nach wertlosem Ruhm, nach finanziellem Erfolg im Irrtum einer medizinischen Technologie. Unglaubliche Tierexperimente, keinerlei Ehrfurcht vor dem Leben, perverse Gedanken zum Experimentieren am lebenden Menschen, an Patienten. Tiere, über sechs Jahre gehalten, mit medikamentös induzierter, chronischer Epilepsie; und jetzt ›Kindling‹ (?) also elegant am wachen Tier, innerhalb von zwei Wochen, mit elektrischen Stimulationen erzielte schwere Epilepsie. Dann das Töten und ›Studieren‹. Und weiter am Menschen, am Epileptiker selbst, vorläufig vor-operativ eingesetzte Tiefenableit(?)-Elektroden, zwei Wochen dauernd durch die Schläfe bis hinab in den Hippocampus (?): bereits mit Todesfällen durch Infektion, mit schweren Vergiftungen aus den Sonden. Und jetzt der unüberlegte Übergang zu meinen Men-Sonden, bei bescheidenster Kenntnis über Toxizität und Sterilisationsmöglichkeiten dieser Membranelektroden (ein Projekt, das ich verweigern *muß*). Jeglicher klarer Kontrolle und Ethik entbehrende Pläne,

bis zum implantierten Hirnschrittmacher. Und dann? ... Mein Votum: die Aufforderung, daß an solchen Tagungen endlich die ethischen Aspekte mitdiskutiert werden. Einige positive Stimmen ...«
Mein Entsetzen: einerseits der computer-gesteuerte metallene Robot, andrerseits der elektrisch gesteuerte Mensch aus Fleisch und Blut; und beides Teufelsschöpfungen.

Meine Bignonia. Nie hat sie so reich geblüht. Schwere hängende Büschel der leuchtend orangegelben kelchartigen Blüten bedecken das Dach des innern Gartentors und hängen tief übers Gitter. Die Blüten sind kurzlebig. Ein zwei Tage, dann fallen sie ab, unverwelkt, unversehrt. Aber schon sind sie durch frische ersetzt. Warum fallen sie ab ohne welk zu sein? Überhaupt ist mir diese Pflanze ein Rätsel: sie ist eine rankende Pflanze, hat aber nichts, womit sie sich irgendwo festhalten könnte. Dennoch wächst sie in die Höhe, drei, vier, fünf Meter hoch. Ein eher schwacher Stamm mit zarten Zweigen, denen man nicht zutrauen möchte, die schwere Last der Blütenbüschel zu tragen. Ich fühle, wie froh sie ist, diese Blütenlast auf das Dach des Gartentors legen und von dort auch hinunterhängen lassen zu können.
November: durch puren Zufall finde ich in Goethes naturwissenschaftlichen Schriften seine Beobachtungen über die Bignonia radicans. Er sah etwas, das ich nicht sah: daß die Pflanze hie und dort borstenartige Auswüchse hat, die mit feinen Haaren besetzt sind und Würzelchen gleichen. Goethe fragt sich, ob diese Auswüchse, erreichten sie den Erdboden, sich dort nicht einwurzeln würden (Luftwurzeln also?). Er sagt, wir behandeln die Pflanze ganz falsch, wenn wir sie durch Anbinden nötigen, in die Höhe zu wachsen; man müsse sie auf einer gewissen Höhe anpflanzen und hinunterhängen lassen, damit sie ihre ganze Pracht entfalten könne.
Aber ich habe die Pflanze gar nicht aufgebunden, sie wuchs

von selber so hoch, rankenlos und kräftig. Irrt Goethe? Ich will nächstes Frühjahr eine Bignonia auf meiner Terrasse pflanzen und sehen, wie sie dort, hängend, gedeiht. Immer neue Bewunderung Goethes, der die Natur mit scharfem Auge voller Liebe betrachtet und das Beobachtete sofort, ausdrücklich oder nicht, ins Philosophische überträgt, oder den Leser zu übertragen zwingend anregt: die Beobachtung, daß es Pflanzen gibt, welche »von ihrem ersten Ursprung an weder steigend noch kriechend ihre Existenz fortsetzen können, sondern genötigt sind, irgendein Grundaufsteigendes zu suchen, woran sie sich immer fort sich windend in die Höhe klemmen können«.
Für uns Menschen ist dies Grundaufsteigende eine Idee, gleich welchen Namens.

Jerusalem-Pilger heute. Elke erzählt, sie habe in Rom einen jungen Mann getroffen, der zu Fuß aus Südfrankreich unterwegs ist (seit zwei Monaten) nach Jerusalem. Ohne Geld. Er zieht sein bißchen Habe auf einem Handwägelchen hinter sich her. Auf dem Wägelchen ein Plakat: »Auf der Straße nach Jerusalem«.
Sein Prinzip: absolute Gewaltlosigkeit, auch in Worten. Er predigt nicht, er hört zu, was man über ihn und seine Pilgerfahrt und über den Frieden sagt.
Verrückt? Ja, schon. Aber heilige Verrücktheit.
Auch Franziskus von Assisi war ein Narr. Auch Philippo Neri.
Die meisten Heiligen aller Religionen waren »verrückt«.
Bewirkten solche Verrückten etwas?
Das ist die falsche Frage. Es IST etwas. Es IST eine Wirkung. Der Mann auf der Pilgerreise ist eine der vielen Verkörperungen des kosmischen Christos-Geistes. Die Zeichen mehren sich.

Gefährliche Verwechslung. Ein Besucher-Ehepaar, er Arzt, aber nicht mehr arbeitend; sie ehemals Lehrerin, jetzt Hausfrau; die Söhne und Töchter verheiratet und wohlversorgt in bürgerlichen Berufen. Das Paar, etwa in meinem Alter, freundlich, heiter, ausgeglichen, abgeklärt. Sehr katholisch, das heißt das Katholische getreulich praktizierend; das Katholische als Quelle ihres Friedens. Alle Fragen sind gelöst, wenn man sie im Lichte der Ewigkeit sieht, mit den Augen Gottes.
Ja, schon, schon. Auch mit den Augen eines Buddhisten und eines Taoisten gesehen lösen sich alle Fragen, und jeder Mystiker sieht hinter dem Chaos den Plan des göttlichen Geistes und findet darum seinen überirdischen Frieden. Warum ist mir dann, dies wissend (und wie gut wissend), so tief unbehaglich bei dem, was dieses so friedliche Paar sagt? Ist es deshalb, weil ich nicht genau sehen kann, wo da die Grenze verläuft zwischen Selbstzufriedenheit und echtem Frieden? Eine feine, aber scharfe Grenzlinie. Dieses Besucher-Paar hat sein Leben gut gelebt, ganz sicher; es hat vielleicht nicht eine einzige Leiche im Schrank, will sagen: keine verdrängten Sünden. Es hat vielleicht alle Komplexe aufgearbeitet, eben in der Arbeit für andre. Aber gibt es das? Und ist diese Zufriedenheit darüber, alles »aufgearbeitet« zu haben, nicht DIE große Verdrängung? Hat man je alles aufgearbeitet? Kann man das? Soll man das können? Soll man es überhaupt können wollen?
Hat das alles nicht zu tun mit der Geschichte aus dem Evangelium, wo einer sagt: »Adonai, ich danke dir, daß ich nicht so bin wie jene dort, diese Sünder«? Und hat es nicht zu tun mit der andern Geschichte, in der Jeschua die Priester »übertünchte Gräber« nennt, und mit jener, in der er sagt, dem Vater sei der verlorene Sohn lieber als der brav daheimgebliebene? Eine ganze Reihe solcher Geschichten gibt es da. Und was ist ihr Kern, was ihre Lehre? Doch dies: daß uns die Zufriedenheit über unsre Tugendhaftigkeit von unsern Mitmenschen absondert und in ein elitäres Ghetto bringt, wo der Hochmut regiert. Ist es nicht tausendmal besser zu wissen, daß man allen Grund hat,

solidarisch zu sein mit allen Sündern statt mit den Frommen und »Reinen«, den wenigen Auserwählten, der Tugend-Elite? Der innere Friede, das ist etwas anderes als Zufriedenheit. Der innere Friede, das ist das Licht, das uns inmitten unsres Elends und unsrer Schuldhaftigkeit (haben Sie, die das lesen, keine Schuld zum Beispiel gegenüber der Dritten Welt?) die Ahnung von einer erd-umfassenden Liebe gibt.

Der schlechte Charakter der Bienen. »Tiere sind besser als Menschen.« Ich schaue lange einer Biene zu, welche, die Hinterbeine schon voll besteckt mit gelben Blütenpollen, eine Tulpe plündert. Das soll sie, darf sie. Gut. Da kommt eine zweite Biene, etwas größer, beobachtet eine Weile von der Spitze eines Blütenblatts aus die andre und stürzt sich dann ohne Vorwarnung auf die zuerst Anwesende. Die fliegt erschrocken auf und davon. Die andre jagt sie weit aus dem Revier, das doch allen gehört, dann läßt sie sich direkt und geradezu triumphierend ins Tulpen-Innere fallen. Eine lautlose Szene, eine rauhe, eine böse, denn: menschlich gesehen, nötigt nichts die Angreiferin zu Angriff oder Verteidigung, es gibt genug blühende Tulpen mit Pollen. Also purer Neid, purer Machttrieb, wenn auch nicht individueller, sondern bienenvölkischer Natur.

Menschen-Schicksale. Karl Rahner schreibt mir über die ›Juca‹ (Jugendhaus der Caritas) in Wien. Ein Experiment der Rehabilitierung Asozialer, Krimineller, die nirgends sonst aufgenommen werden, weil sie »rettungslos fertig« sind. Arbeitslose ohne jede Aussicht. Ausgeflippte. Selbstmordkandidaten. Süchtige schon in der Jugend. Strafentlassene. Ein Priester, Prälat Unger, hat dieses Haus gegründet vor zwei Jahren. Vierzig bis fünfzig Burschen leben dort, einige bleiben, andre laufen weg, wieder andre laufen weg, um zurückzukehren. Ein Heim, eine Heimat für die Heimatlosen, die Verstoßenen. Ein

Freund Rahners, Jesuit auch er, Georg Sporschill, gibt eine kleine Zeitschrift heraus und sucht (und bekommt) Beiträge von »Prominenten«. Rahner kennt mehrere der von ihm betreuten Heim-Menschen. Einer, so schreibt er mir, wurde als Neugeborener in eine Mülltonne gesteckt und durch Zufall gefunden und eben noch vor dem Tode gerettet. Sein Weg als Heimkind war vorgezeichnet: der Weg der Kriminalität.
Dies zum Kapitel verbotene, bestrafte Abtreibung. Abzuwägen: der embryonale rasche, nicht ins Bewußtsein gelangende Tod und das langsame Verkommen des Nicht-Abgetriebenen; die vorgeburtliche Tötung und der lebenslängliche Mord der Verlassenen. Schöne Worte von seiten der Abtreibungsgegner: Wir sorgen für die Nicht-Abgetriebenen. Wir? Die Gesellschaft? Die Kirchen? Das Wiener Heim ist eine Ausnahme. Die katholische Caritas hat es gegründet und leitet es. Prälat Unger schreibt über das Gelingen oder auch Nicht-Gelingen der »Heimkehr des verlorenen Sohnes«: »Schwer hat es dieser Vater (im biblischen Gleichnis) eigentlich mit dem älteren, mit dem anständigen Sohn, der nie weggelaufen ist und findet, daß man sich um den verlorenen Bruder nicht kümmern soll.«

Schwindel oder aber . . . Eine Leserin schickt mir ein Foto: inmitten eines Geflechts von Ästen ein Gesicht. Man erkennt es sofort: das uns vertraute Gesicht des Jeschua von Nazareth. Eine Fotomontage? Unter dem Foto die Erklärung: in einem englischen Park rief ein Kind: »Mama, da ist ein Mann!« Die Mutter sah keinen Mann. Da machte sie eine Foto-Aufnahme. Und da ist nun dieses Gesicht. Ich bin höchst skeptisch. Und doch: an der Sache ist etwas. Das Gesicht des Mannes ist sehr schön. Wer immer dieser Mann ist: er strahlt stärker als andre aus, was wir den Christus-Geist nennen können. Jedoch: warum sollte ein Kind nicht Jeschua sehen können? Haben ihn nicht viele schon gesehen, jene, die wir heilige Visionäre nennen? Rudolf Steiner sagte, es komme (oder sei gekommen) die

Zeit, in der immer mehr Menschen Begegnungen solcher Art haben. Eine Zeit, in der man PSI-Phänomene zum Gegenstand exakter Wissenschaft macht, kann nicht als puren Schwindel bezeichnen, was doch eben Gegenstand ihrer Forschung ist.

Im RAI gehört: Barbie lebt noch. Barbie: das klingt wie der Name einer Spielzeug-Puppe, für die Reklame gemacht wird: Barbie, die stets neue Kleider braucht, neue Schuhe, neuen Schmuck. »Wie die Frauen.« Raffinierte Anstachelung zum Kauf. Schlimmer: Fixierung des Bildes von der Frau als einer stets unbefriedigten Käuferin von Luxusgegenständen.
Aber Barbie ist etwas ungeheuer viel Böseres: es ist der Name eines SS-Mannes, der ein Massenmörder war. Noch schlimmer: eines SS-Mannes, der als Massenmörder vom US-Geheimdienst beschützt wurde und wird, was kürzlich das US-Justiz-Ministerium zugab. Die VVN (Vereinigung der Verfolgten des Naziregimes) stellt an die deutsche Bundesregierung folgende Fragen: Welche SS-(SD, Gestapo-)Männer sind von alliierten Dienststellen der Strafverfolgung entzogen worden? Welche SD-, Gestapo-Leute sind in die Dienste der USA genommen worden? Welche dieser Leute sind von der deutschen Bundesregierung in ihre Dienste genommen worden, zum Beispiel in der Organisation Gehlen, jetzt Bundesamt für Verfassungsschutz und dem Bundesnachrichtendienst? Welche Zusammenarbeit von Geheimdiensten und Fluchthilfe-Organisationen gibt es?
Nie werden diese Fragen eine Antwort bekommen, die auch nur annähernd wahr ist.
Der Fall des italienischen Freimaurers Geli zeigt, wie reibungslos diese internationalen Organisationen funktionieren.
Als mein Freund Isang Yun, geborener Südkoreaner, Lehrer für Komposition an der Musikhochschule Berlin, 1967 vom südkoreanischen Geheimdienst verhaftet wurde, brauchte er,

um per Auto von Berlin nach Bonn verbracht zu werden, keinen Paß; das Auto mit dem CD-Schild wurde weder an der DDR-Grenze noch an jener der BRD kontrolliert. Als er, nach tortur-artiger Haft in der südkoreanischen Botschaft in Bonn nach Hamburg verbracht und dort in ein Flugzeug der Japan-Air-Line gesetzt wurde, brauchte er weder Paß noch Flugschein; als er in Tokyo ausstieg, brauchte er wieder keinen Paß, er wurde sofort in ein südkoreanisches Flugzeug gesetzt und nach Seoul geflogen, und dort vom Flughafen aus kam er direkt ins Gefängnis, und das alles ging wie am Schnürchen, ganz glatt und ganz leise. Wer bekam schon Wind davon? Hitler hatte eine Vorstellung vom internationalen Judentum, das reibungslos funktioniere und die Welt beherrsche. Der »WELTJUDE«, das war sein Feindbild. Und auch die Freimaurer. Hitlers Alptraum, der unsre, sofern wir aufgeklärt sind darüber: der CIA, zusammenarbeitend mit der internationalen Maffia. Der Teufel ist ein guter Verwandlungskünstler.

Begegnung am Meer. Herrliches Herbstwetter. Ich sitze etwas schwermütig, Gott weiß warum, auf einer Bank auf der Steilküste am Meer bei Anzio. In der Nähe lehnt ein Mann am Steingeländer. Es sind auch andre Leute da. Ich kann nicht umhin zu bemerken, daß der Mann immer wieder zu mir herschaut. Was will er? Er ist, schätze ich, an die vierzig. Ich bin kein Flirt. Nun: Italiener, wenn sie sich einsam fühlen, sind nicht wählerisch, da spielt das Alter keine große Rolle. Ich will aber nicht antworten. Ich will nichts als Ruhe. Aber dieser Blick. Immer wieder. Schließlich kommt der Mann näher, aber er geht vorbei. Ich bin erleichtert, ich habe seine Blicke falsch gedeutet. Doch er kommt zurück, und wieder geht er vorbei, und so nochmal und nochmal. Schließlich schaue ich zu ihm auf. Das Signal. »Ists erlaubt?« Natürlich, die Bank gehört uns allen. Er sitzt neben mir, in gehörigem Abstand, die Hände auf den Knien. Arbeiterhände. Seine Stimme ist jünger als sein

Gesicht, das ist zerfurcht und windgebräunt. Mich stört es, daß der da neben mir sitzt und eine Forderung an mich stellt. Was will er? Schon will ich aufstehen, aber etwas hält mich. Wir wechseln Sätze übers Wetter, übers Meer. Er sagt, er sei Fischer, aber heute sei er nicht ausgefahren. Warum? Das Meer ist doch so ruhig. Ja, schon, aber. Was: aber? Ich habe keinen Willen dazu. Wieso? Zu nichts mehr hab ich einen Willen. Warum, was ist passiert? Nichts. Glaub ich nicht; ist was mit der Frau? Nein, die ist brav. Etwas mit den Kindern, wenn er welche hat. Drei hat er, sie sind auch brav. Geldsorgen? Nein. Ob er krank ist? Nein. Irgendeine Prozeßgeschichte? Nein. Ja, was dann? Nichts, aber . . . Aber?

Da kommt es heraus: er will nicht mehr leben. Warum aber? Weil alles keinen Sinn hat; man kommt auf die Welt, geht in die Schule, findet eine Arbeit oder auch nicht, nimmt eine Frau, macht Kinder, fährt zum Fischen aus, kommt heim, und immer das gleiche, immer das gleiche. Als Fischer kommt man nicht voran, da ist kein Ziel, da ist nur der Tod, sagen Sie selber: hat das einen Sinn? Das ist doch nicht der Mühe wert, so ein Leben.

So denke ich auch oft, aber nicht immer; manchmal weiß ich, wozu das alles gut ist, aber manchmal weiß ich es nicht.

Sie haben studiert, das sehe ich, da wissen Sie mehr als unsereiner.

Ach Mann, das hat nichts mit dem Studium zu tun; oft sind es gerade die Gescheitesten, die nicht mehr weiter wissen und genau da sind, wo Sie auch sind: an einem Punkt Null; in einem schwarzen Loch.

Und Sie, wenn Sie da angekommen sind, was tun Sie?

Ich arbeite. Ich tu was für andre, die gleich mir im schwarzen Loch sitzen. Es gibt für die Seelenkrankheit, die Schwermut heißt, nur eine Medizin: andre lieben und ihnen was Gutes tun; dann, auf einmal, weiß man wieder, wozu man lebt.

Er schaut mich lange an, dann sagt er: Das ist schon sonderbar; eigentlich wollte ich mit Ihnen bloß reden, damit die Zeit vergeht, oder auch flirten, mir zum Trost, damit ich nicht so allein bin, und jetzt haben Sie mir was gesagt, was mir hilft. Das hat so sein müssen. Wenn man nur immer wen hätte zum Reden. Wenn man nicht so allein wär. Und wenn man das sagen könnte, was man sagen will. Aber da ist bei mir der Hals zu. Daß der Mensch so hundeeinsam ist!

Das Sonnen-Herz. Schon lange kennt man das Phänomen der Sonnen-Protuberanzen. Wie kommt es, daß die Sonne regelmäßig feurige Gase aussendet, die sichtbar sind schon mit halb-starken Fernrohren? Jetzt weiß man: die Sonne pulsiert. Sie pulsiert wie ein Herz und bei jedem Pulsschlag stößt sie Flammendes aus. Wer Ohren hätte zu hören, könnte diesen Herzschlag hören.
Die Astrophysiker sagen: nicht nur die Sonne, sondern das ganze Universum pulsiert. Es dehnt sich aus und es zieht sich wieder zusammen.
Daß das Universum sich ausdehnt, weiß man schon; man weiß es, weil man es sehen und messen kann: die Sterne entfernen sich immer weiter von der Erde und voneinander. Das Universum ist ein gekrümmter Raum, der sich ausdehnt. Aber bei den riesigen räumlich-zeitlichen Entfernungen kommen die Nachrichten aus dem »All« sehr spät zu uns. So wissen wir also noch nicht, ob das Universum sich weiter ausdehnt oder ob es sich schon, wie es Sterne tun, wieder zusammenzieht. Was für eine Vorstellung: das Universum als pulsierendes Herz. Das Herz des Schöpfers. Ein menschliches Herz, ein all-umfassendes. Die selben Gesetze für ALLES. Alles pulsiert, alles lebt, »alles fließt«. Was unten ist, ist oben, was außen ist, ist innen. Die Tanz-Bewegungen der Elektronen im Innern der Atome: der Tanz der Sterne im Kosmos. Das selbe Leben im Menschen wie im Universum. Der göttliche Lebensstrom. Die alles umfassende Einheit. Das SEIN im SEIENDEN.
Unendlich beglückende Erkenntnis. Gefühl der tiefsten, der

unzerstörbaren Geborgenheit im Universum, dessen Wesen nicht Materie ist, sondern Geist.
Immer leichter wirds mir, das Abstrakteste als das Konkreteste zu erfahren.

Der Sündenfall. »Ihr Garten ist ein Paradies.« Jeder Besucher sagt das. Aber nun ist im Paradies ein Mord geschehen, und die Unschuld ist verletzt. Ich habe ohne Not ein Tier getötet. Es ist schon acht Monate her, und ich verwinde es nicht. Im Garten wohnt friedlich mit mir eine Nagetier-Art, Ratten ähnlich, aber auch Wieseln und kleinen dünn bepelzten Eichhörnchen. Die Leute nennen sie »puzzole«, Stinktiere. Mein Hund stöbert sie bisweilen in ihren Löchern auf. Erzürnt und erschreckt er eines, spritzt es ihm eine Flüssigkeit entgegen, Urin vielleicht, dann stinkt er widerlich, der Gestank bleibt lang und widersteht gründlicher Wäsche. Sonst tun mir die Tierchen nichts. Nur im April benehmen sie sich herausfordernd und schier hassenswert: wenn die Glyzinien an meinem Balkon junge Triebe haben, fressen die puzzole sie ab und lassen die Ranken kahl zurück. Kein Besprühen der Blütentriebe mit unangenehmer Flüssigkeit verdirbt ihren Appetit. In aufgestellte, sofort tödlich zuschnappende Rattenfallen gehen sie nicht. Gift will ich nicht streuen. Spanne ich Netze über die Glyzinien, schlüpfen die Tiere unten und oben und überall durch. Ist alles junge Blühende abgefressen, ziehen sie weiter. Mein Zorn ist verständlich.
Auch mein Hund haßt sie. Eines Tages fing er eines. Er hielt es im Maul; ihn graust vor kleinen Pelztieren, aber er hatte schon zugebissen, doch ließ er es auf Befehl fallen. Es versuchte wegzulaufen, doch war es zu schwer getroffen. Was tun. Sollte ich es verwundet und sich zu Tod leidend liegenlassen? War es nicht besser, es rasch zu töten? Ich hatte nichts zur Hand als eine kleine Gabel zum Unkrautstechen. Damit stach ich zu. Und da blickte das Tier zu mir auf mit blanken Augen.

Was tust du!
Ich will dich erlösen.
Ich stach nocheinmal und nocheinmal zu. Ich stöhnte laut. Die Augen blieben auf mich gerichtet. Dann brachen sie. Ich warf den Kadaver über die Hecke. Der Hund und ich gingen ins Haus, beide schrecklich betroffen. Wir Mörder. Jener Blick blieb mir gegenwärtig. Ich bitte die Tierheit täglich um Vergebung.

Weihnacht 1982. Jemand schickt mir statt einer Weihnachtskarte ein Foto: eine armselige, unordentliche Ecke in einem Ausländer-Lager: eine Familie, vielleicht Vietnamesen, junge Eltern; ein neugeborenes Kind; die Mutter noch erschöpft von der Geburt; der Vater daneben kniend und still auf sein Kind blickend, das auf einem Brett liegt, das Köpfchen auf einem zusammengefalteten Handtuch, ein Bett gibts nicht, nichts gibt es, was es geben sollte. Nicht einmal jene Krippe mit Heu. Nicht einmal den warmen Atem von Ochs und Esel im Stall. Keinen Stern gibts überm Dach und keine vom Frieden singenden Engel und keine »Heiligen Drei Könige« mit Geschenken. Nichts als Armut und Verlassenheit.
»Sie fanden keinen Platz in der Herberge«, genannt Erde. Ein Kind ist geboren. Der Gott hat sich zum viel-millionsten Mal inkarniert in einem Menschenkind. In einem Kind der Allerärmsten.
Der junge Vater auf dem Foto in der anbetenden Haltung des Heiligen Joseph, die junge Mutter mit dem Madonnenblick der Liebe. Das Wunder neugeborenen Lebens.
In welche Welt hineingeboren? Welches Menschenschicksal hat der Gott dieses Mal auf sich genommen?
Was sage ich da? Habe ich eigentlich ganz und gar begriffen, was das heißt: ein Mensch ist geboren? Was ist das: ein Mensch? Eine Epiphanie des Göttlichen auf unsrer Erde. Jeder von uns: eine göttliche Offenbarung. Ob diejenigen, welche

»abtreiben«, wissen was sie tun; und ob diejenigen, die so zelotisch dagegen schreien, eigentlich wissen, wovon sie reden? Dieses Flüchtlings- oder Gastarbeiterkind auf dem Foto, es ist göttlicher Herkunft.

Wieder in New York. Da bin ich also wieder einmal in New York. Ich mag diese Stadt, ich könnte dort leben, scheint mir. Das ist keine wüst hektische Metropole wie Tokyo. Es ist eine menschliche Stadt, eine Provinzstadt, nostalgisch. Ich rede von Manhattan. Ich kenne auch Harlem, und gestern fuhr mich der portorikanische Taxidriver durch die Bronx, wo er lebt. Kleine Häuser, Baracken, Hütten, und viele Kirchen, unglaublich viele, aufgereiht an der Hauptstraße, für jedes Glaubensbekenntnis eine und auch noch für jede Nation. Da findet jeder, der sucht, SEINEN Gott, SEINEN Kult und vor allem seine Landsleute, ein Stück Heimat.
Ich denke an mein Gespräch mit dem nordkoreanischen Pastorhelfer in Pjongjang, dessen herangewachsene Kinder erklärten: Wozu Religion, Vater? Du bist aufgewachsen unter der japanischen Kolonialherrschaft, du warst unterdrückt, gedemütigt, ein Fremder im eigenen Land. Wir aber sind frei und glücklich, was soll uns deine Religion?
Die Leute von der Bronx brauchen ihre Religion, sie ist ihnen Trost und Stütze. Nicht: »Opium fürs Volk«, so nicht, das ist Demagogensprache. Anders: Religion ist eine Tür ins Freie, ein Ausblick, ein Hinblick auf die höhere Wahrheit, die andere Wirklichkeit.
Mein kleines Hotel am Central Park, fünfstöckig, schmalbrüstig, ein wenig verschlissen alles, abgewetzt, aber gemütlich. Im Zimmer nebenan wohnt bei stets offener Tür ein Radrennfahrer, der sein Rad im Aufzug mitnimmt, viermal am Tag, das Zimmer ist voller Trophäen, die er unentwegt poliert. Im Aufzug begegne ich verblüffend vielen Hunden. Jedermann darf seinen Hund mitbringen. Gesittete Stadthunde gesitteter Leu-

te; die tragen kleine Eimerchen und Schäufelchen in der Hand. An allen Straßen Schilder: Strafe bis 100 Dollar für Hundehalter, die den Dreck ihrer Hunde nicht augenblicklich beseitigen.

Ich beschließe, den freien Tag vor der ersten Lesung allein zu verbringen. Ich rufe keinen meiner Freunde an. Nur New York und ich also.

Es war eigentlich ein schöner Tag: ich lief zu Fuß die ganze endlose Madison hinunter und dann noch eine Querstraße und finde mich plötzlich am Hudson River und nehme, jäh entschlossen, einen Platz für eine Schiffsrundfahrt. Hätte ich doch das nicht getan: das Schiff, erst leer, füllt sich und ein dicker, äußerst unsympathischer Amerikaner, verpflichtet, nicht nur auf alles Sehenswerte (das man ohnehin sieht) hinzuweisen, sondern die Gäste auch noch durch alberne Späßchen zu amüsieren; er tut dies wie ein Automat, ununterbrochen, Stunde um Stunde. Kein Entrinnen für mich. Die dumme künstlich lustige Stimme dröhnt aus allen Lautsprechern. Neben mir sitzen eine Weile zwei alte Juden galizischer Herkunft, der eine eben frisch eingewandert, wohl über Israel, der andre schon lange hier; beide heimwehkrank. Der eine sucht den Neuen von den Vorteilen des Lebens in New York zu überzeugen, der andre hört schwermütig zu.

Nie wieder so eine Fahrt. Aber die Landschaft! So nah bei der Stadt unberührtes Land, Hügel, Wälder, Goldschimmer auf dem Laub, Indian summer.

Nach der Lesung an der Columbia University. Ich lese etwas aus den Tagebüchern und dann aus dem ›Schwarzen Esel‹ das Kapitel mit der Szene der Verhaftung der jüdischen Klavierlehrerin durch die SS. Da sehe ich einige Hörer weinen. Mein Gott: ich hatte vergessen, daß in New York noch jüdische Emigranten leben, für die das, was ich lese, bittere Erfahrung ist. Gern würde ich aufhören zu lesen, aber das geht nun nicht. Meine erfundene Geschichte, sie IST Geschichte, die Geschichte dieser weinenden Juden.

Washington. Was für eine kalte Stadt. Regierungsgebäude, steif und unverbindlich wie die Diplomaten, die hier aus und ein gehen. Eine geräuschlose, geruchlose, klassizistisch nichtssagende Stadt. Als gebe es hier keine Skandale, keine Leichen im Schrank. Dort das Watergatehouse. Da ging einmal Nixon aus und ein. Der war nicht mal der Schlimmste.
Meine Lesung in der Botschaft. Viele Leute. Zur Diskussion meldet sich als erster und dringend ein Deutschsprechender. Er bezichtigt mich des Linksseins und der Nestbeschmutzung. Das Publikum wendet sich gegen ihn: er ist ein bekannter Stänkerer und alter Nazi. Da ich ganz ruhig erwidere, und da er das Publikum gegen sich weiß, wird er verlegen. Hernach entschuldigt er sich bei mir mit »Küß die Hand, gnä Frau«. Ein Österreicher? Derlei Relikte gibts hier auch noch.
Boston, Thompson Island. Zuerst Lesung an der Massachusetts University mit wenigen Hörern. Dann eine Wochenend-Tagung von Germanistinnen, deutschen und amerikanischen. Ich bin Ehrengast, ich soll das Hauptreferat halten, aber ich will lieber aus meinem neuen Roman lesen, der ist passend. Das Tagungsthema: feministische Germanistik. Zunächst ein Horrorwort für mich. Es erweist sich, daß es sich um ein wichtiges Thema handelt: nicht nur, daß herauskam, daß das Fach Germanistik bislang ausschließlich von Männern besetzt war und daß eben diese Männer die von Frauen geschriebene Literatur für zweitrangig hielten (ausgenommen gerade noch Virginia Woolf, Sigrid Undset, die Schwestern Brontë), sondern auch, daß diese Männer verschwiegen haben, wie häufig Frauen Romane schrieben, die dann unter dem Namen ihrer Männer erschienen. Der Fall Colette ist der bekannteste. Die Parallele zur Literatur: die Bilder von Malerinnen wurden nicht ausgestellt in den Galerien, obgleich sie mindestens ebenso gut waren wie die der Maler. Ich erinnere an das eben bei Ullstein erschienene Buch von Germaine Greer ›Das unterdrückte Talent‹ mit den sehr guten Bildern unbekannter Malerinnen. Was haben uns die Männer angetan seit Jahr-

hunderten! Sie ließen uns nicht hochkommen und sagten dann, es gebe unter uns keine Talente, die mit ihnen konkurrieren könnten!

Und wie lautete das Männer-Urteil über Schriftstellerinnen? Sie schreiben Weibersachen, die keinen Mann interessieren. So! Aber wir Frauen mußten uns für ihre Männersachen interessieren: für Jagd- und Abenteuergeschichten, für Kriegsromane, für die Darstellung von nekrophilem Heldentum. Das war dann DIE WELT; alles andre war Weiberkram. Und in der Männerliteratur, da hatten wir Frauen die obligate Rolle als Geliebte, als Mutter, als Hure, als Spionin allenfalls. Mit Männeraugen gesehen, von Männerwünschen und Männerängsten geprägt, so lange uns vorgesagt, bis wirs selber glaubten und uns in unsre Rollen fügten.

Darüber also wird hier geredet, und alles wird handfest und mit wissenschaftlichen Methoden bewiesen.

Nicht immer sind wir alle einer Meinung. Es gibt aggressive Feministinnen, emotionsgeladen, mit schlimmen Erfahrungen geschlagen. Es gibt Lesbierinnen, die ihr ureigenes Problem für das wichtigste halten; es gibt glücklich Verheiratete, die ganz objektiv sein können. Ein Tag voller Spannungen. Aber dann pendelt sichs ein. Für mich, an Arbeit mit Männern gewöhnt, ein neues Erlebnis: diese Frauen, ein halbes Hundert, Akademikerinnen, wagen es, herzlich zueinander zu sein, sanft auch bei widersprüchlichen Meinungen, zärtlich sogar. So gehts also auch. In meinem langen Leben habe ich keinen Kongreß erlebt, der so wie dieser hier den Geschmack von Frieden und Glück gehabt hätte.

Zwischen den Arbeitsstunden mache ich lange Gänge über die Insel. Herbstlich verfärbte große alte Bäume, der breite Kiesstrand, seltene Wasservögel, scharfer Wind, herrlich reine Luft. Meist schließt sich mir eine der Frauen an, und ich erfahre private Schicksale. Wie viele Probleme im Beruf, in der Ehe, in der fast unerträglichen Doppelbelastung durch Ehe und Beruf. Wie tapfer diese Frauen sind. Erkenntnis: die Männer sind

ihnen keine Stütze mehr, sie stehen allein für sich ein, auch als gut Verheiratete. Die Ehe ist kein Nest mehr. Ein einziger Mann als Teilnehmer. Das Modell des emanzipierten Mannes: ohne virile Überheblichkeit, aber auch ohne Unsicherheit inmitten so vieler Frauen, und ohne den modischen Versuch der Anbiederung. Das gibt es also. Aber bis ein Mann seinen Männlichkeitswahn abgebaut hat!
Boston. Was für eine reizende Stadt. Sehr europäisch, sehr gemütlich. Als gebe es hier nur wohlhabende freundliche holländische Pensionäre. Abendeinladung bei einem evangelischen Theologen.
Das schrieb ich gestern so auf. Ich ahnte nicht, was der Abend mir bringen würde. Das Gespräch kam auf mein Arbeitsvorhaben, die Geschichte der Maria Magdalena zu schreiben. Ich hatte auf der Insel das provisorische erste Kapitel gelesen mit großem Erfolg: es paßte so gut zum Thema Feminismus: Maria Magdalena als emanzipierte jüdische Frau. Jetzt aber sehe ich: das ist ein politisches Thema! Der Theologe (Exeget) Horsley arbeitet über die Bauernaufstände in Palästina zur Zeit Jesu. DAS ists: Jesus und die Befreiung seiner Heimat von römischer Kolonialherrschaft. Jesus und die Gewalt. Jesus, und Judas, der politische Kämpfer im Widerstand. Ich kann nicht schlafen. Ich fand den Einstieg in die neue Arbeit. Horsley gibt mir seine Aufsätze zum Thema Bauernkriege von damals. Ich lese und lese und habe Herzklopfen vor Aufregung, vor Anregung. Nichts wie heim und an die Arbeit! Aber ich muß noch fünf Universitäten besuchen.
Erst mal Northfield. Ausdrücklich protestantisch; Sanct Andrews University. Man lebt hier seltsam außerhalb der Zeit. Heile christliche Welt. Puritanisch. Saubere Jugend. Morgens Gottesdienst, mehr oder minder obligatorisch. Die große Kirche am Wochentag (!) brechend voll; leidenschaftlich andächtiger Chorgesang. Eine sogar gute Predigt über den Frieden. Nur: wie überträgt man diesen innern Frieden auf Reagans und des Pentagons Politik? Die Frage wird ausgespart. Die Studen-

ten leben nach Fachbereichen und Geschlechtern getrennt in kleinen Häusern zwischen den Wäldern des Campus. Ich bin eingeladen zum Frühstück im ›Deutschen Haus‹. Die Studenten backen ihr Brot selber. Liebenswerte Jugend. Kinder reicher Leute. Wie sieht ihre Zukunft aus?

Minneapolis. Sonderbarer Name gemischt aus dem griechischen Polis und dem indianischen »Minne«. (Minnesota, Minnehaha.) Hier ist Indianerland. Wunderschönes Land mit blauen Seen und sanften Hügeln. Wo aber sind die Indianer? Wo?

Der Germanist Prof. Schulte-Sasse, ein gescheiter, liebenswürdiger Mann, zeigt mir die Stadt Minneapolis. So eine Stadt sah ich nie: einstmals bestand sie nur aus Lagerhäusern, riesigen, vielstöckigen Getreidespeichern, gebaut aus Balken so dick, daß man sie nicht umspannen kann. Alle diese Speicher sind heute Geschäftshäuser und alle sind durch Passagen verbunden. In den Zwischenhöfen stille hübsche Restaurants und Cafés. Was für eine schöne kluge organische Architektur.

Die Speicher: Zeugen einer Zeit, in welcher der Mittelwesten DAS Getreideland der Welt war. Ich sah das Land bei der Autofahrt von Chicago nach Champaigne: die endlose Ebene, baumlos, Felder, teils noch mit Mais bestanden teils abgeerntet. Der große Fehler, der sich heute zum Erschrecken der US-Ökologen zeigt: der Boden ist ausgelaugt. Nie hielt man die Grundregel des Ackerbaus ein: Fruchtwechsel. Immer dasselbe Getreide auf dem selben Boden, das gibt zunächst Rekordernten und verbilligt den Betrieb, dann wird die Erde müde wie eine Frau, der man zuviele Schwangerschaften auflud. Natürlich will mans nicht wahrhaben, daß man das Land ausgebeutet hat: man stopft es mit Kunstdünger voll. Das Getreide wird schlecht und immer schlechter, und außerdem ist Kunstdünger teuer, die Landwirtschaft lohnt nicht mehr, viele Farmer verkaufen. Eine triste Landschaft. Stunde um Stunde nichts andres als diese armgewordene Erde unter dem grauen, wiewohl heißen Himmel.

Universität Illinois-Urbana. Hübsche Stadt, Studentenstadt, sauber, grün. Mein Eindruck: man (man!) verlegt die Universitäten weit weg von den großen Städten, den politischen Brennpunkten, den Industrie-Arbeiter-Gegenden. In den Provinzstädten kann man seelenruhig vor sich hin studieren. Hier in Urbana ist es, wo ich von Studenten in einer Gruppendiskussion höre: »Für uns Amerikaner ist der Atomkrieg ohne Interesse. Hier fällt keine Bombe.«
Das nämliche hörte ich schon in Northfield und in einem Gespräch mit einem Amerikaner, der im Flugzeug von Chicago nach Champaigne neben mir saß und sein halbvergessenes Deutsch bei mir erprobte.
Ja, was geht die USA an, was mit Europa geschieht. »Um des Weltfriedens willen muß es unter Umständen geopfert werden.« Wer sagte das öffentlich? Reagan. (Solche Sätze werden dann immer dementiert wie jener von Haig, Krieg sei nicht das größte der Übel und der Friede nicht das Wichtigste heute.) Ob öffentlich gesagt oder nicht: es ist die Meinung eines Teils des US-Volks. Und diese USA waren einmal ein exemplarisch humanes Land, das sich als Gewissen der Welt fühlte.
Nie hatte, seit den Nord-Süd-Kämpfen, dieses Land den Krieg auf eigenem Boden. Immer führte es Kriege, in Indochina, in Korea, in Europa, immer auf fremder Erde, und immer mit »bestem Gewissen« . . .
In Illinois gerate ich in eine schwierige Lage. Ich war eingeladen zu einer Lesung an der Universität, aber auch: für anderntags zu einem Vortrag bei einem Wochenend-Seminar zum Thema »Verhältnis der BRD zu den USA«. Ich lehnte brieflich, rechtzeitig, ab, mich zu diesem Thema zu äußern. Der Brief sei nicht angekommen, sagt man. Nun: das Programm der Tagung stand fest. Was tun? Mein rettender Einfall: ich lese jene Parabel vor, die ich für die holländische Friedenstagung 1981 schrieb. Der Inhalt: ein Adler und ein Bär sitzen sich gegenüber, jeder mit einem Stein bewaffnet und einem Haufen Steine neben sich. Zwischen ihnen sehr klein ein Tier, verängstigt.

Es wagt etwas zu sagen. Es wird niedergezischt. Der Adler: Sei still, siehst du nicht, wie der Bär dich bedroht? Ich schütze dich vor ihm. Der Bär: Siehst du nicht, wie der Adler dich bedroht? Ich schütze dich vor ihm. Warum, fragt das kleine Tier, warum schützt ihr mich, hab ichs nötig? Laßt mich in Frieden leben, geht heim, dann braucht mich keiner von euch zu schützen. Wenns von mir abhinge! sagt der Adler. Wenns von mir abhinge! sagt der Bär. Ja, aber, sagt das kleine Tier, es hängt doch wohl von euch beiden ab! Ich sehe die Felsbrocken in euern Fängen. Auf wen werft ihr sie? Und warum wächst der Steinhaufen neben jedem von euch? So viele Steine, warum, wozu? Der Adler: Siehst du nicht, wie der Bär sammelt? Der Bär: Siehst du nicht, wie der Adler sammelt? Ja, schon, aber wozu? Mir scheint, ihr wollt euch gegenseitig umbringen, warum, weil ihr Angst habt voreinander, und darum häuft jeder mehr und noch mehr Steine an.

Still du! sagen die großen Tiere, einmal einmütig; das geht dich nichts an, du bist zu klein, um mitzureden, du bist sozusagen nicht vorhanden.

Ach so, sagt das kleine Tier, so ist das: ihr habt Angst und wißt nur noch nicht, wer den ersten Stein wirft. Warum aber wollt ihr euch gegenseitig umbringen?

Weil es nur einen Sieger geben kann.

Ach wirklich? Warum hockt ihr eigentlich hier, und der eine fletscht die Zähne, und der andre klappert mit dem Schnabel? Habt ihr nichts Besseres zu tun? Geht doch heim!

Das ist unmöglich. Das wäre ja das Eingeständnis der Unterlegenheit.

Na, und? Wozu hilft euch die Überlegenheit, die ihr einander gegenseitig zuschreibt und die jeder haben möchte?

Ja, aber wer sollte sich zuerst zurückziehen?

Gleichzeitig, Freunde, gleichzeitig muß das geschehen. Stellt euch vor, wie euch eure Völker empfangen werden: nicht als Unterlegene, sondern als Sieger. Als Helden des Friedens. Und dann begänne eine neue Ära des Friedens auf dieser Erde.

So etwa meine Parabel. Beifall. Aber dann die Diskussion: der Adler möchte den Frieden, aber der Bär ... Ich sage: Und ihr glaubt, der Bär wolle Krieg? Der will schon aus wirtschaftlichen Gründen nichts als den Frieden. Und bitte, wer warf die ersten Atombomben? Wer denn?
Aber das war nötig ...
Wirklich? Wo bleibt euer Geschichtswissen? Und der Vietnamkrieg, der Koreakrieg, waren die nötig?
Diese Kriege haben die Kommunisten begonnen oder doch provoziert ...
Und ich sage euch, junge Freunde: wenn je die erste Vernichtungsbombe fällt, dann ist sie eine der USA, und sie fällt auf Europa, dieses kleine Tier, das geopfert werden muß, damit endlich der Welt-Kommunismus besiegt ist, für immer. Aber wenn ihr jetzt meint, ihr habt es mit einer bösen Kommunistin zu tun, so irrt ihr euch. Ich bin gegen Gewalt und gegen Diktaturen, seien sie »rechts« oder »links«. Wer den Hitler-Faschismus am eigenen Leib erlebt hat, der sehnt sich nicht nach einer Diktatur. Ist das klar? Aber ihr: machts euch nicht zu leicht! Habt den Mut zur Kritik an eurer Regierung! Den selben Mut muß die Jugend der Ostblockländer aufbringen. Adler und Bär müssen tatsächlich, realiter, gleichzeitig ihr wüstes Kriegsdenken aufgeben. Frieden müssen wir denken, überall! Aber ihr in den USA: laßt wenigstens uns in Europa Frieden denken und Frieden schaffen. Habt ihr nicht eure Regierung gezwungen, den Vietnamkrieg zu beenden? Nun also!
Eine harmlose Rede. Aber wer redet sonst so mit diesen erzkonservativen Studenten?
Eine Gruppe hält mich zurück. Bei denen habe ich einige Nachdenklichkeit erweckt.
Sonntag in Urbana. Kirchenglocken. So viele Kirchen! Ich gehe durch die Stadt. Sonntäglich gekleidete Leute in sonntäglich leeren, saubergefegten Straßen. Ein paar Cola-Dosen, in Vorgärten geworfen, wirken geradezu tröstlich auf mich in dieser Sterilität.

Ich mache Kirchen-Proben, sozusagen. Es gibt Kirchen für alle christlichen Religionen. Schließlich bleibe ich in der Kirche der Anglikaner und wähne, in einer katholischen Kirche vor dem II. Vaticanum zu sein: die Messe im alten Ritus, Latein, die Leute mit gefalteten Händen tief über die Betbänke gebeugt. Einzige Neuerung: unter den vielen als Ministranten Gekleideten auch Mädchen; aber sie bilden nur den Chor. Übrigens ein hervorragender Chor, konzertreif; Bach, Hassler, Palestrina.

Mir wird ganz fromm zumute, fromm auf vorkonziliare, konventionelle Art. War doch schön damals, das Latein und all das brokatene byzantinische Gepränge ... Die Anglikaner als der konservativste Zweig des Katholizismus ... Denen fehlt nur der Papst. Sie sind sehr geneigt zur Heimkehr in den Mutterschoß, höre ich.

Wie doch in den USA das Bürgerliche mit dem Reichtum der Reichen und dem konventionellen Christentum sich verträgt. Problemlos. Heile Welt. »Auf uns fällt doch keine Atombombe, Gott schützt die tugendhaften Reichen.«

Als ob man von Wladiwostock und Sachalin aus nicht Kalifornien beschießen könnte! Als ob das radiumverseuchte Europa nicht bis nach den USA die Luft vergiften könnte. Törichte Kinder. Sie wissen nur, was man ihnen vorsagt. Außer der ›Washington Post‹ und einigen »linken« Universitäts-Zeitungen ist die US-Presse mehr oder minder gleichgerichtet.

Bedenkend, daß die 68er Bewegung in den USA begann, in Berkeley! Wohin ist jene Jugend geraten? Angepaßt, angepaßt. Es gibt offenbar keine stärkere Macht als die Konvention.

Jedoch: nichts bleibt wie es ist, das Rad dreht sich weiter. Kein Reagan hält es auf.

Los Angeles. Autofahrt mit Gudrun Gill und Frank, ihrem Mann. Ziel: die Wüste. Endlose Fahrt durch Los Angeles. Ist das eine Stadt? Das ist, zwischen Bergen und Meer, eine

Ebene voller Häuschen und Häuser. Wieviel Einwohner? Zwölf Millionen? Hin und wieder eine Erinnerung an das, was einmal hier war: Weinland, Orangenland, fruchtbar, schön, längs des Meeres; der Rest: ein paar Orangenhaine, einige Weingärtchen. Spekulationsgebiet. Verstaubte Palmen, und in den Dünen Ölpumpen; keine Bohrtürme; die sind gar nicht nötig, das Öl liegt hoch, und es gibt viel davon. Benzin ist billig. Darum fährt jedermann Auto. Aber auch der weiten Entfernungen wegen. Gudrun braucht bis zu ihrer Universität eine Stunde Autofahrt. Mittags fährt sie heim, Essen richten; nachmittags wieder zur Universität und wieder heim. Vier Stunden Autofahrt am Tag. Mindestens. Ihr Mann ebenso. Jedermann fährt und fährt. Die Stadt liegt unter einer Dunstglocke, wenn nicht gerade tags zuvor ein Taifun die Luft reinigte, was zu erleben ich das Glück habe. Dennoch: weggeblasener Staub kehrt zurück, das Grau stellt sich heute schon wieder her.
Wir lassen Los Angeles hinter uns, ohne dessen recht gewahr zu werden, denn schon beginnt ein neuer Ort und wieder einer und noch einer, Ferienorte, hübsche, Luxusorte. Und außerhalb die Indianer-Reservate. Einen Indianer sah ich nicht.
Dann endlich die Wüste. Steinwüste. Ich habe die Wüste im Iran gesehen und die in Jordanien. Das sind Sandwüsten, wellig bewegt vom Wind, lebendige Wüsten. Dies hier aber ist eine starre Steinwüste. Zwischen zwei nackten Gebirgszügen das nackte Hochtal, so nackt, als habe ein Urstrom vor kurzem erst allen Sand hinweggeschwemmt und nur die Steine belassen. Runde, glatte, abgeschliffene Steine. Da und dort eine Pflanze: Kandelaber-Kakteen, stachelig, und Sträucher, die jetzt dürr und tot scheinen, im Frühling aber blühen, so reich blühen, daß man vor den dicht an den Ästen und Zweigen sitzenden Blüten kein Holz mehr sieht; da und dort sehe ich noch (es ist Oktober) zeitverirrte Blüten, feuerrot. Brennende Dornbüsche. Moses in der Wüste. In so einem brennenden Dornbusch erschien ihm sein Gott, und außer IHM war nichts. Nichts als nackte Bergwüste. Nichts als die unausweichliche Begegnung.

Hier, an der mexikanischen Grenze, sinds andre Götter, die einem begegnen. Sie schauen einen starren Auges an. Was willst du hier, Fremdling, du, unfähig, uns zu hören, zu sehen, zu begreifen?
Ihr täuscht euch, alte Götter. Ich bin älter, als ihr denkt. Meine Haut erschauert unter einem hauchlosen Atem, mein Ohr hört den Ton der vollkommenen Leere, ich habe Ehrfurcht vor euch Uralten.
Die Götter antworten (sie antworten immer, man hört nur nicht mehr auf sie): plötzlich flammt die Landschaft auf; die Sonne, in einem bestimmten Winkel zwischen Felsenhügeln untergehend, schüttet rotes Gold aus, die Wüste brennt, dann mildert sich die Lichtgewalt, das wilde Rot wird zu Rosa, immer mehr sich sänftigend, bis die Felsbrocken die Farbe von Rosenquarz haben, ins Cyclamen-lila spielend, und so bleibt es eine Weile. Die Sonne ist untergegangen, die Landschaft hält das Licht fest, plötzlich erlischt es. Es wird kalt. Die hohen einzelnen Kakteen stehen schwarz wie Kreuze in den Steinfeldern.
Frank fand ein Stück von einem Kaktus, er will es daheim in den Garten pflanzen, er zeigt es mir; noch ist meine Hand etwa zwanzig Zentimeter von der seinen entfernt, da macht das pelzig-stachlige Kaktusstück einen Sprung durch die Luft und landet auf meiner Hand. Weder Frank noch ich haben unsre Hände bewegt. Das Ding springt von selbst. Als sei es ein Tier. Wir erschrecken. Ich will das Ding wegwerfen, aber es hat sich mit hundert feinen Stacheln an meine Hand geheftet. Stück um Stück ziehe ichs heraus. (Noch wochenlang bleiben die roten Einstichpunkte.)
Gudrun sagt: Es stimmt also, was die Indios sagen, daß man hier nichts berühren und nichts wegnehmen darf, die Götter wachen eifersüchtig über das Ihre.
Es wird sehr rasch Nacht. Kalte Nacht. Der Himmel über der Steinwüste ist so klar, daß mich nicht wunderte, Mond und Sterne klirren zu hören.

Nichts Neues unter der Sonne. P. M. H. in Poona. Und jetzt R. B. in Oregon. Nun: das gabs doch schon: die Befreiung des Menschen von seinen »Komplexen« durch die sexuelle Enthemmung. Im 12. Jahrhundert zum Beispiel gab es das bei einigen Sekten: den wahllosen Beischlaf, den orgiastischen Gruppensex, die Auflösung des Inzest-Tabus. Kein Selbstzweck, keine glatte Promiskuität, wenigstens nicht in der Intention. Das Ziel: die Lösung der körperlich-seelischen Verklemmung; die Erlösung von den Lemuren der verdrängten Geschlechtlichkeit. Der Weg dazu: der Sprung in den abgrundtiefen Brunnen der Ich-Vergessenheit. Die Erlösung durch das Dionysische. Denn Dionysos war ein Gott. P. M. H., einige Zeit beim Bhagwan in Poona, hats gutgetan, es hat seine kreative Kraft gestärkt. R. B. war einige Zeit beim Bhagwan in Oregon; ihm tats gut, ihm wurde seine körperliche Verkrampfung gelöst, und seine überzüchtete scharfe Intellektualität bekam ihr Gegengewicht: die Befreiung des Gefühls, die Fähigkeit zur Zärtlichkeit.

Gut also. Gut, wenn da ein Guru ist. Ein Therapeut. Ein Plan. Ein Ziel.

Aber die vulgäre, führerlose Enthemmung, das häßlich Pornographische, die Anstiftung zur Straßenhunde-Paarung; diese teuflische Trennung von Eros und Sexus – das führt doch nicht zur Befreiung. Wer sich dem Eros-Sexus im dionysischen Rausch in die Arme wirft, der muß stark sein, der muß sich im Griff haben, der muß sich zurückholen können aus der wilden Entrückung. Wers nicht kann, dem wird der Sexus, der den Eros tötet, zur Obsession.

Und da stehen wir heute. Dazu wird öffentlich verführt in Presse und Film und Fernsehen. Wie aber dem beikommen? Durch strenge Zensur? Aber Zensur in wessen Händen? In den Händen saurer neidischer Impotenter, vertrockneter Zölibatäre, Neurotiker, die ihren »heiligen Zorn« gegen die eigenen verdrängten Lüste richten?

Geht nicht. Wie aber? Die Sache laufen lassen, bis die Welle

sich überschlägt? Auf einen neuen alten Puritanismus hoffen? Falsch. Das Errungene muß bleiben: der Mut zur Zärtlichkeit, die Freude am Leiblichen. Aber es muß etwas hinzukommen: die Liebe. Nämlich: die Liebe zum Partner und die Liebe zur Liebe.
Warum gehts eigentlich nicht so, daß wir (Frauenbewegung, Grüne, Friedensbewegung und meinetwegen auch die Progressiven in den Kirchen – was freilich gefährlich ist) eine Anzeige erstatten gegen alle, die mittels Pornographie das Menschenrecht auf Liebe verletzen?

Novembergefühl. Melancholisches Wetter selbst hier im Süden. Wie ist mir denn. So ist mir, als beginne ich sanft, aber entschlossen meine Wurzeln aus dem Boden meines Erdenlebens zu ziehen. Sonderbarer Zustand: schwebende Schwermut.

Wie geht denn Erkennen? Heimfahrt auf der Appia Nuova. Die Wiesen frühlingsgrün, Schafherden weiden, das Vlies noch nicht geschoren, die gelbe Wolle hängt ins Gras. Die Mutterschafe schwanger. Bilderbuchseite. Und etwas weiter nördlich die Obstgärten: rosa Wolken die Pfirsichblüte, lila Wolken die Aprikosenblüte.
Ich bremse sanft, ich halte an. Ja, das ist der richtige Ausdruck: ich halte an. Ich halte den Zeitstrom an. Er hält von selber an. Ich erlebe einen Augenblick der Entrückung.
Was ist das, was ich da sehe? Ich sehe nicht Blüten, ich sehe DAS BLÜHEN. Ich bin durch alle Blüten hindurch im Innern der Ur-Blüte angekommen. Ich erkenne das Blühen. Indem ich das Blühen erkenne, erkenne ich ALLES. Der Mystiker Jakob Böhme erkannte dieses ALLES in einem Messingbecken, vor dem Laden eines Baders aufgehängt. Es war Gott, den er sah.

1983

Leseabende in Deutschland. Alles recht erfreulich. Schwierig nur Erlangen: zu kleiner Raum, Enge in jeder Hinsicht. Erlangen: Universitätsstadt, dominierend die Fächer Naturwissenschaft und Medizin. Lesung aus ›Mirjam‹ mit Skepsis aufgenommen. Meine Vor-Erklärung, es handle sich um kein »frommes Buch«, kaum um ein theologisches, sondern um ein politisches (Thema: Befreiung eines kleinen unterdrückten Landes, Israel-Palästina, mit oder ohne Gewalt?), löst falsche Reaktionen aus. Eine ältere Frau in der ersten Reihe meldet sich vorzeitig, insistierend, als erste in der Diskussion zu reden. Sie tadelt mit Schärfe mein politisches Engagement. Meine Gegenfrage: Gibt es etwas, was NICHT politisch wäre?
Sie sagt: Aber das Evangelium hat doch wirklich nichts zu tun mit Politik.
Was ist denn Politik? Sorge um den Mitmenschen.
Ja, freilich, das wohl, aber das geht doch direkt, von Mensch zu Mensch.
Und, frage ich, wie verbessern Sie mit dieser Mensch-zu-Mensch-Methode die Lage in der Dritten Welt?
Ich schicke Pakete an die Missionsstationen, die machen dort Freude und sind eine Hilfe; das ist doch christlich und geht ohne Politik.
Ja, sage ich, das wohl. Ich nenne es Almosengeben, das ist tugendhaft. Aber wie vielen, wie wenigen Menschen helfen Sie damit? Und die Millionen andrer? Die bleiben auf diese Art immer Almosen-Empfänger, wenn überhaupt das Almosen bis zu ihnen gelangt.
Aber Jesus hat doch gesagt . . .
Ich resigniere vor dieser und ähnlichen Interpretationen von Christentum und Politik. Das Gespräch begibt sich endlich auf ein anderes Gebiet, aber da wird es noch unerfreulicher: man greift das an, was man meine Religiosität nennt, derlei sei doch

überholt, und so ein Buch über Jesus zu schreiben, sei überflüssig, und überhaupt: was ich denn wolle mit so etwas in unsrer Zeit, die doch weit hinausgewachsen sei über diese Wundergeschichten, diese Krankenheilungen vor allem.
Ihr Mediziner, habt ihr noch nichts gehört von außermedizinischen Heilmethoden? Ists nicht die Seele, die krank wird, ehe der von euch zu kurierende Leib krank wird?
Einer sagt: Dafür gibts Psychotherapeuten und Psychiater; ich bin Chirurg.
Das Gespräch zermürbt mich. Es ist, als redete ich in einem fremden Dialekt zu Halbtauben.
Eine Frau sagt halblaut und erbittert: Und ich dachte, die Rinser sei eine moderne, eine emanzipierte Frau, und nun das!
Eine andre aber gibt ein wichtiges Stichwort, sie redet von ihrer Angst.
Angst wovor?
Vor dem Atomtod.
Nur vor dieser Todesart oder vor dem Tod überhaupt?
Es stellt sich heraus, daß ihre Angst genau besehen die Angst davor ist, sterben zu müssen, ehe sie »richtig gelebt« hat.
Sie ist fünfundvierzig.
Meinen Sie, daß Ihr »richtiges Leben« erst kommt? Haben Sie bisher nicht richtig gelebt?
Mich nicht aus-gelebt.
Mein Versuch ihr zu erkären, daß »das richtige Leben« weder kommt noch nicht kommt, sondern DA IST, hier und jetzt, oder aber gar nicht.
Aber ich will doch Karriere machen!
Und die ist abgeschnitten, wenn Sie sterben?
Natürlich.
Sie identifizieren also Leben mit Karriere.
Betroffenes Schweigen.
In der Nacht danach kann ich nicht schlafen. Wie sind doch so viele Menschen »falsch programmiert«, wie wenig wissen sie, was Leben ist, wie hat man versäumt, ihnen zu sagen, daß Le-

ben von innen her gelebt werden muß, um Leben zu sein: »Jetzt und Hier« gelebt. In jedem Augenblick. Seltsame Vorstellung: man läuft und läuft, denn die Gesellschaft befiehlt, man müsse laufen, weil es irgendein Ziel zu erreichen gilt: Direktor der Fabrik zu werden, einen Lehrstuhl an der Hochschule zu bekommen, Chefarzt zu werden, Abteilungsleiterin im Warenhaus oder Chefsekretärin oder oder oder. Und so läuft man, bis man stirbt, und hat nicht gelebt, nicht »richtig sich ausgelebt«.
Ich erinnere mich der Geschichte eines alten chinesischen Weisen, der nie sein Haus verließ, jeden Staatsposten und jede Ehrung ablehnte, jedes Geldgeschenk zurückwies, kein Buch schrieb, seinen Garten pflegte, Fische fütterte, und zu dem die Menschen kamen und ihn in ihren weltlichen und geistigen Anliegen um Rat fragten. Es zeigte sich, daß der alte Weise, der nie sein Dorf verlassen hatte und nichts las, das Treiben der Welt kannte und allen Besuchern raten konnte. So lebte er sein Leben. Er LEBTE es. Er lebte glücklich. Er wußte das große Geheimnis.

Das große befreiende Lachen. Premiere in den Münchner Kammerspielen: ›München leuchtet‹. Ich habe selten so gelacht, so aus dem schwärzesten Abgrund heraus gelacht. Wars denn so lustig, was da gespielt wurde, halb Komödie halb Kabarett? Lustig? Nein. Ganz und gar nicht. Es war eine bitterböse Anklage. Es war die nicht einmal retuschierte Fotografie einer Stadt namens München und ihrer Schickeria, der high-snobiety, jener Leute, die in dieser Stadt eine Rolle spielen, eine angemaßte, aufgeplusterte, lächerliche, absurde, gefährliche, eine legalisiert kriminelle. Nicht als sei München, meine Heimatstadt, besonders übel und besonders mies regiert. Es könnte auch eine andre Stadt sein. Aber es ist nun einmal München, das so gar nicht leuchtet. (Anspielung auf die Ehrenmedaille dieses Namens, verteilt an besonders verdiente

Bürger wie ... nun: wie an »Old Schwurhand« und ähnliche Herren. Eine schmutzige (Schwur-)Hand wäscht überall die andere schmutzige Hand. Immer. Überall. Nur: es ist eben von München die Rede. Mir tuts schon ein wenig weh. Ehrlich gesagt. Eine Art Kollektiv-Scham. Aber ich muß dennoch lachen und lachen. Auch bei der Szene, die erstaunlicherweise die Zensur ungeschoren passieren ließ: da wird angespielt auf jene Fernseh-Sendereihe ›Aktenzeichen XY‹. Nämlich: Verbrecher werden gesucht; die Auffinder, Nicht-Polizisten, die Spürhunde, bekommen eine Prämie. Die Anstiftung zur Schnüffelei und Denunziation. Unter dem Mantel der Sorge für die Sicherheit des Bürgers. Na ja.
Jetzt ist an der Rückwand der Bühne die Projektion eines Fernsehbildschirms zu sehen und wir hören die Worte der Ansagerin: »Gesucht wird ...«
Und dann (mir stockt der Atem, mir bleibt die Spucke weg), dann erscheint auf der Leinwand ein Gesicht, ein bekanntes, und die Ansagerin erklärt: Gesucht wird jener Spekulant, der im Osten Münchens ... (alle begreifen). Und so erscheint Gesicht um Gesicht, wir kennen jedes, und bei jedem hören wir die Ursache der Fahndung. Alle Münchner Skandale bekommen die richtigen Gesichter und die richtigen Namen. Auch ungenannt hören wir sie. Zuletzt dann die breite Rückseite und der Stiernacken eines Mannes. Auch wenn wir nur seine Rückseite sehen ...
Das Premierenpublikum lacht sich tot, obwohl alle eher weinen und aufschreien möchten. Das Gelächter hat eine wichtige und ernste Funktion, nämlich jene der Katharsis, der Befreiung, der Reinigung. So wie in der Tragödie der Untergang des Helden die Katharsis herbeiführt. Könnten wir über Münchens Leuchten nicht lachen: wir müßten eine Revolution machen.
Zwei Monate später: eben den Roman von Umberto Eco beendet. Und da finde ich, wissenschaftlich fundiert, wenn auch als fiktiver, erfundener Text, angeblich aus dem verschollen gewesenen, dann aufgefundenen, dann verbotenen, dann beim gro-

ßen Klosterbibliotheks-Brand mitverbrannten 2. Buch des Aristoteles ›Über das Lachen‹, meine eigenen Gedanken, ausgelöst durch das Gelächter bei ›München leuchtet‹.
Da ist die Rede von der Erweckung des Vergnügens am Lächerlichen, das zur Reinigung der Leidenschaft führt... »Wodurch reizt die Komödie zum Lachen? Durch die Angleichung des Besseren ans Schlechtere... durch Anführen des Belanglosen und Widersinnigen, durch Herabsetzung der Personen, durch den Rückgriff auf die unedlen Dinge, durch die Disharmonie...«
Dieses Buch des Aristoteles sei also verschollen. Warum? Weil die Obrigkeit (die Kirche) es verboten hat. Sie hat das Lachen verboten. Sie hatte Grund zum Verbot: sie fürchtete das Lachen, das sie der Lächerlichkeit preisgeben konnte.
Die Evangelien lassen Jesus nie lachen. Ich lasse ihn (in ›Mirjam‹) mehrmals lachen, herzlich und offen. Der Teufel lacht nicht. Er meckert nur wie ein Ziegenbock. Er macht, daß uns das Lachen vergeht: er arbeitet teuflisch ernst, er arbeitet mit der Angst. Die Teufels-Austreibung mit dem großen Gelächter über seine listigen, aber durchschaubaren Machenschaften.
Umberto Eco erzählt, daß Lykurg dem Lachen eine Statue errichtet habe, und daß ein Schauspieler von der Anklage der Gottlosigkeit freigesprochen wurde, weil er die Leute zum Lachen brachte, und wie ein Kranker geheilt wurde, als sein Arzt ihn das Lachen lehrte.
Ich denke an das alte Motiv, das in vielen Märchen erscheint: die traurige kranke Prinzessin, die nicht lachen kann und die derjenige zur Frau bekommt, der sie zum Lachen bringt, und sei er auch ein Schweinehirt.

Die Frau am Kreuz. Im ›Zeitmagazin‹ den Aufsatz über den französischen Maler und Zeichner Félicien Rops gelesen, der im 19. Jahrhundert in Paris Skandale entfachte, weil er Pornographie zeichnete, darunter jene Radierung ›Die Versu-

chung des Heiligen Antonius‹: das Kreuz auf Golgatha, aber statt des gekreuzigten Jesus (der sich eben vom Balken gelöst hat) eine nackte Frau.
Sonderbares Zusammentreffen: kurz zuvor schickte mir Stefan Trechsel, Schweizer Jurist, das Protokoll des Prozesses um eine moderne Version eben dieses Themas. Der Schweizer Maler Kurt Farner malt keinen Jesus am Kreuz, sondern nur die nackte Frau, mit weit auseinanderklaffenden Schenkeln, und die Frau ist vielleicht eine Hure, aber keine wollüstig verführende, sondern eine leidende, geschändet und ans Kreuz genagelt von den Männern. Fern von Pornographie. Erschreckende Kulturkritik. Schockierender Beitrag zum Feminismus, geliefert von einem Mann, der sich für die Männer schämt.
Félicien Rops malte Pornographie, aber ihr fehlt für Heutige das Verruchte der Verführung durchs Sexuelle; da gibts heute Stärkeres, Gefährlicheres. Sein Werk wurde damals, um die Mitte des 19. Jahrhunderts, verboten. Der Schweizer, von heute, der fern davon war, Pornographie zu malen, wurde von einem Schweizer Gericht verurteilt und das Bild verschwand im Giftkeller. Ein Prozeß führte zur Rehabilitierung. Nach seinem Tod.
Ich wurde um meine Stellung gefragt. Ich erklärte mein Verständnis und Einverständnis mit der Rehabilitierung. Aber ich gestehe: ich bin schockiert. Ich bin hierin altmodisch. Ein Kreuz mit einer nackten Frau ist mir peinlich – und dabei habe ich selber in meinem Roman ›Mirjam‹ davon erzählt (geschichtsgetreu!), daß zur Zeit Jesu bei den Verfolgungen der Juden durch die Römer auch rebellische Frauen der palästinensischen Befreiungsgruppen gekreuzigt wurden. Nackt. Und doch: so im Bild dargestellt wirkt es schon schrecklich. Jedoch ich muß lernen, meinen hierin altmodischen Geschmack zu übersteigen. Es geht um Wichtigeres.

Die Ängstlichen. Eine Gruppe junger Deutscher, fünfzehn, Studenten und Studentinnen einer katholischen pädagogischen Fachhochschule; zu den Pflichtfächern gehört Theologie. Was wollen sie werden? Man wird sie im kirchlichen Bereich einsetzen als Helfer bei allen Aufgaben, welche ordinierte Priester (Pfarrer) nicht mehr bewältigen. Eine Art Diakonie. Nette, wohlerzogene junge Leute. Was wollen sie eigentlich bei mir? Bestätigung für das Richtige ihrer Berufswahl? Mehr: Bestätigung für das Richtige dessen, was sie ihren Glauben nennen.

Kinder traditionell katholischer Familien, aufgewachsen in katholischem Milieu; unangefochten bisher. Das gibt es also noch. Soviel Sicherheit reizt mich zur Provokation. Ich frage sie, ob sie sich je mit andern Religionen beschäftigt haben, so wie ich es tat und dabei von östlicher Religion und Philosophie ungemein viel lernte.

Sie haben eine Aversion gegen alles Östliche. Begreiflich: was sie so an Anhängern der Hare Krishna-Sekte und ähnlichen Gruppen kennenlernten, ist ihnen verdächtig.

Und wenn nun, frage ich sie, Ostasiaten, Buddhisten nur einige mittelmäßige Christen, oder aber einige katholische Fanatiker kennenlernten, Anhänger des Lefèvre zum Beispiel? Man muß sich ernsthaft befassen mit andern Religionen, ehe man wagen kann, sich darüber zu äußern.

Aber das Befassen mit andern Religionen führt doch zur Aufweichung des eigenen Glaubens, das gibt nur einen Mischmasch, sagt ein Mädchen.

Wie war das mit dem Christentum zu Beginn? War das eine dogmatisch festgelegte, reine, originale Lehre? War das nicht eine eklektizistische Religion mit Elementen aus dem Altjüdischen, dem Iranischen, dem Manichäismus mit seinem Dualismus von Licht und Finsternis? Lest das Johannes-Evangelium! Dazu kam die griechische Orphik, die Gnostik, und so fort. Es gibt keine neuen Lehren, es gibt nur neue, jeweils zeitgemäße Interpretationen uralten Menschheits-Wissens.

Ja, aber Christus brachte doch Neues.
Was denn?
Die Liebeslehre.
Falsch. Die gabs im Alten Testament.
Die Feindesliebe.
Die gibts im Buddhismus. Was also? Das Neue, meine Lieben, war nicht eine neue Lehre, sondern das war ER. Das Erscheinen des vollkommenen Menschen auf unsrer Erde.
Der Satz gefällt ihnen, aber mit einer Einschränkung: Er war doch nicht nur ein Mensch.
Was ist das: ein Mensch? War Jesus nicht eben der Mensch, wie er sein soll? Der göttliche Mensch?
Der Satz wird mit Mißtrauen aufgenommen, er klingt vage nach Häresie.
Was ist eine Häresie?
Was mit der Lehre der Kirche nicht übereinstimmt.
Falsch: was eine ausdrückliche Leugnung eines Dogmas ist. Die Übereinstimmung mit der Lehre der Kirche ist ein Gummi-Paragraph, sozusagen. Wenn ich Sie frage, was denn das ist: die jungfräuliche Geburt des Menschen Jesu, was sagen Sie dann? Sagen Sie besser nichts, ehe Sie in aller Unschuld eine Häresie sagen.
Eben darum kann uns die Kirche keine Interpretationsfreiheit lassen, sie muß uns Grenzen abstecken, sonst geraten wir in Häresien. Grenzen, die zu übersteigen Sünde ist.
Aber es gab immer Interpretationen, auch erlaubte! Jedes Konzil brachte eine Neu-Interpretation.
Ja, aber das ist Sache des Papstes.
Der unfehlbar ist.
Keiner von den Studenten hatte Haslers Buch gelesen: ›Wie der Papst unfehlbar wurde‹. Eine Sammlung historisch unanfechtbarer Dokumente zum Dogma von 1870.
So etwas liest man doch nicht.
Nein? Weil es verunsichert? So leicht sind Sie in Ihrem Glauben zu verunsichern?

Die Rede kommt wieder auf östliche Religionen. Ich sage, daß der Christus nicht katholisch und nicht an die Kirche, nicht einmal ans »Christentum« gebunden, sondern der glühende Kern aller Religionen sei. Dieser Kern aller Religionen ist das, was wir Mystik nennen. Jede Religion hat ihre Mystik, ihre Geheimlehre (grundsätzlich allen zugänglich, dennoch »geheim«, da nur wenigen sich erschließend) und dieser Kern jeder Religion ist das Gemeinsame aller Religionen, das ist Religion schlechthin, und das ist der Christus, wie immer man ihn sonst nennt, je nach Kulturbereich und Epoche.
Ich stoße auf Halbverständnis; es ist intellektueller Natur. Vor der Erkenntnis der universellen Wahrheit scheut der Traditionskatholik zurück.
Ein Mädchen spricht es mutig aus: Ich habe Angst, etwas anderes zu denken als das, was uns die Kirche lehrt.
Angst. Das ist es. Angst, die Vater-Führer-Hand loszulassen und mündig zu werden. Ich sage: Ihr seid ja noch Kinder trotz eurer vierundzwanzig Jahre; ihr seid unerprobt; ihr könnt euch erst dann Christen nennen, wenn ihr durch die Verneinung gegangen seid, durch die dunkle Nacht.
Ein Mädchen sagt: Wenn ich erst zu verneinen beginne, kehre ich nicht mehr zurück.
Dann ist Ihr jetziges Christentum, Ihr sogenannter Glaube, eben nicht das, was er Ihnen zu sein scheint; man muß den Kinderglauben loslassen können. Die Würde des Menschen liegt in der Freiheit seiner geistigen Wahl.
Im Lauf der Stunden merke ich, daß es nur wenigen meiner jungen Besucher um Erkenntnis geht. Ich habe sie überschätzt, ich habe das Gespräch viel zu hoch angesetzt. Jetzt stellt sich heraus, daß sie ganz einfach wissen wollen, wie sie »dem Fließband-Arbeiter« den »Glauben« nahebringen können. (Als seien alle Leute Fließband-Arbeiter und belehrungsbedürftig.)
Ich sage: Mit Worten nicht, schon gar nicht mit euern theologischen Klischees. Der Glaube ist keine Wort-Sache, sondern eine Lebens-Sache, eine Sache des Beispiels, der persönlichen

Ausstrahlung. Nicht predigen, sondern miteinander essen, spielen, tanzen, weinen; da-sein, miteinander-sein; das Evangelium nicht lehren, sondern den Christus ausstrahlen. Lieben! Einen andern Weg gibts doch nicht.
Fünf-Stunden-Gespräch. Anrennen gegen einen traditionellen, nur scheinbar modernisierenden Katholizismus. Sisyphos-Arbeit. Ich bleibe verstört zurück. Der traditionelle Katholizismus ist eine Fluchtburg für die Ängstlichen. Aber was sonst habe ich denn erwartet?!

Die Polen und die Madonna. Einen Brief meines polnischen Verlages, man habe dort ›Mirjam‹ gelesen. Man finde, es sei »ein großartiges Werk«. Aber? Aber: manche Bruchstükke, die Muttergottes betreffend, sind für den polnischen Leser untragbar, denn »der Marienkult in Polen ist außergewöhnlich groß«, und man vermeidet alle Auffassungen, die von der traditionellen abweichen.
Der Chefredakteur selbst schrieb mir diesen Brief (sonst schrieb immer der Cheflektor). Er betont, er hoffe, daß ich seine Worte »als aufrichtige und dabei wohlgesinnte annehme«.
Natürlich tu ich das. Natürlich verstehe ich. Ich überlege, ob ich, den Polen zulieb, für eine polnische Übersetzung nicht die »anstößigen« Stellen streichen oder ändern könne. Es geht nicht. Das ganze Buch paßt nicht für Polen. Trotz der gesellschaftskritischen Tendenz. Oder vielleicht gerade ihretwegen?
Ich bin versucht zu antworten, ob denn »das polnische Volk« so ein Buch überhaupt in die Hand bekomme und lese. Ich weiß die Antwort: der Klerus lese es, und der entscheidet. Wie gut ich den Brief verstehe. Wirklich. Seit ich in Tschenstochau war, einmal vor vielen Jahren, und später mit dem Papst, verstehe ich Polens Herz. »Totus tuus«.

Rosenschändung. Seit heute nacht ein bösartiger Scirocco. Temperatur-Anstieg innerhalb einer Stunde von 15 auf 25°. Die Luft grau vom Lava-Staub. Die Glyzinien welken von Stunde zu Stunde dahin. Geruch nach Tod. Am schlimmsten getroffen die Rosen: gestern noch Knospen, hochgeschlossen. Und jetzt: der wüste Liebhaber, er springt sie an, reißt sie auf, schändet sie im Vorüberrasen und läßt sie, mit klaffendem Schoß, zu Tod ermattet, welk zurück. Mein vergebliches Flehen: Widersteht! Wehrt euch! Bleibt geschlossen!
Ich sammle die Blüten-Blätter von der Erde auf. Zerfetzte Brautkleider.
Was für ein Frühling. Kein Frühling. Erdbeben, Stürme, Vulkan-Ausbrüche, Regenfluten, Zerstörungen aller Art.
Unser Verbrechen an der Erde: der Mutter-Mord.
Er rächt sich.

Brief einer deutschen Lehrerin, die meine Anrede an die deutschen Abiturienten so variiert:
»Laßt euch nicht überreden
. . . daß es Luxus sei, sich in die Kinder hineinzuversetzen / daß immer Krieg sein müsse zwischen Lehrern und Schülern . . . / daß der einzelne Lehrer keine Verantwortung trage / daß alles durch die Regierung festgelegt sei in Paragraphen, nach denen man sich richten müsse / . . . daß mit dem Sterben alles zu Ende sei und kein Lehrer Rechenschaft ablegen müsse dafür, daß er die Kinder an ihrer gesunden Entwicklung gehindert und sie nicht geliebt habe / daß Angst das einzige, passende Lebensgefühl sei . . . /
Eltern und Lehrer, schließt euch zusammen . . .
Ihr könnt auch die Schüler befragen
Sie wissen oft besser als wir, wo es weitergeht.
Es ist ja ihre Zukunft.«

»Zum Hasse nicht ...« Ein Musikschriftsteller schickt mir sein Buch über neuere Komponisten. Darin finde ich, in ein kurzes Schlußkapitel zusammengepfercht, die Darstellung von Werner Egk und Carl Orff. Schon daß man sie in einem Atemzug nennt, ist falsch und für Orff diffamierend. Sie haben nichts gemein. Egk war ein mittelguter, recht sehr deutscher Komponist, Orff war ein Genie, ein unbequemes und im Grunde unverstandenes; ein erratischer Block aus der griechischen Antike. Er und Christa Wolf, ›Kassandra‹, hätten sich gut verstanden; kongeniale Leute. Aber er und Egk: nein!

Warum nur verteidige ich Orff immerzu, wenn ihn wer anpöbelt?

Warum? Ich habe, als Orffs ehemalige Ehefrau, viele Gründe, nicht gerade gut über ihn zu reden. Dennoch: mein Sinn für Größe ist unbestechlich, und Orff war ein Großer.

Orff schenkte mir einmal ein Manuskript-Notenblatt mit einigen Takten aus der ›Antigonae‹ und mit dem zugehörigen Text: »Zum Hasse nicht, zur Liebe bin ich.« Das Blatt hängt seit seinem Tod eingerahmt in meinem Arbeitszimmer.

Die Wunderquelle. »Prügeleien an der Wunderquelle«, nämlich in Rauschbach bei Mainz. Notiz vom 3. März 1982 in der FR. Ich muß lachen, das ist ja der Stoff meines Dialekt-Stücks, geschrieben 1981, das kein Theater aufführen will, weil es anstößig ist. Bei wem? Beim Klerus? Beim frommen Kirchenvolk? Bei christlichen politischen Parteien?

Was ist anstößig? Daß ich einen Schwindel einen Schwindel nenne und die Schwindler lächerlich mache.

Um was für einen Schwindel gehts denn?

Vor rund 25 Jahren bekam ich vom Bayrischen Rundfunk den Auftrag, nach Heroldsbach in Mittelfranken zu fahren, um zu sehen, was denn dort geschieht, vom zuständigen Bischof bereits verboten und dennoch unausgerottet. Drei Kinder hatten

eine Erscheinung der Muttergottes gehabt. Einige geschäftstüchtige Zugereiste wollten aus Heroldsbach mit schlauer Gewalt ein deutsches Lourdes machen. Und schon strömten die Wundersüchtigen herbei aus allen katholischen Gegenden Europas. Und brachten den Teufel ins Dorf: Schlägereien, zertrampelte Äcker, Profitgier, Streit bei den Unternehmern (wer darf das Hotel bauen, wer die Wallfahrtskirche?). Die Muttergottes samt Jesuskind kam brav jede Woche ein- oder zweimal auf einen Hügel (die Kinder »sahen« sie) und sprach Belangloses durch den Mund der Kinder (die der Sache überdrüssig waren und mechanisch und freudlos ihre eingelernte Rolle spielten) und gab kund, wann sie wieder erscheine: »Nächsten Freitag um vierzehn Uhr zwanzig.« (Ich hörte es mit eigenen Ohren, d. h. durch den Mund der Kinder.) Es wurde mir verboten, mit den Kindern zu reden. Da ging ich, ganz frommes Lamm, zum Pfarrer, ich ließ ihn berichten. Dann ließ ich den Schafspelz fallen. »Herr Pfarrer, Sie glauben selber kein Wort. Aber Sie denken: Schwindel hin, Schwindel her, die Sache bringt Geld ins arme Dorf, und wenn hier gebetet wird, kanns nicht schaden.« Er blieb mit offenem Mund stehen, dann gestand er es ein.
Damals in Heroldsbach. Bei der Analyse des Wunderwassers in Rauschbach stellte sich heraus, daß es nicht einmal den Anforderungen an ein harmloses Heilwasser genügt.
Muß es ja auch nicht, wenns ein Wunder-Wasser ist. Ich hätte nichts gegen derlei, wenns nicht mit so schamloser Profitgier verbunden wäre.

Baumsterbensangst. Eine meiner schönen Zedern kränkelt. Ich kanns nicht mehr übersehen. Der unterste Ast ist dürr, die andern sind nur mager. Mir greift eine eiskalte Hand ans Herz. Ist das der Anfang des Sterbens? Ich will nicht zuschauen dabei. Fällen wir den Baum! Attilio sagt: Lassen wir ihn; vielleicht kommt er durch.

Schon einmal haben wir einem Scheintoten die Chance gelassen: der Magnolie, die im Januar erfroren schien bis ins Mark hinein, und dann, im August, ganz plötzlich neu austrieb.
Ich will, daß die Zeder lebt. Ich will es mit aller Kraft. Wollen wir doch sehen, ob Glaube, Hoffnung, Liebe schöpferisch sind.
Aber immer wieder der Wach-Alptraum: mein Garten voller Baumgerippe.
In Bonn bei dem Abend der »Grünen« einen Filmstreifen gesehen: dürre Bäume, und der Männerchor: »Wer hat dich, du schöner Wald, aufgebaut so hoch da oben . . .«
1985: Meine Zeder ist doch gestorben.

Hud-hud-hud. Das ist der Ruf der Wiedehopfe: Hud-hud-hud. Immer dreimal hintereinander. Unveränderlich. Vielleicht seit Jahrtausenden gleich. Seit den Zeiten König Salomons und der Königin von Saba, als der Hud-hud Liebesbote war. So Goethe im ›Buch der Liebe‹ (›Westöstlicher Divan‹):

. . . Hudhud lief einher
Die Krone entfaltend . . .
Ein schöner Vogel bist du.
Eile doch, Wiedehopf!
Eile, der Geliebten
Zu verkünden daß ich ihr
Ewig angehöre.
Hast du doch auch
Zwischen Salomo
Und Sabas Königin
Ehemals den Kuppler gemacht!

Ich höre den Ruf seit Wochen, von weit her, aus den Weinbergen irgendwo, unbestimmbar der Ort, aber immer näher. Und heut sind sie hier, in meinem Garten, wenige Meter von mei-

nem Fenster. Die königlichen Liebesboten: Schwerarbeiter! Wie sie den federbekrönten schnabelbewehrten Kopf zurückwerfen, um ihn dann vor- und abwärts zu stoßen, zielsicher, schon hängt die Beute aus dem Schnabel, schon ist sie geschluckt. Zwei der schönen Schwerarbeiter hacken und hacken zwischen Haus und Rosenbeet. Jetzt sind sie stumm. Keine Zeit zum Rufen. Sie arbeiten Seite an Seite, mit bald geringerem bald weiterem, aber nie weitem Abstand.
Jetzt aber nähert der eine sich dem andern und öffnet den Schnabel. Und der andre legt seine Wurm-Beute in diesen heischenden Schnabel.
Nie gesehene Szene. Wer füttert da wen: das Männchen sein Weibchen oder umgekehrt? Ein Jungvogel ist der Gefütterte nicht. Die Jungvögel sind noch nicht ausgeschlüpft. Eine Liebesszene also. Selten dieses Teilen unter Tieren. Schön ist das.

Der Papst besucht seinen Mörder, den Attentäter Ali Agca, in dessen Zelle im römischen Gefängnis. Was da geredet wird, soll für alle Zeiten ein Geheimnis bleiben. Nun gut. Eigentlich bin ich höchst empfänglich für Szenen der Versöhnung. Warum ist mir diese da nichts als peinlich? Vermutlich, weil sie gefilmt wurde. Publicity. Papst Johannes XXIII. und Papst Paul VI. hätten sich die Fernsehkamera bei einer Beicht-Situation verbeten.
Übrigens waren gefangene Frauen nicht zur Audienz zugelassen. So weit geht die Frauenfeindlichkeit dieses Mannes auf dem Papstthron. So weit also.
Und wozu war der Besuch des Papstes im Gefängnis gut? Ändert sich dadurch etwas im Strafvollzug? Es war die Rede von der Bemühung der Kirche um die »Humanisierung« des Strafvollzugs. Hat sich etwas geändert? »Die menschliche Würde der Häftlinge muß respektiert werden.« Hat der Papst je einen römischen oder deutschen Gefängnisalltag kennenge-

lernt? Ich kenne ihn durch eigene Erfahrung (1944) und durch meine Arbeit mit deutschen Strafgefangenen. Ich kann nur bitter lachen.

Vierte Nordkorea-Reise, 1983. Dieses Mal hat meine Reise ein ganz bestimmtes Thema: Umweltschutz. Pjongjang, im Krieg ganz und gar zerstört, wurde neu aufgebaut und zwar im Hinblick auf die Zukunft: sehr breite Straßen, alle doppelt gesäumt mit Laubbäumen, viele Grünanlagen, große Parks, viele Kinderspielplätze; keine Industrie in der Nähe. Im ganzen Land keine Ballungen von Industrie. Privatautos gibt es nicht: es gibt die Metro, es gibt viele Autobusse, und die wenigen staatseigenen Autos von höheren Beamten und Politikern. Unverschmutzte Luft also auch in der großen Stadt.
Nach dem Krieg zu rasch und zu nah an Fabriken gebaute Ansiedlungen werden abgerissen, wenn sie so liegen, daß ihnen der fast immer vom Meer her kommende Wind schädlichen oder auch nur lästigen Rauch zuträgt. Wildtiere und Vögel sind staatlich geschützt. Seitdem im Koreakrieg die Wälder abgeholzt wurden, darf zumindest im Norden kein Baum geschlagen werden; das nötige Holz wird von der Sowjetunion her importiert, sehr billig: der Preis ist die Arbeit der Holzfäller, die zum Teil der Sowjetunion zugute kommt. Um dem Baumsterben zuvorzukommen, werden kranke Bäume untersucht; eine Schar von Mitarbeitern wissenschaftlicher Institute ist mit der Kontrolle beschäftigt. Ich sah ein Experiment: eine kränkliche Birke bekam eine Art Bluttransfusion. Das Hochland im Norden, von den scharfen Winden aus der Mandschurei heimgesucht, hat der Präsident Kim Il Sung schon während des Krieges mit Baumreihen bepflanzen lassen, welche die Felder säumen und schützen. In zwei von den drei Gegenden, in denen es Gold gibt, darf nicht geschürft werden: es sind die schönsten, die »heiligen« Landschaften, und sie dürfen nicht dem Goldfieber anheimfallen.

Wie kommt man ohne Kunstdünger aus? Man düngt mit Tiermist, mit vermodertem Waldlaub und mit der Moor-Erde aus den Seen und Tümpeln. Nur in ganz kargen Gegenden des nördlichen Teils, auf einer Höhe von über tausend Metern, streut man, zunächst zur Erschließung, Kunstdünger, bis die Erde fähig ist, ohne ihn auszukommen. Und die Unkrautbekämpfung? Nun: man machts, wie wir es eh und je machten: man jätet es aus, das ist mühsam, aber es lohnt sich: die Frucht ist giftlos gesund. Und die Insektenbekämpfung? Man spritzt die Bäume mit scharfen Wasserstrahlen ab und sammelt das herunterfallende Ungeziefer; oder man spritzt vorbeugend mit verdünntem Kalk; auch das haben wir früher mit Erfolg gemacht. Fliegende Käfer in den Kartoffeläckern bläst man, Furche für Furche, vor sich her in bereitgehaltene Netze; das scheint mir zunächst lächerlich, aber siehe da: es funktioniert. Getreidebedrohende Insekten legen ihre Eier an den Fuß des Schafts der Pflanzen; dort vernichtet man sie durch das Abbrennen der Stoppelfelder im Herbst; so hat man gleichzeitig die Düngung durch Asche. Auf einem Acker sah ich eine Menge Marienkäferchen: sie sind beliebt, denn sie fressen Unmengen kleiner Insekten, ohne selbst den Pflanzen zu schaden.

Fruchtwechsel, sorgfältig bedacht, tut das Übrige: die Ernten sind enorm, Überschuß-Ernten, und sie sind giftlos.

So geht es also. Warum geht es in Nordkorea und warum nicht andernorts? Warum? Weil man in Nordkorea die Natur liebt. Weil man die Natur so liebt, wie man die Frau liebt und schätzt.

Ich war mit Kim Il Sung beim Angeln an einem Waldbach. Schließlich hatte er einen großen Fisch, eine Forelle, am Haken. Mit Erstaunen sah ich, daß er den Fisch äußerst behutsam vom Köder löste und in den Bach zurückwarf. Warum denn? »Sie haben nicht gesehen, daß es ein weiblicher Fisch war. Den brauchen wir zur Fortpflanzung.« Das Weibliche: es wird nicht nur gebraucht, es wird geschätzt. In keiner Regierung der Welt sind so viele Frauen an wichtigen Stellen, auch in der Partei.

Pjongjang hat seit drei Jahren eine der modernsten Frauenkliniken der Welt, wenn nicht die modernste.
Das erstaunlichste Phänomen: Kim Il Sung, seit seinem fünfzehnten Jahr im Partisanenkampf und im Krieg, ein tapferer Mann, ein männlicher Mann, ein Yang-Mann, wurde, nachdem er sein Land befreit hatte, zum Yin-Menschen: zum Heger und Schützer von Natur und Mensch. Sage mir niemand, man habe mir das alles dort vorgelogen. Ich habe nicht auf Worte gehört, sondern meinen Augen, meinen gesunden Sinnen, meinem kritischen Verstand vertraut. So IST es.

Indien, Friedenskonferenz. Eine Einladung zu einem internationalen Friedenskongreß, zu dem auch der Dalai Lama, Persönlichkeiten der UN und indische Politiker kommen sollen. (Der Dalai Lama schickte einen jungen Vertreter, unvergeßlich sein reines, gesammeltes Gesicht.) Einlader: die University of Peace in Mont Abu in der Provinz Radjastan. Genau besehen kommt die Einladung von einer mir bisher unbekannten religiösen Sekte, die es jetzt auch in der BRD gibt.
Ich werfe alle Bedenken über Bord: eine Friedenskonferenz, wo und wie auch immer, ist mir eine weite Reise wert. Am Frankfurter Flughafen treffe ich die deutsche Gruppe: alle in weißen wallenden Gewändern. Wie doch Kleider Leute machen. Wie bedeutend man aussieht, wenn man sich priesterlich-mönchisch-indisch kleidet. Nortrud S., Journalistin, und ich fallen aus dem Rahmen, und nicht nur der Kleidung wegen. Nie werden wir in diesen Rahmen passen, das ist mir sofort klar.
Die Konferenz findet statt auf einem Berg, der sich wie eine Insel aus der flachen Ebene Mittel-Indiens erhebt. Die Halle, in welcher der Kongreß stattfinden soll, ist ein Neubau, gerade eben fertig. Noch wird der Vorplatz gepflastert. Zerbrechliche kleine indische Mädchen schleppen auf dem Kopf schwere Schalen mit Zement. Wir vier deutschen Frauen und zwei Schweizerinnen wohnen in einer Art Bungalow hoch über

einem Kratersee. Mein Raum hat als Dach nur Wellblech. Strom gibts nicht immer, Heizung gar nicht, die Nächte sind kalt, die Mittage heiß. Auf der Terrasse besuchen uns silbergraue Affen, sie sitzen mit elegant gekreuzten langen Beinen auf der Brüstung und schauen uns an.

Auf den Hügeln um den See sind Villen: der Ort war für die reichen Radschas Sommerfrische. Jetzt wohnen in den Villen auch wieder reiche Leute, zum Beispiel die Besitzer der Schwesterfirma von Continental-Autoreifen, die Familie Mudi.

Ich bin noch keine Stunde da, und schon kommt ein Weißgekleideter auf mich zu. Ein Deutscher: »Schwester, om shanti.« (Friede mit dir.) Schwester, du bist nicht zum ersten Mal hier.

Doch!

Nein; vor fünftausend Jahren waren wir hier alle beisammen.

Aha.

Ja, jetzt sind die reinen Seelen wieder hier.

So, die reinen Seelen, ich bin aber keine reine Seele.

Nachsichtiges Lächeln. Alle, die hier sind, werden gerettet.

Gerettet, vor was?

Weißt du nicht, daß das Rad sich dreht und daß wir ganz unten angekommen sind, im Dunkel?

Doch, das scheint mir auch: Kaliyuga-Zeit.

Diese Erde muß zerstört werden, damit eine neue entstehen kann.

Zerstört werden durch Atombomben?

Durch was auch immer.

Muß denn Zerstörung sein, damit Neues kommt, kann nicht das Neue inmitten des Alten aufwachsen?

Ja, schon. Das Rad dreht sich ja aufwärts.

Also, dann versteh ich die Sache mit der Zerstörung nicht.

Es handelt sich um etwas Geistiges, nämlich um Verwandlung.

Ja, gut.

Die Verwandlung geschieht dadurch, daß ein Teil der Menschheit auf eine neue Schwingungszahl gebracht wird. Ist die Erde auf dieser neuen Schwingung, können jene Leute nicht überleben, die nicht selbst auf dieser neuen Schwingung sind, das heißt, die nicht rein sind.
Was heißt das: rein sein?
Rein am Körper, in der Kleidung, in der Nahrung, und rein im Sexuellen.
Lebt ihr als Zölibatäre?
Nicht alle, aber absolute Keuschheit ist das Ideal.
Dies ist das erste von vielen derartigen Gesprächen. Das sanfteste, weil der junge Mann so sanft ist. Etwas anders wird es, als die deutsche Public-Relation-Person kommt, um uns Neuen die erste Lektion in Esoterik und Spiritualität zu geben. Sehr forsch, sehr sicher, sehr kompakt und rotbackig. Sie sagt uns, wir »haben« nicht Seele, sondern wir »sind« Seele von Natur, und wir müssen diese Seele aufs Eine Geistige richten. Und so fort. Nortrud S. und ich schauen uns an. Als ob wir dies alles nicht längst wüßten. Als ob wir hier die erste Nachricht aus der Welt der Spiritualität bekämen, blutige Laien, unwissende Katechumenen. Als ob wir . . . kurzum, mir wird es zu dumm und ich sage das auch, und ich sage auch gleich, daß ich keine reine Seele sei und nicht gerettet zu werden wünsche, wenn ich zusehen muß, wie Milliarden andrer jämmerlich verrecken.
Nun, sagt die Public-Relation-Frau, ihr werdet das alles in den kommenden Wochen verstehen lernen. Dafür gibts Unterweisungen und Meditationen.
War ich zu voreilig? Nicht demütig genug? Muß ich lernen, kritiklos zuzuhören? Gibt es hier wirklich eine hörenswert neue Botschaft?
Aber auch die nächsten Tage bekehren mich nicht. Immer wieder taucht das Wort von der notwendigen Zerstörung auf. Unter vier Augen sage ich zu einer Deutschen, die schon öfter hier war: Ihr wollt die Zerstörung! Ihr betet ja die Atombombe herbei!

Das nicht gerade, aber ...
Ja, aber hier soll doch übermorgen die Friedenskonferenz beginnen. Wie paßt denn das zusammen?
Gar nicht paßt es zusammen, wenigstens nicht im westlichen Entweder-Oder-Denken. Entweder man will die Erde retten, diese unsre Erde, die Materie und Geist ist, oder aber man will ihre Zerstörung, damit »eine neue Erde und ein neuer Himmel« werden könne. Hier laufen nun zwei Strebungen nebeneinander, anscheinend, oder scheinbar. Es ist verwirrend. Alles hier ist verwirrend.
»Morgen kommt der Baba.« Wer? Der Baba. Frag nicht weiter jetzt. Du wirst morgen sehen.
Etwa eintausendfünfhundert Leute in Weiß versammeln sich am frühen Morgen in der großen Halle. Alle sind erkältet, alle schniefen, husten, schneuzen sich und frieren. Wir müssen meditieren, um uns auf den Baba vorzubereiten. Ich beginne zu ahnen, daß der Baba eine göttliche Person ist, vielleicht Vishnu oder Krischna oder eine namenlose Kraft. Auf der Bühne steht ein Ruhelager, ein großes französisches Bett, mit weißer Seide bedeckt. Verwirrend. Wird sich der Gott darauf niederlassen? Handelt es sich doch um die Materialisierung und Personifizierung einer göttlichen Wesenheit?
Wir warten geduldig. Nach einiger Zeit kommt eine der drei alten Inderinnen, die hier am Ort und in der Sekte das matriarchale Regime führen, seit der Gründer tot ist. Die, die jetzt kommt, ist seine leibliche Tochter. Sie springt behende auf das Ruhebett, zupft sich und alle Decken zurecht und wartet. Meine Platznachbarin flüstert: Sie ist ein Medium, durch sie wird Baba sprechen.
Ach so. Das ist verständlich.
Wir warten schon zwei Stunden. Amerikanische Softmusic ertönt. Nichts ereignet sich. Noch eine Stunde. Wir frieren sehr. Da erklärt man uns, der Baba komme heute nicht, aber morgen.
Nortrud und ich lachen ärgerlich.

Am nächsten Morgen die nämliche Szenerie. Aber nach einer Stunde bricht die Musik ab, das Medium stößt einen erschrekkend rauhen Kehllaut aus und beginnt Unverständliches zu sagen. Ihre Stimme ist die eines alten Mannes. Nach und nach wird sie höher und klarer. Sie spricht Hindi. Man übersetzt in Englisch. Ich bin gespannt, ich erwarte, wider meine Skepsis, eine große Offenbarung. Aber was da gesagt wird, ist banal, so banal, daß sich mir nichts einprägte als der oft wiederholte Satz des Baba: »My beloved children.« Hernach werde ich von den weißen Jüngerinnen umringt: Hast du etwas erlebt?
Ich sage höflich ausweichend: Ich weiß nicht.
Man ist geduldig enttäuscht von mir.
Ich bin insgesamt eine Enttäuschung, wie Nortrud S. auch, da man von uns positive Berichterstattungen erhoffte, Multiplikatoren sollten wir sein. Ich wage zu sagen, daß es solche Gruppen oder Sekten immer gab, seit einigen tausend Jahren jedenfalls; Endzeit-Erwartung; Dualismus zwischen Geist und Materie; Verachtung des Leibes; Reinigung, Keuschheit, Verzicht auf Fortpflanzung, kein Besitz. Es gab, sage ich, zum Beispiel in Persien die Manichäer: die Materie, also auch der menschliche Leib, ist böse, nur der Geist ist gut; von Anbeginn der Welt stehen sich Materie und Geist, das Reich der Finsternis und das Reich des Lichts, feindlich gegenüber. Später gabs, im alten Griechenland, die Orphiker und die Platoniker; bei den Juden die Essener, später in Europa die Katharer, und so fort. Und nun gibts halt euch, sage ich, neu ist das nicht, was ihr lehrt, und für mich nicht annehmbar vom Prinzip her, wie keine Art von Dualismus.
Man ist nicht geneigt, oder nicht fähig, sich mit mir in einen religionsgeschichtlichen Disput einzulassen. Man soll nicht denken, sagt man mir, sondern erleben. Und damit haben sie schon recht. Nur: ich meine, zuerst muß man denken, viel denken, lang denken, ehe man das Denken über Bord werfen darf. Aber vielleicht habe ich unrecht. Tag für Tag werde ich verwirr-

ter, aber, in merkwürdiger Gleichzeitigkeit, auch glücklicher. Schon habe ich auch solch glänzende Augen wie die Jünger Babas.

F., ein Deutscher, sagt mir ins Ohr: »Ob die uns nicht eine Droge geben? Diese Plätzchen, die wir am Morgen kriegen...«

Jeden Morgen müssen wir, nach der Meditation, uns vor eine der drei Inderinnen niederknien und bekommen ein süßes Plätzchen auf die rechte Handfläche gelegt, nachdrücklich begleitet von langem, intensivem Aug-in-Aug-Blick. Erinnert an die katholische Kommunion, mir peinlich.

Ob wir eine (harmlose) Droge bekamen, weiß ich nicht. »High« waren wir sicher, aber die Ursache kann auch der Ort sein: es gibt aufgeladene Orte mit besonders hoher Schwingungszahl. Geballte Erdstrahlung oder geballte Geisteskräfte, oder, wahrscheinlich, beides vereint. An solchen Orten geschehen Heilungen und Bekehrungen.

Die Friedenskonferenz selbst: mehr oder minder gute Reden, die eigentlich an jedem andern Ort der Welt gehalten werden konnten. Und doch haben all diese Redner eine geheime, geheimnisvolle Beziehung zum Spirituellen der Sekte, auch der ehemalige UN-Sekretär Muller, ein höchst vernünftiger Mann.

Da ich immer heilloser verwirrt werde, lasse ich schließlich alles kritische Denken beiseite, und auch das Gerede und Getue der reinen Jünger, und nehme »Indien« auf, oder vielmehr: ich gebe mich Indien preis. Alsbald nimmt ein sanfter, heiliger Nihilismus von mir Besitz. Indien, das ist ein narkotisierender Wohlgeruch; eine Luft, die es nirgendwo sonst gibt, eine flüssige Luft sozusagen, in der man eher schwimmt als geht. Räucherstäbchen, Wildblumen, Früchte auf dem Markt, Kuhmist, Rauch der kleinen Feuerchen, die vor den Zelten und Baracken brennen, Geruch der leicht parfümierten Frauen und Unnennbares, Ungreifbares.

Um die Feuerchen vor den Baracken, Höhlen, Zelten hocken

die Inder im Kreis. Geschlossene Familien, glückliche Gesichter.
Und die Armut? Nun: Radjastan ist eine der reichsten Provinzen Indiens, das will sagen: hier verhungert keiner. Das ist schon viel. Aber man hat kein Haus und lebt von der Hand in den Mund. Indien ist ein sozialistisches Land, aber niemand wird es je in den politischen Griff bekommen, es entzieht sich schlangenhaft jeder Ordnung. Doch hat man das Wichtigste, was ein Mensch braucht: die Familie, die bergende Gemeinschaft, das Miteinander. Ich stehe lange vor so einem Feuerchen und beneide diese »armen Leute«. Frau Mudi freilich fährt im Seidensari im großen Mercedes mit Chauffeur durch den Ort. Beneidet sie einer? Sicher nicht. Jeder hat sein Karma.
Dieser Ort auf dem Berg, so sagen »die Reinen«, wird gerettet werden, wenn alles zugrunde geht, materiell. Hier sammeln sich die überlebenden Reinen. An solch weichen duftenden Abenden scheint es mir durchaus glaubhaft, daß hier mütterliche Götter wohnen, die ihre Kinder beschützen.
So lebe ich in der sanftesten Narkose bis zum vorletzten Tag. Da aber sinkt mein Blutdruck auf 60, ich habe Schüttelfrost, bin sterbenskrank, muß in die kleine Klinik gebracht werden und bekomme eine starke Kochsalzinfusion. Ich kann zwar noch am selben Tag die Heimreise antreten, bin aber, nach der Rückkehr, einige Wochen lang elend, ohne krank zu sein. Etwas Fremdes, Giftiges sitzt zäh in mir. Was aber? Jedoch nachher erhellt sich mein Rückblick, und ich notiere einen spirituellen Gewinn, obgleich ich nicht in Worten sagen kann, worin er besteht, außer in einer durch Konfrontation mit Fremdem gefundenen Klärung meiner eigenen Ideen.
Von all dem blieben mir einige Sätze, die meiner eigenen Erkenntnis entsprechen: Friede kann nicht von oben herab, von den Politikern, gemacht werden, sondern muß aus jedem von uns wachsen wie ein Baum; jeder von uns muß sich ohne Unterlaß sagen: Ich bin ein Ozean von Frieden. Ein Friedenswil-

le, der auf Furcht vor Krieg gründet, führt nicht zum Frieden. Nicht die Bombe ist Ursache der (möglichen) Zerstörung, sondern der mangelnde echte Friedenswille. Die Nuklearwaffen sind nur die Manifestation unserer Angst und Aggression.

Die Ameisen im Weltraumschiff. Es ist kein Geheimnis mehr: in der NASA in Texas bereitet man die Evakuierung der Erde vor. Genau gesagt: man wählt aus dem vorhandenen Menschen-Material das Beste aus. Die Elite. (Die glauben immer noch fest und heilig an die Darwinsche Zuchtwahl, an die auch Hitler glaubte.) Diese Elite wird nicht aus Weisen und Heiligen bestehen, sondern aus hochqualifizierten Wissenschaftlern. Vielleicht die künstlich gezeugten Kinder aus Nobelpreisträger-Samen. Diese Intellekt-Elite wird also dann in Raumschiffen überleben, wenn hier unten die Erde verbrennt.
Und wie wird dieses ihr Überleben aussehen? Wie wird sich diese Elite entwickeln, zusammengepfercht auf engem Raum? Werden sie durch Drogen friedlich gehalten? Aber wenn es eine Elite ist, wird sie denken, und Denkende leisten schließlich Widerstand. Und dann beginnt alles wieder von vorn. Das Rad dreht sich. Geschichte (wo immer sie sich abspielt) hat ihre Aufstiegszeit und ihren Abstieg. Vielleicht aber wissen die Schwarzmagier in der NASA oder sonstwo bereits genau, auf welchem Planeten sie landen wollen. Vielleicht hat die Menschheit das alles schon erlebt, vielleicht kamen die ersten Menschen in ähnlicher Art auf unsre Erde. Der vielverspottete Däniken hat vielleicht doch recht, und die seltsamen, gewiß künstlichen Zeichen auf mexikanischem Boden und an den Felswänden sind Landezeichen für Raumschiffe aus urältesten Zeiten. Und der feurige Wagen, mit dem der Prophet Elias gen Himmel aufstieg . . . Und all die Ausflüge vollkommener Seelen, geheimnisvoll verhüllt von blendendem Licht. Die Him-

melfahrt des Christus Jesus und der Madonna. Man kann da nach Belieben und Glauben spekulieren. Pure Phantasie ists nicht. Ur-Vergangenheit wird Zukunft.
Gestern nun im RAI gesehen, daß man Waldameisen samt ihrem angestammten natürlichen Ambiente, nämlich einem Stück Holz, ins Raumschiff bringt. Man will sehen, wie sich extrem sozialisierte Tiere unter völlig neuen Umständen verhalten. Das Ergebnis ist vorauszusehen: sie verhalten sich genau so, wie sie sich auf der Erde verhalten, sie merken wohl gar nicht, was ihnen geschah.
Und wozu der Versuch?
Um zu sehen, wie höhere organische Wesen sich im Raumschiff verhalten, Menschen nämlich. Der tödliche Irrtum der Verhaltensforscher (Lorenz: Nobelpreis!): Menschen reagieren wie Tiere.
In gewissem Sinne ja: wir fressen, scheiden aus, kopulieren, fechten Rivalitätskämpfe aus, machen Beute, bauen irgendwelche »Staats«-Formen auf, töten und sterben. So weit die Ähnlichkeit. Aber der Mensch ist doch jenes Wesen, das diese Condition übersteigt und gegen seine Tier-Natur das Ganz-Andere setzt: den Geist, der fähig ist, die Hühnerhof-Hackordnung außer Kraft zu setzen. Unseliger Materialismus der Naturwissenschaftler. Blindheit. Zukunftslos.

Geschäft ist Geschäft. Im Fernsehen (RAI) zwischen andern Werbe-Anzeigen: anläßlich des Papstbesuches in Polen wurden Goldmünzen geprägt mit dem Bild Woitylas. Sie waren ausgegeben von der polnischen Staatsbank . . .
Der Vatikan will in Polen eine Bank gründen – zur Hilfe für die polnische Landwirtschaft. Jaruselski lehnt bis jetzt ab, doch sind Verhandlungen im Gange.
Die Insel Malta hat alles Eigentum des Vatikan auf der Insel enteignet. Der Vatikan protestiert: das sei eine Verletzung der Religionsfreiheit. (!)

Die Zwiebel. Beim Suchen nach den Nachrichten im RAI auf Musik gestoßen. Dieses Lied, ich habe es als Mädchen gesungen, ich kann es heute noch: Solveigs Lied aus Edvard Griegs Schauspielmusik zu Ibsens ›Peer Gynt‹, ›Der Winter ist vergangen ...‹. Ein sentimentales Lied vielleicht, aber unsentimental schön gesungen von einer ganz reinen Stimme. Ich höre weiter. Ich habe zu spät eingeschaltet, erst kurz vor der Szene Peers mit dem Knopfgießer. Peer hat sein Lebensabenteuer hinter sich. Vieles hat er versucht, der Phantast, der Aufschneider, der wüste Träumer, der Pseudofaust, alles ist mißlungen, nichts ist geblieben. Nicht einmal er selbst. Wie das? Er sieht sich selbst: eine Zwiebel, der man Schale auf Schale abzieht. Wo aber ist der Kern? Da ist nichts. Nichts. Und doch sieht sich Peer, immer größenwahnsinnig, als etwas: als einen großen Sünder. Der Knopfgießer (eine Frau spricht die Rolle) belehrt ihn, er sei nicht einmal ein großer Sünder, sondern ein mittelmäßiger, nicht einmal der Hölle würdig. Was aber nun? Wenn einem Knopfgießer ein Knopf mißlingt, wirft er ihn nicht weg, sondern schmilzt ihn wieder ein. »Der Knopfgießer«: er ist der Tod oder auch, wenn man will, »Gott«. Peer wehrt sich. Wie jeder Durchschnittliche scheut er die Wandlung. Da erscheint Solveig, die in ihrer Berghütte lebenslang auf ihren Peer gewartet hat. Sie ist die ewige Braut und zugleich die Mutter. Die wartende Frau. Die Ur-Mutter. Das ewig Weibliche. Sie nimmt Peer in ihren Ur-Schoß zurück. Ist es nicht das selbe, was der Knopfgießer will: das Einschmelzen in die Ur-Materie? Ist da vielleicht ein großer philosophischer Unterschied gemeint: die Wieder-Geburt der Person aus dem Mutterschoß, oder die Einschmelzung der Person ins unermeßliche Un- oder Vorpersönliche?
Peer Gynts Frage, ob er überhaupt wirklich existierte, oder nur in Solveigs Traum. Solveigs Antwort: »Du warst in meinem Glauben und meiner Hoffnung.«
Was immer Ibsen sonst sich gedacht hat bei diesem tiefsinni-

gen Stück: für mich ist das Zwiebel-Bild und jener Satz Solveigs das Tiefste. Ein Mensch ist nichts – außer er lebt in einem andern. Noch schärfer: jeder Mensch hat nur Sein, sofern andere es ihm zumessen.

Brief des lebenslänglich Strafgefangenen W. H. »Als Kind mußte ich immer und immer wieder hören, es wäre besser, du wärst gestorben bei deiner Geburt und nicht deine Mutter. Auf bayrisch hört sich das noch schlimmer an. (Ich, als Bayerin, weiß, wie es original heißt: ›Wennst nur verreckt wärst bei der Geburt!‹) Ich habe sehr gelitten. Auch werde ich nie vergessen, als ich am Heiligen Abend in den Keller gesperrt wurde von meinen Verwandten. Auch mußte ich oft auf Holzscheiten knien ... Und immer wieder das: ›Es wäre besser, du wärst nicht geboren.‹«
Wie vielen Kindern ist das schon gesagt worden. Die totale Verneinung des Lebensrechts. Wen wunderts, wenn so ein Kind sich an der Welt rächt, die es vom Prinzip her nicht leben lassen will? Wen wunderts, wenn so einer »kriminell« wird? Aber nicht diejenigen werden eingesperrt, die ihm das Lebensrecht absprachen, sondern das Opfer. Es sind die Falschen, die gestraft werden.

Sonnenfinsternis. Beim Lesen einiger neuerer Bücher zum »Zeit-Ende« und »Welt-Untergang« fiel mir ein, daß ich vor Jahren das geträumt habe, wovon in all diesen prophetischen Büchern die Rede ist: das Sterben der Sonne. Die Prophezeiung: die Sonne werde (infolge der Umpolung der Erde) drei Tage nicht aufgehen, Dunkelheit wird über der Erde liegen und die Menschen werden schier vergehen vor Angst. Mein Traum: eine große Menschenmenge vor einem Hügelzug, der ein Steilufer an einem Flußbogen ist; am Himmel die Sonne; langsame Verfinsterung; schrecklich langsames Sterben des

Lichts; das Volk betet, es singt mit langgezogenen klagenden Tönen das Wort Sonne; So-o-nne, in Noten geschrieben: Ton – Halbton – fallende große Terz, so hörte ichs: a – ais – fis, wobei das fis nicht rein war, sondern sich um Achteltöne verschiebend, was einen unheimlichen Eindruck machte. So saßen wir am Wasser und sangen die große Klage, und die Sonne schwand dahin; sie ging nicht etwa einfach unter wie jeden Abend, sondern »sie ging fort«, um nie wiederzukehren. Uns wurde kalt und es war sicher: wir würden den Kältetod sterben.

Nürnberg. Vormittag in St. Lorenz, früher sehr geliebt, besonders als wir, von den Würzburg-Musikwochen aus, hier unsre Vokalkonzerte alter Meister gaben (1930, 31, 32). Feststellung, daß mir die Gotik fremd geworden ist. Sie zwingt mich nicht mehr auf die Knie. Meine sakralen Räume liegen andernorts, meine großen Begegnungen sind andrer Art geworden.
Auf dem Platz vor der Kirche Musik. Klingt von ferne wie eine Drehorgel, die Klassisches abspielt, Vivaldi-ähnliches. Beim Näherkommen höre ich, daß die Musik aus einem Recorder kommt. Ein Band. Hat etwas Mechanisches. Eine Menge Leute umstehen irgendetwas, schweigend, und wie von einem Bann gehalten. Selbst die Kinder starren fasziniert. Jetzt sehe ichs auch: auf einem schmalen Brettchen eine Figur in Schwarz, lebensgroß, mit Frack und Zylinder, beide verbeult und zu weit, an den Händen weiße zerknitterte Handschuhe, rabenschwarzes Haar, ein gelbwächsernes Gesicht, starre schwarze Augen. Eine Wachsfigur. Oder aus Holz. Sie bewegt ruckhaft im Takt der Musik Beine, Arme, Kopf, und doch ist da etwas menschlich Tänzerisches. Unheimliche Erscheinung. Ich starre sie an. Da trifft mich ihr Blick. Das ist ein Menschenblick. Aber kein Lidschlag verrät Leben. Ich dränge mich näher. Ist das eine künstliche Figur oder ist es ein Mensch? Die Zuschauer sind ebenso im Zweifel wie ich. Sonderbare Ratlosigkeit. Fast

Angst. Die Figur dreht sich und ruckt. Da sehe ich: ihre Bewegungen sind nur scheinbar mechanisch gleich. Es gibt Varianten. Und jetzt: ein einziger Lidschlag. Das ist ein Mensch! Ein Pantomime. Ein Tänzer. Ein Meister.
Ich bleibe, bis er von seinem Brettchen steigt und den Zylinder abnimmt. Das Publikum atmet erleichtert auf. Jetzt ist alles klar. Ich spreche den Mann an. Ich frage ihn, wo er seine Kunst gelernt habe, denn um Kunst handelt es sich hier. In Paris, bei einem Schüler von Marcel Marceau. Ob er denn, bei seinem Können, nicht beim Theater arbeiten könne oder beim Film. Das tat er schon. Jetzt lehnt er jedes Angebot ab. »Hier auf der Straße ist mein Platz. Dies hier ist mein Publikum, das kommt und geht in aller Freiheit. Ich brauche Ungebundenheit, ich bin ein Umherziehender, jeder Vertrag mit Theater oder Film ist mir Versklavung.« Als ich, einige Stunden später, wieder auf den Platz komme, ist der Mann schon fort.

›Der Name der Rose‹ von Umberto Eco. Aufregende Lektüre. Stoff aus dem 12. Jahrhundert. Ein sehr seltsames Buch. Ich las bisher nur 200 Seiten und ahne erst, wohinauf das zielt. Aber ich fand eben einen Satz, den ich festhalten will. Es geht um die Ideen verschiedener Sekten aus jener Zeit: Katharer, Patarener, Waldenser, Bogomilen. Da sagt der ehemalige Inquisitor, das Volk verteidigend, dem der Terror gegen die Reichen und die Kirche (was fast dasselbe ist) vorgeworfen wird: »Oft ist das Mitlaufen in einer Ketzergruppe für viele von ihnen nur eine Art, die eigene Verzweiflung hinauszuschreien. Man kann das Haus seines Kardinals aus verschiedenen Gründen anzünden, sei's weil man die Lebensformen des Klerus verbessern will, sei's weil man meint, daß die von ihm gepredigte Hölle nicht existiert. Stets aber tut man es, weil eine irdische Hölle existiert, in welcher die Herde lebt, deren Hirten wir sind...« Da steht auch dies (von einem alten Ordensabt gesagt): »... daß alle diejenigen Ketzer sind, welche die Ordnung, in der das Gottesvolk lebt, auf den Kopf stellen. Und ich verteidige das Reich (des Kaisers nämlich), weil es mir diese Ordnung garantiert . . .«

Erschreckende Erfahrung. In neuester Zeit überfällt mich immer wieder eine vitale und geistige Lähmung, wenn ich Gedanken der Hoffnung und des Friedens aufschreibe. Meine Erklärung zunächst: Ich sage nichts Neues; das, was ich sagen will, haben andre schon vor mir gesagt, besser auch. Allmählich aber, bei oft wiederholter gleicher Erfahrung, erkenne ich, daß da eine Gegenkraft am Werke ist, die mich hindern will, Positives zu schreiben. Es kostet mich viel Kraft, dagegen anzukämpfen. Erfahrung, daß mir, wenn ich sie rufe, Kräfte aus dem Geistbereich zu Hilfe kommen. Dieses Rufen nach Helfern: nennt mans nicht »Gebet«? Und ist das eine Sache für fromme Seelen, fromm im konservativen Sinn? Oder ist das nicht vielmehr die Sache von Wissenden? Von denen, die Zugang zum »andern Bereich« haben?

Berlin. Im Warenhaus des Europa-Center, im Gedränge, rempelt mich etwas an: ein kleiner Robot, der dort herumfährt. Mein maßloses Erschrecken; mein Gedanke: Sind auch die lebendig erscheinenden Menschen ferngesteuert, computer-gefüttert?

Falsche Fragen, falsche Antworten. Solange die Atomphysiker versuchen, mit ihren Experimenten fachspezifische Fragen an die Natur zu stellen, antwortet die Natur mit einem Paradoxon. »Die Natur« ist nicht einzufangen und nicht auf eine Antwort festzulegen.
Das selbe Erlebnis im Zen-Buddhismus und im Taoismus. Die Frage des Jüngers: Was ist Zen, was ist das Tao? Die Antwort des Meisters: Da ist ein Baum. Oder: Trink Tee.

Je präziser mans wissen will, desto absurder die Antworten, und dies in der östlichen Mystik wie in der Atomphysik.
Und in der Theologie: Wer (was) ist Gott?
Darauf gibt es schlechterdings keine Antwort, die grundsätzlich anders wäre als jene des Zen-Meisters: Da ist ein Baum. Trink Tee!
Was ist das Leben? Lebe!

Die Objektivität der Philosophie. Da viele Menschen, fast alle, Angst haben, so daß Angst zum allgemeinen, lastenden Lebensgefühl wurde, lese ich nach, was Kierkegaard eigentlich unter Angst versteht, denn dieser Begriff spielt bei ihm eine zentrale Rolle als »Existenz-Angst«. Ich erinnere mich dunkel, daß es bei Kierkegaard ein Kindheitserlebnis gibt, das ihm selbst die existentielle Angst zum bestimmenden Grundgefühl werden ließ. Ich lese nach in seiner Biographie und finde das zutreffende Zitat aus einem seiner Tagebücher: sein Vater hatte eine offenbar unerträglich schwere Kindheit, so schwer, daß er, ein Schafhütejunge, »auf eine Anhöhe stieg und Gott verfluchte – und der Mann war nicht imstande, das zu vergessen, da er 82 Jahre alt war«. Der Vater fühlte sich durch diese Schuld selbst verflucht, unerlöst und unerlösbar. Der Schatten dieses unseligen Vaters lag auf der ganzen Familie. Sören, der Jüngste, litt am tiefsten. Das Schuldgefühl des Vaters wurde in ihm zur lastenden Angst. Aus dieser existentiellen Angst heraus entstand Kierkegaards »Existenz-Philosophie«: das Bewußtsein der Einsamkeit des Menschen, oder, wie Sartre sagte: Das Wissen vom Geworfensein des Menschen.
Seltsam zu denken, daß das, was wir für objektives philosophisches Denken halten (also unabhängig vom Denker), nur die Systematisierung privater Erfahrungen ist. Hätte Kierkegaards Vater nicht Gott verflucht, hätte er nicht sein Schuldgefühl auf seinen Sohn übertragen, und der hätte dieses finstere

Erbe nicht zu einer Philosophie ausgebaut, die dann Heidegger und Sartre aufgenommen haben.
Eigentlich hat das seine Komik: das Privateste wird zum Denksystem, das die Philosophie eines Jahrhunderts prägt. Aber es hat auch seine Tragik: einer steckt mit seiner privaten Angst Tausende von Philosophen an.
Konklusion: unser aller Angst ist nichts anderes als unser kollektives Schuldgefühl.
Wir Unerlösten.
Wir brauchen eine Philosophie der existentiellen Freude!

Der Apostel Paulus und Johannes Paul II. Die Ähnlichkeiten: beide sind grundgescheit, beide haben dichterisches Talent, beide sind unersättlich Reisende, beide sind Eiferer, beide leidenschaftliche Zölibatäre, beide kompensieren ihre Erotik und Sexualität (Gott sei Dank vorhanden) mit Freude an der Macht, beide mögen die Frauen nicht und dulden sie nicht in andern als niederen Funktionen der Kirche, beide haben die Utopie vom christlichen Weltreich, das den Sieg davontrüge über alle andern (weltlichen) Reiche, beide sind bei aller Universalität an ihre Nation, an ihren Staat (Rom, Polen) gebunden, beide sind enorme Arbeiter, bei beiden ist schwer zu unterscheiden, was ihrem Männer-Ehrgeiz entspringt und was ihrer eifernden Liebe zur Kirche als dem »Reich Gottes auf Erden«.
Nur: der eine stand am Anfang der Entwicklung einer Kirche, der andre steht am Ende; der eine kämpfte mit zornigem Eifer für den Aufbau, der andre kämpft mit verbissenem Glaubenseifer um das Aufhalten des rollenden Rades. Was Paulus aufbaute, zerfällt Johannes Paul unter den Händen. Und er merkts nicht. Die Sowjetunion will auch nicht wahrhaben, daß sie zerfällt. Und der Kapitalismus gebärdet sich, als halte er ewig. Blinde!

Dieser erstaunliche Thomas Mann. Im fünften Tagebuch, Dezember 1943: »Möge dann in diesem Winter der Roman sich klären und recht gestalten.« (Nämlich der ›Doktor Faustus‹.) Und dann: »Ein schweres Kunstwerk bringt, wie etwa Schlacht, Seesturm, Gefahr Gott am nächsten, indem es den frommen Aufblick nach Segen, Hilfe, Gnade, eine religiöse Seelenstimmung erzeugt.«

Eine Entdeckung der Astrophysiker: ein neuer Stern ist gesehen worden; sie nennen ihn Pulsar, warum: weil er pulsiert. Der neue Stern jedoch ist kein neuer, es gab ihn schon »immer«, er ist nur »wiedergeboren«. Ungeheuer aufregende Erfahrung: Sterne werden geboren, wachsen, sterben, werden wiedergeboren ... Während sie »tot« sind, drehen sie sich mit unvorstellbarer Geschwindigkeit. Das ist ihre Art der Bemühung, wiedergeboren zu werden. Sobald sie geboren sind, vereinigen sie sich durch Anziehungskraft mit andern und bilden einen Körper, der Millionen Jahre leben kann. Sobald dieser Sternkörper keine Energie mehr abgeben kann, kommt der Tod. Er kommt so: durch die Nicht-mehr-Abgabe der Energien werden sie dichter und immer dichter, bis sie zur Größe eines Tennisballs schrumpfen und lichtlos, finster, als schwarzes Loch, im Universum stehen – bis durch die Näherung eines lebenden Sterns ihre Energie neu erwacht.
So hörte ichs bei einem Vortrag im RAI. Ob ich die Sache wirklich verstanden habe, weiß ich nicht, aber das, was mich angeht, habe ich wohl begriffen: es gibt keinen »Tod«, der ein bleibender wäre; es gibt nur Übergänge von Tod zu Leben, von Leben zu Tod. Aber das sind falsche Wörter, denn »Tod«, das ist etwas, das es überhaupt nicht gibt; alles ist Leben; wo Wandel ist, da ist Leben, und Leben IST wesentlich Wandel.

Stilles Entzücken. Die Vogelschale auf meiner Terrasse: Quelle ständiger, inständiger Freude. Mittags und abends kommen sie; ich kenne meine Stammgäste: ein Pärchen (immer kommen die beiden, eine Finken-Art, zusammen, nie einer allein); aber ein anderer kommt immer allein, ein winziger Grüner, ich weiß nicht, obs ein Zaunkönig ist und ob er wirklich ein Junggeselle ist oder ob ein Paar sich nur abwechselt; eilige Spatzen, und eine große schwarze Amsel. Die andern Gäste sitzen jeweils manierlich am Schalenrand und trinken, fünf, zehn oder mehr Schnabelvoll; die beiden Finken sitzen sich oft gegenüber genau wie die Tauben auf dem berühmten Mosaik in Ravenna. Sie baden auch, meist mit Gespritze. Nie finden sich verschiedene Sorten zusammen ein, die Familien bleiben unter sich; man hält Ordnung, man »steht an«. Aber die große Amsel, die fällt herrisch ein, sie planscht, sie plustert sich auf, sie füllt schier die ganze Schale, sie badet ausgiebig, sie spritzt mit unbändiger Lust, sie wäscht sich eifrig unter den Flügeln; gestern saß sie nach dem Bad noch geschlagene fünf Minuten regungslos im Wasser, still genießend.
Könnte man nicht sein Leben verbringen mit dem Anschauen der Natur? Wenn ich alt bin, dann . . .

Klima-Veränderung. Einer sagts im Fernsehen: wir müssen damit rechnen.
Wo ist der südliche Frühling? Es ist Ende Mai, es regnet, regnet, regnet, es ist kühl, fast kalt. Findet die Drehung der Erdachse schon statt? Aber sie soll ja plötzlich kommen, von einem Tag zum andern. Wie damals, vor Tausenden von Jahren, als der Nordpol, eben noch tropisch, zur Eiswüste erstarrte. Tropische Pflanzen in Mammut-Mägen, unverdaut. Soeben noch mit Behagen Palmspitzen geschluckt, im nächsten Augenblick: tot.
Die alte Vor- und Darstellung: Gott-Vater mit der kleinen blauen Kugel in der Hand. Gemeint als Insignien der Herrschaft: Krone, Zepter, Erd-Kugel. Und wenn es nun diesem

Herrscher einfällt, die Kugel andersherum zu drehen? In einem Augenblick die Lage der Erd-Achse zu verändern? Eine neue Eiszeit zu schaffen? Einen großen Teil der Geschöpfe einfach zu Eis erstarren zu lassen? Nicht mit Feuer, sondern mit Eiseskälte töten? Unsrer nicht achtend? Gesetzlose Tat? Reine Willkür? Oder unbegreifbares Gesetz. Aber wir: die Opfer. Alles, was wir uns geschaffen haben: im Eis begraben. Eiswüste.
Und dann, in ferner Zeit, wiederum die Drehung und das Abschmelzen des Eises, und neues Leben zaghaft, dann reicher und reicher sich entfaltend. Und immer so fort. Zyklischer Ablauf der Erd- und Menschheitsgeschichte.
Ich will nicht mehr mitspielen. Ich-will-nicht-mehr!
Aber was sonst.

22. Oktober 1983. Friedensfest. Ein Datum. Ein Tag von vielen. Nein. Oh nein. Ein Tag, der mit Gold eingezeichnet ist im »Buch des Lebens«. Die Vorwegnahme des Friedensreiches. So kann, so muß es werden. So muß die Geschichte der Menschheit verlaufen. Ich war in Stuttgart bei der Friedenskundgebung, bei der »Menschenkette«, die von dort bis Ulm reichte. Wir hatten gefürchtet, wir seien nicht genug Leute, um die 150 km zu füllen. Wir waren mehr als genug. An einigen Stellen war die Kette doppelt und dreifach. Man sagt, es seien 250000 Menschen gewesen. Wir probten in unserm Teil schon vorher. Ich war mit in einer Stuttgarter Vorstadt. Dort kam von Zeit zu Zeit die Straßenbahn. Ohne die Händekette zu lösen, wichen wir geschmeidig friedlich aus. Keine Polizei weit und breit. Auf der andern Straßenseite Passanten, Samstagseinkäufe tragend. Interessant ihre Reaktion: einige schauten weg, andre schauten sehnsüchtig zu uns herüber. Betroffen waren alle, so oder so.
Um 11 Uhr also schloß sich die Kette Stuttgart–Ulm. Mir treibt es heute noch die Tränen in die Augen, wenn ich davon rede oder schreibe. Ein Augenblick höchsten Glücks: jetzt! Jetzt ge-

schieht das Wunder. Jetzt sind wir angelangt. Jetzt ist der Gott unter uns erschienen. Jetzt sind wir im Friedensreich. So also ists gemeint, so läuft die Geschichte der Menschheit, so endet sie: im Paradies, im Eins-Sein.
Später freilich die Frage: was bewirkt unser Friedensfest? Wer schert sich »da oben« darum? Man (Washington, Bonn) läßt uns Kinder Frieden spielen; ein Kinderspiel; ein Idealisten-Pazifisten-Frauen-Spiel, umso harm- und wirkungsloser, je weniger sich Regierung und Polizei einmischen. Die Nuklear-Waffen werden trotzdem stationiert . . .
Dennoch: seit jenem 22. Oktober bin ich nicht mehr das leichte Opfer politischer Verzweiflung. Es kommt darauf an, wer stärker ist: die krude Macht oder der Geist.
Nachher wandern wir zurück zum Schloßplatz. Singend. Unser Lied: ». . . wir marschieren nicht aus Haß und nicht aus Rache, wir erobern kein fremdes Gebiet . . . Marschiern wir gegen den Osten? Nein. Marschiern wir gegen den Westen? Nein. Wir marschieren für die Welt, die von Waffen nichts mehr hält . . .« Und der letzte Vers: »Du deutsches Volk, du bist fast immer für falsche Ziele marschiert, am Ende waren nur Trümmer. Weißt du heute, wohin man dich führt? Nimm dein Schicksal in die Hand! . . .« Wenn wir nur daran glaubten, daß der Geist stärker ist als Waffen! Wir glaubens nicht, das ist das Zeichen unserer Dekadenz, das ist unser Untergang – wenn wir nicht im letzten Augenblick den Mut zum Glauben an die weltverwandelnde Kraft des Geistes finden.

König Blaubart (im Märchen) sagt zu seiner jungen Frau: Alle Kammern in meinem Schloß darfst du betreten, nur die eine nicht.« Warum nicht? Er gibt keinen Grund an. Sie aber will gerade diese Kammer betreten. Blaubart gab ihr den Schlüsselbund mit allen Schlüsseln, darunter den kleinen goldenen zur verbotenen Kammer. Warum gibt er ihr den Schlüssel, wenn sie ihn nicht gebrauchen darf?

»Von allen Bäumen dürft ihr essen, nur von dem einen nicht.«
Die Prüfung des Gehorsams? Oder die Machtfrage: Jemand weiß etwas, das nur er weiß, da er allwissend ist; jede Mitwisserschaft würde ihm die absolute Autorität rauben. »Ihr werdet sein wie Gott«, sagt die Schlange, die den Menschen liebt. »Tretet ein ins verbotene Wissen, und ihr seid wissend wie ER.«
Nein, so nicht im Blaubart-Märchen. Die Frau sperrt die verbotene Kammer auf, und sie findet die Leichen aller Frauen, die Blaubart umgebracht hat.
Die verbotene Kammer. Das Friedhofstor bei Freud. Eintritt verboten. Zutritt zum Ort aller Verdrängungen, aller Leichen, aller unserer Mord-Wünsche.
Es gibt einen kleinen goldenen Schlüssel zur Leichenkammer. Man muß nur wagen, aufzuschließen. Man muß »entschlüsseln«. Den Schlüssel hat die Frau Blaubarts. Sie kann das Unbewußte Blaubarts entschlüsseln. Aber darauf steht Tod. Viele vor ihr sind daran gescheitert und gestorben. Auch sie soll sterben.
Bei jeder Psycho-Analyse kommt der Augenblick, da Blaubart, der Patient, seine Frau, den Therapeuten, ermorden will. »Was fällt denn dem ein, den Schlüssel ins Schloß zu stecken? Das ist meine meine meine Leichenkammer.«
Wie erfährt Blaubart, daß seine Frau in der verbotenen Kammer war? Der Schlüssel ist voller Blut. Die Entschlüsselung des Verdrängten ist, wenn die Analyse gutgeht, eine Sache auf Leben und Tod. Da fließt Blut, da fällt man in Ohnmacht, wie S. Freud vor dem Friedhofstor ohnmächtig wurde: auf dem Friedhof wird eben sein Vater begraben, und Freud ist der Wunsch-Mörder. Aus der geöffneten Schreckenskammer Blaubarts strömt das Blut über die Schwelle. Aus dem Friedhofstor fließt der schwarze Strom lang verdrängter Schuld.

Tod in Nicaragua. Bei meiner Lesung in Riehen (Basel) die Mutter Albrecht Pflaums, den alle Tonio nannten, jenes deutschen Entwicklungshelfers, der seit 1980 als Arzt in Nicaragua an der Grenze zu Honduras eine Klinik ausbaute und leitete, und am 30. April 1983 zusammen mit 13 Kollegen, Krankenschwestern und anderen Helfern, erschossen wurde von Anhängern des gestürzten Diktators Somoza, Angehörigen der »Contras«, die in Honduras ausgebildet und ausgerüstet werden, finanziert von Reagan, und die immer wieder in Nicaragua einfallen. Reagan hatte für Anfang Mai eine Offensive gegen die Sandinisten angekündigt. Am 30. April also wurden 14 friedliche, unbewaffnete Menschen aus einem privaten Fahrzeug gezerrt und erschossen. Unter ihnen der junge deutsche Arzt, der übers Wochenende zu seiner jungen Frau und seinem kleinen Kind fahren wollte. Der nichts anderes getan hatte, als mit all seiner Kraft dem nicaraguensischen Volk zu helfen, das in 40 Jahren Somoza-Diktatur aufs äußerste verarmt und dessen Gesundheitswesen miserabel war.
Tonios Mutter also steht vor mir inmitten der Hörer, die auf ein Autogramm von mir warten. Sie will keines, sie will mir nur etwas sagen. Sie sagt: Mein Sohn ist tot, ermordet in Nicaragua.
Jetzt bekam ich von ihr die Presse-Notizen geschickt, und ich denke wieder einmal, dieses Tagebuch sollte gefüllt sein mit nichts als mit solchen Meldungen, wie sie der Brief enthält, den Tonio an seine Eltern schrieb: »Die militärischen Operationen der Contras nehmen erheblich zu, es gibt Versorgungsschwierigkeiten ... Die Kaffee-Ernte war ausgezeichnet, aber es fehlten die Pflücker, weil die Leute Angst hatten in die Berge zu gehen. ... mehrere Kaffeepflücker, darunter Jugendliche, fast Kinder, wurden bei Überfällen umgebracht. Der Plan der Contras schien erstmalig aufzugehen: die Ernte zu stören, den Sandinisten einen entscheidenden Schlag zu versetzen dadurch, daß der Hauptdevisenbringer am Boden verrottete. Dann aber zeigte sich die ›Kraft des Volkes‹: über tausendeinhundert

›guerrilleros de la producion‹ wurden mobilisiert und so wurde die beste Ernte seit Jahren eingeholt... Würde das Gesundheitszentrum zugemacht werden müssen, wäre das ein politischer Mißerfolg für die Sandinisten. Mit Propaganda ist in diesen Zeiten nicht viel auszurichten. Was zählt, sind die funktionierenden Projekte und die gibts in allen Bereichen.«
Und dann unvermittelt die Meldung aus der Schweizer Zeitung ›Die Tat‹.
»4000 Menschen demonstrierten am Freitag 6. Mai nach der Beisetzung des ermordeten Entwicklungshelfers Albrecht Pflaum... Auf Transparenten stand: Die Waffen zum Mord sind aus den USA geliefert und bezahlt worden...« Und danach die Meldung, daß der Mord an einem bundesdeutschen Staatsbürger durch ausländische Bewaffnete nicht den geringsten Protest der deutschen Bundesregierung hervorrief und daß kein Regierungsvertreter beim Begräbnis anwesend war, aber dafür ein unverhältnismäßig großes Aufgebot an Polizei.
Warum dieses Schweigen und Sich-tot-Stellen der Regierung? Und warum ihre Furcht vor der friedlichen Demonstration für einen friedlichen, im Ausland ermordeten deutschen Arzt? Ja, warum. »Dreimal darfst du raten«, wärs ein Rätsel.
Wie unsicher ist die Bonner Regierung, und wie gehorsam dem leisesten Wink aus Washington, und wie inkonsequent auch: da schickt sie Entwicklungshelfer nach Nicaragua, und wenn sie dort ermordet werden, sind sie selber schuld, denn welcher Deutsche geht schon freiwillig in ein sozialistisches Land, das den USA nicht genehm ist.
»Ists schon Wahnsinn, hat es doch Methode.« (Hamlet.)
Letzte Meldung: die junge Frau, mit dem Sarg in die Bundesrepublik geflogen, kehrt wieder nach Nicaragua zurück, um das Werk ihres Mannes weiterzuführen.
Fast möchte ich das »göttlichen Wahnsinn« nennen.
Dezember 1984: Wer glaubt der US-Propaganda, daß das kleine schwache Nicaragua einen Überfall auf die USA plane? Da

lachen die Hühner. Ja, aber die Sowjetunion bringt Waffen nach Nicaragua. Aha: die Sowjets wollen die USA von dort aus überfallen. Und auf diesen Unsinn fällt die Westpresse herein?

Schwierige Übermittlung von Erkenntnissen. A. müht sich ab mit dem Dogma von der »Unbefleckten Empfängnis Mariens« (das nirgendwo in den Evangelien eine stichhaltige Begründung hat!). Ich versuche zu interpretieren. Meine Erkenntnis (eine Epiphanie): alles, was sich auf Erden ereignet, ereignet sich zuerst »im Himmel« (wobei »zuerst« ein Hilfswort ist, wie alle Zeit-Bezeichnungen Hilfsbegriffe sind). »Himmel« bedeutet: die Ideen-Welt. Idee im Sinne Platons, aber auch im Sinne jenes unheimlichen Wortes Jesu: »Ehe Abraham ward, bin ich.«

Im »Himmel«, in der Ideensphäre, in der Geist-(und Geister-) Welt wurde eine Frau vom Weltgeist schwanger und gebar den Gottes-Sohn, den Christos.

Auf unsrer Erde geschah, sozusagen im Spiegel, das gleiche, jedoch unsern Erdenbedingungen angepaßt, in die Materie inkarniert: da wurde ein Mensch von einem Mann (Joseph) gezeugt mit einer Frau namens Maria und wurde auf ganz und gar natürliche Weise geboren, und das Hymen der Frau blieb natürlich vor – in – und nach der Geburt keineswegs intakt. Wie auch sollte das geschehen; darüber stießen sich Theologen die Köpfe wund. Weshalb eigentlich? Um zu beweisen, daß Jesus ein göttliches Wesen ist? Wenn das von einer Sache abhinge, die es in allen Mythen-Systemen gibt! Buddha, zum Beispiel, wurde gezeugt, indem ein weißer (= heiliger) Elefant eine Frau »in die Seite stieß«. Jesus bedarf nicht des Rückgriffs auf den Mythos; daß alles so natürlich menschlich zuging, als er einmal sich zu inkarnieren entschlossen war, das ist das Neue, das Große.

Nun: das Entscheidende ist eben der Vorgang in der geistigen

Welt: da empfing eine Frau direkt den Gottesgeist und blieb jungfräulich, obgleich Mutter, jedoch Mutter eines Geistwesens, des Christos. Das Dogma »stimmt«: eine hohe Erkenntnis, vom Theologen-Intellekt zerredet und unglaubhaft gemacht. Was wir als Madonna verehren, ist jene Frau im Geistbereich, die dort den Christos empfing. Schwer zu erklären, wenn es einem nicht selber aufleuchtet, daß alles Irdische nur die stoffliche Form des geistigen Geschehens ist, und nicht nur auf Maria und Jesu bezogen, sondern uns alle (und alles) betreffend: jeder von uns die Inkarnation einer Geist-Person: gezeugt vom Ewigen Wort, eine Weile im Erdenleib verkörpert, im Tod heimkehrend in die hohe Geisterwelt.
Für mich ist diese Erkenntnis der Schlüssel Salomonis.
Dazu fand ich ein Wort des Novalis:
»Jedes wahre Geheimnis muß die Profanen von selbst ausschließen. Wer es versteht, ist von selbst, mit Recht, Eingeweihter.«
Und (an andrer Stelle): »Philosophie ist Heimweh: die Sehnsucht, überall zu Hause zu sein.«

Das Aktuelle bei Thomas Mann. In Thomas Manns Tagebuch von 1940–43 gelesen – nicht mehr mit dem Unbehagen, das mir die Lektüre der früheren Tagebücher bereitete, die noch voll sind von Allzu-Privatem, Wehleidigem, Selbstgefälligem: dieses späte Tagebuch ist ein bedeutendes Zeit-Dokument. Wie da das Fortschreiten des Zweiten Weltkriegs täglich notiert wird. Wie da Hoffnungen und Verzweiflungen, Irrtümer und Prophezeiungen einander folgen. Was Thomas Mann als Emigrant fern vom Schauplatz erlebte, das habe ich auf diesem Schauplatz selbst erlebt, am eigenen Leib auch.
Höchst interessant, zum Beispiel, seine vom 4. 9. 1943 stammenden »Spekulationen über die Zukunft Deutschlands, die von Rußland u. dem Westen ganz verschieden geplant. Von Rußland, das viel mehr gefürchtet, kommen die viel ermuti-

genderen Aufforderungen und Versprechungen. Kapitalistische Demokratie mit starker, der Republik treuer Armee! [...] Amerika dagegen sagt nur ›Unconditional surrender‹ und meint Okkupation, Entmündigung, Ent-industrialisierung, dauernde Entwaffnung, wahrscheinlich Zerteilung. Die Einigung wird schwer sein, man weiß nicht, was man wünschen soll.«
Sehr interessant die Ausführungen am 22. 8. 1943, über die Veränderung im Verhältnis von USA und Sowjet-Rußland. »Das schlechte Verhältnis« ... »die Abberufung Litwinows und Maisky's erweckt den Eindruck, daß es sich kaum noch um diesen Krieg, sondern um die Vorbereitung des nächsten handelt.«
Prophetisch. Der Kampf der Großmächte begann also 1943, unterbrochen durch Zeiten von Übereinstimmungen (Jalta).

Kirche contra Friedensbewegung. Nicht nur in Freiburg distanziert sich die katholische Kirche von den Friedens-Demonstrationen, auch andernorts, vielerorts. Aus der Pfalz der Brief eines jungen Lesers: »Obwohl alle hier wissen, daß sich gerade in unserer Gegend große Depots an ›Nervengas‹ befinden und die Wälder umzäunt sind, weil dort US-Militär-Stützpunkte sind, stand die gesamte Dorfbevölkerung gegen uns Jugendliche auf, als wir einen Friedenskreis errichteten. Eine einzige Veranstaltung im Gemeindezentrum der Kirche – dann das Verbot.«

Friedenskonferenz in der DDR. Drei Monate nach der indischen nun eine westliche, in der DDR-Provinzstadt Neubrandenburg. Einlader die ›B. K.‹ (›Berliner Konferenz europäischer Christen‹). Ein internationales Symposium zum Thema: ›Dialog und Kooperation für den Frieden‹. Zusatz: ›Zwanzig Jahre Enzyklika Pacem in terris‹. Jene herrliche Rede

Papst Johannes XXIII., geschrieben 1962. ›Friede auf Erden‹. Papst Johannes hat sich selbst ausdrücklich verstanden und öffentlich bezeichnet als »Priester vor Gott und den Völkern, ein zuverlässiger und aufrichtiger Freund aller Nationen«. ALLER. Nicht nur der polnischen. Nicht nur jener, die zur NATO gehören und Kampf führen gegen den »Kommunismus«. ALLER, die guten Willens sind. ALLER, die ehrlich Frieden wollen. Zum DDR-Symposium kommen Christen (Priester, Ordensleute, Laien; Protestanten, Katholiken, Orthodoxe) aus 25 Ländern des Westens und des Ostens. Von den Ländern des Ostblocks fehlt keins. Keins!

»Natürlich«, sagte mir jemand im Westen, »natürlich dürfen sie da kommen, um für den Frieden zu reden; das liegt ja auf der Ost-Linie; für den Frieden reden heißt für die da drüben: der Welt Sand in die Augen streuen und von der Tatsache der nuklearen Übermacht der Sowjets ablenken.«

So kann mans sehen und verdrehen.

Ein andrer sagt: Die möchten Frieden, weil sie einfach die weitere Hochrüstung nicht mehr verkraften.«

Richtig. Aber ist das ein schlechtes Argument für den Friedenswillen, wenn ein Volk sein Geld nicht mehr für Rüstung ausgeben möchte, sondern für Dinge, die dem Menschen dienen statt ihn zu vernichten?

Und wenn nun auf der Friedenskonferenz gesagt worden wäre, ihr im Westen seid offiziell für weitere nukleare Rüstung, weil ihr gar keinen Frieden wollt, sondern die Vernichtung des kommunistischen Ostens?

Niemand hat das gesagt, weil kein Teilnehmer der Konferenz so blindwütig anti-westlich war, wie wir im Westen anti-östlich sind. Man will wirklich Frieden um des Menschen willen, sei es der im Osten sei es der im Westen.

Die Enzyklika ›Pacem in terris‹ war der glühende Kern der Tagung.

Man habe Papst Johannes damals einen blinden Optimismus vorgeworfen. Er hatte dazu gesagt: »Ich kann mich nicht vom

Beispiel des Herrn trennen, der Gedanken des Friedens um sich verbreitet hat und mehr auf dem JA als auf dem NEIN bestand.«
In der ganzen Enzyklika kein Ton der Verketzerung. Ein Hohes Lied auf die friedliche Ko-Existenz, gesprochen vom Obersten Hirten der Kirche, der den Dialog zwischen Ost und West gutheiß, wollte, einleitete.
Wohin ist jene Zeit? Mir fällt auf, daß der schon weit gediehene Selig- oder Heiligsprechungsprozeß des Papstes Johannes XXIII. sang- und klanglos begraben wurde. Natürlich: wie kann Johannes Paul II. einen Mann heiligsprechen, der den Dialog mit den Kommunisten wollte? Warum nicht Pius XII. heiligsprechen, der alle, die in der KP waren, exkommunizierte? Das wäre doch der rechte Heilige. Oder?*
Ich habe sie miterlebt, die Zeit der »apertura a sinistra«, jene wahrhaft menschlich-christliche Epoche unseres Jahrhunderts, in der uns der Papst, oberste Instanz für Katholiken, lehrte, daß ideologische Verschiedenheit nicht Ursache zu politischem Kampf sein und daß die Kirche nicht gebraucht (mißbraucht) werden dürfe als Hilfstruppe des Westens im Kampf gegen die Sowjetunion und auch nicht im Kampf gegen den Atheismus. Die Kirche müsse vielmehr ihren universalen Auftrag erkennen. Ihr Weg sei gegenseitiges Vertrauen und Zusammenarbeit mit allen, die guten Willens sind. (Auch radikale Sozialisten sind »guten Willens«.) Wir müssen einen modus vivendi zum friedlichen Zusammenleben verschiedener Gesellschaftsordnungen finden. Die Teilnehmer der Berliner Konferenz erklärten, unser aller Aufgabe sei die Entspannung zwischen Ost und West durch Förderung des gegenseitigen Vertrauens, so wie es vor kurzem in Helsinki versucht wurde auf der ›Christlichen Weltkonfe-

* Ich lese eben in der ›Weltwoche‹ vom 7. 9. 83, daß dafür der Gründer des ›Opus Dei‹ seliggesprochen werden soll, jener kirchlichen Organisation spanischen Ursprungs, die mit Franco, dem Faschisten-Diktator, eng zusammenarbeitete, da beide einig waren im Haß und Kampf gegen den »Welt-Kommunismus«.

renz: Leben in Frieden‹, bei der zum Beispiel der Erzbischof von Saõ Paulo teilnahm und der Präsident von Pax Christi International, Bischof Bettazzi.

»Dialog für den Frieden«; das Motto der Konferenz und ihrer künftigen Arbeit.

Erinnerung an die Rede Papst Johannes XXIII. zur Eröffnung des II. Vatikanischen Konzils am 11. Oktober 1962:

»In der Ausübung unseres Hirtenamtes dringen bisweilen betrübliche Stimmen an unser Ohr, die zwar von großem religiösen Eifer zeugen, doch nicht von übermäßigem Sinn für Klugheit und für das rechte Maß bei der Beurteilung der Dinge. Diese pessimistischen Kritiker sehen in der modernen Zeit nur Unrecht und Niedergang. Sie behaupten, unsre Zeit habe sich im Vergleich zur Vergangenheit zum Schlechten verändert. Sie betragen sich, als ob zur Zeit der früheren Konzilien alles nur im vollen Triumph der christlichen Lehre, des christlichen Lebens und der gerechten Freiheit des Glaubens vor sich gegangen sei. Wir sind aber völlig andrer Meinung... In der gegenwärtigen Entwicklung führt uns die göttliche Vorsehung vielmehr zu einer neuen Ordnung der Beziehungen zwischen den Menschen. Sie vollendet so durch das Werk der Menschen selbst und weit über ihre Erwartungen hinaus in immer größerem Maße ihre Pläne, die höher sind als menschliche Gedanken und sich nicht berechnen lassen.«

Die entschiedene Konsequenz des holländischen Dominikaners Derksen, ausgedrückt in den Worten des mexikanischen Bischofs Méndez Arces: »Christen brauchen keine Marxisten zu werden, aber sie sind heute aufgerufen, die marxistische Gesellschaftsanalyse ernst zu nehmen. Sie sollten aufhören, Antimarxisten zu sein.«

Resumée: dem angeblich um seine theistische Religion besorgten Westen geht es in Wirklichkeit gar nicht um Religion, schon gar nicht um die reine Lehre des Christus Jesus und also gar nicht um die »Gottlosigkeit« der sozialistischen

Weltanschauung; das ist Vorwand, nichts als Vorwand. Wäre man um echte Religion besorgt, müßte man zuvörderst die Gottlosigkeit des atomaren Vernichtungswillens bekämpfen und die Gottlosigkeit des auf nichts als auf »Geld« gerichteten praktischen Materialismus überwinden.

Karsamstags-Kitsch im TV. Die TV-Anstalten erinnern sich der Ereignisse von damals. Sie kramen in ihren Bildvorräten und ziehen Passendes heraus, den Zeffirellschen Jesus-Film, und ähnliches. Auch einiges Neuere ist zuhanden: eine Schauspielerin rezitiert in rebellischem Ton Texte aus apokryphen Evangelien, und eine bringt einen Monolog der alten Mutter Maria. Und das alles, alt und neu: ich kanns nicht mehr hören, nicht mehr sehen. Auch mein eigenes Mirjam-Jesus-Buch ist mir zuwider. Ich hätte es anders schreiben müssen. Viel weiter weg vom Evangelium. Der Kritiker Kuschel, der Küng-Assistent, hat schon recht, wenn er sagt, das Buch, so gut es sei, hänge im letzten Teil zu sehr am Text der Evangelien. Ich habs bewußt so gemacht; ich wollte die gewohnten Texte nicht ändern, nur durchsichtig machen.
Ich müßte zu meinem Buch ein Gegenbuch schreiben. Eins, in dem steht: so wars nicht.
Wie aber? Wärs besser, ich schrieb, dieser Jeschua lebte in unsrer Zeit und träte mitten unter uns auf: im Pentagon, im Kreml, unter den besoffenen Obdachlosen am Bahnhof Termini, bei den Drogenkindern, neben einer Straßenhure sitzend, in London bei Frau Thatcher, bei einem Maffiaboß, beim Papst (wenn der ganz allein ist). Wärs so besser? Das hat der Günter Herburger ja schon versucht in seinem ›Jesus in Osaka‹. Es ist ihm nicht recht gelungen. Auch mir würde es nicht gelingen. Es gibt schlechthin keinen gelungenen Jesus-Roman. Ich werde das Anti-Buch nicht schreiben. Ich werde diesen Stoff nie mehr anrühren.
Das geradezu Irrsinnige aber ist, daß ich weiß, wie es war. Da-

mals. Ich sehe, rieche, fühle die Landschaft, die Leute, alles rings um diesen Jeschua. Und ihn selbst auch. Aber er entzieht sich dem Wort. Warum eigentlich?

Weil wir so tun, als sei er eine historische Figur. War er das denn nicht? Doch, und auch nicht. Eine historische Gestalt und eine mythische zugleich. Wir reden über ihn, als sei er wie jede andre historische Figur faßbar. Plötzlich begreife ich, was für ein Unglück es ist, daß sich die Kunst dieses Mannes bemächtigte und ihn festlegte in Bild und Wort. »Du sollst dir kein Bildnis machen vom Höchsten.« Ja, aber das galt doch nur so lange, als »der Höchste« nicht in Menschengestalt auftrat, genau gesagt: nicht Mensch wurde. Vom Menschen kann man sich ein Bild machen. Nun also . . . ?

Aber er war eben nicht NUR Mensch. DAS ist es. Und DAS fangen wir nicht ein, nicht im Bild, nicht im Wort. Vielleicht ist es so, daß wirs bisher konnten und durften, daß es aber heute nicht mehr geht. Warum nicht? Weil Joachim von Fiore recht hat mit seiner visionären Drei-Zeitalter-Theologie: das Alte Testament die Zeit des unsichtbar anwesenden Vater-Gottes; das Neue Testament die Zeit des Mensch-Gewordenen; und nun das dritte: die Zeit des Heiligen Geistes, der, wenngleich überall anwesend und wirkend, nicht darstellbar, nur fühlbar, nur lebbar ist. Dieser Gedanke, so im Zusammenhang mit meiner Arbeit gedacht, verwirrt mich.

Vielleicht ist es so, daß man das Licht nicht darstellen kann, sondern nur seine Wirkungen.

Es wäre besser gewesen, ich hätte Jeschua nicht als Person auftreten lassen, nur als Licht-Brechung in verschiedenen Personen, so wie ichs beim ›Bruder Feuer‹ machte; das war besser. Vielleicht.

Es ist kein Kunst-Problem, das mich so beschäftigt, es ist ein theologisches, aber weitab von der konventionellen Theologie. Ich könnte auch sagen, es ist ein physikalisches Problem: in der modernen Physik wird die Materie immer abstrakter verstanden, bis sie schon nicht mehr Materie ist,

sondern ein abstractum, Geist genannt. (Mir ist freilich Geist kein abstractum!)
Aber sage ich nicht sonst, daß Gott immer mehr Mensch werde, sich immer mehr inkarniere? Wie kann ich jetzt anders reden?
Rede ich anders?
Es kommt nur auf die Art der Frage an, die man stellt; auf jede Art von Frage bekommt man eine andre Art von Antwort.
Ich lasse es für mich jetzt einmal bei dem Satz, daß das, was wir unsern Gott nennen, inkarnierter Geist ist. Mehr ist uns nicht faßbar. Scheint mir.

Die deutschen Doggen. Eine Leserin, die mit Mann und Kindern in Spanien Ferien macht, schreibt mir: es ist hier ein Sport, daß deutsche Männer mit großen Hunden am Strand laufen und mit ihren Hunden die Leute, besonders die dort liegenden Frauen aufschrecken; das macht ihnen teuflischen Spaß.
Deutsche Männer, deutsche Doggen. Einmal waren es deutsche Schäferhunde. Im KZ. Und die Polizei bedient sich der Hunde bei der Menschenjagd. So verflicht der Mensch das Tier in sein Schicksal und macht Tiere schuldlos mitschuldig.
Die Frau schreibt: »Gestern fiel mich so ein Riesenhund an, spielerisch, aber in seiner wilden Kraft gefährlich. Da wurde aus mir Pazifistin eine Mörderin: hätte ich eine Waffe gehabt, ich hätte Hund und Herrn abgeknallt. So, waffenlos, brüllte ich die Männer nieder. Sie lachten, aber sie machten sich davon. Männer brauchen Hetzhunde, Revolver, Riesenautos, Atombomben. Ich aber will nichts als lieben dürfen. Ich will nicht töten, auch nicht in Gedanken, und doch ...«

Dorotheen-Friedhof, Ost-Berlin. Was für eine friedlich-schwermütige dunkelgrün verschattete Insel mitten in Berlin. In was für guter und mir lieber Gesellschaft läge ich,

würde ich dort begraben unter den hohen alten Bäumen. Da liegt Johannes R. Becher, alter Freund (Kultusminister der DDR), der mich 1950 und in den folgenden Jahren in die DDR zu locken versuchte. Da liegt Bertolt Brecht, den ich liebe, weil er ein starker Dichter ist (außer in seinen Lehrstücken) und den ich in den fünfziger Jahren in einem langen Essay jugendlich kühn angriff und der Doppelzüngigkeit bezichtigte, was so ganz falsch nicht ist. (Mein Aufsatz ist in der DDR-Staatsbibliothek nur mit Sonderausweis zu lesen.) Da liegt Helene Weigel, seine Frau, die große Schauspielerin, auf der andern Wegseite Erich Engel, der Regisseur, der meine ›Daniela‹ verfilmen wollte, was der DDR nicht paßte; da liegt der Komponist Paul Dessau; und etwas weiter weg ruhen die ganz Großen: Hegel und Fichte, nebeneinander.
Ich suche das Grab der Anna Seghers, ich finde es nicht, denn es hat noch keinen Stein, die Bestattung war erst drei Monate vorher. Ein junger Mann zeigt mir die Stelle. Er sagt: »Da lag Ihr schöner Strauß mit der Schleife, auf dem Ihr Name stand.« Sie haben mich erkannt? Er lächelt.
Ich halte ihn für einen Besucher gleich mir. Aber nein: er arbeitet hier. »Ich lebe hier«, sagt er, und das, so mitten zwischen den Gräbern gesagt, klingt geisterhaft, wie denn überhaupt seine Erscheinung etwas Geisterhaft-Entrücktes hat: ein überschlanker, großer junger Mensch, sehr bleich, mit tiefliegenden dunklen Augen (so in meiner Erinnerung jedenfalls). Sie leben hier? Ja, bei den Toten; sie sind so still, und hier ist Frieden; die Lebenden sind laut und böse.
Ich wage nicht zu widersprechen. Ich, das Leben liebend, verstehe sehr wohl, daß da einer, zerbrechlich und unfähig zum Konkurrenzkampf und gänzlich uninteressiert an Politik, ins Totenreich sich sehnt. Aber immerhin: der Friedhof ist ein Garten, und die Pflanzen leben und brauchen liebende Pflege. Der junge Mann ist eine ergreifend poetische Figur. Ein trauernder Engel. Der Geist des Dorotheen-Friedhofs, der eine große Vergangenheit atmet. Aber, so sage ich, mich selbst trö-

stend: Die da liegen, die leben! Ideen, die wahr sind, leben, also leben auch jene, die sie dachten und aufschrieben. »Ich *lebe* hier«, sagt der junge Mann.

Gottes Wille. Besucher, fromme Leute. Aber: mich machts nervös, wenn jemand sagt: »Ich will immer den Willen Gottes tun.«
Was heißt das? Kennt man den Willen Gottes? Wessen Gottes? Dessen, den uns die Kirchen als den einzig Zuständigen, einzig Existierenden vorstellen? Wir kennen nicht den Un-Erkennbaren, wir kennen nur kultur-, zeit-, räumlich bedingte Gottes-Bilder. Diesem bedingten, bedingt gültigen Gottesbild unterstellen wir, daß es DER Gott schlechthin sei und einen Willen habe, den wir (wer: wir?) erkennen können.
Es ist Gottes Wille, daß Kinder den Eltern gehorchen.
Es ist Gottes Wille, daß Frauen ihren Ehemännern untertan sind.
Es ist Gottes Wille, daß Ehepartner sich lebenslänglich treu sind.
Es ist Gottes Wille, daß man im Kriegsfall sein Vaterland verteidigen muß, indem man andre in Massen umbringt.
Gottes Wille contra Gottes Wille: das fünfte Gebot, absolut gültig: Du sollst nicht töten. Nicht: nie und nimmer!

1968 – vergessen. Anfrage einer Leserin nach Autor und Verlag des in ›Baustelle‹ erwähnten Buches über Ho Tschi Minh zwingt mich, das Buch herauszusuchen. Ich finde dort von mir aus dem Text herausgesucht und notiert (1968, dem Erscheinungsjahr) ein Zitat von Ho Tschi Minh aus dem Gefängnis: »Man muß Verse in unsrer Zeit mit Stahl panzern.« Ich lese im Buch über die Revolution in Vietnam. Wieviel vergessen wir, und wie schnell, oder: wie oberflächlich sind unsre Erinnerungen. Und ach: wie weit zurück liegt 1968!

Wettfressen. In einer italienischen Illustrierten gelesen: zu Ferragosto (Mitte-August-Fest) findet ein Wettessen statt: wer am meisten dolci (süße Kuchen) verschlingen kann. Und dies mit dem Wissen vom Hunger in der Welt.
Feuer auf Ninive!

Flugzeugabschuß September 1983. Nun hat die Welt wieder ihre Sensation. »Die« Sowjets haben ein südkoreanisches Passagierflugzeug abgeschossen. Empörung in allen westlichen Ländern, sonderbar langes Schweigen in den östlichen, schließlich, nach viel Geschrei, jetzt auch Schweigen im Westen.
Mir scheint die Sache an sich klar: ein südkoreanisches Flugzeug überfliegt das sowjetische Gebiet zwischen Wladiwostock und Sachalin. Dort sind die sowjetischen Nuklearwaffen gelagert. Das fremde Flugzeug kreist darüber. Die Sowjets, schwer beunruhigt, halten es (zu Recht oder zu Unrecht, wer weiß es) für ein Spionage-Flugzeug, getarnt als Zivilflugzeug. Als das fremde Flugzeug auf Funkspruch nicht reagiert, schießt man und trifft es. 270 Leute sind tot. Die Welt empört sich über alles Maß. Mäßige Empörung würde genügen. Wie viele unschuldige Zivilisten werden Tag für Tag getötet! Was ist im Libanon, im Tschad, in Chile, was in Südkorea, wo viele Hunderte von Studenten 1980 totgewalzt wurden von US-Panzern und heute noch Hunderte im Gefängnis sind, weil sie mehr Demokratie wollten für ihr faschistisch regiertes Land!
Und so fort, und so fort. Warum der Aufschrei über dieses Flugzeug?
270 Menschen von den Sowjets getötet. Und Hiroshima? Aber das ist ein Unterschied: damals war Krieg; Töten im Krieg ist legal, ist nötig. Wirklich: war Hiroshima noch nötig? War es mit allen Folgen legal? Ist je ein Krieg legal? Törichte Tat der Sowjets, dieser Abschuß, Kurzschlußhandlung, Hysterie. Vielleicht. Aber: überflöge ein sowjetisches Flugzeug jene Ge-

gend in Texas, wo alle Einzelteile der Atombombe hergestellt werden – wie würden die USA reagieren?
Unseliges, unseliges Mißtrauen auf beiden Seiten.
Aber wie günstig dieser Fehler der Sowjets für die Weltmeinung und die Generaloffensive gegen den »Kommunismus« (als sei der sowjetische die einzige Form von möglichem Sozialismus!).
Mein ungeschriebener Brief nach Moskau: Warum verspielt ihr so viele Chancen? Warum laßt ihr in Gottesnamen den Polen nicht ihre Solidarnosz? Laßt sie doch selber ihren Karren aus dem Dreck ziehen! Kein Pole will den Kapitalismus, nur Freiheiten wollen sie; laßt sie ihnen. Und zieht eure Truppen aus Afghanistan zurück. Und gebt die eingesperrten Regimegegner frei, öffnet Gefängnisse und psychiatrische Anstalten. Generalamnestie unter Antropov. Beginn einer neuen Ära des Friedens. Zeigt, daß ihr es wirklich ernst meint mit euren Friedensangeboten!
Ich habe die Politik wieder einmal satt. Was ist denn Politik, sage ich mir mit Bitterkeit, was denn andres als die Kunst, jeweils rascher, besser und ausdauernder zu lügen als der Gegner.

Ordnen meiner Bücher. Es werden immer mehr und mehr, die Regale quellen über. Ich muß mich entscheiden, was zu behalten was zu beseitigen ist. Die Entscheidung ist ziemlich leicht: da sind die vielen Romane, die mir Autoren und Verleger schicken in der Erwartung, ich möge sie loben, empfehlen, rezensieren (was ich doch schon lange nicht mehr mache). Naiv schlechte Romane von Autoren, ahnungslos, was Arbeit mit der Sprache ist; noch schlimmer: halbgute, geschrieben ohne jede Notwendigkeit, aber mit literarischer Ambition, »Kopfgeburten«. Und dann die Fülle der Bücher jenes Genres, das eigentlich erst so recht üppig in den letzten zwei Jahrzehnten ins Kraut schoß: Laientheologie. Nichts Neues darin. Zusammengeschrieben aus Rahner, Küng, Metz, Moltmann. Alte Klischees, ein bißchen verbal modernisiert. Brave Schriften, Populär-Theologie. Gut gemeint. Jedermann glaubt, derlei schreiben zu können. Ich selber habe (Auftragsarbeiten, Gelegenheitsarbeiten) ein paar solche Sachen geschrieben, die ich jetzt beschämend dumm und höchst überflüssig finde. Weg damit. Einiges eben noch Vertretbare aus all dem Wust verschenke ich. Das andre aber ... Und das, nachdem ich eben in Wien einen Vortrag zum 10. Mai, dem Tag der Bücherverbrennung unter Hitler, gehalten habe ... aus dem andern mache ich einen Scheiterhaufen und verbrenne es. Ich schaue zu, wie die Flammen ihre Arbeit tun. Ein schönes Feuer, ein reinigendes. Ich verbrenne einen Teil meiner selbst, den Teil, der längst abgestorben ist. Große Erleichterung. Gefühl von Neubeginn. Vorahnung, daß dies meine letzte Schriftenverbrennung nicht ist. Und Vorahnung, wie schön es sein wird, mein ganzes abgelebtes Leben zu verbrennen in der großen, endgültig reinigenden Flamme.

August-Schwermut. Unfehlbar überfällt sie mich. Seit ich denken kann: immer war mein Leben am dunkelsten, wenn die Sonne im Zeichen des Löwen steht. Feindliches Zeichen. Die Sommerferien meiner Kindheit und Jugend, sie fielen in diese Zeit, und wie finster waren mir diese Wochen zuhause bei den Eltern, wo alles verboten und alles geregelt war, und zwar einzig nach den despotischen Wünschen meines saturnischen Vaters. Wie endlos war dieser August. Abreise und Schulbeginn kaum zu erwarten. Meine (noch heute erhaltenen) Briefe an meine Freundin Gertraud bezeugen das alles. August: mein möglicher Selbstmord-Monat. Meine Depressionszeit. Mühsam, mühsam. Meine Tagebuch-Notizen aus Jahrzehnten beweisen es. »Schlecht gefühlt, müde, miserabel gefühlt, unfähig zur Arbeit, schwermütig, Todesgedanken ...« So steht es da. Heute, 1983, ists weniger schlimm. Die Versuchung ist nicht schwarz, sondern grau: taedium vitae. Grundlos. Aber eben das ist es. Grundlose Trauer, darum nicht in den Griff zu bekommen. Lebenslangeweile. Überdruß. Versuchung zur Todsünde der Trägheit. Ich arbeite dagegen an. Ich rolle den Mühlstein bergauf.

Nächtlicher Besuch. Der Hund schlägt an und läuft zur Haustür. Vor der Tür spricht jemand. Ich denke, es ist mein Hausmeister, der mein Telefon benützen will. Andre Leute kommen nicht zum verschlossenen Tor herein. Ich antworte italienisch, aber die Antwort kommt in Deutsch. Ich öffne einen Spaltweit. Ein großer junger magerer Mensch mit nichts als einem jener altmodischen schwarzen Geigenkästen, die wie Kindersärge aussehen. Ein wirres Gespräch. Wie kommen Sie überhaupt herein, das Gartentor ist verschlossen. Ich bin darüber geklettert, ich bin draußen eingeschlafen, jetzt friere ich. Ja, aber jetzt ist Mitternacht oder später, ich kenne Sie nicht, Sie können ein Terrorist sein oder ein Räuber. Er lacht. Er sieht nicht so aus, ganz und gar nicht. Nun gut, ich lasse ihn im untern Zimmer schlafen, bringe ihm Handtuch und Seife, zu essen und zu trinken, und schüttle den Kopf über mich. Was für ein Leichtsinn. Aber wieso bin ich plötzlich so freudig? WER ist der Fremde? Ganz gleich, wer er ist; es ist immer nur der EINE, der um etwas bittet. Es ist zwei Uhr nachts.

Am Morgen gemeinsames Frühstück. Erklärung: er hat Frau und zwei Kinder, hat Architektur studiert, will das Experiment wagen, eine Reise zu machen ohne Geld, ohne Ziel. »Reise jenseits von Raum und Zeit«, nennt er es (Fritjof Capra zitierend, aber schief interpretierend; meinetwegen, ich verstehe, was er meint).

Er kam aus der Gegend von Marburg mit Autostop, ohne daß er je das Zeichen für »Anhalter« gab. Er setzte sich einfach an den Straßenrand und überließ sein Schicksal »Gott«. So kam

er bis Florenz. Dort schlief er eine Woche in einem wilden Weinberg. Für sein Geigenspiel bekam er vom Bauern zu essen und von Touristen Geld. Er spielte immer wieder das einzige Stück, das er gelernt hatte: Beethovens Violinkonzert. (Ich bat ihn nicht, es mir vorzuspielen, aus Angst, etwas peinlich Dilettantisches hören und loben zu müssen.)
Eines Morgens ging er fort, seinen Rucksack im Weinberg lassend. Wohin nun? Er folgte Straßenschildern und Verkehrszeichen. War die Ampel grün, ging er über die Straße. Zeigte ein Schild nach rechts, ging er nach rechts. Schließlich sah er auf dem Boden ein altes Blechschild: Roma. Also nach Rom. Wieder den Verkehrszeichen nach. Sozusagen blindlings. Bis zur Autostrada del Sole. Ein Auto hielt, eine Engländerin nahm ihn mit bis Rom; mit ihr redete er über Mystik. Sie verstanden sich. In Rom dachte er an mich. Es war Abend. Er hatte kein Geld für Metro oder Bus. Also zu Fuß. 22 km. Aber wo war mein Haus? Er lief bis zum Ort hinauf und wieder herunter, ohne zu fragen. Eine vage Erinnerung an seinen kurzen Besuch bei mir vor vier Jahren führte ihn in meine Straße. Damals hatte er mich nicht angetroffen. Diesmal war mein Gartentor verschlossen. Die Klingel funktioniert nicht seit einem Jahrzehnt. Diesmal setzte er sich vors Tor und schlief ein. Er wachte auf, denn er fror. Es war Mitternacht. Er kletterte über das Tor und stand also vor meiner Tür. Der Hund war, zum Glück für den Einsteiger, im Haus.
»Sehen Sie: man muß sich blind führen lassen. Man muß sich in den Strom werfen, er trägt. Wie es in der Bibel steht: Zuerst das Reich Gottes suchen, dann wird einem alles übrige zugeworfen. Immer im Fluß bleiben, nachgebend, Zeichen folgend, vertrauend bis zur Absurdität. Nie sich festfahren. Nie sich absichern. Nie etwas selber machen wollen. Nie auf etwas bestehen. Nichts besitzen und nichts erreichen wollen. Ich wollte nicht nach Rom, ich wollte nicht zu Ihnen. Aber ich bin hier und Sie haben mich aufgenommen.«
Wußten Sie, daß ich das tun würde?

Ja, das wußte ich.
Wieso?
Weil Sie Sie sind; so ein Mensch wie Sie schickt keinen Menschen fort.
Na ja; Sie haben Glück gehabt.
Glück? Nein, das nennt man nicht Glück, das ist Fügung, besser: Führung; auch Sie waren geführt, als Sie mich aufnahmen, darum hatten Sie auch keine Angst vor dem nächtlichen Einbrecher; es war so gefügt.
Der Mann, ein Namenloser für mich, ist eine »Randfigur«. So nennt man die Nicht-Angepaßten. Was für ein Rand ist gemeint? Der Rand wovon?
Wer am Rand wohnt, das sind die träge Angepaßten. Sie wissen nichts vom glühenden Kern des Lebens. Mein nächtlicher Besucher ist keine Randfigur; er lebt in der Mitte, dort, wo wir alle leben sollten.

Einer für viele. Bei meinem Vortrag an einer deutschen Universität führt mich der Rektor ein, unter anderm erwähnend, daß ich, wie einige andre Schriftsteller, glaube, mich einmischen zu müssen in die politische Friedensbewegung. Unter den Studenten kommt Bewegung auf, sie beginnen zu murren. Ich lege den Finger auf den Mund. Als der Rektor das Wort an mich weitergibt, sage ich: »Ist Ihnen klar, daß Sie mich beleidigt haben?«
Er schaut bestürzt und begreift nicht.
»Sie sagten, ich und andre Schriftsteller glauben, uns einmischen zu müssen. Herr Rektor, wir glauben nicht es tun zu müssen: wir müssen es tun!«
Großer Beifall der Studenten. Der Mann tut mir leid. Ich wollte ihn nicht bloßstellen vor seinen Studenten. Als er endlich begreift, was er da gesagt hatte, schämt er sich, aber seine Scham gilt nur der Einbuße an Prestige, die er sich da geholt hat. (Man mag ihn ohnehin nicht, wie ich höre.)

Er sagt noch zwei Stunden später: »Ich habe jenen Satz nicht beleidigend gemeint. Es war ein lapsus linguae.«
Umso schlimmer, Herr Rektor: Sie haben nicht einmal bemerkt, daß Ihnen Ihre wahre Meinung über das Engagement der Schriftsteller entschlüpft ist! Was Sie da sagten, das sagen und denken viele Konservative: Was fällt denn den Schriftstellern, diesen Falsch-Träumern, ein? Sie sollen die Politik gefälligst den Berufspolitikern überlassen.
Ja, liebe Freunde, das taten wir schon einmal: 1933. Und eure Väter saßen dann im KZ, und eure Mütter hockten in Luftschutzkellern oder sie stahlen Lebensmittel, um euern Hunger zu stillen, und nachher lagen eure Städte in Trümmern. Weil wir geschwiegen haben. Wenn wir jetzt schweigen, wenn ihr jetzt schweigt, was wird dann sein? Antwortet selbst.

Nachrichten aus dem Iran. Vor fünf Jahren war ich in Teheran, als das Volk Khomeini wählte, weil es keinen andern zu wählen gab. Ich sah die Stimmzettel: eine Hälfte rot, die andre grün. Da viele Iraner Analphabeten sind, wurde ihnen gesagt: Wer rot wählt, ist für Khomeini, wer grün wählt, für die Rückkehr des Schah Pahlewi, der drei Monate zuvor gestürzt worden war. Wer wollte schon den Schah zurückhaben, den Westler, den US-Hörigen, den Ausbeuter, den Atheisten ... Also: rot. Aber Rot war nicht das Rot der Linken. Die wurden eingesperrt, gefoltert, umgebracht. Wir wissen das. Wir haben uns eine Weile empört. Aber was geht jetzt dort vor? Wen kümmerts?
Mich. Denn ich habe Freunde dort: Frauen.
Als Khomeini seine Regierung antrat, proklamierte er die Wiederherstellung der Moral. Ich sah damals den im Bürgerkrieg zerschossenen Stadtteil, der das öffentliche Hurenviertel war. Als ich mit Said auf einer Bank saß, sagte ein Vorübergehender: Stehen Sie auf, trennen Sie sich, dort kommen die »Wächter der Moral«. Nun, und? Wer bei einer unmoralischen Hand-

lung ertappt wird, der wird gesteinigt oder doch eingesperrt. Aber wir sitzen doch nur nebeneinander! Gleichviel. Damals befahl Khomeini, daß die Frauen das große Kopftuch tragen müssen, den »Hijab«, dann kam der Befehl, den »Tschador« zu tragen, den Umhang, der sie ganz verhüllt und unförmig macht. Auch die Frauen der Vertreter Irans bei den ausländischen Botschaften. Wer sich nicht verhüllt, ist ganz offenkundig eine Hure... Es gibt seither immer neue Slogans auf Postern und als Aufrufe: »Schwester, hilf mir, daß deine Unverhülltheit mich nicht zur Sünde verführt.« »Schwester, dein Hijab ist meine Ehre.« »Unverhülltsein ist Verbreitung von Unzucht.« Die Frau also ist die Verantwortliche, wenn der Mann sie begehrt. Eva ist nicht nur in der jüdischen Bibel, sondern auch im Islam die Ursache aller Sünde. Die Städte sind voller Spitzel, auch in Zivil. Angst ist zum Grundgefühl der Iraner geworden, vor allem der Frauen. Und was tun die jungen Männer, die sehr heißblütig sind? Wie gequält von ihrer verdrängten Sexualität diese Männer, die Regierten und die Regierenden sind, daß sie derartige Barrikaden aufrichten müssen!
1980 wurden Tausende von Frauen aus dem Dienst entlassen, nicht einmal wegen Unverhülltheit, sondern weil sie Parfüm benützten, oder Lippenstift, oder mit Männern gesprochen hatten. Neuerdings sind auch hohe Absätze verboten und helle Tschadors. Dunkel verhüllt muß die Iranerin gehen, auch bei 45° im Schatten. Erlaubt ist außer dem Tschador eine weite Hose mit weitem Kittel, darüber das große Kopftuch. Dünne Strümpfe sind verboten.
Natürlich dürfen Unverheiratete nicht mitsammen spazierengehen, nicht miteinander essen, nicht ins Kino gehen. Wers tut, wandert ins Evin-Gefängnis. Tanzen ist verboten, Männer und Mädchen sind auch bei Sport und Freizeit streng getrennt. Die jungen Männer aber können nicht heiraten: sie haben keine Arbeit, und wenn, dann verdienen sie zu wenig, um eine Familie gründen zu können; die Mieten sind zu hoch, die Preise

insgesamt unerschwinglich, wenn man nicht bei den Eltern wohnen kann. Übrigens blüht der Schwarzmarkt.
Trotz aller Verbote gibts, zumindest auf dem Land, Prostituierte, unkontrolliert, Geschlechtskrankheiten verbreitend.
Wer reich und »oben« ist, kann eine Zeit-Ehe eingehen, dann darf er eine Frau nehmen; er kann sie dann wieder wegschikken. Vom ganzen Moral-Erneuerungs-Programm Khomeinis blieb nichts als Angst, Verbogenheit, Armut, Korruption.
Die jungen Männer müssen alle zum Militär, die jungen Frauen in die Ehe. Die Männer haben etwas mehr Bewegungsfreiheit. Natürlich: der Islam Khomeinis ist streng patriarchalisch. Die Frauen sind in keinem Land der Welt derart radikal unterdrückt wie im Iran.
Un die Moral? Die Sauberkeit? Die permanente Säuberung? Gehts denn darum? Gehts nicht einfach, wieder einmal, um Repression? Strenge Sexual-Moral, religiös-naturalistisch begründet, war immer schon das probate Mittel politischer Unterdrückung. Moralische Sauberkeit: politische Säuberung. Das »Ideal« der »Sauberkeit« erlaubt, vielmehr fordert ständige strengste Überwachung. Dieses Überwachtsein drängt die Frauen entweder in die stumpfe sklavische Abhängigkeit, oder aber in Panik und schwere Depression. Immer mehr Frauen suchen Psychiater und Nervenärzte auf, wie mir meine iranische Freundin berichtet.
Die Männer aber, die Hisbollahis, die »Parteigänger Allahs« verschaffen sich ihre perverse, sadistische Lustbefriedigung, indem sie Frauen auf der Straße unflätig beschimpfen und prügeln.
Meine iranischen Freunde fragen, warum kein ausländischer Reporter solche Szenen filmt. Ich frage, warum wir Frauen in der freieren Welt nichts für die Iranerinnen tun können. Wer aber vermag das dichte Netz der Überwachung und Verheimlichung zu durchbrechen?
Juni 1984: Im RAI spricht eine Iranerin, Flüchtling, über die Foltern, die sie erlitt.

Kein Platz in der Herberge. Joseph, der Schreiner, und Maria, seine hochschwangere Frau, müssen, einer Anordnung der römischen Besatzungsmacht gemäß, sich in der Hauptstadt polizeilich melden. Eine Volkszählung. Was man zählt, sind nicht Menschen, sondern Steuerzahler. Jeder muß persönlich erscheinen, damit man genau weiß, wer was zu zahlen hat. Volkszählung: Geldzählung. Die Steuern sind hoch und werden immer höher. Die Besatzer kosten, die Priester müssen erhalten werden, die Aristokraten (solche wie Herodes) wollen auch leben, gut leben. Das Volk zahlt und zahlt. Sogar auf Minze und Kümmel im Küchengarten liegt eine Steuer.
Die beiden aus dem Galil kommen todmüde in Judäa, in Jerusalem, an. Aussichtslos, in der Stadt eine Unterkunft zu finden, besonders wenn man nicht nach Geld aussieht. Außerdem: aus dem Galil sind die? Sozusagen Ausländer also. Und die im Galil, arme Fischer meist, sind sowieso immer unbequeme Aufsässige. Und zu allem hin: eine Schwangere. Ein Blick auf den hohen Leib. Die kann ja jederzeit niederkommen. Nur keine Schererei, bitte. Tür zu. Einmal, fünfmal, zehnmal.
Ausländer suchen eine Wohnung. Wieviel können *sie* zahlen? Kinder haben sie auch? Also: nein.
Für solche gibts höchstens einen Viehstall da draußen. Müßt froh sein, überhaupt ein Dach übern Kopf zu kriegen. Im übrigen: Ausländer raus!

Zigeuner sein. Romani Rose, Vorsitzender der ›Vereinigung Sinti und Roma in der Bundesrepublik‹, bittet mich, in Stuttgart an einer Pressekonferenz zum Thema Diskriminierung der »Zigeuner« teilzunehmen, und hernach mit ihm zu einem Gespräch mit dem baden-württembergischen Ministerpräsidenten zu gehen. Ich will beides tun. Aber den Ministerpräsidenten zu sprechen ist unmöglich, er ist »verreist«. Nun, dann ein Gespräch mit dem Polizeipräsidenten. Der hat keine

Zeit, aber dafür bin ich da, sagt ein Unterbeamter. Romani Rose sagt, er verhandle nicht mit einem Nicht-Verantwortlichen. Der Mann ist beleidigt und erwidert: Nun, dann nicht. Da greife ich ein: Bitte, sagen Sie dem Herrn Polizeipräsidenten, daß Frau Rinser hier ist mit den Sinti. Der Mann geht, er kommt gleich wieder. Bitte schön! Und wir sind beim Gewünschten. Wie sowas funktioniert! Ist man wer, wird man gehört. Ein Niemand, ein Namenloser wird nicht vorgelassen. Gleiches Recht für alle?
Worum gehts in dem Gespräch? Darum, daß ein Formblatt aus dem Verkehr gezogen wird, das die Sinti diskriminiert. Wie das? Unter Hitler gab es ein Formblatt, auf dem stand, welche Gruppen von Leuten in erster Linie verhaftet werden sollen bei einem Delikt, dessen Täter nicht sofort gefunden wird. Da stand: Juden, Prostituierte, Strichjungen, Zigeuner, Landstreicher. Natürlich steht heute nicht mehr »Juden« drauf. Auch nicht mehr Zigeuner, statt dessen »Landfahrer«. Ist das nicht dasselbe wie Landstreicher? Oh nein. Landstreicher sind »Asoziale«, Leute ohne festen Wohnsitz und ohne geregelte Arbeit. Trifft das auf unsre Sinti zu? NEIN! Sie haben deutsche Pässe, haben einen festen Wohnsitz, den sie nur zeitweise verlassen, um ihren Handelsgeschäften nachzugehen (wie es unsre Dirigenten und Sänger unverdächtigt auch machen); und sie haben Arbeit und Einkommen und zahlen Steuer. Wieso also »Landfahrer« und als solche auf der diskriminierenden Liste stehend, die jeden kleinen Polizisten ermächtigt, einen Sinti oder Roma kurzerhand in Untersuchungshaft zu nehmen? Es gibt einen emotional aufgeladenen Wortwechsel zwischen dem Präsidenten und den drei Sinti, von denen zwei lange im KZ waren. Schließlich sagt dieser, es stehe doch nichts von Zigeunern mehr auf dem Blatt und was die Bezeichnung Landfahrer angehe, so werde man überlegen, ob man . . . Da sage ich leise, aber scharf genug: Man überlegt? Man läßt also diese Formblätter im Umlauf? Er: Wir lassen sie auslaufen und drucken dann keine solchen mehr. Ich: Das heißt, sie bleiben im Umlauf? Er:

Aber man kann doch nicht einfach tausende dieser Blätter verbrennen? Mein schiefer Blick irritiert ihn. Schweigen. Ich: Das heißt also, daß es Ihnen um einige hundert oder tausend Mark geht! Ist nicht die Ehre dieses Volkes mehr wert? Verkraftet das Budget des reichen Landes hier ein paar tausend Mark Verlust nicht? Der Präsident, dem das Ganze unbehaglich ist, weil er eigentlich längst eingesehen hat, daß da Unrecht geschieht an den Sinti und Roma, sagt zu seinem Mitarbeiter: Nun denn, wir ziehen diese Blätter aus dem Verkehr.

Mit dieser Intervention aber habe ich mir eine Last auferlegt, die ich nicht mehr abschütteln werde: ich habe meine alte Liebe zu den »Zigeunern« wiederentdeckt. Ich werde für sie arbeiten. Wie aber? Noch ist mirs nicht klar. Etwas über sie schreiben?

Ein halbes Jahr später: ich habe begonnen, alles zu lesen, was über die Sinti und Roma geschrieben wurde. Ich habe mit ihren Vertretern geredet. Ich war in einigen ihrer Siedlungen. Ich habe mich immer tiefer mit ihnen eingelassen.

Und wieder ein halbes Jahr später: vor mir liegt das Manuskript meines Buches über Sinti und Roma. Die Diskriminierungen aber gehen weiter. »Ausländer raus« und »Auschwitzlüge« und Neofaschismus kämpfen Hand in Hand. In welchem Jahr leben wir? 1938? Wehret den Anfängen! Oder ists schon wieder zu spät?

Hans Mayers Brief über ›Mirjam‹ (31. 12. 1983). Er hatte das Buch mitgenommen nach Jerusalem. »Wir wohnten in der Hebräischen Universität auf dem Mount Scopus. Jeden Morgen schaute ich aus dem Fenster: da lag die unheimliche und unvergleichliche Stadt mit ihren Kuppeln und Geheimnissen. Es hat mich nicht zuletzt gefreut, daß die Stadt in Deinem Buch so lebendig wird . . . Was Du Dir vorgenommen hattest, war so, daß jeder normale Lektor dringend davon abgeraten hätte. Im Grunde hast Du ein Evangelium sanctae Mariae

Magdalenae geschrieben, und Du bist ganz sicher nicht gescheitert . . . Das Buch hat mich ungemein bewegt: aus vielerlei Gründen. Der religiöse Bezug ist für mich kaum herzustellen. Ich befinde mich nach wie vor, was ich auch tun mag, im Bereich des Alten Bundes . . . Du hast hier, wie mir scheint, Dein wichtigstes Buch geschrieben. Beim Zustand unsrer Literaturkritik freilich steht nicht zu vermuten, daß die Rezensenten das in der nächsten Zeit kapieren werden . . . «

Ein andrer Brief, aus Israel, von einem Juden, geschrieben »noch ganz unter dem Eindruck von Mirjam . . . « Der Leser meint, daß ich mit meiner »Übertragung der Evangelien« in moderne schlichte Prosa viele Leute schockiere, die an die Bibelsprache gewöhnt sind. Er meint auch, daß ich den Gläubigen nicht gläubig genug, den Agnostikern nicht frei genug erscheinen müsse. Was die Form anlangt, so ist er ganz und gar einverstanden, denn bei der Nacherzählung biblischer Ereignisse sei die Ironie Thomas Manns unangebracht. Was den Inhalt anlangt, so stimmt er mir zu in bezug auf Judas und in bezug auf die Lage des jüdischen Volks von damals, das »offenbar keine Alternative zwischen selbstmörderischem Aufstand und dem Lehrhaus des Jochanaan ben Sakkai hatte«. (Bei mir: Judas = Jehuda der politische Befreiungskämpfer, Johannes = Jochanaan der unpolitische Esoteriker.)

Meine Darstellung der Mirjam gefällt ihm sehr: »die Künderin der Einheit von Liebe, Seele, Geist, Gott . . . « Jedoch, wie Hans Mayer, kann auch dieser Leser, Andreas Marck aus Moledet, das eigentlich Religiöse meines Buches nicht nachvollziehen: die Aussage vom Einssein des Jeschua mit Gott: »Ich bin das Heil der Welt.« (Der Satz kommt in meinem Buch gar nicht vor!) Hier hat A. M. mich nicht verstanden. Oder doch? Er zitiert meinen Satz, der wirklich MEIN Satz ist: »daß der Richter niemand andrer sei als der zu Richtende«, was besagen will, daß der Gott im Menschen sich verwirkliche, und nur im Menschen zu erfahren sei; dies im Sinn der deutschen mittelalterlichen und gar nicht häretischen Mystiker. Wenn ich es so meine,

schreibt A. M., dann sei dies mein letztes allerpersönlichstes Bekenntnis und höre auf, Literatur zu sein.
Aber, lieber A. M., ich schreibe nie Literatur, ich schreibe immer persönliche Bekenntnisse! Ich schreibe nie »Papier«. Alles, was ich schreibe, ist »sofferto« (erfahren, erlitten), wie man in Italien sagt.
Wichtig ist mir ein Satz in seinem Brief: »Heute haben wir den Kampf ums Überleben gewählt und den Sieg mit Schuld bezahlt; ich glaube wir durften nicht anders.« Diesen Brief lese ich heute, am 24. März wieder: in Jerusalem machen sie vorgezogene Wahlen, denn sie stehen nicht mehr zu jener Regierung, die den Krieg im Libanon führte und weiterführen möchte.
Ich erinnere mich meiner Israel-Reise 1962. Als ich mit einem Touristenbus durchs Land fuhr, hielt der Fahrer viele Male, und immer war da eine Kanone aufgestellt als ein Mahnmal, aber ein sozusagen umgekehrtes, nämlich ein Siegeszeichen, und der junge Guide erklärte stolz: »Hier hat ein Israeli drei (oder fünf oder zehn) Araber getötet.«
Israel wird keine solchen makabren Siegeszeichen mehr errichten nach den Massenmorden im Libanon. Mir ist Israel ein ständiges Leiden.

Weimar. Im Hotel »Zum Elephanten«, in dem, laut Prospekt, zu verschiedenen Zeiten sehr berühmte Gäste wohnten: Lukas Cranach, Johann Sebastian Bach, Franz Liszt, Richard Wagner, Leo Tolstoi, Thomas Mann, Werner Heisenberg, Pablo Neruda, und so fort. »Der Kellner des Gasthofes ›Zum Elephanten‹ in Weimar, Mager, ein gebildeter Mann, hatte an einem fast noch sommerlichen Tage tief im September des Jahres 1816 ein bewegendes, freudig verwirrendes Erlebnis...« So beginnt Thomas Manns ›Lotte in Weimar‹. Jene Lotte, »Frau Hofrätin Charlotte Kestner, geborene Buff, aus Wetzlar« – das Urbild der Lotte in Goethes ›Werther‹, die als

alte Frau nach Weimar kam, um Goethe nocheinmal zu sehen, der ihr Liebhaber war, einst, vor urlanger Zeit. Ein melancholisches Buch. Diese Melancholie nistet in allen Straßen, Gassen, Plätzen, Höfen Weimars. Hier ist alles Vergangenheit und Erinnerung. Darüber täuscht nicht die frische Tünche der schönen, wohlerhaltenen Häuser und nicht das lebhafte Treiben in den Straßen, vorwiegend Jugend, aber Jugend in Gruppen, geführt von Lehrern; flüchtige Besucher, Tagesgäste, auf Pflichtausflug; dazu Touristen aus dem Westen, man erkennt sie an der Sprache, an der Kleidung, an den Autonummern, und doch auch am ehrfürchtigen Bildungsinteresse und am befriedigten Nicken und Lächeln beim Wieder-Erkennen von schon Gewußtem, einst in der Schule Gelerntem oder Angelesenem, das sie nun vorgetragen bekommen von den Museumsführern. Ich entziehe mich, so weit möglich, allen Erklärern. Ich will allein sein, zumindest im Goethe-Haus, zumindest in seinem Sterbezimmer. Hier also, in dem erstaunlich schmalen kurzen Bett lag er krank, und dort, im Lehnstuhl, ist er gestorben, 22. März 1832. Frühlingsanfang. Ihm selbst ist das Datum noch bewußt geworden und er hat es freudig begrüßt: »Also hat der Frühling begonnen und wir können uns um so eher erholen.«
Die Tage vorher hatte er sehr gelitten, furchtbar gelitten, so sehr, daß »der Schmerz ihm bald Stöhnen, bald lautes Geschrei auspreßte«. Welches war seine Krankheit? Die Diagnose seines Arztes Vogel: »Katarrhalisches Fieber, Lungenentzündung, Atemmangel.'« Vermutlich Angina pectoris.
In der Nacht vom 19. zum 20. erwartete man sein Sterben. Aber er erholte sich ein wenig, doch litt er weiterhin sehr. Bald legte er sich ins Bett, bald setzte er sich in den Lehnstuhl, nirgends war es auszuhalten. Am 22. begann er im Delirium zu reden, und er redete von einem wundervollen Frauenbild: schwarze Locken, leuchtende Haut auf dunklem Hintergrund. Eine einst lebende Frau? Erinnerung an ein Bildnis, oder seine Vorstellung vom Ur-Bild der Frau schlechthin. Die lebende Frau an seinem Lager war Ottilie, seine Schwiegertochter. Ihr

galt sein allerletztes Wort: »Gib mir dein Pfötchen, Mädche.« So starb er. Schmerzlos seit Stunden. Was ist mit dem berühmten letzten Wort: »Mehr Licht!«? Man hats zur philosophisch-religiösen Botschaft hinaufstilisiert. Es war aber nur der Wunsch, man möge die Läden aufmachen. Die Todesschatten waren es, die ihm die Augen verdunkelten.
Es war Mittag, als er starb. Es war Mittag gewesen, als er geboren wurde, 83 Jahre vorher.
Diese Bemerkung fand ich eben jetzt, als ich in Italo Chiusanos schöner (italienischer) Goethe-Biographie nachlas, und da las ich gleich den ganzen Schluß des Buches: wie da ein Italiener das Deutsche und zugleich Weltweite »unseres« Goethe begriff! Und wie er, spürbar bewegt, aber unsentimental sachlich über Goethes Tod schreibt!
Hier also der Lehnstuhl, hier traf ihn der Tod, er traf ihn so sanft, daß Ottilie das Sterben gar nicht bemerkte. Auf einmal sah sie: er ist tot.
Junge Mädchen, geführt, kommen und schauen, eines nach dem andern, pflichtgemäß über das absperrende Seil ins Sterbezimmer, und gehen gleichmütig davon. Was geht sie dieser alte Goethe an. Mir aber kommen die Tränen. Ich habe Goethe in jedem Jahrzehnt meines Lebens neu gefunden. Immer einen andern Goethe. Zuletzt den Wissenden, den in Weltgeheimnisse Eingeweihten. Jetzt begreife ich Rudolf Steiners Goethe-Verehrung. Wissende erkennen einander. Die nie geheimgehaltene Gemeinschaft derer, die das geheime Wissen haben.
Das Goethe-Museum neu geordnet, höchst zweckmäßig zum Studium der Welt Goethes, chronologisch und zugleich (was für ein schwieriges und gelungenes Unterfangen) nach Sachgebieten. Höchst interessant die Räume über Botanik und die Farbenlehre; hier traf ich wieder, auf einer großen Wandtafel, den Satz, der mich beim Lesen in Goethes naturwissenschaftlichen Schriften mit magischer Kraft traf: »Farben sind Taten des Lichts, Taten und Leiden.« Goethe sagt, man könne den Charakter eines Menschen nicht schildern; aber man könne seine

Handlungen zusammenstellen, und daraus wird sich uns das Bild seines Charakters geben; so können wir nur aus den Wirkungen des Lichts das Licht selbst erkennen. Ich folgere und übertrage: Was der Geist ist, wissen wir nur aus seinen Wirkungen, »Gott« ist erkennbar nur aus »göttlichen Taten«, getan von Menschen, dazu befähigt eben durch das Göttliche in ihnen.

Und die »Natur«? Was ist das? Die Summe all dessen, was sie hervorbringt?

Ich hätte gern jemand hier, mit dem ich darüber reden könnte, gleich hier im Museum, vor den Modellen und den Zeichnungen von Goethes Hand. Aber Dr. B., der mich begleitet, weiß darüber nichts und er mag Goethe nicht, sagt er, aber meine Begeisterung steckt ihn an.

Abendweg an der Ilm entlang zu Goethes Gartenhaus. Langes Sitzen auf einer Bank vor der weiten Wiese, die unverbaut ist, unverändert seit Goethe sie sah. Herrliche alte Laubbäume. Als Goethes Blick auf sie fiel, waren sie um hundertfünfzig Jahre jünger. Merkwürdiges, herz-angreifendes Gefühl für das, was man »Zeit« nennt.

Ost-Berlin. Theaterstück. ›Blaue Pferde auf rotem Gras‹ von Michail Schatrow. Vor der offenen Bühne auf der Überdachung des Orchestergrabens eine große Anzahl von Lenin-Büsten aus bemaltem Gips oder aus Papiermaché. Einige junge Leute kommen und räumen ab. Die Absicht ist bereits klar: das alte Bild von Lenin soll beseitigt werden. Was aber wird dafür hingestellt?

Auf der Bühne Lenin, auf einem Stuhl sitzend, alt, mager, krank, trocken, melancholisch, zäh, empfängt Leute, gibt Befehle und Ratschläge. Ich, ohne Theaterzettel und ohne Einführung, weiß zuerst nicht recht, was ich davon halten soll. Der Titel gibt einen Hinweis: darf es denn blaue Pferde auf rotem Gras geben? Ist das alles pure Ironie? Ist es getarnte Kritik an der bestehenden Kulturpolitik? Führt sich da der Sowjet-Kommunismus selber ad absurdum? Soll man begreifen, daß man Lenin falsch verstanden hat? Ist da ein Ausbruch angedeutet?

Ein gutes Stück jedenfalls, frech, erstaunlich, respektlos. Daß die allerletzte Szene plötzlich ganz betont linientreu brav ist, macht das Vorhergehende, das Respektlose deutlich.

Hernach erst lese ich den Theaterzettel. Vielleicht habe ich das Stück mißverstanden. Bert Brecht, laut Theaterzettel, sagt dazu, daß Lenin »hauptsächlich ein Funktionär war und sich damit bewies, daß er funktionierte«. Ferner: »Seine Intelligenz hatte nichts Übermenschliches an sich, aber Übermenschliches ist immer Unmenschliches ... Er war autoritativ, er hatte die Autorität der Nützlichkeit.«

Das also sollte das Stück zeigen. Der Schauspieler (ein hervorragender, Arno Wygniewski) stellte das dar mit virtuoser Einfachheit und Sparsamkeit an Mitteln. Ein trockener Lenin, ein Brechtscher Lenin. Aber: sollte dieser Lenin nicht das Gegenbild zu den Leuten sein, die seine Arbeit fortführten, ohne seinen Geist zu haben?

»Als Lenin ging, war es,
Als ob der Baum zu den Blättern sagte:
Ich gehe.«

Mit Schrecken stellte ich fest, wie wenig wir »im Westen« davon wissen, was »im Osten« vor sich geht. Was sich dort unter der starren bürokratisch-ideologischen Erdkruste bewegt. Als ob »die da drüben« Dummköpfe wären!

KZ Ravensbrück. Auf dem Rückweg von Neubrandenburg nach Berlin: Besuch des KZ Ravensbrück. Ungern gehe ich mit hin. Ich war schon in Auschwitz ohnmächtig geworden. Aber ich soll in Ravensbrück etwas sprechen am Mahnmal. Was denn nur. Der Ort spricht. Da ist nichts hinzuzufügen.

Ravensbrück war das KZ für Frauen. 1939, am 18. Mai, trafen die ersten ein: 860 deutsche und sieben österreichische Frauen. Am 29. Juni: 440 österreichische Zigeunerinnen mit ihren Kindern. 28. September: Polinnen. Ende 1939 sind 2290 Frauen eingeliefert. Frühjahr 1940: 50 Frauen aus der Tschechoslowakei. Sommer 1941: Holländerinnen.
Im Herbst 1940 werden SS-Betriebe errichtet, in dem die noch gesunden Frauen arbeiten. Himmler befahl die Prügelstrafe. Am 1. Februar 1941 wird die erste Frau erschossen, im Lauf des Jahres insgesamt 180, vor allem Polinnen. Im Dezember 1941 bestimmt eine Ärztekommission die Frauen, die vergast werden. Ende 1941 sind 12000 Frauen im Lager, im März 1942 werden 2000 davon nach Auschwitz gebracht, zur Vernichtung.
Frühjahr 1942 Beginn der medizinischen Experimente. Der erste Transport sowjetischer kriegsgefangener Frauen trifft ein. Kinder aller Altersstufen in immer größerer Zahl werden eingewiesen. Ende 1942: 15000 Frauen im Lager. Ende 1943: 42000. Ende 1944: 80000. 17000 jüdische Frauen und Kinder zur Vergasung. 132000 Frauen und Kinder aus 20 Nationen waren hier, 92000 wurden getötet.
»Auschwitz-Lüge«? Name, Alter, Herkunft, Tod jedes Häftlings ist notiert.
Herbst 1943 wird das Krematorium gebaut. Noch im Januar 1945 werden Zigeunerinnen und ihre Kinder sterilisiert. Im März werden 130 Schwangere und Säuglinge in einem Eisenbahnwaggon vergast. Von Januar bis April 1945 werden noch 6993 Frauen vergast.
Und die andre Seite: Oktober 1942 errichtet die Firma Siemens neben dem Lager einen Rüstungsbetrieb.
Aus einem Bericht des SS-Führers Pohl an Himmler vom 30. 9. 1942: ». . . Die Verwahrung von Häftlingen nur aus Sicherheits-, erzieherischen oder vorbeugenden Gründen steht allein nicht mehr im Vordergrund . . . Die Mobilisierung aller Häftlingsarbeitskräfte, zunächst für Kriegszwecke (Rüstungsstei-

gerung), schiebt sich immer mehr in den Vordergrund.« Aus den Ravensbrücker SS-Betrieben ergab sich in den 4½ Kriegsjahren ein Gewinn von insgesamt rund 20 Millionen Mark. Jeder Häftling bei durchschnittlicher Lebensdauer von 9 Monaten brachte dem Betrieb 163 Mark ein. Aus der »traditionellen Verwertung der Leiche« (Zahngold, hinterlassene Kleidung, Wertsachen, Geld) ergab sich, abzüglich der Verbrennungskosten von 2 Mark, ein Nettogewinn von 200 Mark.

Was kann man da noch hinzufügen?

Ich erinnere mich eines »deutschen Kindergebets von 1938« zitiert in einem der Tagebücher von Thomas Mann:

Lieber Gott, mach mich stumm
Daß ich nicht ins KZ kumm.

1984

Februar 1984. In den Parkanlagen zwischen dem Münchner Sendlingertorplatz und der Klinik, in der ich René H. besuche (sorgenvoll, wie ich ihn anträfe, und aus vielen politischen Ursachen bedrückten Herzens), höre ich plötzlich das erste Amsellied, vielmehr die ersten Singproben einer Amsel.
»'s Amixl hat gsunga«. C. O.s ›Bernauerin‹. Wie es mich durchfährt. Wie ein Messer. Aber die Wunde hat den Duft nach Frühling und Versöhnung. Ein Jahr ist vergangen seit seinem Tod. Selbst in den Jahren unserer tiefsten Entfremdung war es immer der erste Amselruf, der mein verletztes Herz zu ihm zurücktrug.

Ein Foto. Fritz Raddatz schickt mir die Fotokopie seines Interviews über »Le désespoir glacé de notre litterature« in ›Le nouvel Observateur‹, Februar 84. Wie übersetzen? »Die gefrorene Verzweiflung unserer Literatur«? Raddatz spricht als Kassandra. Er zitiert Christa Wolf: »Hitler nous a rattrapés.« Hitler hat uns eingeholt. Alle Aussagen des Interviewten tief pessimistisch. Ist er denn so? Ist ES denn so? Ich liebe Christa Wolf, aber ich bin nicht sie, bin nicht Kassandra.
Ich lese das Interview und wundre mich, warum Fritz Raddatz es mir schickte mit einem Begleitbriefchen: »So kommen wir nicht voneinander los.« Ein Scherz, sicher, aber was hat das mit dem Interview zu tun, in dem ich nicht vorkomme? Erst Tage später sehe ich: es geht um das Foto, das dem Interview beigedruckt ist: Fritz Raddatz lehnt an einer Litfaßsäule, die wie ein Turm aufragt, und wieder einige Tage später sehe ich, daß auf der Litfaßsäule, wie ein Buchrücken erscheinend, etwas steht, von unten nach oben zu lesen: Luise Rinser Mirjam. Eine simple Reklame von der Frankfurter Buchmesse. Weiter nichts. Nein?

Heilbronner Tage. März. Weil das, was als Zeitungsartikel erscheint, rasch wieder vergessen wird, füge ich unsern Brief hier ein. Unsern? Wessen? Einmal wird man fragen: Was war denn damals in Heilbronn? Da war doch was mit Schriftstellern; die haben doch sowas wie Wehrkraftzersetzung gemacht; die haben gesagt und geschrieben, die bundesdeutsche Wehrmacht soll insgesamt den Militärdienst verweigern; die waren kühn; aber sie kriegten nachher Schwierigkeiten; wurden sie nicht angeklagt?
Nun: was war wirklich?
Wir, rund 20 Mitglieder der Akademie der Künste, dazu Heinrich Albertz, Generäle und der Reserve-Offizier Mechtersheimer und drei ehemalige Offiziere der Bundeswehr, trafen uns am 17. Dezember 1983 in Heilbronn, dort, wo die Pershing I (bekanntermaßen) und die Pershing II (noch insgeheim) stationiert sind: auf der »Waldheide«. 1200 US-Soldaten, 36 Raketen, 9 davon stets alarmbereit. Ich war vor Jahren in Auschwitz. Dorothee Sölle schrieb mit Kreide »Auschwitz« auf ein Warnschild. Ich war also nicht die einzige, die »das Gruseln gelernt« hatte. Damals waren es die Nazis, die solche Orte des Unheils schufen. Wir stehen vor dem Stacheldraht. Wir lesen und fotografieren die Warnschilder: Hier wird scharf geschossen.
Hier, auf deutschem Boden, den kein Deutscher betreten darf, hier wird von US-Soldaten auf Deutsche geschossen, falls sie diesen deutschen Boden betreten. Von Soldaten der USA, die uns von Auschwitz, Buchenwald, Dachau, von Hitler und der SS befreit haben, denen wir zugejubelt haben, als sie mit ihren Panzern das Kriegsende brachten und uns zum Frieden zwangen, der nie kam: noch immer haben wir keinen Friedensvertrag mit den USA. Noch immer leben wir unter ihrem Diktat. Noch immer sind wir nur scheinbar Partner. Was wir tatsächlich sind, erleben wir an diesem 17. Dezember 1983 auf der Waldheide.
Wir wollten ein Gespräch mit dem obersten Offizier der dort stationierten Amerikaner, Colonel Bernard B. Brown. Er lehn-

te ab mit dem Hinweis, es gebe nichts zu besprechen, was nicht schon zwischen Bonn und Washington besprochen sei und was wir Deutschen ja wohl wüßten.
Die Sprache eines Partners? Die eiskalte Sprache eines Besatzers. Wir verfassen einen Brief an ihn:

Die Teilnehmer der Heilbronner Begegnung
›Den Widerstand lernen‹.

Colonel Bernard B. Brown
Department of the Army
Heilbronn 17. Dezember 1983

Sehr geehrter Colonel Brown,
wir bedauern, daß es Ihnen nicht möglich ist, mit uns zu diskutieren. Sie verweisen auf die Bundesregierung, die ausreichend über das Pershing-Raketen-System informiert sei. Aber die Bürger erfahren in unserm Land im Gegensatz zu den Bürgern bei Ihnen zu Hause so gut wie nichts über neue Rüstungsmaßnahmen. Schon deshalb haben wir Angst!
Sie schreiben, Sie wollten sich nicht in »innerdeutsche Angelegenheiten« einmischen, aber Ihre Raketen stehen hier, auf unserm Boden.
Sie kennen unsre Geschichte und wissen, daß die US-Army in dieses Land gekommen war, um uns von der Diktatur Hitlers zu befreien, nicht aber, um neue Abhängigkeiten und neues Unrecht zu schaffen. Sie kamen in unser Land, um einen Holocaust zu beenden, und blieben doch gewiß nicht hier, um einen atomaren Holocaust vorzubereiten. Dies aber tun Sie, wenn Sie von hier aus mit Nuklearwaffen Osteuropa bedrohen und uns damit in diesem dicht besiedelten Raum einer tödlichen Gefahr aussetzen.
Wir bitten um Ihr Verständnis für unsere Entschlossenheit und wünschen unsern Völkern Freundschaft in gegenseitiger Achtung und Souveränität.
Mit friedlichen Grüßen

Diesen Brief wollen wir abgeben oben auf der Waldheide. Wir pilgern hinauf. Wir stehen vor dem Stacheldraht mit den Warntafeln. Da läßt man uns stehen. Mögen wir demonstrieren, wenn es uns gefällt. Kein US-Soldat zeigt sich. Nach langem Warten spricht Günter Grass durchs Megaphon. Er sagt, wir wollten einen Brief an den Colonel abgeben, jemand möge ihn uns abnehmen.

Wir warten. Einige von uns stimmen das Friedenslied an. Schließlich zeigen sich einige GI's. Bewaffnet. Bereit zu schießen. Was für ein Empfang. Wir rufen ihnen zu, sie möchten uns den Brief abnehmen. Keine Reaktion. Wir rufen weiter. Endlich nähern sich zwei GI's. Sie sagen, sie haben keine Order. Das ist alles. Man läßt uns stehen. Als Bettler.

Wir gehen zu einem andern Tor. Vielleicht ist dort jemand mit menschlicher Vernunft. Tatsächlich sind sie hier zugänglicher, sechs oder sieben Burschen. Einer, der wie ein Indianer aussieht, winkt mir zu: Hey! Das einzige Zeichen rudimentärer Verständigung, doch folgenlos.

Wir frieren. Der Tag ist kalt. Schließlich versuchen wir, unsern Brief am Draht zu befestigen. Ich weiß nicht mehr, ob es gelang und was dann folgte. Ich ging. Wir gingen schließlich alle. Ich schämte mich für die USA. Ich schämte mich, daß sie uns in diese demütigende Lage gebracht haben. Ich zitterte vor Kälte und Zorn.

Sie haben keine Order ... Doch doch, sie haben eine: so zu tun, als seien wir gar nicht da. Dann denke ich: arme GI's, arme Soldaten, die hier geopfert werden, wenn es wirklich zum Nuklearkrieg käme; sie würden hier sterben, so wie sie in Vietnam und in Korea starben. Und wofür?

März 1984. Unser Heilbronner Aufruf an die Bundeswehr-Soldaten sollte uns eine Anklage wegen »Wehrkraftzersetzung« einbringen. (Ich war schon einmal unter dieser Anklage eingesperrt worden: 1944!) Heinrich Böll mit seinem

grimmigen trockenen Humor sagt: »Die beste Wehrkraftzersetzung hat Wörner geleistet.« (Wer wird sich nach Jahren dieses Skandals erinnern, als ein mißliebiger General unter dem Vorwand, er sei homosexuell, unter entehrenden Umständen verabschiedet werden sollte . . .) Aber der Aufruf brachte uns etwas anderes ein: die Einladung der Offiziere des ›Darmstädter Signal‹ zu einem Gespräch auf der Hardthöhe bei Bonn, dort, wo das Verteidigungsministerium steht. Wollten sie uns zurechtweisen? Wollten sie uns überzeugen, daß unser Aufruf zur totalen Verweigerung (so lange Nuklearwaffen auf bundesdeutschem Gebiet stehen) uns »den Russen in die Arme triebe«? Keineswegs. Was sie wollten (im Grunde) war fast schon eine Verbündung der Aufmüpfigen unter ihnen, jenen, die gleich uns den Frieden wollen und denen ihr Verteidigungsminister verbot, mit dem Friedensforscher, dem Ex-Reserve-Offizier Alfred Mechtersheimer, zu diskutieren über die Unrichtigkeit des befohlenen Themas: ›Die Richtigkeit der Nachrüstung‹.
Wir Schriftsteller: Böll, Grass, Höllerer, Jürgen Fuchs (früher DDR) und ich, die einzige Frau. Offiziere waren es ebenfalls fünf. Kluge Köpfe, kritische, offene. Nicht selbstsicher, mit vorgefaßten eingedrillten Meinungen, sondern offen zweifelnd an der »Richtigkeit der Nachrüstung«. Sie kamen keineswegs nur aus Darmstadt, sondern von überall her. Gemeinsam haben sie die Meinung, von deutschem Boden dürfe nie mehr ein Krieg ausgehen. »Von deutschem Boden?« Aber die Raketen stehen auf deutschem Boden! Sollten sie nicht sagen: Von einer deutschen Regierung, die in der NATO gefesselt ist? Wie auch immer: sie lassen sich keinen Maulkorb-Erlaß gefallen; sie lehnen die Manipulierung durch die CDU ab; sie erklären die »Abschreckungspolitik« für falsch; sie verhehlen sich und uns nicht, daß sie mit dem Einsatz von Nuklearwaffen rechnen und damit, daß es der Westen sei, der den Erstschlag führe; sie halten eine partielle Abrüstung (etwa einige Atomsprengköpfe weniger) für »militärischen Hausputz«; sie sind dagegen, daß

die Bundeswehr von ihrem streng defensiven Auftrag überwechselt zu einem offensiven (gezwungen durch ihre Bindung an die NATO); sie wollen sich nicht mißbrauchen lassen beim Selbstmord Europas; sie sind gegen weitere und jede atomare Aufrüstung; sie sehen mit Entsetzen, daß wir Milliarden für die Rüstung ausgeben und kaltherzig täglich 40000 Kinder an Hunger sterben lassen . . .

Kurz und gut: sie sind genau unserer Meinung. Ich erlaube mir eine Zwischenfrage zum Thema »nicht Angriff, aber Verteidigung«: »Meine Herren, ich sage betont ›meine Herren‹, weil außer mir keine Frau hier teilnimmt und weil das Militär eine Angelegenheit von Herren ist, eine Sache der Männer, bei der Frauen nichts zu sagen haben. Ich sitze hier als eine Vertreterin von etwa 35 Millionen deutscher Frauen. Meine Herren, Sie reden davon, uns zu verteidigen. Ich frage Sie: Wie wollen Sie das machen: uns verteidigen?«

Der Major Prieß ist es, der mir antwortet und zugibt: »Wir können es nicht.«

Nun? Wozu also Bundeswehr?

Da stimmt doch etwas nicht: Angriff ist unerlaubt, Verteidigung unmöglich. Wozu also Bundeswehr? Zur Entlastung des Arbeitsmarkts? Zur Einbindung kritischer Köpfe in ein System, das sie mundtot macht? Zur Disziplinierung junger Männer? Zur Befriedigung der USA? Zur Beruhigung der bundesdeutschen Konservativen, die hartnäckig daran glauben, daß uns »unser Militär vor dem Einmarsch der Russen schützt«? Die Bundeswehr-Offiziere sind klug und nüchtern genug, um das Spiel zu durchschauen.

Rand-Beobachtung: nach dem offiziellen Gespräch Privatgespräche mit Bundeswehr-Soldaten, sehr jungen, nicht berufsmäßigen. Sie stellen fest, daß sie sich nicht für fähig halten, auch nur in einem konventionellen Krieg ihren Mann zu stellen; sie fühlen sich nicht gesund, nicht stark, nicht mutig.

Wirklich: diese zarten Gestalten hätten den Rußland-Feldzug gewiß nicht überlebt, nicht physisch, nicht seelisch. Und es

fehlt ihnen das, was man »Motivation« nennt. »Wozu Kriege? Und überhaupt: es gibt keine Kriege mehr, es gibt nur Massen-Vernichtung.«
Weiß man auf der Hardthöhe da drüben, im Verteidigungsministerium, eigentlich, was Soldaten denken?
Eine Woche später: man kann es nachlesen, im ›stern‹ in Heft 9 vom 23. Februar 1984. Da finden sich die Fotos derer vom ›Darmstädter Signal‹ und ihre Aussagen zum Thema. Ich habe großen Respekt vor diesen Offizieren. Sie brauchen uns eigentlich nicht; sie wissen schon selber, was gespielt wird; aber dieses Zusammengehen mit uns ist gut. Ja, das IST gut. Und das ist NEU! So viele Leute kann man nicht wegen Wehrkraftzersetzung einsperren. Heute!
1985: Der Maulkorb IST angelegt.

Gestern die kluge schöne Rezension von ›Mirjam‹ in der ›Zeit‹ von Franz Alt; vorgestern die ebenso schöne, aber weniger aufs Politische und Theologische als aufs rein Literarische bezogene von Italo Chiusano in ›Nuova rivista‹ und heute die Anfrage der Internationalen Universität Florenz, ob ich einen Kulturpreis annehme, den vor mir Simone Veil bekam und den mit mir der Komponist Petrassi und der Schauspieler Vittorio Gassmann und der an dieser Universität lehrende deutsche Völkerrechtler Maihofer bekommen. Lauter gute Nachrichten: Nur: warum freue ich mich nicht, was ist denn mit mir? Bin ich unfähig zur Freude, so wie andre unfähig zur Trauer sind? Das doch nicht. Ich freue mich je unentwegt über irgendwas: über meine Tulpen, über die Veilchen, die zwischen den Steinstufen blühen, über die Augen meines Hundes, über das Amsellied, über den Sonnenschein und den blauen Himmel. Nur: über Erfolgsnachrichten und Ehrungen gelingts mir nicht mehr, sie gleiten an mir ab, einen Augenblick lang mich wärmend, dann vergessen. Ich denke nach: ist das nun eine subtile Art von Hochmut? Oder ists die sacra indifferentia, die der

Heilige Benedikt von seinen Mönchen verlangt und Ignatius von seinen Leuten erwartet? Oder habe ich endlich das Koan gelöst, das mir vor zehn Jahren der buddhistische Abt von Bulgugsa in Südkorea gab: »Alles ist nichts«? Ich möchte nicht gleichgültig werden gegen irdische Geschenke. Ich will mir die kindliche Dankbarkeit bewahren. Aber wie? Immer deutlicher das Bedürfnis, irdische Geschenke gleich welcher Art an einem Altar fremder Götter niederzulegen. Ihr Gegengeschenk: die immer größere Freiheit.

März 1984. Flughafen Rom. Die Alitalia, mit der ich nach Frankfurt fliegen soll, fällt aus. Also warten auf die Maschine der Lufthansa. Vier Stunden Warten. Verlorene Zeit ... Aber hängts nicht von mir ab, ob sie Verlust oder Gewinn bedeutet? Im Café spricht mich ein Mann an, klein, etwas vulgär; ich verstehe nicht, was er will, es ist wirres Zeug. Verrückt. Da kommen drei andre Männer, sie gehören alle vier zusammen. Sie haben etwas Gemeinsames, nicht nur die vom Wind gegerbte Haut und das ausgebleichte Haar, sondern auch den Gang: breitbeinig, als müßten sie sich auf schwankendem Boden behaupten. Matrosen. Sie kommen vom Persischen Golf. Dort lag ihr Ölfrachter fünf Monate. Fünf Monate an ein und dem selben Platz. Aufeinander angewiesen. Keine Erlebnisse. Keine Frauen. Immer der selbe Anblick. Der Gestank nach Öl. Sie wissen nicht mehr, wie man sich benimmt in normaleren Verhältnissen. Sie reden schrecklich laut und nehmen viel Platz ein. Sie sind verstört, wenn auch in verschiedenem Grad. Fünf Monate Ölschiff. Öl-Sklaven. Matrosen, denen die See Freiheit versprach.

Kinderfrage, peinlich. In der Diskussion nach meiner Berliner Lesung in der Urania gehts um meinen Roman ›Mirjam‹. Ich kenne den Fragenkanon schon von vorhergehenden

Lesungen. Aber da kommt nun eine Frage, die nie vorher kam und die mich bestürzt. Sie kommt von einer Elfjährigen: »Ist Ihnen Jesus, oder Jeschua, lieber als Mann oder wäre es Ihnen lieber, wenn er eine Frau wäre?«

Du bringst mich in eine schwere Verlegenheit, Mädchen. Laß mich nachdenken. Also: natürlich bin ich an das Bild des männlichen Jesus (Jeschua) gewöhnt; da bin ich einfach in die Tradition eingebunden; ich kann mir den historischen Jeschua nur als Mann vorstellen. Nur ein Mann konnte im Israel von damals Lehrer und Prediger sein, und nur als lehrender Mann konnte er theologisch und politisch provozieren. Im ganzen Alten Testament, in dem es auch weibliche Prophetinnen gab, wird auf den Messias gewartet, der als ein Mann erscheinen wird in der Zeit.

Ich winde mich. Ich weiß, worauf die Frage zielt. Sie heißt eigentlich: Wie ernst ist es Ihnen mit dem Feminismus, mit Ihrem Insistieren auf der Gleichwertigkeit von Frau und Mann?

Das Mädchen schaut erwartungsvoll zu mir herauf. Ich kann nicht ausweichen.

Also denn, die Wahrheit ist, daß es mir lieber ist, daß Jeschua ein Mann ist. Ist das schlimm? (Gelächter.)

Ich möchte gern weiterreden, aber damit würde ich nicht nur die Elfjährige überfordern. Ich möchte sagen: Auf der historischen Ebene, in Raum und Zeit, kann ich mir nun mal Jeschua nicht anders vorstellen denn als Mann. Aber es gibt ja die andre Ebene, jene, wo es nicht Raum noch Zeit und nicht Frau noch Mann gibt, sondern geistige Wesen im Bereich des kosmischen Christos.

Aber da kommt eine andre Frage aus dem Publikum: Warum lassen Sie in Ihrem Roman ›Mirjam‹ (die Maria Magdalena) nicht Eros und Sexus ausleben?

Warum? Weil sie dazu nicht den rechten Partner hat, vielmehr: weil dieser einzig richtige Partner jenseits der Geschlechtlichkeit steht.

Protest: er ist doch ein Mensch!
Ja, gewiß. Aber keiner, der den Beischlaf brauchte.
Warum denn nicht, wenn er ein echter Mensch war?
Warum brauchen oder suchen wir den Beischlaf? Weil wir nur die eine Hälfte des Menschenpaares sind; weil der Mensch getrennt ist in Mann und Frau, und weil jedes Getrennte das Ergänzende sucht und braucht. Jeschua aber brauchte nichts; er war Mann und Frau in Einem; animus und anima waren bei ihm nahtlos integriert.
Aber Mirjam! Sie litt doch wohl.
Ja, sie litt. Es gibt in meinem Buch winzige Stellen, die zeigen, wie sehr sie litt. Einmal will sie die körperliche, die erotische Berührung, da schiebt der Rabbi sie sanft beiseite und sagt: Mach dir keine Fessel, Mirjam. Und an andrer Stelle, bei der Szene Jeschuas mit den Kindern, wird sie von einer andern Frau gefragt: Wenn du das so siehst, Mirjam, den Rabbi mit Kindern, kommt dir da nicht der Wunsch nach einem Kind? Und Mirjam sagt überaus schroff: Nein. Von wem auch! Und überhaupt: Ich habe gewählt; nur nichts Halbes.
Sonderbar, wie man heute doch versessen ist aufs Erotisch-Sexuelle.
Am Morgen darauf fällt mir ein, daß ich mir, beim Schreiben von ›Mirjam‹ eine Zettelnotiz gemacht habe zum Thema. Auf dem Zettel steht: Dezember 1982. Wenn Adonai (Gott) nicht einen Mann, sondern eine Frau als Messias geschickt hätte? Wenn der Christos bei der Wiederkehr am Ende der Zeiten als Frau erschiene? Wenn die Aufgabe der Erlösung der Madonna verbliebe, der großen Mutter? Wenn die Vorstellung eines männlichen Messias eng zum Alten Testament gehörte und wenn der neue Aion von einer »Muttergöttin geleitet würde?
1984. Ich höre, im ›Kölner Stadtanzeiger‹ habe eine Frau (Rezensentin) über ›Mirjam‹ höchst abfällig geschrieben, das Buch sei peinlich erotisch. Andere Leser schreiben mir, es sei falsch, daß ich die Beziehung Jeschua–Mirjam von aller Sexualität fernhalte. Les-Arten!

März 1984. Berlin, am Zoo. Im Beate-Uhse-Laden, drei oder vier große Schaufenster voller Pornographie. Echter Pornographie. Nicht getarnt und nicht überhöht und gereinigt durch Kunst. Echte, scheußliche, häßliche, vulgäre Pornographie. Öffentlich. Nackte Frauen, die ihren übergroßen Busen dem Beschauer entgegenstrecken. Angebot und Drohung.
Es ist nicht das nackte Sexuelle, was mich schaudern macht; es ist das Aggressive darin; das Sexuelle als Waffe. In wessen Hand? Ich stelle mir vor, meine Söhne seien noch Kinder, zehnjährig vielleicht, und ich gehe mit ihnen hier vorüber; sie schauen sich diese Bilder an; sie prägen sich ihnen ein. Das also ist das Geheimnis des Eros? Häßliche nackte Leute, die sich gierig umschlingen, als wollten sie sich gegenseitig umbringen. Das also . . .
Das Schöne, das uns gegeben ist mit dem Eros wird von Grund aus verdorben. Die Jugend wird des großen Zaubers beraubt. Wer hat ein Interesse an dieser Beraubung? Beate Uhse, wer ist das? Wer (was für eine Macht) steht hinter ihr? Das Geschäft. Ein harmloses, banales Wort. Das Geschäft, das Kinder verdirbt. Ungestraft.
Ich war stets gegen Zensur. Hier aber fordere ich sie. Um der Kinder willen, um des schönen Eros willen. Mein Konflikt: die Falschen werden mir Beifall zollen, die »Tugendhaften«, die Verklemmten, die Frustrierten, die Neidischen, die zukurzgekommenen alten Jungfern, die mageren tückischen Kirchenmäuse. Von ihnen kommt der Beifall. Der falsche.
Zensur: wo ist die Grenze zwischen Kunst und Pornographie? Alte Frage. Ungelöst. Aber wenigstens dies ist möglich: Pornographie von Kindern fernzuhalten. Ich weiß jedoch von Eltern, die wissen, daß ihre Kinder Porno-Video-Kassetten anschauen, und die sie achselzuckend gewähren lassen.
Auf der dem Uhse-Laden am Zoo gegenüberliegenden Seite sehe ich die Vorankündigung zum Film ›Die unendliche Geschichte‹. Es ist Michael Endes Buch, das verfilmt wurde. Der

Titel steht also da als Reklame, jedoch der Name des Autors fehlt. Der Streit um diesen Film ist seit Monaten im Gange.
Warum protestiert der Autor gegen diesen Film?
Weil er sein Anliegen teuflisch pervertiert. Weil sich die Produzenten ein Riesengeschäft versprechen mit dieser vulgären und blasphemischen Pervertierung der großen spirituellen Idee vom Menschen. Geschäft, Geschäft. »Wirtschaft, Horatio, Wirtschaft.« Die Triebfeder unsrer Zeit: das Geld. Für Geld wird alles geopfert, für Geld wird gemordet und verführt. Der Jesus des Evangeliums sagt es: »Man kann nicht zugleich Gott und dem Mammon dienen.« Aber wer will denn Gott dienen? Den gibts doch nicht. Aber den Mammon, den gibts; dem dienen wir mit Inbrunst, der steht uns bei in unsern Unternehmen, der segnet unsre Geschäfte. Heiliger Gott Geld, dir leben wir, dir sterben wir.
»Heute nacht wird der Tod kommen und deine Seele fordern«, dein individueller Tod, Beate Uhse, euer individueller Tod, ihr Film-Geschäftemacher, euer kollektiver Tod, ihr wahnsinnig gewordenen Aufrüster, die ihr den Profit aus der Produktion von Waffen und dem Handel mit Waffen verdankt.
Ihr glaubt nicht an euern Tod? Ihr glaubt nicht an das Gericht, das euch erwartet?
Wieder einmal bin ich versucht zu wünschen, es komme die große Reinigung unsrer Erde.

Trauriger Frühling. Es ist März, kurz vor dem Frühlingsanfang. Es regnet. Es regnet, mit kurzen Unterbrechungen, seit Wochen. Es hat noch vor 14 Tagen geschneit. Hier, im Süden von Rom. Es hat gehagelt. Der Hagel hat die blühenden Mimosen zerfetzt, er hat die schönen glänzenden Blätter meiner Magnolien durchlöchert, er hat die frühblühenden Bäume getroffen: die Aprikosen- und Mandelblüten liegen als lila und rosa Schnee unter den Bäumen. Es wird wenig Obst geben dieses Jahr.

Ich denke: Mir kanns gleichgültig sein; das wenige, das ich brauche, gibts doch.
Ich denke das, und ich erschrecke. Ich bin also, mir selbst unkontrolliert überlassen, um nichts besser als die vielen andern: »Mir genügts. Wenn nur ich habe, was ich brauche. Was gehen mich die andern an.« Ich schäme mich. Habe ich denn nur mit dem Verstand begriffen, daß es kein Einzelschicksal gibt, weder wirtschaftlich noch politisch noch auch geistig? Wie weit ist der Weg zum Begreifen des Gleichnisses vom Weinstock aus dem Evangelium und wie weit zum hinduistisch-buddhistischen »Tat twam asi«: Das bist du; alles bist du; alle Leiden sind deine Leiden.

31. März 1984. Heute früh der Anruf aus Innsbruck: Karl Rahner ist tot. Gestorben um Mitternacht. Eingeschlafen.
Meine erste Reaktion: Tränen. Dann aber eine Art von Freude. Den ganzen Tag über in Fest-Stimmung.
Vor zehn Jahren sagte er: Ich möchte sterben. Ich, erschrocken damals: Aber red doch nicht so lebensmüde! Er: Daß du nicht verstehst: Ich will endlich WISSEN.
Jetzt WEISS er.

2. April. Die Festfreude enthält viel Schmerz. Wider alle Vernunft, wider alle höhere Einsicht: wer tot ist, ist fort. Ich werde nicht zur Beerdigung fahren. Ich kann nicht. Ich kann den Sarg nicht sehen. Ich will nicht nach Innsbruck. Nicht dorthin, wo diese Lebensfreundschaft begann: am Tor zum Jesuitenkolleg, am 27. Februar 1962. Genaue Erinnerung: ich hatte an den berühmten Rahner geschrieben, ob ich, wenn ich durch Innsbruck komme, ihn besuchen und konsultieren dürfe für meine geplante Arbeit über Askese; ich kenne sein Buch ›Askese und Mystik‹ und möchte Fragen stellen dürfen. Kaum

war der Brief im Kasten, dachte ich: Der berühmte Mann hat doch keine Zeit für derlei. Ich schickte einen Eilbrief: Er brauche nicht zu antworten, ich möchte ihn doch nicht stören. Doch schon war sein Brief unterwegs, der erste von Hunderten. Ich sei am 27. erwartet, mittags zwölf an der Pforte in der Sillgasse.
Ich war schon zehn vor zwölf dort und war aufgeregt wie ein Schulmädchen. Ich erwartete einen hochgewachsenen, strengen Jesuiten, der mir eine Viertelstunde Audienz geben würde. Fünf vor zwölf ging die Tür auf. Ein kleiner Mann mit schwarzer Mappe, einen grauen Regenmantel unter den Arm geknüllt. Grüß Gott, wohin gehn wir jetzt?
Ich: Essen. Im Grauen Bären.
So einfach war das. Wir gingen essen. Die Ecke, in der wir aßen, wurde »unsre« Ecke. Es gab keinen Augenblick der Fremdheit. Wir waren sofort »mittendrin«. Immer waren wir »mittendrin«. Zweiundzwanzig Jahre und vier Wochen lang.
Jetzt weine ich. Aber ich höre ihn sagen: »Was weinst? Wir warn doch sonst auch nicht so oft beisammen. Jetzt komm ich leichter. Ruf mich, und ich komm.« (In seinem Heimatdialekt gesagt.)

Trauerzeit. Ich hatte nie gedacht, daß mich der Tod des alten Freundes so tief träfe. Ich dachte, das Band löse sich leicht, zumal es ja nur das sichtbare ist. Jetzt aber, zwei Monate später, erkenne ich den Verlust. Ja ja, ich weiß schon, es ist keiner, und ... Ach, wie oft habe ich andre getröstet mit jenem Argument, das jetzt bei mir nicht verfängt: daß das Band ja nicht reiße. Es reißt! Der Dahingegangene geht weiter dahin, immer weiter. Ich kann seine Bücher, sein Bild nicht sehen, ohne ein Messer zu spüren: Er ist fort! Ich wollte ihn dieser Tage in Innsbruck besuchen; lang gehegter Plan beider. Und nun: ich werde mir dort abholen, was mir gehört, aber ihn sehe

ich nicht. Er liegt in der Gruft. Es ist töricht von mir: ich ertrage den Gedanken nicht, daß er da allein liegt in der Kälte und im Dunkeln.
Ich muß an die Marie Luise Kaschnitz denken: als ihr Mann gestorben war, kam sie zu mir: Glaubst du, ich sehe ihn je wieder? Ja, du siehst ihn sicher wieder. Aber, sagte sie, wenn ich ihn dann wirklich treffen könnte nach meinem Tod, träfe ich ihn doch nicht mehr; er wird mir so weit voraus sein; ich erreiche ihn nie, nie, nie.
Mitten in dieser Trauerstunde berührt mich leise eine Hand, die seine.
Es ist gut zu trauern.

Sonntagvormittag im Berliner Zoo. Warum zieht es mich immer dorthin, sooft ich in Berlin bin und eine freie Stunde habe? Warum.
Ich bin diesmal zur ›Woche der Brüderlichkeit‹ in Berlin; ich muß vorlesen und diskutieren. Zum Thema Brüderlichkeit. Einmal galt diese Brüderlichkeit dem Verhältnis von »Juden« und »Christen«. Ein vom Lauf der Zeit überrundetes Problem, soweit es die Juden in der christlichen BRD angeht. Ein heißes Eisen, soweit es das politische Verhältnis der BRD zum heutigen Israel angeht. Besser, es nicht anzufassen.
Brüderlichkeit heute: mit wem?
Ich schaue mir die Affen im Zoo an. Wie sie doch so ergötzlich munter herumspringen und klettern... Ich war einmal in einer großen Irrenanstalt am Bodensee. Da schauten einen auch solche Augen an. Da schlugen sich auch Wesen neurotisch die Brust. Da zeigten einige, wie der freche kluge Affe hier, den lästigen Besuchern den nackten Hintern. Da liefen Wesen im Käfig, will sagen in der Zelle, hin und her, hin und her. Da saßen Wesen stumpf in einer Ecke. Da saß einer mit einem Tuch überm Kopf, damit er nichts sehen mußte; so sitzt hier im Berliner Affenhaus ein Orang-Utan mit einem Rupfensack

überm Gesicht; rutscht es beiseite, zieht ers mit zornigem Griff wieder zurecht; nichts sehen, nur nichts sehen.
Ich bleibe vor einem Orang-Utan stehen, der nah ans Glas kommt. Ich bin für eine Weile allein mit ihm. Wir schauen uns an. Lange. Ich sage: Bruder, verzeih mir, ich bitte dich, verzeih!
Er dreht sich weg. Keine Verzeihung.
Und dann die Großkatzen: der schäbig und apathisch gewordene Löwe, der neurotische Leopard, der traurige Panda, dem die Gefährtin weggestorben ist, die rachebrütenden Luchse. Brüder, Schwestern, verzeiht! Wozu sperrt man euch ein? Was habt ihr verbrochen? Wer nahm sich das Recht, euch zu fangen und hierher zu bringen und aus schönen wilden freien Kreaturen neurotische kränkliche Anschau-Objekte zu machen?
Wozu ist ein Zoo denn nützlich? Damit wir exotische Tiere kennenlernen? Wir lernen sie nicht kennen. Was wir kennenlernen, sind Zerrbilder.
Geht man in die Irrenanstalten, um Menschen kennenzulernen?
Wie Löwen, Bären, Panda aussehen, können wir aus Bilderbüchern lernen. Wie sie sich bewegen, können uns in der Wildnis gedrehte Filme zeigen. Wozu also ein Zoo? Wozu, bitte?
Mir fällt plötzlich ein, daß ich in meinem Roman ›Ich bin Tobias‹ (der nicht verstanden wurde) von einem Pastor berichte, der für die Tierheit sterbend sich opfern will, so wie der Christus für die Menschheit starb.
Mein Sohn Stephan, der eine lange Fernseh-Serie über Tiere im Zoo gemacht hat, sagt: Du vergißt, daß viele Tierarten nur überleben, weil sie im Zoo geschützt und dann wieder dem freien Wildleben zurückgegeben werden.

Ostern 84. Christa Wolf und ihr Mann bei mir zu Besuch. Die dunkle Kassandra, wie ist sie liebenswert: so einfach, so warm, so gescheit, so harmonisch mit ihrem Mann,

und so völlig unberührt von ihrem Ruhm, den sie wie keine andre von uns Schreibenden verdient. Sie kann bewundernswert viel. Ich kannte alles, was sie geschrieben hatte, bis ich sie selber kennenlernte. Jetzt dazu noch ›Kassandra‹. Ein großes Buch.
Meine versucherische Frage: Christa, warum kommst du nicht in den Westen? Hast Geld, bist hochgeehrt, und keiner wird wagen, dich zu zensieren . . .
Ihr erstauntes Gesicht: Meinst du das im Ernst? Meinst du, ich gehe in ein nicht-sozialistisches Land? Und, weißt du, im Westen ist es so kalt! Nein, ich bleibe, wo ich bin, da sind meine Wurzeln, da bleibe ich.

USA 1984 (April–Mai). Feststellbare, von Amerikanern wie Amerika-Deutschen bestätigte Veränderungen seit meiner letzten Reise 1982.
Die Zunahme der Klagen von Amerikanern und von dort arbeitenden Deutschen über die wachsende Kälte: »Meine einzige Freundin ist meine schwarze Putzfrau.« Jemand widerspricht: »Als wir vor kurzem hier einzogen, waren unsre Nachbarn äußerst hilfsbereit.« Und jetzt? fragt jemand. Ja, jetzt, jetzt sehen wir uns nicht mehr.
Die Hilfsbereitschaft: ein Relikt aus der Pionierzeit: man braucht sich gegenseitig. Aber das hält nicht vor.
Das Geld-Denken. How much is he worth? Die Antwort: one million (zum Beispiel). Eine andre Frage: Verkauft er (nicht es) sich gut? »How does he sell himself?« Ein Amerikaner erzählt: es gebe ein Foto von seiner College-Abschlußfeier, und es gebe eines, dreißig Jahre später gemacht, und in diesem späteren steht unter jedem Bild eine Zahl: one million, oder three millions, oder half a million . . . So viel ist der Mann wert.
Erich Fromms Buchtitel: Haben und Sein. In den USA ist Sein durch Haben ersetzt.

Aber das gilt doch wohl nur für den reichen Mittelstand und die Oberschicht; oder?
Mein Besuch beim Chefredakteur von ›Ebony‹, das ist die Zeitung der Schwarzen: von Schwarzen und für Schwarze. Ein großes, schönes Haus in Chicago. Ein Herr, der das Kind einer weißen Hamburgerin und eines afrikanischen Stammeshäuptlings ist; er heißt mit Vornamen Hans, ist in Deutschland aufgewachsen und spricht mühelos perfektes Hochdeutsch so gut wie perfektes Englisch. Da ich in der BRD eine Zeitung der Sinti für Sinti (Zigeuner) initiieren möchte, frage ich Herrn Hans, wie die blacks das gemacht haben. Der Gründer war der Sohn einer Putzfrau und hat sich hochgearbeitet; jetzt ist er sehr reich (das alte Märchen vom Tellerwäscher, der Multimillionär wird; und das ist nicht mal ein Märchen!). Er, der Chefredakteur, sagt ohne Scheu, daß auch er reich geworden sei, man habe einen enorm großen Abonnentenstamm. (Das haben meine Sinti nicht, denn: Hitler hat sie fast ausgerottet, 500 000 mindestens starben in den KZs.) Ich sage: Aber die vielen armen Schwarzen in den slums? Er: Die USA sind ein hartes Land; wer arbeitet, kommt hoch, wer nicht arbeitet, bleibt unten und verkommt. Ich: Aber die Schwarzen haben doch ein gemeinsames Schicksal, eine gemeinsame Not, oder? Er: Nein; wir haben nichts mehr gemeinsam als die Hautfarbe.
Ich: Aber Sie reden ja unverblümt die Sprache der Kapitalisten!
Er: Was wollen Sie? Wir sind eingebunden ins kapitalistische System; wir sind der Spiegel der US-Gesellschaft.
Ich: Das Elend der armen Schwarzen stört Sie nicht?
Er: Wir machen Schenkungen. Wer damit was anfängt, steigt auf.
Sonntag bei den Schwarzen in Harlem (New York). Die große reiche Baptistenkirche. Sehr gut angezogene Schwarze, die Frauen geradezu aufgetakelt, fast alle mit bürgerlich-kessen Hütchen. (Wieso das? Statussymbol?) Der Gottesdienst dauert von 11 bis 13 Uhr. Die Kirche ist brechend voll. Und das bei

schönstem Frühlingswetter mit 28 °C. Ein sehr schön singender Chor. Die Dirigentin eine Frau, die so marionetten-ruckhaft dirigiert, daß es ein Wunder ist, wie der Chor dazu so ruhig strömend singen kann.
Die Predigt: ausgesprochen sozialistisch, aber immer wieder der Rückgriff (Rückfall, möchte ich sagen) zu dem Satz: Der wahre Reichtum und die echte Armut sind INNEN.
Stimmt ja, und doch, in so einem kapitalistischen Land gesagt...
Lustig befremdend ist, daß die Leute ihre Zustimmung durch laute Zurufe kundgeben. Es geht überhaupt höchst lebendig zu.
Arme zerlumpte, verhungerte Gestalten sind das keine. Die sehe ich, als ich mit Gregory von Leïtis, einem Deutschen, der in New York Theaterregie macht, von einer Einladung kommend, aus der Metro eine Station zu früh aussteige und aus dem Schacht hochsteigend, wir uns mitten in Harlem finden, nachts. Gleich werden wir murmelnd und drohend angesprochen. Zwei verdächtige Gestalten. Wir gehen rasch zur Mitte der leeren Straße. Wir verdanken es der beeindruckenden kräftigen Größe meines Begleiters, daß wir nicht ausgeraubt und niedergeschlagen werden. Endlich, endlich ein Taxi: Hier ist nachts die Hölle lautlos tätig. Hier wird die schwarze Misere kriminell. Wer nicht raubt und stiehlt, verhungert. Aber die Angst geht auch in den Vierteln der Reichen um, und es ist gar nicht einmal die Angst vor Verbrechen, sondern die Angst schlechthin; ihr wirklicher Gegenstand wird nicht benannt.
Eigentlicher Einlader zu dieser Reise war die Universität Milwaukee. Sie wünschte sich einen Vortrag über das Thema: Gibt es heute eine christliche Literatur? Ich will schon abschreiben: das Thema ist verstaubt, es interessiert mich nicht. Aber es beginnt mich zu interessieren. Was ist denn das: eine christliche Literatur? Nun, doch eine, die christliche Themen behandelt. Ja, aber was ist ein christliches Thema? Ich habe früher selber ein paar solche Themen behandelt: in ›Geh fort, wenn du

kannst‹ die sonderbare Wandlung einer Partisanin in eine christliche Nonne; in ›Daniela‹ das Problem der *felix culpa*, der glücklichen Schuld; in ›Abenteuer der Tugend‹ die Bekehrung der aufsässigen Nina zum Christentum. Das war FRÜHER. Aber jetzt? Na ja, ›Mirjam‹, aber ist das wirklich so einfach ein christlicher Roman, ists nicht ein politischer? Schwieriges Thema. Ich mach mirs einfacher: ich lese einen Haufen moderner Literatur, von der ich vermute, es komme Christliches darin vor. Aber entweder ists schlechte Literatur oder das Christliche darin ist Klischee. Ganz zuletzt finde ich den eben erschienenen Roman eines Norwegers Knut Faltbakken: die Geschichte der wenigen Überlebenden einer durch die Ökokrise zerstörten Stadt. Menschen, die nur mehr überleben wollen, und sei es auf einer Müllhalde von den Resten der Zivilisation. Randfiguren ohnehin und weiter abgleitend. Keine Moral mehr, und die Unmoral wird zur neuen Moral. Wie leben diese paar Menschen weiter? Sie haben etwas, was ihnen weiterleben hilft: eine dunkle zähe Hoffnung, und zwar eine GEMEINSAME. Im ganzen nackten Buch kein Wort von Christlichem. Und doch: es IST christlich, denn es ist ein Buch der Hoffnung und des MITEINANDER: also der Liebe; einer harten aber überdauernden Liebe. Ist dies das Christliche, wie mans heute darstellen kann? Oder auch so, wie es der Günther Herburger versuchte in seinem Roman ›Jesus in Osaka‹: Jesus in der rüden Welt der Arbeiter, Jesus bei den Reichen, Jesus bei den Massenmedien... Vielleicht. Das Christliche das Religiöse in der Literatur, eine Art negativer Theologie. Gott ist abwesend, dafür ist der Mensch da in seiner Not. Ein völlig säkularisiertes Christentum. Im Grunde der Versuch, wirklich zu begreifen, was das bedeutet: et incarnatus est. Der Gott, der sich entschloß, das Menschenlos zu teilen. Als Mensch.

Mein Vortrag also in Milwaukee. Eine lebhafte Diskussion auf hohem Niveau. Was ich vorher nicht wußte: es ist die Universität der Jesuiten. Wunderbare Gesprächspartner. Ist ihnen

meine Ansicht nicht zu hart? Keineswegs. Sie erzählen, daß der Bischof von Madison ein Buch über (gegen) den Kapitalismus schreibe.
Den selben Vortrag gehalten in Madison. In der Diskussion aggressive Stimmen, aber nicht etwa gegnerisch zu meinen Thesen, sondern unabhängig davon Vorwürfe an die Deutschen, deren Repräsentantin ich doch sei. Wir haben, heißt es, unsre Nazivergangenheit nicht bewältigt. Aber ich, ich war doch selbst Opfer, nicht Henker! Schon, aber ... Es ist hart, daß ich mit den alten und neuen Faschisten kurzerhand identifiziert werde. Ich BIN Deutsche, ja ja, und also teile ich das Schicksal der Angeklagten. Eine unangenehme Situation. Die Ankläger, das merke ich bald, sind Marxismus-Ideologen, Professoren der Universität. Ich versuche einen Brückenbau, stoße aber auf kalte Ablehnung: Kompromisse unerwünscht. So muß denn das Mißverständnis ungeklärt bleiben, als sei ich trotz meines Linksseins eine Nationalistin, die ihr Vaterland verteidigt ...
Und Sie, so frage ich den Wortführer der Marxisten, was tun Sie gegen den verbal von Ihnen bekämpften US-Kapitalismus? Erheben Sie Ihre Stimme gegen die Ausbeutung in der Dritten Welt? Zum Beispiel. Wie arbeiten Sie in der Friedensbewegung? Sie haben mich als Deutsche attackiert und mich mit den faschistoiden Deutschen identifiziert. Ich identifiziere Sie jetzt mit den US-Kriegshetzern und Ausbeutern. Nun, wie ist Ihnen jetzt? Er geht. Was könnte er noch sagen?
In Chicago im Goethe-Institut greift mich ein junger deutschsprechender Amerikaner an. Er verehre mich, er sei einer meiner Fans, ja, gewesen, gewesen, aber nun, da ich in der Friedensbewegung arbeite, nein, nun nicht mehr, ich habe mich auf die Seite der Sowjets geschlagen und gehöre zu den Deutschen, welche die Hand beißen, die sie seit 1945 füttere.
So, sage ich und werde scharf, so, wir sollen also weiterhin die Hand küssen dafür, daß sie uns einmal Dollars in den Hals stopfte, damit wir nur nicht, verelendet, kommunistisch wür-

den? Befreit haben sie uns von Hitler, gut, danke, ich ganz persönlich danke dafür, ohne den Einmarsch der USA lebte ich vermutlich nicht mehr, aber es ging Ihnen nie darum, uns zu helfen. Sie hatten Ihre höchst eigennützigen Interessen, und im übrigen haben Sie alles reichlich zurückbekommen, was Sie uns mit Ihrer Hand gaben, haben Sie nicht unsre Physiker geholt, ohne die Sie Ihre Technik und besonders Ihre Nuklear-Kriegstechnik nicht hätten so rasch aufbauen können? Und sollen wir weiter die Hand küssen, die als Faust auf uns lastet und uns zu einem Volk degradiert, mit dem man keinen Friedensvertrag macht? Dankbarkeit? Ich denke nicht daran!
Beifall im Saal. Der junge Mann entzieht sich der weiteren Diskussion; er sagt, er müsse leider gehen. Ich bin so deutsch, wie ichs sonst nie bin.

Todesanzeigen. Auf dem Flug von München nach Rom lese ich die ›Frankfurter Rundschau‹, zuerst das Politische, dann blättere ich um. Das Feuilleton: ein Aufsatz über Uwe Johnson. Ein Nachruf! Er ist tot. 49 Jahre alt, in England gestorben, dort, wo er gelebt hatte. Warum stirbt einer mit 49? War er denn krank? Er hat getrunken. Viel getrunken. Das wirds gewesen sein. Warum aber trank er? Was war da krank in ihm? Ich kannte ihn und kannte ihn doch nicht. Wir saßen uns oft gegenüber in der Berliner Akademie der Künste. Wir haben nie ein Wort miteinander geredet. Er saß da, immer in schwarzer Lederjacke, mit dem kahlen Kopf, das Gesicht gerötet vom Trinken, vom zu hohen Blutdruck. Eine finstere stumme Präsenz. Abwesend. Unnahbar. Undurchdringlich. Nie ein Lachen, nie ein Lächeln, nie ein offener Blick. Meist kritzelte er etwas. Aber was? Einmal gab es Krach zwischen Günter Grass und ihm. Wir hatten eine Sitzung, bei der es um den Ausschluß eines Mitglieds ging. Eine Geheimsitzung. Uwe Johnson sagte nichts, er kritzelte. Da fuhr ihn Günter Grass an: »Du enervierst mich. Was schreibst und schreibst du? Die Sitzung ist geheim. Und du schreibst. Und nachher finden wir unsre Sätze wortwörtlich in deinem nächsten Buch.« Der Gescholtene stand brüsk auf und verließ den Raum. Einige Jahre kam er nicht mehr. Eines Tages war er dann wieder da, finster wie eh und je. Und nun ist er tot. Warum bewegt mich sein Tod? Ich habe diesen Mann und seine Romane nie verstanden. Eine mir fremde, mir unheimliche Welt. Die schwarze Lederjacke. Das rote Gesicht. Der blanke Schädel. Die Anwesenheit von etwas starr Finsterem, das mir eine Art Furcht einflößte. Ich sagte einmal zu einem Kollegen: »Der Uwe Johnson sitzt da wie der Gevatter Tod.« Ich lese im Nachruf, er sei einige Jahre mit der Ingeborg Bachmann befreundet gewesen. Sie starb im gleichen Alter.

Dann blättere ich die Zeitung um. Noch eine Todesanzeige: Martin Niemöller. Die große Anzeige hatten seine Freunde in die Zeitung gesetzt, in die FR. Hätte ichs gewußt, hätte ich gern auch meinen Namen daruntergesetzt. Ungedruckt steht er dort.

»Pastor Niemöller«. Das ist nicht nur ein Name, das ist ein Begriff. Protestantischer Pastor, unter Hitler im Widerstand, Mitbegründer der »Bekennenden Kirche«, im KZ Sachsenhausen und Dachau, nach dem Krieg der Wortführer der Evangelischen Kirche, Mitverfasser des großen (»Stuttgarter«) Schuldbekenntnisses: »Wir klagen uns an, daß wir nicht mutiger bekannt und nicht brennender geliebt haben.« So ähnlich. Man nahms ihm übel, man verehrte ihn dafür, man haßte ihn. Wer die Kollektiv-Schuld annimmt, der ist ein Verräter am deutschen Vaterland. Und wenn so einer auch noch im ›Komitee für Frieden, Abrüstung und Zusammenarbeit‹ (mit dem Osten) sitzt, dann ist er schon dreimal ein Verräter. Ein Kommunist ist er. Und man siehts ja: kriegt der Mann doch den Leninfriedenspreis und schier zu gleicher Zeit das Großkreuz zum Bundesverdienstorden, und dann auch noch von der DDR den ›Großen Stern der Völkerfreundschaft‹. Klar: er ist ein Kommunist. So einer darf

dann auch nicht Ehrenbürger seiner Heimatstadt werden. Da gabs einen Skandal.
Wäre er nur geblieben, was er war, ehe er Pastor in der »Bekennenden Kirche« wurde: hochdekorierter U-Boot Kommandant im Ersten Weltkrieg und als Freikorpsführer gegen die Spartakisten im Ruhrgebiet. Dann, ja, dann hätte er Aussicht gehabt, Ehrenbürger seiner Heimat zu werden. Aber so: Nein! Statt seiner (ich lese nach in der alten ›Spiegel‹-Nummer) wurde es einer, der auch Offizier war, aber im Zweiten Weltkrieg, und der vom Vorstand des ›Waffenrings deutscher Offiziere‹ die Goldene Ehrennadel bekam. Waffenring? Deutsche Pioniere? Die Ehrennadel kam aus München. Von wem? Von der ›Soldatenkameradschaft‹, in der er aktiv ist?
Statt Niemöller wurden die Herren Brenninkmeyer (C&A) Ehrenbürger. Das sind aufrechte Männer. Leute mit Geld. Leute, die sich die Ehre was kosten lassen.
Aber Niemöller? Nein. Wer mit dem Osten Freundschaft hat, der ist ein Kommunist. Hat jemand was gegen den Satz einzuwenden?
Nun ist auch Niemöller tot. 92 Jahre alt. Ich schreibe ihm auf sein Denkmal in meinem Gedächtnis: Einer, der die Metanoia des Verstandes und des Herzens gründlich gelebt hat.

Tübingen, Mai 1984. Symposion zum Thema Literatur und Theologie. Nein, umgekehrt: Theologie und Literatur. Nicht beliebig umkehrbar, denn: nicht die Literatur sucht den Dialog mit der Theologie, sondern die Theologie will ins Gespräch kommen mit den Literaten. Warum? Wozu? Früher lasen Theologen keine »Belletristik«, außer bestimmte Erbauungsromane, die ins moralisch-konfessionelle Programm paßten. Auch Rahner las fast nie Romane, selbst von mir las er in den 22 Jahren unsrer Freundschaft nur ein paar Erzählungen. ›Mirjam‹ zu lesen lehnte er rundheraus ab, weil er, wie er mir schrieb, als Dogmatiker sicher mit mir

darüber ins Streiten käme und das wäre doch ein Unheil für unsre Freundschaft.
Jetzt aber suchen die Theologen die Literaten. Genauer: nicht DIE Theologen, sondern diejenigen unter ihnen, die eingesehen haben, daß man mit Theologie die Menschen nicht mehr erreicht. Die Sprache der Theologie: entweder popularisiert erbaulich im Predigerton, oder gewaltsam modern angepaßt, oder rein intellektuell-abstrakt. Klischee-Sprache so oder so. Die Dichter könnens besser.
Und warum können sie's besser? Nicht nur, weil sie frei *reden* dürfen, ohne Zensur, ohne Angst vor Disziplinar-Strafen. Vor allem deshalb, weil sie freier SIND, nämlich: über die Stacheldrahtzäune des Dogmatismus gesprungen; die Angst vor dem strafenden Über-Vater abgelegt; den »Ungehorsam« gewagt; die Flucht nach vorn angetreten; den Hochmut der Allein-Besitzer von »Wahrheit« endgültig überwunden.
Die geistige Freiheit befreit auch die Sprache. Wir können nicht nur besser mit dem Wort umgehen, wir können auch besser mit der Wahrheit umgehen; wir verfallen so leicht nicht den theologisch-klerikalen Klischees; wir beruhigen uns nicht mit angelernten Worten des »Glaubens«, wir dürfen Zweifel, Angefochtenheit, Agnostizismus als legitime Mittel bei der Gott-Suche anwenden; wir dürfen zeitgerecht interpretieren, auch wenns häretisch scheint. (Es gibt keine Häresien vor Gott; es gibt nur Interpretationen, die den Dogmatikern als Häresien erscheinen. Vor Gott, IN Gott, ist jede Wahrheit Stückwerk, aber eben Stück der Wahrheit.)
Von den gescheiten Reden dieser Tagung ist mir rein gar nichts geblieben. Was blieb, ist die Erinnerung an die öffentlichen Dichterlesungen. Quod erat demonstrandum!
Frage: Ist Theologie nicht eine überholte Wissenschaft? Hat ihre Fragestellungen und Antworten nicht längst die Philosophie übernommen, sofern sie sich an der modernen Physik orientiert?
Wozu Theologie in einer Zeit, die den Intellektualismus über-

windet und nach dem unmittelbaren Zugang zum Numinosen verlangt? Der Buddhismus, schon gar der Zen-Buddhismus, ist keine Theologie und nicht einmal Philosophie, und gerade darin liegt seine Wirkung.
Von all der Theologie, mit der ich mich so intensiv fast zwanzig Jahre lang beschäftigt habe, blieb mir nichts, was ich brauchen kann, um Menschen von heute zur Religion zu führen.

Ein ganzes Land trauert. Seit dem Tod Papst Johannes XXIII. gab es das nicht mehr: ein ganzes Land in Trauer. Und um wen? Um den Sekretär der PCI, der italienischen Kommunistischen Partei, Enrico Berlinguer.
Wie uns sein Gesicht fehlt, dieses schmale verschlossene bäuerlich-aristokratische Gesicht.
Was für ein wunderbarer Tod: mitten in einer Rede in Padua. Bis zum letzten Augenblick eins mit seiner Arbeit. Bruchlos alles. Eine Rechnung ging auf, restlos.
Wir alle aber in Tränen. Alle. Ob Kommunist oder Sozialist oder Christdemokrat. Ein Volk in Tränen. Unvorstellbar in der BRD: Tränen um einen Kommunisten! Selbst der Papst, Antikommunist bis ins Mark, versagt nicht seine Trauer diesem Mann, den er schätzt um des Ernstes seines Einsatzes willen und wegen der Spannung, die ihn beseelte, »la tensione che lo animava«.
Der Staatspräsident Pertini (fern davon, Kommunist zu sein), der sofort nach Padua geflogen war, ließ Berlinguer in seinem Privatflugzeug nach Rom bringen. »Ich bringe ihn mit mir als einen brüderlichen Freund, einen Kampfgenossen.«
Die Straßen Roms voller Menschen, welche die Ankunft des Sarges erwarteten. Und dann Tränen, Tränen. Und die Rufe: Enrico, Enrico!
Mitterrand schrieb: »Die Arbeit dieses Mannes prägt eine Epoche.«
So ist es. Berlinguer, der Begründer dessen, was wir Euro-

Kommunismus nennen. Eine große Idee, eine realistische, eine realisierbare. Wer wird diese Arbeit fortführen?
Wie wird er uns fehlen.*

Ein Leser schickt mir eine kleine Geschichte. Nicht er hat sie erfunden, und er weiß nicht, woher sie stammt.
Ein Mensch, jung, betritt einen Laden. Er fragt den Verkäufer: Was verkaufen Sie? Die Antwort: Alles, was Sie wünschen. Ja, dann, sagt der junge Mensch, dann möchte ich das Ende aller Kriege und daß kein Kind mehr verhungert und daß die Menschen miteinander reden statt sich totzuschlagen und daß mehr Freude ist und ... Der Verkäufer sagt: Aber wir verkaufen keine Früchte, nur Samen.
U. Z., der ich die Geschichte erzähle, hat sie jetzt gefunden in einer Sammlung, ›Auf der Durchreise‹, herausgegeben von Dietmar Rost. Aber sie ist nicht so hübsch wie in meiner Fassung, und dort ist der Verkäufer ein Engel. Das aber ist unnötig und abschwächend. Und das Ganze ist als Traum erzählt. Auch das ist unnötig. Man kann nicht wenig genug sagen. Dichten ist Weglassen.

1984 Kandidatur. Der Traum des Dschuang Dse, er sei ein Schmetterling, und dann sein Zweifel, ob nicht der Schmetterling träume, er sei Dschuang Dse. So etwa wars mir in Bonn vorige Woche und ein wenig ist mirs auch heute noch so. Mein Traum: ich sei in Bonn, und sei Kandidatin für den Posten des Bundespräsidenten. Zurück von einer anstrengenden Reise in den USA und dem sofort angeschlossenen Tübinger Symposion über ›Theologie und Literatur‹ finde ich, wie immer nach Reisen, einen Haufen Post. Ich lasse sie vorerst

* Mai 1985: Und wie er fehlt! Bei den Kommunalwahlen haben die Kommunisten verloren, weil vielen der neue Mann nicht paßt. Berlinguer ist unersetzbar, man siehts.

liegen. Stephan sagt: Da ist ein Telegramm dabei. Mag es dabei sein, ich will jetzt meine Ruhe. Erst am nächsten Tag lese ich es. Wie, was? Ich soll für die Grünen kandidieren für den Posten des Bundespräsidenten? Die sind verrückt geworden. Der Weizsäcker ist doch schon lang fest für da oben. Oder macht sich da wer einen Spaß mit mir? Oder jemand stellt mir eine dumme Falle, damit ich, hineingeratend, mich lächerlich mache? Ich lasse das Blatt noch einen Tag liegen. Dann wirds mir unbehaglich: wenn das ernst wäre? Ich rufe vorsichtshalber Christoph an, der ist in Bonn und kann die Grünen anrufen. Es IST ernst, und wie! Ich soll, um der Idee der Demokratie willen, die Kandidatur annehmen. Es gehe nicht an, daß man in einer Demokratie dem Volk einen Bundespräsidenten überstülpe und keine Alternative lasse. Da haben sie natürlich recht. Ich beginne zu überlegen. Warum eigentlich sollte ich nicht ... Warum nicht ich als Frau? Warum nicht eine Schriftstellerin? Warum nicht ich? Schließlich und endlich: die Sache ist risikolos, Weizsäcker sitzt im Sattel und wird losreiten in sanftem Trab. Nun gut also, ich komme. Am 21. Mai soll in Bonn die große Präsentation vor der Presse sein.

Ich habe »ja« gesagt. O Gott. Einen Tag und eine Nacht lang sage ich »nein«. Dreimal wähle ich die Nummer der Grünen im Bundeshaus, um mein Ja zurückzunehmen. Ich komme nicht durch. Die Leitung ist immerzu besetzt. Schicksal. Also denn. Tags darauf ein Telefonanruf nach dem andern. Woher haben die alle meine Geheimnummer? Fernsehen, Rundfunk, Zeitungen, Agenturen. Sagen Sie einen Satz! Nein, nicht jetzt, erst am 21. in Bonn bei der Pressekonferenz. Ich muß die Sache gut überlegen. Aber wenn meine Kandidatur nicht zum Bonner Thronsessel führt, so soll sie doch nicht sinnlos sein. Also eine Rede vorbereiten. Was würde ich tun, wenn. Ich entwerfe sie mündlich, im Garten hin- und herlaufend. Mein Hund, mitlaufend, hört erstaunt zu. Dann notiere ich die erste Fassung, die zweite, die sechste. Mir ist klar, daß ich in Bonn eine einmalige Gelegenheit habe, Vorschläge zu machen.

Und nun, eine Woche danach, wie ist mir denn? War ich wirklich in Bonn? Habe ich jene Rede gehalten, von der einige sagen, das sei ein veritables Regierungsprogramm? Zwei Tage Interviews, deutsche und ausländische Sender und Zeitungen. Was für ein Wirbel. Und die Wahl selbst. Die Begrüßungen. Willy Brandts Umarmung, alte Kameradschaft. Ihn störts nicht, daß ichs mit den Grünen halte, ihn nicht. Den Helmut Schmidt ein bißchen: »Bei aller Wertschätzung und Sympathie, heute kann ich Ihnen meine Stimme nicht geben.« Jochen Vogel, und unsre Heiterkeit darüber, daß wir uns an dieser Stelle finden; ich hatte ihm, als er OB in München war, prophezeit, er werde in Bonn landen. »Aber daß auch Sie hier ankommen, Frau R., das haben wir nicht gedacht.« Und auch von der anderen Saalseite kommen sie: der Bernhard Vogel, der Mischnik, und andere, die ich in der Eile nicht erkenne.
Dann der Wahlvorgang. Rund 1400 Wähler. Wer nicht wählen darf oder schon gewählt hat, verläßt den Saal. Ein Gewimmel. Fernsehkameras, und wieder Interviews. Jemand sagt: Daß Sie bei alledem so seelenruhig sein können?! Seelenruhig, das ist das rechte Wort. Warum sollte ich mich aufregen? Ich will ja nicht gewählt werden. Ich bin die nüchtern-belustigte Zuschauerin. Wie schlecht diesen Provinzlern aus dem Südosten der Frack steht. Wie Oberkellner sehen sie aus. Die SPD trägt keinen, und die Obern der CDU auch nicht. Und wie sie sich, diese unsre Abgeordneten, auf die Drinks stürzen. Rote Gesichter, schwitzend. Die also regieren uns kraft der Zahl ihrer Wählerstimmen. Ich habe einen Augenblick lang den ketzerischen Gedanken, daß eine Oligarchie, eine Minderheit von wirklich Großformatigen, autoritär kraft Ihres Formats, besser sein kann als eine Mehrheit von solchen, wie sie hier herumstehen und am Vormittag schon saufen.
Und drinnen im Saal wählen sie. Der Ausgang ist gewiß. Wozu wählen? Nun: so ganz absurd wars dann doch nicht gewesen: ich traute meinen Ohren nicht: keineswegs nur die 26 Stimmen der Grünen, sondern weitere 42, von den andern Parteien

für mich. Freilich: Weizsäcker hat gewonnen, haushoch, das war vorherzuwissen. Ich benehme mich protokollwidrig: ich stehe auf und gehe zur CDU-Seite hinüber und beglückwünsche Weizsäcker. Und er, auf der Tribüne angekommen, bedankt sich bei mir dafür, daß ich mich mutig zur Verfügung stellte. All das sehr nobel. Gute Manieren sind doch hübsch. Auch in Bonn.
Hernach die vielen Glückwünsche auch von andern Parteien, von Barzel (als Bundestagspräsident) auch. Nur einer benimmt sich töricht und will mich nicht kennen: der ungeschlachte Bayernkönig. Aber ich halte ihn mit Worten fest, bis alle Fernsehkameras den bayrisch-bayrischen Händedruck verewigt haben. Komisches Intervall. Nun ja.
Zurück in Rom. Jemand von der Deutschen Botschaft sagt anerkennend: »Sie haben mit der Annahme der Bonner Kandidatur ein offensichtliches Bekenntnis zur BRD abgelegt.« Ich erschrecke: habe ich das? So vorbehaltlos? Wirklich? Hab ichs so gemeint? Doch nicht. Ich habe mich zu den Grünen bekannt, und ich habe mich zur Idee der Demokratie bekannt, das ja. Aber bin ich denn so harmlos einverstanden mit diesem verwirtschafteten Deutschland, das die Steuergelder für die von den USA befohlene Nachrüstung ausgibt und dafür die Renten kürzt und den Behinderten das Pflegepersonal nicht mehr zahlt und den Kulturetat kürzt, offenbar überzeugt, daß Kultur ein Luxus sei, und das sich Skandale großen Ausmaßes erlaubt wie jenen der chemischen Firmen, die im Vietnamkrieg die »Entlaubungsmittel« lieferten, wobei die Aufsichtsräte (ach) nichts davon wußten, obwohl sie als Politiker sehr wohl davon Kenntnis hatten. Haben wir denn in der BRD keinen Politiker, der eine ganz weiße Weste hat in bezug auf Mithilfe zum Völkermord? Habe ich mich zu DIESER Republik feierlich bekannt? Junge Leute nehmen mir die Sache übel, wie sie auch meinen Verbleib in dieser katholischen Kirche übelnehmen, die mit ihrer anrüchigen Banco Ambrosiano in die Mafia verstrickt ist, wie offenkundig ist. Ja, ich weiß. Aber kann ich mich zu den

Gewalttätern stellen? In einem Staat, der nicht revolutionsreif ist, kann man nur auf die Zeit bauen, die das überlebte Alte zerstören wird. Hätte ich als Bundespräsidentin etwas ändern können? Nein. Als Schriftstellerin ist etwas mehr zu machen, nämlich Bewußtseinsveränderung. Und das ist unendlich viel wichtiger, als in Bonn zu präsidieren.

Meine Rede zur Kandidatur. Ich verstehe meine Kandidatur nicht als Gegenkandidatur zu der Richard Weizsäckers, sondern als ein Alternativ-Angebot nicht personenbezogener, sondern grundsätzlicher Art.

Die Alternative ist:

1 – Eine *Frau* als Repräsentantin eines Landes und Volks statt wiederum eines Mannes.

2 – Eine Überparteiliche statt eines Parteigebundenen; eine Person also, die, da keiner Partei und damit keiner Gesellschaftsgruppe verpflichtet, keine Sonderrücksichten nehmen muß, weder offen noch unterm Tisch, und die nicht den egoistisch blinden Machtkampf der Parteien unterstützt, sondern einzig ans Leben, ans Überleben, des gesamten Volkes denkt.

3 – Eine nicht professionell politische Person, die, obschon politisch erfahren, doch unbefangen, ohne professionelle Deformierung, ohne Scheuklappen, mit dem gesunden Menschenverstand der Leute aus dem Volk denken und argumentieren kann.

4 – Eine Person, deren Anliegen nicht die Mehrung des Vorteils der Wohlstandsbürger ist, sondern die Behebung der Leiden von Minderheiten: der Behinderten, der Rentner, der Strafgefangenen, der Ausländer im Land, der Sinti und Roma.

5 – Eine Person, die zwar nicht die Komplizenschaft der Großindustriellen und andrer Mächtiger hat, dafür aber das Vertrauen der Jugend, welcher die Zukunft gehört, *wenn* wir ihr eine Zukunft lassen.

6 – Eine Person, welche, ohne Kommunistin zu sein, die hysterische, verantwortungslos manipulierte Angst vor dem Osten nicht teilt, sondern für die Entspannung arbeitet und jede Gelegenheit nutzt, dem Frieden Brücken zu bauen, und die dabei sowohl vom Osten optimal akzeptiert wird wie von der Friedensbewegung im Westen, welche weder gegen die USA noch gegen die Sowjetunion ist, sondern für den gemeinsam zu erringenden Frieden.

7 – Eine Angehörige des Künstlerstandes, jener Gruppe also, die für die deutsche Kultur arbeitet, zu welcher unsre professionellen Politiker ein offenes Un-Verhältnis haben und sie für etwas eigentlich Überflüssiges halten, dem man füglich die Gelder mehr und mehr beschneiden kann und soll.

Daß ich diese, wenngleich praktisch aussichtslose Kandidatur annahm, ist ein Akt der Stellvertretung für alle meine Kollegen aus dem Sektor Kunst, insbesondere der Schriftsteller, die von unsern Politikern als blauäugige Träumer, politische Ignoranten und blind aufmüpfige Utopisten abgetan werden, nicht bedenkend, daß es immer die Schriftsteller waren, welche politisches Unheil vorausahnten und davor warnten und positive Utopien hatten und die in andern Ländern um solcher Qualitäten willen zu hohen Staatsämtern berufen wurden wie in Frankreich André Malraux, in Senegal der Lyriker Léopold Sédar Senghor, in der DDR Johannes R. Becher.

Ein Schriftsteller an hoher Stelle vermöchte vielleicht die nationale und internationale Tarnsprache der Politiker und ihrer offenen und geheimen Auftraggeber zu entlarven, politische Verlautbarungen von ohrenbetäubenden Klischees zu befreien und fürs Volk verständlich und auf den Wahrheitsgehalt hin kontrollierbar zu machen. Ein Schriftsteller, der zugleich eine Frau ist, vermöchte vielleicht sogar die beschämend rüde, männlich aggressive Sprache der Politiker zu verändern in eine von gegenseitigem Respekt und von Herzenshöflichkeit getragene. Alles in allem: die Alternative zu den festgefahrenen Vorstellungen von dem Amt, für das ich kandidiere, entspräche dem, was Papst Johannes XXIII. bei seinem Amtsantritt tat (er trat auch das Amt des Staats-Oberhaupts des Vatikan-Staats an): er öffnete die verklemmten Fenster des altersgrauen Gebäudes, damit frische Luft einströme.

Ich würde, vor Amtsantritt, die Verfassung unseres Staates genau durchlesen im Hinblick darauf, was ein Bundespräsident darf und nicht darf und ob es, zumal unsre Verfassung seit 40 Jahren auf die Bekanntgabe der Ausführungsbestimmungen wartet, nicht noch viele Möglichkeiten der Erweiterung der Befugnisse gebe. Und die würde ich nützen.

Ich würde alles daransetzen, die Politiker dazu zu bringen, ihre partei-egoistisch kleinkarierten und doch so folgenschweren Kämpfe um den nächsten Wahlsieg der höheren Vernunft unterzuordnen und ihre Kraft nicht beim Kampf um das Überleben einer Partei zu vergeuden, sondern sie als Hilfe zum höchst gefährdeten Überleben der Menschheit gemeinsam einzusetzen.

Ich würde, im Hinblick auf die Leiden der Dritten Welt, jede unnötige Ausgabe im Staatshaushalt verbieten und in den Ministern die Scham darüber zu wecken versuchen, daß sie Erhöhung der Diäten fordern, während sie gleichzeitig die Kürzung der Renten wollen und die Gelder für Hilfspersonen von Behinderten streichen. Ich würde versuchen, meinen Einfluß geltend zu machen, damit die lang, aber nie ernstlich geplante Reform des Justizstrafvollzuges endlich konkret angegangen würde; mit den einfachen Worten eines Schriftstellers gesagt: ich würde dafür arbeiten, daß die fruchtlosen, Rückfälligkeit bewirkenden Leiden Strafgefangener in positive Umerziehung verwandelt würde.

Ich würde alle etablierten Parteien auffordern, ihre ursprünglichen Programme durchzulesen und sich zu fragen, was davon sie konkret ausgeführt haben und warum sie es nicht ausgeführt, sondern bewußt vergessen und ins nackte Gegenteil verkehrt haben und ob sie nicht zu ihren ursprünglich so guten Ideen zurückkehren wollen – Ideen, die auf inter- und über-

parteilicher Ebene durchaus gemeinsam friedlich zu verwirklichen wären.
Ich würde mir die Person des italienischen Staatspräsidenten Sandro Pertini zum Vorbild nehmen, der, mit seinen 85 Jahren jünger und vitaler als alle seine Parlamentarier, seinem Parlament höchst unbequeme Fragen stellt und es offen und furchtlos kritisiert, geschützt durch nichts als den Respekt, den ihm seine warme Menschlichkeit und seine Zivilcourage einbringt.
Kurzum: ich würde all das tun, was allein zu planen schon bewirkt, daß meine Kandidatur erfolglos ist.

Brief an eine junge Frau in der DDR. Sie schreiben vom Exodus Ihrer Freunde: »Ich sah schon viele Freunde über Sechzig gehen, aber nun die Gleichaltrigen . . . Ich bin tief verstört.«
Was eigentlich treibt sie in den Westen? Ein Traum. Der Traum von der Freiheit. Verständlich. Und dort, im Westen wachen sie auf. Keine Wohnung oder eine schrecklich teure; keine Arbeit (drei Millionen Arbeitslose); um Karriere zu machen, braucht man Parteifreunde; in intellektuellen Berufen gibts Zensur und Selbstzensur, geheime und offene Überwachung, Furcht vor Vorgesetzten; Angst, daß die Teilnahme an Friedensdemonstrationen als Defaitismus zugunsten »der Russen« aufgefaßt wird und den Verlust der Arbeitsstelle bringen kann. Und Kälte, Kälte! Keiner mag den andern. Zugespitzte Aggressionen. Rücksichtsloser Konkurrenzkampf. Kürzung der Sozialleistung und des Kultur-Etats. Alle denkbaren Folgen dessen, was man, viel Böses zusammenfassend, Kapitalismus nennt. Das Positive? Sie können überallhin reisen, wohin sie wollen (wenn sie das Geld haben. Und als ob sie nicht innerhalb der sozialistischen Welt ein Drittel der Erde bereisen könnten). Freilich: Sie können hier im Westen offen gegen die Regierung schimpfen; das hat meist keine Folgen, schon gar keine positi-

ven. Sie können mehr Luxusgüter kaufen (wenn sie das Geld haben und wenn sie meinen, das mache sie glücklich). Sie müssen sich nicht immer die alten sozialistischen Phrasen anhören. Gut. Dafür müssen sie diese hören: »Die Gefahr für Europa sind die Russen; und wer für den Frieden ist, der ist für die Russen. Wir müssen den Nato-Pakt halten; die USA sind unsre Retter vor den Russen . . .«
Ob ihnen das, auf die Dauer, besser klingt?
Sie wollen an Friedensdemonstrationen teilnehmen dürfen. Ja, schon. Aber wärs nicht besser, sie arbeiteten in diesem Sinne in ihrem Land? Wir tuns in unserm.
Ich war neulich mit Christa Wolf zusammen in Wien. Wir sprachen über unser Ausharren auf unserm Posten. Wir sind beide das, was ich von Christa sagte: trauernde Getreue.
Ich würde, wäre ich in der DDR, dort bleiben, wenn man mich bleiben ließe. Mir ist nie wohl bei »Fahnenflucht«. Das, was man flieht, folgt einem nach und erreicht einen, in anderer Form, auch anderswo.

Frauen ans Gewehr. Juni 1984, Köln, WDR. Dies der Titel der Sendung, die sich als talk show entpuppte. Zwei Stunden »talk«. Im Grunde »small talk«. Was blieb mir davon?
Die fatale Erinnnerung an die Israelifrau, Schauspielerin (auch vom Fronttheater, wie sie sagte), die von seiten anwesender (deutscher) Männer und der CDU-Frau (Gesprächspartnerin) lebhaft applaudiert wird für ihre Worte, daß sie unser »Gerede« »Frauen ja, Frauen nein in die Bundeswehr« für unverständlich halte, denn Frauen müssen so gut wie Männer das Vaterland verteidigen. Ja, schon: im Kriegsfall. Daß wir in der BRD gar nicht den Kriegsfall haben, sagen die unsern nicht. Die Israelifrau sagt, sie habe eine (ich vergaß) zwei- oder dreijährige Ausbildung im Heer durchgemacht. Meine Frage: ob sie den Umgang mit der Waffe gelernt ha-

be. Ja, aber Frauen werden nicht zum Schießen an die Front geschickt. Meine Frage: Wozu lernen sie schießen, wenn sie nicht mal im Ernstfall schießen dürfen? Keine Antwort. Die Moderatorin bog ab. In der zweiten Runde des Abends, eine Stunde später, sagt sie, daß sie (natürlich) ein Gewehr habe, zuhause, und daß sie, nähere sich ein Feind, (natürlich) auf ihn schieße. Oder, fragt sie triumphierend-provokatorisch, ob sie dem Feind sagen solle: warte, bis mein Mann nach Hause kommt, der schießt dann?! Billig-schäbiger Lach-Erfolg. Am Thema vorbeigeschwätzt. Warum hat man diese Frau eingeladen, warum, wenn schon Ausländerinnen, nicht auch jemand aus Nicaragua, zum Beispiel. Vermutlich, weils zu teuer gewesen wäre, und, wie mirs selber oft ging: man hatte vielleicht gerade sowieso diese Israelin zur Hand, Flugkosten sparend.

Eine Frau, CDU, sagt, die BRD verdanke die ausnehmend lange Friedenszeit der Bundeswehr; sie zusammen mit der Nato sichere uns den Frieden. Sie glaubt das. Ich unterdrücke die Frage, was wohl wäre, wenn wir keine Bundeswehr und keine Nato-Truppen und keine Nato-Nuklearwaffen im Lande hätten. Die Antwort weiß ich im voraus.

Eine »Soldatenfrau«, so stellt sie sich vor, sie ist aber Spezialistin für irgendwas in der Bundeswehr, sagt, sie verdanke Qualität und Dauer ihrer Ehe der Tatsache, daß sie und ihr Mann »Soldaten« sind. Hier wird nun doch gelacht, hier darf gelacht werden.

Ein Professor für Volkswirtschaft erklärt uns, es sei nicht rentabel, Frauen in die Bundeswehr aufzunehmen. Hernach lese ich in einem von ihm verfaßten Gutachten, daß Frauen mit ihrem Bedürfnis nach Reinlichkeit zu hohe Ansprüche stellten (Toiletten, Duschen). Meine Verwunderung: Männer sind also dreckiger und weniger delikat?

Ein Mädchen sagt, die Bundeswehr biete ihr Gelegenheit zum Lernen, vor allem technische Ausbildung. (Gibt es die sonst nirgends, frage ich mich.)

Eine andre: In die Bundeswehr ja, um der Gleichberechtigung willen, aber an die Waffen nicht. Meine Frage: wo ist da Gleichberechtigung? Wenn schon Bundeswehr, dann auch schießen.

Ich habe eine Weile zugehört, dann reißt mir die Geduld und ich rufe: Worüber wird denn hier diskutiert? Geht es denn nicht ums Töten von Menschen? Besteht die Gleichberechtigung der Frau darin, daß sie töten darf wie der Mann?

Großes Geschrei gegen mich: Frauen sollen eben nicht ans Gewehr, es gebe doch viele andre Dienste.

Jemand sagt: Mädchen unter Soldaten, das ruiniert die Moral.

Eine andre: Im Gegenteil, das hebt sie (Gelächter).

Und so gings weiter. Ich tausche mit Gert Bastian Blicke, besonders wenn einer der Teilnehmer, aktiver General, allzu schneidig redet und allzu zackig den andern das Wort abschneidet, wenns ihm nicht ins militärische, d. h. ins Nato-Konzept paßt.

Schließlich (man hat mich ja eigens aus Rom »eingeflogen«) bittet man mich um ein weiteres Wort. Ich versuche, schon verzweifelt, zu erklären, daß man an der eigentlichen Frage vorbeirede, ja sie nicht einmal sehe: es gehe doch darum, daß wir eine Zukunft aufbauen wollen, die radikal anders ist als die Vergangenheit, also nicht mehr männer-bestimmt, nicht vom männlichen Ehrbegriff (man habe die ehrenvolle Pflicht, sein Vaterland mit der Waffe zu verteidigen, wobei dann freilich ein halber Erdteil zerstört wird, statt verteidigt . . .), nicht mehr vom Willen zur Gewalt, nicht mehr von der Bereitschaft zum Töten. Die Zukunft muß »weiblich« bestimmt sein, das heißt: völlige Ablehnung von Gewalt und Krieg, friedliche Neutralität, Abschaffung des Militärs; also weder Frauen noch Männer zum Morden bereit. »Frauen ans Gewehr« oder auch nur »Frauen zum Militär« ist schlimmste Reaktion; ein Rückfall ins alte Männer-Denken.

Hier klatschen einige oder viele, ich weiß nicht mehr, mir ging das alles unter in einer Stimmung tiefen Verdrusses. Daß

man bei solchen Diskussionen nie zum Kern vordringt, nie dorthin, wo über Sein oder Nicht-Sein entschieden wird.
Meine Vorstellung: daß die Männer den Wehrdienst verweigern und daß die Frauen sich begeistert in diese Lücke werfen, Männer sein wollend. Sigmund Freud sprach vom Penis-Neid. Das Gewehr als Penis. »Wir wollen Männer sein.«
Wie entlarvend sind die Gesichter jener Frauen, die zum Militär wollen!
Im Lauf des Abends wird ein anwesender Mann in Uniform gefragt, wie das wäre, wenn er vor einer kleinen zierlichen Offizierin strammstehen müßte. Er lacht. Da haben wirs!

Die drüben. Ich meine nicht die drüben im Osten. Ich meine die im DRÜBEN Angekommenen, die sogenannten Toten, die nicht tot sind. Unter ihnen viele große Geister, viele Heilige aller Religionen, viele unbekannte Vollkommene. Wie immer sie jetzt »drüben« leben: es sind Bewußtheiten, begabt mit Kräften; denn was sie sich im Erdenleben geschaffen haben, das verlieren sie nicht. Nun: und all diese Wesen sehen, wie der Planet, auf dem doch auch sie lebten, von Leiden geschüttelt wird. Frage an sie: Warum greift ihr nicht ein? Sind euch die Geist-Hände gebunden? Wartet ihr auf die Erlaubnis einzugreifen? Frage an den großen Meister: Und du? Du, der du auf diesen Planeten kamst, um uns zu erlösen, was tust du? Läßt du zu, daß dein Planet zerstört wird? Läßt du noch lange das Unkraut mit dem Weizen wachsen? Gibts noch Weizen? Greifst du überhaupt je ein? Was ist denn diese Erlösung, für die du gestorben bist? Herrscht nicht doch das Sinn-lose, das Absurde? Ich spüre die eiskalte Hand, die mir ans Herz greift und in mein Lebensmark dringt. Was für ein finsterer Morgen.
Ich flüchte in den Garten. Die Rosen blühen, die Amseln singen, die beiden Wiedehopfe sind bei der Arbeit. Friede, Schönheit. Habe ich die Wahl zwischen der kalten Verzweif-

lung und der so einfachen Freude am Augenblicksangebot? Mein Gott, mein Gott, sage ich, ohne zu wissen, wen ich da anspreche. Mein Gott ... Mir ersetzt sich dieses Wort durch jenes, das die alten Chinesen das Tao nennen. Was ist das: Tao? Was ist das: Gott?
Ich wage wieder einmal den Tauchsprung ins blinde Vertrauen. Und siehe da: das Wasser trägt mich. Ich atme tief durch. Nenns wie du willst: ES existiert. ES lebt in den Rosen, in den Amseln, in mir. Ich muß es nur sehen wollen, fühlen wollen. Von mir hängts ab, ob es existiert, vielmehr: ob es wirksam existiert. Der Sinn ist nur erfahrbar, indem man hofft. Diese Hoffnung: die große schöpferische Kraft, welche Wirklichkeit zeugt.

Wie aktuell ist mein ›Bruder Feuer‹ (Franziskus von Assisi). In der Nähe von Assisi gründete ein Franziskaner, Padre Bernardino, eine Kommune. Heute. Nicht vor 800 Jahren. Die Kommune hat eine große Anziehungskraft. Nun höre ich (Januar 1984) daß Padre Bernardino, der Gründer und Leiter, bei seinem Ordensoberen angeklagt sei. Die jungen Leute, die mir das schreiben, verstehen die ganze Sache nicht. Wessen ist P. Bernardino angeklagt? Daß er einen Führungsstil wie ein Guru habe und daß er neurotisch sei. Ist das ein Grund?
Und wer klagt ihn an? Eltern von jungen Schweizern und jungen Deutschen. Ich verstehe: die Eltern haben einen Horror vor Sekten. Gebrannte Eltern gebrannter Kinder. Vor einigen Jahren habe ich im Auftrag der Eltern zweier an die Mun-Sekte verlorenen Jugendlichen in Bonn interveniert (einer brachte sich um, eine wurde klinisch wahnsinnig). Vergeblich. Ich sah den Riesenbau der Mun-Sekte in Düsseldorf. In Bonn gibt es ein Ministerium für Familienpolitik. Fällt die Sekten-Seuche nicht in deren Bereich? Von Bonn ists weit bis Düsseldorf. Zum Beispiel. Aber von Düsseldorf ists nicht weit bis München, bis Berlin, bis überallhin.

Und wie weit ists von Teheran bis überallhin? Im Iran pflanzt man Hanf. Der Iran exportiert die Grundsubstanzen für Haschisch und Heroin. Khomeini läßt Iraner umbringen, die Rauschgift oder auch nur Alkohol zu sich nehmen. Khomeini erlaubt, daß offiziell exportiertes Rauschgift die Kinder des Westens umbringt. Khomeini verdient am Mord von Kindern und Jugendlichen.

Wer weiß, denken Eltern, solches wissend, wer weiß, was in den Kommunen vor sich geht: Gruppensex, Gehirnwäsche, Rauschgift, oder was weiß man.

Wer weiß, was bei P. Bernardino in Assisi ...

Nichts geht vor! Gerade dort: nichts, was Eltern zu fürchten haben – es sei denn, daß ihre Kinder dort, dem großen Heiligen Franziskus nachfolgend, Besitz für nichts zu halten lernen und das Sein für besser als das Haben, und das Teilen für besser als das Behalten. Das freilich ist ein Angriff auf die Gesellschaft, die das Goldkalb anbetet. Jedoch: P. Bernardino sagt, er suche einen (den franziskanischen) Weg zwischen »Ost« und »West«. Er ist, ausdrücklich, kein Kommunist. Was eigentlich ist »der beanstandete Führungsstil eines Guru«? Was für eines Gurus welcher Sekte? Was ist der Führungsstil in Klöstern, in katholischen Internaten, im ›Opus Dei‹, bei den Bibelforschern? Was der Führungsstil beim Militär?

Was denn?

Die jungen Leute jener Kommune bitten mich dringend um meine sofortige Intervention beim zuständigen Ordens-Richter. Damit überfordern sie mich. Ich sage ihnen, daß sie das selber leisten müssen. Ich bin unglücklich, nichts tun zu können als Ausländerin. Ich, die ich das Buch ›Bruder Feuer‹ geschrieben habe, das zum Anstoß eine ebensolche Anklage italienischer Eltern 1975 hat (vom Gericht abgewiesen als unbegründet), und eine Anklage des Vaters eines jungen Mannes im 12. Jahrhundert: des Heiligen Franziskus.

Juli 1984. Polen. General-Amnestie. Alle politischen Gefangenen bis auf zwei oder drei »Hochverräter« werden in Freiheit gesetzt. Die Gefängnisse leeren sich. Warum ist mir nicht wohl bei dieser Sache?
Ein Vater sagt zu seinem Sohn, den er zur Strafe in den Keller gesperrt hat: Du darfst heraus, für diesmal, aber nun sei artig zum Dank dafür, kein Aufmucken mehr, absoluter Gehorsam, versprichst du's mir? Solltest du aber wieder unartig sein, wird die Strafe verdoppelt. Verstanden?
Erkauft sich die polnische Regierung mit diesem Akt die Ruhe im Land?
Sie braucht sie (im Augenblick!) nötiger als jede revolutionäre Bewegung. Jedoch: ists eine Lösung?

3. August 1984. Aufgewacht mit etwas, das im Halbschlaf ein Gedicht war und mir dann bruchstückhaft so im Gedächtnis blieb:

Warum bist du Mensch geworden?
Weil dir fehlte zu deiner Allwissendheit
Zu wissen wie das ist:
Mensch sein.
Wissen ist nichts,
Sein muß man
Was man wissen will.
Weißt du es jetzt?

Sommer-Lektüre. Die Vorsokratiker, wieder und wieder. Immer neuer Gewinn. Aufregende Funde. Gefühl großer Bereicherung. Glücksgefühl. Bedürfnis der Mitteilung. Aktualität!
Der früheste der bekanntgewordenen griechischen Philosophen, Alkmaion, Vorgänger des großen Arztes Hippokrates (500 v. Chr.), lehrt, was die alten Chinesen wußten, was wir

vergaßen und heute neu zu lernen beginnen: daß Krankheit die Folge von Störung im Gleichgewicht der »Säfte« ist (Yang und Yin bei den Chinesen, bei Alkmaion »das Feuchte und das Trockene«, »das Kalte und das Warme«, und so fort).
Interessant der Aufklärer Xenophanes, der (wohl als erster) zu sagen wagt, daß wir Menschen uns die Götter nach unserm eigenen Bild vorstellen: »Die Äthiopier sehen Götter schwarz und stumpfnasig, die Thraker sehen sie blond und blauäugig ... Könnten Pferde und Löwen malen, so würden die Pferde die Götter als Pferde, die Löwen sie als Löwen darstellen ...« (Die christlichen Missionen drängten den »Farbigen« das Bild des Christus und der Heiligen als »Weiße« auf. Was für eine Überheblichkeit!)
Bei Xenophanes nebenbei etwas Schönes Anekdotisches gefunden: sein großer Lehrer Pythagoras habe einmal gesehen, wie jemand ein Hündchen schlug. Er rief: »Schlag ihn nicht! Denn eines befreundeten Mannes Seele erkannt' ich am Klang.« (Pythagoras lehrte die Seelen-Wanderung, die auch einen Rückfall vom Menschlichen ins Tierische nicht ausschloß.) Setzen wir statt »eines Mannes Seele« die All-Seele, Brahma, den in allen Geschöpfen in verschiedenem Maße anwesenden Geist, so ist dies Argument des griechischen Arztes sehr bedenkenswert für den Tierschutz von heute, und für die gesamte Ökologie: in allem lebt ER und jede Mißhandlung gilt IHM.
Bei Heraklit (um 500 v. Chr.) finde ich zu meiner tiefen Freude Gedanken wie im Taoismus, die Vorwegnahme der Erkenntnisse des Paracelsus (1500 n. Chr.) und des Nicolaus Cusanos. »Das Entgegengesetzte paßt zusammen, aus dem Verschiedensten ergibt sich die Harmonie, und alles entsteht auf dem Wege des Streites« (Streit: ein andres Wort für »Dialektik« oder auch für: Spannung zwischen den Polaritäten). Bei Empedokles ist von »Liebe und Haß zwischen den ›Elementen‹« die Rede, das heißt: von Anziehung und Abstoßung. Von der Liebe sagt er, man wisse zwar, daß sie im Menschen als Trieb zu Vermählung und Zeugung erscheine; aber man

wußte bislang nicht, daß sie auch die Elemente in Schwung setzt.
Liebe als das Agens in allem Seienden.
Bei Parmenides (dieses herrliche Lehrgedicht hundertmal lesen!): »Darum sinds nur Namen, was die Menschen dem Seienden geben im Wahn ... Werden nennen sie es und Vergehen, Sein oder Nichtsein.«
Dazu Empedokles: »Nicht gibt es bei den irdischen Dingen ein Entstehen noch ein Vergehen im verderblichen Tode, sondern (nur) Verbindung und (wieder) Scheidung der verbundenen Stoffe ... Daß etwas vergehe, was ist, das ist unerhört und unmöglich. Denn es wird immerdar sein an der ihm gewesenen Stelle.«
Bei Anaxagoras die Vorahnung der Evolutions-Lehre: »... daß viele und verschiedene Stoffe in allen Verbindungen enthalten sind und Keime von allen Dingen ... und daß auch die Menschen durch solche Verbindungen zustande kommen ...«
Dazu Empedokles: »Sofern die Veränderung dauert und nimmermehr aufhört, bleiben bewegungslos die Stoffe im ewigen Kreislauf.«
Von Zeno dazu ein Satz, der wie ein zen-buddhistisches Koan klingt und auch so meditiert werden muß: »Der fliegende Pfeil steht.« (Das ist auch im Sinn der physikalischen Relativitäts-Theorie gültig: es kommt auf den Standpunkt des Beschauers an, ob man den Pfeil als sich bewegend oder stillstehend sieht.)
Anaxagoras bringt die Vorwegnahme der Atomlehre: »Es gibt vom Kleinen kein Kleinstes, sondern immer noch etwas Kleineres. Denn was ist, kann unmöglich durch Teilung zunichte werden.«
Von hier zu Heisenberg ists ein Sprung über die ganze materialistische Naturwissenschaft hinweg. Demokrit hat schon geredet von den »Atomen, die unterschiedlicher Gestalt sind und sich im unendlichen Vakuum bewegen nach dem Gesetz der Notwendigkeit«.

Mit einiger Bestürzung gelesen, daß nicht Galilei und Kopernikus das heliozentrische System als erste erkannten, sondern ein Grieche des 3. Jahrhunderts v. Chr.
Aus der Zeit vor den schon intellektuell philosophierenden Vorsokratikern gibt es einige Fragmente von hoher Kühnheit, weit näher der orphischen Mystik als der Philosophie. Ich finde da eine ungeheuer aufregende Erklärung für das, was wir Christen die »Erb-Sünde« nennen: Die Existenz von Einzelwesen ist eine unrechtmäßige Emanzipation vom ewigen Sein, und darum muß jedes Einzelwesen untergehen. (Der Tod als Folge der Erbsünde, der Trennung von »Gott«. Die Wiedervereinigung mit »Gott« als Erlösung, als Überwindung des Todes.)
Von Heraklit, dem »Dunklen«, dazu der Satz: »Unsterbliche sind sterblich, Sterbliche unsterblich.« (Die tiefsten Erkenntnisse können nur im Paradox ausgesagt werden. Chinesischer Einfluß?)
Das Lesen der Vorsokratiker macht (mich) glücklich. Es gibt kein reineres und höheres Glück als das Erkennen von großen Zusammenhängen.

Allah und die Herzoperation in Rom. 9. 8. 1984. Ich fuhr von Rom her an Ciampino vorbei. Große Aufregung. Polizeiabsperrungen. Filmkameras. Was ist passiert? Ich erfahre es erst hernach durch die Fernseh-Nachricht: ein iranisches Flugzeug war entführt worden (die Fluggäste waren Pilger auf dem Flug nach Mekka in Saudi-Arabien). Rom gab Lande-Erlaubnis. Zwei sehr junge Iraner (17 und 18 Jahre) wollten ein Fanal setzen: die Weltöffentlichkeit sollte auf die politischen Zustände in Khomeinis Gewaltherrschaft hingewiesen werden. In Rom-Ciampino ließen sie die Geiseln frei. Unter den Geiseln ein iranisches Ehepaar mit einem Säugling, der einen schweren angeborenen Herzfehler hatte und von den iranischen Ärzten aufgegeben worden war; die Eltern wollten in Mekka für das Kind beten.

Als sie in Rom landeten, schien das Kind sterbend, aber die hilfsbereiten Italiener brachten es in eine römische Spezialklinik, wo es sofort operiert wurde. Es ist gerettet.
Die Mutter des Kindes ist fassungslos vor Glück und dankbar: Allah hat uns erhört; die Flugzeug-Entführung brachte uns Glück; die beiden Entführer haben unser kleines Mädchen gerettet. Dieses Kind hat ein besonderes Schicksal, es ist von Allah beschützt.
Schicksalsfäden: wer erkennt sie im Gewebe?

September 1984. Der Sturm im Wasserglas. Oder: Rührt nicht an die deutsche Wunde. Was hat der italienische Außenminister Andreotti denn gesagt, daß man in der BRD sich so wild empört benimmt?
Er hat gesagt, daß man in Deutschland die Wiedervereinigung von DDR und BRD wünsche.
Na – und? Dürfen wirs nicht wünschen? Wäre Italien geteilt, wünschte es da keine Wiedervereinigung? Korea, geteilt wie Deutschland, zur selben Zeit, von denselben Siegermächten, wünscht die Wiedervereinigung und arbeitet dafür. Aber wir?
Andreotti machte freilich einen Fehler: er sprach von Pan-Germanismus. Das ist ein törichtes Wort, dem sonst so vorsichtigen klugen Andreotti entschlüpft. Oder nicht entschlüpft? Spielte er etwa an auf die neo-nationalistischen, die neo-faschistischen Bestrebungen in der BRD? Gibt es nicht Ähnliches, Südtirol betreffend, in Italien? Warum aber die bundesdeutsche Aufregung? Warum reagiert man so heftig? Immer dann, wenn ein wunder Punkt berührt wird. Das geteilte Deutschland, die Ohnmacht der beiden Hälften, die seit 1945 andauernde Kolonialherrschaft der USA und der UdSSR, das Fehlen eines Friedensvertrags, das Gefühl, dies alles denn doch so nicht verdient zu haben, trotz Hitler, nicht so in der Verewigung des unseligen Zustands, dieser Zorn auf die Jalta-Konferenz (den

ich teile, auch Polens schlimmes Schicksal bedenkend), dies ist eine Wunde, eine gefährliche. Die offene Wut über den Versailler Vertrag führte zu Hitler. Der still glimmende Zorn über Jalta – wohin führt er? Neofaschisten können ihn benützen, die deutsche Unzufriedenheit zu schüren.
Andreotti durfte daran nicht rühren. Wirklich, das war nicht seine Sache. Als vor Jahren Helmut Schmidt (Kanzler damals) sagte, Italien erhielte keine wirtschaftlich-finanzielle Unterstützung mehr, kämen die Kommunisten (Euro-Kommunisten!) ins Parlament, schrieb ich ihm einen zornigen Brief über seine unerlaubte Einmischung in die nationalen Belange Italiens. Er antwortete mir, sich halbwegs verteidigend.
So von außen besehen, mit einem Fuß in der BRD, mit dem andern in Italien, und noch dazu eben von der Lesereise durch die DDR zurückgekehrt, könnte einem diese Affaire etwas komisch vorkommen, zeigte sie nicht die schier hysterische deutsche Empfindlichkeit.
P. S. 1985: Eben war eine Gruppe junger Deutscher da. Sie sagen, sie empfinden die DDR als Ausland, und eine Wiedervereinigung sei für sie nicht denkbar und nicht wünschenswert.

DDR-Lesereise 1984. Die Feier mir zu Ehren: Überreichung der Bobrowski-Medaille. Meine vorbereitete kurze Dankesrede über Bobrowskis Roman ›Lewins Mühle‹, den ich vor zehn Jahren gelesen hatte und der mir beim Wiederlesen erst in seinem vollen Wert aufging: ein sozusagen historischer Roman vom vorigen Jahrhundert; das Aufeinanderprallen von Deutschen und Polen im deutschen Osten, dazu der religiös-konfessionelle Zwiespalt, und der soziale Konflikt: die reichen Deutschen, die ärmeren Polen, die armen Juden und Zigeuner. Mich bewegte vor allem die Gestalt des Zigeuners, der, als arme Randfigur, sofort verdächtigt wird, Brandstifter zu sein und der unschuldig ins Gefängnis kommt. Bobrowskis eigenartige

Sprache, sehr stark, unnachahmlich (obwohl Nachahmung versucht wurde). Ich erkenne die Sprache des großen Lyrikers, der er eigentlich war. Die Medaille mit seinem Bild freut mich. Es war nicht nur ein »Literaturpreis«, es war weit mehr: eine Anerkennung für meine stille, beständige Arbeit des Brückenbauens zwischen Ost und West.
Autofahrt nach Karl-Marx-Stadt (das früher Chemnitz hieß). Schlimmer Eindruck von den großen natur-zerstörenden Industriegebieten. Lesung in einer Kirche der Methodisten-Gemeinde. Es gibt in der DDR erstaunlich viele Konfessionen friedlich nebeneinander, und im allgemeinen unbehelligt vom Staat. Nur wer sich allzu betont und provokatorisch mit religiöser Motivation gegen den Staat stellt, bekommt Schwierigkeiten (zum Beispiel keinen Studienplatz, keine Aufstiegsmöglichkeiten). Meine Frage: Und in der BRD, gibts da keine Behinderungen, z. B. wenn einer allzu betont in der Friedensbewegung arbeitet?
In der großen Kirche 800 (oder mehr) Hörer. Fast lauter Jugend. Es kamen Gruppen mit Wander-Rucksäcken und Zelten von weit her, um »dabeizusein«. Lesung aus ›Mirjam‹, passende Stellen. Hernach mit dem Pastor und andern sehr fortschrittlichen Theologen Diskussion über das Vorgelesene. Sehr schöner Abend.
Nachts Fahrt nach Dresden. Meine Erinnerung an 1937: von Berlin kommend, wo ich Horst-Günther, meinen Verlobten, besucht hatte, in Dresden ausgestiegen: große Gartenbau-Ausstellung, leuchtende Farbfelder, und der Zwinger mit den Rembrandts, von denen ich, Jahrzehnte später, einige in Leningrad wiedersah. Wiedersehen auch mit der Sixtinischen Madonna, die ich ganz und gar nicht mag. Ich begreife nicht, wie man von dieser glatten banalen Schönheit hingerissen sein kann. Vielleicht entspricht diese Darstellung der Weiblichkeit dem Ideal des Mannes. Will der Mann die Frau so? Möchten Frauen so sein, so gesehen werden?
Tief beeindruckt von den absichtlich belassenen Ruinen der

Frauenkirche mitten in der Stadt: Steinhaufen mit Gras und Büschen überwachsen, woraus die Türme, halb zerstört, schwarzgrau hochragen, das Ganze schon wie ein Naturgebilde, an Piranesis Ruinenbilder erinnernd.
Unter all den vielen Bildern im Zwinger von einem geradezu gebannt: einem großen Ribera mit einem halb liegenden Mann und einem in Gegenrichtung über ihm schwebenden Engel, so daß die beiden ein vollkommenes Oval bilden mit einer dunklen und einer hellen Hälfte. Yin und Yang. Der Zwillingsmensch: Licht und Schatten zusammen: das Eine Ganze.
Autofahrten ins Land. Im Dom zu Meissen, daraus vertrieben durch kitschig-süßliches Orgelspiel, in unerträglichem Kontrast zur Herbheit der Gotik. Im Schloß: neidvolle Bewunderung der Kachelöfen. So einen haben! Schon beim Anschauen wird einem warm.
Was für eine schöne Landschaft. Weinberge, Obstgärten, verträumte Dörfer, Laubwälder. Wie aus der Zeit gefallen. Wie gar nicht in der DDR. Privatbesitztümer. Sehr schöne alte Villen, die still vor sich hin verfallen. Wieso? Weil sie Emigranten gehören. Aber wenn die sich nicht darum kümmern, noch nach vier, fünf Jahrzehnten nicht? Man weiß nicht, ob nicht eines Tages ein Nachkomme seinen Erb-Anspruch vorbringt. So heilig hält die DDR den Privatbesitz ... So nichtarbeitend arbeitet die Bürokratie.
In Dresden in der Privatgalerie Kühl kaufte ich mir einen großen Holzschnitt des Malers Altenburg: auf leicht rosa Grundierung weit ausschwingende Linien; ein Meditationsbild, zugleich bewegt und statisch. In sich ruhende Bewegung. Freue mich darauf, es daheim aufzuhängen.
Auf der Autostraße ein Wegweiser: Radebeul. Radebeul? Da war doch was; da war doch wer. Ach ja: Karl May! Besichtigung der Indianer-Blockhütte neben seinem Wohnhaus. Indianische Originalkleider, Waffen, Schmuck. So als hätte Karl May sie von weiten Reisen mitgebracht. Er aber saß im Ge-

fängnis, mehr als einmal; sieben Jahre betrug die gesamte Haftzeit. Wegen Diebstahls, gelegentlich auch aus politischen Gründen.

In der Hütte außer vieler Vergangenheit das Aktuelle: Aufrufe zur Rettung der Indianer heute (Menschenrechtsbewegung. Jane Fonda).

Wie kann ein Mensch ein Land und Volk, das er nie sah, so darstellen, daß mans für bare Münze, für echte Schilderung und genauen Bericht nimmt: so und nicht anders war es?! Was ist das: Phantasie? Ein Herumschweifen der Seele in fremden Bereichen und andern Epochen, die der Betreffende nie sah, nie kennenlernte, in der er aber karmisch beheimatet ist.

Dritte Lesung in Ost-Berlin, wo, wie in Dresden, keine Propaganda gemacht worden war, um zu verhindern, daß allzu viele kämen. Es waren genug! Übervolle Säle. Überall als Einlader die Kirchen und die CDU (die in der DDR natürlich eine andre Rolle hat als in der BRD). In der Diskussion die Frage: welchen Eindruck von der DDR nehmen Sie mit? Meine Antwort: »Ich komme aus einem Land, Italien, in dem helle bunte Farben herrschen und das Leben trotz aller Schwierigkeiten etwas Bunt-Festliches hat. Im Vergleich dazu ist die DDR grau. Ich wünsche euch mehr Farbe, mehr Freudigkeit, mehr Erleichterungen, mehr Freiheiten.« (Ich sagte nicht: mehr Freiheit, sondern gebrauchte den abschwächenden Plural.)

Zum Thema »Freiheit« in Dresden ein Theaterstück gesehen: ›Wenn Georgie kommt‹ (Autor: Drewnick).

Eine in sich recht unstimmige, leicht verrückte Familie erwartet im Wald »Georgie«, der nicht kommt, oder vielmehr: es kommt am Schluß einer, den sie für Georgie halten, der aber ein gewalttätiger, verkrüppelter Zwerg ist.

Im Text orts- und zeitbezügliche Stellen, die lebhaft beklatscht werden. Sehr pessimistisch, sehr niederdrückend.

Ein Fund. Siegfried Matthus' Komposition (Schallplatte) über den Hebbel-Text ›Holofernes‹ abgehört. Im Text eine bestürzend schöne Stelle:

Oft kommt's mir vor, als hätt' ich einmal
Zu mir selbst gesagt: »Nun will ich leben«.
Da ward ich losgelassen, wie aus zärtlicher
Umarmung, es ward hell um mich, ich fröstelte,
Ein Ruck, und ich war da!
So möcht' ich auch einmal zu mir selber sagen:
»Nun will ich sterben«.
Und wenn ich nicht, sowie ich das Wort ausspreche,
Aufgelöst in alle Winde verflogen und eingesogen werde
Von all den durstigen Lippen der Schöpfung . . .

Ein Zeichen. Zum 21. September, Todestag von Pablo Neruda, ein Telegramm an meine chilenischen Kollegen geschickt: Con profonda amicizia . . . Wenigstens derlei kann man tun. Wenig genug.

Ende September, für meine Arbeit über die Sinti (die deutschen »Zigeuner«) nach Heidelberg gefahren und im Archiv des ›Zentralrats der deutschen Sinti und Roma‹ nach Dokumenten gesucht. Gefunden.
In Landau die Sinti besucht, jene in der Stadt (am Stadtrand natürlich) und jene weit außerhalb in einem engen Waldtal. Die in der Stadt hausen in ihren Wohnwagen in großer Enge, und, obwohl erst Ende September, ist es kalt und feucht. Aber schon stehen, fast bezugsfertig, einige Häuser für sie bereit. Immerhin. Endlich! Jedoch die da draußen im Wald in den Baracken! Das sind Sinti, die als Überlebende aus den KZ's zurückkamen und denen die Stadt schließlich erlaubte, dort draußen zu bleiben und sich Hütten zu bauen. Das taten sie. Mit eigenen Händen. Die Stadt gab Geldzuschuß. Als »Wiedergut-

machung«. Als alles fertig war, forderte die Stadt den Vorschuß zurück. Das also war die Wiedergutmachung. Ein kleines Kapitel in dem beschämenden Komplex der entweder abgelehnten oder immer wieder verzögerten »Wiedergutmachung« an den Sinti und Roma, deren wir unter Hitler rund 500 000 umgebracht haben.
Wer von uns möchte so wohnen wie die Sinti, die ich dort traf? Immerzu Waldschatten, schön im Sommer, bedrückend in der übrigen Zeit, der Waldboden nie wirklich trocken, die Baracken feucht, die Leute krank. Zwei, drei, vier Jahre KZ, dann, nach 1945, neue Misere. Bis heute. Ja, bis heute.*
Zwischen den Baracken sehe ich Steinskulpturen, bemerkenswert. Wer ist der Künstler? Ein Sinti. Was für ein begabtes Volk, nicht nur als Musiker. Und wir verachten sie, ganz im Sinne Hitlers, als Untermenschen . . .
Ich habe Angst vor dem Schreiben dieses Buches. Schon die Vorarbeiten machen mich krank. Aber das Buch *muß* geschrieben werden. Von mir. Da gibts keine Ausflucht mehr. Nun denn.

Der Papst und die Zigeuner. Laut Pressebericht hat die spanische Stadt Zaragoza für den kurzen Aufenthalt des Papstes (15 Stunden) 1,65 Millionen DM ausgegeben. Alles war tadellos vorbereitet. Alles. Sogar die Sache mit den Zigeunern war schließlich halbwegs gelöst. Nämlich: der Papst sollte die armseligen Hütten der Zigeuner nicht sehen. Also weg mit ihnen. Abbruch. Wohin aber mit den Zigeunern? Man beschloß, ihnen auf einer freien Grundfläche ein paar Häuser zu bauen. Aber da war dann der Teufel los: die Bürger von Zaragoza wollten den Platz für andre Zwecke, das heißt: sie wollten die Zigeuner nicht so nah und überhaupt nicht in der Stadt. Es gab beinah einen Bürgerkrieg. In letzter Minute einigten sich

* Mai 1985: Landaus Sintis haben jetzt alle gute Wohnungen. Beispielhaft!

Stadtverwaltung und Bürger: man ließ die besseren Hütten stehen, riß die andern ab und stellte fünf Behelfsbaracken auf. Jetzt konnte der Papst ruhig kommen. Alles war in bester Ordnung.
In Nordspanien rissen vor kurzem Bagger die Baracken von 40 Zigeunerfamilien nieder, während die Bewohner weg waren (Darmstadt als Beispiel). 1983 wollte die Regierung von Katalonien umgerechnet 14 Millionen Mark bezahlen an Zigeuner, die bereit sind, abzuwandern. Und wohin, wohin –?
Für die Kosten der päpstlichen Stipp-Visite hätte man eine Menge Häuser für Zigeuner bauen können. Aber wer sagts dem Papst? Was weiß er überhaupt vom wirklichen Leben aller Unterdrückten jener Länder, wo er so triumphal auftritt?
Wie hätte derjenige gehandelt, als dessen Vertreter auf Erden der Papst sich sieht?

Medizin? Ich verstehe I. s Ablehnung der Ärzte, d. h. der heutigen Medizin. Ich teile sie, wenn ich auch nicht so rigoros bin. Aber was wir mit einem unsrer Freunde erlebten ... X., auf seinem Spezialgebiet der berühmte Mann, körperlich kerngesund, seelisch labil oder vielmehr in ständiger Hochspannung lebend, wurde, was wir nur ahnten, viele Jahre lang von einem Freund, Psychiater, heimlich versorgt mit beruhigenden Medikamenten, die ihn so lange über allen Wassern hielten, bis er eines Tages sozusagen aus heiterm Himmel (der eben gar nicht heiter war) einen Selbstmordversuch machte, und was für einen: er besaß ein altes Schwert, 70 cm lang, das stieß er sich von oben längelang durch die Brust. Er hatte sich immer für Japan und die Samurai interessiert; also eine Art Harakiri. Man rettete ihn operativ. Dann brachte man ihn in eine Klinik für innere Medizin. Dort machte man mit ihm eine Psycho-Analyse, die ihm, dem so Komplizierten, nicht beikam, und eine Entziehungskur, die er sehr gut überstand. Dann eine »Nachkur« in der Nervenklinik. Und was geschah dort? Man entschied, er müsse weiterhin ein beruhigendes Medikament nehmen. Wir sind alle der Meinung, auch er selbst wars, daß er ohne Medikament hätte auskommen können. Jedoch: man hat Angst, er könne rückfällig werden, d. h. einen neuen Selbstmordversuch machen. Seine Familie selbst teilt diese Angst und steht also positiv zu den Medikamenten. Immer wählt man die bequemste, die materialistisch-medizinische Methode, statt der Natur des Patienten zu vertrauen und sie mit andern Mitteln zu stärken.

Ein Schicksal. Mir schreibt ein Iraner, 1943 geboren, mit drei Jahren erblindet, aufgewachsen in der iranischen Provinz, wo es keine Blindenschule gab, bis zum 15. Jahr Analphabet; 1958 in die Blindenschule Teheran aufgenommen. Als die Schule drei Jahre später wieder geschlossen wurde, ging er mit der finanziellen Unterstützung eines Onkels nach Österreich und besuchte die Blindenschule, lernte Deutsch, machte einen Telefonisten-Lehrgang und einen Managerkurs. Und nun steil aufwärts: zweiter Bildungsweg; im Juni 1970 Hochschulreife; Studium der Anglistik an der Universität Marburg, ein Semester in Berlin, wieder in Marburg Studium der Erziehung und Sozialwissenschaft; Diplom; 1979 zum Dr. phil. promoviert mit »gut«. Dann Tutor in Marburg für ausländische Studenten; wissenschaftlicher Mitarbeiter und Fachlehrer in der Schule für geistig Behinderte der Arbeiterwohlfahrt.
Jetzt sucht er nach einer andern Tätigkeit. Er schrieb ein Buch: Erzählungen.
Man bedenke dieses Schicksal: was für ein Mut! Was für ein Beispiel. Parallel-Geschichte zu der meines jungen Freundes aus Apulien, der als Gastarbeiterkind illegal nach Deutschland kam und vor kurzem an der Universität Florenz zum Dr. phil. promovierte mit summa cum laude. Das also ist zu leisten!

Fulda, 27.–29. September 1984. Friedenstagung. Gut gewähltes Datum: zur selben Zeit tagt dort die deutsche Bischofskonferenz und ereifert sich über kirchenrechtliche Fragen wie den Zwang für Priester, klerikale Kleidung zu tragen, wozu das Tragen des unsichtbaren, aber fühlbaren Maulkorbs gehört. Das! Und ein paar Kilometer weit weg wird der nächste Krieg vorbereitet. Und die ›Fuldaer Zeitung‹ nennt die Leute der Friedensbewegung (mich also auch, denn die wußten, daß ich kommen und reden werde) »Randalierer und Kriminelle«. Unter uns Kriminellen auch Alfred Mechtersheimer vom Friedensforschungsinstitut, ehedem Offizier der Bundeswehr; unter uns Rudolf Bahro und Robert Jungk; unter uns Priester und christliche Gruppen beider Konfessionen. Lauter »Randalierer und Kriminelle« ...*

Am Vorabend meine Lesung aus ›Mirjam‹ (Stellen über Gewaltlosigkeit). Die Veranstalter fürchteten, nur wenige Hörer kämen – aus Angst vor ihrem Ruf in der Stadt. Der Saal war brechend voll. Außer der Provokation (schon üblich) durch einen Mann (Sprecher der CDU, wie sich herausstellte) schöne Stimmung. Ich leider sehr reduziert wegen Stirnhöhlen-Katarrh. Aber tapfer durchgehalten, auch die Diskussion, bei der ich aber nicht gut in Form war. Beim Signieren vieler Bücher Blumen und Briefe, und die vielen zugeflüsterten Worte: »Ich danke Ihnen, Sie haben mir geholfen.« Immer wieder dies: »Jetzt habe ich zur Religion gefunden.« Und die da im Dom und ihre Freunde nennen mich eine Kriminelle. Lieber Gott. Was für eine negative Auslese muß da drüben versammelt sein.

Am 28. sehr früh mit Auto abgeholt zum Campingplatz, wo hunderte schon die Nacht (oder Nächte) vorher verbracht hatten, bereit zum Marsch. Wir brechen auf, in Gruppen. Mein Wortwechsel mit dem Träger der roten Fahne der DKP. Sympathische Leute, die ich ungern attackierte, aber ich fand es

* Mai 1985: Eben redet der Papst in Belgien davon, daß man alles tun müsse, den Frieden zu erhalten. Nun also!

richtig, dies zu tun, denn wenn wir andern hinter der roten Fahne gingen, so erweckte das natürlich den Eindruck, als seien wir alle »Rote« und »böse Kommunisten«.
Nasse Wiesen, feuchte lehmige Waldwege, immer aufwärts unter den Kanonenschüssen der Amerikaner, die hier ihr Manöver hielten. Als ich unter dem Schlagbaum durchkroch, jenseits dessen das für Deutsche verbotene Gelände im deutschen Wald beginnt, filmte dieses mein Delikt das ZDF (oder wer es war). Da hat mans nun für immer. Aber es zeigte sich kein Ami und kein deutscher Polizist. Niemand verhaftete mich. Hessen hatte wohl die Parole ausgegeben, die Friedensleute in Frieden zu lassen... Aber vielleicht wars anders: »Laßt die blöden Leute einfach ins Leere laufen!« Später, am Schießplatz 10, wieder in verbotenem Gelände, redete ich mit (hessischen) Polizisten, netten Leuten. Später kamen aber zweie, die, mit scharfen Hunden an kurzer Leine, mich recht sehr an KZ-Wächter erinnerten. Nicht zu spaßen mit denen. Einer der andern, Älteren, sagte unter vier Augen: »Ich habe eine Tochter, die Studentin ist; mit der rede ich anders als hier.« Wieder einmal die Erfahrung, daß Kinder die politischen Erzieher ihrer Eltern sind.
2.10.: Eben Anruf Rudi Bahros, dreihundert von uns sind angezeigt von der Fuldaer CDU (!!!) wegen Haus- (oder gar Land-)friedensbruchs. Mein Gott. Und um diese Leute zu schützen vor dem Ausbruch des Kriegs gerade in ihrer Heimat, haben wir demonstriert.
Weiter im Bericht: am 27. dann der stille Marsch durch die Stadt. Die Polizisten standen gelangweilt herum. Strahlendes Herbstwetter. Mein dringender Wunsch, nicht politisch zu demonstrieren, sondern einfach spazierenzugehen. Versuchung wegzulaufen; zu ent-laufen.
Die Schlußkundgebung auf dem Domplatz. Daß uns das erlaubt war!? Der Platz ganz voll. Man sagt, es seien vierzig- bis fünfzigtausend gewesen. Meist Jugend. Meine Rede. Schon ehe ich anfing, langer Applaus. In dieser Länge und Intensität

überraschend für mich. Was ich sagte, halte ich fest in diesem Tagebuch. Die Rede oft unterbrochen durch stürmischen Beifall. Es war so einfach, was ich sagte. Hernach Glückwünsche, Umarmungen, Blumen, Interviews, auch mit der BBC (was ich von den Verhandlungen zwischen Reagan und Gromyko halte. Nichts halte ich davon! Ich erwarte das Neue, den Frieden, von der Basis her. Der englische Interviewer sagt mir, er sei meiner Meinung). Nach mir die glänzende Rede von A. Mechtersheimer, der natürlich mit andern Argumenten arbeitet, da er vom Militärischen etwas versteht. Die andern Reden höre ich, der Interviews wegen, nur bruchstückhaft, so jene eines amerikanischen Geistlichen.
Hernach erschöpft. All dessen unendlich müde. Dennoch froh, dabeigewesen zu sein.

Fulda GAP. Meine Rede auf dem Domplatz. Liebe Freunde
ich habe hier ein Blatt aus der Fuldaer Zeitung. Als ich es sah, stockte mir das Herz. Diese schwarze Umrandung um so viele Namen! Das Blatt erinnerte mich an die Massen-Todesanzeigen im Zweiten Weltkrieg: so viele Menschen starben unter den Bomben. An Stelle dieser Namen von damals könnten Namen von heute stehen, wenn wiederum das Unheil über uns käme, gegen das wir hier demonstrieren.
Ich, brave christliche Bürgerin, habe gestern gegen das Verbot des Betretens der US-Schießanlage gehandelt, obwohl dort geschossen wurde. Übrigens tat ich es unbehelligt, ja vielleicht geradezu in Übereinstimmung mit der Polizei, die auf meine Frage an die Polizisten, ob sie mich verhafteten, wenn ich unter dem Stacheldraht durchkröche, mir diesen Stacheldraht hochhoben, damit ich durchkriechen konnte.
Ich habe mir dort drüben die Kriegsvorbereitungen angesehen und angehört. Wie ich weiß, sind viele von Ihnen schockiert, wenn man das, was da geschieht, »Kriegsvorbereitung« nennt.

Frage: Was wird dann da von der US-Seite betrieben, wenn die Ausführung des Konzeptes der Vorwärtsverteidigung, des Eindringens in den feindlichen Raum, unter dem Namen Air-Land Battle vorbereitet wird? Ist das denn noch Verteidigung?
Für das Militär – und ich rede vom Militär auf beiden Seiten – ist die normale Konsequenz des Verteidigungs-Gedankens der Angriff. Seit Cäsar lebt der Satz: »Wer den Frieden will, muß den Krieg vorbereiten.« Wir kennen die Konsequenzen.
Ich will hier wiederholen: es ist nicht richtig, was man der Friedensbewegung vorwirft: sie sei nur gegen die USA gerichtet. Dieser Eindruck kommt daher, daß wir *hier* demonstrieren, hier, wo die USA ihre Waffen deponieren. Wären wir im Osten, würden wir dort demonstrieren, gegen die dort stationierte Großmacht.
Unsere Motivation ist eine weit tiefer gegründete: wir sind nicht gegen eine der beiden Supermächte, sondern gegen das von beiden vertretene alte militärische, militaristische Denk-System, das ein System gegenseitiger Bedrohung ist, mit dem sich die beiden Gegner auf den Schlachtfeldern von morgen erbittert verbissen festhalten. Wer gegen die Friedensbewegung ist, macht, daß die Russen bleiben, und die Konsequenz daraus ist, daß die Amerikaner bleiben. Wann wollt ihr aufhören, dieses tödliche Spiel mitzuspielen? Leider sind auch die Armeen beider Deutschland dabei eingebunden, und das ist es, was wir zuerst beenden müssen, wenn wir nicht wollen, daß der militärische Aufbau über uns zusammenstürzen wird. Man hat immer noch nicht begriffen, daß dies ein Spiel auf Leben und Tod ist.
Angesichts der Todesgefahr ist es lächerlich, wenn die Fuldaer Bürger sich beklagen darüber, daß ihre Hauswände mit Friedensparolen aus Sprühdosen bemalt werden. Kennen Sie die biblische Geschichte vom König Nebukadnezar? Da erschien an der Palastwand jene Schrift: Mene tekel upharsin. Das Prophetenwort, das den Untergang ankündigte. Aber wer hört auf Propheten?!

Ihr habt Angst vor Sprühpistolen – und wollt das Schießen der Haubitzen da drüben nicht hören.
Ihr zetert über Hausfriedensbruch, wenn jemand ein paar eurer Zäune durchschneidet, und seht nicht, was für ein Haus- und Landesfriedensbruch vor euren Augen geschieht!
Ihr klagt über kleine Schäden an euerm Eigentum – und seht nicht die enorme Zerstörung eurer Wälder durch die Schießplätze und Panzerstraßen.
Ihr klagt, daß ihr Reparaturen bezahlen müßt – wer bezahlt euch die Zerstörung eurer Wälder?
Ihr wollt vor den Sowjets geschützt werden, weil ihr das System der Unfreiheit, das ihr in der DDR seht, nicht wollt. Gestern abend kam die geplante Lichterkette zwischen der evangelischen und der katholischen Kirche hier in Fulda nicht zustande, warum, weil der katholische Pfarrer mit Berufung auf die Intervention seiner Gemeindemitglieder absagte. Vor drei Jahren hat die Regierung der DDR in Dresden die Lichterkette der dortigen Friedensbewegung *nicht* verhindert.
Ich las in der gestrigen Ausgabe der Fuldaer Zeitung, daß »das christliche Fulda durch die Jahrhunderte und zu allen Zeiten gewußt hat, welches sein Beitrag zum Frieden in der Welt ist«.
Darf ich das christliche Fulda erinnern daran, daß es nicht aufschrie, als in seinen Mauern die deutsche Bischofskonferenz beschloß, nicht nur jährlich zu Hitlers Geburtstag ein Glückwunschtelegramm zu schicken, sondern den Breslauer Kardinal Bertram, damals Vorsitzender der Bischofskonferenz, beauftragte, Hitler zum Einmarsch in den Sudetengau zu gratulieren.
Aber lassen wir jetzt die Vergangenheit. Reden wir von Gegenwart und Zukunft.
Diese Tage haben gezeigt, daß es hier eine schroffe Konfrontation zwischen der Bevölkerung gibt. Die Fuldaer Zeitung schreibt, es seien sogar Orts-Fremde daran beteiligt. Es scheinen sogar Amerikaner beteiligt zu sein – außer den amerikani-

schen Truppen auch noch zwei US-Friedenskämpfer... Was wäre übrigens Fulda ohne Orts-Fremde geworden, ohne die irischen Mönche, die Fulda christianisiert haben...
Das christliche Fulda spricht von seinem Beitrag zum Frieden. Nun: ist es ein Beitrag zum Frieden, wenn das Erheben eines Transparents mit Friedensworten, hochgehalten von Mitgliedern der Pax-Christi-Bewegung, als »Ausschreitung« bezeichnet wird? Ist es ein Beitrag zum Frieden, wenn es von Christen als Verbrechen bewertet wird, mit den Andersdenkenden in den eigenen Reihen überhaupt zu reden?
Wo Bürger aus dem christlichen Lager nicht mehr miteinander reden dürfen, beginnt der Bürgerkrieg.
PAX CHRISTI... Was würde unser aller Christus heute sagen und tun? Wir können es wissen. Da bleibt uns keine Ausflucht.

Rilke 1984. Einmal war er *unser* Dichter. Meine Insel-Ausgabe von 1938: oft gelesen, Bomben und Umzüge überdauernd; nach 1945 wieder eine Rilke-Auferstehung, wieder unser Dichter; dann versunken, von mir nicht mehr angerührt; jetzt wieder aufgeschlagen, aus Neugier: kann man das noch lesen? Ist das was? Man wirft mir einen Köder aus: ich finde beim wahllosen Aufschlagen der ›Späten Gedichte‹ jenes, das beginnt mit den Zeilen:

Hinter den schuldlosen Bäumen
langsam bildet die alte Verhängnis
ihr stummes Gesicht aus...

Das ist bestürzend, das ist für heute geschrieben. Die schuldlosen Bäume und die alte Verhängnis.
Aber dann: die Fahnen-Rühmung, 1914. Der »Cornett«. 1914! Freilich: wars seine Schuld, 1875 geboren zu sein? Er mußte den Krieg erst lernen. Wir reden anders von Fahnen und Helden. Und waren nicht Rilkes Fahnen und Helden Symbole für anderes? Ihm galt von je eine andre Wirklichkeit. Das zugege-

ben und wohl bedenkend. Aber ich kann diese Gedichte doch nicht mehr lesen. Sie sind zu schön, zu aristokratisch, zu elegisch, zu viel Selbst-Bespiegelung. Vorbei. An Rilke vorbei stürze ich zu Benn und Brecht. (Noch habe ich nicht den Mut, die ›Duineser Elegien‹ wiederzulesen.) Aber nun die Briefe. Nicht die bekannten: den an einen jungen Dichter, o nein, den schon gar nicht. Aber ich finde einen von 1925, der bestürzend prophetisch ist, und Rilke, den scheinbar unverbindlich dichtenden Lyriker, neben den großen Denker Teilhard de Chardin stellt. Was der Naturwissenschaftler und Theologe, der Jesuit de Chardin sagt: daß die Bio-Sphäre unsres Planeten der Noo-Sphäre Platz machen wird, das sagt der Dichter Rilke in seiner poetisch verschlüsselten Sprache so: »Die Erde, unser Planet, hat keine andre Ausflucht, als unsichtbar zu werden«. Was heißt das anderes als: sich zu ver-geistigen? Was aber heißt das? Rilke hat ein bestürzendes Wissen davon, daß unsre Erde verschwinden wird. Das muß nicht durch Bomben geschehen, nicht durch äußere Gewalt; das geschieht mit stiller Notwendigkeit von innen. Was sich verändert, das ist die Materie. Hat sie sich nicht schon verändert in unserm Bewußtsein, seit wir wissen, was Atomphysiker lehren: daß Materie Geist ist?
Rilke spricht von den »Umsetzungen des geliebten Sichtbaren und Greifbaren in die unsichtbare Schwingung unserer Natur, welche neue Schwingungszahlen einführt in die Schwingungs-Sphären des Universums. Da die verschiedenen Stoffe im Weltall nur verschiedene Schwingungs-Exponenten sind, so bereiten wir nicht nur Intensitäten geistiger Art vor, sondern, wer weiß, neue Körper, Metalle, Sternnebel, Gestirne.«
»Wir«, das sind die Dichter, welche sich »diese vorläufige, hinfällige Erde uns so tief einprägen, daß ihr Wesen in uns unsichtbar wieder aufersteht«.
»Diese Tätigkeit wird eigentümlich gestützt und gedrängt durch das immer raschere Hinschwinden von so vielem Sichtbaren, das nicht mehr ersetzt werden wird ...«
Hat er nicht recht, dieser prophetische Poet: schwinden nicht

die Dinge dieser Erde rapide hinweg: so viele Tierarten, so viele Bäume, so viele alte Häuser, so viele Schrebergärtchen, so viele alte schöne Bräuche?! Werden wir bald ein Planet ohne »Natur« sein? So wie man schon in Raumschiffen ohne Natur zu leben vermag und nur mehr das von Menschen gemachte Künstliche kennt?

»Noch für unsre Großeltern war ein Haus, ein Brunnen, ja ihr eigenes Kleid ... fast jedes Ding ein Gefäß, in dem sie Menschliches vorfanden und Menschliches hinzusparten. Nun drängen, von Amerika her, leere gleichgültige Dinge herüber, Lebens-Attrappen ... Die belebten, die uns mitwissenden Dinge gehen zur Neige und können durch nichts mehr ersetzt werden. Wir sind vielleicht die Letzten, die noch solche Dinge gekannt haben.«

An dieser Stelle im Brief erwähnt Rilke seine ›Duineser Elegien‹. Ich muß sie jetzt lesen. Nach Jahrzehnten neu lesen.

Kann mans? Schon bei der ersten Stelle bleibt einem das Herz stehen. Das sind ja unsterbliche Gesänge! Dieser Dichter, er ist ein orphischer Sänger, ein Wissender! Wie konnte ich ihn vergessen haben!?

In der achten Elegie dann in Versen das, was er in jenem Brief in Prosa sagt. Jetzt so: »Erde, ist es nicht dies, was du willst: unsichtbar in uns erstehn? Ist es dein Traum nicht, einmal unsichtbar zu sein? ... Was, wenn Verwandlung nicht, ist dein drängender Auftrag?«

»Diese, von Hingang lebenden Dinge ... vergänglich, traun sie ein Rettendes uns, den Vergänglichsten, zu.«

Bange Frage: sollte unsre »ökologische Arbeit« ein Mißverständnis sein? Bleiben wir mit dem Versuch der Rettung materieller Dinge nicht auf der Schwelle stehen, verbundenen Auges?

Andre Frage, vielmehr andre Erkenntnis: wie wurde denn alles Seiende geschaffen? Durch Evolution, gut gut, das stimmt schon. Aber das ist nicht ihr Anfang. Ihr Anfang war das WORT. »Es werde!« Was da wurde, war schon immer da: die Idee da-

von. (Heiliger Platon, heiliger Pythagoras, gebt mir mehr und mehr Wissen von dem, was ihr wißt!)
Wohin diese Rilke-Lektüre, so widerwillig begonnen, mich führt!

Dazu Novalis. In seinem Aufsatz von 1799: ›Die Christenheit oder Europa‹.
»Das Christentum ist dreifacher Gestalt. Eine ist das Zeugungselement der Religion als Freude an aller Religion. Eine das Mittlertum überhaupt als Glaube an die Allfähigkeit alles Irdischen, Wein und Brot des ewigen Lebens zu sein. Eine der Glaube an Christus, seine Mutter und die Heiligen. Wählt, welche ihr wollt, wählt alle drei, es ist gleichviel, ihr werdet damit Christen und Mitglieder einer einzigen, ewigen unaussprechlich glücklichen Gemeinde.«
In diesem Aufsatz auch eine Stelle, die Fritjof Capra kennen und heute wiederholen könnte: »Das Höchste in der Physik ist jetzt vorhanden und wir können nun leichter die wissenschaftliche Zukunft überschauen. Die Hilfsbedürftigkeit der äußeren Wissenschaften ward immer sichtbarer . . . Die Natur fing an, immer dürftiger auszusehen und wir sahen deutlicher, gewöhnt an den Glanz unserer Entdeckungen, daß es nur ein geborgtes Licht war und daß wir mit den bekannten Methoden nicht das Wesentliche, das Gesuchte finden würden. Jeder Forscher mußte sich gestehen, daß eine Wissenschaft nichts ohne die andre sei . . . und das wunderliche Wesen der Philosophie flog jetzt als rein Vorgestelltes, wissenschaftliches Element zu einer symmetrischen Grundfigur der Wissenschaften aus.« (Planck, Einstein, Heisenberg!)

›Nathan‹ nach Auschwitz. Der Titel auf der Einladung zum Kirchentag 1985. Ich muß also, wieder einmal, Lessings ›Nathan der Weise‹ lesen. Nun gut. Ich muß, ich will.

Nicht der Ring-Parabel wegen; die kennt man ja. Oder doch nicht? Auffrischung des Gedächtnisses: ein Vater, drei Söhne, ein einziger Ring, welchem Sohn zu geben? Die weise Entscheidung: drei gleiche Ringe machen zu lassen. So wähnt jeder Sohn sich im Besitz des Original-Ringes (3. Akt, 6. Auftritt). Der Vater selbst kann seinen Ring nicht mehr von den nachgemachten unterscheiden. Aber die Söhne kommen natürlich auf den Trug, es gibt Streit, man trägt ihn vor den Richter, der weise entscheidet: macht jeden der Ringe zum echten, indem Ihr Eure Tugendkraft in ihn legt. Die drei Ringe: die großen Religionen: Judentum, Christentum, Islam. Etwas bestürzend, daß Lessing den Nathan sagen läßt, daß der echte Ring vermutlich verlorenging: die Ur-Religion, was immer und wie das war, und auch der Vater ist nicht mehr am Leben oder jedenfalls nicht mehr erreichbar, nicht befragbar. Eine einzig wahre »Offenbarungs-Religion« gibt es nicht; das sagt Lessing der Aufklärer, der dennoch in seinem gesamten Werk sich als intensiv religiös erweist!

Den ›Nathan‹ also lesen. Ich sage respektlos: ein schlechtes Theaterstück. Warum? Ist es nicht herrlich klar aufgebaut, ist seine Sprache nicht bewundernswert elegant, sind seine Gedanken nicht rein und scharf und groß?

Doch. Aber? Aber: Zuviel Licht. Zuviel Edelmut. Zuviel erhabenes Gefühl. Eine Gestalt nobler als die andre, eine übertrifft die andre an Großmut, und wo eine einmal gegen die Tugend-Regel verstößt, dann nur aus Mißverständnis und dem Autor zuliebe, der nun mal sein Stück dramatisch verwickeln und vorwärtstreiben muß. Was fehlt, das ist der große Schatten, der Gegenspieler, der große Bösewicht, der genau so unmäßig böse wäre wie die andern unmäßig gut sind, so das künstlerische Gleichgewicht herstellend, das auch eine Frage der Wahrheit, der Wahrhaftigkeit ist. Man kann auf Goldgrund goldne Engel malen, aber irgendwo muß auch Schwärze und Schwere sein.

Übrigens: der Toleranz lehrende Lessing ist in seinen literatur-

kritischen Aufsätzen recht wenig tolerant; er zieht blank und schlägt scharf zu, beleidigend und voller Hochmut. Freilich immer bewundernswert gescheit. Man ließe sich als Autor von heute einen Verriß von Lessing lieber gefallen als einen von Leuten, die meinen, Kritiker zu sein, weil sie dafür bezahlt werden, daß sie Bücher (diagonal) lesen.
Was aber ist mit »Nathan nach Auschwitz«? Solls um die Toleranzfrage gehen? Ich sagte, im ›Nathan‹ sei zuviel Helligkeit. Aber da gibts doch eine Tragödie: sie liegt jedoch vor dem Beginn des Stücks. Nathan erwähnt sie wie beiläufig: Man hat ihm (Christen taten es) Frau und sieben Kinder in einem Judenpogrom ermordet; er schwor Rache; da legte ihm jemand ein verlassenes Kind in den Arm, ein Christenkind, so sagte mans ihm, und er nahm es auf, ungedenk seines Racheschwurs.
Ist es das, was »Nathan nach Auschwitz« tun soll?
Die größere Frage: Was tun die Christen nach Auschwitz?
Und was tun die Mohammedaner des Iran? Sind alle drei Ringe verloren und wir lügen uns nur vor, es gebe sie noch?
Wie wärs, wenn wir sie verloren sein ließen und uns auf die Suche nach dem Ur-Ring machten?

Folgerichtig. Aus Rosenheim die Nachricht, daß das Haus meiner Eltern (das nie mein Elternhaus war) vom Käufer wieder verkauft werden soll und zwar an die Landpolizei, deren Grundstück angrenzt. Dieses Haus also wird Polizei-Eigentum. Als wäre es dafür bestimmt gewesen, wiederum etwas und jemand zu überdachen, das (der) mir fremd und verquer ist. Unguter Stern über diesem Haus. Aber: mit dem Geld, das ich einst dafür bekam, als Erbin, konnte ich sechs vorher unterprivilegierten Menschen ein Heim bauen: meinem Hausmeister Attilio, seiner Frau, seinem Sohn, dessen Frau und deren zwei Kindern. Das zu denken versöhnt mich. Sonderbar aber, daß es mir doch einen leichten Schmerz bereitet, dieses Haus, das mein Haus doch auch war sofern ichs erbte, der Polizei ge-

hören soll und daß Polizisten dort aus und ein gehen und ihre Büros dort haben, wo meine Eltern lebten und wo mein Vater starb.*
Wie man doch durch geheime Wurzeln verbunden ist mit der Vergangenheit und mit der Sippe.

Der Tapfere. Pasquale M. hat seine Doktor-Arbeit abgeliefert an der Universität Florenz. Sein Thema: ›Presse und italienische Emigration in Deutschland. Der sozio-kulturelle Prozeß der italienischen Emigranten in der BRD‹. Er bekam die Note 110 dafür. In der BRD wäre das: cum laude oder summa cum laude. Ich freue mich. Wie sehr freue ich mich! Was für eine Leistung, dem Leben abgerungen. Pasquale: Kind armer Leute aus dem armen Apulien, als Zwölfjähriger mit dem Vater nach Köln emigriert, heimlich, kleiner ausgebeuteter Schwarzarbeiter, Deutsch gelernt, dazwischen immer wieder einmal nach Italien zurück, die Matura gemacht, an der Universität Florenz immatrikuliert, wieder nach Köln, Arbeit gesucht, Geld verdient zum Weiterstudium, oft verzweifelt, nervös, sich aufreibend in schweren Krisen, immer das stechende Problem: zurück in die Heimat, das heißt in die Armut (er versuchte es ein halbes Jahr als Lehrer an einer römischen Grundschule, schlecht bezahlt, unbefriedigend) oder in der BRD bleiben, der Armut entrückt, sich eine Stellung aufbauend, vielleicht als Lehrer für Italienisch.
Und jetzt also der Erfolg. Aber dann? Wo gibt es eine Stelle für ihn, hier oder dort? Die Lage genau so unsicher wie vorher.
Vielleicht kann ich wenigstens erreichen, daß seine Dissertation gedruckt wird mit Förderung durch das Bundesland Nordrhein-Westfalen. (Das Vorwort dazu schreiben.)

* Mai 1985: Eben höre ich, die Polizei sei doch nicht Käufer. Warum freut mich das so? Was gehts mich noch an?

Goethe und die doppelte Moral. 1830. In den ›Gesprächen‹: ein englischer Bischof kommt zu Goethe nach Weimar und macht ihm strenge Vorhaltungen über den ›Werther‹, in dem Goethe den Selbstmord verherrliche und junge Männer in den Tod trieb. Goethe: »Welchen Ton schlagen Sie den Großen dieser Welt gegenüber an, die mit einem Federzug ihrer Diplomaten hunderttausend Männer ins Feld schikken, achtzigtausend davon töten lassen und ihre Untertanen zum Mord anregen, zu Plünderungen ...? Sie singen ein Te Deum darüber.«

So also solls weitergehen. Unter den Zuschriften (Flugblättern, Arbeitsheften, Manuskript-Kapiteln) heute eine von einem kanadischen Fachmann für Laser-Strahlen; er habe teilgenommen an einer offiziellen Demonstration der Wirkung von Laser-Strahlen; er wisse, daß sich nicht nur die Chirurgie ihrer erfolgreich bediene, sondern auch die Geheimdienste, und zwar um einer besonderen Wirkung willen: mit Hilfe dieser unsichtbaren Strahlen kann man die Interferenz-Strukturen menschlicher Zellen beeinflussen, also auch jener des Gehirns, und zwar so, daß der Betroffene nichts davon merkt: man installiert das kleine Sende-Gerät hinter einer Gardine und schickt von dort aus hin und wieder einen Strahl mit der entsprechenden Information auf den Beobachteten ...
Ich muß immer wieder an jene alte Frau denken, die man für eine Verrückte hielt, weil sie vor dreißig Jahren sagte, sie wisse, man werde von weit her gesehen und manipuliert.
Was hilft dagegen? Das Wissen, daß man derlei teuflischen Methoden ausgesetzt ist und die Mobilisierung aller positiven Abwehrkräfte, aber nicht im Sinne Reagans, sondern im Sinne des Christos. Das Gebet als uralte Form der Abwehr der Teufelsmacht.

Nichts mehr schreiben? Vor zwei Jahren erklärte Günter Grass bei der österreichischen Literatur-Tagung (›Steirischer Herbst‹), in Graz, er schriebe nie mehr etwas, da es nicht mehr fünf Minuten vor zwölf sei, sondern halb eins, zu spät also; er wolle nur mehr bildhauern.
Günter, sagte ich, das ist doch unlogisch: schreiben nicht mehr, aber bildhauern; für wen aber? Wenns keine Leser mehr gibt . . . Oder meinst du, eine neue Höhlenmalerei zu hinterlassen, die dann, einige tausend Jahre später, von neuen Erdenwesen entdeckt wird?
Jetzt, 1984, schreibt er wieder einen Roman.
Aber nun Wolfgang Hildesheimer. Von überall her berichtet mans mir: öffentlich und feierlich erklärt er, nicht mehr schreiben zu wollen, da es keine Leser, überhaupt keine Nachwelt mehr geben werde.
Hat er also bisher nur für die Nachwelt geschrieben? Ich schreibe zu meiner eigenen Lust (oder aus eigener Unlust). Und ist diese feierliche öffentliche Erklärung nicht doch zu aufwendig? Was erwartet er sich denn davon? Wenns ihm ernst ist mit seinem Tod als Schriftsteller, dann soll er eben nicht mehr schreiben. (Wovon lebt er dann? Auch eine Frage.) So wichtig sind wir doch alle nicht, auch ein so guter Schriftsteller wie Hildesheimer nicht. Dieser finstere Ernst des im Weltganzen zu hoch angesiedelten Selbstverständnisses ist meine Sache nicht. Ich schreibe weiter, solange ich kann. Wenn einer nicht mehr schreiben will, so ist das seine Sache. Ich bin jedoch böse auf ihn und auf alle, die Verzweiflung säen statt Hoffnung.
Hoffnung auf was denn, kann Hildesheimer fragen.
Man muß auf ETWAS hoffen? Man muß HOFFEND SEIN. Leben IST Hoffnung. Wer nichts mehr hoffen kann, der wählt den Tod. Jean Améry hat ihn, logisch für sich, gewählt.
Ich mag das unverbindliche Reden nicht. Das ist mir einerseits zu billig andrerseits viel zu großspurig und viel zu ge-

fährlich. Pessimismus dieser Art ist die Verneinung schlechthin.
Wie gut, daß Günter Grass' Verneinung der Literatur nur eine kurze Phase war!

Freude in Florenz. Preisverteilung der internationalen Akademie Florenz am 15. September. (Der dritte Kulturpreis, den ich in Italien bekomme.) Mit mir bekommt ihn der Komponist Petrassi und der Jurist Professor Maihofer, ehemaliger deutscher Innenminister, und wir dürfen jetzt den Titel »Senator« tragen. Die Feier findet statt in dem wundervollen Saal der »Signoria«. Mit Bläsermusik, die Musiker im historischen Kostüm. Intelligente Festreden. Petrassi, achtzigjährig, erstaunlich frisch er selbst und seine neuesten Werke (ich hörte sie im Radio). Und Maihofer: gescheit und gelassen, ein gentiluomo; wir unterhalten uns beim bemerkenswert guten, festlichen Abendessen in Deutsch, und, der Italiener wegen, in Italienisch. Das Ganze ist heiter und nobel. Immer freut mich bei solchen Anlässen nicht eigentlich die Ehrung, sondern die Begegnung mit Menschen, mit denen ich mich mühelos über geistige und politische Fragen unterhalten kann. Ein Familien-Gefühl. Ein Ausruhen inmitten von gehässigen Polemiken und Mißverständnissen aller Art.

Kriegsdienstverweigerer. »Man kann nicht zugleich den Frieden wollen und den Krieg vorbereiten.« A. Einstein
Nach meinem Vortrag an der Universität Marburg drückt mir ein Zuhörer ein Manuskript in die Hand: das Protokoll des Prozesses um seine Total-Verweigerung.
Er hatte bei der Arbeiterwohlfahrt Zivildienst geleistet, bei alten Menschen und Ausländerkindern, und er machte diese Arbeit »mit besonderer Hingabe«, was ihm seine Vorgesetzten bestätigen mußten. Fünfzehn von den vorgeschriebenen sech-

zehn Monaten leistete er ab. Dann konnte ers mit seinem Gewissen nicht mehr vereinbaren. Wie denn: ist Zivildienst nicht etwas Gutes? Ists nicht Friedensdienst?
Ich war in der DDR, in Weimar, 1983, genau zu jener Zeit, als die Jenaer Studenten verhaftet wurden, weil sie sich weigerten, Zivildienst zu tun, denn: auch der sogenannte Zivildienst (bei Bautrupps) diene als Vorbereitung zum Krieg (Bau von Kasernen, Herstellen von Waffenteilen usw.).
W. R., in der BRD, sagt vor Gericht, Zivildienst sei »Kriegsdienst ohne Waffe«. Man unterstehe als Zivildienstler genauso der militärischen Aufsicht und mache sich mitschuldig an der Vorbereitung zum Krieg. Er schreibt, er würde gern Friedensdienst machen, jedoch: von staatlicher Seite wird kein Friedensdienst gewünscht. Beweis dafür: die Übereinstimmung von Wehrpflicht- und Zivildienstgesetz: Anzeige von Wohnungswechsel, Anzeige von Reisen in sozialistische Länder, Verbot der Arbeit im pädagogischen Bereich, Verbot politischer Beteiligung, Gleichsetzung von Dienstflucht mit Fahnenflucht... und man wird »im Kriegsfall zu einem Dienst unbegrenzter Dauer einberufen«. Was ich alles nicht wußte. Was ich wußte, aber nicht voll in mein Bewußtsein aufnahm: daß das Verteidigungsministerium generös eine von vornherein bestimmte Anzahl von Zivildienstleistenden annimmt, so daß die Gewissensprüfung zur Farce wird. Was ich zu wenig bedachte: daß durch den Einsatz der Zivildienstler viele Kräfte für direkt militärische Zwecke frei werden; daß Zivildienstler fast nichts kosten, so daß Geld frei wird für militärische Zwecke; und schließlich, daß Geld gespart wird (wofür wohl? Für die Aufrüstung), indem Zivildienstler billigst dort eingesetzt werden, wo speziell geschultes Personal teuer wäre; teuer und dringend nötig: in Altenheimen, bei Behinderten, bei Kindern, in Krankenhäusern.
Der staatlich verordnete Zivildienst: nichts anderes als Zwangsdienst und Teil der Aufrüstung, also Dienst für den Krieg. W.R.s Entscheidung: Total-Verweigerung, auch für

den Kriegsfall. Seine Verweigerung schafft eine peinliche Situation. Man muß die Redlichkeit seiner Meinung anerkennen und die Sauberkeit seines Charakters. Man will ihm, ungebeten, mildernde Umstände zubilligen: das Minimum, eine Freiheitsstrafe von sechs Wochen und die Kosten des Verfahrens, 500 DM insgesamt. Er lehnt ab. Er zahlt nicht. Er will ins Gefängnis. Man versucht, ihm das auszureden. Er bleibt fest. Er bekommt also die Freiheitsstrafe als »schuldangemessen und zur Erreichung der Strafzwecke erforderlich und ausreichend«. So stehts da.

Schuld-angemessen. Es ist also Schuld, nach seinem Gewissen zu handeln. Ein aufrechter junger Mann wird für seine Gesinnung mit Gefängnis bestraft. Wie ein Verbrecher. Erforderlich und ausreichend für Strafzwecke: was heißt das? Erforderlich? Auch das steht im Protokoll: »Es muß befürchtet werden, daß durch sein Verhalten weitere Zivildienstleistende bewogen werden können, es dem Angeklagten nachzutun.« Ausreichend? Wozu? Als Abschreckung für ihn und andre? Er schickt mir sein Gefängnistagebuch. Was lernte er im Gefängnis? Keinen Bewußtseins-Wandel. Keine Bekehrung zum Soldaten. Wozu also die Strafe? Sie wird andre im Widerstand stärken.

Ein Brief von Direktor Urban des Nolde-Museums in Seebüll. Er hat in meinem ›Wolf‹ die Szene meiner Begegnung mit Nolde gelesen und meine Schilderung von meinem Besuch in der Ausstellung ›Entartete Kunst‹ 1937. Er schickt mir dazu die Kopie eines Briefes, den ich nach jenem Besuch an Nolde geschrieben hatte und den ich völlig vergessen hatte. Ich lese mit Staunen, was ich da zu schreiben gewagt habe an einen bei den Nazis schwer Verfemten, dessen Post überwacht war.

». . . nur wenige Räume, schlecht belichtet. Die Wände von unten bis oben vollgehängt, Bild an Bild, dazwischen angeklebt grellrote Zettel mit der Aufschrift: Gekauft von den Steuergroschen des arbeitenden deutschen Volks. An jedem Bild steht der Preis und dabei: So viele tausend Mark bezahlte eine entartete Zeit für dieses schlechte Machwerk ... Wir betrachten es bei allem Leid als ein großes Glück, so viele Ihrer Bilder beisammen zu sehen, vielleicht zum letztenmal für eine lange Zeit! ... Solche Erlebnisse sind tröstlich inmitten all der bösen Verwirrung. Sie brauchen keinen Trost, Sie nicht. Aber wir. Wir müssen so hilflos mit ansehen, was man Ihnen antut. Gelähmt sind wir ... Manchmal bin ich voller Zorn und Leidenschaft. Aber das nützt ja nichts. Aber eines wissen wir, das allein wir tun können: wir können alle unsre guten Kräfte sammeln, daß sie WIDERSTAND leisten, schweigend, geheim, aber kräftig. Es gibt eine Gemeinschaft derer, die das Gefährdete retten wollen. Wir glauben, daß unsre Gedanken eine Wirklichkeit und eine Macht sind, die wir dem Dunkeln, Wirren, Unverständigen entgegenstellen können. Dies ist unser Trost. Dies MUSSTE ich Ihnen schreiben, und ich fürchte mich vor niemand.«

Ich fürchte mich vor niemand ...

1933 hatte ich an einen alten Freund geschrieben anläßlich des Reichstagsbrandes: »Ich glaube nicht, daß die Kommunisten mit einer solch kindischen Tat beginnen ... Ich habe den starken Verdacht, daß der Brand in Berlin eine Mache der NSDAP ist. Hoffentlich liest diesen Brief niemand, sonst ists um mich geschehen.«

Offenbar ist in den Jahren zwischen 1933 und 1937 mit der Gefahr auch mein Mut gewachsen.

Rühmen, Danken. Bisweilen geschieht es mir, daß ich SEHE, wofür ich zu danken habe und was nicht selbstverständlich mir zufällt: daß es heißes Wasser gibt, daß ich gute Seife habe, daß ich nicht im Gefängnis bin, daß ich nicht hungern muß, daß ich einfach in einen Laden gehen und Brot kaufen kann, soviel ich will, daß meine Rosen blühen, daß die Waschmaschine funktioniert, daß der Himmel so blau ist, daß

es in meinem Garten noch viele Vögel gibt und sie bis auf meine Terrasse kommen, daß ich arbeiten kann, daß ich Freunde habe, daß ich wenn ich will mich ins Auto setzen und irgendwohin fahren kann, daß ich frei bin, daß ich lieben kann, daß mir große Erkenntnisse zufallen . . .
Dank! Wem dieser Dank? Muß ichs wissen? Ich BIN ganz Dank. Ein Dankgesang. Eine Rühmung des Lebens.

Neuchâtel, Hotel Beau Lac. Der See direkt vor dem Hotel, aber es regnet, es schüttet, Wasser zu Wasser, Grau zu Grau. Als ich um Mitternacht von Lesung und Diskussion zurückkomme, regnet es nicht mehr. Der See ist jetzt eine schwarze Fläche, glatt und glänzend wie japanischer Lack. Und auf der Schwärze drei weiß leuchtende schwimmende Lilienblätter: Schwäne. Ich öffne das Fenster: Stille. Ein lautloses Spiel. Magische Zeichen ins glänzende Schwarz geritzt und gleich wieder ausgelöscht. Geheimschrift. Ich lese sie. Sie heißt: es gibt nicht nur Politik und nicht nur das bohrende Denken, es gibt ein Jenseits davon, es gibt die unvergängliche Stille.
Ja, aber dies ist mir keine bleibende Statt.

Im RAI Bilder vom Hamburger Kongreß der Grünen. Lustig, dieses unkonventionelle Treiben. Der italienische Berichterstatter, sichtlich beeindruckt aber etwas verwirrt, sagt: Es bleibt die Frage, wer sind die Grünen eigentlich? Gut gefragt. Nicht: was tun sie, wie ist ihr Programm, sondern: wer SIND sie. Die Frage nach den Menschen, die diese neue Bewegung tragen. Ihr SEIN, nicht ihr Parteiprogramm wird über ihren Bestand und ihre Wirkungen entscheiden.
Eben gelesen, daß in Indien Maneka Ghandi, die Frau des zweiten vor einigen Jahren abgestürzten Sohnes der Indira Gandhi, die Führerin einer Oppositionsbewegung ist, die, nach Manekas Selbstaussage, »sehr nahe den deutschen Grünen steht«.

Das Wachsen der Musik. Die Arbeit ›Musik meiner Wahl‹ für die Abteilung E-Musik beim Bayerischen Rundfunk fertig. Heute mit Sascha (W. Hiller) die Sendung abgehört: Musikstücke und meine Zwischentexte. Andre Autoren haben je eine bestimmte Epoche der Musikgeschichte ausgewählt, wieder andre einfach ihre Lieblingsstücke »quer durch«, bei mir wurde es, ohne daß ichs genau so beabsichtigt hätte, ein Überblick über die Entwicklung der europäischen Musik, angefangen bei der griechischen (von der es nur Bruchstücke gibt, meist rekonstruiert nach den auf antiken Vasen dargestellten Instrumenten und deren Spielmöglichkeiten) bis zur Moderne (Ligeti und Isang Yun). Jetzt, wo ich das Ganze abhöre, fühle ich eine überwältigende Freude: die Musik hat sich entwickelt; wie ein Baum wächst. Musik als Lebensbaum. Die herbe Größe der Griechen, übernommen von »Großgriechenland«, also auch von Sizilien, wo die Fischer heute noch singen und musizieren, wie wirs aus den altgriechischen Fragmenten kennen. Von dort aus die Wanderung durch die benediktinischen Klöster: die Gregorianik des Mönchgesangs. Weiter nach Frankreich, die herbe keusche frühgotische Musik; der andre Zweig nach Italien. Immer reicher die Melodik, immer differenzierter der Rhythmus. Aus dem Unisono der alten Griechen zur europäischen Polyphonie. Von der Unbestimmtheit der Intervalle bis zur »wohltemperierten« Musik. Frührenaissance: Monteverdi. Und weiter über Vivaldi hin zu Bach und weiter zu Händel, zu Haydn, zu Mozart. Und immer weiter über Strawinsky bis zur atonalen und zur elektronischen Musik. Die ganze Entwicklung des europäischen Bewußtseins zeigt sich ungemein klar an jener der Musik. Und jetzt? Was weiter? Gibts Neues? Was bringen die Jungen? Was gibts überhaupt wirklich Neues in der Kunst? In der Literatur? Ist das »Neue« nicht etwas Sich-Abgequältes, etwas um jeden Preis Original-sein-Wollendes? Sind wir alle nur mittelmäßige Epigonen? Sie starben uns weg, die Großen der Kunst, der Politik, der Philosophie: Strawinsky, Picasso, De Chirico, Ernst Bloch, Tito, Mao. Die schufen noch aus dem Überfluß. Wir haben es schwer, im schwarzen Bergwerk noch eine dünne Silberader zu finden; da müssen wir sehr tief schürfen. (Das Bild liegt mir nahe: es hat mit meinem neuen Roman zu tun, der, noch unsichere Gestalt, zaghaft sich mir nähert.)

Tokyo 1984. Zweiter Besuch innerhalb von zwei Jahren. Jetzt hat Tokyo 15 Millionen Einwohner. Und alle immerfort in Bewegung und unter Streß. »Ameisen«, das ist das Bild. »Wir leben nicht, wir arbeiten.« In den Verkehrsmitteln schlafen sie. Erschöpfte. Täglich zwei bis vier Stunden auf dem Weg zwischen zuhause und der Arbeitsstätte. 35-Stunden-Woche, 40-Stunden-Woche? Keine Spur. Trotz Gewerkschaften. Die Arbeiter und Angestellten nehmen ihre Rechte nicht wahr. Angst vor Arbeitsverlust. Vor Sicherheitsverlust. Vor dem allmächtigen Boß. Vor dem kapitalistischen, unbarmherzigen System. Und Angst vor sich selber: vor der leeren Zeit. Was tut man, wenn man nicht die gewohnte Arbeit tun darf? Man hockt in den Spielsälen. Jeder vor seinem Automaten. »Patschenka« heißt das Spiel, das kein Spiel ist, sondern bewußtseinsmörderische Droge. Wie Verhexte sitzen sie da. Sprachlose, Unansprechbare. Spielen sie um Geld? Nein. Um was denn? Ihr Gewinn: der Zeitverlust. Sie verspielen ihre Lebenszeit, sie betäuben ihr Bewußtsein, und sie haben keine Zeit, dies zu bedenken. Gehirnwäsche, Seelenwäsche. Politik der Verdummung.
Am Flughafen kurzes Gespräch mit einem älteren deutschen Ehepaar. Ich schätze: Pastor mit Frau. Streng blond-blauäugig beide. Ich sage, ich sei zu einem Friedenskongreß hier. Die Wirkung: schroffe Abwendung. Nun ja.
Für die 70 km vom Flughafen Naharika bis zum Hotel brauchen wir (ich und die abholenden japanischen Studentinnen, aktiv in der sozialistischen Partei und Friedensarbeit) sechs Stunden. Warten auf Plätze in den Bussen. Aussichtslos. Schlangen. Ein

Taxi also. Warum zögern die Mädchen? Ich begreife später, als wir im Verkehr stecken. Schrittfahren. Kein Vorfahren, kein Abbiegen möglich. Verdammt zur gemeinsamen Höllenfahrt aller Japaner. Schließlich resigniert der Fahrer, der vor Anspannung schwitzt. Er bringt uns zu einem Bahnhof. Auch da Gewühl. Aber ein Zug ist da. Fährt bis zu einem Busbahnhof. Die Mädchen schlafen. Busfahrt. Aussteigen. Letztes Stück wieder im Taxi. Es ist Nacht geworden. Spät. Für mich ists Mittag. Nach 20 Stunden Flug acht Stunden Zeit-Unterschied. Und am nächsten Morgen ists für mich Mitternacht. Es dauert einige Tage, bis sich das einpendelt.
Das Hotel ist gut. Aber die Zimmer: kleine Käfige. Zellen mit dem Allernötigsten. Mein Blick aus dem Fenster auf eine relativ stille, sehr enge, etwas ansteigende Straße. Am nächsten Tag erkunde ich dieses Viertel: alte Häuser, teils aus Holz, winzige Gärten, jeder Zentimeter ausgenützt für Grünes und für Blumen. Anders ist das Leben wohl nicht zu ertragen.
Am Sonntag Kongreß-Beginn. Ein großer Saal ganz voll. Fast nur Frauen. Natürlich. Veranstalter ist die japanische Frauen-Organisation für den Frieden. Unzählige Gruß-Reden. Japanisch. Simultan-Übersetzung, mit Kopfhörern, ins Englische. Dann reden die drei Auswärtigen. Carolyn Foché, Assistent-Professor an der Columbia, aus den USA, Maita Gomez von den Philippinen. »Hausfrau« und politisch aktiv, und ich. Drei Welten. Ihre Vertreter einig im Kampf gegen die Nuklearwaffen, gegen jede Diktatur, für den Frieden. Der ganze Tag lükkenlos ausgefüllt. Ich ahne nicht, daß dieser Sonntag nur der Auftakt ist zu weiteren neun Tagen solch mörderischer Überforderung. Tokyo, Kyoto, Osaka, Hiroshima: kleinere meetings, große Versammlungen, Interviews, Bahnfahren, Einladungen zu offiziellen Essen bei Japanern und in der Universität der Koreaner (die unter dem Protektorat Kim Il Sungs steht und offiziell von Nordkorea unterhalten wird), Vorführungen von Kindern der koreanischen Volksschule, Besichtigung des armen Koreanerviertels in Osaka und einer koreanischen

Schuhfabrik (offenkundige, schamlose Ausbeutung der Exilkoreaner durch Japan), kein Augenblick der Ruhe, selbst in den Taxis kleine Fernsehgeräte laufend, in den Autobussen große, und immer Gerede, Gerede, Gerede. Höllisch. So, ja, so müßte die Hölle für mich sein, würde ich verdammt.

Unvergeßlicher Alptraum: die Fremdenführerin im Bus bei der Fahrt zu einem Denkmal für erschossene Koreaner. »Sightseeing« hieß das. Drei Stunden Fahrt durch häßliche enge Viertel. Und immer die überaus muntere (laute, harte) Stimme der Führerin. In Japanisch. Das weiße kesse Hütchen, das weiße Krägelchen, die weißen Stoffhandschuhe, die das Mikrophon umklammern. Das krampfhafte Lächeln. Wenn sie schweigt, beginnt die Stimme im Fernseher, sie erzählt, in Japanisch, die Geschichte der Koreaner, die nach dem russisch-japanischen Krieg um 1908 nach Japan verschleppt wurden und dort bis heute festgehalten, diskriminiert, ausgebeutet werden. Ich verstehe nicht, was da in Japanisch gesagt wird, doch sehe ich die Bilder und verstehe: ich kenne die heillose Geschichte seit langem, ich schrieb darüber in ›Der verwundete Drache‹. Wir legen Blumen nieder am Denkmal und entzünden Räucherstäbchen. Dann die Rückfahrt. Auf kürzestem Weg, denn schon wartet ein neues meeting. Und so fort und fort und fort.

Einzige Erholung: die Zugfahrt von Tokyo nach Kyoto. Alle schlafen, obgleich es Vormittag ist. Ich sehe wieder den Fujiyama. Der reine weiße Gipfel. Heiliger Berg. Aber er ragt nur mehr zum kleinen Teil aus dem Smog der Industriegegend. Wo ist Japans Natur? Verbaut, verpflastert, verbetoniert. Wo endet Tokyo, wo beginnt die nächste Stadt? Ganz Japan von Tokyo bis Osaka: eine einzige Industrie-Landschaft. Orangenhaine an Hügeln, wo man keine Häuser bauen kann. Überproduktion von sauren Orangen. Reisfelder zu sehen ist Glückssache. Aber kranke Bäume, tote Waldstriche. Und überall Smog. Schlimmste Stadt: Osaka. Zum Erstikken. Kratzt im Hals, macht sofort Kopfweh. Frage: was hat

dieses Volk eigentlich vom Leben? Wofür schindet es sich zu Tod? Wer hat es verdammt zu dieser Art Un-Leben, zu dieser Selbstzerstörung?
Der ganze teuflische Un-Sinn unsrer Industrie-Gesellschaft springt einen hier an. Ich möchte schreien: Hört auf, hört auf! Ihr lauft in den Wahnsinn! Wem opfert ihr euch? Wer dankts euch? Tatsächlich sind viele Japaner krank. Vor allem seelisch krank. Neurotiker mit der Zwangs-Vorstellung, daß Leben nun mal so sei und nicht anders sein könne.
Kein Ansatz zu alternativen Formen. Kein Kommune-Denken. Keine Grünen. Gott und Buddha Dank: wenigstens die Friedensbewegung. Von den Frauen ausgehend, von Frauen getragen.
Als ich vor drei Jahren teilnahm an einem politischen Kongreß für die Demokratisierung Südkoreas, waren wir nicht nur von der Mun-Sekte bedroht und gestört, sondern auch von der Polizei mißtrauisch überwacht. Dieses Mal nicht, obwohls ums gleiche geht. Warum? Weil wir ja nur Frauen sind. Nicht ernst zu nehmen. Haben ja keine politische Macht. Kommen doch mit ihren Reden nicht an gegen die Politik des Premiers Nakasone und seines Drahtziehers Tanaka. Laßt sie reden, diese Weiber! Gewiß sind aber Spitzel vom KCIA unter uns. Wo wir keine Männer sehen, müssen wohl Frauen Spitzelarbeit tun. Na wenn schon. Die Japaner werden sich noch wundern, was japanische Frauen leisten können, wenn sie sich mit den Frauen andrer Länder verbinden. Und das wollen sie. Das wollen wir. Das sagen wir im Manifest. Wasser ist stärker als Stein.
Am freien Sonntagabend gehe ich allein in ein Konzert altjapanischer Musik auf Original-Instrumenten. Mir ist diese Musik, wiewohl lang bekannt, unheimlich. Das ist Samurai-Musik. Großartig und bedrohlich. Nekrophil, würde Erich Fromm gesagt haben, sicherlich. Diese furcht-einflößenden plötzlichen Schreie, dieses verschwörerische Gemurmel, diese wilden Ausbrüche. Kampf-Ansagen. Sturz ins Schwert, Harakiri.

Und das Publikum? Fast nur Frauen. Wieso? Fast alles ältere Frauen, stark geschmückt in äußerst kostbaren Kimonos, trippelnd in engen Röcken, weißen Strümpfen und Holzpantöffelchen. Und die vielen Verbeugungen voreinander. Ich warte darauf, daß sich zwei doch mal die Köpfe anschlagen. Und richtig: es geschieht. Aber nur einmal.
Das Ganze eine Gesellschafts-Angelegenheit der Oberschicht, und eine Demonstration des National-Stolzes. Ganz gewiß haben sie Nakasone gewählt und werden ewig Nakasones wählen und nie in der Friedensbewegung arbeiten, und nie denken. Bis sie in ihrer vergifteten Luft und in ihrem Reichtum ersticken.
Und dann Hiroshima. Mein Gott. Man hats ja dutzendmal gesehen. Aber am Ort sein, das ist noch anders. Vor mir liegen jetzt zwei Vogelfedern. Taubenfedern, von Friedens-Tauben. Auf dem Platz, auf den die Bombe fiel, leben viele Hunderte, sicher mehr als tausend. Sie sitzen dicht bei dicht auf dem gewölbten Dach des Denkmals. Bisweilen fliegen sie auf und verschatten den Himmel wie Wolken, dann lassen sie sich nieder auf den Rasenflächen, auf denen das Gras wächst über den Verkohlten von damals. Kein Gras wachsen lassen darüber! Nie! Ich sage: Bringt Reagan hierher und Tschernenko, die sollen sich das Museum anschauen. Mitsammen.
Und dabei waren die Bomben auf Hiroshima und Nagasaki nur kleine Bomben.
Ich denke: Euroshima! Aber da gibts dann keine Überlebenden mehr. Da hilft auch kein Bunker mehr, den sich vorsichtige deutsche Bundesbürger bauen.
Treffen mit einigen Überlebenden und mit solchen aus der zweiten Generation, nach 1946 geboren. Die aus der Nach-Bomben-Zeit tragen keine sichtbaren Zeichen, aber sie sind allesamt krank und überleben nur unter ärztlicher Kontrolle mit täglicher Medikation. Und mit der schleichenden Angst vor kranken Nachkommen und vor der Wiederholung jener Katastrophe. Da es Sonntag ist, darf ich nicht in die Klinik

zu den Verbrannten, noch immer schwer und unheilbar Leidenden. Aber das Gespräch mit den Überlebenden, das kommt in Gang. Leute, die mehr als drei Kilometer vom Bombenpilz entfernt waren. Die andern sind alle tot. Eine Frau berichtet nüchtern über das, was sie erlebte. Was ich nicht wußte: es war Entwarnung gegeben worden und die Leute kamen vertrauensvoll aus den Bunkern. Und da fiel die A-Bombe. Da! Als die Entwarnung sie aus den Bunkern gelockt hatte!
Die Frau also war mit den Kindern aus dem Bunker gekommen. Da rief ein Kind, auf den Himmel zeigend: Schau, wie schön! Ein Silberpfeil. Und so schauten wir alle hinauf. Und dann ein Blitz, und ein Donner, und es war kein Gewitter, und der Rauchpilz stieg auf und die Häuser stürzten ein, über uns, ein Balken fiel über meinen Rücken, ich befreite mich mühsam, Kleider und Haut hingen in Fetzen, dann wollte ich die Kinder befreien, aber da brannte das Haus, alles brannte, die Erde brannte, schwarzer Ruß fiel, meine Kinder schrien, ich hörte sie und konnte sie nicht mehr retten, so starben sie im Feuer, ganz nah bei mir.
Eine andre Frau: Ja, der Blitz, das Feuer. Mein Mann war unterwegs. Ich lief dahin, wo ich meinte ihn zu finden. Und ich fand ihn. Er lebte noch. Die Haut hing in Fetzen an ihm. Das Fleisch war roh. Hemd und Hose waren verbrannt. Er war hoch angeschwollen. Er sagte immerfort: Wasser, Wasser. Aber man sagte uns: Gebt ihnen kein Wasser, es ist verseucht. Und da starb er. Dann suchte ich meine Kinder. Ich fand meine Tochter in einer Lagerhalle bei den Toten und Sterbenden. Sie starb gleich darauf. Dann fand ich meinen Sohn. Und der starb auch bald. Da konnte ich nicht mehr weinen. Ich dachte nur immer: Wie können Menschen so Schreckliches tun.
Ja, wie denn nur. Und wie können Menschen heute die Vernichtung nicht nur einer oder zweier Städte planen, sondern die eines ganzen Erdteils. Wie denn nur.

Am Sonntagmorgen im schönen, typisch japanischen Garten am Fluß. So friedlich alles. In den kleinen Holzhäusern die Frauen im Kimono bei der Tee-Zeremonie. Und der Himmel blau. Und die sich im Wasser spiegelnden geschwungenen Brückchen. Und die Fische im Teich. Die Fische. Damals, im August 1945, schwammen da, dicht bei dicht, die Leichen von Hunderten Menschen und von Hunderten Fischen.
Bei meinem ersten Besuch in Auschwitz fiel ich vor den Haufen von Kinderschühchen, Spielzeug, Frauenhaar in Ohnmacht. In Hiroshima frage ich mich: wann wird man nicht nur von der Auschwitz-Lüge reden, sondern von der Hiroshima-Lüge? Wann wird man sagen: das war notwendig, um dem schrecklichen Krieg ein Ende zu machen, den die Japaner gegen die USA begonnen hatten?! (Er war praktisch schon zuende, auch ohne die Atombombe.) Wann werden restlos alle Leute im Westen dahin manipuliert sein, daß sie glauben, für den Weltfrieden müssen die Atombomben der USA geworfen werden? Müssen! Der Erst-Schlag der USA als die Rettung der Bundesrepublik. Mein Gott, mein Gott.
»Ungeheuer ist viel. Doch nichts Ungeheuerer, als der Mensch.« So schrieb Sophokles vor zweieinhalb Jahrtausenden, so lautet es in Hölderlins Deutsch.
Endlich, am vorletzten Tag, ein wenig Glücklichsein: Mein Freund Ito (Professor für japanische und deutsche Literatur in Tokyo) hatte mich eingeladen nach Kamakura, eine Stunde Bahnfahrt von Tokyo entfernt, am Meer. Das nun ist Japan, ungefähr so, wie es meiner Vorstellung nach war und sein könnte: eine kleine Stadt mit winzigen alten Häusern, engen verwinkelten Gassen, grünüberwachsenen Mäuerchen, verzauberten Gärten, 200 buddhistischen Tempeln in den Wäldern versteckt, hölzerne Shinto-Tore, zinnoberrot leuchtend neben dunkelgrünen Krüppelkiefern. Itos Haus, über viele Stufen zu erreichen, mit Blick über die Stadt aufs Meer: den Pacific. Stille. Und Ito, dessen Frau in Tokyo

arbeitet und dessen Kinder in der Schule sind, kocht. Ein japanischer Mann, der auf dem Markt einkauft, kocht, Tisch deckt, abspült! Ito-san. Ich wollte ihm längst das Du anbieten, aber irgendwie gings nie. Jetzt erst begreife ich: in Japan sagt man nicht Du zueinander. Man hängt das Wort »san« an den Familiennamen; das ist die Höflichkeits- und Distanzform. Man läßt das »san« weg: das bedeutet Nähe und soviel wie »Du«. Ito ist Familienname, Nahariko Vorname. 20 Jahre lang habe ich meine Freundin Setsuko Shimaya als »Shimaya« angeredet. Ich hielt das für ihren Rufnamen. Der aber ist: Setsuko. Sie hat mich nie korrigiert.
In Itos Universität mit etwa 50 Studenten ein Seminar über deutsche Nachkriegs-Literatur. Vergleiche mit Japan. Die japanischen Studenten auf Leistung getrimmt. Wie bei uns. Schlimmer noch. Einige, darunter Mädchen, zeigen aufmüpfiges Interesse an den deutschen Grünen. Ich kläre sie auf. Sie möchten das auch machen. Freilich: Nakasones Rechtspolitik schüchtert sie ein. Ich sage (Ito-san übersetzt genau): Und ihr meint, wir in der BRD werden nicht eingeschüchtert und der Terrorismus-Sympathie verdächtigt? Jedoch: Jugend der Welt zusammen mit den Frauen: was für eine Macht kann das sein! Sie schreiben eifrig mit. Japaner halten alles fest, sei es schriftlich, sei es als Fotografie, sei es auf dem Tonband.
Der letzte Abend in Japan: mit Ito in einem Restaurant in Kamakura, das noch fast ein Dorf ist. Es geht so japanisch zu wie ich mirs erträumte. Wir sitzen an der Theke und schauen dem Koch zu, der dick und freundlich ist und das Essen vorbereitet: er schält die Süßkartoffeln, schneidet die großen Rettiche fadendünn, zieht den Fischen im Nu die Silberhaut ab, schneidet ihr rotes Fleisch in dünne Blätter, wickelt die Reisbällchen in Meeresalgen, und das alles ohne Maschinen, alles mit den flinken bloßen Händen, anmutig, fast zärtlich. Ich frage ihn, warum er denn zum Schneiden kein Elektrogerät benutze, da ginge doch alles schneller. Sein erstaunter Aufblick: Und warum sollte es schneller gehen? DAS also ist Japan, wie es einmal

war. Ich lasse mich, vom warmen Reiswein leicht betrunken, sanft in einen Traum vom ewigen Japan gleiten.
Aber das ist dann Japan auch: beim Morgengang an der Küste des Pazifik die Verderbnis und Verdreckung: die weggeworfenen Blechbüchsen, die leeren Flaschen, die Coca-Dosen, die Zigarettenschachteln, der angeschwemmte Industrieschmutz, und, wie daheim in Italien, ein paar einsame kaputte Plastikstühle, melancholische Zeugen dafür, daß der Sommer vorbei ist, unwiderruflich.
Und dann der Zweiundzwanzig-Stunden-Flug über den Nordpol und Alaska nach Rom, schlaflos und tief verwirrt vom Erlebten.

Sagra delle Castagne. Oktobersonntag. In den Kastanienwäldern am Monte Cavo Hunderte von Leuten. Sie sammeln Kastanien, die eßbaren, die Marroni. Seite an Seite sammeln sie, und keiner macht dem andern die Ernte streitig. Die Früchte, wem gehören sie eigentlich? Den Waldbesitzern? Sie gehören niemand; sie gehören allen. Dieses friedliche gemeinsame Sammeln hat den Charakter einer kultischen Feier. So könnte doch alles gemeinsam getan werden. Es ist genug da für alle. Das Sammeln ist Freude, WEIL es gemeinsam geschieht.

Weihnacht 1984. »Frohe Weihnacht«, steht auf den Karten, die mir meine Leser schicken. FROH, ja aber: WIE DENN? Worüber denn froh? Daß der Christus geboren ist. Ach, lassen wir das jetzt beiseite.
Das Unglück in Indien. Das Massensterben durch das aus der amerikanischen Giftfabrik ausgetretene tödliche Gas, die Blindgewordenen, die mich aus dem Fernsehschirm anstarren. Der Versuch der Amerikaner, die Schuld auf die Inder zu schieben. Der Plan, diese Fabrik neu zu eröffnen.
Dies die eine Seite. Die andre: in Afghanistan beginnt die Win-

teroffensive der Sowjets. Fünf Jahre Kampf. Morde an Zivilisten.
Auf einer der kleinen Südsee-Inseln die Versuche der USA mit Atomstrahlen an den Eingeborenen. Bericht aus Kanada, wo eine Zeugin Anklage erhob.
In Südrußland, in Georgien, das Todesurteil für Dissidenten.
In Italien das Attentat auf den Zug im Tunnel bei Bologna.
Und und und. Ist die Menschheit nicht reif zum Untergang? Ist sie noch nicht schlecht genug?
Mitten in der Verzweiflung fällt mir die Jonas-Geschichte aus dem Alten Testament ein. Da gabs auch wieder mal einen Anlaß zur Vernichtung, wenn auch nur für die einer einzigen Stadt: Ninive. Wie war das? Die Stadt wurde verschont vom Gott der Juden. Warum eigentlich? Da war doch diese männliche Kassandra, der Jonas. Der sollte nach Ninive gehen und der Stadt ihre Bosheit vorhalten und den Untergang vorhersagen. Jonas nämlich war ein Prophet. Er wurde hingeschickt von seinem Gott. Aber wer will schon gern Kassandra sein? Der Jonas nicht. Er kauft sich einen Schiffsplatz, so stehts in der Bibel, ich las nach. Und dann haut er ab, heimlich. Nichts wie fort aus den Augen des Herrn. Denkt er. Aber so einfach ist das nicht, einem göttlichen Auftrag zu entfliehen. Es hilft nichts, daß sich Jonas im Schiffsbauch versteckt und einfach einschläft. Typische Verdrängung. Gelingt aber nicht. Ein wilder Sturm kommt auf, die Matrosen, voller Angst und abergläubisch, sind überzeugt, daß einer auf dem Schiff schuld ist am Unheil. Wer aber? Sie wecken Jonas, und dann werfen sie das Los. Es fällt, ihren Aberglauben bestätigend, auf Jonas. Was hast du verbrochen, Hebräer? fragen die Phönizier. Ich bin, sagt Jonas, meinem Gott und seinem Auftrag entlaufen. Schlimm, sagen die Phönizier, die einen andern Gott haben als Jonas. Was tun mit dir? Jonas bietet sich selber an als Opfer: Werft mich ins Meer, dann beruhigt es sich. Gesagt getan. Ziemlich mutig. Aber auch so zu deuten: ich habs satt, von meinem Gott verfolgt zu werden, ich geh sterben. Jedoch: da kommt ein großer Fisch

geschwommen und verschluckt den Jonas unzerkaut. Der bleibt ihm denn dann auch schwer im Magen liegen. Er spuckt den Unverdaulichen wieder aus. Jonas schwimmt an Land. Ein zweitesmal riskiert er die Flucht nicht mehr. Er stellt sich seinem Gott. Der schickt ihn wieder nach Ninive und nun ist Jonas voll missionarischen Eifers, er schreit in die böse Stadt hinein: Noch vierzig Tage, dann geht ihr zugrunde, wenn ihr euch nicht bekehrt. Das macht Eindruck; der König befiehlt ein Bußfasten und man bekehrt sich. Das aber kriegt der Jonas nicht mit. Der sitzt nämlich außerhalb der Stadtmauer bei seiner Schilfhütte und wartet. Er ist sicher, daß diese böse Stadt sich nicht so im Handumdrehen bekehrt. Er wartet also auf ihre Zerstörung durch die Hand des Herrn. Noch vierzig Tage. Noch dreißig. Noch geht das Leben in der Stadt weiter. Noch zwanzig Tage, noch zehn. Jonas zählt. Das ist wie der countdown beim Abschuß der Mondrakete in Kap Canaveral. Noch neun Tage, noch acht . . . Die Sonne brennt dem Jonas heiß aufs Haupt. Da läßt sein Herr über Nacht neben der Hütte einen Strauch wachsen, der Schatten gibt. Das freut den Jonas. Er zählt weiter. Noch ein Tag. Da verdorrt plötzlich der Strauch. Jonas ist zornig, denn er weiß genau, daß jener, der ihn verdorren ließ, der selbe ist, der ihn so plötzlich hatte wachsen lassen. Der Herr sieht den Zorn des Jonas. Du bist zornig? Ja, mit Recht! Worüber ist Jonas eigentlich zornig? Nicht des Strauches wegen, sondern weil er blamiert ist: die Stadt ist nicht zerstört, wie steht er nun da als Prophet? Da sagt sein Herr: So, dir ist leid um den Strauch, und mir solls nicht leid sein um diese Stadt mit 120000 Menschen und vielen Tieren?

Ein Lehrstück. Kassandra wird belehrt darüber, daß sie nicht immer recht hat. Es geht nicht immer nach dem selben Muster: Bosheit, Verderbnis, Strafe. Es gibt die Abwendung der Zerstörung durch »Bekehrung«, durch Um-kehr.

Ich lese nach in der Bibel. Da sagt der Herr über die Bewohner dieser Stadt: Sie können nicht rechts und links unterscheiden. Wie aktuell.

Aber wie tröstlich ist die Geschichte: Es muß nicht Untergang sein. Es liegt an uns, die Umkehr zu tun und das Unheil abzuwenden. Es gibt immer in der Arche Gerettete. Aber das zu denken macht mich unglücklich: was ist mit den andern, die doch, wie der Herr sagt, so dumm sind, daß sie nicht rechts und links unterscheiden können und also nicht zur Rechenschaft gezogen werden können, ihrer Dummheit wegen? Ich verliere mich im Labyrinth der Gedanken über die Freiheit des Menschen.

Mit zweierlei Maß messen. Der Papst geht nach Südkorea, nun, er geht überall hin, er wäre sogar ins Hitlerdeutschland gegangen, oder nicht? Viele meiner südkoreanischen Freunde saßen und sitzen in südkoreanischen Gefängnissen, und es sind lauter Christen. Lautstarke vorbereitende Propaganda: in Nordkorea gebe es keine Religionsfreiheit und Christen werden unterdrückt. Wirklich? Wie denn? Und wie ist das in Südkorea mit den eingesperrten und suspendierten Christen? Ach, die, die sitzen doch nicht wegen ihres Christentums, sondern weil sie Feinde des Regimes sind. Nun, wie wars damals, 1953, im Koreakrieg, wo Nordkorea die Christen verfolgte (was stimmt). Waren jene Christen verfolgt, weil sie Christen waren, oder weil sie Feinde des Regimes waren? Nun: Nordkorea sperrt keine Christen ein und auch keine Regimegegner, aber es wird verteufelt. Nach Südkorea geht der Papst mit dem Segen des Westens.
Was hat er erreicht? NICHTS. Große Enttäuschung unter den südkoreanischen Christen; die Westpresse sagt darüber nichts. Ich weiß es von meinen südkoreanischen Freunden. Zweierlei Maß überall auf unsrer Erde.

Zweiter Weihnachtstag. Besuch von zwei Ordensfrauen, Missionsschwestern mit langjähriger Erfahrung in der Dritten Welt. Interessant für mich der Bericht von den Philippinen, der sich genau deckt mit dem, was mir kürzlich in Japan die Philippina Maita Gomez erzählte: die USA hat dort große Fabriken zur Sofortverarbeitung von Fischen eingerichtet. Die Fische werden von den großen Schiffen aus gefangen mit den engmaschigen Netzen, denen die jungen Fische nicht entschlüpfen können, sie werden, als unbrauchbar, vernichtet und nicht etwa, wie es die eingeborenen Fischer machten, dem Meer zurückgegeben. So rottet man die Fische aus. Die Fabriken verarbeiten die Fische, und die Eingeborenen müssen ihre Fische, die sie selbst nicht mehr fangen dürfen, in Dosen kaufen, für teures Geld. Und weiter: die Amerikaner kaufen Land auf, immer mehr Land, sie roden es und sie bauen Ananas an, nur Ananas, der Weltmarkt ist überschwemmt mit den Ananasdosen, als Saft und als Frucht in Scheiben. (NIE MEHR SOWAS KAUFEN!) Das Schlimme dabei: die Amerikaner pflanzen die Ananas in Reihen und decken den Zwischenraum mit schwarzen Streifen ab, die präpariert sind gegen Ungeziefer, nämlich mit Insektiziden, das heißt mit Giften. Die Folge: nicht nur die Ananas sind vergiftet, sondern auch die Erde, die fortan unfruchtbar ist. So wird Streifen um Streifen Land vergiftet. Daß auch die Wälder dort abgeholzt werden, um immer neues Land für diesen Ananasanbau zu gewinnen, ist klar. So wird ein Land, das ein Paradies war und sein könnte, um des US-Profits willen zerstört. Vom Profit steckt der Präsident Marcos seinen Teil ein. Wundert es da noch, wenn sich die Länder der Dritten Welt gegen ihre Ausbeuter wehren? Wenn sie kommunistisch werden? Was für ein absurdes teuflisches Spiel: die USA schaffen sich ihre Kommunisten und bringen sie dann um, so oder so.

Die Ordensfrauen erzählen mir von der Prostitution in Afrika. Sie sind Augenzeugen. Ich kenne die Luxusprostitution in Japan und Südkorea, und die Elendsprostitution in Thailand, und aus Südkorea auch. Ich kenne auch ehrenwerte europäische Herren, brave Staatsbürger, die sich Reisen nach dem Osten erlauben können, um dort von der homosexuellen Kinder-Pro-

stitution Gebrauch zu machen. Aber man erfährt immer noch Schlimmeres hinzu: in Afrika werden die Mädchen in Ghettos gehalten, in das ganze Flugzeugladungen voller US-Soldaten gebracht werden. Nun, das ist auch nichts Neues. Aber: womit belustigen sich diese rauhen Männer? Sie legen Münzen auf Flaschenhälse und schauen lachend und johlend zu, wie die Mädchen die Münzen mit der Scheide oder dem After aufzunehmen sich abmühen. Was sie auf diese Weise bekommen, gehört ihnen.
Da waren die Vergewaltigungen italienischer und deutscher Frauen durch die wilden in der französischen Armee dienenden Nordafrikaner und jene der ausgehungerten Sowjetmuschiks im Krieg Natur-Ereignis dagegen. Die Ordensfrauen erzählen, daß natürlich viele Frauenorganisationen in der Welt gegen diese Prostitution kämpfen und daß die SPD in Bonn eine große Anfrage einbringen wird in allernächster Zeit.
Eine der Ordensfrauen, natürlich in Zivil, machte einen Versuch: sie ging in ein Reisebüro und erkundigte sich nach Reisezielen zu Orten mit Hotels für Männer. Wir sollten das alle tun und wir sollten Anzeigen dieser Art in den Zeitungen suchen: sie fallen unter das Gesetz, das Aufreizung zur Prostitution streng bestraft.
Ja. Und also: FROHE Weihnacht ...

1985

Am 2. Januar schneit es ein wenig. Keine Sorge. Die überzuckerte Landschaft ist ungewohnt reizvoll. Am 3. entdecken Franco und ich, daß ein Rohr der Bodenheizung Wasser verliert. Daher die Feuchtigkeit an den Mauersockeln im Korridor. Nun: Pflaster aufreißen, nachprüfen, Löcher zulöten. Heizung funktioniert noch. Gegen Abend (es ist gerade eine Besucherin da) große Überschwemmung im Bad und im kleinen Südostzimmer. Teppich durchnäßt. Attilio hilft. Keine Heizung mehr. Nachts Scirocco, Schnee schmilzt. Vom Instinkt gewarnt, kaufe ich einen Gasofen. Mit ihm und dem elektrischen Öfchen gehts, zunächst, gut, da die Außentemperatur sechs Grad plus ist.
Am 7. sieben Grad minus. Ganz Italien in Eis und Schnee. Sibirische Kälte in den Abruzzen, wo viele Leute seit dem Erdbeben noch in Wohnwagen, Baracken, Behelfshäusern leben. Am 8. morgens Sonne. Null Grad. Große Hoffnung. Um 11 Uhr Eintrübung und Schneefall. Es schneit drei Stunden dicht in großen trockenen Flocken, unbarmherzig. Ich gerate in stille Panik. Die Ölheizung unbenützbar, der Gasofen heizt zu wenig. Ich sitze am Schreibtisch, neben mir das Öfchen. Ich schreibe verzweifelt gegen meine Panik an. Nachts wieder Schnee. Jetzt sinds im Garten 30 cm.
Dann geschieht ein Wunder: der Techniker, mit dem ich vor Kälte-Einbruch telefonisch die Installation einer elektrischen Heizung besprochen hatte (um die Luftverschmutzung zu vermeiden), kommt im hohen Schnee, er hat Schneeketten, aber unsre Straße ist noch nicht geräumt. Innerhalb von drei Stunden hat er fünf Heizkörper installiert, provisorisch. Es funktioniert. Ich bin unendlich dankbar. Am 10. kommt die volle Sonne. Etwas Schnee fällt von den überlasteten Bäumen. Im TV wird gesagt, die »sibirische« Kälte dauere mindestens bis Montag. Meine Wasserleitung ist (vom Reservoir bis zum Haus)

trotz guter Isolation eingefroren. Keine Panik: Attilio hat den direkten Anschluß, er bringt mir Wasser zum Waschen und zum Kochen. Am 11. früh: neun Grad minus. Strahlende Sonne. Um halb zehn nur mehr 3 Grad minus. Für Italien, das nicht für Schnee und Eis eingerichtet ist, schwer erträglich. Ich fange an, die Lage zu genießen. Mein Durchhalte-Wille, im Krieg und in den harten Nachkriegsjahren gestärkt, bewährt sich. H. F. ruft an, ich soll doch nach Frankfurt kommen und gemütlich im Frankfurter Hof wohnen. Verlockend. Aber der Hund? Und überhaupt: jetzt gibts keine Flucht. Ich will durchhalten wie alle. Nur: der Garten! Was da alles erfriert. So schön haben die Mimosen geblüht und die Kamelien. Die drei letzten blutroten Rosen stehen trügerisch im weißen Schnee, sie sind gefroren. Glasrosen, Schneewittchen im Eissarg.
Und die Vögel? Ich habe an einigen Stellen den Schnee aufgegraben, damit sie Insekten finden können. Ich streue Haferflocken und Hirse; mein Vorrat. Gestern auf der Terrasse eine Spur, die ich nicht kenne. Abends sehe ich eine große Ratte. Ich will Attilio holen, sie zu erschlagen. Dann sage ich: Sollst leben, Tier! Das ist meine Sühne für meinen Mord an einem rattenähnlichen Tier vor zwei Jahren. Seit Tagen keine Post. Ausfall von Flugzeugen, Zügen, Autobussen, Postautos. Seltsamer Zustand für mich: keine Post. Ausnahme-Zustand. Ich fühle mich wie die Schulkinder hier: Ferien! Aber ich arbeite. Inmitten der Katastrophe des Frierens und in stiller Panik begann ich am 3. den neuen Roman. Jetzt, am 11., bin ich auf Seite 23. Hieronymus im Gehäuse. Die Katastrophe zwingt mich zur konzentriertesten Arbeit. Ich erinnere mich: in den Nachkriegswintern in dem armseligen Waldhaus ohne Heizung und dem Klo vor dem Haus und dem Pumpbrunnen und ohne elektrischen Strom, mit Petroleumlämpchen und mit der Angst, es gebe bald auch kein Petroleum mehr und nichts Richtiges zu essen, und die kleinen Kinder: wie hab ich das gemacht, zu überleben? Wie haben wir alle das überlebt? Habe ich jetzt Ursache zu klagen?

Nicht für mich, aber für die Armen Europas und Nordafrikas. (Denn auch dort ist große Kälte.) Leute erfrieren. Gestern ein Bild im TV: mitten im hohen Schnee auf einem Trampelpfad im Gebirge drei Schafe, sie schauen in die Kamera in stumpfer Not. Ihre stumme Frage: Warum all das Leiden? Auch meine Frage. Mit Ingeborg telefoniert. Sie sagt: Jetzt ist die Luft gereinigt von allen Giften, und die große Kälte tötet das Ungeziefer, vielleicht ist das, was uns als Katastrophe erscheint, ein Versuch der Erde, sich und uns zu helfen.
Am 11., Sonne. Attilio und ich befreien die Bäume und Sträucher von der Überlast des Schnees. Eigentlich lustig. Auch das Schneeräumen. Ich fühle die Freude am Winter. Kinderwinter. Ich arbeite, bis ich schwitze und komme mit einem Riesenhunger ins Haus. Ist schön.
Am 12.: Schon gestern ist Schnee geschmolzen. Er schmilzt weiter. Es tropft, es gluckert. Erinnerung an den oberbayrischen Winter, wenn er zuende geht. Noch mitten in Schnee und Eis fühle ich den Frühling. »Winterfrühling«. Wie viele Bäume erfroren sind, wird sich zeigen. Ob meine schon einmal erfrorene und wieder erholte Magnolie dieses Mal durchhält?
Erlebnis dieser Tage: nach all der Zivilisations-Verwöhnung kommen die Erfahrungen der Notzeiten wieder zutage. Man lernt sich zu behelfen, »irgendwie«. Und »irgendwie« gehts. Aber freilich: die Prüfung hat nur zehn Tage gedauert. Wenns länger und noch härter würde?
Ein paarmal der Furcht-Gedanke: Wenn die Erdachse sich schon drehen würde? Wenn unsre Erdhälfte dem Frost-Tod preisgegeben würde?
Durchspielen des Gedankens: das allmähliche Erfrieren. Nein, »damals« gings in einem Augenblick: im Magen der Mammute am Nordpol fand man noch das Fressen vom Tage: tropische Pflanzen, unverdaut.
Nun gut. Sterben muß sein. Ob in einem Augenblick der Eistod oder in Monaten der Krebstod – ist nicht das Erfrieren vor-

zuziehen? Und außerdem: einer wird gerettet, der Nebenmann nicht. Steht in der Bibel. Im Neuen Testament. Wer dem Geist lebt, wird die Umwandlung erleben: die höhere Schwingungszahl, die nur »Geister« ertragen.

Die Kunst und der Zweck. Im Schloß zu Moritzburg (DDR), in den Räumen, die Käthe Kollwitz gewidmet sind, die im letzten Kriegsjahr hierher flüchtete und hier starb, ein Blatt mit einem Satz von ihr, von 1922 (ich notierte ihn mir bei meinem Besuch dort):
»Ich bin einverstanden damit, daß meine Kunst Zwecke hat. Ich will wirken in dieser Zeit, in der die Menschen so ratlos und hilfsbedürftig sind.«
Ich las zwei Germanistik-Studentinnen den Satz vor. Sie waren überzeugt, er stamme von mir.
Könnte er von mir stammen?
Immer wieder versuche ich zu erklären, wie es sich damit bei mir verhält. Natürlich will ich als Mensch, als politischer Zeitgenosse, die Zeit verändern helfen, das heißt: auf das Bewußtsein der Menschen einwirken. ABER: das will ich nicht, wenn ich »Kunst mache«. Was will ich, wenn ich einen Roman schreibe? Was will der Vogel, wenn er singt? Was will ein Baum, was will eine Tänzerin, was wollte Mozart, wenn er ... Da fallen mir die beiden ins Wort, sie haben mich, so meinen sie, bei einem Denkfehler ertappt: Mozart wollte mit dem ›Figaro‹ sehr wohl etwas, nämlich gegen das Feudalrecht vielmehr Unrecht des Beischlafs mit der Braut eines seiner Untergebenen kämpfen. Gut, das wollte der Autor des Textbuchs, Beaumarchais. Aber Mozart? Der las das schöne Textbuch, sah eine Möglichkeit, eine wunderschöne Musik zu machen, und während er sie schrieb, dachte er keinen Augenblick an den gesellschaftspolitischen Inhalt. Künstler sind Leute, die nur ein einziges Ziel verfolgen: Kunst zu machen.
Die beiden: Aber Hölderlin, der war ein revolutionärer Dich-

ter, denken Sie an ›Hyperion‹ und seine Gesänge ans Vaterland!
Ja, aber wiederum: Mozart und Hölderlin schrieben nicht, um etwas zu bewirken, sie schrieben, um große Kunst zu machen. Wer schreibt, um direkt etwas zu bewirken, schreibt Lehrstükke, Tendenzstücke. Lest Brecht: wo er Lehrstücke schreibt, ist er recht mittelmäßig als Dichter, denn der offene Zweck tötet die Poesie. Wo er nichts will als ein gutes Stück schreiben wie im ›Puntila‹ oder in der ›Mutter Courage‹, da ist er er-selbst und groß. Man kann als politischer Zeitgenosse ein militanter Kommunist sein, oder auch ein eifernder Missionar, wie Claudel es war: aber man darf Dichtung nicht benutzen zu gezielter Propaganda. Das verträgt sie nicht. Der wohin immer zielende Wille zur Weltveränderung darf nur als unterirdischer Strom mitlaufen; zutage treten darf er in der Kunst nicht. Das ist schwer zu verstehen für die beiden gescheiten Germanistinnen, die keine Dichterinnen sind und das Geheimnis des Arbeitsvorganges beim Dichten nicht kennen. Sie gehen von mir fort in der festen Überzeugung, daß ich das Opfer einer Selbsttäuschung sei.

Die ewige Seligkeit. Vor Jahren schickte mir eine Leserin eine Geschichte, deren Verfasser anonym sei. Vielleicht ist jene Leserin die Autorin. Ich behielt die Geschichte irgendwie im Gedächtnis. Ich erzähle sie so, wie sie mir jetzt auftaucht.
Eine alte Frau ist dabei, einen Haufen Wäsche zu bügeln. Da tritt der Todesengel zu ihr: Komm, es ist Zeit! Die Frau sagt: Gut, aber zuerst muß ich die Wäsche fertig bügeln, wer tuts denn sonst, und dann muß ich kochen, meine Tochter arbeitet im Geschäft, wer kocht, wenn ichs nicht tu, siehst du das ein? Der Engel sieht es ein und geht. Einige Zeit später kommt er wieder. Er trifft die Frau, wie sie aus dem Haus geht. Der Engel sagt: Komm jetzt! Die Frau sagt: Aber ich muß erst ins Alten-

heim, da warten ein Dutzend Leute auf mich, lauter solche, die keine Besuche bekommen und von ihren Familien vergessen sind; kann ich sie im Stiche lassen? Nein, sagt der Engel, und geht. Einige Zeit später kommt der Engel wieder. Jetzt ists Zeit! Die Frau sagt: Ja, ja, ich weiß schon, nur: wer bringt meinen Enkel in den Kindergarten, wenn ich nicht mehr bin? Der Engel seufzt: Also gut, solange dein Enkel nicht allein gehen kann . . .

Einige Jahre später sitzt die Frau am Abend müde da und denkt: Eigentlich könnte der Engel jetzt kommen; nach all der vielen Arbeit muß die ewige Seligkeit doch recht schön sein.

Der Engel kommt. Die Frau sagt: Bringst du mich jetzt in die ewige Seligkeit?

Der Engel sagt: Und wo, glaubst du, warst du all diese Jahre?!

Träume. Was für entzückende Träume ich zur Zeit habe: gestern den Traum von den vielen schönen Katzen, besonders einer weißen und einer mehrfarbigen, die sich auf den Rücken legte und genau so aussah wie ein präpariertes Tigerfell, schön symmetrisch gezeichnet, sie ließ sich von mir kraulen.

Noch schöner der von heute nacht, ganz frisch im Gedächtnis: ich habe ein Haus gekauft und zeige es jemand. Wem? Es liegt auf einem Hügel, und unterhalb eines etwas verwilderten Abhangs ist ein kleiner See mit Schilfufer. Ich sehe viele Tauchenten auf dem Wasser und ich höre Frösche quaken, laut, so wie ichs aus meiner Kinderzeit kenne, und es gibt viele Vögel, auf der Wiese sind Fasanenhennen und in einem Baum sind viele Fasanenhähne, die dort hängen wie erlegtes Wild, mit den Köpfen nach unten, aber als ich mich ihnen nähere, fliegen sie auf, eine herrliche Gruppe, ich höre das Flügelschlagen. Hier ist alles in Ordnung. Das Haus selber ist alt und unbewohnt. Vom Garten geht man auf einer Seite, von der rechten, gleich in die

Küche. Die Tür, die zuerst verschlossen schien und von einem Schrank verstellt, fällt von selber um, und wir (wer der andre ist, weiß ich immer noch nicht) finden das gut so, wir wollen die Tür wieder als Tür benutzen. Alles ist so heiter, ich wache glücklich auf, und das Bild bleibt.

Ein bemerkenswerter Lehrfilm über eine Affenart in Südamerika. Das mir Interessanteste: ein Forscherteam warf während der Dreharbeit den Affen von ihnen geschätzte Süßkartoffeln hin. Die Affen nahmen sie ohne weiteres aus dem Sand auf und aßen sie, wie sie waren. Eine junge Äffin aber wusch ihre Kartoffel im Fluß. Wie kam sie darauf, dies als erste zu tun? Wer lehrte sie das? Niemand. Es fiel ihr eben so ein. Wie uns allen alles »eben so« einfällt. Und dann machen es die andern nach.
Immer, so sagt der Leiter der Expedition, ist es jemand aus der jungen Generation, der Neues erfindet, und meistens sind es die Weibchen.

Seiner selbst bewußt. Unter den vielen Briefen von Lesern meines ›Wolf‹ heute einer, der mir besondere Freude bringt: ein Mann von, wenn ich recht kombiniere, etwa sechzig Jahren, der, wie viele Leser, sich in meinem Buch »wiederfindet«, schreibt mir, er danke mir dafür, daß er bei der Lektüre des ›Wolf‹ erfahren habe, »wie großartig es ist, angerührt zu werden, sich seiner selbst bewußt zu werden«.
Sonderbar: andre werden sich ihrer selbst bewußt durch mich, während ich selbst mir immer mehr »entgleite«.

Buße? Eine Leserin (übrigens eine Nachfahrin des Dichters Grabbe), eine »einfache Frau«, wie sie sich selber nennt, schreibt, sie denke viel über den Fall Sacharow nach, seit

sie die Fernsehsendung Lew Kopelews sah, der von Sacharows Reue über die Arbeit an der Wasserstoffbombe sprach. »Falls Sacharow kein Christ ist«, schreibt die Frau, »und somit nicht weiß, daß zur Reue die Buße gehört, kann ich verstehen, daß er sich gegen sein Schicksal wehrt.«
Ein für mich neuer Aspekt des Falles: Sacharow büßt. Wenn er sein Schicksal bewußt als Sühne auf sich nähme ... Das wäre seine ureigenste Sache. Oppenheimer (in den USA) bereute tief und bewußt, als er die Bilder vom zerstörten Hiroshima sah.
Fürs Politische zu spät. Irreparabel. Fürs Individuell-Menschliche folgerichtig.

Nach dem Frost. Jetzt erst, zwei Wochen nach der großen Kälte, sieht man die Verheerungen. Am schlimmsten hat es die Ölbäume getroffen: sie stehen wie verdorrt, die Blätter hängen wie vergilbte Papierschnitzel dran, und jeder Windhauch löst einige mehr ab, der Boden ist von silbrig-gelben Lanzettenblättern übersät. Wenn die Ölbäume auch vielleicht, was noch nicht sicher ist, nicht bis ins Mark getroffen sind, und wenn sie sich je erholen vom Kälteschock, so wirds zwei, drei Jahre dauern, bis sie wieder Oliven tragen. Auch meine zwei schönen großen Agaven haben sonderbar weiche Stellen, als sei innen im Gewebe Fäulnis am Werk. Und der Kamelienbusch, der voller Knospen war und der, ein Winterblüher, alles heil überstanden hat und keine Knospe eisvertrocknet hatte fallen lassen, was ist mit dem? Die Knospen öffnen sich, die Blüten zeigen sich, aber sie haben alle braune Ränder. Der Frost hat sie im Schutz der dicken Knospenblätter erreicht und sie im Innersten getroffen. Traurige Blüte. Die jungen Mimosen sind vertrocknet. Sie hatten so schön geblüht an Weihnachten, viel zu früh. Ich gab jetzt alle verloren. Aber heute, am Lichtmeßtag, sehe ich, daß die Wipfel sich vergolden: die alten starken Mimosenbäume werden blühen! Lieber Garten, gute Bäume, wie bin ich euch dankbar. Und die beiden Magnolien, von denen die eine im Januar vor fünf Jahren erfroren schien und sich im August neu belaubte, sie haben den Schock überstanden, so scheint es. Sicher ist noch nichts.

Perú ist kein gutes Land für diesen Papst. Beim obligaten Bodenküssen fiel ihm das Käppchen herunter, und er kam nur schwer wieder auf die Beine. Schlechtes Vorzeichen. Und diese Sicherheitsmaßnahmen! Hätte Papst Johannes XXIII. oder Papst Paul VI. oder Johannes Paul I. derlei gebraucht? Wenn ein Papst sich gar nicht aus dem Flughafen herauswagt, wenn er von einem Heer von bewaffneten Polizisten mit Polizeihunden abgeschirmt werden muß vom Volk, das ihn, wie er sich einbildet, so sehr liebt, dann stimmt etwas nicht. In der Tat: da stimmt vieles nicht, da stimmt das Eigentliche nicht. Ein Papst, der den Reichen mahnend zuredet, sich den Armen zuzuwenden und der zugleich denen das Maul verbindet, die den Armen wirklich zugewandt sind und Lebensopfer für sie bringen: den im Land mit den Armen lebenden »Befreiungstheologen«, was für eine Schizophrenie ist das? Die Befreiungstheologie sei marxistisch beeinflußt, sagt er heute drohend in Perú. Je nun: ist der Marxismus denn als wirtschafts- und gesellschaftstheoretische Grundlage für die Dritte Welt falsch?
Frage an den Papst: Wie wollen Sie der Not der Dritten Welt abhelfen? Durch Steigerung der Industrieproduktion der reichen Länder? Durch fromme Ermahnungen an die Industriebosse, an die Multis, an die so ungeheuerlich verstrickten »Reichen« der Welt? In welcher Welt leben Sie? Ihr Christentum wird Ihnen aus den Händen gleiten. Ein anderes wird aufstehen.

Der Papst in Caracas. Wieder küßt er den Boden. Wie lange wird er das noch tun können? So mühelos wie damals in Polen tut ers nicht mehr. Und dann der Zwischenfall: ein Journalist seiner Begleitung sagt ihm, die Journalisten haben »con amarezza«, mit Bitterkeit, zur Kenntnis genommen, daß der Papst einen der ihren von diesem Flug ausdrücklich ausgeschlossen habe, weil der sich erlaubt hatte, Kritisches über diese Reise zu sagen. Die unhöfliche, beiläufige Antwort des Papstes (im RAI wörtlich gekommen, zusammen mit dem Bild): Si si. Ja ja. Der Journalist insistiert auf seiner Warum-Frage. Der Papst: »Dipende da Voi.« So etwas hängt von Euch ab. Weiter nichts. Er war, man sah es, verärgert und verwirrt. Verunsichert, genau gesagt. Wie schon beispielsweise damals in München, als ihm die Barbara Engl im Namen der katholischen Jugend sagte: »Heiliger Vater, Sie verstehen die heutige Jugend nicht.« Er antwortete kein Wort und schaute leer vor sich hin. Verunsichert, ja. Später hieß es, er habe nicht verstanden, was sie sagte, sein Deutsch sei mangelhaft. Er kann recht wohl Deutsch. Er hätte sichs zudem übersetzen lassen können. Aber er ist so leicht aus der Fassung zu bringen. Er ist nicht wendig. Das aber bedeutet: er ist keineswegs der große Überlegene, der Über-Vater. Er ist ein leicht zu Verletzender, der seine Verletzlichkeit mit pompösem Auftreten maskiert. Es wäre besser für ihn und uns, er gäbe die Haltung des Menschlich-Unfehlbaren auf.

Warum zum Teufel, sagen mir nichtkatholische Freunde, wiewohl gute Christen, regst du dich über diesen Papst auf? Hast du das Spiel der Mächtigen noch nicht durchschaut? Weißt du nicht, daß gilt, was du selbst einmal als Studentin »Verknäuelung der Motive« genannt hast? Laß ihn reisen und predigen, wenn er meint, daß er damit etwas erreicht. Schluß mit deinem Ärger!

Nein, nicht Schluß. Ich will, daß derjenige, der unsrer Kirche vorsteht, das Spiel der Mächtigen NICHT mitspielt. Daß er das ANDRE vorlebt. Daß ... Ach, daß er begriffe, was der Christus

Jesus von Petrus erwartet. Nein, ich mag nicht mehr darüber reden. Aber der Zorn, nein, die zornige Traurigkeit über die verspielte Chance, die wird mich begleiten bis zum letzten Augenblick meines irdischen Lebens. »Selig, die hungern und dürsten nach GERECHTIGKEIT, denn ihrer ist das Himmelreich.« Aber auch ohne eine solche Verheißung: um meines kleinen, begrenzten Kampfes für die Gerechtigkeit willen vergebe ich mir viele Sünden.

Gang durch Pompeji. Der römische Historiker Plinius schrieb vor rund zweitausend Jahren einen Augenzeugen-Bericht über die Zerstörung beim Ausbruch des Vesuv. Oder las ich das falsche Blatt? Ist da nicht die Rede von Hiroshima? Der Baum oder Pilz, der aufsteigt, die schwarze Wolke, der fallende Aschenstaub, das Feuer, die giftige Luft, in der man erstickt, das kochende Meer voller Leichen ... Was übrig blieb, das sind Ruinen. Eingekratzt in die Mauern von damals Namen von damals: von Liebespaaren und geschmähten Politikern, Wahlparolen, obszöne Zeichnungen: all das hat die Zeit bewahrt. Ein winziger Schritt vom Leben damals ins Leben von heute. Wir Touristen wandern da herum und das Ganze geht uns nichts an. Im Jahr dreitausend, nach der Erdkatastrophe, kommen Touristen von andern Planeten, wandern in unsern Städten herum, beschauen die verkohlten Reste von Mensch und Tier, und schütteln die Köpfe: Pompeji ja, das war Opfer der Naturgewalt, aber das da, das haben Menschen gemacht. Wahnsinnige? Selbstmörder? Aber was gehts uns an, uns vom neuen Planeten?

Dank für Dank. Ein Leser von ›Mirjam‹ hat für mich, zum Dank dafür, daß ich dieses Buch schrieb, in Israel eine Pinie gepflanzt. Er ist Reiseleiter und liest seinen Gruppen aus ›Mirjam‹ vor. Das macht mir tiefe Freude.

Zwischen den zwei Möglichkeiten. Beim Anschauen einer Kreuzigungsgruppe von Usellini, betitelt ›Die Waage der Gerechtigkeit‹: ein Bild von hoher Aktualität. Da hängen zwei »Räuber«, in Wirklichkeit zwei politische Verbrecher, nämlich Zeloten, also palästinensische Widerstandskämpfer gegen die Unterdrückung Israels (zur Zeit Jesu) durch die Römer. Räuber oder nicht: auf jeden Fall Leute, die auf die Gewalt setzten, weil ohne Gewalt alles beim schlimmen alten bleibt. Nun hängen sie und werden sterben. Einer bleibt konsequent bei seinem Lebensprogramm, der andre macht den großen Bewußtseinssprung: er leistet die geistige Umkehr.
Zwischen diesen beiden hängt der Gewaltlose, der Schuldlose, als politischer Verbrecher zum Tod verurteilt auch er. Er hängt da, ausgereckt zwischen den zwei Möglichkeiten, dem Bösen auf dieser Erde zu begegnen. Seine Arme reichen nach beiden Seiten. Sein liebendes Verständnis reicht nach rechts und links. Auch er hatte die Wahl zwischen Gewalt und Gewaltlosigkeit: sie lag für ihn in der Versuchung zur Macht. Er wies die Versuchung ab, jedoch er kannte sie als die seine, sie war IN IHM in den beiden Gewalttätern neben ihm. Verurteilt hat er keinen.

Urwissen der Menschheit. Aufregender Einfall heut nacht: im Zen-Buddhismus bekommt der fragende Schüler vom Meister ein »Koan«, einen Sinnspruch, der keinen Sinn zu haben scheint und auf die Frage des Schülers eine Absurdität als Antwort gibt. Zweck dieser Methode: jene Blockade zunichte zu machen, welche der Intellekt der echten Erkenntnis in den Weg legt.
Was tat der Meister Jesus? Nichts anderes: er erzählt in seinen »Gleichnissen« absurde Geschichten; ist etwa nicht absurd, wenn er jenen Arbeitgeber lobt, der den erst am Abend angekommenen Arbeitern den gleichen Lohn zahlt wie denen, die den ganzen Tag gearbeitet haben? Oder ist es nicht absurd,

wenn er dem Hirten recht gibt, der seine Herde einfach verläßt, um ein einzelnes Schaf zu suchen? Oder ist es nicht der Gipfel der Absurdität, wenn er sagt, seine Jünger sollen sein Fleisch und Blut essen und trinken?
Für den Verstand unannehmbare Aussagen. Tiefste Weisheit für den Schüler, der sich öffnet für die Erkenntnis, die sich in den Absurditäten verbirgt. Man kann vom »blinden Glauben« reden. Der blinde Glaube macht sehend. Ich rede nicht von der unreflektierten Annahme geschichtlich entstandener Dogmen, ich rede von einem Urwissen der Menschheit, das vom analysierenden Verstand zerstört wird.

Das Schöne heute. Ein Prospekt der Eranostagung in Ascona. Das Thema diesmal: Die Schönheit der Erde.
Einzelthemen: Das göttlich Überhöhende (enhencement) der irdischen Schönheit in der hellenischen Tradition (Redner ein Amerikaner). Die Schönheit als Anwesenheit des Paraclet (des Heiligen Geistes; Redner ein Franzose).
Die Schönheit der Pathologie (ein Schweizer). Und so fort.
Feine Themen, feine Redner, ein feines Publikum. Elite.
Das Schöne. In unsrer Zeit der Verhäßlichung der Erde reden die vom Schönen auf so hoher Ebene. Leute, geht nach Kalkutta; geht nach Afrika, wo die Sandwüste wächst und die verhungerten Kinder begräbt, geht in die tödlichen Betonwüsten von Tokyo und Osaka, geht in die Gefängnisse von Chile, geht, ihr frommen Rom-Pilger, in die verdreckten Elendsgebiete von Ostia und an der Tiburtina, geht zu den deutschen Müllhalden, neben denen Zigeuner, deutsche Staatsbürger, mit den Ratten hausen müssen, und DANN redet vom Schönen, wenn es euch nicht die Stimme verschlagen hat.
Den ganzen Tag kaue ich bittern Zorn. Daneben aber läuft, von mir weggedrängt, der Gegenstrom: Warum NICHT vom Schönen reden? Ist es nicht unsre eigentlich menschliche Aufgabe, das Schöne zu schaffen und zu erhalten? Ist es nicht Ziel auch

des Umweltschutzes? Und ist das Schöne denn LUXUS? Gehts auch ohne das Schöne? Was ist Schönheit eigentlich? In einem apokryphen Evangelium die Stelle: Jesus kommt mit den Seinen an einem Hunde-Kadaver vorbei. Die Jünger wenden sich angewidert ab. Jesus beugt sich zu dem toten Hund und sagt: Schaut, was für schöne Zähne er hat!
Um der schönen Zähne willen wird die Erde weiterbestehen, bis die große Einheit des Wahren, Guten und Schönen wiederhergestellt sein wird. Das Paradies war SCHÖN.

Wien. Februar 1985. Einladung zu einer Fernsehsendung des Club 2. Thema: Jugend ohne Zukunft. Die langweiligste Sendung, die ich je mitmachte. Schlimmer als langweilig: am Thema vorbei, gezielt eingeengt auf die Fragen der Schule. Ein Musterbeispiel von Soziologendeutsch, unverständlich für die Jugend. Aber für die wars ja nicht gedacht. Für wen aber? Ich streiche den Abend aus dem Buch meines Lebens. Eine völlig unnütze Reise.
Wirklich? Es gibt nichts Unnützes. Es hängt von einem selber ab, was man erlebt
Ich erfahre wieder einmal, daß das Leben voller Wunder ist, wenn man sich öffnet. Freilich: man muß den magischen Schlüssel besitzen, er heißt: Interesse am Mitmenschen. Nicht Neugier nur, das wohl auch, die Neugier des Schriftstellers, wesentlich aber die Sympathie mit dem Menschen, mit dem man es gerade in diesem Augenblick zu tun hat: mit dem Ober im Wiener Hotel ›König von Ungarn‹. Der Frühstückskellner. Er kennt mich von Bildern, er hat einiges von mir gelesen, er mag meine Sachen Er hatte vorher mit Kindern gearbeitet, nicht als Lehrer, vielleicht (ich vergaß) als Sozialarbeiter oder Kindergärtner. Während er hin- und hergeht, das Frühstück servierend, bleibt er immer wieder bei mir stehen. Wir reden von der Hoffnung. Ich gebe ihm mein Zauberwort, das mir leben hilft: »Ich schöpfe Wasser, ich trage Holz, wie wunder-

bar.« Er will, daß ich es ihm aufschreibe. Er sagt: »Jetzt gebe ich Ihnen mein Zauberwort, es heißt: Ich habe geweint, weil ich keine Schuhe habe, aber als ich sah, daß der andre keine Füße hat, weinte ich nicht mehr.«
Der Mann heißt Gerhard Oplustik. Sein Wort ist mir wichtig.
Im Taxi zum Wiener Flughafen. Der Fahrer, etwa 50 Jahre alt, findet die gestrige Sendung des Club 2 stinklangweilig. Recht hat er. Seine Begründung: Da ist wieder mal am Wesentlichen vorbeigeredet worden, da ist heile Welt gespielt worden, in Wien ist alles in Ordnung, Arbeitslose gibts kaum, und die Jugend ist brav, ja, das ist Wien, und es ist kein Wunder, daß aus dieser Stadt Freud und Adler kommen und von den Verdrängungen zu reden anfangen.
Wie redet der Mann? Ich schaue ihn mir an: er ist schwer einzuordnen, er kann Arbeiter sein, aber auch ein Intellektueller. Er ist Jurist. Ja. Aber er hat seinen Beruf als Anwalt an den Nagel gehängt. Er ging nach Indien, er heiratete eine Tibeterin und brachte sie mit, er hat einen Sohn mit ihr, ist aber geschieden. Er war in Japan, er kennt Pater Lasalle, er weiß sehr wohl, was Zen ist. Er kennt das I Ging und hat den ›Weg der weißen Wolke‹ gelesen, er fragt mich, ob der Autor noch lebe: Lama Anagorika Govinda. Ich sage ihm, daß er im Januar in California gestorben ist, bei vollem Bewußtsein und heiter. Was für ein Gespräch im Taxi. Ich wollte eigentlich den Namen des Mannes wissen, aber wozu? Es war eine Begegnung, die ihren Sinn und ihr Ziel in sich hatte. Keine Fortsetzung.

Freundliche Antwort. Im Flugzeug von Wien zurück neben mir ein älterer Japaner, der um jeden Preis mit mir reden will. Sein Englisch ist spärlich und schwer verständlich, aber das stört ihn nicht.
Er ist Industrieller. Er hat eine Betonfabrik. Ich sage: Als ich von Tokyo nach Osaka fuhr, sah ich die toten Wälder, ich sah

den Fujiyama waten im braunen Smog, ich sah die sterbende Landschaft, sie wird vom Beton erstickt, von jenem Beton, den Sie fabrizieren.
Ja, sagt er unerschütterlich freundlich, ja, so ist es, aber was wollen Sie: Japan braucht Häuser für seine Bewohner, ich helfe sie bauen.

18. März 1985. Schnee. Aber nicht jener, von dem man bei uns in Oberbayern sagte: Märzenschnee tut nimmer weh. Dieser heute und hier, der tut weh. Es ist kalt, null Grad, und es schneit und schneit, manchmal in großen Flocken, manchmal als Staub, aber immerzu, immerzu, und der Himmel hängt tief und ist grau und schwarz.
Nachmittag eine kurze Pause mit ein wenig Licht. Ich gehe durch den Garten. Noch nie erlebtes zauberisches Bild: aus dem Schnee ragen die jungen Mimosen, blühend, und die blutroten Kamelien, und die gelben Forsythien, und an einigen geschützteren Stellen Polster von Veilchen, und die lila Hyazinthen auf der Terrasse haben weiße Kappen. Habe ich je in meinem langen Leben Zweige wilder Pflaumen und Forsythien im Schnee gepflückt? Und jemals, außer auf ostasiatischen Pinselbildern, Zweige der feuerroten japanischen Quitte aus dem Schnee ragen sehen? Aber was hilft diese Schönheit, wenn die Nacht klar wird: dann erfriert mir alles nach der Winterkatastrophe Neugepflanzte.

19. März. Die Nacht wurde gegen Morgen klar. Ich wachte früh auf. Eine Amsel sang dicht vor dem Fenster. Ich dachte: die Amsel besingt den Frühling, die Schneeschmelze. Aber ich sah das Unheil: der Schnee war gefroren. Mir schnürte es das Herz ab. Die reich blühenden Aprikosenbäume, alles jung Blühende, der Pflaumenbaum, dessen Blüten am Aufgehen waren . . .
Wer keinen Garten hat, kann meinen Schmerz nicht verstehen.

Mein Schmerz ist jener der Pflanzen selbst. Meine Frage: müssen die Pflanzen leiden? Müssen sie unsertwegen leiden? Müssen sie das Menschenschicksal teilen? Und ich, die ich diesem Garten alle Liebe zuwende und seinetwegen sogar die Ölheizung umbauen ließ in die elektrische, um die Luft reinzuhalten, ich werde gestraft?
Zwei Stunden später: eine warme Sonne scheint, der Schnee schmilzt rasch. Das hatten wir im Januar nach der Katastrophe auch. Mißtrauen und Angst vor der Wiederholung sitzen seither zu tief, um in der Sonne mit wegzuschmelzen. Aprikosen werden wir dieses Jahr keine haben, und keine Oliven, und keine Pflaumen.
Mir kommt ein Bild in den Sinn, das ich vor einiger Zeit sah, eine Fotografie aus Japan: ein tief verschneiter Garten, fallende Schneeflocken, und ein Zug von Zen-Mönchen, unbekümmert um Schnee und Kälte.
Das ist zu lernen.

Nachruf auf mich: der Brief des Bürgermeisters Hans Strasser aus Kirchanschöring; er schickt eine Einladung zu einer Lesung im ›Waldtheater‹, und schreibt dazu folgendes:
»Nachdem Sie einen Zeitabschnitt Ihres Lebens hier verbracht haben – und sicherlich nicht den einfachsten – darf ich Ihnen einige aktuelle Kirchanschöringer Gemeindemitteilungen beilegen.
Noch eine persönliche Anmerkung: Meine – inzwischen verstorbene – Mutter pflegte immer meinen Vater (ein Jellbauernsohn von Voglaich) zu zitieren, welcher angesichts Ihrer aufrechten Haltung gegenüber den Nazis von Ihnen sagte, daß ›sie de' unterschiedlichsten Leit geistig z'sammarucka laßt‹.«
Ich war von 1942 bis 1948 dort in jenem armseligen Haus am »Totenhölzl«, das ich im ›Wolf‹ beschrieb. Von Kirchanschöring aus war ich am 12. Oktober 1944 verhaftet worden.

Zweieinhalb Monate intensivster Arbeit am neuen Roman. Begonnen am kältesten Tag des Jahres, am 2. Januar 1985, inmitten von Schnee und Eis hier, südlich von Rom, die Heizung kaputt, und das hartnäckige Schneien. Und von da an täglich (mit den beiden Unterbrechungen Zürich und Wien) mein Pensum. Und nie wissend, wie es weitergeht. Ohne Plan, ohne Ziel. Im Dunkeln schwimmend. Gestern plötzlich die Erleuchtung, »zufällig« beim Lesen in C. G. Jungs Erinnerungen.

> ... Ein kollektives Problem erscheint – solange es nicht als solches erkannt ist – stets als ein persönliches, und erweckt dann die Illusion, es sei im Gebiet der persönlichen Psyche etwas nicht in Ordnung. Tatsächlich ist der persönliche Bereich gestört, aber nicht notwendigerweise primär, sondern vielmehr sekundär, infolge einer unzuträglichen Veränderung der sozialen Atmosphäre ... Ich fühlte mich peinlich betroffen (als C. G. Jung den ›Faust‹ las), und wenn Faust infolge seiner Hybris und Inflation den Mord an Philemon und Baucis veranlaßt, fühlte ich mich schuldig, als wenn ich in der Vergangenheit am Mord der beiden Alten teilgehabt hätte. Diese sonderbare Idee erschreckte mich, und ich sah es als meine Verantwortung an, diese Schuld zu sühnen ...

DAS also ist der Sinn dieses Romans!

Einladung zu einem Treffen Schweizer Unternehmer. Ich lehne kopfschüttelnd ab. Was erwarten denn die Veranstalter ausgerechnet von mir? Sie bestehen auf meinem Kommen. Ich warne sie: Ich werde unbequem sein. Gut so, sagen sie.
Und ich bin unbequem.
Am Vorabend der Tagung ein öffentliches Podiumsgespräch zwischen Fritjof Capra und mir über Capras neues, ihn brennend erfüllendes Thema: Die Ethik in der Naturwissenschaft (Chemie, Biologie, Atomphysik.) Capras Frage an mich, was

ich zum Thema denke. Ich sage, viele Stufen des Denkens überspringend: Die Antwort ist einfach. Wir haben als Christen oder sonstwie religiöse Menschen ein einziges, ein verbindliches Gebot, das heißt: Liebe! Liebe Deinen Nächsten, liebe die ganze Schöpfung. Freilich: dieses Gebot zu befolgen, schafft, so scheint es wenigstens jetzt noch, Probleme. Wie ists mit den Versuchen am lebenden Tier in der pharmazeutischen Chemie? Ist es nicht klar, daß es verboten sein muß, ein Tier zu quälen?

Aber, ruft ein Zuhörer, der selbst auf diesem Gebiet arbeitet: Aber man opfert Tiere doch aus Liebe zum Menschen!

Wirklich?

Ein andrer sagt: Aber das Ergebnis dieser Versuche, dieser entsetzlichen Quälerei an Tieren, ist so mager, daß es zudem ein Verlustgeschäft ist, finanziell gesehen.

Warum aber hört man nicht auf?

Weil sonst Hunderte von Arbeitern und Angestellten entlassen werden müßten.

Das Teufelsrad: in den USA muß die absurde Hochrüstung weiterbetrieben werden, obgleich sie das Land in unermeßliche Schulden stürzt, warum, weil es sonst ein nicht mehr lösbares Arbeitslosenproblem mit allen politischen Folgen gebe.

Wenn das alles nicht Wahnsinn ist . . .

Die Tagung selbst. Das Thema: Wendezeit. Auch in der Welt der Unternehmer. Jeder der Redner versucht mit mehr oder weniger Geschick, sich ans Thema zu halten und aktuell zu erscheinen.

Der erste Redner arbeitet mit graphischem Material, vor allem mit Kurven im Koordinatensystem. Er beweist an deren Hand, daß sich die Zeitwende oder Wendezeit im Verhalten und in den Bedürfnissen und Wünschen der Jugend zeigt. 1968 die Revolte, die Verachtung der Familie, der bürgerlichen Kleidung und Wohnverhältnisse, der Vorrang der Politik, und so fort. Heute die neue Romantik, die Rückkehr zu »Werten«, die größere Sorgfalt in der Kleidung, größere Sauberkeit an Haut und Haaren, Schmuckbedürfnis, Softmusic, Harmonie, Vorrang des Privaten ... Ich lasse dahingestellt, obs stimmt, aber ich kann nicht umhin zu sagen, daß in diesem Kurvensystem etwas fehle, nämlich die Linie der Repression und Manipulation. Ist Jugend von sich aus so reaktionär geworden oder hat man sie so gemacht? Und was die angeblichen Wünsche der Jugend anlangt: sind das spontane Wünsche oder eingeredete? Was Sie uns hier als pseudowissenschaftliche Arbeit vorführen, ist nichts anderes als Marketing. Ihnen gehts nicht um die Jugend, sondern ums Geschäft mit der Jugend.

Das nahmen die Zuhörer noch hin, denn sie konnten es schlecht widerlegen. Auch ist Marketing ja unerläßlich für sie.

Wo aber ist da der Bezug zum Thema? Wo ist da eine Wende? Nichts als die Fortführung alter kapitalistischer Methoden unter dem Deckmantel des betörend modernen schönen Wortes von der Wendezeit. Beim Mittagessen sitze ich dem Redner gegenüber. Er ist etwas verstört, verteidigt zunächst noch seine Position, gibt aber nach und nach zu, daß ich nicht unrecht habe. Eigentlich, so stellt sich heraus, denkt er wie ich, aber er ist so gefangen im Spinnennetz seiner Arbeit fürs Marketing, daß er, wie ein Computer, das ihm Eingegebene weiter ausspuckt. Wider seine bessere Überzeugung!

Dann der Vortrag eines Unternehmers, der uns glauben machen wollte, die Zeitenwende in der Industriewelt habe schon begonnen, denn die Unternehmer besprechen mit ihren Arbeitern Fragen der Arbeit. Freilich behalte sich der Chef die letzte Entscheidung immer vor, denn das müsse eine einsame Entscheidung sein, da ja die Arbeiter doch keinen klaren Überblick haben und auch keine Verantwortung, die allein beim Chef liege ... Ein Vortrag, der mich veranlaßte, in eiskaltem Zorn zu sagen: »Ich habe Ihnen zu danken, daß Sie uns das von Ihnen nach wie vor vertretene kapitalistisch-patriarchale System in solcher Offenheit darlegten. Von Wende freilich war da nicht die Rede.«

Dann mein Vortrag. Das mir vorgegebene Thema: Mensch und Besitz. Ich las die entsprechenden Stellen aus ›Mirjam‹, dem Buch, das gerade in der Schweiz über ein Jahr Bestseller war. Ich las jene Stellen, die sich mit dem Besitz befassen: Besitz als Ursache allen Unheils in unsrer Welt.

Da ich die Rede nicht schriftlich ausgearbeitet hatte, nur in Stichworten, weiß ich jetzt nicht mehr genau, was alles ich sagte, aber ich habe die Zitate zur Hand, die ich einfügte, ohne zunächst ihre Herkunft und ihre Verfasser zu nennen. Ausgesprochen kommunistische Worte...

> Das kapitalistische Gesellschaftssystem ist den staatlichen und sozialen Lebensinteressen des deutschen Volks nicht gerecht geworden. Nach dem furchtbaren politischen, wirtschaftlichen und sozialen Zusammenbruch kann nur eine Neuordnung von Grund aus erfolgen. Inhalt und Ziel dieser sozialen und wirtschaftlichen Neuordnung kann nicht mehr das kapitalistische Gewinn- und Machtstreben, sondern nur das Wohlergehen unseres Volkes sein. Durch eine gemeinwirtschaftliche Ordnung soll der innere und äußere Frieden gesichert werden...

Keiner der zweihundert Zuhörer wußte, daß dies das sogenannte Ahlener Programm der CDU war. Es stammt aus dem Jahr 1947. Was ist daraus geworden? 1949 hat es die CDU in aller Stille begraben, indem sie es als eine der damaligen Notzeit entsprungene ideologische Verirrung betrachtete. Damit mans nicht so merkte, was da geschah, redete man von da an von »sozialer Marktwirtschaft«.

Mein zweites Zitat:

> Unsere Zeit zeigt nicht nur eine Konzentration des Reichtums, sondern auch die Zusammenballung einer ungeheuren Macht, einer despotischen Wirtschaftsbeherrschung in der Hand einiger weniger Menschen. Diese Macht wird despotischer denn je bei denen, die mit dem Geld in der Faust als Herren auftreten, über das Kreditwesen bestimmen und die Darlehen beherrschen... so daß niemand gegen ihren Wil-

len auch nur Atem schöpfen kann ... Die Konzentration des Reichtums und der Macht bringt drei Arten des Kampfes um die Vorherrschaft: zuerst streitet man um die wirtschaftliche Überlegenheit, dann um die politische Macht, und schießlich kommt es zur Auseinandersetzung zwischen den Staaten selbst ...

Und wer sagte das? Papst Pius XI. im Jahr 1931 in der Enzyklika ›Quadragesimo anno‹.

Mein drittes Zitat:

... daß an die Stelle der Marktfreiheit die wirtschaftliche Hegemonie getreten, daß dem wilden Gewinnstreben die zügellose Gier nach einer Vormachtstellung gefolgt ist, daß die gesamte Wirtschaft in schrecklicher Weise hart, unerbittlich und grausam geworden ist ... und daß alles in einen internationalen Imperialismus des Geldes mündet.

Der Autor ist wieder ein Papst: Johannes XXIII.

Aber war der Kirche, der katholischen; nicht von je das Eigentum heilig und unantastbar? Jedenfalls ist ihr der eigene Anteil am Geld der Welt heilig, wie der bald vertuschte Skandal der verkrachten, in die internationale Mafia und die Rüstungsfinanzierung verstrickten Banco Ambrosiano (die Vatikanbank) zeigte. Das interessierte die Schweizer Unternehmer aus begreiflichen Gründen nicht sehr.

Eben finde ich den Zettel, auf dem ich mir Fragen notiert hatte, die ich meinen Zuhörern stellte. Rhetorische Fragen an ihr Gewissen:

Wie ist das Verhältnis zum Besitz? Horten Sie Ihr Geld, es der Allgemeinheit entziehend? Wie ist das Verhältnis Ihres persönlichen Gewinns und Einkommens zu dem Ihrer Arbeiter? In wie vielen Aufsichtsräten sitzen sie und verdienen Geld, ohne zu arbeiten? Wären Sie bereit, zugunsten Ihrer Arbeiter auf Gewinnanteile zu verzichten? Produzieren und verkaufen Sie Unnützes oder Schädliches? Denken Sie an die Spätfolgen Ihrer Produkte? Wie hoch bezahlen Sie die Massenmedien, damit sie Reklame machen für das Unnütze und Schädliche, das Sie produzieren und an den Mann bringen wollen auf jeden Fall? Denken Sie bei Ihren Gewinnen daran, daß sie auf Kosten der Dritten Welt gehen? Welche Rolle spielt Ihr Gewissen für Ihre Existenz als Unternehmer? Welche Rolle spielt Ihre Zugehörigkeit zu einer christlichen Konfession und Ihre Beziehung zur Religion überhaupt? Haben Sie jemals überlegt, ob es nicht einen bessern Weg in Wirtschaft und Politik geben kann als den, der uns in schwerste Krisen führte und weiter führt? Kennen Sie das Werk Silvio Gesells, zum Beispiel? Kennen Sie das Experiment Wörgl mit dem Schwundgeld? Wissen Sie, daß Arbeiter fähig sind, ein Unternehmen ohne Boß zu führen, wie das Volkswagenwerk nach dem Krieg zeigte, als niemand mehr Besitzer war? Kennen Sie auch nur einen der wunderbaren Versuche, den Privatkapitalismus zu überwinden, ohne dem Staatskapitalismus zu verfallen?

Meine Zuhörer waren recht geteilter Meinung über meine Rede; die einen klatschten, die andern murrten, und doch gab es eine spürbare Betroffenheit. Und das genügt. Das ist schon viel. Leider konnte ich den Leuten nicht klarmachen, daß meine Rede nicht ihnen in Person galt, sondern dem System, in das sie verstrickt sind und aus dem ich sie befreien möchte. Das eben haben sie nicht verstanden. Sie waren persönlich beleidigt. Das ›Argauer Tagblatt‹ schrieb, wie ich hörte, einen bösen Verriß. Was hätte die erst geschrieben, wenn der Rabbi Jeschua ihnen jene Rede gehalten hätte, die er den Reichen und Mächtigen seiner Zeit hielt. »Übertünchte Gräber« nannte er sie, und dafür verfolgten sie ihn mit tödlichem Haß. Mir drohten nur einige, von jetzt an meine Bücher nicht mehr zu kaufen.

Hände. Ein Leser schickt mir eine Bildkarte, die jetzt ihren Platz auf meinem Schreibtisch hat. Ich schaue sie an, wenn meine Liebe zu den Mitmenschen sich verdunkelt. Ein Farbfoto, Ausschnitt aus der Aufnahme eines Händepaars.

Diese Hände sind verarbeitet, schrundig, erdverkrustet. Schwere, ungefüge Hände. Männerhände, Bauern- oder Arbeiterhände, gewöhnt an harte Arbeit mit grobem Werkzeug. Jetzt halten sie mit unendlicher Behutsamkeit etwas Winziges: ein Stengelchen mit rosa Blütenglöckchen, vielleicht die Blüte der Moosbeere oder einer Art Heidekraut. Die linke Hand bildet eine Schale, das winzige Ding zu beschützen, wie man eine Kerzenflamme vor dem Wind schützt. Eine mütterliche Geste. Solange es solche Hände und solche Gesten gibt, kann die Menschheit nicht verloren sein.

Liebe deinen Nächsten. Das ist die Überschrift nicht eines moraltheologischen Aufsatzes, sondern eines Kapitels aus einem naturwissenschaftlichen Buch. ›Das Geheimnis der Evolution‹ von Gordon R. Taylor. Eine Kritik am Darwinismus: wenn die Entwicklung des Lebens bedingt ist durch die Theorie von der natürlichen Auslese durch den jeweiligen Sieg des Stärkeren und dem Aussterben der Schwächeren, wie erklärt man dann das »altruistische Verhalten« von Tieren? Warum, zum Beispiel, warnen kleine Vögel die größeren, wenn ein Feind naht, obwohl sie sich dann für den Feind hörbar und auffindbar machen, statt still zu sein und an nichts als die eigene Rettung zu denken? Warum opfern sich Arbeitsbienen für das Volk? Warum säubern die kleinen Garnelen viel größere Fische von Parasiten und nehmen sogar »Operationen« vor, obwohl sie davon nichts haben? Warum frißt der also gesäuberte Fisch seinen kleinen Helfer nicht? Warum nimmt eine Katze ein fremdes verlassenes Kätzchen nach anfänglicher Ablehnung doch an, obwohl sie keinen Instinkt-Antrieb dazu hat? Warum stopft ein Wiedehopf einem Gefährten, der weder sein Weibchen noch sein Jungvogel ist, geradezu zärtlich einen Regenwurm in den Schnabel, wie ichs selber sah? WARUM ... Da solche Beispiele gar nicht in die brutale Darwinsche Theorie passen, müssen Wissenschaftler eine Erklärung finden: Lebe-

wesen besitzen Gene für altruistisches Verhalten. Offenbar aber nur einige, bei den andern, den Brutalen, sind sie unausgebildet... So wäre denn auch bei uns Menschen altruistisches Verhalten biologisch bedingt? So wäre denn unsre Grausamkeit gegen Mensch und Tier erklärt durch das Fehlen entsprechender Gene? So wären wir denn unschuldig an unsern Morden, unsrer Ausbeute-Lust, unsern Kriegen? Freispruch durch die Natur... Gene, wissenschaftlich erfaßbar. Gewiß. Aber woher ihre Kraft der Konditionierung? Von der Natur. Aber was ist das: die Natur? Und woher hat sie ihre Schöpferkraft? Woher ihr technisches Können, ihr biochemisches Wissen?
Wer gab den Ur-Anstoß zur Evolution? Der von der Wissenschaft heute angenommene Ur-Knall, bei dem jene Kräfte frei wurden, die bis heute weiterwirken, in sinnvolle Ordnung gebracht. Gut, aber was war das, was da ex-plodierte? Warum wehrt sich die Naturwissenschaft so erbittert gegen die Annahme, daß das, was explodierte, die göttliche Liebeskraft war? Das Ur-Feuer, in Milliarden Funken versprühend. Die Ur-Liebe, in Milliarden Wesen sich einsenkend, allmählich sich entwikkelnd, den blinden brutalen Selbsterhaltungstrieb unendlich langsam überwindend. Das »altruistische Tierverhalten«, diese der Wissenschaft anstößige, sie verwirrende Erscheinung, die ihr unerklärliche Ausnahme: was anderes ist das, als die Vorwegnahme der allgemeinen Entwicklung. Evolution gesehen als das Freiwerden des Ur-Funkens der Liebe in immer mehr Wesen.
Das selbstlose Verhalten des Warnvogels, der Verzicht des Wiedehopfs auf seine Beute um des Gefährten willen: Spuren der universellen Liebe, Anzeichen der wahren Evolution: der Vergöttlichung alles Seienden. Ists nicht ganz einfach zu begreifen? Warum die Denk-Irrwege der materialistischen Naturwissenschaft?
Wie eigentlich ordnet sie das altruistische Verhalten der Menschen ein in ihr Weltbild? Als Ausnahme, unerklärlich? Wie ordnet sie das Liebesverhalten der Heiligen aller Religionen

ein? Wie das Phänomen eines Menschen, Jesus genannt, der sich aus »unerfindlichen« Gründen freiwillig am Kreuz opferte? Anomalitäten, für welche die Naturwissenschaft nicht zuständig ist.
Das altruistische Verhalten von Mensch und Tier: nichts anderes als der den Punkt Omega vorweglebende Durchbruch der universellen Liebeskraft.

Zum tausendsten Mal die Frage an mich, ob ich NINA sei. Tausendmal geantwortet, daß ich eine einzige Autobiographie schrieb und daß alle meine Romane pure Erfindung seien. Nun finde ich in den Anmerkungen zu Goethes ›Werther‹ die richtige Antwort: Goethe pflegte auf die Frage, ob Werthers Geschichte seine eigene sei, zu antworten, daß es zwei Personen in einer gewesen seien, wovon die eine untergegangen, die andre aber am Leben geblieben ist, um die Geschichte der ersten zu schreiben, so wie es im Buche Hiob heißt: »Herr, alle deine Schafe und Knechte sind erschlagen worden, und ich bin allein entronnen, um dir Kunde zu bringen.« Der das berichtet, fügt hinzu, daß Goethe, nachdem er dies alles in Französisch gesagt habe, in Deutsch anfügte: »So etwas schreibe ich indes nicht mit heiler Haut.«

Reichtum ist Segen ... Brief von A. Gralle aus Westafrika, Sierra Leone. Die Gralles: sie Augenärztin, drei Kinder, er Pastor und Lehrer. Ungemein tapfere Leute, bewundernswert. Für mich eine Quelle von Informationen, unschätzbar. A. schreibt mir, er habe seinen Studenten im Bibelkollege den Heiligen Franziskus von Assisi nahebringen wollen. Großes Unverständnis: wie kann ein Mensch FREIWILLIG arm sein wollen? Reichtum ist gut, er ist das sichtbare Zeichen für den Segen Gottes. Und das Betragen des Franziskus seinem Vater gegenüber, skandalös! Der Vater ist doch höchste Autorität, ihn zu verlassen, ist Sünde.

Die Vater-Autorität und die Konzeption der Großfamilie: eine Last für die Afrikaner, ein Hemmschuh für Entwicklung. Denn: »Wenn ein Afrikaner verdient (schreibt A.), hängt sich der ganze Clan an ihn und saugt ihn aus. Für Afrikaner ist es sehr schwer, über den Horizont der Familie hinaus ethische Verantwortung zu übernehmen. Die meisten Entwicklungshelfer haben resigniert, angefangene Projekte an Afrikaner zu übergeben, es klappt nicht, weil alles Geld eines Verantwortlichen in die Familie geht, das wird nicht als Diebstahl betrachtet, weil es ja der Familie dient. Bei Christen scheint sich das zu verändern: sie fühlen sich Gott gegenüber verantwortlich und sind deswegen eher in der Lage, mit fremden Geld verantwortlich umzugehen.« Solche Informationen aus erster Hand bringen einem ferne Länder nah, und deren Nöte werden einem konkret.

Letzte Märztage: Verlustzeit für mich. Vor zwei Jahren C. O., voriges Jahr Rahner, dies Jahr nun Ingeborg, Michael Endes Frau, meine Freundin seit fast vierzig Jahren; eine Freundschaft, die damit begann, daß ich 1946 »zufällig« in München im Radio eine Stimme hörte, die sehr besonders war, tief und rauh und warm, und was las sie? Meine Geschichte ›Die rote Katze‹, damals eben entstanden, noch ungedruckt. Mein Anruf beim Rundfunk: wer las meine Geschichte? Ingeborg Hoffmann, eine Schauspielerin, und sie hat schon gefragt, ob wir Ihre Adresse haben, sie wollte Sie kennenlernen. Am nächsten Tag trafen wir uns. Freundschaft auf den ersten Blick. Das blieb so, das bleibt. Was ist der Tod?
Nun liegt das, was von ihr der Erde gehört, auf dem protestantischen Friedhof in Rom, fünf Minuten entfernt von dem Haus, in dem ich vor fünfundzwanzig Jahren wohnte, wohin ich sie einlud und wo ihr Wunsch entstand, auch nach Italien zu ziehen, mit Michael, den sie inzwischen geheiratet hatte. Der Kreis hat sich geschlossen. Für sie, ja. Mir bleibt eine Lücke, die

niemand je schließen kann. Michael, der das leere Haus nicht erträgt, zieht nach München. Ich bleibe. Ich werde das römische Grab pflegen, solange ich lebe. Früher einmal verbrannte man mit dem toten Helden sein treues Pferd. Grausam, ja, aber zu verstehen aus dem festen Glauben, daß Herr und Pferd sich sofort wiedersehen. Ein Augenblick der Trennung nur. Ingeborgs Hunde und Katzen, Ingeborgs so geliebter Garten, Ingeborgs Haus: sollte das nicht alles mit ihr gehen, damit sie es »drüben« wieder hat?

(Sechs Wochen später: Meine Vorstellung, daß dem Reiter sein Pferd in den Tod folgen müßte, ist bestürzende Wirklichkeit geworden: Ingeborgs Hündin Schuscha wurde, nachdem sie lange vergeblich auf die Rückkehr der Herrin gewartet hatte, gefährlich bösartig, man mußte sie einschläfern. Arme kleine Schuscha, ein trüber Stern stand über deinem Leben: Hund, aus dem Asyl geholt, so sehr an Schläge und Fußtritte gewöhnt, daß sie noch nach Jahren liebevoller Behandlung zubiß, wenn sich in ihrer Nähe unversehens ein Fuß bewegte. Viele Generationen geschlagener Hunde haben ihr Verhalten geprägt. Ich hatte Freundschaft mit ihr, mich biß sie nie, im Gegenteil, mich leckte sie sogar. Doch in ihren Augen blieb das alte Mißtrauen. Hatte sie nicht recht damit? Nach einigen Jahren guten Lebens ging die Herrin fort und kam nicht wieder. Da brach der alte Zorn über die Menschen wieder aus: niemandem kann man vertrauen, niemandem. Ihre Rache: sie biß alle, wahllos, sogar Ingeborgs Sohn.

Arme Schuscha. Bist du jetzt deiner guten Herrin wiederbegegnet? Hast du sie zu dir geholt, Ingeborg(?)

Für mich bleibt ein leerer Raum dort, wo sie lebte. Kein Ort mehr. Nur das Innenbild. Aber Michael: wie er am Grab stand, abgemagert, plötzlich ein alter Mann, eine Waise. »Alles, was ich bin, verdanke ich dieser Frau.« Ingeborg; das bestürzende Beispiel dafür, daß eine »voll emanzipierte« Frau in einer wahrhaft grenzenlosen Hingabe für ihren Mann lebt, freilich: dieser Mann war ihr nicht einfach der Ehemann, sondern der

Mensch, mit dem sie in der selben geistigen Heimat lebte, in »Fantásien«, und mit dem sie jene Spiritualität teilte, die, ohne orthodox zu sein, anthroposophischer Herkunft ist. Nicht für den also, sondern für sein besonderes Werk lebte sie; das macht schon einen Unterschied.
Ingeborg, wo bist du jetzt an diesem herrlichen Ostermorgen? Ich sehe dich, begleitet von Hunden und Katzen, durch deinen Garten gehen. Ich sehe dich, den alten flachen Strohhut auf dem Kopf, sitzen auf jenem halbvermoderten Stühlchen zwischen Büschen und deinen sorgfältig gepflegten Komposterdehaufen, »ökologisch«, lang ehe es Mode und Notwendigkeit wurde; deine Pflanzen lohnten es dir. Wer wird sie jetzt pflegen? Und die Tiere? Ob die Dryaden, die in deinen Ölbäumen wohnen, wissen, wo du bist? Trauert der Garten?
Hätte ich am Grab bei der Beerdigung ein Wort herausgebracht, ich hätte einen einzigen Satz gesagt: Sie war der nobelste Mensch, den ich je kannte.
Freilich war sie auch unbequem in ihrer Kohlhaasischen Unbedingtheit. Erbittert kämpfte sie gegen Lügen und Ungerechtigkeiten. Der Streit um die Verfilmung von Michaels »unendlicher Geschichte« hat sie Jahre ihres Lebens gekostet. Über den Akten sitzend, wenn Michael verreist war, vergaß sie Essen und Schlafen. Daß das Unrecht siegen kann, zerstörte ihr Weltvertrauen. Daran starb sie. Ihre Krankheiten waren nur Folgen dieser Verzweiflung. Sie wollte nicht leben in einer Welt voller Tücke, Meineide, bösartiger Mißverständnisse. Und dennoch war sie eine Liebende. Tausend Beweise dafür, daß die Welt in Unordnung war, und ein Gegenbeweis für die Ordnung durch Liebe: sie selbst.
Einmal redeten wir von Reinkarnation, an die wir beide glauben. Sie sagte: »Weißt du, jetzt will ich erst einmal tausend Jahre schlafen.« So schlaf denn! Schlaf auf den Blumen, mit denen ich den Grund deines Grabes ausfüllte, ehe der Sarg hineingelegt wurde. Schlaf, bis dich die Lust ankommt, wieder zu leben.

Randbemerkung: auf dem Friedhof an der Cestiuspyramide in Rom dürfen nur Protestanten begraben werden, auf dem Campo Santo Teutonico bei Sanct Peter nur Katholiken, beides nur unter Vorlage des Taufzeugnisses. Streng getrennt die Konfessionen. Auch im Tod. Und bei Ingeborgs Beerdigung mußte unbedingt über dem Sarg in der Aussegnungshalle die schwarzrotgoldene Flagge wehen. Deutsch auch als Leiche. Aber auf den Schlachtfeldern in unsern Kriegen, da durften sie alle bei- und übereinander liegen, Freund und Feind, Deutsche und Russen, Gläubige und Ungläubige. Der Tod macht alle gleich, nur nicht auf den römischen Friedhöfen beider Konfessionen unter deutscher Leitung.

Leben, Leben! Ostermorgensonne. Ich habe sie aufgehen sehen am reinen Himmel. In meiner oberbayerischen Heimat sagte man einst in frömmerer Zeit, am Ostersonntag gehe die Sonne mit drei Freudensprüngen auf. Auch mir ist nach Freudensprüngen zumute. Verstehs, wer kann. Ingeborg ist tot, Rahner ist tot, Roschi in Teheran ist in Gefahr, Ernesto Cardenal in politischer Not, Juan Gelman, argentinischer Dichter und Freund, ist verschollen, meine Ölbäume sind zur Hälfte erfroren im harten Winter, in Ost und West bauen sie Bomben, und meine eigene Lebenszeit ist begrenzt. Und ich stehe auf der Schwelle meines Hauses und freue mich. Worüber? Ich weiß es nicht. Es ist Freude schlechthin. Grundlose Freude. Sie steigert sich im Lauf des Ostertags und weiter heute am Ostermontag zu einem verrückten stummen Jubel, zu einer Ekstase der Ostergewißheit: es gibt keinen Tod, es gibt keine Toten, Gott ist kein Gott der Toten, sondern der Lebenden, alles ist LEBEN!

Bitte umblättern:

Luise Rinser

Mitte des Lebens
Roman
Band 256

Die gläsernen Ringe
Erzählungen
Band 393

Der Sündenbock
Roman
Band 469

Hochebene
Roman
Band 532

Abenteuer der Tugend
Roman
Band 1027

Daniela
Roman
Band 1116

Die vollkommene Freude
Roman
Band 1235

Ich bin Tobias
Roman
Band 1551

Ein Bündel weißer Narzissen
Erzählungen
Band 1612

Septembertag
Erzählungen
Band 1695

Der schwarze Esel
Roman. Band 1741

Bruder Feuer
Roman. Band 2124

Jan Lobel aus Warschau
Erzählung. Band 5134

Mirjam
Roman. Band 5180

Baustelle
Band 1820

Gefängnis-tagebuch
Band 1327

Grenzübergänge
Tagebuch-Notizen
Band 2043

Kriegsspielzeug
Tagebuch 1972–1978
Band 2247

Winterfrühling
Aufzeichnungen
1979–1982
Band 5342

Im Dunkeln singen
1982–1985
Band 9251

Nordkoreanisches Reisetagebuch
Band 4233

Unterentwickeltes Land Frau
Band 3799

Den Wolf umarmen
Band 5866

Materialien zu Leben und Werk
Herausgegeben von
Hans-Rüdiger Schwab
Band 5973

Mit wem reden
Band 5379

Mein Lesebuch
Band 2207

Fischer Taschenbuch Verlag

fi 132 / 6

Monika Maron

Flugasche

Roman. 224 Seiten. Kart. Collection S. Fischer Bd. 2317
und Fischer Taschenbuch Band 3784

Josefa Nadler ist Journalistin. Als ihre Reportage über das Kraftwerk B. nicht erscheinen darf, verläßt sie den Freund, den Kollegenkreis und die große Gemeinschaft der Organisierten. Die realistische Darstellung der Berufswelt und der Wünsche und Ängste einer Frau, die selbst denken und eigene Gefühle entwickeln möchte, macht den Roman ›Flugasche‹ zu einem erstaunlichen literarischen Zeugnis unserer Gegenwart.

Das Mißverständnis

Vier Erzählungen und ein Stück
127 Seiten Kart. Collection S. Fischer Bd. 2324

Gemeinsames Thema ihrer neuen Texte ist die falsche Erwartung: die Hoffnung auf eine höhere Stellung, das Zusammentreffen mit einem Mann, der die Rolle Gottes spielt, der unmögliche Weg in das Land Nordsüd oder die zwanglose Gemeinsamkeit von Mann und Frau.

Die Überläuferin

Roman. 221 Seiten. Leinen
und Fischer Tschenbuch Band 9197

Die ›Überläuferin‹ ist der Roman eines Stadtviertels (Pankow) und der Sehnsucht nach dem Überschreiten der Grenzen, des Rückzugs und des Aufbruchs.

S. Fischer · Fischer Taschenbuch Verlag

fi 565 / 3

Erzähler–Bibliothek

Die »Erzähler-Bibliothek« versammelt große Erzähler in besonders lesefreundlichen Einzelausgaben und wendet sich damit vor allem an Leser, die auch im Taschenbuch auf eine optisch großzügige Präsentation von Literatur nicht verzichten möchten. Ihre Bände, die jeweils eine längere Erzählung, eine Novelle oder einen Kurzroman eines berühmten Autors der klassischen Moderne, der zeitgenössischen Literatur, gelegentlich auch früherer Epochen bringen, wollen Verführungen sein zum Lesen: durch spannende Inhalte, reizvolle Gestaltung, ein angenehmes und ästhetisches Schriftbild.

Daphne Du Maurier
Der Apfelbaum
Erzählung. Band 9307

Franz Kafka
Ein Bericht für eine Akademie / Forschungen eines Hundes
Erzählungen. Band 9303

Herman Melville
Bartleby
Erzählung. Band 9302

Vladimir Pozner
Die Verzauberten
Roman. Band 9301

Carl Zuckmayer
Der Seelenbräu
Erzählung. Band 9306

Stefan Zweig
Brennendes Geheimnis
Erzählung. Band 9311

Joseph Conrad
Die Rückkehr
Erzählung. Band 9309

Ludwig Harig
Der kleine Brixius
Eine Novelle. Band 9313

George Langelaan
Die Fliege
Eine phantastische Erzählung
Band 9314

Thomas Mann
Die vertauschten Köpfe
Eine indische Legende
Band 9305

Tibor Déry
Die portugiesische Königstochter
Zwei Erzählungen
Band 9310

Fjodor M. Dostojewski
Traum eines lächerlichen Menschen
Eine phantastische Erzählung
Band 9304

Antoine de Saint-Exupéry
Nachtflug
Roman. Band 9316

Fischer Taschenbuch Verlag

fi 669/3

Internationale vegetarische Küche

INTERNATIONALE VEGETARISCHE KÜCHE

Barbara Rias-Bucher
Food-Fotos von Karl Newedel

Südwest

Chilischoten auf einem Markt in Bangkok.

Die Reisterrassen von Banaue auf den Philippinen gelten als achtes Weltwunder.

Traditioneller Reisanbau in Vietnam: Setzlinge werden im Schlammbett gezogen und dann in größeren Abständen auf das Feld umgepflanzt (Seite 4/5).

Ein Muß für Thailandreisende: Die schwimmenden Märkte in der Umgebung der Stadt Damnoen Saduak in der Nähe von Bangkok (Seite 6/7).

Gemüse und Früchte in üppiger Vielfalt: Markt in Quatre Bornes auf Mauritius (Seite 8/9).

INHALT

Vorwort 12

Die Autoren der Rezepte 14

- VORSPEISEN 18
  - Häppchen zum Entspannen 20
  - Rezepte 22
- SALATE 50
  - Das Geheimnis ist die Würze 52
  - Rezepte 54
- SUPPEN 74
  - Geschichte der Löffelspeise 76
  - Rezepte 78
- BROTE 100
  - Eines der ältesten Lebensmittel 102
  - Rezepte 104
- GEMÜSE 118
  - Vegetarisch oder fleischlos? 120
  - Rezepte 122
- REIS, NUDELN UND GETREIDE 154
  - Der Reis und die Götter 156
  - Rezepte 158
  - Die internationale Nudel 172
  - Rezepte 174

Hülsenfrüchte und Tofu 178
Die Geschichte vom Tofu 180
Rezepte 182

Käse und Eier 194
Das Ei und seine Geschichte 196
Rezepte 198

Saucen und Mariniertes 212
Feurig würzen und marinieren 214
Rezepte 216

Süsses 226
Die Lust am Süßen 228
Rezepte 230

Anhang 252
Welche Lebensmittel sind wo erhältlich? 254
Bezugsquellen 260
Rezepteregister 262
Sachregister 264
Länderregister 266
Literaturverzeichnis 270
Impressum 272

Russische Bäuerin bei der Ernte in der Nähe von Irkutsk.

Straßenküche in Karatschi, Pakistan.

Vorwort

Die Idee zu diesem Buch entstand im Sommer 1995: Damals hatte ich zwei sehr umfangreiche Kochbücher mit vielen Rezepten abgeschlossen und wollte gewissermaßen wieder raus aus der Küche. Ich glaube, ich hatte einfach Lust auf eine Zeitreise und eine Weltreise. Da mir für eine Zeitreise die entsprechende Maschine, für die Weltreise aber Geld und Muße fehlten, musste ich einen anderen Weg wählen, mir diesen Wunsch zu erfüllen. So beschloss ich, meine Faszination am zeitlich und räumlich Fremden, mein Interesse an Kultur und Geschichte, mein Wissen über Kochen und Lebensmittel miteinander zu verbinden. Natürlich wollte ich beim Kulinarischen bleiben: Erstens kenne ich mich damit am besten aus. Zweitens macht der Aspekt des Vegetarischen, mit dem ich mich nun seit Jahren beschäftige, eine solche Reise erst richtig spannend.

Die Theorie der vegetarischen Ernährung ist ein paar Tausend Jahre alt, die vegetarische Küche wurde in fast jeder Kultur praktiziert und nährt auch heute Millionen in aller Welt. Obwohl Fleisch in unserer Geschichte immer die Speise der Reichen war, machte beim Geschäft mit Lebensmitteln nicht das Fleisch reich, sondern die Pflanzen: Kornspekulanten, Gewürzhändler und Zuckerbarone sind nur ein paar Beispiele. Gemüse, Früchte, Gewürze, Kräuter, Hülsenfrüchte, Nudeln, Reis und Brot sind im Laufe der Zeit entdeckt, gezüchtet oder produziert worden. Mit den Menschen haben sie Wanderungen vollzogen, die über Tausende von Kilometern reichen – wie die Kartoffel, die Tomate oder die Chilischote. Vieles blieb lange regional begrenzt, weil woanders die Nachfrage fehlte. In Deutschland sorgen Ausländer und unsere Reisen ins Ausland seit einigen Jahren für ein Angebot »fremder« Lebensmittel, das mit dem anderer europäischer Staaten endlich vergleichbar ist.

Weil ich kein Buch aus Büchern schreiben wollte, brauchte ich für den größten Teil meiner Reise Begleiter. So ging ich auf die Suche nach Männern und Frauen aus allen Ländern, die mir über das Essen ihrer Heimat, über ihre Kultur und ihre Lebensgewohnheiten erzählen wollten. Und die mir authentische Rezepte geben konnten. Ich fand sehr viele Begleiter, und sie sind auf den folgenden Seiten immer präsent – mein herzlicher Dank an alle.

Die gemeinsame Arbeit am Buch half mir, ein paar Verhaltens- und Denkmuster zu begreifen, bei mir und bei anderen. Ich bin selbst keine Vegetarierin, esse aber vorwiegend fleisch- und fischlos. Das hat keinen ideologischen Hintergrund, es ist einfach Prägung: Ich bin mit Tieren aufgewachsen und verstehe mich sehr gut mit ihnen. In meiner Kindheit und Jugend aß man aus Sparsamkeit Kartoffeln, Gemüse, Salat und Nudeln. Meine Mutter ist eine ausgezeichnete Köchin, denn sie besitzt Phantasie. Ich lernte also eine fleischlose, oft einfache Küche in höchster Perfektion kennen. Noch heute esse ich am liebsten das Einfache – allerdings perfekt zubereitet und mit den besten Zutaten. Ich liebe die

Vielfalt der Formen und Farben von Gemüse und Früchten, ich mag den Duft von Kräutern und Gewürzen. Außerdem bin ich neugierig: Mich reizen die verschiedenen Sorten von Reis, Nudeln, Hülsenfrüchten und alle anderen Lebensmittel, die ich nicht kenne. Essen dient der Erhaltung des individuellen und kollektiven Lebens: Ob wir Felder bestellen oder Vorräte anlegen, unsere Kinder ernähren oder Gäste bewirten – immer geht es um uns selbst und um unsere Mitmenschen.

Bei Vegetariern ist das nicht anders. Vegetarisch mit Not, Askese oder Lustfeindlichkeit gleichzusetzen, scheint mir ein Missverständnis vieler Fleischesser zu sein. Fast überall auf der Erde galt Fleischessen als Luxus. Da man Luxus und Genuss gemeinhin als Einheit betrachtet, galt der Fleischesser als Gourmet. Fromme Männer und Frauen dagegen verzichteten auf Fleisch, Arme konnten es sich nicht leisten, und Gesundheitsbewusste lehnen es ab – aus Gründen, die nicht immer besonders rational sind. Daraus wiederum folgten die simplen Kategorien »Asket«, »Hungerleider« und »Spinner«. Was umgekehrt viele Vegetarier wohl aus Rache dazu verleitete, die »anderen« mit ethischen Maßstäben zu messen und – je nach dem Grad der eigenen Unsicherheit – auch zu verdammen.

Diese Polarisierung habe ich während meiner vielen Vorgespräche nicht ein einziges Mal empfunden. Zunächst war es nicht immer leicht, meine Idee zu vermitteln. Ich wandte mich ja nicht an Profis, die Fragen von Journalisten gewohnt und für PR durchaus zu haben sind. Ich konnte niemandem anbieten, ein Buch zu schreiben, sondern bat nur andere, mir bei meinem eigenen zu helfen. So musste es anfangs auf die meisten gewirkt haben, die ich ansprach. Dass dieses Buch ohne meine vielen Begleiter niemals entstanden wäre, wusste anfangs niemand, nicht mal ich selbst. Und obwohl ich nichts bieten, sondern nur bitten konnte, fand ich fast überall zuerst freundliches Gehör, bald Vertrauen, schließlich Unterstützung und Hilfe.

Zum Schluss möchte ich ein Erlebnis erzählen, das mich wie ein Foto über Jahre begleitet hat. Als ich von meiner imaginären Zeit- und Weltreise wieder zu Hause angekommen war, schien es mir wie ein Bild für dieses Buch und die Erfahrungen zu sein, die ich dabei gemacht hatte: Während meiner realen Reise nach Sri Lanka besuchte ich einen Tempel. Auf dem Boden saßen Frauen und Männer, versunken in ihre Gebete. Auf einem Altar hockte ein Affe und fraß Tempelblumen. Keiner fand das Tier störend, amüsant oder niedlich; es war einfach da, so selbstverständlich wie die Menschen. Und genauso selbstverständlich war ich da, die Fremde.

Roger E. Cope und Renata Sako-Hoess

María Díaz

Nora Dubral

DIE AUTOREN DER REZEPTE

Iris Bichelmaier-Zalszupin
Sie wurde am 30.9.1966 in Curitiba (Brasilien) geboren. Nach dem Besuch der Staatlichen Fachschule für Land- und Viehwirtschaft absolvierte sie verschiedene Praktika und Fortbildungen in diesem Bereich. Seit 1991 ist Iris in München verheiratet. Ihre Kenntnisse über die Produkte ihrer Heimat und ihre Begeisterung für brasilianische Küche waren ausschlaggebend, dass sie inzwischen einen privaten Service für Buffets und größere Essen anbietet.

Çoskun und Claudia Büyükgüçlü
Çoskun wurde am 1.7.1956 in Kilis (Türkei) geboren. Er kam bereits als Student nach Deutschland und lebt inzwischen seit 18 Jahren hier. Der Diplompolitologe betreibt zusammen mit seiner Frau Claudia in München einen Feinkostladen für Mittelmeerspezialitäten und einen Imbiss mit vorwiegend vegetarischen Gerichten. Der Grund, diesen Laden aufzumachen: Çoskun arbeitete nach dem Studium in der Lebensmittelbranche, interessierte sich für vollwertige Ernährung, kocht gern und wollte selbständig sein. Er hat mir die Verbindung von traditioneller türkischer Küche und der Europas, natürlichem Kochen und Feinschmeckerei gezeigt.

Roger E. Cope
Er wurde am 21.4.1941 in London geboren und lebt seit 25 Jahren in Deutschland, wo er als Systemingenieur tätig ist. Er kocht gern und gut – nicht nur englische Rezepte. Egal ob mit Formen für den typischen Christmas-Pudding oder einem authentischen Wok für asiatische Gerichte, Roger ist für sämtliche (Koch-)Aktivitäten bestens ausgerüstet.

Arun Das Gupta
Er wurde am 3.8.1932 in Kalkutta geboren, wo er nach dem Abitur in einer Maschinenfabrik eine Lehre absolvierte. Mit 22 Jahren kam er als Praktikant nach Deutschland. Während seines Maschinenbaustudiums in England lernte er seine spätere Frau, eine Deutsche, kennen, mit der er 1967 zurück nach München ging. Kochen hat Arun erst von einem indischen Freund in England gelernt, denn in Indien wäre ein Mann in der Küche undenkbar. Arun hat zwei Töchter, die beide in Deutschland studieren.

María Díaz
Sie wurde am 9.2.1970 in Pamplona geboren und lebt seit 1988 in Deutschland. Sie schloss ihr Studium der Ernährungs- und Hauswissenschaft mit dem Diplom ab, absolvierte verschiedene Praktika und ist als Ausbilderin in diesem Bereich tätig.

Nora Dubral
Sie wurde in Teheran geboren. Die Armenierin ist mit einem Deutschen verheiratet, lebt seit Jahren in Deutschland und beschäftigt sich am liebsten mit Kunst und Kultur, Kochen und Bewirten.

Ramata Ebersbach-Dabiré
Sie wurde am 21.4.1944 in Diébougou (Burkina Faso) geboren und kam mit 23 Jahren nach Deutschland, wo sie ein Studium absolvierte. Als Sozialarbeiterin betreut sie geistig Behinderte. In der freien Zeit, die ihr neben der Familie bleibt (sie ist mit einem Deutschen verheiratet, hat zwei Söhne), malt sie.

Michiyo Ernst
Sie wurde 1950 in Japan geboren und lebt seit 1974 in Deutschland. Sie ist verheiratet und hat zwei Kinder. Ihre Liebe zum Kochen vermittelt sie anderen mit großer Begeisterung bei den Kochkursen an der Volkshochschule.

Maria Fecondo
Sie wurde am 12.4.1952 in Ribera in der italienischen Provinz Agrigento geboren und lebt mit ihrer Familie (Kindern und Enkeln) seit über 20 Jahren in Deutschland.

Aurea Galarpe-Helbig
Sie wurde am 29.5.55 auf den Philippinen geboren, lebt seit 1980 in Deutschland und ist hier auch verheiratet. Die gelernte Apothekerin betreibt seit einiger Zeit in München ein eigenes Geschäft für philippinische Spezialitäten und Geschenkartikel.

Maria Paz Gonzalez
Sie stammt aus Asturien (Spanien), ist Lehrerin und lebt mit ihren drei Kindern seit 19 Jahren in Deutschland.

Josefine Helm
Sie wurde am 10.10.1944 in Pramet (Österreich) geboren. Neben ihrer Familie (sie ist verheiratet und hat zwei Kinder), der Arbeit im Einzelhandel und ihrem Mitwirken im Kirchenchor backt sie leidenschaftlich gern.

Dr. Phung Hoang
Sie stammt aus Vietnam und kam 1970 nach Deutschland. Sie studierte in Darmstadt Chemie und arbeitete nach der Promotion an der Münchner Universität. Weil sie sehr gerne kocht, gab sie dem Drängen ihrer deutschen Bekannten nach und eröffnete 1989 zusammen mit einer Freundin ein Restaurant in Gauting. Längerfristig ließen sich Lokal und Uni nicht kombinieren, so dass sie sich nun seit drei Jahren mit Hilfe ihrer Schwester ganz auf das Restaurant konzentriert.

Sun Hee Jun-Sailer
Sie wurde am 5.1.1952 in Milyang (Südkorea) geboren und kam nach dem Abitur 1972 nach Deutschland. Hier lernte sie Krankenpflege. Sie ist mit einem Deutschen verheiratet und hat zwei Kinder. Ich machte ihre Bekanntschaft vor einigen Jahren, als ich ein Haus von ihr und ihrem Mann mietete und von der Nachbarin erfuhr, dass Sun Hee so gut kochen kann.

Sombat Kaewchum-Rozmus
Sie wurde am 17.8.1952 in Bangkok geboren, lebt seit vielen Jahren als Haushälterin in Deutschland und kocht außerdem für große Veranstaltungen. Sie hat mir die Präzision der thailändischen Küche gezeigt.

Jutta Kogel
Sie wurde am 16.7.1948 in München geboren und ist 1989 in die USA emigiriert, wo sie mit ihrem Mann und zwei Söhnen in Kentucky im Staate Washington lebt. Dort betreibt sie einen Partyservice und kocht für große Veranstaltungen.

Galina V. Koptelzewa
Sie wurde am 18.11.1967 in Moskau geboren und studiert seit zwei Jahren in Deutschland.

Rosemarie Kraus
Sie wurde am 11.5.1946 im schweizerischen Kanton Obwalden geboren, lebt seit 1977 in Deutschland, ist hier verheiratet und als Krankenschwester voll berufstätig.

Vicky Krug
Sie wurde am 7.1.1954 in Tessaloniki (Griechenland) geboren. Seit 1973 lebt sie in Deutschland. Sie bezeichnet sich selbst als richtigen Familienmenschen. Natürlich kocht sie mit Begeisterung für ihren Mann und ihre zwei Kinder. Ihre hauswirtschaftlichen Kenntnisse kann sie in ihrer Beratungstätigkeit für Tupperware gut einsetzen.

Martha Lavallée
Sie wurde am 29.12.1934 in Budapest geboren. Von Beruf Journalistin, ist sie inzwischen »nur noch« als Hausfrau tätig. Daneben widmet sie sich ihren Hobbys – vor allem Reisen und der Lektüre politischer Bücher.

Elena Lupas
Geboren 1944 in Bukarest, lebt sie seit 1979 in Deutschland. Sie unterrichtet Englisch, hat ein Buch über die englische Renaissance und Shakespeare geschrieben und findet noch Zeit für ihren Mann und ihre zwei Kinder.

Lyne Manuel
Sie wurde 1946 in Dijon geboren, kam 1967 nach Deutschland, ist hier verheiratet und hat zwei Söhne. Sie arbeitet im Datenmanagement, im Bereich klinischer Studien. Ihre Rezepte greifen die bäuerlichen Elemente auf und veredeln sie für den französischen Geschmack.

Athanase Mariggis
Sie wurde am 5.9.1964 in Griechenland geboren, lebt seit 1974 in Deutschland. Nachdem das zweite Kind gerade auf die Welt gekommen ist, widmet sich die ehemalige Filialleiterin einer Bank jetzt ganz ihrer Familie. Sie kocht gerne, aber am liebsten backt sie.

Martha Lavallée

Lyne Manuel

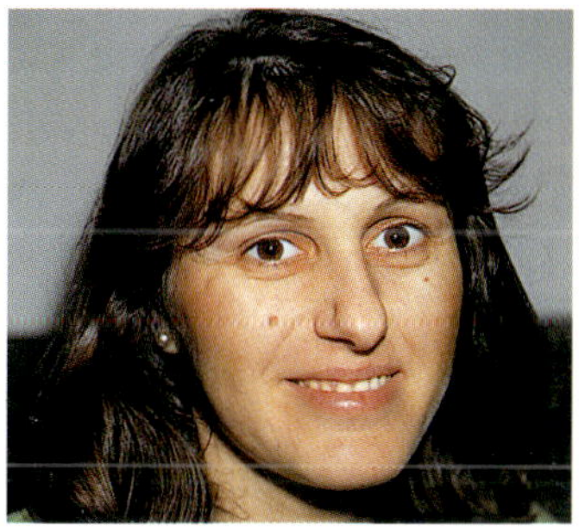
Athanase Mariggis

Lina und Albrecht Neudecker

Helga Pucker

Carmen Ramirez-Königsbauer

Cecilie Messmer
Sie stammt aus Rorschach, also von der Schweizer Seite des Bodensees, lebt seit 44 Jahren in Deutschland und ist eine begeisterte Köchin, die gern Neues ausprobiert.

Sonja Rye Mortensen
Geboren am 4.7.1957 in Skanderup (Dänemark), wuchs sie auf einem Gutshof auf, studierte Ökotrophologie und arbeitet selbständig als PR-Beraterin. Kochen und Reisen gehören zu ihren Hobbys.

Lina Neudecker
Sie wurde am 22.2.1960 in Jakarta (Indonesien) geboren. Die Mathematikdozentin lebt seit 1994 in Deutschland, ist hier verheiratet und hat gerade ihr zweites Kind bekommen.

Zenaida Panganiban
Sie wurde am 25.1.1963 in Manila (Philippinen) geboren, wo sie auch ihr Studium der Kommunikationswissenschaften abschloß. 1968 verbrachte sie bereits einige Zeit in München, hielt Deutschkurse für Ausländer an der Universität ab und organisierte Reiseprogramme.

Ramola Parbhoo
Sie wurde 1952 in Port Elizabeth (Südafrika) geboren. Ihre indische Abstammung und ihr Verwurzeltsein im Hinduismus sind eingeflossen in ihren Beruf: die Verbreitung der indischen Küche, wobei sie sich natürlich ganz besonders mit vegetarischer Ernährung befasst. Ramola zog 1980 mit ihrer Familie nach Kapstadt, eröffnete dort Südafrikas erste Schule für indische Kochkunst, schrieb zahlreiche Bücher und versuchte immer, die verschiedenen kulturellen Elemente möglichst erfolgreich zu integrieren.

Helga Pucker
Sie wurde am 25.1.1953 in Wien geboren, wo sie auch Geschichte und Germanistik studierte. Seit 1980 lebt sie mit ihrem Mann und drei Kindern in Gräfelfing. Sie liebt Nudelgerichte, Pizza und Schokoladenkuchen; Fleischgerichte gibt es kaum, auch wenn sie sich nicht als Vegetarierin bezeichnet.

Carmen Ramirez-Königsbauer
Sie wurde am 8.8.1956 in Andahuylas (Peru) geboren. Nach ihrem Studium in Lima und den USA ging sie 1979 nach Deutschland. Sie arbeitet seit 16 Jahren in der Erwachsenenbildung, hat eine Tochter und engagiert sich in der lateinamerikanischen Kulturszene.

Joëlle Ribas
Sie wurde am 8.9.1957 in Perpignan (Südfrankreich) geboren. Nach ihrem Studium der französischen, lateinischen und englischsprachigen Literatur an der Universität von Toulouse war sie mehrere Jahre als Lehrerin tätig, bevor sie sich dem Verlags- und Buchwesen zuwandte. Seit 1996 lebt Joëlle in München, wo sie inzwischen als freie Lektorin und Verlagsassistentin arbeitet.

Janja Rieser
Geboren am 25.1.1966 in der thailändischen Provinz Prae, wuchs sie auf dem Bauernhof ihrer Familie auf. Bei ihrer Cousine lernte Janja das Kochen; dabei war ihr das Wichtigste, durch Ausprobieren herauszufinden, welche Kombinationen miteinander harmonieren. Bei ihrer Arbeit in einem Restaurant auf der Insel Sqmed lernte sie ihren Mann kennen. Vor sieben Jahren kamen sie nach Deutschland.

Natalia Rykova
Sie wurde am 12.11.1964 in Kischinew, der Hauptstadt Moldawiens, geboren. Nach einem Chemiestudium in Odessa ließ sie sich als Krankengymnastin ausbilden. Sie lebt seit 1991 in Deutschland, hat eine Tochter und arbeitet in der Prävention und Rehabilitation.

Renata Sako-Hoess
Geboren am 3.6.1961 in Preßburg, kam sie 1968 aus politischen und familiären Gründen in die Bundesrepublik. Sie schloss ihr Studium der Germanistik und Slawistik in München mit dem Magister ab. Heute arbeitet sie als Lehrbeauftragte für Slowakisch, als Übersetzerin und Dolmetscherin und auf freiberuflicher Basis für das Kulturreferat der Stadt München, für das sie u.a. die Betreuung der osteuropäischen Stipendiaten übernommen hat.

Sonja Samouh
Sie wurde am 6.3.1949 geboren und ist Chefsekretärin. Die marokkanische Küche lernte sie durch ihren aus Casablanca stammenden Mann kennen.

Ewa Schimmer
Sie wurde am 9.11.1954 in Stockholm geboren, kam bereits 1965 nach Deutschland, ist hier verheiratet und hat zwei Kinder. Sie unterrichtet Biologie, Chemie und Schwedisch am Gymnasium.

Natalia Schkunajeva
Sie wurde am 6.7.1944 in Buchara (Usbekistan) geboren. Sie ist Russin, lebt seit 1992 in Deutschland, ist hier verheiratet und hat eine Tochter. Natalia arbeitet als Architektin.

Marina Schlichter
Sie wurde 1959 in Moskau geboren. Sie lebt seit 1990 in Deutschland, ist als Übersetzerin tätig und hat einen Sohn.

Llermi Schröder
Sie wurde am 29.10.1949 in Mexiko-Stadt geboren, wo sie die deutsche Schule besuchte. 1971 übersiedelte sie nach München, absolvierte eine Ausbildung zur mathematisch-technischen Assistentin und legte ein Sprachdiplom am Goethe-Institut ab. Sie ist verheiratet, hat zwei Söhne und arbeitet halbtags an der Universität.

Miguel Angel Servidio
Er wurde am 14.9.1967 in Buenos Aires (Argentinien) als Sohn italienischer Eltern geboren. Natürlich zog es ihn, als er 1987 nach Europa ging, zuerst nach Italien. Seit 1989 lebt er in Deutschland. Schon als Kind kochte Miguel gern; heute ist er Koch und kennt sich mit der südamerikanischen und italienischen Küche gleichermaßen gut aus.

Arnoldo da Silva-Pereira
Er wurde 1974 in Brasilia geboren. Als Mitglied der nationalen Schüler- und Studentenvereinigung war er mehrere Jahre aktiv in der Jugend- und Kulturarbeit tätig. Seit einem Au-pair-Aufenthalt in München im Sommer 1993 lebt er hier und bereitet sich zur Zeit auf das Studium der Sonderpädagogik vor.

Marina Tek
Sie stammt aus Phnom Penh (Kambodscha), wo sie als ältestes von neun Kindern chinesischer Herkunft aufwuchs. 1980 wanderte sie wegen des Krieges nach Deutschland aus. Ihre Leidenschaft ist Kochen. Sie probiert ständig neue Gerichte aus, dabei ist und bleibt ihre Spezialität aber die chinesische Küche.

Bilha Widmann
Geboren am 26.1.1950 in Israel, zog sie 1980 nach Deutschland, ist hier verheiratet und Mutter zweier Söhne. Bilha leitet die Kochkurse der Jüdischen Gemeinde Münchens.

Tutty Wilpernig
Sie wurde am 21.11.1956 in Bandung (Indonesien) geboren und lebte mehrere Jahre in Taiwan und Pakistan, so dass sie die Gerichte der unterschiedlichsten Länder kennen lernte. Heute ist sie in Deutschland verheiratet. Von ihr habe ich gelernt, dass Kochen nicht in einem Land bleibt und Küchen sich kreativ vermischen.

Erdogan Yarar
Geboren 1957 in Niktes (Mittelanatolien), betreibt er zusammen mit seiner Frau einen Feinkostladen mit Imbiss im Hamburger Univiertel. Er kam 1979 nach Deutschland und arbeitete als Koch in Köln, Frankfurt und in Hamburg. Dort lernte er auch seine Frau kennen, die ebenfalls aus der Türkei stammt und mit der er zwei Kinder hat.

Michiko Yoshihara-Fink
Sie wurde am 28.8.1954 in Osaka geboren. Die Textildesignerin lebt seit 18 Jahren in Deutschland und hat ein Kind.

Xiaoyan Zhang
Geboren am 15.12.1962 in China, lebt sie seit 1988 in Deutschland. Die gelernte Bauingenieurin ist verheiratet und Mutter zweier Kinder. Seit ihrem 13. Lebensjahr ist sie eine leidenschaftliche Köchin. Außerdem gibt sie Kurse in Tai Chi und Chi Gong.

Natalia Rykova

Arnoldo da Silva-Pereira

Tutty Wilpernig

Vorspeisen

Imbiss in China heißt auch eine Auswahl an Kleinigkeiten.

TAPAS, HORS D'ŒUVRES, SUSHI

HÄPPCHEN ZUM ENTSPANNEN

Edle Vorspeise, kleines Häppchen als Gaumenkitzel oder schneller Imbiss in der Arbeitspause – kulinarisch läßt sich das in vielen Ländern der Erde nicht ganz scharf trennen.

An dem, was wir vor dem Essen zum Aperitif knabbern, als Tapas zum Sherry essen, als traditionsreiches Hors d'œuvre genießen oder zeitgeistmäßiges Amusegueule kredenzt kriegen, was wir uns von der russischen Zakuski-Tafel holen, in Chinarestaurants als Dim Sum oder »beim Japaner« als Sushi bestellen, kann man zwei Entwicklungen ablesen: Die eine führt durch die Zeit, die andere durch die Welt.

Vorspeisen oder »Voressen«, wie es im berühmtesten deutschen Barockroman, dem Simplicissimus von Grimmelshausen, heißt, dienten der höfisch-feudalen Gesellschaft einst als fette und kräftige Grundlage, die reichlichen Alkoholgenuss ermöglichte. Eine russische Vorspeisentafel scheint mir noch in diese Zeit zurückzureichen: »Zakuski entstanden aus der Gewohnheit, eine Kleinigkeit zum Wodka zu essen«, sagte mir Marina Schlichter. Und so lautet auch die korrekte Übersetzung: Häppchen zum Getränk. Zakuski schlagen gleichzeitig die Brücke zur Moderne, denn Blini zum Kaviar, Fisch in Aspik oder würzige Salate mit Mayonnaise gehören nicht mehr zur großen kulinarischen Show, sondern zum reichhaltigen Buffet, das auf Qualität vor Quantität setzt. Im 19. Jahrhundert, dem Jahrhundert der Bürger, wurde nicht mehr geprasst und gesoffen – dazu waren die Bürger zu gottesfürchtig und zu sparsam. Aber viele von ihnen waren reicher als der Adel und deshalb höchst selbstbewusst, sie waren gebildeter und sehr kultiviert. So wurden aus den gewaltigen Voressen zum Hochprozentigen im Laufe der Zeit die erlesenen, kleinen Vorspeisen zum leichten Aperitif.

Tapas, Hors d'œuvres, Dim Sum und Sushi sind ebenfalls miteinander verwandt. Ursprünglich waren sie die kleinen Häppchen zum Erholen während der Arbeitspause oder zum Entspannen am Feierabend – »hors d'œuvre« heißt: außerhalb der Arbeit. Um die Mitte des vorigen Jahrhunderts änderte sich die Art des Servierens. Hatten vorher die Diener mit jedem Gang zur Tafel eine ganze Palette von Speisen zur Auswahl für die Gäste gebracht, wurde den Gästen nun beim neuen »service à la russe« bei jedem dieser Gänge nur ein Tellergericht vorgesetzt. Es heißt, hinter dieser kulinarischen Neuerung habe die Politik gestanden und Initiator des Ganzen sei der Gesandte des russischen Zaren gewesen. Man habe

Tapas, die kleinen Häppchen, gehören in Spanien zum Aperitif.

Die Vorspeisentafel in Kasachstan zeigt die kulinarischen Einflüsse aus den angrenzenden Regionen und die für traditionell muslimische Gesellschaften übliche Trennung der Geschlechter: Auch beim Essen sind sowohl Männer als auch Frauen nur unter sich.

Eine strenge Speisenfolge wie in Europa kennt man in Asien nicht. Alle Gerichte kommen gemeinsam auf den Tisch – egal ob in der Arbeitspause, zu Hause oder beim Festessen. Jeder nimmt, worauf er gerade Lust hat.

sich nun – unbelastet von der Qual der Wahl und eines übervollen Bauchs – den diplomatischen Winkelzügen bei gepflegter Konversation widmen können.

Ich halte das für eine sehr eurozentrische Erklärung; selbstverständlich haben Menschen aller Länder schon immer erlesenes Speisen und kultiviertes Tischgespräch miteinander verbunden, haben Chinas Diplomaten, Indiens Maharadschas, Japans Schogune beim Essen hohe Politik gemacht. Und in diesen Ländern kommen die Gerichte noch heute gemeinsam auf den Tisch, ähnlich wie beim alten europäischen »service à la française«.

In Europa jedenfalls wandelte sich mit dem Service auch die Bedeutung des Hors d'œuvre: Jetzt verstand man unter »œuvre« nicht nur ganz konkret die Arbeit, sondern das Schaffen. Es wurde das Werk des Künstlers, auch des Kochkünstlers, der ein Menü komponierte. Den Auftakt dieses kulinarischen Kunstwerks bildete das Hors d'œuvre. In den ländlichen Gegenden Europas, wo man sich nicht streng an die Regeln der klassisch-bürgerlichen Menüfolge hielt, und in asiatischen Ländern, die eine ganz andere Speisenfolge kennen, bedurfte es keiner Hors d'œuvres; Tapas und Antipasti, Meze, Dim Sum und Sushi blieben, was sie waren – die wunderbaren, kleinen Häppchen zum Erholen und Entspannen.

Ich glaube, dass sich in den letzten Jahren kulinarisch wieder vieles geändert hat. An die Stelle des exakt komponierten Menüs können andere Arten des Genießens und Bewirtens treten: Bistro und Döner-Kebab-Stand, Asienimbiss und Sushi-Bar, Raki-Tafel und Vorspeisenbuffet liegen im Trend. Das ist so international wie traditionell: Die Garküchen des alten Europa kehren über den Osten wieder zurück und machen dem konfektionierten Fastfood aus dem Westen endlich Konkurrenz.

Mit Hartkäse am besten

Erdogan Yarar nimmt für die Armenfrikadellen Kasar peyniri, den harten türkischen Schafkäse: »Er schmeckt mild und passt gut zu einem so starken Würzkraut wie Pfefferminze. Beim Erhitzen wird er weich, ohne zu laufen – man kann die Frikadellen also gut aus der Hand essen. Als Alternative empfehle ich pikanten Schafkäse aus Korsika. Feta, der bekannte weiche Frischkäse in der Lake, eignet sich nicht.«

Armenfrikadellen
Fakir Koftesi

Aus der Türkei

Die kleinen Pflänzchen aus Kartoffelteig mit einer würzigen Füllung aus festem türkischem Schafkäse und gemischten Kräutern stammen aus Mittelanatolien. Dort isst man sie mit Tomatensauce als Hauptgericht. Erdogan Yarar serviert sie in seinem Laden heiß oder kalt als Imbiss und empfiehlt sie fürs Vorspeisenbuffet.

Für 6 Portionen
6 große Kartoffeln
4 Eier
Salz, Pfeffer
Geriebene Muskatnuss
50 g Semmelbrösel
200 g türkischer Schafkäse (siehe links)
2 Hand voll Kerbel, Petersilien- und Pfefferminzblättchen (gemischt)
Öl zum Braten

Dauert etwa 1 1/2 Stunden

› Die Kartoffeln mit der Schale gerade eben weich kochen, pellen und fein reiben.

› 2 Eier, Salz, Pfeffer und Muskatnuss zufügen und alles mit den Händen zu einem Teig kneten.

› Die restlichen Eier in einem tiefen Teller verquirlen. Semmelbrösel auf einem anderen Teller bereitstellen.

› Den Schafkäse reiben und mit den fein gehackten Kräutern mischen.

› Aus dem Kartoffelteig etwa tischtennisballgroße Klöße formen, mit der Käse-Kräuter-Mischung füllen und wie Frikadellen leicht flach drücken. In Eiern und Semmelbröseln panieren.

› Öl in einer großen Pfanne erhitzen. Frikadellen bei mittlerer Hitze auf der Unterseite etwa 5 Minuten braten, bis sie sich leicht vom Pfannenboden lösen. Frikadellen wenden und auf der zweiten Seite in weiteren 3 bis 4 Minuten goldbraun braten.

Kalter Spinat mit Sesam
Hourenso no Goma-ae

Aus Japan

Japanisches Essen trägt keine Phantasienamen; es wird nach Zutaten oder Zubereitung benannt. Wörtlich übersetzt heißt dieses kleine Gericht: Spinat (Hourenso) und Sesam (Goma) gemischt (ae). In Japan ist Spinat genau wie bei uns ein Frühlingsgemüse. Dann gibt es auch die beste Sorte mit kräftigen, dunkelgrünen Blättern. Michiyo Ernst richtet die Vorspeise auf weiß-blauen oder rein weißen Porzellanschälchen an.

Für 4 Portionen
Gewürzmischung
1/4 TL Seetangbrühe (instant)
2 EL Wasser
1 1/2 EL Mirin
1 1/2 EL Sojasauce
Gemüse
200 g Herbst- oder Winterspinat
1 1/2 EL Sojasauce
1 Prise Salz
2 EL Sesamsamen

Dauert etwa 45 Minuten

› Für die Gewürzmischung das Brühepulver mit Wasser, Mirin und Sojasauce kurz aufkochen. Beiseite ziehen und abkühlen lassen.

› Spinat verlesen, putzen, gründlich waschen und in sprudelnd kochendem Salzwasser etwa 15 Sekunden blanchieren, bis er intensiv dunkelgrün ist.

› Auf ein Sieb abgießen und mit dem Sieb sofort in eine Schüssel mit eiskaltem Wasser tauchen, damit er so schön grün bleibt.

› Spinat im Sieb gut abtropfen lassen, mit den Händen ausdrücken und grob zerkleinern. Mit Sojasauce beträufeln und 1 bis 2 Minuten ziehen lassen.

› Spinat mit den Gewürzen mischen. Auf Schälchen anrichten und mit Sesam bestreuen.

Die walnussgroßen, außen knusprigen, innen saftig-weichen Bällchen gehören in Brasilien zu den typischen Snacks; es gibt sie in jedem Einkaufszentrum, in Imbissbuden und Konditoreien.

Käsebällchen
Pão de Queijo

Aus Brasilien

»Brot aus Käse« heißen die Bällchen auf Portugiesisch, sie kommen aus Minas, dem Bundesstaat nordwestlich von São Paulo. Iris Bichelmaier-Zalszupin backt sie als Partysnacks und serviert sie heiß.

Für 30 Stück
250 g Tapiokamehl
Salz
75 g Margarine
1 EL Weizenmehl
3 Eier
125 g junger Gouda und Emmentaler (gemischt)
30 g Parmesan
Dauert etwa 2 1/2 Stunden
Arbeiten müssen Sie etwa 30 Minuten

› Tapiokamehl und Salz in einer Schüssel mischen. Margarine schmelzen, aber nicht bräunen, und darüber gießen. Weizenmehl und Eier zufügen und alles mit den Knethaken des Handrührers vermischen.

› Alle drei Käsesorten fein reiben und mit den Händen unter den Teig kneten. Teig in der Schüssel mit den Händen so lange kräftig durchkneten, bis er sich vom Schüsselrand löst. Nun auf die Arbeitsfläche geben und weiter kneten, bis er nicht mehr klebt.

› Zugedeckt bei Zimmertemperatur etwa 1 Stunde ruhen lassen. Backofen auf 220 °C (Umluft, 200 °C; Gas, Stufe 4) vorheizen.

› Etwa walnussgroße Bällchen formen und auf gefettete Backbleche legen. Bällchen in den heißen Ofen (mittlere Schiene) schieben und etwa 20 Minuten backen, bis sie schön goldbraun sind. Heiß servieren.

Käse in Brasilien

Von Iris Bichelmaier-Zalszupin weiß ich, dass Käse in jeder Form zu den Favoriten der Brasilianer gehört: »Wir schneiden die warmen Bällchen auf und füllen sie mit etwas Butter und Schmelzkäse.« Für die Originalbällchen aus Minas nimmt man Queijo de Minas, einen leicht gesalzenen Kuhmilch-Frischkäse mit einer ähnlichen Konsistenz wie Mozzarella. Iris backt damit lieber heiße Käsetörtchen zum Nachmittagskaffee – als Variante zum Rezept links: Einen weichen Teig mit etwa 1 1/2 Tassen Milch kneten, den geriebenen Käse weglassen. Kleine Formen fetten, mit dem Teig füllen und mit einem Stück Mozzarella belegen.

Heisse Häppchen aus der Garküche

Sie sind Asiens Fastfood – meist gesünder als Cheeseburger mit Fritten und kulinarisch jedenfalls viel interessanter: Pakoras (im Rezept unten) gehören zum gesamten indischen Subkontinent, Galgappa oder Puri (Foto rechts unten; Rezept auf Seite 105) ist typisch für Bengalen, den Bundesstaat an der Grenze zu Pakistan: Das Brot aus dem tiefen Fett bläht sich beim Frittieren auf wie ein Luftballon. Man tunkt es heiß in eine saure Sauce mit Tamarindensaft.

Straßenimbisse finden Sie in allen großen Städten Asiens. Hier ist es eine Garküche in Pakistan.

Gebackenes Gemüse im Teig

Pakoras

Aus Pakistan

Tutty Wilpernig würzt den Pakorateig mit gröberem Chilipulver statt staubfeinem Cayennepfeffer. So kann sie die Schärfe besser dosieren: Reines Chilipulver ist brennend scharf, mit anderen Gewürzen gemischtes etwas milder. Zum Gemüse trinkt man Chai, eine Mischung aus schwarzem Tee, Zucker, Milch und Wasser, die aufgekocht und heiß serviert wird.

Für 4 Portionen
100 g Mehl
150 ml Wasser
1 TL Salz
1 TL gehackte Pfefferminzblätter (frisch oder getrocknet)
3/4 TL rotes Chilipulver
1 Messerspitze Kreuzkümmel
1 Messerspitze Zimtpulver
1/4 TL Pfeffer
1 TL Currypulver
500 g gemischtes Gemüse (wie Kartoffeln, Zwiebeln, Blumenkohl, Pilze und Auberginen)
Öl zum Frittieren
Dauert etwa 1 Stunde

Wenn die Fladenbrote fertig sind, lösen sie sich von der Backofenwand und werden herausgenommen.

› Mehl mit Salz, Pfefferminze und den Gewürzen mischen. Wasser zugießen und alles mit einem Schneebesen zu einem glatten Teig rühren. Bei Zimmertemperatur zugedeckt quellen lassen, bis das Gemüse vorbereitet ist.

› Gemüse und Kartoffeln schälen oder putzen, waschen, trockentupfen und in mundgerechte Stücke schneiden.

› Öl in einem hohen Topf oder einer Fritteuse erhitzen. Die Gemüsestücke nacheinander in den Teig tauchen und im Öl braun und knusprig ausbacken. Mit dem Schaumlöffel herausnehmen, auf einer Lage Küchenpapier abtropfen lassen und heiß servieren.

»Pakoras sind sowohl Imbiss als auch fester Bestandteil eines Menüs.«

TUTTY WILPERNIG

Wakame

Zur Küche Ostasiens gehören verschiedene Meeresgemüse. Eine Art dieser essbaren Algen sind Wakame – oder Miok, wie sie in Korea heißen – für Mariniertes (siehe Rezept), Salate und Suppen (Rezept auf Seite 80). Wakame werden in den warmen Küstengewässern des Pazifiks kultiviert, im Frühling und Frühsommer frisch auf den Märkten verkauft. Die Mengen sind erstaunlich: Allein in Japan werden über 200 Millionen Kilogramm geerntet. Außerhalb der Saison und bei uns gibt es getrocknete Wakame. Für die Zubereitung weicht man sie ein und schneidet eventuell harte Rippen heraus. Sie können sie auch wie Spinat eine halbe Minute sprudelnd kochen und eiskalt abschrecken, damit sie die schöne grüne Farbe behalten. Nur Instantwakame streut man gleich aus der Packung in Suppen oder gedünstetes Gemüse. Wakame sind frei von Kalorien, doch – wie jedes Meeresgemüse – sehr reich an Nährstoffen: Wie Milchprodukte liefern die Algen Kalzium, wie Meeresfisch enthalten sie Jod, wie Vollkornbrot Vitamin B1, wie frisches Gemüse und Obst Vitamin C.

Auch ohne feste Regeln legt man in Japan großen Wert auf die Harmonie der Farben und Formen.

Gurke und Wakame in Marinade

Wakame to Kyuri no aemono

Aus Japan

Gurken mit dem Meeresgemüse Wakame in leichter Marinade stammen aus dem Kochrepertoire von Michiyo Ernst. Auf den ersten Blick wirkt die Vorspeise ganz unverwechselbar japanisch: mit wenigen Zutaten, klaren Farben und genau abgestimmten Formen. Doch wer die Küchen der vielen Länder Asiens besser kennt, entdeckt Gemeinsamkeiten: Da besteht die Marinade aus reichlich Zucker wie in Thailand, helle Sojasauce ersetzt Salz wie in Korea, Ingwer gibt sanfte Schärfe wie in Indien, Essig aus Reiswein (siehe Seite 51) steuert milde Säure bei, wie man es in China und ganz Südostasien schätzt. Den Bezug zu Europa schafft Wakame: An der Atlantikküste sind Algen als Salat und Gemüse so beliebt wie im Fernen Osten.

Für 4 Portionen
1/2 Salatgurke
Salz
5 g getrocknete Wakame (siehe links)
1 EL Sojasauce
1/2 EL Zucker
3 EL japanischer Reisessig
1 Stück frischer Ingwer (knapp 1 cm)

Dauert etwa 40 Minuten

› Die Gurke waschen, längs halbieren und in sehr dünne Scheiben schneiden. In eine Schüssel geben, salzen, durchmischen und 3 Minuten ziehen lassen. Mit den Händen gut ausdrücken und auf Küchenpapier abtropfen lassen.

› Wakame etwa 5 Minuten in warmem Wasser einweichen und ebenfalls wieder gut ausdrücken.

› Sojasauce, 1/2 Teelöffel Salz, Zucker und Reisessig in einer Schüssel verrühren. Gurkenscheiben und Wakame untermischen. Auf Schälchen verteilen.

› Ingwer schälen. In nadelfeine Streifen schneiden und darüber streuen.

Teigtaschen mit Gemüse und Glasnudeln

Pastel

Aus Indonesien

In Indonesien holt man Pastel als Imbiss aus der Garküche. Lina Neudecker serviert sie auch als kleines Abendessen mit Sambal Tomat, einer scharfen Tomatenpaste (Rezept auf Seite 224).

Für 4 Portionen
Teig
50 g Butter
75 ml Wasser
1/2 TL Salz
250 g Mehl
1 Ei
Füllung
40 g Glasnudeln
6 Schalotten
2 Knoblauchzehen
150 g Möhren
100 g Kartoffeln (fest kochende Sorte)
150 g grüne Bohnen
1 Stange Sellerie
3 EL Öl
1 TL Salz
1 TL weißer Pfeffer
1 Prise Muskat
1/2 TL Zucker
5 EL Wasser
Dauert etwa 2 Stunden

› Butter mit Wasser und Salz erwärmen, bis die Butter geschmolzen ist. Mehl mit dem Ei vermischen. Die lauwarme Buttermischung zugeben und alles zu einem Teig verkneten.

› Glasnudeln in lauwarmem Wasser etwa 10 Minuten quellen lassen.

› Schalotten und Knoblauch fein hacken. Möhren und Kartoffeln schälen und waschen, Bohnen und Sellerie putzen. Alle diese Zutaten in ganz kleine Würfel schneiden.

› Öl erhitzen, Schalotten und Knoblauch darin bei schwacher Hitze glasig braten. Salz, Pfeffer, Muskat, Zucker und Wasser zugeben. Zerkleinertes Gemüse untermischen und schmoren, bis das Wasser eingekocht und die Füllung ziemlich trocken ist.

› Abgetropfte Glasnudeln mit einer Küchenschere in kleine Stücke schneiden und ebenfalls untermischen.

› Den Teig etwa 2 bis 3 Millimeter dünn ausrollen und mit einer großen Tasse zu etwa 12 Zentimeter großen Scheiben ausstechen. Auf jede Scheibe einen knappen Esslöffel Füllung geben. Teig zu einem Halbmond zusammenklappen. Die Teigränder mit Daumen und Zeigefinger zusammendrücken und dabei leicht nach oben biegen, so dass ein gewellter Rand entsteht.

› Das Öl in einem hohen Topf oder einer Fritteuse erhitzen, die Teigtäschchen darin etwa 10 Minuten bei mittlerer Hitze goldgelb ausbacken.

Zellophannudeln

Glasnudeln bestehen aus Wasser und Pflanzenstärke: Bei den dünnen Fäden, die durchs Einweichen transparent werden, ist es Mungobohnenstärke.

Indonesische Pastel schmecken heiß oder kalt mit einer scharfen Sauce.

Gefülltes Gemüse

Fast alle Länder steuern ihre Variation zum Thema bei, und einige finden Sie in diesem Buch versammelt.
Nora Dubral füllt ihre Tomaten nicht mit Fleisch wie das russische Original, sondern mit gemischtem Gemüse.
Mexiko ist mit Llermi Schröders gefüllten Paprikaschoten (Rezept auf Seite 143) vertreten, die Türkei mit Erdogan Yarars Selleriescheibchen in Olivenöl (Rezept auf Seite 39).
Gurken mit buntem Reis und Ei (Rezept auf Seite 34) hat Maria Paz Gonzalez aus Spanien aufgeschrieben.

Dicke Sommertomaten mit viel Gemüse schmecken kalt als Vorspeise so gut wie warm mit Reis. Wichtig fürs Aroma sind gute Tomaten: Früchte mit grünen Stellen lässt man auf der sonnigen Fensterbank nachreifen.

Gefüllte Tomaten
Farshirowka

Aus Russland

Nora Dubral serviert ihre Farshirowka immer als Vorspeise: Sie lässt die Tomaten im Schmorsud kalt werden, damit sie besonders würzig sind, und richtet sie auf Portionstellern mit Bohnensalat an. Dazu gibt es Fladenbrot oder Baguette.

Für 6 Portionen
6 Fleischtomaten
2 kleine Zwiebeln
5 Lauchzwiebeln
400 g Möhren
4 EL Öl
1 EL Tomatenmark
2 1/2 EL Wasser
1 TL getrocknetes Basilikum
Salz
Cayennepfeffer
1/2 Bund Petersilie

Dauert etwa 1 1/2 Stunden

› Fleischtomaten waschen und einen »Deckel« abschneiden. Tomaten mit einem Löffel aushöhlen und das Fruchtfleisch auf einem Teller beiseite stellen. Zwiebeln hacken, das Weiße der Lauchzwiebeln in feine Ringe schneiden. Möhren würfeln.

› Öl erhitzen, Zwiebeln und Lauchzwiebeln darin bei schwacher Hitze glasig braten. Möhren kurz mitbraten.

› Das Tomatenmark mit dem Wasser verrühren, mit Basilikum, Salz und Cayennepfeffer würzen und zur Gemüsemischung geben. Gemüse 10 Minuten bei schwacher Hitze garen, mit der gehackten Petersilie mischen und lauwarm abkühlen lassen.

› Tomaten mit dem Gemüse füllen, nebeneinander in einen Topf setzen und die »Deckel« auflegen. Das ausgehöhlte Tomatenfleisch mit eventuell übrig gebliebener Füllung mischen und neben die Tomaten geben.

› Tomaten zugedeckt bei mittlerer bis schwacher Hitze 30 Minuten und im offenen Topf noch 10 Minuten garen.

Zigarrenbörek mit Dill-Käse-Füllung

Sigara Böreği

Aus der Türkei

Auf den einfachsten Nenner gebracht, bestehen Böreks aus hauchdünnem Teig mit einer Füllung aus Fleisch oder Käse. Je nach Art der Zubereitung werden sie dann benannt: Peynirli Böreği etwa ist Schafkäse, Kasar peyniri, in einer Teighülle, Sigara Böreği sind wie Zigarren gerollt. Çoskun Büyükgüçlü füllt sie mit einer feinen Mischung aus frischem Dill, weichem Feta und mildem Paprika.

Für 24 Stück

12 Blätter Yufka-Teig (dreieckig geschnitten)
2–3 Bund Dill (ca. 50 g)
100 g Feta
1 Prise edelsüßes Paprikapulver
1 Prise Pfeffer
1 Ei
200 ml Öl zum Braten

Dauert etwa 1 Stunde

› Die Teigblätter der Länge nach mit einer Küchenschere durchschneiden. Dill fein zerkleinern, mit dem zerbröckelten Käse Paprika und Pfeffer mischen. Das Ei verquirlen.

› Die Blätterteig-Dreiecke am oberen, breiten Rand gleichmäßig mit Füllung belegen und zur Spitze hin wie eine Zigarre aufrollen. Den Teigrand mit etwas Ei bestreichen und festdrücken.

› Öl in einer großen Pfanne erhitzen und die »Zigarren« portionsweise darin goldbraun backen. Auf Küchenpapier kurz abtropfen lassen und warm servieren.

Geröstete Brote mit Artischockencreme

Crostini con crema di carciofi

Aus Italien

Für 4 Portionen

1 kleines Glas eingelegte Artischockenherzen
1 Knoblauchzehe
1 Stück unbehandelte Zitronenschale
100 g Parmesan
1 EL Olivenöl
1 TL Zitronensaft
Weißer Pfeffer
Salz
4 Scheiben italienisches Weißbrot
1 EL gehackte Petersilie

Dauert etwa 30 Minuten

› Den Backofen auf 250 °C (Umluft, 220 °C; Gas, Stufe 5) vorheizen.

› Artischockenherzen etwas abtropfen lassen. Mit abgezogenem Knoblauch, der Zitronenschale, zerbröckeltem Käse und Öl im Blitzhacker pürieren, mit Zitronensaft, Pfeffer aus der Mühle und Salz würzen.

› Brotscheiben auf einem Backblech im heißen Backofen in etwa 5 Minuten goldgelb rösten. Mit der Artischockencreme bestreichen, mit Petersilie bestreuen und heiß servieren.

Crostini von früher

Vor vielen Jahren war ich in einer kleinen Trattoria auf dem Land zwischen Florenz und Siena. Dort kochten zwei Frauen, und zwar für mich als Pizza gewohnte Touristin so exzellent, dass ich es bis heute nicht vergessen habe. An den Namen der Trattoria kann ich mich nicht mehr erinnern, denn damals hatte ich noch gar nichts mit Kochen zu tun, ging zum Essen noch ohne Notizbuch. Vorweg gab es knusprige Crostini mit Artischockenmus. Zu Hause habe ich sie nachgebacken – mit Artischocken aus der Dose, denn Anfang der achtziger Jahre hat man zarte, italienische Artischocken in Deutschland noch nicht frisch bekommen. Heute nehme ich in Olivenöl eingelegte Artischocken. So sind die Crostini rasch fertig und schmecken fast so gut wie bei den beiden Frauen in der Toskana.

Yufka-Teigblätter aus Mehl, Wasser und Salz nimmt man in der türkischen und griechischen Küche für herzhafte und süße Gerichte. Die Teigblätter können Sie am besten mit einer Küchenschere schneiden und ganz leicht verarbeiten: Sie sind erstaunlich »reißfest«.

Tips zum Einlegen

Galina Koptelzewa nimmt für ihre Salzgurken am liebsten Twist-off-Gläser – sauber gespült und 10 bis 15 Minuten in einem Topf mit heißem Wasser bei schwacher Hitze gekocht. Durch dieses Sterilisieren kann man die Gurken länger aufbewahren.
Galina sammelt möglichst auch alle Kräuter und Blätter selbst auf dem Markt, beim Gärtner, bei ihren Obstbäume besitzenden Nachbarn und im Wald. Denn dadurch bekommen die Gurken ihren ganz besonderen Geschmack.
Eichenblätter und Meerrettich sorgen zudem dafür, dass die Salzgurken lange haltbar sind. »Doch es schadet natürlich nicht, wenn Sie zwei oder drei Blätter nicht bekommen«, meint sie. »Nur die richtigen Gurken sind wirklich sehr wichtig; mit großen Schmorgurken oder gar Salatgurken gelingt es nicht.« Einlegegurken gibt es im Spätsommer fast überall auf den Wochenmärkten. Früher waren die kleinen Gürkchen ohne Kerne eine letzte Nachlese im Gemüsegarten.

Tips zum Lagern

Nach vier bis fünf Tagen sind die Gurken schwach gesalzen und fertig zum Essen, nach ein bis zwei Wochen gut durchgezogen. In fest verschlossenen Gläsern kann man sie höchstens neun Monate aufbewahren. Geöffnete Gläser stellt man in den Kühlschrank, und man braucht die Gurken innerhalb von fünf Tagen auf.

Die Gurken sollen maximal zehn Zentimeter lang und möglichst frisch geerntet sein, damit sie noch schön knackig sind. Wenn man sie nach dem Waschen an beiden Enden kappt, werden sie schneller salzig.

Salzgurken
Solënye ogurzy
Aus Russland

Eingelegte Gurken gehören in Russland zu den vielen Kleinigkeiten, die – kalt und warm – am Beginn des großen Festessens serviert werden. Diese »Zakuski« müssen so reichlich bemessen sein, dass die Gäste unmöglich alle Platten leer essen können – sonst gelten die Gastgeber als knausrige Leute. Bei fünf Kilogramm Salzgurken wird das kaum passieren. Was von diesen delikaten Gurken übrig bleibt, schmeckt gut zu gekochten Kartoffeln oder verfeinert Gemüse- und Kartoffelsalate.

Für 6 Gläser à 1 1/2 l

- 5 kg kleine Gärtnergurken
- 100 g Dillzweige und -blüten
- Je 1 Hand voll Petersilie, Sellerie, Estragon, Kirschblätter
- 2 Hand voll Blätter von schwarzen oder roten Johannisbeeren
- 10–20 Eichenblätter (siehe links)
- 10–12 Knoblauchzehen
- 25 g frische Meerrettichwurzel
- Etwa 5 l Wasser
- 250–300 g Salz
- 1 EL Essig

Dauert etwa 1 Stunde
Dazu kommt die Zeit (4 Tage) fürs Marinieren

› Gurken, Kräuter und alle anderen Blätter waschen. Knoblauch abziehen und grob hacken, Meerrettichwurzel schälen und grob zerkleinern.
› Alle diese Zutaten in die sterilisierten Einmachgläser geben; dabei alles so dicht wie möglich schichten, damit die Gurken nicht zu salzig werden.
› Das Wasser aufkochen, Salz darin auflösen, Essig zugeben. Die Gurken mit dem kochend heißen Wasser übergießen und die Gläser sofort fest zuschrauben. Salzgurken 1 bis 2 Tage bei Zimmertemperatur stehen lassen, danach in einen kühlen, dunklen Raum stellen.

Gemüsekuchen

Aus Deutschland

Diesen Kuchen holte ich vor Jahren oft in meinem Naturkostladen. Damals boten viele »grüne« Läden hausgemachte Häppchen und Brotaufstriche an. Heute ist das wegen der strengen Auflagen durch das Lebensmittelgesetz nicht mehr möglich: Die Naturkosthändler/innen müssten alle Inhaltsstoffe auflisten und eine hohe Gebühr für regelmäßige Kontrollen zahlen.

Für 4 Portionen
Teig
150 g Mehl
1 TL Trockenhefe
1/2 TL Salz
5 EL Wasser
4 EL Milch
1 EL Öl
Belag
1 kleine Kartoffel
3 mittelgroße Tomaten
1 kleine Aubergine (200 g)
1 Lauchzwiebel
125 g Mozzarella
75 Parmesan
1/2 Bund Petersilie
4 EL Olivenöl
Butter für die Form
1 TL getrockneter Oregano
Tomatenmark
Salz, schwarzer Pfeffer
Dauert etwa 1 1/2 Stunden
Arbeiten müssen Sie etwa 1 Stunde

› Für den Teig Mehl, Hefe, Salz, Wasser, Milch und Öl mit den Knethaken des Handrührgerätes 5 Minuten durchrühren. Zugedeckt bei Zimmertemperatur 45 Minuten ruhen lassen.

› Geschälte Kartoffel, abgezogene Tomaten und gewaschene Aubergine in kleine Würfel schneiden. Lauchzwiebel mit allen saftigen grünen Blättern in Ringe schneiden. Mozzarella würfeln, Parmesan reiben. Petersilie hacken.

› Öl erhitzen, Kartoffel, Aubergine und Lauchzwiebel darin bei mittlerer bis schwacher Hitze halb weich und leicht braun braten. In einer Schüssel lauwarm abkühlen lassen. Tomaten, die Petersilie, Tomatenmark, Oregano und 1 Esslöffel Parmesan untermischen.

› Eine Springform von 26 Zentimeter Durchmesser fetten und mit dem Teig auslegen. Gemüsemischung darauf verteilen, mit Salz und Pfeffer würzen, mit dem Mozzarella belegen und mit dem restlichen Parmesan bestreuen.

› Kuchen weitere 15 Minuten gehen lassen. In den kalten Backofen (mittlere Schiene) schieben und bei 200 °C (Umluft, 180 °C; Gas, Stufe 3) etwa 30 Minuten backen. Heiß oder gerade eben abgekühlt und ganz frisch servieren.

Sellerie mit Roquefort
Céleri au roquefort

Aus Frankreich

Für 4 Portionen
1 frischer grüner Staudensellerie
100 g reifer Roquefort
1 TL Crème fraîche
Salz, Pfeffer
1/2 EL fein gehackte Walnusskerne
Dauert etwa 30 Minuten

› Die äußeren, faserigen Selleriestangen entfernen und nur die inneren Stangen verwenden. Sellerie waschen, mit Küchenpapier trockentupfen und in 8 Zentimeter lange Stücke schneiden.

› In einer Schüssel den Roquefort und die Crème fraîche mit einer Gabel vermischen. Etwas salzen und Pfeffer nach Geschmack zugeben.

› Die Creme in die Vertiefung der Selleriestangen streichen. Die Stangen auf einer Platte anrichten und mit den gehackten Nüssen bestreuen.

Der Aperitif in Frankreich

»Er ist eine Institution: Ein richtiges Essen beginnt bei uns immer mit einem Häppchen, dem Amuse-gueule – vielleicht zu einem Glas Sherry oder leichtem Wein«, sagt Joëlle Ribas. »Französische Menüs umfassen meist mehrere Gänge und dauern einige Stunden. Der Aperitif bedeutet die Aufforderung zum gemeinsamen Essen als kulinarischem und kommunikativem Erlebnis. Eine ausgewogene Kombination von Amuse-Gueule und Getränk regt den Appetit an und fördert die Entspannung. Übrigens muss nicht auf jeden Aperitif gleich eine ganze Mahlzeit folgen. In Südfrankreich, wo ich geboren und aufgewachsen bin, stellt er vielmehr ein tägliches Ritual dar, das man sich am Ende eines Arbeitstages gönnt. Man trifft sich im Café seines Stadtviertels oder zu Hause – im Wohnzimmer zur kalten Jahreszeit, im Garten, sobald die Tage schöner werden.«

WILD VIEL BESSER

In Russland nimmt man grundsätzlich Wildpilze für den »Kaviar«. Doch als mitteleuropäische »Notlösung« hat Marina Schlichter Austernpilze, Champignons und ein paar Shiitakepilze für ihren Ikra akzeptiert.

Pilzkaviar
Gribnaja ikra

Aus Russland

Für 8 Portionen

400 g gemischte frische Pilze
1 mittelgroße Zwiebel
2 EL Öl
Salz
Schwarzer Pfeffer
Saft von 1/2 Zitrone

Dauert etwa 45 Minuten

› Pilze putzen. In reichlich sprudelnd kochendem Wasser 3 Minuten garen. Abgießen, abkühlen lassen und durch den Fleischwolf drehen.
› Zwiebel fein hacken und im heißen Öl glasig braten. Pilze zugeben und bei mittlerer Hitze etwa 5 Minuten schmoren, bis die Flüssigkeit verdampft ist.
› Pilzkaviar auskühlen lassen. Mit Salz, Pfeffer und Zitronensaft würzen.

Zucchinikaviar
Kabačkovaja ikra

Aus Russland

Für 6 Portionen

6 kleine Zucchini
3 mittelgroße Möhren
2 mittelgroße Zwiebeln
2–3 EL Öl
4 Tomaten
1 Bund Petersilie
Salz, Pfeffer

Dauert etwa 30 Minuten

› Gewaschene Zucchini und geschälte Möhren fein reiben. Zwiebeln fein hacken und im heißen Öl glasig braten. Zucchini und Möhren zugeben und bei starker Hitze etwa 10 Minuten schmoren und abkühlen lassen.
› Abgezogene Tomaten würfeln, Petersilie hacken. Beide Zutaten mit dem Gemüse mischen. Zucchinikaviar mit Salz und Pfeffer abschmecken.

Blini aus Hefeteig
Bliny na opare

Aus Russland

Für 8 Portionen

1/2 Päckchen frische Hefe (ca. 20 g)
2 EL lauwarme Milch
1 EL Zucker
600 ml lauwarme Milch
2 EL Butter
650 g Mehl
4 Eier
Salz
Öl zum Braten

Dauert etwa 2 Stunden
Arbeiten müssen Sie etwa 1 Stunde

› Die Hefe mit Milch und 1 Teelöffel Zucker verrühren. Etwa 15 Minuten bei Zimmertemperatur ruhen lassen.
› Die Butter in der restlichen Milch weich werden lassen. Diese Mischung und die aufgelöste Hefe zum Mehl geben. Mit den Knethaken des Handrührers etwa 3 Minuten durchrühren. Zugedeckt an einem warmen Ort 1 Stunde ruhen lassen, bis sich das Teigvolumen etwa verdoppelt hat.
› Die Eier, den restlichen Zucker und das Salz unterrühren.
› Öl in einer Pfanne erhitzen. Pro Blini 2 bis 3 Esslöffel Teig in die Pfanne geben und zu einem Pfannkuchen von etwa 20 Zentimeter Durchmesser auseinander laufen lassen.
› Die Blini bei mittlerer bis schwacher Hitze jeweils etwa 2 Minuten backen, bis sie sich leicht vom Pfannenboden lösen lassen. Mit Öl bestreichen, wenden und in weiteren 1 bis 2 Minuten goldgelb backen. Heiß servieren.

Russische Bauern haben immer den »falschen Kaviar« zu ihren Blini gegessen. Moderne Vegetarier erhalten diese gesunde Tradition aufrecht.

Frühling in Russland

Man begrüßt ihn mit Blini. Die runden Eierkuchen werden gebacken, wenn die Sonnenstrahlen wieder wärmen. »Blini symbolisieren die Sonne«, hat mir Marina Schlichter erklärt und gleich das blinigerechte Maß genannt: »20 Zentimeter im Durchmesser müssen sie sein – das ist 100 Jahre alte Tradition. Die kleinen Brötchen, die man in Restaurants manchmal bekommt, haben nichts mit echten Blini zu tun«.

Der echte »Blin« ist eine üppige Sache: »Fett und ungesund muss er sein«, sagt Marina Schlichter. Dem kann ich nur zustimmen: Meine Vollkornblini beim gemeinsamen Testessen waren gewiss gesund, doch kulinarisch ein Flop.

Natalia Schkunajevas Original dagegen (im Rezept links) ging weg wie die warmen Semmeln: Die leichten, weichen Fladen wurden durch die vier Eier herrlich locker, sie nahmen Butter und saure Sahne auf wie ein Schwamm und glänzten so schön vor Fett wie die Augen unserer Gäste vor Vergnügen.

Üppig sind auch die Beilagen zu Blini: Butter und Honig oder Orangenmarmelade (Rezept auf Seite 216) beim Frühstück oder Tee, saure Sahne und Kaviar beim Abendessen oder Imbiss. Fischloser »Kaviar« wie in den beiden Rezepten links ist ebenfalls russische Tradition: Wer sich echten Kaviar und Räucherlachs nicht leisten konnte, servierte saure Sahne, Butter, Salz und vegetarischen Ikra oder Vinegret (Rezept auf Seite 68) zu den Blini.

Richtig gebacken

Ob die Reisbällchen richtig gebacken – »al telefono« – sind, merken Sie beim Auseinanderbrechen: Der Mozzarella muß weich sein und sich lang ziehen lassen wie eine Telefonschnur.

Passt wozu?

Reisbällchen isst man gewöhnlich als Vorspeise. Ich mag sie zu Rucolasalat und Tomaten als leichtes Hauptgericht.

Reisbällchen mit Käse
Supplì al Telefono

Aus Italien

Für 6 Portionen
200 g Rundkornreis
1/2 l Wasser
1 TL Salz
50 g Parmesan
1 Ei
Schwarzer Pfeffer
Geriebene Muskatnuss
100 g Mozzarella
50 g Semmelbrösel
1 l Öl zum Frittieren

Dauert etwa 1 1/2 Stunden

› Reis mit der Hälfte des Wassers und Salz aufkochen und zugedeckt bei schwacher Hitze 45 Minuten garen. Dabei immer wieder mit einer Gabel durchrühren und nach und nach das restliche Wasser dazugießen.

› Parmesan reiben und mit der Gabel untermischen, Reis abkühlen lassen und dabei immer wieder umrühren.

› Ei, reichlich Pfeffer und Muskatnuss unter den Reis mischen. Mit der Gabel rühren, bis der Teig etwa so wie Frikadellenteig bindet.

› Mozzarella abtropfen lassen und in kleine Würfel schneiden. Die Semmelbrösel auf einem Teller bereit stellen. Vom Reis mit einem Esslöffel Portionen abnehmen, mit angefeuchteten Händen zu kleinen Bällchen formen, mit je einem Mozzarellawürfel füllen und in den Semmelbröseln wenden.

› Das Öl zum Frittieren in einem hohen Topf oder der Fritteuse erhitzen. Die Bällchen darin portionsweise bei mittlerer Hitze etwa 5 Minuten backen, bis sie braun und knusprig sind; dabei immer wieder im heißen Fett wenden.

› Mit einem Schaumlöffel herausnehmen, auf Küchenpapier abtropfen lassen und bei 50 °C im Backofen warm halten. Heiß servieren.

Gefüllte Gurken
Pepinillos rellenos

Aus Spanien

Für 4 Portionen
2 kleine Gurken
100 g Langkornreis
Salz
2 Eier
1 Tomate
Je 1 rote und grüne Paprikaschote
100 g Oliven
3 Lauchzwiebeln
2 Knoblauchzehen
3 EL Essig
1 TL scharfes Paprikapulver
1 EL Olivenöl

Dauert etwa 1 Stunde

Dazu kommt die Zeit (2 1/2 Stunden) fürs Ruhen

› Die Gurken schälen, längs halbieren, Kerne mit einem Löffel entfernen. Die Gurkenhälften salzen und 30 Minuten ziehen lassen. Inzwischen den Reis mit Salz in etwa 20 Minuten körnig kochen und abkühlen. Eier hart kochen, kalt abschrecken, ebenfalls abkühlen lassen, schälen und hacken.

› Die Tomate vierteln, die Kerne entfernen, das Fruchtfleisch würfeln. Paprikaschoten putzen, waschen und in kleine Würfel schneiden. Die Oliven entsteinen und hacken. Lauchzwiebeln putzen, waschen und mit allen saftigen grünen Blättern fein zerkleinern. Die Knoblauchzehen abziehen und mit Salz zerdrücken oder fein hacken.

› Für die Marinade den Essig mit dem Paprikapulver und einer kräftigen Prise Salz verrühren, das Öl unterrühren. Die Marinade mit dem Reis und den zerkleinerten Zutaten mischen.

› Die Gurken kalt abspülen, trockentupfen und mit dem Gemüsereis füllen. Vor dem Servieren zugedeckt im Kühlschrank etwa 2 Stunden, bei Zimmertemperatur 30 Minuten ziehen lassen.

Typisch für die Türkei ist der Zitronensaft am gemischten Gemüse. Woanders schmeckt man mit Essig ab.

Gemischtes gebratenes Gemüse

Karisik Sebzeli Kisatma

Aus der Turkei

Sie können das Gemüse gleich lauwarm servieren oder vorbereiten und kalt essen. Dazu passt Fladenbrot oder Baguette.

Für 3–4 Portionen

- 3 kleine Zucchini
- 1 mittelgroße Aubergine
- 1 rote Paprikaschote
- 2 mittelgroße Kartoffeln (fest kochende Sorte)
- 2 mittelgroße Möhren
- 2 Zwiebeln
- 1 Knoblauchzehe
- Etwa 150 ml Öl zum Braten
- 1 TL Salz
- 1/2 TL Pfeffer
- 1 TL Paprikapulver
- Saft von 1 Zitrone
- 1 Bund Petersilie

Dauert etwa 1 1/4 Stunden

› Alle Gemüse waschen oder schälen und in sehr kleine Würfel schneiden. Die Zwiebeln und den Knoblauch abziehen und ganz fein hacken.

› Das Öl portionsweise in einer großen Pfanne erhitzen. Die Gemüsesorten darin nacheinander so lange bei mittlerer Hitze braten, bis sie gerade eben weich sind. Jeweils herausnehmen und in einem großen Sieb abtropfen lassen. Zuletzt Zwiebeln und Knoblauch im verbliebenen Öl goldgelb braten und zum Gemüse geben.

› Alles mischen, mit Salz, Pfeffer und Paprika würzen. Mit Zitronensaft beträufeln. Petersilie waschen, trockentupfen und fein zerkleinern. Gemüse unmittelbar vor dem Anrichten damit bestreuen.

Çoskun Büyükgüçlü stellt dieses leichte Gemüse nach dem Angebot der Saison zusammen. Wenn Auberginen und Paprikaschoten im Winter zu teuer oder nicht zu bekommen sind, nimmt er Knollensellerie, Porree oder in kleine Rauten geschnittene Weißkohlblätter.

Das Sommerkraut

Frische Petersilie riecht angenehm süßlich und zart nach Sellerie. Doch unverwechselbar würzig und leicht scharf schmeckt Petersilie nur im Sommer, wenn sie genügend Sonne bekommt. Wie jedes Kraut sollte man sie frisch geerntet verwenden, denn sie behält ihr Aroma höchstens zwei Tage. Zum längeren Aufbewahren friert man sie ein. Im Winter nimmt man am besten tiefgefrorene Petersilie.

Maniok

Maniok ist eine mächtige Wurzel von einigen Kilogramm und stärkehaltig wie die Kartoffel. Sie wurde schon in prähistorischer Zeit von den Indios am Amazonas als Grundnahrungsmittel kultiviert. Portugiesische Seefahrer und Sklavenhändler brachten sie nach Afrika, und von dort verbreitete sie sich überall in den Tropen. Heute ist sie Hauptenergiequelle für viele Millionen von Menschen in Lateinamerika, Afrika und Asien – gekocht oder geröstet, als Brei oder Fladen, Mehl (siehe Seite 237) oder kleine Tapiokaperlen (siehe Seite 237). Keine der verschiedenen Maniokssorten darf man roh essen: Die Milchröhren der Wurzeln enthalten giftige Blausäure, doch beim Kochen, Braten oder Frittieren wird das Gift vollkommen unwirksam.

Frittierte Maniokwurzeln
Mandioka frita

Aus Brasilien

In Brasilien isst man knusprige Maniokstückchen wie bei uns Pommes frites. Iris Bichelmaier-Zalszupin nimmt möglichst 30 Zentimeter lange Knollen; länger sind sie schwierig zu schälen und zu kochen. Manioks, die in Deutschland verkauft werden, haben noch eine Wachsschicht als Konservierung auf der Schale.

Für 6 Portionen
1 Maniokwurzel (etwa 400 g; siehe links)
Öl zum Frittieren

Dauert etwa 2 Stunden

› Die Maniokwurzel mit der Wachsschicht wie eine Kartoffel abschälen, waschen und der Länge nach halbieren. Den harten Strunk in der Mitte, die Mittelvene, mit einem Messer herauslösen und die Maniokhälften quer in grobe Stücke schneiden.
› Maniok in reichlich Salzwasser aufkochen und zugedeckt bei mittlerer Hitze in etwa 30 Minuten weich garen, bis man sie mit der Messerspitze leicht anstechen kann. Maniok abgießen, abtropfen und abkühlen lassen. In mundgerechte, fingerdicke Stücke schneiden.
› Öl in einem großen Topf oder einer Fritteuse erhitzen. Maniokstücke einige Minuten im heißen Öl frittieren, bis sie goldbraun sind. Mit dem Schaumlöffel herausnehmen und auf einer dicken Lage Küchenpapier abtropfen lassen.

Tip: Iris serviert die Maniokstücke heiß oder warm mit scharfem Dip – eine scharfe Sauce zum Nachwürzen steht in Brasilien immer auf dem Tisch.
Gut harmoniert eine Vinaigrette mit Chilis und Knoblauch oder Kreolische Rougaille (Rezept Seite 219).
Außerdem passt leichter Weißwein aus Portugal dazu.

Blätterteigecken mit Austernpilzen und Rucola

Aus der Türkei

Rucola ist in Deutschland immer noch vor allem Salatkraut. Da können wir von anderen Ländern lernen: Italiener mischen sie in Pastasaucen oder kombinieren sie mit Risotto. Çoskun Büyükgüçlü hat ein Börek kreiert, in dem die Rucola ganz zart und ohne Penetranz würzt.

Für 24 Stück
300 g Austernpilze
1 Knoblauchzehe
5 EL Olivenöl
1 TL Salz
1/2 TL Pfeffer
1/2 TL edelsüßes Paprikapulver
3 Bund Rucola (Rauke)
1 Packung Yufka-Teigblätter (dreieckig geschnitten)
1 Ei
500 ml Öl zum Braten

Dauert etwa 1 Stunde

› Die Stiele der Austernpilze entfernen, die Pilzhüte in Streifen schneiden. Den Knoblauch fein hacken.
› Olivenöl in einer Pfanne erhitzen. Die Pilze darin bei starker bis mittlerer Hitze in etwa 6 Minuten braun braten. Dabei den Knoblauch zugeben und die Pilze häufig wenden.
› Herausnehmen, auf Küchenpapier abtropfen und abkühlen lassen. Mit Salz, Pfeffer und Paprika würzen.
› Rucola waschen, grob hacken und unter die Austernpilze mischen.
› Die Teigdreiecke mit der Füllung belegen und zu einer Tasche formen. Die Teigränder mit dem verquirlten Ei bestreichen und fest zusammendrücken.
› Öl in der Pfanne erhitzen und die Teigtaschen portionsweise darin bei mittlerer Hitze in etwa 5 Minuten goldbraun backen. Dabei einmal wenden.

Die eindrucksvollen Kalksteinterrassen in Pamukkale: Mineralreiche Thermalquellen rinnen über die natürlichen »Treppen« und bilden einen Anziehungspunkt für Touristenströme.

»Türkisch würzen ist so einfach: Wir nehmen vor allem Zwiebeln, Pfeffer, Salz, Zitronensaft und Paprika – letzteren am liebsten als aromatische Flocken.«

Çoskun Büyükgüçlü

Die Suche nach Malaguetta

Sie führt auf verschlungene Wege. »Es sind Chilischoten in Öl«, sagte Iris, als ich nach der Zutat in ihren Pasteten fragte. Miguel Angel Servidio, Spezialist für lateinamerikanische Lebensmittel (Seite 46), bestätigte es: In Brasilien hat man immer ein Glas selbst gemachtes Chiliöl, eben Malaguetta-Pfeffer, im Kühlschrank, mit dem man tropfenweise würzt, weil es so höllisch scharf ist. Ich hatte von Malaguetta-Pfeffer als kleinen Samen gelesen, wusste, dass die westafrikanische »Pfefferküste« nach dieser orchideenähnlichen Pflanze (Xylopia aethiopica) benannt ist. Lange spielte Malaguetta eine wichtige Rolle: Sobald Krieg zwischen Europa und Asien herrschte, ruhte der Handel mit »normalem« Pfeffer, und man holte den Ersatz aus Afrika. Wie kam dieser Pfeffer – der übrigens weder mit dem uns bekannten schwarzen oder weißen Pfeffer noch mit Chili verwandt ist – nach Brasilien? »Durch die Portugiesen«, erklärte Iris. Und weshalb hatten sich die Samen in Schoten verwandelt? »Weil man die Namen vertauschte«, erklärte Miguel. »Pimenta Malaguetta war lange gleichbedeutend mit Pfeffer. Als der portugiesische Gewürzhandel an Bedeutung verlor, nahmen wir heimische Chilis wie früher die Indios, behielten aber den vertrauten Namen Malaguetta.«

Palmherzen-pastetchen

Creme de Palmito

Aus Brasilien

Für 10 Portionen
12 Scheiben tiefgefrorener Blätterteig (etwa 720 g)
1 Dose große Palmherzen (Einwaage 500 g)
2 mittelgroße Zwiebeln
5 Knoblauchzehen
5 mittelgroße Tomaten
10 schwarze Oliven
Öl zum Braten
100 g tiefgefrorene Erbsen
1/2–1 TL Gemüsebrühe (instant)
1–2 Tropfen Malaguetta-Pfeffer (siehe links; ersatzweise Tabascosauce)
Salz
Mehl zum Ausrollen
1 Eigelb
2 EL süße Sahne

Dauert etwa 2 Stunden

› Blätterteigscheiben auftauen lassen. Die Palmherzen abgießen und in fingerdicke Scheiben schneiden. Zwiebeln und Knoblauch fein hacken. Tomaten abziehen und würfeln, Oliven entkernen und in feine Scheiben schneiden.

› Öl in einer großen Pfanne erhitzen. Die Zwiebeln und den Knoblauch darin bei schwacher Hitze glasig braten. Tomaten, Oliven und Erbsen zugeben, mit Gemüsebrühe, Malaguetta-Pfeffer und Salz würzen.

› Palmherzen zugeben. Etwa 10 Minuten schmoren, bis eine cremige Masse entstanden ist; dabei immer wieder umrühren. Creme abkühlen lassen.

› Backofen auf 200 °C (Umluft, 180 °C; Gas, Stufe 3) vorheizen.

› Die Blätterteigscheiben auf Mehl dünn ausrollen, in Quadrate schneiden, mit der Creme belegen und zusammenklappen. Die Ränder mit den Zinken einer Gabel festdrücken. Die Taschen auf der Oberseite mit einem scharfen Messer dreimal schräg einschneiden und auf zwei kalt abgespülte Backbleche legen. Eigelb mit Milch verrühren, die Täschchen damit bestreichen.

› Palmherzenpastetchen in den heißen Backofen schieben und etwa 25 Minuten backen, bis sie leicht gebräunt sind.

Wenn die Pastetchen Ihnen zuviel Arbeit machen, füllen Sie die Palmherzencreme einfach in einen salzigen Mürbeteigboden – auch das ist typisch für Brasiliens Küche.

Gefüllter Sellerie in Olivenöl
Zeytinyagli Kereviz

Aus der Türkei

Erdogan Yarars Selleriescheiben mit einer Füllung aus Kartoffeln und Gemüse schmecken am besten, wenn man sie einen Tag im Kühlschrank ziehen lässt.

Für 6 Portionen
2 mittelgroße Knollensellerie
1 Zitrone
1 große Möhre
1 große Kartoffel (fest kochende Sorte)
2 Zwiebeln
6–7 EL Olivenöl
200 g frische oder tief gefrorene Erbsen
1 TL Zucker
Salz
Weißer Pfeffer
Etwa 400 ml Wasser
Zitronenscheiben und Petersilie zum Garnieren
Dauert etwa 1 Stunde

› Knollensellerie schälen und in etwa 5 Zentimeter dicke Scheiben schneiden. Mit einem spitzen Messer auf der Oberseite so aushöhlen, dass kleine Schälchen entstehen.

› In eine Schüssel mit Wasser und Zitronensaft legen, damit er sich nicht verfärbt.

› Möhre und Kartoffel schälen, waschen und in kleine Würfel schneiden. Zwiebeln abziehen und fein hacken.

› Olivenöl erhitzen, die Gemüsewürfel mit den Erbsen darin etwa 2 Minuten bei mittlerer Hitze dünsten. Mit Zucker, Salz und Pfeffer würzen.

› Den Sellerie auf das Gemüse legen und zugedeckt 5 Minuten bei schwacher Hitze ziehen lassen. Die Scheiben mit der ausgehöhlten Seite nach oben nebeneinander in einen flachen Topf legen und mit dem Gemüse füllen.

› An den Seiten so viel Wasser zugeben, dass die Selleriescheiben darin liegen, ohne zu schwimmen. Bis knapp unter den Siedepunkt erhitzen und etwa 10 Minuten bei schwacher Hitze ziehen lassen. Im Sud erkalten lassen. Mit Zitronenscheiben und Petersilie garnieren.

Brot mit Pfifferlingen
Kantarellsmörgas

Aus Schweden

Die meisten Schweden sind leidenschaftliche Pilzsammler, und am liebsten mögen sie Pfifferlinge, die man noch heute im hohen Norden überall findet. Weil wir in Deutschland so glücklich nicht sind, können Sie für Ewa Schimmers kleinen Imbiss auch »zahme« Pilze nehmen.

Für 4 Portionen
400 g frische Pfifferlinge
2 EL Butter
Salz
Weißer Pfeffer
4 Scheiben Toastbrot
25 g Kräuterbutter (fertig gekauft)
4 Zitronenscheiben zum Garnieren
Dauert etwa 45 Minuten

› Pilze putzen und in Scheiben schneiden. In einer Pfanne etwa 15 Minuten zugedeckt bei mittlerer Hitze im eigenen Saft garen. Bei starker Hitze in der offenen Pfanne weiter garen, bis die ganze Flüssigkeit eingekocht ist.

› Etwa 1/3 der Butter hinzufügen und die Pilze bei schwacher Hitze weitere 15 Minuten schmoren. Mit Salz und Pfeffer würzen.

› Toast in der restlichen Butter goldbraun braten, mit den Pfifferlingen belegen, mit Kräuterbutter und Zitronenscheiben garnieren.

Gut zum Raki

Wie die vielen anderen Kleinigkeiten aus der türkischen Küche paßt auch dieser Sellerie zur Raki-Tafel (siehe Seite 21).
Raki, das Nationalgetränk der Türken, ist ein Anisbranntwein mit 45 Prozent Alkohol – ähnlich wie griechischer Ouzo oder französischer Pastis.
Der beste Raki wird aus Rosinen, Sultaninen, Weintrauben und Anissamen hergestellt, einfache Rakis bestehen vorwiegend aus neutralem Alkohol und Anisaroma. Guten Raki können Sie pur oder mit Wasser aufgegossen (dann erhält er seine typisch milchige Farbe), als Longdrink, handwarm oder eisgekühlt trinken.

Dreifach am besten

»Ihre Samosas sind so schwierig zu beschreiben und zu backen!«, faxte ich Ramola Parbhoo nach Südafrika und fragte an, ob Leser und Autorin – Sie und ich – es sich auch leichter machen und einfach zwölf Teigscheiben ausrollen, halbieren und wie Tüten über der Füllung falten könnten.
»Gewiß«, kam Ramolas höfliche Antwort, »es geht auch so, doch die Teighülle Ihrer Samosas wird dann ziemlich dick sein. Wenn man den Teig dagegen nach meinem Rezept in drei Schichten vorbackt, wird die Hülle wirklich hauchdünn und knusprig.«
Ich ließ beide Versionen testen, wir kosteten, und natürlich hatte Ramola recht. Und ich wusste endlich, weshalb mir »deutsche« Samosas eigentlich nie gut geschmeckt hatten.

Das Wichtigste beim Samosateig: Hauchdünn muss er sein.

Gemüsepastetchen
Samosas

Aus Indien

Zu ihren echt indischen Samosas serviert Ramola Parbhoo meist Kokosnusschutney (Rezept, Seite 218). Wir haben Indien mit den Philippinen gemixt und die Pastetchen mit Zenaida Panganibans süßsaurer Sauce (Rezept, Seite 224) angerichtet.

Für 12 Stück

Füllung
- 1 mittelgroße Möhre
- 1 große Kartoffel (ca. 125 g; fest kochende Sorte)
- 2 grüne Chilischoten
- 2 Knoblauchzehen
- 200 g tiefgefrorene Erbsen
- 2 EL Kokosraspel
- 1/2 TL gemahlene Gelbwurz
- 1 TL Salz
- 1 TL Sesamsamen
- 2 mittelgroße Zwiebeln
- 1/4 TL gemahlener Kreuzkümmel
- 80 g Ghee (siehe rechte Seite) oder Butterschmalz
- 1 Hand voll Korianderblätter (ersatzweise 2 Schalotten)

Teig
- 500 g Mehl
- 1 TL Salz
- 180 ml kaltes Wasser
- 60 ml Speiseöl oder geschmolzenes Ghee
- Mehl zum Formen und Ausrollen
- Öl zum Bestreichen

Außerdem
- 40 g Mehl
- Knapp 2 EL Wasser
- 3/4 l Öl zum Frittieren

Dauert etwa 3 Stunden

› Für die Füllung Möhre und Kartoffel schälen, waschen und reiben. Chilischoten halbieren, Kerne entfernen, die Schoten waschen und in feine Streifen schneiden. Knoblauchzehen abziehen und mit Salz zerdrücken. Alles mit Erbsen, Kokosraspel, Gelbwurz, Salz und Sesamsamen mischen.

› Zwiebeln abziehen, fein hacken und mit dem Kreuzkümmel im heißen Fett bei schwacher Hitze glasig braten. Die Gemüsemischung zugeben und zugedeckt 20 Minuten bei schwacher Hitze dünsten.

› Den Deckel abnehmen und das Gemüse weitere 15 Minuten unter gelegentlichem Rühren dünsten. Die ausgetretene Flüssigkeit sollte dabei fast vollständig verdampfen.

› Den Topf vom Herd nehmen, die Füllung abkühlen lassen und mit den gehackten Korianderblättern mischen.

› Für den Teig das Mehl in eine Schüssel sieben und mit dem Salz mischen. Mit dem Wasser zu einem weichen Teig verarbeiten. Auf einer bemehlten Arbeitsfläche kräftig durchkneten, bis der Teig glatt und elastisch ist.

› Den Backofen auf 200 °C (Umluft, 180 °C; Gas, Stufe 3) vorheizen.

› Teig in 6 gleich große Stücke teilen. Die Stücke zwischen den Handflächen zu Kugeln rollen und auf der leicht bemehlten Arbeitsfläche zu etwa 10 Zentimeter großen Fladen ausrollen. Jeden Fladen vollständig – auch rundherum am Rand – mit 1 Teelöffel Öl bestreichen und dünn mit Mehl bestreuen.

› 2 Fladen mit den bestrichenen Seiten aufeinander legen. Die Oberseite wiederum mit Öl bestreichen. Mehl darüber streuen und mit einem weiteren Fladen abschließen, so dass ein dicker Fladen aus drei Lagen entsteht (siehe Foto links unten). Mit den restlichen 3 Fladen ebenso verfahren.

Der Teig wird in drei Lagen vorgebacken.

› Die beiden dreilagigen Fladen nun jeweils zu 2 großen Fladen von etwa 25 Zentimeter Durchmesser ausrollen. Auf leicht gefettete Backbleche legen und nacheinander im heißen Backofen etwa 3 Minuten backen.

› Zum Bestreichen des Teiges Mehl und Wasser zu einer dickflüssigen Paste verrühren. Die 3 Teigschichten wieder vorsichtig voneinander lösen und etwas abkühlen lassen.

› Jeweils 3 Fladen aufeinander schichten und mit einem scharfen Messer in etwa 6 Zentimeter breite Streifen schneiden. Diese 18 Streifen mit einem feuchten Tuch bedecken, damit sie nicht austrocknen.

› Einen Teigstreifen auf der Arbeitsfläche ausbreiten und das spitze Teigende wie für eine Tüte nach innen klappen (siehe Foto links unten). Diese »Tüte« noch einmal umklappen, dabei das untere spitze Ende der »Tüte« fest zusammendrücken, damit beim Frittieren kein Öl in die Füllung laufen kann.

› 1 1/2 Esslöffel Füllung in die »Tüte« geben. Die Samosa nun erneut falten, um sie zu schließen. Dabei das Teigende an der Kante mit etwas Mehlpaste bestreichen und andrücken.

› Die anderen Teigstreifen ebenso falten, füllen und schließen.

› Das Öl in einem hohen Topf oder einer Fritteuse erhitzen. Die Samosas portionsweise pro Seite etwa 5 Minuten ausbacken, bis sie goldbraun sind.

› Mit einem Schaumlöffel herausnehmen und auf Küchenpapier abtropfen lassen. Heiß oder kalt servieren.

Tip: Die vorbereiteten Gemüsepasteten kann man roh einfrieren.
Zum Anrichten läßt man sie nicht auftauen, sondern gibt sie gefroren ins heiße Frittierfett und backt sie goldbraun aus.

Ghee

Das Universalfett für die indische Küche ist geklärte Butter wie unser Butterschmalz:
Die Gewürzmischungen Garam Masala, Kari oder Panch Phoron werden darin angebraten, bevor man die anderen Zutaten untermischt. Ghee hat drei Vorteile: Sein besonderer Geschmack entsteht durch die Bräunung beim Kochen der Butter. Es ist wie jedes reine Fett lange haltbar. Und es eignet sich auch zum Braten bei hohen Temperaturen, weil es keine Eiweißbestandteile mehr enthält, die verbrennen könnten.

Ghee zubereiten

500 Gramm Butter – gesalzen oder ungesalzen – in eine tiefe Kasserolle geben. Bei mittlerer Hitze schmelzen lassen und aufkochen. Die Butter bei mittlerer bis schwacher Hitze 12 bis 15 Minuten sanft kochen lassen, bis sie nicht mehr »blubbert«. Dann ist das darin enthaltene Wasser verdampft, die weißen Eiweißbestandteile steigen an die Oberfläche und eventuell enthaltenes Salz sinkt zu Boden. Ein zweites ofenfestes Gefäß dicht neben der Kasserolle bereitstellen, die Kasserolle leicht neigen und das klare Butterfett ins zweite Gefäß abgießen. Dabei sollten Sie vorsichtig pusten, damit die weiße Schicht zurückbleibt, und darauf achten, dass Sie das Salz am Boden der Kasserolle nicht mit abgießen. Falls das Ghee noch etwas trübe ist, filtert man es durch ein feines Mulltuch. Kristallklares Ghee hält sich in einem Glas selbst bei Zimmertemperatur etwa ein Jahr.

Nur zum Fest

»Guo Tie werden nur zu großen Festen gebacken – nicht, weil sie sehr teuer oder besonders edel sind, sondern weil sie so viel Arbeit machen«, erklärte mir Xiaoyan Zhang, als sie mir ihr Rezept für gebratene Teigtaschen gab. »Beim Frühlingsfest, das in China so wichtig ist wie Weihnachten im Westen, sind sie Tradition. Wir kochen sie immer gemeinsam – zu Hause tut sich die ganze Familie zusammen, und wenn wir im Ausland leben, treffen sich Freunde und Bekannte.
Ich habe hier ein Frühlingsfest mit vorbereitet, da waren um die 50 fleißige Guo-Tie-Köchinnen am Werk: Wir produzierten sicher an die 1000 Stück der Täschchen und stapelten sie backblechweise für unser Festessen.«

Guo Tie, festliche Teigtäschchen aus China, erinnern ein wenig an deutsche Maultaschen, zumindest was die einfachen Zutaten und den Zeitaufwand betrifft. Man isst sie heiß mit einer klaren, würzigen Sauce.

Gebratene Teigtaschen
Guo Tie

Aus China

Für 4 Portionen

Teig
300 g Mehl
Etwa 150 ml kaltes Wasser
Füllung
4 Eier
2–3 EL Öl
50 g Glasnudeln
2 mittelgroße Zucchini
1 Frühlingszwiebel
1 kleines Stück frischer Ingwer
1 TL Salz
Sauce
4 Knoblauchzehen, Salz
4 EL helle Sojasauce
4 EL Essig
1 EL Sesamöl
4 EL Öl zum Braten
50 ml Wasser zum Kochen

Dauert etwa 2 1/2 Stunden

› Mehl mit dem Wasser mischen. Gut durchkneten und bei Zimmertemperatur etwa 30 Minuten ruhen lassen.

› Eier schaumig schlagen. Etwas Öl in einer Pfanne von 22 Zentimeter Durchmesser erhitzen. Pro Eierkuchen 1 Esslöffel Eischaum darin bei schwacher Hitze hauchdünn ausbacken. Die Eierkuchen fein hacken.

› Die Glasnudeln in sprudelnd kochendem Wasser etwa 3 Minuten garen. Auf ein Sieb abgießen, kalt abspülen, abtropfen lassen und hacken.

› Zucchini grob raspeln, Frühlingszwiebel hacken, Knoblauchzehen mit etwas Salz zerdrücken. Den Ingwer schälen und fein hacken. Alle vorbereiteten Zutaten für die Füllung mit dem Salz in einer Schüssel mischen.

› Für die Sauce die Knoblauchzehen mit etwas Salz zerdrücken. Mit Sojasauce, Essig und Sesamöl mischen.

› Teig in 3 Portionen teilen und zu Rollen von 3 Zentimeter Durchmesser formen. In etwa 1 1/2 Zentimeter dicke Stücke schneiden und mit einem Nudelholz zu dünnen Scheiben ausrollen. Teigscheiben mit je 1 Teelöffel Füllung belegen, Teigränder mit Wasser bestreichen. Jede Scheibe zusammenklappen und die Ränder gut festdrücken.

› 4 Esslöffel Öl in einer Pfanne erhitzen. Teigtaschen nebeneinander darin zugedeckt 3 Minuten bei mittlerer Hitze braten. Das Wasser zugießen und die Taschen weitere 3 Minuten dünsten.

› Teigtaschen auf einer Platte anrichten und heiß mit der Sauce servieren.

Oliven im Teigmantel

Aus der jüdischen Küche

Bilha Widmann nimmt reine Pflanzenmargarine für den Teig, weil sie in der koscheren Küche als neutrales Lebensmittel gilt, das mit Ei und dem Milchprodukt Magerquark kombiniert werden darf.

Für 6–8 Portionen

250 g Magerquark
200 g Margarine
375 g Mehl
Salz
400 g entsteinte grüne Oliven (etwa 40 Stück)
1 Ei
Fett für die Bleche

Dauert 1 1/2 Stunden.

› Den Backofen auf 200 °C (Umluft, 180 °C; Gas, Stufe 3) vorheizen.

› Quark, weiche Margarine, Mehl und Salz zu einem Teig verarbeiten. Mit einem Esslöffel walnussgroße Portionen abstechen und auf der angefeuchteten Handfläche flach drücken. Jeweils eine Olive in die Mitte legen, mit dem Teig umhüllen und zu Bällchen formen.

› Die Teigbällchen mit dem verquirlten Ei bestreichen und auf gefettete Backbleche legen. Im heißen Backofen in jeweils etwa 20 Minuten goldbraun backen. Warm oder kalt servieren.

Kichererbsenpaste
Humus

Aus dem Nahen Osten

Humus ist Vorspeise und Aufstrich für gefülltes Pitabrot (siehe Tip unten), einen typischen Imbiss in der Türkei und im gesamten Nahen Osten. Dort ist das vegetarische Sandwich, das gleich aus der Hand gegessen wird, beliebtes Fastfood.

Für 4 Portionen

200 g Kichererbsen
3/4 l Wasser
12 Knoblauchzehen
200 g Tahin (Sesampaste; siehe rechts)
Saft von 1 Zitrone
1 EL gemahlener Kreuzkümmel
1 EL Salz
1 EL Paprikapulver
6 EL Olivenöl
150 ml Wasser
1 Bund Petersilie
8 schwarze Oliven

Dauert etwa 1 Stunde
Dazu kommt die Zeit (etwa 10 Stunden) fürs Einweichen und Abkühlen

› Kichererbsen im Wasser 8 Stunden zugedeckt einweichen. Mit dem Wasser in 30 bis 40 Minuten weich kochen. Abgießen und abkühlen lassen.

› Kichererbsen, Knoblauch, Tahin, Zitronensaft, Kreuzkümmel, Salz, Paprika und 4 Esslöffel Öl pürieren. Dabei nach und nach das Wasser zugeben.

› Kichererbsenpaste auf eine Platte streichen, mit dem restlichen Öl beträufeln. Mit der gehackten Petersilie bestreuen und mit Oliven garnieren.

Tip: Ein mittelgroßes Pitabrot wie eine Tasche aufklappen, mit Humus, Salatblättern, Gurken- und Tomatenscheiben, frisch frittierten Kichererbsenbällchen (Falafel; siehe Rezept, Seite 49) und Kräutern oder Pickles füllen. Servieren, solange die Bällchen noch warm sind.

Tahin

Tahin, eine Creme aus Sesamsamen – ähnlich wie Erdnußbutter –, können Sie in Mittelmeer- und Asienläden, Naturkostläden und Reformhäusern kaufen.
Das Öl, das sich auf der Creme absetzt, müssen Sie vor der Verwendung unterrühren.
Tahin ist Brotaufstrich für Pitabrot, Dip für Gemüse und Fladenbrot. Damit es in Salatsaucen glatt und sämig wird, verdünnt man es zuerst mit Joghurt oder Wasser und würzt es danach mit Zitronensaft.

Mulitnational

Nora Dubrals Kochkunst ist von vielen Ländern beeinflusst und lässt sich keinem einzelnen zuordnen. »Pirogi und Piroški, große und kleine Teigtaschen, gibt es auch in Russland«, sagt Nora, »doch mit einer Hülle aus Hefeteig. Ich nehme Blätterteig, und das ist eher griechisch.« Mich erinnerte Noras Art, warme Piroški zu einer Suppe zu reichen, an Frankreich. Übrigens gab es die knusprigen kleinen Dinger zu einem wunderbaren Borschtsch (Rezept auf Seite 84) – und der stammt bekanntlich aus Russland!

Für den Vorrat

Nora backt die Teigtaschen auf Vorrat und friert sie gleich nach dem Abkühlen ein. Zum Servieren schiebt man sie gefroren in den vorgeheizten Ofen und backt sie etwa 20 Minuten bei 220 °C (Umluft, 200 °C; Gas, Stufe 4). Die gefüllten, ungebackenen Taschen kann man etwa einen Tag im Kühlschrank aufheben: Die feste Füllung weicht die mehrmals gewickelten Teigstreifen nicht durch, und die Piroški werden trotz Lagerung beim Backen sehr knusprig.

Piroški sind in Russland die einfache Version der großen festlichen Pirogge. Man isst sie zur Suppe.

Blätterteigecken mit Käse

Piroški

Aus Armenien

Für 12 Stück

- 3 Scheiben tiefgefrorener Blätterteig
- 50 g Schafkäse
- 50 g Gouda
- 30 g Greyerzer
- 5 Stängel Schnittlauch
- 2–3 Stängel Dill
- 1/2 Bund Petersilie
- 2 Lauchzwiebeln
- 1 1/2 EL Wasser
- 1/4 TL weißer Pfeffer
- 1 Eigelb

Dauert etwa 1 Stunde

› Blätterteigscheiben auftauen lassen.

› Den Schafkäse fein zerbröckeln, Gouda und Greyerzer fein reiben. Die Kräuter waschen und trockentupfen. Den Schnittlauch in feine Röllchen schneiden, Dill und Petersilie hacken. Lauchzwiebeln putzen, waschen und nur das Weiße in feine Ringe schneiden. Käse, Kräuter, Lauchzwiebeln und Wasser mischen und mit dem Pfeffer würzen. Backofen auf 200 °C (Umluft, 180 °C; Gas, Stufe 3) vorheizen.

› Die Blätterteigplatten jeweils quer in 4 gleich große Rechtecke schneiden und jedes Rechteck auf eine Größe von etwa 5 mal 30 Zentimeter dünn ausrollen. Jeweils 1 Teelöffel Füllung in die oberen Ecken der Teigplatten setzen.

› Teig über der Füllung zu einem Dreieck falten. Dieses Dreieck nun immer wieder über den Teig klappen, bis die 30 Zentimeter Teig aufgebraucht sind und eine mehrlagige Teigtasche entstanden ist. Auf diese Weise 12 Teigtäschchen füllen und wickeln.

› Ein Backblech mit kaltem Wasser abspülen und die Teigtäschchen darauf setzen.

› Mit dem verquirlten Eigelb bestreichen, in den heißen Backofen (mittlere Schiene) schieben und in etwa 20 Minuten goldgelb backen.

Gemüsepflänzchen
Bala-bala

Aus Indonesien

Die frittierten Pflänzchen mit reichlich Gemüse und Tofu stammen aus Westjava, der Heimat von Lina Neudecker. »Wir servieren sie als Imbiss oder Bestandteil großer Festessen. Dazu gibt es fertig gekaufte Chilisauce oder Tomatenketchup.«

Für 4 Portionen
250 g Mehl
200 ml Wasser
2 Eier
1 gehäufter TL Salz
1 TL weißer Pfeffer
2 Schalotten
1 Knoblauchzehe
100 g Möhren
1 Frühlings- oder Lauchzwiebel
100 g Weißkohl
100 g frische Sojabohnensprossen
200 g Tofu
100 g Gemüsemais (Dose)
Pflanzenöl zum Frittieren

Dauert etwa 1 Stunde

› Mehl mit Wasser, Eiern, Salz und Pfeffer zu einem dicken Teig verrühren. Schalotten und Knoblauch abziehen, hacken und untermischen. Zugedeckt ruhen lassen, bis Gemüse und Tofu vorbereitet sind.

› Möhren schälen, Frühlingszwiebel putzen, Kohl und Sojabohnensprossen waschen, Tofu abtropfen lassen. Alles fein zerkleinern und mit dem gut abgetropften Mais unter den Teig mischen.

› Das Öl in einem hohen Topf oder einer Fritteuse erhitzen. Vom Teig mit einem Esslöffel Portionen abnehmen und im heißen Öl in etwa 4 Minuten goldbraun frittieren. Auf Küchenpapier abtropfen lassen und heiß servieren.

Tip: Kalte Bala-bala kann man im Mikrowellengerät aufwärmen.

Bohnen in Sesamsauce
Ingen no Goma-ae

Aus Japan

Michiyo Ernst verwendet wenige Würzzutaten für die Bohnen: weiße, geschälte Sesamsamen – es gibt auch ungeschälte gelbliche und braunschwarze Samen – und Tamari, eine dunkle, milde Sojasauce mit wenig Salz und leichtem Malzaroma. Dazu noch Mirin, japanischen Reiswein aus Reismaische und süßem Maissirup, verdünnt mit Wasser. Der süße Mirin mit etwa 14 Prozent Alkohol wird fast ausschließlich zum Kochen genommen, während der eher trockene Sake – typischer Sushi-Begleiter zum Beispiel – Japans Nationalgetränk und ebenfalls Würzmittel ist.

Für 4 Portionen
300 g grüne Bohnen
3 EL weiße Sesamsamen
1 1/2 TL Zucker
2 TL Mirin (siehe oben; ersatzweise Medium-Sherry)
2 TL Wasser
1 TL dunkle Sojasauce
1 TL Salz

Dauert etwa 30 Minuten

› Die Bohnen von Stiel- und Blütenansätzen befreien und waschen, aber nicht zerkleinern. Reichlich Salzwasser aufkochen und die Bohnen darin 10 bis 15 Minuten sprudelnd kochen, bis sie gerade eben bissfest sind.

› Auf ein Sieb abgießen und mit dem Sieb kurz in eine Schüssel mit kaltem Wasser und ein paar Eiswürfeln tauchen. Bohnen herausnehmen und kurz im Sieb abtropfen lassen. In etwa 3 Zentimeter lange Stücke schneiden.

› Sesam im Mörser (siehe Foto rechts) zerreiben oder in einer speziellen Sesammühle mahlen und mit den restlichen Zutaten in einer Schüssel mischen. Bohnen untermischen und servieren.

Die Blätterteigecken werden mehrfach gewickelt, so dass die Füllung den Teig nicht durchweichen kann.

Im japanischen Mörser mit hauchfeinen Rillen kann man Sesam so gut wie in der Sesammühle zerreiben. Den Suribachi und die Mühle (Gomasuriki) gibt es in Asienläden.

Miguel Angel Servidio

»Zur lateinamerikanischen Küche gehört ein riesiges Gebiet: von Mexiko im Norden bis zur Südspitze meines Heimatlandes Argentinien«, sagte mir Miguel, Experte für Küche und Lebensmittel Lateinamerikas. »Die regionalen Unterschiede sind so stark, dass viele Früchte und Gemüse des Nordens im Süden nicht mal dem Namen nach bekannt sind. Geprägt wurde das Essen von heimischen Produkten: Mais, Tomaten, Chilischoten, Maniok, Papayas – um nur die wichtigsten zu nennen. Wie stark der indianische Einfluß ist, zeigt sich an Namen: »Ahuacatl« für Avocado oder »Tomatl« für grüne Tomate. Ein Rückgang der indianischen Bevölkerung wäre eine Katastrophe für unsere Kultur; sie ließe unsere Länder auch kulinarisch verarmen. Wir verbringen den größten Teil des Tages im Freien. Deshalb spielt das Essen im Freien eine viel größere Rolle als bei euch in Europa. Übrigens auch die Lust am Kochen und Essen: Die Küche bedeutet einer Lateinamerikanerin so viel wie euch das Wohnzimmer. Sie ist äußeres Zeichen ihres Wohlstandes, und bei Regenwetter empfängt sie hier ihre Gäste.«

Teigtaschen mit Mais
Empanadas de Choclo

Aus Argentinien

Miguel Angel Servidios Teigtaschen mit Mais, Gemüse, Rosinen und Käse schmecken warm und kalt gleich gut.

Für 20 Stück
Teig
400 g Mehl
1 Ei
6 EL Öl
100 g Butter
140 ml Milch
1 TL Salz
Füllung
3 dünne Stangen Lauch
1/2 Peperoni
100 g Butter
200 g Maiskörner (frisch oder aus der Dose)
2 EL geriebener Käse
50 g Rosinen
2 EL gehackte Petersilie
2 hart gekochte Eier
Salz
Pfeffer
Mehl zum Ausrollen

Dauert etwa 1 1/2 Stunden

› Für den Teig Mehl, Ei, Öl, weiche Butter, Milch und Salz in einer Schüssel mit dem Knethaken des Handrührers vermischen, bis die Masse krümelig ist. Auf der Arbeitsfläche mit den Händen zu einem Teig kneten.

› Lauch putzen, waschen und mit den saftigen grünen Blättern fein zerkleinern. Peperoni von Scheidewänden und Kernen befreien und fein hacken. Beide Zutaten in 1 Esslöffel Butter bei schwacher Hitze etwa 5 Minuten dünsten. Restliche Butter, Mais, Käse, Rosinen, Petersilie und gehackte Eier zugeben. Alles gut vermischen und mit Salz und Pfeffer würzen.

› Die Arbeitsfläche leicht mit Mehl bestreuen und den Teig portionsweise darauf so dünn wie möglich ausrollen. Mit einer großen Suppentasse Kreise von 12 bis 15 Zentimeter Durchmesser ausstechen.

› Je 1 Esslöffel Füllung in die Mitte der Kreise geben. Die Ränder mit Wasser bestreichen und die Kreise zu einem Halbmond zusammenklappen. Die Ränder mit den Zinken einer Gabel zusammendrücken.

› Taschen auf ein Backblech legen und in den kalten Backofen (mittlere Schiene) schieben. Bei 180 °C (Umluft, 160 °C; Gas, Stufe 2) etwa 30 Minuten backen, bis sie goldbraun sind.

Soja-Brotaufstrich
Patê de Soja

Aus Brasilien

Endlich ein neuer Brotaufstrich für alle, die Wurst meiden und nicht immer Lust auf Käse haben. Arnoldo da Silva-Pereira serviert die Paste zu Weißbrot mit frischen Tomaten- und Gurkenscheiben. Die Tomatensauce für den Aufstrich macht er immer selbst: »Es geht ganz einfach: Man zieht frische Tomaten ab und püriert sie.«

Für 2–4 Portionen
1 kleine Zwiebel
4 EL Sojamehl
2–3 EL Tomatensauce
1/2 TL Oregano
Salz
1 EL frische, gehackte Petersilie

Dauert etwa 10 Minuten

› Die Zwiebel abziehen, fein hacken und bei schwacher Hitze ohne Fettzugabe goldbraun rösten.

› Das Sojamehl, die Tomatensauce und den Oregano zugeben und alles unter Rühren 3 Minuten schmoren.

› Petersilie untermischen, die Paste mit Salz würzen und abkühlen lassen.

Die Obstcocktails von Arnoldo da Silva-Pereira sind Beispiele für die Vielfalt brasilianischer Mixgetränke.

Avocadococktail mit Milch

Suco de abacate

Aus Brasilien

Obst- und Milchmixgetränke sind sehr beliebte Zwischengerichte in Brasilien. Man bekommt sie an Imbissbuden und in Eisdielen und trinkt sie gut gekühlt.

Für 6 Portionen
2 reife Avocados
Saft von 1 Limette oder 1/2 Zitrone
400 ml eiskalte Milch
Zucker oder Honig nach Geschmack
Eiswürfel

Dauert etwa 15 Minuten

› Avocados halbieren, Kerne entfernen, die Hälften schälen und mit dem Limetten- oder Zitronensaft im Mixer pürieren. Dabei nach und nach die Milch zugießen und kräftig mixen.

› Den Cocktail mit Zucker oder Honig süßen und in eisgekühlten Gläsern mit einigen Eiswürfeln servieren.

Papaya-Orangen-Cocktail

Waranja com Mamao

Aus Brasilien

Messen Sie alles in Tassen ab. Bei diesem Cocktail kommt es auf das Verhältnis von Obst und Flüssigkeit an: Brasilianische Fruchtdrinks sollen dick und sämig sein.

Für 6 Portionen
2 Tassen klein geschnittene Papaya
1 1/2 Tassen Orangensaft
3 EL Limettensaft
1/4 TL gemahlene Vanille
2 Tassen eiskaltes Wasser
Honig nach Geschmack
Eiswürfel

Dauert etwa 15 Minuten

› Papaya, Orangen- und Limettensaft sowie Vanille im Mixer pürieren. Nach und nach das Wasser zugießen.

› Cocktail mit Honig süßen, mit Eiswürfeln in kalte Gläser füllen, mit einer Blüte oder Limettenscheibe garnieren.

Gute Avocados

In Mexiko gibt es Avocados mit dunkler, fast schwarzer und sehr dünner Schale – Llermi Schröder hält sie für die besten. Hier nimmt man zum Pürieren die dunkelgrüne, runzelige und dickschalige »Hass«, eine sehr aromatische Sorte mit butterartig weichem Fleisch. Reife Früchte geben auf Fingerdruck etwa so nach wie reife Bananen.

Der schwarze Punkt

Kleine Augenbohnen mit dem schwarzen Punkt um den Keim sind typisch für die Mittelmeerküche. Sie schmecken mariniert und als Salat besonders gut, weil sie schön weich, aber nicht matschig kochen und sich gut mit dem Aroma der Gewürze verbinden. Die jungen Blätter isst man in Afrika. Ramata Ebersbach-Dabiré hat mir von einem »Armeleuteessen« (und Lieblingsgericht ihres Mannes!) erzählt: Frikadellen aus Hirse und gestampften Bohnenblättern werden über Dampf gegart und mit gewürzter Butter angerichtet. Bohnenblätter nimmt man in Afrika auch für Saucen.

Spinat mit Schwarzaugenbohnen

Isparnakli Börülcek

Aus der Türkei

Für 3–4 Portionen

125 g getrocknete Schwarzaugenbohnen (siehe links; ersatzweise weiße Bohnen)
1 l Wasser
Salz
400 g frischer Spinat
2 Zwiebeln
150 ml Olivenöl
150 ml Wasser
1 TL Salz
1 TL Paprikaflocken
1/2 TL Pfeffer
50 g Tomatenmark
1 Zitrone

Dauert etwa 1 Stunde
Dazu kommt die Zeit (etwa 8 Stunden) fürs Einweichen

› Bohnen kalt abspülen, mit dem Wasser übergießen und zugedeckt 8 Stunden einweichen. Salz zugeben, Bohnen aufkochen und zugedeckt bei schwacher Hitze etwa 25 Minuten kochen, bis sie weich, aber nicht aufgeplatzt sind. Während des Kochens immer wieder den Schaum abschöpfen. Die Bohnen abgießen und abkühlen lassen.
› Spinat verlesen, mehrmals waschen und zerkleinern. Zwiebeln fein hacken.
› Öl in einem Topf erhitzen, Zwiebeln darin goldgelb braten. Spinat zugeben und zusammenfallen lassen. Wasser zugießen, Spinat mit Salz, Paprikaflocken, Pfeffer, Tomatenmark und ausgepresstem Zitronensaft kräftig würzen. Im offenen Topf bei mittlerer bis schwacher Hitze 10 Minuten leicht kochen lassen.
› Die Bohnen zugeben, aufkochen und 10 Minuten bei mittlerer Hitze garen. Neben der Kochstelle noch 20 Minuten im offenen Topf ziehen lassen. Bohnen lauwarm oder kalt servieren.

Ziegenkäsebrote mit Knoblauchmus

Peasant Bread with Garlic and Goat Cheese

Aus Europa und den USA

Den Snack habe ich im Flugzeug von New York nach München entdeckt – leider nicht auf meinem Teller, sondern in einer amerikanischen Zeitschrift. Für mich ist Ruth Spears Rezept Beispiel für eine neue internationale Küche, die Typisches aus allen Ländern miteinander kombiniert.

Für 4 Portionen

4 Knoblauchknollen
150 ml Gemüsebrühe
8 frische Salbeiblätter
4 EL Olivenöl
1 TL Zitronensaft
Salz, Pfeffer
1 Baguette (250 g)
200 g weicher weißer Ziegenkäse

Dauert etwa 1 1/2 Stunde
Arbeiten müssen Sie etwa 30 Minuten

› Die äußeren Blätter der Knoblauchknollen entfernen. Knollen quer halbieren. Mit den Schnittflächen nach oben eng nebeneinander in eine Gratinform setzen. Gemüsebrühe darüber gießen. Auf jede Knollenhälfte ein Salbeiblättchen legen. Mit Öl beträufeln.
› Knoblauch zugedeckt in den kalten Backofen (mittlere Schiene) schieben. Bei 200 °C (Umluft, 180 °C; Gas, Stufe 3) in 1 Stunde weich backen. Mit einer Gabel aus den Häuten streifen, mit Salz, Pfeffer aus der Mühle und Zitronensaft mischen.
› Baguette schräg in etwa fingerdicke Scheiben schneiden, nebeneinander auf ein Backblech legen und etwa 2 Minuten im Ofen knusprig backen. Mit dem Knoblauchpüree bestreichen. Die Käsescheiben darauf anrichten.

Knusprige Kichererbsenbällchen, beliebter Snack – Israelis füllen sie als Falafel in Pitabrot (siehe Seite 43) –, sind in viele Länder gewandert. Dieses Rezept hat Ramola Parbhoo in Mauritius aufgeschrieben.

Kichererbsenbällchen

Aus Mauritius

Für 6 Portionen
500 g Kichererbsen
Chilisauce
3 Knoblauchzehen
1 TL Salz, 1 TL Zucker
250 g Pizzatomaten (Dose)
1/2 TL Tabascosauce oder 1 TL Chilipulver
Joghurtsauce
2 TL Kreuzkümmelkörner
250 g Joghurt
100 g süße Sahne
1/2 TL Salz, 1/2 TL Chilipulver
Außerdem
3 Lauchzwiebeln
2 grüne Chilischoten
2 TL Anissamen
1/2 TL Backpulver
2 Hand voll Korianderblätter
1/2 TL gemahlene Gelbwurz
1 TL Salz
800 ml Öl zum Frittieren
Dauert etwa 1 1/2 Stunden
Dazu kommt die Zeit (8 Stunden) fürs Einweichen

› Die Kichererbsen etwa 8 Stunden in reichlich Wasser einweichen.

› Für die Chilisauce den Knoblauch mit dem Salz zerdrücken und mit den restlichen Zutaten mischen.

› Für die Joghurtsauce den Kreuzkümmel im Mörser zerreiben. Mit allen restlichen Zutaten mischen.

› Kichererbsen abtropfen lassen und zu einer cremigen Masse pürieren. Lauchzwiebeln fein hacken. Chilischoten von Kernen und Scheidewänden befreien, waschen und fein hacken. Anissamen im Mörser zerreiben.

› Alle diese Zutaten mit dem Backpulver, den gehackten Korianderblättern, der Gelbwurz und dem Salz zu einem festen Teig verarbeiten. Eventuell noch etwas Wasser dazugeben. Mit angefeuchteten Händen etwa walnussgroße Bällchen formen.

› Öl zum Frittieren in einem hohen Topf oder einer Fritteuse erhitzen. Jeweils etwa 4 Kichererbsenbällchen darin in 3 bis 5 Minuten goldbraun backen, dabei immer wieder wenden, damit sie gleichmäßig bräunen. Auf Küchenpapier abtropfen lassen. Warm oder kalt mit den Saucen servieren.

Kichererbsen

Man isst sie in allen arabischen Ländern, in Nordafrika und Südeuropa, in der Türkei und in Israel. Diese kleinen, braungelben, unregelmäßig geformten Hülsenfrüchte gehören zu den traditionellen Lebensmitteln der arabisch-islamischen Küche, und ihre Zubereitung ist seit Jahrhunderten ziemlich unverändert geblieben. In arabischen Kochbüchern, die mindestens 100 Jahre älter sind als das erste bekannte deutsche Kochbuch, werden Kichererbsen entweder wie Gemüse mit Ingwer und Butter zubereitet oder in reichlich Wasser gekocht.

Die Brühe würzt man mit Zwiebeln, Pfeffer, Koriander, Safran, Essig oder Limettensaft. Das Mus aus Kichererbsen, »Humus« (Rezept auf Seite 43), ist noch immer eine beliebte Vorspeise im Nahen und Mittleren Osten. Der Name kommt aus dem Arabischen: »Humus« heißt Kichererbse.

SALATE

Senfkörner verarbeitet man in Europa zu Mostrich, in Asien nimmt man sie als Würze wie Pfeffer.

Salate, Gemüse, Saucen

Das Geheimnis ist die Würze

Für Europäer schmeckt das Essen fast aller asiatischer Regionen zuerst ziemlich ungewohnt. Das liegt nicht nur an exotischen Zutaten, sondern vor allem an der besonderen Würzkombination.

Am Anfang stand die Verwirrung: »Die Chinesen haben nicht so viele Gewürze wie die Europäer«, sagte mir Xiaoyan Zhang und zählte Sojasauce, Reisessig, Bohnenpaste, Sternanis, Ingwer, Knoblauch, Frühlingszwiebeln und Sesamöl auf. Von Sombat Kaewchum-Rozmus wusste ich, dass man sich in Thailand auf weniges beschränkt (siehe Seite 176). Dennoch ist Thailands Würzkunst berühmt. Phung Hoang fand, daß wir Deutschen so wenig würzen und nannte mir für Vietnam außer Speisewürze als Ersatz der einheimischen Sojasauce noch Chilischoten, Koriander, Minze, Basilikum, Knoblauch und Frühlingszwiebeln. Das war tatsächlich nicht viel, bedenkt man den charakteristischen Geschmack des Essens. Ich fragte Tutty Wilpernig und Lina Neudecker, Sun Hee Jun-Sailer und Zenaida Panganiban, Michiko Yoshihara-Fink und Michiyo Ernst, verglich alle Rezepte miteinander. Schließlich war mir klar, was es mit der intensiven Würze aus wenigen Ingredienzen auf sich hatte: Asien setzt auf Kontrast, wo Europa die Vielfalt pflegt. Der Kontrast entsteht auf unseren Geschmacksknospen: Wir schmecken süß und sauer, salzig und bitter. Außerdem bleibt uns die Luft weg, wenn wir Scharfes auf die Mundschleimhäute bekommen. Doch die Meldung »scharf« läuft nicht über die Knospen am Zungengrund zu Nervenbahnen und Gehirn, sondern über die Schleimhaut. Schärfe aber ist typisch für viele Länder und dazu ein so weites Thema, dass Sie dazu ein eigenes Special auf Seite 214 finden.

Das Süße in Asien ergibt sich zuerst natürlich aus Zucker. Auch europäische Köche haben Zucker einst nur wie Salz als Gewürz verwendet, bis im 15. Jahrhundert der Italiener Martino als einer der Ersten richtige Süßspeisen kreierte. Süße kommt in Asien auch von Sojabohnen: Japanisches Miso oder mildes Chiang aus China, beides Pasten aus zerkleinerten, gekochten Sojabohnen, die mit einem hefeähnlichen Pilz wie Sojasauce fermentieren und im besten Fall über Jahre reifen, schmecken je nach Zubereitungsart süß bis würzig oder salzig. Faustregel für die Rezepte dieses Buches: Helles Miso ist eher süß, dunkles eher salzig. Bei Sojasauce läuft es umgekehrt: Dunkle Sojasauce ist würzig und süß – von der tiefdunklen, süßen Kecap manis aus Indonesien kommt das Wort »Ketchup«. Salzig ist Austernsauce, die Sie in drei Rezepten dieses Buches fin-

Das rote Häutchen über der Muskatnuss kommt getrocknet als Muskatblüte in den Handel.

Der Marktstand in Hongkong zeigt ein paar der wichtigsten Gewürze asiatischen Kochens.

Gewürznelken sind die roten Blütenknospen des Nelkenbaumes.

den. Gewiss, Austernsauce gehört nicht zu den vegetarischen Lebensmitteln, und wer aus ethischen Gründen keine tierischen Produkte isst, nimmt stattdessen helle Sojasauce. Doch wer die unterschiedlichen Nuancen des Salzigen kosten will, kann Salat und Suppen, Gemüse und Saucen mal mit Austernsauce, thailändischer Fischsauce, Miso, scharfer roter Bohnenpaste aus China, eingelegten Sojabohnen oder salzigem Rettich, heller Sojasauce oder eben Salz würzen. Ein Tip: Gerichte mit Miso nicht aufwärmen, weil das delikate Aroma verloren geht und nur das Salz übrig bleibt.

Sauer kann in Ostasien sehr sauer sein: Sun Hee Jun-Sailer hat mir absichtlich kein typisches Rezept für Kimchi, das koreanische Sauerkraut, gegeben. »Meine Familie und meine Freunde sind begeistert, wenn ich koreanisch koche«, sagte sie mir. »Aber Kimchi mögen sie nicht.« Sanae Muraoka riet mir ab, eingelegte Umeboshi-Pflaumen zu Gemüsegerichten zu empfehlen: »Die sind viel zu salzig und zu sauer.« In Japan isst man sie als Beilage wie Reis. Sauer in Indien und Thailand, Südostasien und auf den Philippinen kann wie Zitronensaft schmecken: mit dem Saft von Limetten, die mehr Aroma besitzen als Zitronen. Oder mit dem Extrakt von Fruchtfleisch und Kernen der Tamarinde – den Extrakt gibt es bereits küchenfertig in Beuteln verpackt. Sauer kann überall in Asien schön mild und samtig sein: mit Reis- oder Kokosnussessig. Beide Sorten werden aus Reiswein bzw. der milchigen Flüssigkeit frischer Kokosnüsse oder Palmwein gebraut und enthalten nur bis zu fünf Prozent Säure – etwa so viel wie besonders milde Obstessige und viel weniger als Weinessig. Der berühmteste Reisessig ist schwarz und dickflüssig wie Balsamessig. Er stammt aus China, ist typisch für sauerscharfe Suppen, in Deutschland aber kaum zu bekommen. Die Geschmacksnuance »bitter« kommt von Zitrusfrüchten, Gewürzen und Kräutern. Selbstverständlich ist das Bittere so dezent, daß man es nur als harmonische Ergänzung empfindet: Es sind Basilikum, Pfefferminze und Minze im süß abgeschmeckten Salat, Samen von Bockshornklee im indischen Curry, Lorbeer, Ingwer, Gelbwurz oder Zitronenblätter in Saucen und Suppen mit Kokos und Zitrusschalen im süßen Kuchen.

»Die Salatplatte schmeckt auch im Winter, denn so richtig sommerlich sind nur die Fleischtomaten. Wenn es die nicht gibt, nehme ich ein paar schöne Champignons und Chicorée oder Stangensellerie.«

LYNE MANUEL

Salatplatte mit Saucen

Aus Frankreich

Frisches Baguette oder warmes, geröstetes Knoblauchbrot serviert Lyne Manuel zu ihrer Salatplatte mit zwei Saucen und einer Menge verschiedenem Gemüse. »Die Salate gibt es meist bei uns zum Abendessen. Doch seitdem viele unserer Freunde weniger Fleisch essen, richte ich sie auch als Vorspeise zu einem leichten Menü an.«

Für 6 Portionen
6 kleine Rote Beten
6 kleine Kartoffeln (fest kochende Sorte)
4 Eier
Vinaigrette
1 Knoblauchzehe
Salz
2 1/2 TL Dijonsenf
4 EL Essig
6 EL Öl
Pfeffer
Mayonnaise
1 frisches Ei
1 EL Dijonsenf
1 TL Essig
Schwarzer Pfeffer
1/8 l Öl
Außerdem
1 kleine Dose Artischockenherzen
1 kleine Dose Palmherzen
3 dünne Lauchstangen
4 Fleischtomaten
4 mittelgroße Möhren
1 EL Zitronensaft
5 sehr kleine Gewürzgurken (Cornichons)
1 EL frische gehackte Petersilie (ersatzweise tiefgefrorene Petersilie oder Salatkräuter)
Dauert etwa 1 1/4 Stunden

› Die Roten Beten und die Kartoffeln waschen. Getrennt mit der Schale in wenig Wasser weich kochen. Die Roten Beten brauchen 40 bis 50 Minuten, die Kartoffeln sind in 20 bis 30 Minuten gar. Beide Zutaten kalt abschrecken, etwas abkühlen lassen, schälen und in dünne Scheiben schneiden. Die Eier in 8 bis 10 Minuten hart kochen, ebenfalls kalt abschrecken, pellen und in dünne Scheiben schneiden.

› Während Gemüse und Eier kochen, die Vinaigrette zubereiten. Dafür die Knoblauchzehe abziehen und mit etwas Salz zerdrücken. Senf, 3 Esslöffel Essig und Öl verrühren und mit Salz und Pfeffer abschmecken. Die Hälfte der Vinaigrette mit dem zerdrückten Knoblauch mischen. Den Rest mit dem restlichen Essig verrühren und mit den heißen Roten Beten mischen.

› Für die Mayonnaise Ei, Senf, Essig und Pfeffer verrühren. Das Öl erst tropfenweise, dann in einem dünnen Strahl zugießen und alles mischen, bis eine hellgelbe Mayonnaise entstanden ist.

› Artischocken und Palmherzen abgießen und abtropfen lassen. Beide Zutaten mit der Knoblauchvinaigrette begießen und zugedeckt ziehen lassen, bis alles andere zubereitet ist.

› Die Lauchstangen putzen, waschen und in mundgerechte Stücke schneiden. In reichlich sprudelnd kochendem Salzwasser in etwa 3 Minuten bissfest garen. Abgießen und abtropfen lassen.

› Während der Lauch kocht, Tomaten waschen und in Scheiben schneiden.

› Die Möhren waschen, schälen und fein reiben. Mit dem Zitronensaft und 2 bis 3 Esslöffel Mayonnaise mischen. Cornichons in feine Scheiben schneiden und mit dem Rest der Mayonnaise unter die Kartoffeln mischen.

› Die verschiedenen Salate auf einer großen Platte anrichten. Dafür zuerst den Plattenrand abwechselnd mit Tomaten- und Eierscheiben belegen und mit der Petersilie bestreuen. In der Mitte portionsweise die Möhren, Kartoffeln, Roten Beten, Lauch, Artischocken- und Palmherzen anrichten.

Tip: Die Artischocken- und Palmherzen kann man einige Stunden früher vorbereiten, damit sie gut durchziehen.

Gemüsesalate mit Mayonnaise sind in Südamerika beliebt; die festliche Variante mit Kartoffeln heißt in Brasilien sogar «Mayonnaise«. Carmen Ramirez-Königsbauer hat ein Familienrezept aus Peru aufgeschrieben.

Frühlingssalat

Ensalada primavera

Aus Peru

Für 4 Portionen

400 g Maiskörner (Dose oder frisch gekocht)
3 große Tomaten
1 dünne Stange Porree
Je 1 rote und grüne Paprikaschote
300 g Queso fresco (schnittfester Frischkäse; siehe rechts)
1/2 Essiggurke
2 reife, feste Avocados
1 Zitrone
300 g Joghurt
6 EL Mayonnaise (selbst gemacht oder fertig gekauft)
1 Knoblauchzehe
Salz
Schwarzer Pfeffer

Dauert etwa 50 Minuten

› Mais abtropfen lassen. Die Tomaten waschen und würfeln. Porree putzen, waschen und mit allen saftigen grünen Blättern in feine Ringe schneiden. Die geputzen Paprikaschoten in feine Streifen schneiden. Käse würfeln, die Essiggurke in dünne Scheiben schneiden.

› Avocados halbieren, schälen, von den Kernen befreien, in Scheiben schneiden und mit dem ausgepressten Zitronensaft beträufeln. Alle diese vorbereiteten Salatzutaten in eine Schüssel geben.

› Joghurt und Mayonnaise verrühren. Den Knoblauch abziehen, mit Salz zerdrücken und mit einer kräftigen Prise Pfeffer unter den Joghurt mischen. Die Sauce über die Salatzutaten gießen und alles vorsichtig mischen.

In Peru serviert man das Dressing oft in einem Extraschälchen, damit sich jeder nach Geschmack bedienen kann. Zum Salat isst man Brot.

Queso fresco

In Lateinamerika isst man hauptsächlich Frischkäse und halbfesten Schnittkäse. Die heimischen Sorten bekommt man hier kaum, doch es gibt guten Ersatz: Für Salate nimmt man halbfesten Schnittkäse wie Cheddar und Monterey, Frischkäse wie spanischen Burgos und Flor de oro, Molkenkäse wie Ricotta, Requesón aus Spanien und Zieger aus der Schweiz. Für Suppen und Süßes eignet sich Mozzarella aus Kuhmilch. Büffelmozzarella ist zu weich und cremig. Griechischer Feta, der Schafkäse aus der Lake, eignet sich ebenfalls für manche südamerikanische und mexikanische Gerichte. Doch für diesen Salat ist er zu salzig.

Der Ursprung aller Salate

Er liegt in Italien. Das Wort »Insalata« sagt, was Salat einst war: Eingesalzenes aus dem Vorrat. Die Mischung aus Salz- oder Sauergemüse, Fisch, Fleisch, Nudeln, Reis und vielen anderen Zutaten, aromatisiert mit Essig, Öl, Kräutern und Gewürzen, wanderte in die Küchen aller Länder, und selbst das Wort wurde in die meisten Sprachen übernommen.

In der bäuerlichen Küche Ost- und Nordeuropas isst man viel eingelegtes Gemüse – auch als Salat.

Rote-Bete-Salat
Rödbetssallad

Aus Schweden

»Früher spielte Salat bei uns keine große Rolle: Gurken, Möhren, Tomaten wurden einfach ohne Dressing gegessen«, sagte mir Ewa Schimmer. »Urlaub im Süden hat Salat dann so populär gemacht.«

Für 4 Portionen
700 g ganze, eingelegte Rote Beten
2 säuerliche Äpfel
200–250 g saure Sahne
1 EL geriebener Meerrettich

Dauert etwa 30 Minuten

› Äpfel vierteln, schälen, vom Kerngehäuse befreien und grob raspeln. Die Roten Beten in feine Streifen schneiden oder grob raspeln.

› Aus saurer Sahne und Meerrettich die Salatsauce rühren. Mit den Roten Beten und den Äpfeln mischen.

Rettichsalat
Salat iz red'ki

Aus Russland

Als Bayerin ist mir Rettichsalat natürlich vertraut. Doch Marina Schlichters Rezept war sehr neu und ungewöhnlich für mich: Geraspelter Rettich wird mit goldbraun gebratenen Zwiebeln vermischt.

Für 4 Portionen
2 mittelgroße Zwiebeln
4 EL Öl
2 weiße Rettiche
Salz

Dauert etwa 20 Minuten

› Zwiebeln abziehen, fein hacken und im heißen Öl bei schwacher bis mittlerer Hitze goldbraun braten. Etwas abkühlen lassen.

› Inzwischen die Rettiche schälen, grob raspeln und mit den Zwiebeln mischen. Salat mit Salz abschmecken.

Palmherzensalat
Palmito-Salada

Aus Brasilien

Iris Bichelmaier-Zalszupin verwendet Salz nur ganz sparsam bei diesem Salat: »Es überdeckt rasch den feinen Eigengeschmack der Palmherzen. Deshalb nehme ich höchstens eine Prise oder lasse es ganz weg. Fein und besonders würzig schmeckt Pesto als Salatdressing.«

Für 4 Portionen
2 kleine Dosen Palmherzen (siehe rechts)
2 Tomaten
1 Bund Schnittlauch
2 EL Balsamessig
4 EL Olivenöl
Pfeffer

Dauert etwa 30 Minuten

› Die Palmherzen abgießen und in fingerdicke Scheiben schneiden. Tomaten waschen und würfeln, den Schnittlauch in feine Röllchen schneiden. Alles in eine Schüssel geben.

› Essig mit Öl verrühren, über den Salat gießen und mischen. Zugedeckt 10 Minuten ziehen lassen. Mit frisch gemahlenem Pfeffer bestreut servieren.

Gemüsesalat
Jam Pag Roumit

Aus Thailand

Sombat Kaewchum-Rozmus serviert frisch gekochten, heißen Reis zu ihrem Salat.

Für 4 Portionen
1 kleiner weißer Rettich
2 mittelgroße Möhren
Je 1 rote und grüne Paprikaschote
1–2 rote Chilischoten
4 Stängel Koriandergrün
4 EL Sesamöl
50 g geschälte Sesamsamen
2–3 EL Sojasauce
Salz, Pfeffer
1 TL Zucker
3 EL thailändischer Reisessig

Dauert etwa 20 Minuten

› Rettich und Möhren schälen. Zuerst in dünne Scheiben, dann in feine Stifte schneiden. Paprikaschoten putzen, waschen und in Streifen schneiden. Chilischoten halbieren, weiße Scheidewände und alle oder den größten Teil der Kerne entfernen. Schoten in feine Streifen schneiden. Das Koriandergrün mit einer Küchenschere fein schneiden.

› 1 Esslöffel Öl in einer kleinen Pfanne erhitzen. Sesam darin goldgelb rösten und mit dem vorbereiteten Gemüse, Chili und Koriander mischen.

› Sojasauce, Salz, Pfeffer, Zucker, Essig und das restliche Öl verrühren. Salat damit mischen.

Palmherzen

Sie sind das Mark verschiedener Palmenarten: Das zarte, knackige weiße »Herz« mit nussartigem Geschmack ist entweder Nebenprodukt beim Fällen von Kokospalmen. Oder es wird aus drei bis fünf Jahre alten Plantagenpalmen gewonnen, die man eigens für die begehrte Delikatesse kultiviert. Grundsätzlich ist die Gewinnung von Palmitos ein Problem, denn Palmen, deren Mark man erntet, sterben ab – bei einstämmigen, wilden Palmen bedeutet das Raubbau an ganzen Wäldern. Assaipalmen in den Plantagen jedoch vermehren sich durch Wurzelschösslinge und wachsen in Gruppen. Bei der Ernte stirbt also nur der Stamm ab, dessen Mark man entnommen hat.

Schmale Palmherzen aus der kleinen Dose sind schön zart. Große Stücke dagegen können holzige Stellen haben. Übrig gebliebene Palmherzen schmecken mariniert (Rezept auf Seite 54) oder im gemischten Salat.

Sommerportulak

Die erste schriftliche Quelle stammt aus dem 3. Jahrhundert vor Christus: Der Grieche Theophrast, Philosoph und Aristoteles-Schüler, führt ihn unter 30 Gemüse- und Gewürzpflanzen an. Der altrömische Naturforscher Plinius behandelt ihn nur als Heilpflanze, Hildegard von Bingen erwähnt ihn, sagt uns aber nichts über die Verwendung. Im 17. Jahrhundert empfiehlt ihn der Arzt und Botaniker Johann Elsholtz als Medizin und für die Küche; doch offenbar schmeckte das Kraut damals viel strenger als heute: »Man gebraucht es auch in allerhand Gemüsen und Suppen, jedoch gar wenig, weil es trefflich sauer ist.«

Winterportulak

Er trägt drei Namen: Postelein, den alten, den vor allem Naturköstler verwenden. Kuba-Spinat, den neuen, der in Richtung Heimat des Krautes in der Neuen Welt weist. Tellerkraut, weil die Blättchen zuerst wie ovale Rhomben aussehen und allmählich Tellerchen mit kleinen grünen Blüten in der Mitte bilden. Das frische Kraut bekommen Sie beim Gemüsehändler oder im Naturkostladen, auf dem Markt und beim Gärtner. Samen gibt es im Gartencenter. Zum Selberziehen muss man ihn im Herbst ansäen, wenn es kalt wird, denn bei Wärme kümmert er.

Die Kombination aus Obst, Gemüse und Kräutern gibt dem Mallorca-Salat die ungewöhnliche Note.

Bauernsalat
Trempó

Aus Mallorca

Trempó ist ein typisch mallorquinischer Salat. Früher war er Imbiss der Bauern und Landarbeiter, die ihn am Vormittag mit Brot gegessen haben – so jedenfalls steht es in einem sympathischen kleinen Kochbuch, das ich vor etwa 20 Jahren am Flughafen in Palma de Mallorca gekauft habe.

Für 4 Portionen
500 g Fleischtomaten
1 feste Birne
1 säuerlicher Apfel
2 grüne Pfefferschoten
1 Zwiebel
1 Hand voll Portulak (siehe links)
Salz
1 EL Zitronensaft oder Obstessig
4 EL Olivenöl
1 EL Kapern

Dauert etwa 30 Minuten

› Die Tomaten achteln, die Achtel noch einmal quer teilen.
› Die Birne und den Apfel gründlich waschen oder schälen, vierteln, vom Kerngehäuse befreien und quer in dicke Scheiben schneiden.
› Die Pfefferschoten mit einem Messer halbieren, alle scharfen Kerne und Scheidewände entfernen, die Schoten kalt abspülen und in feine Streifen schneiden.
› Zwiebel abziehen und grob hacken oder in dünne Scheiben schneiden.
› Den Portulak waschen und trocken tupfen.
› Alle diese Zutaten in eine Schüssel geben.
› Salz mit Zitronensaft oder Obstessig und Öl verrühren.
› Den Salat damit mischen, auf einer tiefen Platte anrichten und mit den Kapern bestreut servieren.

Tip: Kapern sind zwar die authentische Würze, doch Kapernfrüchte schmecken fast noch besser am Salat.

Römersalat mit Joghurtsauce
Yogurtlu Marulsalatasi

Aus der Türkei

Für 3–4 Portionen

1 mittelgroßer Römersalat
500 g türkischer Joghurt
75 ml Wasser (1/2 Tasse)
1–2 Knoblauchzehen
1 EL Olivenöl
Salz
1 TL getrocknete Pfefferminze
1/2 TL Paprikaflocken

Dauert etwa 30 Minuten
Dazu kommt die Zeit (etwa 2 Stunden) fürs Kühlen

› Salat putzen, waschen, trockenschleudern und in sehr feine Streifen schneiden.
› Joghurt und Wasser verrühren, Knoblauch durch die Presse drücken, zugeben und mit dem Olivenöl unterrühren.
› Mit Salz und Pfefferminze würzen.
› Den Salat untermischen und mit Paprikaflocken bestreuen.

Tip: Wie Zaziki schmeckt die Joghurtsauce am besten gekühlt.
An heißen Tagen zwei Eiswürfel daruntermischen.

Mangosalat

Von den Philippinen

Für 4 Portionen

200 g Sojasprossen
2 feste, rotschalige Mangos (siehe rechts)
2 große Tomaten
1 kleine Zwiebel
1 Stängel Zitronengras
2 TL Sojasauce
Salz, Pfeffer
Eventuell 1 EL gehackte Erdnüsse zum Bestreuen

Dauert etwa 30 Minuten

› Die Sojasprossen in eine Schüssel geben, mit kochendem Wasser begießen und 10 Minuten zugedeckt stehen lassen. Sojasprossen abgießen, abtropfen und abkühlen lassen.
› Die Mangos schälen, das Fruchtfleisch vom Kern schneiden und in Streifen schneiden. Zwiebel abziehen und fein hacken, Tomaten waschen und würfeln.
› Das Zitronengras waschen, den weichen, hellen Teil fein hacken.
› Sojasprossen, Tomaten, Zwiebel und Zitronengras mischen und mit der Sojasauce, Salz und Pfeffer würzen. Mangos unterheben. Nach Belieben mit gehackten Erdnüssen bestreuen.

In Mexiko gibt es grüne, unreife Mangos auf der Straße zu kaufen. Man isst sie gleich aus der Hand – mit Salz, Zitronensaft und Paprikaflocken.

Die Obstkönigin

Bei Mango geraten alle ins Schwärmen, die aus den »Mangoländern« kommen. Als ich die Mango kostete, die mir Zenaida Panganiban zusammen mit ihrem Salatrezept (links) schenkte, konnte ich die Begeisterung nachempfinden. Natürlich hatte ich schon häufig Mangos gegessen, doch keine war so aromatisch gewesen wie diese kleine Frucht von den Philippinen, die Zenaidas Mutter ein paar Tage zuvor geschickt hatte.
Wie man gute Mangos erkennt, fragte ich alle. »Manila-Mangos sind die besten, aber hier kaum zu bekommen«, sagt Zenaida. Für den Salat nimmt sie grüne oder leicht orangefarbene große Mangos, die es auch im Supermarkt gibt: »Sie duften, wenn sie reif sind.«
Iris aus Brasilien: »Eine gute Mango soll ähnlich angenehm in der Hand liegen wie eine reife Banane. Ein paar braune Flecken zeigen ebenfalls Reife an. Harte Früchte reifen bei Zimmertemperatur nach.«
Llermi aus Mexiko: »Eine reife Mango mit dünner Haut soll nicht weich, sondern eher ein wenig runzelig sein.
Nur dickschalige Mangos dürfen weicher werden.«

Bilha Widmann

Bilha Widmann lehrt koschere Küche in der Israelitischen Kultusgemeinde in München. »Einige jüdische Speisengebote beziehen sich auf Säen und Ernten, die anderen auf Fleisch. Wer rein vegetarisch isst, muss also keines davon beachten. Doch wenn Sie sich gemischt mit wenig Fleisch und viel Gemüse ernähren und koscher kochen wollen, müssen Sie auf die Zusammenstellung des Essens achten. Milchprodukte und Butter werden streng getrennt von Fleisch aufbewahrt, gekocht, serviert und gegessen. Nach einer Fleischmahlzeit muss man einige Stunden warten, bis man z. B. Kuchen, mit Butter oder Milch zubereitet, essen darf. Deshalb koche und backe ich nur mit neutraler Pflanzenmargarine. Der Brauch, Matzenbrot vor Pessach zu essen, hat nichts mit der koscheren Küche zu tun; er ist Erinnerung an den Auszug der Juden aus Ägypten: In der Hast des Aufbruchs konnten die Frauen keine Sauerteigbrote mehr backen – Roggensauerteig muss lange ruhen und backen. So nahm man ungesäuertes Brot mit. Es eignet sich besser für lange Märsche, weil es sich wie Knäckebrot lange hält und wenig wiegt.«

Auberginensalat

Aus Georgien

Marina Schlichters Rezept war ganz neu für mich: Gebratene Auberginen werden mit Kräutermayonnaise aufgeschichtet.

Für 4 Portionen
1 kg Auberginen
8 EL Öl
1 Bund Petersilie
1 Bund Dill
1 Bund Koriander
4–5 EL Mayonnaise
Salz

Dauert etwa 1 Stunde

› Auberginen waschen, der Länge nach in fingerdicke Scheiben schneiden und im heißen Öl bei schwacher Hitze auf beiden Seiten goldbraun braten. Auf Küchenpapier abtropfen lassen.
› Kräuter durch den Fleischwolf drehen und mit Mayonnaise mischen.
› Eine flache Schale mit 2 bis 3 Auberginenscheiben auslegen und mit etwas Kräutermayonnaise bestreichen.
› Auf diese Weise die restlichen Auberginenscheiben schichten und bestreichen.
› Mit Auberginen abschließen.

Kartoffelsalat
Salata de cartofi

Aus Rumänien

Für 4 Portionen
1 kg Kartoffeln (fest kochende Sorte)
1 mittelgroßes Glas schwarze Oliven
1 große Zwiebel
2 EL Essig
Salz, Pfeffer
3 EL Öl

Dauert etwa 50 Minuten

› Die Kartoffeln waschen und mit der Schale in wenig Wasser weich kochen. Abgießen, kalt abschrecken, etwas abkühlen lassen und schälen. In 1/2 Zentimeter dicke Scheiben schneiden.
› Abgetropfte Oliven vierteln und entsteinen. Zwiebel abziehen und fein hacken. Alles zu den Kartoffeln geben.
› Essig mit Salz, einer kräftigen Prise Pfeffer und Öl verrühren. Kartoffeln damit mischen und zugedeckt bei Zimmertemperatur 1 Stunde ziehen lassen.

Weißkohlsalat

Aus der jüdischen Küche

Mandeln, gebratene Zwiebeln und reichlich Zitronensaft geben Bilha Widmanns Salat das feine Aroma.

Für 4 Portionen
1 mittelgroße Kartoffel
1 mittelgroßer Kopf Weißkohl
4 Zwiebeln
1/2 Bund Petersilie
Öl zum Braten
Salz
Saft von 1 Zitrone (ersatzweise 3–4 EL Essig)
100 g gehackte Mandeln oder Nusskerne

Dauert etwa 45 Minuten

› Kartoffel waschen und ungeschält in wenig Wasser garen. Abgießen, kalt abschrecken und schälen.
› Die Kartoffel in Stifte schneiden, den geputzten, geviertelten Kohlkopf und die abgezogenen Zwiebeln fein hobeln. Die Petersilie fein hacken.
› Das Öl in einer Pfanne erhitzen. Die Zwiebeln darin bei mittlerer Hitze unter häufigem Wenden goldbraun braten und etwas abkühlen lassen.
› Weißkohl, Kartoffel, Petersilie und Zwiebeln mischen, Salat mit Salz und Zitronensaft würzen. Mandeln unmittelbar vor dem Servieren unterheben.

Weit verbreitet und traditionsreich: Rote Beten finden Sie als Gemüse oder Salat in fast jedem Land.

Rote-Bete-Salat

Salat iz svëkly

Aus der Ukraine

Natalia Rykovas Salat zeigt, wie Küchen einander anregen: Rote Beten weisen nach Russland, Granatäpfel und Walnüsse eher in die Länder ums Schwarze Meer.

Für 4 Portionen
3 mittelgroße Rote Beten
3–4 Knoblauchzehen
1/2 Granatapfel
100 g gehackte Walnusskerne
150 g Salatmayonnaise (fertig gekauft)
Salz
Pfeffer
Dauert etwa 1 1/4 Stunden
Arbeiten müssen Sie etwa 30 Minuten

› Rote Beten mit Schale in 50 Minuten weich kochen. Abgießen, abschrecken, abkühlen lassen. Knoblauch durch die Presse drücken. Kerne des Granatapfels herauslösen. Rote Beten schälen, reiben und mit den anderen Zutaten mischen.

Grüne-Bohnen-Salat

Lobio

Aus Georgien

Für 4 Portionen
600 g grüne Bohnen
Salz
2 kleine Zwiebeln
4 EL Öl
1/4 Bund Petersilie
1/4 Bund Dill
1/2 Hand voll Korianderblätter (ersatzweise Petersilie)
1 frisches Ei
Dauert etwa 50 Minuten

› Bohnen in reichlich Wasser mit Salz in 12 bis 15 Minuten bissfest kochen.
› Abgießen, mit eiskaltem Wasser abschrecken und gut abtropfen lassen.
› Zwiebeln fein hacken, im heißen Öl bei mittlerer Hitze goldbraun anbraten und abkühlen lassen.
› Die Kräuter fein hacken, das Ei verquirlen. Alle Zutaten mischen und mit Salz abschmecken.

Frisch vom Huhn

Für Marina Schlichters Bohnensalat brauchen Sie unbedingt ein legefrisches Ei: Es wird roh mit vielen gehackten Kräutern vermischt.

Zwei Saucen

Vermutlich ist Sojasauce vor einigen Tausend Jahren in China erfunden worden. Inzwischen gehört sie zu den wichtigsten Würzsaucen in Ost- und Südostasien. Es gibt helle, dunkle und tief dunkelbraune Sojasauce zu kaufen: helle und mittelbraune wird aus Sojabohnen und Getreide hergestellt. Heute ist das vorwiegend Weizen, früher wurden auch Mais, Gerste und Reis verwendet. Dunkle Sojasauce wird vorwiegend aus Sojabohnen gebraut. Dazu kommen Wasser und Salz wie bei der hellen Sauce. Hochwertige, tiefbraune Saucen reifen genau wie Balsamessig, Wein oder Weinbrand einige Jahre. Grundsätzlich schmeckt helle Sauce salzig, dunkle eher süß – je höher die Qualität, desto weicher und würziger.

Salat aus Sojabohnensprossen

Moyashi no salada/sumono

Aus Japan

Das alte japanische Wort für den Salat, »sumono«, bedeutet säuerliches Gericht. Das moderne, heute allgemein verwendete »salada« kam über die Amerikaner aus Europa (siehe Seite 56).

Für 4 Portionen
2 EL Reisessig
2 EL helle oder dunkle Sojasauce (siehe links)
1 EL Sesamöl
Salz
Knapp 200 g Sojabohnensprossen
Dauert etwa 20 Minuten

› Für die Salatsauce den Reisessig mit Sojasauce und Sesamöl verrühren.

› Reichlich Wasser, eventuell mit einer winzigen Prise Salz (siehe Tip unten), zum Kochen bringen und die Sprossen darin etwa 10 Sekunden sprudelnd kochen lassen.

› In ein Sieb abgießen, sofort kurz in eine Schüssel mit kaltem Wasser und einigen Eiswürfeln tauchen, wieder herausnehmen und gut abtropfen lassen.

› Die Sojabohnensprossen mit der Salatsauce mischen und sofort servieren.

Tip: Die Sprossen sollen nicht weich, sondern nur kurz blanchiert werden: Sie schmecken dann milder und sind besser verträglich.
Das Abschrecken in eiskaltem Wasser ist wichtig, damit der Garprozess sofort unterbrochen wird und die Sprossen knackig bleiben. Weil Sojasauce genügend Salz enthält, muss man das Wasser auch nicht eigens salzen.
Zum Salat isst man kein Brot, sondern – wie in vielen anderen asiatischen Ländern – frisch gekochten Reis.

Scharfer Olivensalat mit Tomaten

Aus der jüdischen Küche

Bilha Widmanns in scharfem Tomatenmus marinierte Oliven sind ein weiteres Beispiel für die vielfältige Interpretation der italienischen »insalata«. Genau wie die Kichererbsenbällchen Falafel (Rezept auf Seite 49) füllt man sie mit grünen Salatblättern, Humus (Rezept auf Seite 43) und dem Sesammus Tahin in Pitabrot. »Der Salat ist zwar keine ausgewiesene vegetarische Spezialität, gehört aber traditionell zur fleischlosen Kost. Wir essen ihn nämlich auch einfach zu Reis oder Nudeln«, sagte mir Bilha.

Für 6 Portionen
2 große reife Tomaten
6 Knoblauchzehen
Salz
80 ml Öl
1 EL Tomatenmark
450 g entsteinte grüne Oliven
3 Zitronenscheiben mit Schale (unbehandelt)
1 TL mildes Chilipulver oder Cayennepfeffer
1 TL scharfes Paprikapulver
Schwarzer Pfeffer
3 EL Wasser
Dauert etwa 30 Minuten

› Die Tomaten abziehen, die Kerne entfernen und das Fruchtfleisch mit der Gabel zerdrücken. Knoblauchzehen abziehen und mit etwas Salz zerdrücken.

› Das Tomatenmus in einen Topf geben, mit Knoblauch, Öl und Tomatenmark mischen und bei schwacher Hitze etwa 5 Minuten leicht erwärmen.

› Oliven, Zitronenscheiben, Chilipulver, Paprika, eine kräftige Prise Pfeffer aus der Mühle und das Waser zugeben. Alle Zutaten gut mischen und bei mittlerer Hitze etwa 5 Minuten kochen, bis das Wasser verdampft ist.

› Den Topf von der Kochstelle nehmen und den Salat auskühlen lassen.

Markt im arabischen Viertel Jerusalems. Für den Kleinen ist der Fotograf das Besondere, für uns die Vielfalt.

Couscous heute

Es besteht entweder aus Hartweizengrieß, Hirse oder einer Mischung aus beiden Getreidearten. Die kleinen Körnchen werden vorgegart, gepresst und getrocknet, sind leicht verdaulich und einfach zu verwenden:
In kleineren Mengen können Sie Couscous wie Bulgur über Gemüse- oder Kräutersalat streuen (Rezept auf Seite 72). Sonst lässt man es quellen und dämpft es wie im Rezept links, richtet es heiß als Beilage oder kalt als Salat an. Außerdem können Sie es nach dem Quellen wie asiatischen Reis mit Gemüse und Ei braten.

Couscoussalat
Taboulet

Aus Nordafrika

Ramata Ebersbach-Dabiré mag Taboulet am liebsten mit Vollkorncouscous: »Er wird nicht matschig und schmeckt viel herzhafter als weißer Couscous.«

Für 6 Portionen
500 g Vollkorncouscous
1 Bund Basilikum
1–2 Bund Pfefferminze
2 kleine Zwiebeln
1 Gurke
1 rote Paprikaschote
2 kleine Tomaten
1 milde rote Chilischote
2 kleine Zitronen
Etwa 1/4 l Olivenöl
1–1 1/2 TL gemahlener Koriander
Salz, Pfeffer
Dauert etwa 30 Minuten

› Das Couscous in ein großes, feines Sieb geben, in eine Schüssel mit kaltem Wasser hängen und 10 Minuten quellen lassen. Einen Topf mit so viel Wasser füllen, dass man das Sieb in den Topf hängen kann, ohne dass es das Wasser berührt. Wasser aufkochen, das Couscous im Sieb darüber hängen und mit einer Gabel lockern. Im geschlossenen Topf 10 Minuten dämpfen und in eine große Schüssel geben. Kräuter hacken. Zwiebeln, Gurke, Paprikaschote und Tomaten fein zerkleinern. Chilischote von den Kernen und Scheidewänden befreien und fein hacken. Alle diese Zutaten mit dem Couscous mischen.

› Zitronen auspressen, Saft mit dem Olivenöl verrühren und langsam zum Couscous gießen. Salat dabei mit einer Gabel durchrühren. Falls der Salat zu trocken ist, etwas mehr Öl zugießen.

› Couscoussalat entweder sofort noch lauwarm servieren oder zugedeckt über Nacht kühlen. Zum Servieren mit Salz und Pfeffer abschmecken.

Historisches

Couscous hat eine lange Tradition in den arabischen Ländern. In seiner Studie über die islamische Kochkunst des Mittelalters beschreibt Peter Heine, wie man es früher gemacht hat: »Feinmehl wurde mit leicht gesalzenem Wasser besprengt und dann mit den Fingerspitzen hin und her bewegt. So entstanden kleine Kugeln.« Die Couscouskügelchen – vermutlich so groß wie Köpfe von Ameisen – hat man in einem Sieb wie Puderzucker leicht geschüttelt, um das überschüssige Mehl abzusieben.

Klein am besten

Je kleiner eine Gurke ist, desto weniger Wasser enthält sie. Deshalb sind Minigurken – bis 250 Gramm schwer und bis zu 15 Zentimeter lang – auch viel aromatischer als die großen Salatgurken, von denen die meisten rund ums Jahr aus dem Gewächshaus kommen. Minigurken wurden früher aus der Türkei und Israel importiert und waren deshalb nur selten im Angebot. Aufgrund der großen Nachfrage baut man sie nun auch in Deutschland an und kann sie den ganzen Sommer über kaufen – vorwiegend aus dem Freiland. Einlegegurken – zwischen 6 und 10 Zentimeter lang – stammen von Mitte August bis Mitte September ebenfalls aus dem Freiland. Sie schmecken so gut wie Minigurken, sind zum Schälen aber zu zierlich. Einlege- und Minigurken enthalten genau wie dicke Schmorgurken noch Samenkerne, die in weicheres Fleisch eingebettet sind. Doch beides kann man leicht als Keil aus der längs halbierten Gurke herausschneiden.

Mit Gurken ist es so wie mit Roten Beten – kaum ein Land ohne verschiedene Gurkenrezepte.

Gurkensalat Atjad

Aus Thailand

Für 4 Portionen

- 1 Salatgurke oder 2 Minigurken
- 2 Schalotten
- 1 grüne Chilischote
- 2 Stängel Koriandergrün
- Salz, Pfeffer
- 1 EL Zucker
- 1 1/2 EL Reisessig
- 2 EL Erdnuss- oder Sonnenblumenöl

Dauert etwa 15 Minuten

› Gurke schälen, längs vierteln und quer in dünne Scheiben schneiden. Schalotten in feine Ringe schneiden. Chilischote von Scheidewänden und Kernen befreien und in feine Streifen schneiden. Koriandergrün zerkleinern. Alle diese Zutaten mischen.

› Salz, Pfeffer, Zucker, Reisessig und Öl verrühren. Salat damit mischen.

Gurkensalat Oi Namul

Aus Korea

Für 4 Portionen

- 2 Salatgurken
- 1 EL Salz
- 1 Knoblauchzehe
- 1 TL Sesamsamen
- 1/2 TL Cayennepfeffer
- 1 TL Zucker
- 1 EL Sesamöl
- Schwarzer Pfeffer

Dauert etwa 45 Minuten

› Gurken waschen oder schälen, in dünne Scheiben hobeln, mit Salz bestreuen und 30 Minuten ziehen lassen. Überschüssige Flüssigkeit mit den Händen ausdrücken.

› Gurken mit zerdrücktem Knoblauch, Sesamsamen, Cayennepfeffer, Zucker und Sesamöl mischen. Mit Salz und Pfeffer abschmecken.

Gurkensalat
Uborka Sala'ta

Aus Ungarn

Gurken sind weltweit äußerst beliebt: Von den vielen Rezepten aus allen möglichen Ländern, die ich gesammelt habe, konnte ich in dieses Buch nur einen Teil aufnehmen. Europa wird auf unserer internationalen Gurkensalat-Seite durch den Salat von Martha Lavallée repräsentiert.

Für 4 Portionen

2 kleine Salatgurken
1 EL Salz
1 Bund Dill
2–3 Knoblauchzehen
1 EL Essig
Zucker
1 EL Crème fraîche
1–2 EL Öl
Schwarzer Pfeffer

Dauert etwa 35 Minuten
Dazu kommt die Zeit (1 bis 2 Stunden) fürs Marinieren

› Gurken schälen, dünn hobeln und salzen. Etwa 30 Minuten ziehen lassen, dann mit den Händen gut ausdrücken.

› Dill waschen, trockentupfen und fein hacken. Die Knoblauchzehen abziehen und zerdrücken. Beide Zutaten mit Essig, Zucker nach Geschmack, Crème fraîche und dem Öl verrühren. Die Gurken darunter mischen.

› Salat 1 bis 2 Stunden zugedeckt kalt stellen. Mit frisch gemahlenem Pfeffer bestreut servieren.

Gurkensalat aus Adana

Aus der Türkei

Adana, an der Südostküste des Mittelmeers nahe der Grenze zu Syrien, gehört zu den ältesten türkischen Städten. Es ist berühmt für hervorragenden Kebab und einen pizzaähnlichen Hackfleischkuchen.

Für 6–8 Portionen

150 g Tahin (Sesammus)
300 g türkischer oder griechischer Joghurt
2 Knoblauchzehen
1 Hand voll frische Pfefferminzblätter
Salz
Weißer Pfeffer
5 Minigurken
Eventuell mildes Chilipulver

Dauert etwa 25 Minuten

› Für die Marinade Tahin und Joghurt in eine Schüssel geben. Knoblauch abziehen und fein hacken. Etwa 2/3 der Pfefferminzblätter fein zerkleinern.

› Tahin, Joghurt, Knoblauch, zerkleinerte Pfefferminze, Salz und Pfeffer mit dem Schneebesen aufschlagen und etwa 20 Minuten zugedeckt ziehen lassen.

› Inzwischen die Gurken schälen, in möglichst dünne Scheiben schneiden, auf Portionstellern verteilen und die Marinade darüber geben.

› Mit der restlichen Pfefferminze garnieren und nach Wunsch mit Chilipulver bestreuen.

Pfefferminze ist in der Türkei und den Ländern des Vorderen Orients Küchenkraut wie bei uns Petersilie. In Nordafrika mischt man unfermentierten grünen Tee mit frischen oder getrockneten Pfefferminzblättern.

Erdogan Yarar

Erdogan, Mezze-Spezialist in Hamburg, bereitet jeden Tag ein Buffet aus türkischen Vorspeisen und Salaten zu: Der Gurkensalat links stammt aus seinem Repertoire. Manches gibt es nur bei ihm: z. B. Paprikaschoten mit einer Creme aus Basilikum und Schafskäse. Die türkische Küche ist eine der besten, und als ich Erdogan nach dem Grund fragte, nannte er mir die Lust am Kochen, die Freude am gemeinsamen Essen und die Ruhe bei beidem. »Wir brauchen Zeit, um Gemüse und Kräuter auszuwählen und vorzubereiten. Typische Zutaten unserer Küche sind nicht ruck, zuck fertig: Bulgur – grob zerkleinert als Beilage, fein gemahlen für Salat und Vorspeisen – muss man quellen lassen, damit er schmeckt. Es gibt wunderbare Vorspeisen und Suppen mit Hülsenfrüchten, aber die erfordern viel Geduld. Oder denken Sie an gefüllte Weinblätter – was es da eingelegt in Dosen zu kaufen gibt, ist eine Zumutung. Doch selbst gemacht schmecken sie köstlich. Und wer gerne kocht, weiß genau: Gutes Essen genießt man mit Muße in angenehmer Gesellschaft am besten.«

Pilze zum Salat
In Olivenöl und Kräutern eingelegte Champignons gibt es in der Feinkostecke von großen Metzgereien und Warenhäusern zu kaufen.

Janes Gemüsesalat

Jane's Marinated Vegetable Salad

Aus England

Jane Cooper lebte mit ihrem Mann, dem ehemaligen Regionaldirektor des British Council, in Deutschland und Afrika. Das Salatrezept hat sie auf ihren Reisen begleitet; bei Freunden und Bekannten wurde der »Vegetable Salad« so sprichwörtlich wie Janes Gastfreundschaft.

Für 12 Portionen

- 500 g grüne Bohnen
- Salz
- 1 kleine Dose Kichererbsen
- 1 Dose Artischockenherzen
- 2 kleine Dosen Kidneybohnen
- 125 g schwarze Oliven
- 1 kleine Zwiebel
- Je 1/4 Bund Petersilie und Schnittlauch
- 150 g eingelegte Champignons (siehe links)
- 1 TL Kapern
- 2 zerdrückte Pimentkörner
- 1 Knoblauchzehe
- 3 EL Kräuteressig
- Weißer Pfeffer
- 1 Prise Cayennepfeffer
- Je 1/4 TL getrockneter Kerbel und Estragon
- 3 EL Olivenöl

Dauert etwa 1 Stunde
Dazu kommt die Zeit (12 Stunden) fürs Marinieren

› Die Bohnen waschen, putzen und in reichlich kochendem Salzwasser in etwa 15 Minuten bissfest kochen. Abgießen, kalt abschrecken, abtropfen lassen und in Stücke schneiden.
› Kichererbsen, Artischocken und kalt abgespülte Kidneybohnen ebenfalls abtropfen lassen.
› Die Oliven entkernen, die Zwiebel in Ringe schneiden, frische Kräuter fein zerkleinern. Vorbereitete Zutaten, Champignons, Kapern und Piment mischen. Für die Marinade den Knoblauch zerdrücken. Mit Essig, Salz, weißem Pfeffer, Cayennepfeffer und getrockneten Kräutern mischen. Öl unterrühren.
› Den Salat mit der Marinade mischen und zugedeckt über Nacht im Kühlschrank ziehen lassen.

Kichererbsensalat

Salat humus

Aus der jüdischen Küche

Kichererbsen sind in Deutschland viel zu wenig bekannt. Bilha Widmanns Salat schmeckt mir wegen der Kombination von Sultaninen, Zitrone und Gemüse so gut.

Für 4 Portionen

- 200 g Sultaninen
- 2 mittelgroße rote Paprikaschoten
- 150 g Stangensellerie
- 1/2 Bund Dill
- 1 Bund Lauchzwiebeln
- 1 kleine Dose Kichererbsen
- Saft von 1 Zitrone
- 4 EL Öl
- Salz
- Pfeffer

Dauert etwa 30 Minuten

› Sultaninen in wenig Wasser einweichen. Paprikaschoten waschen, vierteln, putzen und in feine Streifen schneiden. Stangensellerie waschen und in kleine Stücke schneiden. Den Dill waschen, trockentupfen und fein hacken. Lauchzwiebeln waschen und für den Salat nur das Zwiebelgrün fein hacken.
› Sultaninen auf ein Sieb geben und abtropfen lassen. Mit dem zerkleinerten Gemüse und den Kichererbsen in einer Schüssel mischen.
› Für das Dressing Zitronensaft und Öl verrühren. Mit Salz und Pfeffer abschmecken und über den Salat gießen.

Nestnudeln mit Tofu

Mi tron dan hu

Aus Vietnam

Nestnudeln sind keine spezielle Sorte, sondern zu kleinen »Nestern« aufgerollte Asiennudeln – unterschiedlich dick, mit oder ohne Ei. Den Salat von Phung Hoang isst man lauwarm oder kalt.

Für 4 Portionen
30 g Nestnudeln
Salz
50 g Sojabohnensprossen
10 EL Pflanzenöl
75 g Tofu
2 Frühlingszwiebeln
1 scharfe rote Chilischote
2 EL Erdnusskerne
30 g frisches Koriandergrün
1 EL flüssige Speisewürze (Maggi, siehe rechts)
2 EL Wasser
1/2 EL Zucker
1 EL Sesamöl
Salz, Pfeffer

Dauert etwa 20 Minuten

› Die Nudeln in sprudelnd kochendem Salzwasser etwa 5 Minuten garen. Auf ein Sieb abgießen und abtropfen lassen. Sojabohnensprossen waschen und in reichlich sprudelnd kochendem Wasser etwa 1 Minute kochen, abgießen und abtropfen lassen.

› Pflanzenöl in einer Pfanne erhitzen und den Tofu darin bei mittlerer Hitze von beiden Seiten goldgelb braten. Auf Küchenpapier abtropfen und abkühlen lassen. In feine Streifen schneiden.

› Die Frühlingszwiebeln putzen, waschen und in feine Ringe schneiden; dabei das zarte Zwiebelgrün mit verwenden. Die Chilischote halbieren, Kerne und Scheidewände entfernen, Schotenhälften waschen und in sehr feine Streifen schneiden. Erdnüsse fein hacken, das Koriandergrün mit einer Küchenschere etwa fingerbreit schneiden.

› Für die Salatsauce die Speisewürze mit dem Wasser, dem Zucker und dem Sesamöl verrühren.

› Nudeln, Sprossen, Tofu, Zwiebelringe, Chili und Nüsse in einer Schüssel mit Sauce und Koriander mischen. Mit Salz und Pfeffer abschmecken.

Der Salat kombiniert ein paar der wichtigsten Zutaten vietnamesischer Küche: Koriandergrün, Chilischoten und Erdnüsse. In Vietnam werden die frischen Nüsse gebraten und dann gemahlen.

Speisewürze

Die besonders würzige Sojasauce aus Vietnam gibt es in Deutschland nicht zu kaufen. Phung Hoang nimmt stattdessen flüssige Speisewürze, die allerdings vorwiegend aus tierischen Produkten besteht. Als Ersatz auch hierfür habe ich die doppelte Menge dunkle Sojasauce mit der halben Wassermenge und etwas Zitronensaft gemischt. Diese Salatsauce schmeckt fast so gut wie die vietnamesische.

»Es gibt sehr viele Varianten für den Gemüsesalat. Man kann z. B. Sauerkraut statt Salzgurken verwenden. In Russland nimmt man auch wie Sauerkraut eingelegte Äpfel, die man hier nicht zubereiten kann, weil man die Apfelsorte – große und sehr saure Früchte – nicht bekommt.«

NATALIA SCHKUNAJEVA

In Sibirien im Sommer. Dort hat Natalia Rykova einen ungewöhnlichen Möhrensalat (Rezept unten) kennen gelernt, der seine Würze durch eine Menge Knoblauch und heißes Sonnenblumenöl bekommt.

Gemüsesalat
Vinegret

Aus Russland

Für 4 Portionen

- 2 mittelgroße Kartoffeln (fest kochende Sorte)
- 2 kleine Rote Beten
- 2 Möhren
- 100 g tiefgefrorene Erbsen
- 2 Salzgurken
- 1 Bund Dill
- 2 EL Öl
- Salz

Dauert etwa 1 Stunde

› Kartoffeln und Rote Beten mit wenig Wasser weich kochen. Nach dem Abkühlen in kleine Würfel schneiden.
› Geschälte Möhren bissfest garen und in dünne Scheiben schneiden. Erbsen etwa 5 Minuten in wenig Wasser garen.
› Salzgurken in feine Scheiben schneiden, Dillzweige abzupfen. Alles mit Öl mischen und mit Salz abschmecken.

Möhrensalat
Morkovnyj salat

Aus Sibirien

Für 4 Portionen

- 700 g Möhren
- 6 Knoblauchzehen
- Salz
- Schwarzer Pfeffer
- 1/8 l Sonnenblumenöl

Dauert etwa 35 Minuten

› Die Möhren schälen, waschen und in dünne, lange Streifen hobeln. In eine Schüssel häufen und in die Mitte der Möhren eine Vertiefung drücken.
› Knoblauchzehen abziehen und durch eine Knoblauchpresse zu den Möhren in die Mulde drücken. Salz und Pfeffer darüber streuen.
› Das Öl stark erhitzen und über die Möhren gießen. Rasch durchmischen, das überschüssige Öl abgießen und den Salat sofort servieren.

Salat mit Roten Beten und Orangen

Ensalada de Naranja y Betabel

Aus Mexiko

Mexikaner essen diesen Salat traditionell in der Weihnachtszeit. Llermi Schröder serviert ihn auch als winterliches Dessert. Wichtig für den Geschmack sind reife, saftige Orangen und brauner Zucker aus Zuckerrohr (siehe Seite 228). Den Likör kann man durch Orangensaft ersetzen, wenn Kinder mitessen.

Für 4 Portionen
200 g Rote Beten
1/8 l Wasser
50 g brauner Rohrzucker
Saft von 1 Limette
6–8 cl Orangenlikör (oder Marillenlikör)
4 Navelorangen
50 g ungesalzene Erdnusskerne
Dauert etwa 30 Minuten
Dazu kommt die Zeit (etwa 24 Stunden) fürs Ziehen

› Die Roten Beten schälen, würfeln und in einen Topf geben. Mit Wasser und Zucker 8 Minuten kochen. Von der Kochstelle nehmen, Limettensaft und Orangenlikör untermischen.

› Die Roten Beten zugedeckt 24 Stunden im Kühlschrank ziehen lassen.

› Zum Servieren die Orangen schälen, von allen weißen Häutchen befreien, in Schnitze teilen und die Schnitze noch einmal halbieren. Die Erdnüsse grob hacken. Orangen und Nüsse unter die Roten Beten mischen.

Tip: Rote Beten, die Sie geschält kochen wollen, müssen Sie vor dem Schälen gründlich waschen. Denn danach verlieren die Knollen ohnehin Saft, und mit dem Waschwasser würde noch mehr davon wegfließen.

Wurzelsalat

Aus Deutschland

Wurzelgemüse ist in Deutschland typisch für den Winter, obwohl es kleine, zarte Rote Beten mit frischem Grün – das man wie den verwandten Mangold zubereiten kann – und Knollensellerie auch im Sommer gibt. Den Salat mit lauter Wurzeln habe ich in einem alten bayerischen Kochbuch gefunden. Topinambur, ursprünglich Exote (siehe rechts), war im 19. Jahrhundert bereits so heimisch wie die Kartoffel. Heute sind die Knollen fast vergessen.

Für 4 Portionen
2 kleine Rote Beten
2 kleine Kartoffeln (fest kochende Sorte)
4 Schwarzwurzeln
2 Eier
1/2 Bund Petersilie
1 rote Zwiebel
100 g Topinamburknollen
200 g Knollensellerie
2 EL Orangensaft
2 EL milder Obstessig
4 EL Oliven- oder Sonnenblumenöl
Salz, schwarzer Pfeffer
Dauert etwa 1 1/4 Stunden
Arbeiten müssen Sie etwa 30 Minuten

› Rote Beten, Kartoffeln und Schwarzwurzeln weich garen. Eier hart kochen. Gemüse und Eier abgießen, unter kaltem Wasser abschrecken und pellen.

› Gekochtes Gemüse in kleine Würfel schneiden. Eier und Petersilie hacken. Zwiebel in dünne Ringe schneiden. Topinamburknollen schälen, waschen und in dünne Scheiben schneiden. Geschälten Sellerie raspeln. Gemüse mit dem Orangensaft mischen.

› Gekochtes und rohes Gemüse mit Zwiebelringen, Obstessig und Öl mischen, mit Salz abschmecken und auf einer Platte anrichten. Eier und Petersilie darüber verteilen. Kräftig mit Pfeffer aus der Mühle würzen.

Topinambur

Topinambur kam aus der Neuen Welt in die deutschen Bauern- und Bürgergärten – zusammen mit Kartoffeln, Tomaten und Mais. Das Gemüse ist winterhart und besonders pflegeleicht, trägt im Sommer wunderschöne dottergelbe Blüten und liefert von Mitte September bis Mai vitaminreiche Knollen für Salat und Gemüse. Sie können Topinambur auf Märkten, bei guten Gemüsehändlern und in Bioläden bekommen.
Und natürlich selbst anbauen: Die besten Sorten sind die frühe »Bianka«, »Gute Gelbe« oder die späte »Rote Zonenkugel«.

»Reis zum Salat klingt für Europäer ziemlich ungewohnt. Doch in Korea stellen wir alle Speisen zusammen auf den Tisch. Und dazu gibt es eine große Schale frisch gekochten Reis.«

SUN HEE JUN-SAILER

In Korea ist dieser Glasnudelsalat wegen der aufwendigen Zubereitung ein festliches Gericht.

Glasnudelsalat
Chap Chae

Aus Korea

Die Mischung von heller salziger und dunkler würziger Sojasauce ist typisch für koreanische Gerichte. Extra Salz gibt Sun Hee Jun-Sailer nur an die Omeletts.

Für 6 Portionen
6 getrocknete Shiitakepilze
6 Eier
Salz, Pfeffer
6–8 EL Sesamöl
2 Möhren
Je 1 rote und grüne Paprikaschote
1 Bund Frühlings- oder Lauchzwiebeln
1 Knoblauchzehe
1/2 TL Zucker
2 EL helle Sojasauce. 4 l Wasser
300 g Glasnudeln
1 EL dunkle Sojasauce
Dauert etwa 2 1/2 Stunden
Arbeiten müssen Sie etwa 45 Minuten

› Shiitakepilze mit warmem Wasser bedeckt 2 Stunden ziehen lassen.
› Eier mit Salz und Pfeffer verrühren. Mit insgesamt 1 bis 2 Esslöffel Sesamöl zu 3 bis 4 dünnen Omeletts backen. In feine Streifen schneiden.
› Möhren in dünne Stifte, die Paprikaschoten in feine Streifen, Frühlingszwiebeln in feine Ringe schneiden. Den Knoblauch abziehen und zerdrücken.
› Insgesamt 2 bis 3 Esslöffel Sesamöl erhitzen. Gemüse darin portionsweise unter ständigem Rühren gerade eben bissfest anbraten. Mit Salz, Pfeffer, etwas Zucker und 1 Esslöffel heller Sojasauce würzen und herausnehmen.
› Shiitakepilze ausdrücken. Stiele entfernen, die Hüte in Streifen schneiden. 1 Esslöffel Sesamöl erhitzen. Pilze mit dem Knoblauch darin bei mittlerer bis schwacher Hitze 3 Minuten braten. Mit Salz und Pfeffer würzen.
› In einem großen Topf 4 Liter Wasser zum Kochen bringen, Glasnudeln zugeben, von der Kochstelle ziehen und 10 Minuten ziehen lassen. Abgießen,

abschrecken und gut abtropfen lassen. Mit der Küchenschere so zerschneiden, dass Stücke entstehen, die man gut mit Stäbchen essen kann.

› 2 Esslöffel Sesamöl erhitzen und die Nudeln darin anbraten. Gemüse und Pilze untermischen. Salat mit Salz, Pfeffer und dem Rest von Zucker und Sojasauce abschmecken. Lauwarm abkühlen lassen, mit den Omelettstreifen mischen und servieren.

Apfel-Gurken-Salat mit Erdnusssauce

Apel bumbu kacang

Aus Indonesien

Für 4 Portionen
2 mittelgroße Äpfel
1 mittelgroße Salatgurke
250 g Ananasstücke (Dose)
2 Knoblauchzehen
Salz
4 EL Erdnussmus
2 EL Tomatenketchup
3 EL Ananassaft (Dose)
1 TL süße indonesische Sojasauce
1 Messerspitze gemahlener weißer Pfeffer
1 TL Zucker
50 g ungesalzene Erdnusskerne

Dauert etwa 30 Minuten

› Äpfel schälen und würfeln. Gurke schälen und halbieren. Das weiche Innere mit den Kernen herausschneiden. Gurke in Würfel schneiden und mit den Ananasstücken mischen.

› Für die Sauce die Knoblauchzehen abziehen und mit einer Prise Salz zerdrücken. Mit Erdnussmus, Ketchup, Ananassaft und Sojasauce verrühren. Die Sauce mit Pfeffer, Zucker und Salz süßsauer abschmecken und mit dem Salat vermischen. Die Erdnüsse hacken und darüber streuen.

Glasnudelsalat mit Gemüse

Jamwunsen Seipag

Aus Thailand

In Südostasien kombiniert man zwei so intensive Kräuter wie Koriandergrün und Minze. Zu Sombat Kaewchums-Rozmus' Salat gehört auch Zucker, damit sich das Minzearoma richtig entwickeln kann.

Für 4 Portionen
1 mittelgroße Möhre
1 mittelgroße weiße Zwiebel
2 Frühlingszwiebeln
1 rote Chilischote
2 Stängel Koriandergrün
2 Stängel Minze
Salz
Schwarzer Pfeffer
1 EL Zucker
3 EL Zitronensaft
2 EL Pflanzenöl
100 g Glasnudeln

Dauert etwa 20 Minuten

› Möhre schälen und in dünne Stifte schneiden. Die Zwiebel abziehen und in hauchdünne Ringe schneiden. Die Frühlingszwiebeln putzen, waschen und mit einem Teil der saftigen grünen Blätter ebenfalls in feine Ringe schneiden. Chilischote halbieren, die Kerne und die Scheidewände herausschneiden. Die Chilischote waschen und in feine Streifen schneiden. Das Koriandergrün und die Minzeblättchen fein zerkleinern. Alle diese Zutaten mischen.

› Salz, Pfeffer, Zucker und Zitronensaft verrühren, bis sich der Zucker gelöst hat. Öl unterrühren. Sauce über den Salat gießen und mischen.

› Die Glasnudeln mit kochendem Wasser übergießen, kurz darin ziehen lassen, abgießen und kalt abschrecken. Mit einer Küchenschere zerkleinern und mit dem Salat mischen.

Erdnüsse

Sie gehören genau wie Bohnen, Linsen und Erbsen zur Familie der Leguminosen. Nüsse sind sie trotzdem. In Asien verwendet man sie nicht nur geröstet wie in dem Salatrezept von Tutty Wilpernig, sondern auch roh und kocht sie in Suppen und Saucen.

Xiaoyan Zhang

»Fuzhu ist ein typisches Produkt der fleischlosen Küche«, sagte mir Xiaoyan Zhang zu ihrem Salat. »Es wird genau wie Tofu aus Sojamilch hergestellt: Wenn man dicke Milch aus gemahlenen Sojabohnen sanft kocht, bildet sich darauf eine Haut wie bei Kuhmilch. Diese Haut wird abgenommen und getrocknet, zu Stäbchen gerollt oder flach wie Folie gepresst. So bekommt man sie auch hier in vielen Asienläden. Doch die interessantesten Speisen aus Fuzhu – täuschend echte Nachbildungen von Fleischgerichten – kann man nicht selber machen. Tofuhaut wird gefaltet, gerollt, geschichtet und gepresst, bis sie die Struktur von Fleisch oder Fisch hat. In chinesischen Klosterrestaurants bekommen Sie rot gekochte Lammkeule, Schweinefleisch nach Art des Kaiserhofes, Schweinerippchen, ganzen Fisch – alles aus Fuzhu. Und der Witz dabei: Auf der Speisekarte stehen die Originalnamen!« Von Xiaoyans Bericht angeregt, begab ich mich in München auf Fuzhu-Suche. Tatsächlich kostete ich in einem Chinarestaurant gebratene Ente aus Fuzhu – gewickelt, original aufgeschnitten und mit würziger dunkler Sauce angerichtet.

Fuzhu Salat

Aus China

Für 6 Portionen

Salat
150 g Fuzhu (getrocknete Sojamilch; siehe links)
10 g Mu-Err-Pilze
100 g Glasnudeln
1 kleine Salatgurke
2 Frühlingszwiebeln
1–2 EL Öl zum Braten
15 Sichuan-Pfefferschalen
Salatsauce
Saft von 1 Zitrone
2 EL Essig
2 EL Öl
1 TL Salz
1 EL Zucker
2 TL Chiliöl
3 TL Chilipaste

Dauert etwa 1 Stunde

› Fuzhu und die Mu-Err-Pilze in zwei Schüsseln getrennt mit heißem Wasser übergießen, 30 Minuten ziehen lassen und wieder abgießen.

› Reichlich Wasser in einem Topf aufkochen, Fuzhu darin etwa 5 Minuten bei schwacher Hitze kochen. Abgießen, kalt abspülen und abtropfen lassen. Pilzhüte von den Stielen schneiden und waschen. Glasnudeln in sprudelnd kochendem Wasser etwa 3 Minuten garen. Ebenfalls abgießen, kalt abspülen und abtropfen lassen.

› Geschälte Gurke längs halbieren und in feine Stifte schneiden. Frühlingszwiebeln in etwa 5 Zentimeter lange Stücke schneiden und der Länge nach in feine Streifen schneiden.

› Etwas Öl in einer kleinen Pfanne erhitzen. Die Pfefferschalen darin bei schwacher Hitze etwa 1 Minute braten.

› Für die Salatsauce den Zitronensaft mit Essig, Öl und allen Gewürzen verrühren. Die vorbereiteten Salatzutaten damit mischen und servieren.

Petersiliensalat
Maydanozlu Salata

Aus dem Nahen Osten

Salate aus Kräutern und Gemüse, gemischt mit Bulgur oder Couscous, sind in ganz Nordafrika und im östlichen Mittelmeerraum Tradition. In so kleinen Mengen kann man dieses gemahlene Getreide roh essen. In Salaten, die wie Taboulet (Rezept auf Seite 63) vorwiegend Getreide enthalten, schmeckt es besser gedämpft.

Für 4 Portionen

75 g Bulgur
1 hellgrüne spitze Paprikaschote (ersatzweise 1 rote Paprikaschote)
1 rote Zwiebel
5–6 Bund Petersilie (ca. 100 g)
Salz
Weißer Pfeffer
1 TL Paprikaflocken
Saft von 1 Zitrone
3–4 EL Olivenöl

Dauert etwa 20 Minuten

› Bulgur in eine Schüssel geben und mit so viel kochend heißem Wasser begießen, dass er leicht davon bedeckt ist. Etwa 10 Minuten quellen lassen.

› Inzwischen die Paprikaschote putzen, kalt abspülen und in sehr kleine Würfel schneiden. Zwiebel abziehen und in feine Ringe schneiden.

› Die Petersilie waschen und trockenschwenken, die Stiele abschneiden und die Blättchen sehr fein hacken. In einer zweiten Schüssel mit Salz, Pfeffer aus der Mühle, den Paprikaflocken und den Paprikawürfeln mischen. Mit dem ausgepressten Zitronensaft beträufeln.

› Bulgur und Olivenöl dazugeben und alles mit einer Gabel oder mit der Hand vermischen.

› Den Salat noch einmal mit Salz abschmecken, auf einer Platte anrichten und, mit den Zwiebelringen garniert, sofort servieren.

Markttag vor einem Kloster in Sichuan. Die Küche dieser chinesischen Provinz ist berühmt für ihre scharf gewürzten Gerichte.

Nichts für Europäer

So scharf wie der Salat von Xiaoyan Zhang ist auch Mala, eine berühmte Sauce in China. »Ma« ist das Wort für einen Menschen, der sich nicht richtig bewegen kann, und diese Sauce lähmt fast Gaumen und Zunge.

Suppen

Nudelsuppe – mal in einem echten Wok.

Suppe, Brühe, Brei

Geschichte der Löffelspeise

Je mehr Länder Sie besuchen, desto mehr Suppen lernen Sie kennen: dünn, dick, mit merkwürdigen Einlagen oder Beilagen. Irgendwann stehen Sie vor der Frage: Was ist eine Suppe?

So erging es auch mir während der Arbeit an diesem Buch. Ich schlug nach bei Fritz Ruf, der ein Standardwerk über die Suppe geschrieben hat. Und dort fand ich die Definition der Suppe, erstmals erschienen 1744 im 41. Band eines 64 Bände starken Lexikons: »Suppe, heisset die sehr bekannte, und sowohl den Gesunden als auch den Krancken dienliche Löffelspeise, welche entweder schlechthin aus Brod und Wasser ... aus Fleischbrühe, Wein, Milch und Bier zubereitet wird, oder vielmahls mit unterschiedenen anderen nahrsamen und gesunden Ingredienzien versetzet und verändert werden kan.«

In einer holländischen Kneipe wird die Zwiebelsuppe vorbereitet.

Ich weiß nicht, ob Johann Heinrich Zedler, der Herausgeber des Lexikons, und seine Mitarbeiter die internationale Küche ihrer Zeit studiert haben. Doch diese Definition scheint mir noch heute den Nagel auf den Kopf zu treffen. Alle meine Informationen zur Suppe fand ich darin wieder. Sehen Sie selbst: Ramata Ebersbach-Dabiré hatte mir erzählt, dass in ihrer Heimat Brei süß, Suppe aber salzig ist. »Als Brei gilt, was man trinkt, als Suppe aber, was man isst«, fügte sie hinzu und hatte damit die Löffelspeise untermauert.

Von Xiaoyan Zhang wusste ich, dass Suppe in China keinen festen Platz hat: Im Süden serviert man sie wie bei uns zu Beginn des Essens, im Norden gegen Ende. Immer aber gibt es die Suppe erst, wenn man mit dem Trinken fertig ist und Reis serviert wird – traditionell gilt Trinken zum Essen in China als unhöflich. Von Löffelspeise kann in den Stäbchenländern Asiens natürlich nicht die Rede sein, denn man isst die Suppeneinlage mit den Stäbchen und trinkt die Brühe aus der Schale. Doch die den Gesunden und Kranken dienliche Speise trifft zu; die dünnen Suppen im heißen Süden Chinas erfrischen und helfen, den Wasserhaushalt des Körpers in Gang zu halten – genau wie Gazpacho oder die Radieschenblättersuppe (Rezept auf Seite 91), die kalten Suppen in Europas Süden. Die dicken und kräftigen Suppen des Nordens enthalten die »nahrsamen Ingredienzien«, und weil sie deshalb satt machen, gehören sie nicht an den Anfang des Essens. Die Frauen aus Ostasien – Sun Hee Jun-Sailer, Michiko Yoshihara-Fink und Michiyo Ernst – hatten mir Reis als Beilage zur Suppe genannt: Man gibt einen Löffel davon in die Essschale und gießt die Suppe darüber. Oder man

Der klassische Suppentopf mit viel frischem Gemüse.

Mittelpunkt auch in der Suppe: Frisch gekochter Reis gehört in Japan und Korea zuerst ins Schälchen. Die heiße Suppe schöpft man darüber.

isst Suppe und Reis abwechselnd. Auch in diesem Fall sind Suppen äußerst »dienlich«, denn sie stillen den Hunger – was beim einfachen häuslichen Essen erwünscht ist. Von Phung Hoang habe ich erfahren, dass es in der vietnamesischen Familienküche eine Schüssel Suppe gibt, ähnlich wie der auch hier bekannte Feuertopf. Sun Hee hatte mir noch erzählt, dass Koreaner Kimchi, das eingelegte Gemüse (siehe Seite 80) zur Suppe essen. Das erinnerte mich an Griechenland, wo Bauernsalat zur Bohnensuppe gehört – die »unterschiedenen anderen nahrsamen und gesunden Ingredienzien« fand ich auch hier; Suppe allein macht nicht satt, und nicht alle Menschen mögen Eintopf so gern wie Mittel- und Nordeuropäer. Nun war ich bei den Ungarn angelangt, die hinsichtlich der Suppe aus den Reihen ihrer europäischen Nachbarn tanzen. Sie essen süße Obstsuppe als Imbiss – so wie die Österreicher Gulaschsuppe, die man fälschlich den Ungarn zuschreibt. Bei Zedler stand die Lösung: Suppen können auch mit Wein zubereitet und ganz nach Belieben mit anderen Zutaten »versetzet und verändert« werden. Und welcher Vegetarier würde bestreiten, dass Obst eine wahrhaft gesunde Ingredienz ist? Blieb nur noch Mexiko. »Was ist der Unterschied zwischen Sopa und Sopa seca?«, fragte ich Llermi Schröder und erfuhr, dass Sopa eine Suppe ist, Sopa seca aber danach kommt. »Sopa seca ist eine kleine Mahlzeit oder ein Zwischengericht – z. B. Nudeln, Ravioli oder Risotto«, erklärte sie mir. Das, ich gebe es zu, ging über Zedlers Definition weit hinaus. Doch bei Sopa seca handelt es sich ja auch nicht um Suppe.

Kochen mit Stäbchen

Wo man mit Stäbchen isst, wird auch mit Stäbchen gekocht: In Japan und China z. B. nimmt man besonders lange Stäbchen als »Kochlöffel« für Wok und Kochtopf. Die Handhabung ist so einfach wie Essen mit Stäbchen: Das erste Stäbchen in die Beuge zwischen Daumen und Zeigefinger legen und mit dem Ringfinger so abstützen, dass es sich nicht oder kaum bewegt. Das zweite Stäbchen mit Daumen und Zeigefinger fest halten, während der Mittelfinger von hinten »steuert«, wenn Sie die Spitzen der Stäbchen aufeinander zu bewegen.

Japanische Suppenschälchen sind oft aus schwarz lackiertem Holz und in Rot und/oder Gold bemalt.

Suppe mit Ei

Kakitama-jiru

Aus Japan

Suppen werden in Japan so brühend heiß gegessen, dass Europäer pusten müssen, um sich nicht die Zunge zu verbrennen.

Für 4 Portionen
2 Stangenbohnen
2 TL Speisestärke
2 EL Wasser
1 Ei
1/2 Bund Schnittlauch
1 TL Seetangbrühe (instant)
800 ml Wasser
1 TL Salz
1 TL japanischer Reiswein (Sake) oder Sherry
1 TL Sojasauce
1 TL Mirin

Dauert etwa 30 Minuten

› Bohnen waschen, putzen und schräg in ganz feine Streifen schneiden. Die Speisestärke mit dem Wasser in einem Schälchen glatt rühren. Das Ei in einem zweiten Schälchen verquirlen. Schnittlauch in feine Röllchen schneiden.

› Seetangbrühe ins Wasser rühren und zum Kochen bringen. Salz, Sake, Sojasauce, Mirin und Bohnen zugeben und kräftig aufkochen.

› Topf von der Kochstelle nehmen und die Speisestärke in die Suppe mischen.

› Ei mit den Kochstäbchen vorsichtig unterrühren, so dass die Eierfäden deutlich sichtbar sind. Die Suppe ganz heiß in die Schälchen füllen und, mit den Schnittlauchröllchen bestreut, sofort servieren, damit sie nicht abkühlt.

Michiyo Ernst gibt in die klare Brühe mit Sake und Sojasauce als Einlage auch blanchierte Spinatblätter und hart gekochte Wachteleier.

Joghurtsuppe Apur

Aus Armenien

Joghurt, Getreide und Kräuter sind für die armenische Küche typisch. Für diese Suppe ihrer Großeltern aus dem Grenzgebiet zwischen Armenien, Aserbeidschan und Iran kennt Nora Dubral noch zwei Varianten: In Armenien gibt man auch Rosinen zu, im Iran geröstete Zwiebeln.

Für 6 Portionen
75 g Weizenkörner
Knapp 1 l Wasser
1 TL Gemüsebrühe (instant)
1 Bund Lauchzwiebeln
500 g Joghurt (3,5 % Fett)
1 Ei
1 EL Mehl
1 Bund Dill
1 Bund Petersilie
1/2 Bund Schnittlauch
Salz
Weißer Pfeffer
Dauert etwa 2 1/4 Stunden
Arbeiten müssen Sie etwa 30 Minuten

› Weizenkörner mit 1/4 Liter Wasser und Gemüsebrühe aufkochen und zugedeckt bei schwacher Hitze 1 Stunde garen. Von der Kochstelle nehmen und 1 weitere Stunde quellen sowie dabei abkühlen lassen.

› Inzwischen Lauchzwiebeln putzen, waschen und mit allen saftigen grünen Blättern fein zerkleinern.

› Joghurt, Ei und Mehl in einem Topf mischen, nach und nach das restliche Wasser unterrühren und bei mittlerer Hitze unter ständigem Rühren zum Kochen bringen.

› Lauchzwiebeln und den abgetropften Weizen zugeben und bei mittlerer bis schwacher Hitze etwa 3 Minuten garen.

› Die Kräuter fein zerkleinern und in die Suppe rühren. Die Suppe mit Salz und Pfeffer abschmecken.

Maissuppe mit Austernpilzen

Von den Philippinen

Das Suppenrezept stammt von Zenaida Panganibans Großmutter, die im Norden der Philippinen lebt. Die Maiskörner sollten frisch vom Kolben geschnitten sein, die Pilze werden nur auseinander gezupft.

Für 2 Portionen
3 frische Maiskolben
200 g Austernpilze
2 Knoblauchzehen
1 Zwiebel
1 EL Öl
Salz, Pfeffer
2 EL Austernsauce
400 ml Gemüsebrühe
4–5 Pfefferblätter (siehe rechts)
Dauert etwa 30 Minuten

› Hüllblätter und Fäden der Maiskolben abziehen, Kolben mit dem dickeren Ende nach unten auf die Arbeitsfläche stellen und die Körner mit einem scharfen Messer abschneiden. Austernpilze putzen und in Streifen schneiden. Knoblauchzehen und Zwiebel abziehen und fein zerkleinern.

› Das Öl erhitzen und den Knoblauch darin hellbraun anbraten. Die Zwiebel zugeben und glasig braten. Mais hinzufügen, mit Salz, Pfeffer und Austernsauce würzen. Zugedeckt bei mittlerer Hitze 5 Minuten dünsten.

› Brühe zugießen und aufkochen. Die Austernpilze zugeben und im halb geschlossenen Topf etwa 10 Minuten bei mittlerer bis schwacher Hitze garen.

› Topf von der Kochstelle nehmen, die Pfefferblätter in die Suppe geben und etwa 5 Minuten ziehen lassen.

Tip: Als Ersatz für Pfefferblätter nimmt man rohe Spinatblätter. Oder man rührt ein verquirltes Ei in die heiße Suppe, die dann nicht mehr kochen darf.

Pfefferblätter

Pfefferblätter für Zenaidas Suppe stammen von Gemüsepaprika oder Peperoni. Zenaida kauft die Pflanzen im Frühjahr im Gartencenter oder zieht sie aus Samen von Paprika- oder Chilischoten. Die Pflanzen gedeihen im Gartenbeet, in Balkonkästen oder in großen Blumenkübeln; sie brauchen viel Sonne und Wärme und liefern den ganzen Sommer über würzige, aromatisch-scharfe Blätter.
In Vietnam verwendet man für Fleischgerichte die Blätter vom schwarzen Pfeffer, der zu einer anderen Pflanzenfamilie gehört.

Sun Hee Jun-Sailer

»Die koreanische Küche teilt sich in drei Regionen: Im Süden wird scharf gewürzt und salzig gegessen, im kalten Norden ist das Essen fetter. Und an den Küsten kommen vor allem Fisch und Meeresgemüse auf den Tisch. Zu unserer Küche gehören Gemüse, die man hier überhaupt nicht kennt: Farnsprossen kann ich nur zu Hause essen. Sesamblätter mit ihrem zarten Geschmack nach Sesamkörnern und Pfefferminze gibt es eingelegt in Dosen. Nur Salatchrysanthemen baue ich selber an: Wir essen nicht die Blüten, sondern nur die Blätter, gefüllt mit Reis. Übrigens gibt es bei uns nichts einfach roh – das gilt als ungesund. Gemüse wird kurz blanchiert und in Sesamöl sautiert. Gurken für Salat salzt man ein. Eingesalzen ist auch Kimchi, die neben Reis wichtigste Beilage zu jedem Essen. Kimchi besteht meist aus Chinakohl und Rettich, ist noch saurer als europäisches Sauerkraut, süßscharf wie Pickles und durch eingelegte Sardellen für die meisten Europäer zu würzig.«

Sauerscharfe Gemüsesuppe
Suanla Tang

Aus China

Für 4 Portionen
5 Mu-Err Pilze
10 g Glasnudeln
Je 1 mittelgroße grüne und rote Paprikaschote
100 g Bambussprossen
100 g Tofu
1 Bund Schnittlauch
2 Eier
Sauce
5 EL Essig
4 EL Sojasauce
1 TL Pfeffer
2 TL Chilipaste
Außerdem
1 l Wasser
2 EL Speisestärke, Chilisauce

Dauert etwa 1 Stunde

› Die Mu-Err-Pilze mit kochendem Wasser übergießen und 30 Minuten einweichen. Die Glasnudeln in kaltem Wasser 10 Minuten quellen lassen.

› Inzwischen die Paprikaschoten waschen, putzen und in etwa 5 Millimeter dünne Streifen schneiden. Bambussprossen und Tofu zuerst in Scheiben, dann ebenfalls in dünne Streifen schneiden. Schnittlauch waschen, trockentupfen und in feine Röllchen schneiden. Die Eier schaumig schlagen.

› Alle Zutaten für die Sauce in einer Tasse mischen.

› Die eingeweichten Pilze abgießen, waschen und in dünne Streifen schneiden. Die Glasnudeln ebenfalls abgießen und mit einer Küchenschere etwa 2 Zentimeter lang schneiden.

› Etwa 3/4 Liter Wasser in einem Topf zum Kochen bringen. Paprikaschoten, Bambussprossen, Glasnudeln und Tofu zugeben und etwa 2 Minuten bei mittlerer Hitze kochen.

› Speisestärke mit dem restlichen kalten Wasser glatt rühren und langsam in die Suppe einrühren.

› Den Topf von der Kochstelle nehmen und die Eier vorsichtig in die Suppe rühren. Suppe mit Chilisauce würzen.

Seetangsuppe
Miok Kuk

Aus Korea

Die Suppe isst man mit frisch gekochtem Reis: Sun Hee Jun-Sailer gibt jeweils einen Schöpflöffel davon in die Teller und füllt mit der Suppe auf.

Für 4 Portionen
50 g Miok (Wakame)
5–6 TL Seetangbrühe (instant)
1 l Wasser
1 Knoblauchzehe
2 EL Sesamöl
2 Frühlingszwiebeln
Salz
Pfeffer
2 TL helle Sojasauce
1 TL dunkle Sojasauce

Dauert etwa 40 Minuten

› Den Seetang in lauwarmem Wasser etwa 20 Minuten ziehen lassen, bis er weich ist. Abgießen, abtropfen lassen, mit der Hand etwas ausdrücken und in 5 Zentimeter breite Streifen schneiden. Seetangbrühe ins Wasser rühren, die Suppe langsam erwärmen. Knoblauch abziehen und zerdrücken.

› Sesamöl erhitzen, Seetang und Knoblauch darin bei schwacher Hitze anbraten. Langsam mit der heißen Brühe aufgießen und bei schwacher Hitze etwa 10 Minuten garen.

› Frühlingszwiebeln putzen, waschen, in 3 Zentimeter breite Ringe schneiden und 1 Minute mitkochen. Suppe mit Salz, Pfeffer und Sojasauce würzen.

Die Suppe kocht man mit Gemüse der Saison: Gut sind auch Auberginen, Zucchini, Kohl und Spargelbohnen.

Süßsaure Gemüsesuppe

Sajur asam

Aus Indonesien

Die Suppe zählt zu den bekanntesten in Indonesien. Hier kocht Tutty Wilpernig sie für Freunde zu besonderen Gelegenheiten. Man isst sie kalt oder warm.

Für 5 Portionen
3 Möhren
2 Kohlrabi
100 g grüne Bohnen
2–3 grüne Chilischoten
1 Zwiebel
3 Knoblauchzehen
1 cm großer Galgant
3 Kemirinüsse
2–3 TL Zucker
Salz
50 g ungesalzene Erdnusskerne
2 Lorbeerblätter
1 l Wasser
100 g rote Kidneybohnen (Dose)
2 EL Zitronensaft

Dauert etwa 45 Minuten

› Geschälte Möhren in 2 Zentimeter lange, dünne Stifte, geschälte Kohlrabi in kleine Würfel schneiden. Bohnen putzen und in etwa 3 Zentimeter lange Stücke schneiden. Chilischoten halbieren, Kerne und Scheidewände entfernen. Zwiebel und Knoblauch abziehen und grob zerkleinern. Galgant schälen.

› Zwiebel mit Knoblauch, den Kemirinüssen, 2 Teelöffeln Zucker und Salz in einem Mörser möglichst fein zerreiben. Mit Erdnüssen, Lorbeerblättern, Galgant und dem Wasser in einen Topf geben und etwa 15 Minuten kochen, bis die Erdnüsse weich sind.

› Möhren, Kohlrabi, Bohnen und die Chilischoten zugeben und alles in etwa 5 Minuten bissfest kochen.

› Kidneybohnen auf einem Sieb kalt abspülen und in der Suppe erhitzen. Mit Zitronensaft, Salz und eventuell mit dem restlichen Zucker süßsauer abschmecken.

Tip: Im Frühling kann man die Suppe statt mit der Zitrone mit Rhabarber säuern: Eine frische Stange mitkochen und vor dem Servieren wieder entfernen.

Seetangbrühe

Die Grundlage für Suppen aus Japan und Korea wird mit Kombu (siehe Seite 191) hergestellt. Man kann sie in Pulverform als Instantbrühe in japanischen Lebensmittelgeschäften kaufen.

Zitronenblätter stammen von der Kaffir-Limette, einer Zitrusfrucht mit dicker, würziger Schale.

Statt Queso fresco aus Lateinamerika nimmt man für diese Suppe schnittfesten spanischen oder griechischen Frischkäse.

Kokossuppe mit Pilzen
Tom kahedfang

Aus Thailand

Die vegetarische Variante der berühmten thailändischen Hühnersuppe lernte ich an meinem Geburtstag kennen. Es war ein gelungener Abend in multinationaler Runde: Slowakei und Schweiz, England und Deutschland durften genießen, was Thailand kochte: Sombat Kaewchums-Rozmus' wunderbare Rezepte sind alle in diesem Buch versammelt.

Für 5 Portionen

- 2 Stängel Zitronengras
- 2 Zitronenblätter
- 100 g großer Galgant
- 1 rote Chilischote
- 300 g Champignons
- 1 EL Zitronensaft
- 800 ml Kokosmilch (Dose)
- 1 1/2 TL Salz
- Schwarzer Pfeffer
- 1 Tomate
- 3 Stängel Koriandergrün

Dauert etwa 40 Minuten

› Zitronengras waschen und die hellen Teile ganz fein schneiden. Den Rest mit der Nudelrolle flach klopfen und wie Bindfaden verknoten. Zitronenblätter waschen, Galgant schälen und fein zerkleinern. Chili halbieren, Kerne und Scheidewände entfernen. Pilze putzen, vierteln und mit Zitronensaft mischen.

› Kokosmilch, zerkleinertes und verknotetes Zitronengras, Zitronenblätter, Galgant, Chilischote, Salz und Pfeffer unter Rühren aufkochen und bei mittlerer Hitze etwa 4 Minuten kochen.

› Tomate waschen und achteln, mit den Pilzen zugeben und erneut kräftig aufkochen. Das verknotete Zitronengras entfernen, die Suppe in gut vorgewärmte Teller füllen und, mit dem fein geschnittenen Koriandergrün bestreut, sofort servieren.

Kürbissuppe
Crema de zapallo

Aus Peru

Carmen Ramirez-Königsbauer hat mir dieses Rezept für eine Kürbissuppe der Indios gegeben, die man zur Fastenzeit isst.

Für 4 Portionen

- 1 Stück gelber Kürbis (etwa 500 g)
- 1 Zwiebel
- 2 Knoblauchzehen
- 1 EL Butter
- 1 l Wasser
- 2 Lorbeerblätter
- 100 g Queso fresco (griechischer Feta oder schnittfester spanischer Frischkäse)
- 1/2 Bund Petersilie
- 1 EL Mehl
- 1/4 l Milch
- Salz
- Schwarzer Pfeffer

Dauert etwa 1 Stunde

› Kürbis schälen, die Kerne entfernen und das Fruchtfleisch würfeln. Die Zwiebel und die Knoblauchzehen abziehen, fein hacken und bei schwacher Hitze in der Butter glasig braten.

› Etwa 3/4 Liter Wasser und Lorbeerblätter zugeben, aufkochen und zugedeckt bei schwacher Hitze 15 Minuten kochen, bis der Kürbis ganz weich ist. Inzwischen den Käse in kleine Würfel schneiden, die Petersilie fein hacken.

› Lorbeerblätter entfernen, den Kürbis pürieren. Etwa eine Tasse des Pürees abnehmen, mit dem restlichen kalten Wasser und dem Mehl glatt rühren. Wieder in die Kürbissuppe mischen und erneut aufkochen. Zugedeckt bei schwacher Hitze 5 Minuten kochen.

› Milch untermischen und erhitzen, aber nicht mehr aufkochen. Kürbiscreme mit Salz und Pfeffer aus der Mühle würzen und in vorgewärmte Teller geben. Käse darauf anrichten und

Tofusuppe mit Pilzen
Chai Powyu-Donguo

Aus China

Marina Tek, obwohl nicht Vegetarierin, hat ein Repertoire fleischloser Rezepte für ihre Gäste. Die Tofusuppe mit »falscher Abalone« (siehe rechts) ist eines davon.

Für 4 Portionen
5 große getrocknete Shiitakepilze
1 kleine Möhre
1 Stange Porree
1/2 l Wasser
1 TL Gemüsebrühe (instant)
20 g Glasnudeln
1 Dose Mock-Abalone (siehe rechts)
1/2 EL Speisestärke
1 EL Wasser
Salz, Pfeffer
1/4 TL Zucker
1 EL Sojasauce

Dauert etwa 20 Minuten

› Pilze in sprudelnd kochendem Salzwasser 15 bis 20 Minuten garen. Abgießen und abtropfen lassen. Die harten Stiele abschneiden, Pilzhüte würfeln. Möhre schälen und in feine Streifen schneiden. Wurzelansatz der Porreestange abschneiden, Stange der Länge nach einschneiden und auseinander biegen. 2 helle Innenblätter herauslösen und schräg in feine Streifen schneiden.

› Wasser mit der Gemüsebrühe zum Kochen bringen. Die Pilzwürfel, die Möhren- und Porreestreifen zugeben und etwa 3 Minuten garen.

› Glasnudeln mit kochendem Wasser übergießen, kurz darin ziehen lassen, abgießen und gut abtropfen lassen. Mit einer Küchenschere zerschneiden.

› Glasnudeln und Mock-Abalone in die Suppe geben und kurz erhitzen. Die Speisestärke mit dem kalten Wasser glatt rühren und untermischen.

› Die Suppe mit Salz, Pfeffer, Zucker und Sojasauce abschmecken und sofort ganz heiß servieren.

Falsche Abalone

»Vegetarian mock abalone« gibt es in Dosen mit Einwaage von 280 Gramm. Die »falsche Meeresschnecke« – das englische »to mock« bedeutet »täuschen« und hat auch Schildkrötensuppe in »Mock-Turtle-Suppe« verwandelt – besteht aus Tofu, Salz, Sojasauce, Zucker und Gewürzen. Marina Tek nimmt dieses vegetarische Fertiggericht nicht nur für Suppen wie hier, sondern auch für viele andere Gerichte, wenn ihre zahlreichen Gäste fleischlos essen wollen.

Wandelbarer Tofu: Als wichtigste Eiweißquelle Asiens ist der Sojabohnenquark Bestandteil verschiedenster Gerichte. Marina Tek nimmt für ihre Suppe ein Fertigprodukt aus Tofu.

Zum vorbereiten

Der Borschtsch von Nora Dubral ist genau richtig fürs »Etappenkochen« vor großen Festessen. Denn er schmeckt besonders gut, wenn Sie ihn schon am Vortag ohne Kartoffeln kochen. Die Kartoffeln werden gewürfelt separat gegart und zwei bis drei Stunden vor dem Essen unter die Suppe gemischt.
Zum Servieren dann alles zusammen erhitzen.

Aus dem deftigen Eintopf macht Nora Dubral eine leichte Suppe: Sie nimmt nur Kartoffeln und Gemüse, kocht es kürzer als das russische Original und würzt auf die feine armenische Art mit vielen Kräutern.

Borschtsch

Boršč

Aus Russland

Für 10–12 Portionen

- 250 g Zwiebeln
- 500 g Rote Beten
- 7 EL Öl
- 3 1/2 l Wasser
- 3 EL Gemüsebrühe (instant)
- 1 TL schwarze Pfefferkörner
- 15 Lorbeerblätter
- Salz
- Cayennepfeffer
- 1 kg Kartoffeln (vorwiegend fest kochende Sorte)
- 1 kg Weißkohl
- 500 g Möhren
- 1 große Dose geschälte Tomaten
- 1 kleine Dose Tomatenmark
- 1 großer Bund Petersilie
- 1 Bund Koriander
- 1 Bund Bohnenkraut
- 600 g saure Sahne

Dauert etwa 1 1/2 Stunden

› Die Zwiebeln abziehen und ganz fein hacken, die Roten Beten schälen, waschen und in kleine Würfel schneiden.

› Öl in einem sehr großen Topf erhitzen und die Zwiebeln darin glasig braten. Rote Beten zugeben und kurz mitbraten. Wasser, Brühe, Pfefferkörner und Lorbeerblätter zugeben, mit Salz und Cayennepfeffer würzen. Die Suppe einmal aufkochen und zugedeckt bei mittlerer Hitze 15 Minuten garen.

› Inzwischen Kartoffeln und Möhren schälen, waschen und würfeln. Weißkohl putzen, waschen und in feine Streifen schneiden. Tomaten mit der Flüssigkeit in eine Schüssel geben und mit einem Messer grob zerschneiden.

› Kartoffeln, Möhren, Kohl, Tomaten und Tomatenmark zur Suppe geben. Alles erneut aufkochen und zugedeckt weitere 15 bis 20 Minuten kochen, bis Kartoffeln und Rote Beten gar sind.

› Die Kräuter waschen, fein zerkleinern und untermischen. Borschtsch in vorgewärmte Suppenteller geben und die saure Sahne mit einem Esslöffel auf die Portionen setzen.

Sultan-Suleiman-Suppe

Aus der Türkei

Das Rezept hat Erdogan Yarar aufgeschrieben – als moderne Variante einer Armensuppe aus dem 16. Jahrhundert.

Für 8 Portionen
125 g Herbst- oder Winterspinat
1 kleine Möhre
1 kleine Tomate
1 Zucchini
2 Knoblauchzehen
125 g Butter
1 EL Mehl
800 ml Wasser
250 g rote Linsen
600 ml Gemüsebrühe
2 TL Salz
Schwarzer Pfeffer
1 Bund Petersilie
Dauert etwa 1 Stunde

› Spinat, Möhre, Tomate und Zucchini grob zerkleinern. Knoblauch hacken.

› Die Hälfte der Butter in einem Topf zerlassen. Mehl darin goldgelb rösten. Wasser zugießen, Suppe aufkochen und rühren, bis sie glatt ist. Zugedeckt bei schwacher Hitze 10 Minuten kochen.

Theatralische Roxelane und ihr Sultan in der Vorstellung des 18. Jahrhunderts.

› Den Rest der Butter in einem zweiten Topf erhitzen. Zerkleinertes Gemüse, Knoblauch und Linsen darin andünsten. Brühe zufügen und aufkochen.

› Alles in die Mehlsauce rühren, aufkochen und weitere 30 Minuten garen. Mit Salz und Pfeffer abschmecken. Mit gehackter Petersilie garnieren.

Rumfordsuppe

Aus Deutschland

Wie der Sultan aus der Türkei hat sich ein Graf aus Amerika sozial engagiert: Benjamin Thompson, vom bayerischen Kurfürsten 1791 geadelt, hat diese Suppe für die Armen Münchens erfunden.

Für 4 Portionen
150 g geschälte grüne Trockenerbsen
1 1/4 l Gemüsebrühe
1 kleine grüne Pfefferschote
40 g Graupen
1 kleine Kartoffel (fest kochende Sorte)
1 große Zwiebel
1 Knoblauchzehe
1 Bund Suppengrün
1 EL Öl
1–2 EL Zitronensaft
Salz
2 EL gehackte Petersilie
Dauert etwa 1 Stunde

› Die Erbsen mit der Gemüsebrühe einmal aufkochen und zugedeckt bei schwacher Hitze 30 Minuten garen.

› Pfefferschote in Streifen schneiden, mit den Graupen zu den Erbsen geben, alles aufkochen und 10 Minuten garen. Kartoffelstücke zugeben, erneut aufkochen und noch 15 Minuten garen, bis alle Zutaten gerade eben weich sind.

› Zwiebel, Knoblauch und Suppengrün fein zerkleinern und im heißen Öl 5 Minuten braten. In die Suppe rühren.

› Suppe mit Zitronensaft und Salz würzen und mit Petersilie bestreuen.

Der Prächtige und seine Frau

Sultan Suleiman I. war ein bemerkenswerter Mann. Politisch ebenso klug, doch weit kultivierter als sein Zeitgenosse Heinrich VIII. von England, verdiente sich der osmanische Herrscher zwei schmückende Beinamen: »Der Gesetzgeber« und »Der Prächtige«. Er ließ die türkische Flotte zur stärksten Seemacht im Mittelmeer ausbauen und führte das Osmanenreich zum Höhepunkt seiner Macht. Suleiman hatte auch eine bemerkenswerte Frau, die er offenbar sehr liebte: Roxelane war die erste Sultanin, die rechtlich nicht nur Sklavin des Sultans, sondern seine Ehefrau war. 1530 fand diese außergewöhnliche Hochzeit statt, und laut Johannes Tralow wurde Roxelane der Tradition des byzantinischen Reiches folgend zur Kaiserin erhoben und dem Sultan gleichgestellt. Roxelane stiftete 1538 eine Moschee – die Haseki Camii, heute am westlichen Rand der Istanbuler Altstadt.
Zur Moschee gehören Hospital und Armenküche. »Dort konnten die Bedürftigen schon zu Suleimans Zeit warme Mahlzeiten bekommen«, erzählte mir Erdogan Yarar, »ihm zu Ehren trägt die Suppe diesen Namen.«

»Unsere Potaje de garbanzos ist ein eher karges Essen: für den Winter, die Fastenzeit und den fleischlosen Freitag.«

MARIA DIAZ

Kichererbsensuppe
Potaje de garbanzos

Aus Spanien

Mit Kichererbsen aus der Dose oder dem Glas ist die Suppe ohne viel Aufwand in einer halben Stunde fertig.

Für 8 Portionen
500 g Kichererbsen
2 l Wasser
2 Lorbeerblätter
Salz
450 g tiefgefrorener Blattspinat
1 Ei
1 Zwiebel
2 Knoblauchzehen
100 ml Olivenöl
1 Scheibe Weißbrot
1 EL Paprikapulver
1 Bund Petersilie
Dauert etwa 2 Stunden
Dazu kommt die Zeit (etwa 8 Stunden) fürs Einweichen

› Kichererbsen mit dem lauwarmem Wasser bedecken und etwa 8 Stunden einweichen. Mit dem Einweichwasser, Lorbeerblättern und Salz aufkochen und zugedeckt bei schwacher bis mittlerer Hitze etwa 1 1/4 Stunden kochen, bis die Kichererbsen weich sind.

› Gefrorenen Spinat zugeben, erneut aufkochen und weitere 10 Minuten garen. Ei hart kochen, kalt abschrecken, schälen und grob zerkleinern. Zwiebel und Knoblauchzehen hacken.

› Öl in einer Pfanne erhitzen, Knoblauch und gevierteltes Brot darin braun anbraten. Mit dem Ei in einem Mörser zu einer glatten Paste zerreiben. Bei Bedarf noch etwas Wasser zugeben.

› Die Zwiebel in der Pfanne knusprig braun braten, mit Paprika bestreuen und in die Suppe mischen. Knoblauchbrot-Ei-Paste unterrühren. Suppe mit Salz abschmecken und, mit der fein gehackten Petersilie bestreut, servieren.

Bohnensuppe
Fassoladá

Aus Griechenland

Zu Bohnensuppe essen Griechen Weißbrot und ihr vermutlich weltweit bekanntestes Gericht: Bauernsalat mit Feta. Das Rezept von Athanase Mariggis steht am Rand der rechten Seite.

Für 6 Portionen
500 g weiße Bohnen
2 l Wasser
Salz
1 große Zwiebel
2 mittelgroße Tomaten
2 mittelgroße Möhren
1/2 Bund Petersilie
100 ml Olivenöl
Pfeffer
Dauert etwa 2 Stunden
Dazu kommt die Zeit (etwa 8 Stunden) fürs Einweichen

› Die Bohnen im Wasser zugedeckt etwa 8 Stunden einweichen.

› Bohnen mit einer kräftigen Prise Salz einmal aufkochen und zugedeckt bei schwacher Hitze etwa 1 1/2 Stunden garen. Falls die Suppe zu dick wird, etwas Wasser nachgießen.

› Die abgezogene Zwiebel fein hacken. Tomaten abziehen, halbieren und ebenfalls fein zerkleinern. Möhren schälen, waschen und in dünne Scheiben schneiden. Die Petersilie waschen, trockentupfen und fein hacken.

› Das Olivenöl in einer Pfanne erhitzen, die Zwiebel darin bei schwacher Hitze glasig braten. Tomaten, Möhren und Petersilie zugeben und 5 Minuten bei schwacher Hitze dünsten.

› Das Gemüse und das Öl unter die Bohnen rühren, erneut aufkochen und die Suppe noch etwa 10 Minuten garen, bis die Bohnen weich und die Möhren gerade eben bissfest sind. Mit Salz und Pfeffer abschmecken.

Das Kloster Preveli auf Kreta: Stärker als bei uns gehört zum griechischen Ostern noch die ganze Fastenzeit. Man isst streng fleischlos und spart selbst bei Suppen mit Zutaten und Würze.

Der Bauernsalat

1 mittelgroße Zwiebel in feine Ringe, 2 geschälte Minigurken oder 1 Salatgurke in Scheiben und 2 Fleischtomaten in Stücke schneiden. Alle Zutaten mit einer Hand voll schwarzen Oliven in einer Schüssel anrichten. Mit Salz und nach Wunsch auch mit Pfeffer aus der Mühle bestreuen.
150 Gramm griechischen Schafkäse (Feta) würfeln und darüber verteilen. Mit etwa 5 Esslöffeln Olivenöl begießen und noch einmal vorsichtig mischen. Zur Suppe reicht diese Menge für 6, als Hauptgericht mit Brot für 3 Personen.

»Wir Ungarn sind große Suppenesser, und viel wichtiger als die allseits bekannte Gulaschsuppe sind bei uns Suppen mit Gemüse und Obst.«

MARTHA LAVALLÉE

Bohnensuppe
Bableves

Aus Ungarn

Für 6 Portionen

- 250 g Wachtelbohnen
- 2 l Wasser
- Salz
- 2 Lorbeerblätter
- 3 Möhren
- 2 Petersilienwurzeln
- 100 g Knollensellerie
- 1 große Zwiebel
- 3 Knoblauchzehen
- 6 EL Sonnenblumenöl
- 2 TL mildes oder scharfes Paprikapulver
- 1 Ei
- Salz
- 70 g Mehl
- 1 Bund Petersilie
- 100 g saure Sahne
- Essig

Dauert etwa 1 3/4 Stunden

Dazu kommt die Zeit (etwa 8 Stunden) fürs Einweichen

› Bohnen mit dem Wasser übergießen und zugedeckt etwa 8 Stunden einweichen. Salz und Lorbeer zugeben, die Bohnen aufkochen und zugedeckt bei schwacher Hitze in etwa 1 1/4 Stunden fast weich kochen.

› Möhren, Petersilienwurzeln, Knollensellerie schälen, waschen und in kleine Stücke schneiden. Abgezogene Zwiebel und Knoblauchzehen hacken.

› Öl erhitzen. Zwiebel und Knoblauch darin bei schwacher Hitze glasig braten. Paprika und zerkleinertes Gemüse zugeben und unter Rühren etwa 3 Minuten schmoren. Zu den Bohnen geben.

› Ei, Salz und Mehl zu einem zähflüssigen Teig wie für Spätzle verrühren. Auf ein kalt abgespültes Holzbrett streichen und mit einem nassen Messer kleine Klößchen in die Suppe schaben.

› Bei mittlerer Hitze etwa 10 Minuten kochen, bis die Bohnen weich und die Klößchen gar sind. Suppe mit Salz und Essig abschmecken, Petersilie hacken und untermischen.

› Saure Sahne in die Suppenteller geben, Suppe darauf verteilen und mit jeweils einem Tropfen Essig würzen.

Kalte Kvas-Suppe
Okroška

Aus Russland

Kalte Suppen mit Kvas, dem »Bier« aus Brot und Hefe, gehören zum russischen Sommer. Okroška von Natalia Schkunajeva ist die fleischlose Variante. Es gibt auch Fleisch- oder Fisch-Okroška.

Für 8 Portionen

- 4 mittelgroße Kartoffeln (fest kochende Sorte)
- 2 Eier
- 100 g tiefgefrorene oder ausgepalte frische Erbsen
- 2 mittelgroße Salatgurken
- 10 Radieschen
- 1 Lauchzwiebel
- 1 Bund Dill
- 1 Bund Petersilie
- Salz
- 1 1/2 l Kvas

Dauert etwa 1 1/4 Stunden

› Die Kartoffeln waschen und in wenig Wasser weich garen. Abgießen, kalt abschrecken, schälen und etwas abgekühlt in kleine Würfel schneiden.

› Eier 8 bis 10 Minuten kochen, kalt abschrecken, pellen und hacken. Erbsen in wenig Wasser bissfest garen, abgießen und abkühlen lassen.

› Gurken, Radieschen und die Lauchzwiebel waschen und fein zerkleinern, die Kräuter hacken.

› Alle vorbereiteten Zutaten mischen. Mit Salz würzen, in Suppenteller geben und mit dem kalten Kvas begießen.

Llermi Schröders Kartoffelsuppe wirkt ganz europäisch und ist doch so typisch für Mexiko: mit Kartoffeln, Tomaten und Chilischoten – alles Produkte der Neuen Welt.

Kartoffelsuppe mit Mozzarella

Sopa de papa con requesón

Aus Mexiko

Für 4 Portionen

- 150 g Zwiebeln
- 1–2 Knoblauchzehen
- 6 EL Öl
- 1 kleine Dose geschälte Tomaten
- 1 Bund Petersilie
- 1 TL getrockneter Oregano
- 4 mittelgroße Kartoffeln (fest kochende Sorte)
- 1/2–1 grüne Peperoni
- 3/4 l Wasser
- Salz
- Schwarzer Pfeffer
- 1 Kuhmilchmozzarella (125 g)

Dauert etwa 30 Minuten

› Zwiebeln und Knoblauch abziehen und grob hacken. Öl in einem hohen Topf erhitzen. Zwiebeln und Knoblauch darin bei schwacher Hitze glasig dünsten. Die Tomaten mit der Flüssigkeit, die gewaschene, unzerkleinerte Petersilie und den Oregano zugeben und zugedeckt 10 Minuten schmoren.

› Die Kartoffeln schälen, waschen und in 1 Zentimeter große Würfel teilen. Peperoni halbieren, Kerne entfernen, Schote waschen und fein hacken.

› Die Suppe pürieren. Kartoffeln und Wasser zugeben, aufkochen und zugedeckt bei mittlerer Hitze 5 Minuten garen. Peperoni untermischen und noch mal 5 Minuten kochen. Die Suppe von der Kochstelle nehmen und zugedeckt etwa 3 Minuten ziehen lassen.

› Abgetropften Mozzarella ebenfalls in 1 Zentimeter große Würfel schneiden. Nacheinander in die Suppe geben und zum Schluß vorsichtig umrühren.

Schön gewürfelt

Llermi Schröder nimmt für ihre Kartoffelsuppe nur Mozzarella aus Kuhmilch und nicht den weichen, cremigen Büffelmozzarella. Denn der Käse soll sich in der heißen Suppe weder auflösen noch zusammenklumpen. Deshalb muß man die Würfel nacheinander einzeln in die Suppe legen.

Sommer in den Pyrenäen

Für Joëlle Ribas ist Thymian mit schönen Erinnerungen verbunden: »Als Symbol der mediterranen Landschaft hat er mich auf den Spaziergängen meiner Kindheit begleitet: Wir pflückten ihn von den Böschungen am Wegesrand für die Kräutervorräte unserer Küche, sammelten ihn, um damit den Husten zu stillen, die Diele zu parfümieren, Kräutertee für den Großvater zu bereiten. Irgendeine Gelegenheit für die Thymianernte gab es immer zwischen April und September – denn das ist der Zeitraum, in dem der Thymian am meisten aromatische Öle enthält. Ich liebte diese Wanderungen sehr, auf denen wir so vertieft ins Pflücken und Sammeln waren, dass wir oft ganz vergaßen, rechtzeitig umzukehren. Dann mussten wir schnell nach Hause rennen, denn die Mahlzeiten exakt einzuhalten ist heilige Pflicht in Französisch-Katalonien. Und unsere Mutter wartete meist schon auf den Thymian: Die köstliche Suppe kochte sie, wenn sie ein schnelles und doch kräftiges Abendessen für ihre Familie zubereiten wollte.«

Im Süden wächst er wild – Thymianbüsche sind klein und duften so wunderbar, wie man es im Norden niemals erleben kann. Wilder Thymian mit feinem Zitronenduft ist auch in unseren Breiten heimisch.

Thymiansuppe

Soupe au thym

Aus Frankreich

Sie duftet und schmeckt phantastisch – die leichte, sommerliche Suppe. Und doch gelingt sie nur mit wirklich besten Zutaten: ganz frisch gepflücktem Sommerthymian, »pain de ménage«, weißem französischem Landbrot, das man auch bei uns gut bekommt, Olivenöl der ersten Pressung und einem Ei, das ein frei laufendes Huhn drei bis vier Tage zuvor gelegt hat.

Für 4 Portionen
1 l Wasser
1 Bund Thymian
4 große Scheiben Brot
1 frisches Eigelb
3 EL Olivenöl
60 g Emmentaler Käse
Salz
Pfeffer
Dauert etwa 30 Minuten

› Wasser in einem großen Topf zum Kochen bringen und den gewaschenen Thymian zugeben.

› Topf von der Kochstelle nehmen, den Thymian 15 Minuten bei geschlossenem Deckel im Wasser ziehen lassen. Brühe durch ein Sieb gießen und heiß halten. Brotscheiben rösten.

› Für die Mayonnaise das Eigelb in eine Schüssel geben und mit dem Schneebesen verrühren.

› Öl zuerst tropfenweise, dann in dünnem Strahl dazugießen und dabei ständig kräftig rühren.

› Die Mayonnaise mit dem geriebenen Käse mischen. Die Schüssel über ein heißes Wasserbad stellen. Thymiansud nach und nach in kleinen Mengen unter die Mayonnaise rühren. Suppe mit Salz und Pfeffer würzen.

› Die gerösteten Brotscheiben in große Suppentassen legen. Die heiße Suppe darüber gießen und sofort servieren.

Brot nach französischer oder italienischer Art gibt es fast nur in Bäckereien.

Suppe mit Chinakohl
Genetjud Pagadkan

Aus Thailand

In Asienläden können Sie Koriandergrün mit den dünnen, zarten Wurzeln kaufen.

Für 5 Portionen
300 g Chinakohl
2 Korianderwurzeln
2 Frühlingszwiebeln
2 Knoblauchzehen
1 EL Sojaöl
100 g Glasnudeln
1 l Gemüsebrühe (selbst gekocht)
1 1/2 TL Salz
Schwarzer Pfeffer
1 TL Zucker
3 Stängel Koriandergrün

Dauert etwa 20 Minuten

› Chinakohl in fingerbreite Streifen schneiden. Korianderwurzeln waschen und fein zerkleinern. Die Frühlingszwiebeln mit dem zarten Grün in etwa 2 Zentimeter lange Stücke schneiden.
› Knoblauch hacken und im heißen Öl goldbraun braten. Die Glasnudeln mit kochendem Wasser übergießen, kurz ziehen lassen, abgießen, abschrecken und mit der Küchenschere zerkleinern.
› Brühe mit Korianderwurzeln, Salz, Pfeffer und Zucker aufkochen. Chinakohl, Frühlingszwiebeln und Knoblauch zugeben und etwa 2 Minuten bei mittlerer Hitze kochen, bis das Gemüse gerade eben weich ist. Glasnudeln untermischen und erhitzen.
› Die Suppe, mit dem fein geschnittenen Koriandergrün bestreut, servieren.

Radieschenblättersuppe
Soupe aux fanes de radis

Aus Frankreich

Für 4 Portionen
1 Bund Radieschenblätter (siehe rechts)
3 Kartoffeln (mehlige Sorte)
20 g Butter
750 ml Gemüsebrühe
Salz
Weißer Pfeffer
2 EL Crème fraîche
1/2 Hand voll Kerbelblättchen

Dauert etwa 45 Minuten

› Radieschenblätter waschen und abtropfen lassen. Kartoffeln schälen, waschen und würfeln.
› Butter erhitzen, Radieschenblätter darin unter Rühren 2 Minuten dünsten. Brühe und Kartoffeln zugeben, zum Kochen bringen und bei schwacher Hitze etwa 25 Minuten garen, bis die Kartoffeln ganz weich sind.
› Suppe pürieren, mit Crème fraîche verrühren, mit Salz und Pfeffer würzen und unter Rühren noch einmal erhitzen, aber nicht mehr aufkochen.
› In Suppentassen verteilen, mit gehackten Kerbelblättchen bestreuen und sofort servieren.

Radieschenblätter

Junge, dunkelgrüne, saftige Blätter von jungen Radieschen kann man wie Kräuter oder Gemüseblätter für Suppen, Saucen, Omeletts wie Coucou sabzi aus dem Iran (Rezepte auf Seite 203) und Ragouts verwenden. Allerdings müssen die Blätter wirklich frisch sein; sobald sie schlaff und gelb werden, schmecken sie nicht mehr. Zum Aufbewahren wickeln Sie die abgetrennten Blätter in ein feuchtes Küchentuch oder legen den ganzen Bund mit den Radieschenknollen in den Kühlschrank. So halten sich die Blätter etwa einen Tag frisch.

Lauchzwiebeln haben wie Porreestangen keine Knollen. Sie sind das ganze Jahr über auf dem Markt. Frühlingszwiebeln mit flachrunden, bis vier Zentimeter großen, weißen Knollen und dicken Röhren kommen von Mitte Juni bis Mitte August auf den Markt.

Limetten

Die mexikanische Limette, eine kleine Frucht mit grüngelber Schale, schmeckt aromatisch und nicht zu sauer. Wegen der vielen Kerne liefert sie nicht allzu viel Saft, und man verwendet sie oft, in Scheiben oder Stücke geschnitten, zum Abschmecken. Persische oder Tahiti-Limetten sind grasgrün, größer und sehr sauer, weil sie unreif gepflückt werden. Frische Früchte enthalten etwa so viel Saft wie eine kleine Zitrone; sie eignen sich für süße Cremes (Rezept auf Seite 242) und exotische Drinks. Die Schale ist meist unbehandelt. Grundsätzlich ist die Saftmenge bei Limetten eher Glückssache: Selbst Experten aus Limettenländern wie Llermi Schröder, Iris Bichelmaier-Zalszupin und Miguel Angel Servidio, sehen den Früchten nicht an, ob sie frisch und saftig oder schon zu lange gelagert und deshalb trocken sind.
Der Rat von Iris: Lieber eine Frucht mehr und als Reserve noch eine Zitrone kaufen.
Bei Kaffir-Limetten geht es nicht um den Saft, sondern um das Aroma der Blätter (siehe Seite 82) und der dicken Schale.

In die Originalversion der Brühe mit Rohkost – Xochitl ist ein aztekischer Mädchenname – kommen Hühnerstückchen. Doch Llermi Schröder mag lieber die vegetarische Variante, auch mit gebratenen Tortillastreifen.

Gemüsebrühe mit Rohkost
Caldo Xochitl

Aus Mexiko

Für 4 Portionen

Gemüsebrühe
100 g Knollensellerie
200 g Tomaten
2 Zwiebeln
1 Knoblauchzehe
1 Bund Petersilie
6 EL Öl
1 1/4 l Wasser
Salz
Schwarzer Pfeffer
Rohkost
1 Avocado
100 g Radieschen
1 rote Peperoni
1 Bund Schnittlauch
1 mexikanische Limette (ersatzweise 1 kleine Zitrone)

Dauert etwa 45 Minuten

› Den Sellerie schälen und waschen, die Tomaten, Zwiebeln und die Knoblauchzehe abziehen, Petersilie waschen. Alle diese Zutaten grob zerkleinern.

› Das Öl in einem hohen Topf erhitzen und das zerkleinerte Gemüse darin 5 Minuten bei mittlerer Hitze anbraten. 1/2 Liter Wasser zugießen, die Brühe zugedeckt 10 Minuten kochen.

› Gemüse in der Brühe pürieren. Das restliche Wasser dazugießen, die Suppe einmal kräftig aufkochen und mit Salz und Pfeffer würzen.

› Während die Brühe kocht, die Rohkost zubereiten: Avocado halbieren, Kern herauslösen. Die Hälften schälen und würfeln. Radieschen waschen und ebenfalls würfeln. Peperoni waschen, von Scheidewänden und Kernen befreien und in ganz feine Streifen schneiden. Schnittlauch waschen und fein zerkleinern, die Limette vierteln.

› Alle diese Zutaten in einzelnen Schälchen anrichten, so dass sie jeder bei Tisch nach Belieben in die heiße Brühe geben kann.

Dicke Suppe
H'rira

Aus Marokko

Zugegeben – die nordafrikanische Küche ist in diesem Buch nur spärlich vertreten. Denn Fleisch spielt in Marokko, Algerien und Tunesien eine Hauptrolle. Und rein Vegetarisches ist eher für den östlichen Mittelmeerraum typisch. Doch Sonja und Miloud Samouh haben mir geholfen, authentische Gerichte zu finden. Eines davon ist diese kräftige Suppe.

Für 8 Portionen

200 g Kichererbsen
100 g getrocknete dicke Bohnen
2 l Wasser
200 g Linsen
1 große Zwiebel
2 Knoblauchzehen
500 g Tomaten
2 Stangen Sellerie
100 ml Olivenöl
2 EL Tomatenmark
Je 1/2 TL gemahlener schwarzer Pfeffer, Kreuzkümmel- und Gelbwurzpulver
75 g Reis
75 g dünne Nudeln
1 TL Salz
1 frisches Ei
1 Bund Petersilie
2 Stängel Koriandergrün

Dauert etwa 1 1/2 Stunden
Dazu kommt die Zeit (etwa 8 Stunden) fürs Einweichen

› Kichererbsen und dicke Bohnen im Wasser etwa 8 Stunden einweichen. Mit dem Wasser aufkochen und bei schwacher Hitze 30 Minuten garen. Linsen weitere 30 Minuten mitkochen.
› Zwiebel, Knoblauch und Tomaten abziehen und hacken. Sellerie in kleine Stücke schneiden. Zwiebel und Knoblauch im heißen Öl glasig braten.
› Sellerie mit Tomatenmark, Gewürzen und Reis zugeben und etwa 2 Minuten schmoren. Zur Kichererbsenmischung geben, Tomaten untermischen und alles 15 Minuten garen. Die Nudeln zugeben und 5 bis 10 Minuten kochen, bis alle Zutaten gar sind.
› Suppe mit Ei legieren, salzen und, mit zerkleinerter Petersilie und Koriandergrün vermischt, servieren.

Weißkohlsuppe
Krautsuppe

Aus Österreich

Josefine Helm gehört zu den Frauen, die vom Kochen nicht viel Aufhebens machen und höchst erstaunt sind, wenn man ihnen sagt, wie ausgezeichnet ihre Küche ist.

Für 4 Portionen

1 mittelgroße Zwiebel
500 g Weißkohl
2 EL Öl
Salz
Pfeffer
1 TL Kümmelkörner
1/2 l Gemüsebrühe
1 EL Mehl
4 EL Wasser
125 g süße Sahne
2 EL saure Sahne
2 EL Schnittlauchröllchen

Dauert etwa 45 Minuten

› Zwiebel abziehen und hacken. Weißkohl putzen, waschen und fein hobeln.
› Öl erhitzen, die Zwiebel darin glasig braten. Kohl zugeben, mit Salz, Pfeffer und Kümmel würzen. Brühe zugießen, aufkochen und zugedeckt bei mittlerer bis schwacher Hitze 10 Minuten garen.
› Mehl mit Wasser anrühren und in die Suppe mischen. Erneut aufkochen und zugedeckt weitere 5 Minuten kochen.
› Süße und saure Sahne unterrühren, Suppe mit Salz und Pfeffer kräftig würzen und mit Schnittlauch bestreuen.

Kreuzkümmel

Er gehört zur selben Pflanzenfamilie wie Kümmel und Koriander. Während »unser« Kümmel auf Mittel- und Nordeuropa beschränkt blieb, ist Kreuzkümmel gewandert: von seiner Heimat am Mittelmeer nach Asien und später in die Neue Welt.
In Marokko, den arabischen Ländern, Südostasien und Mexiko ist er eines der wichtigsten Gewürze, z. B. als Bestandteil der drei indischen Gewürzmischungen Panch Phoron, Garam masala und Kari. Auch die Küche der Kanaren verwendet ihn, das spanische Festland dagegen nicht. Kreuzkümmel taucht sogar weiter im Norden auf: Holländer und Dänen würzen eine Käsesorte damit.

Mehr Obst als Gulasch

Ungarn war schon immer ein Agrarland mit ausgedehntem Anbau von Gemüse, Kräutern und Obst. Rinder wurden für den Export gezüchtet: Ein Teil der riesigen Herden, die jahrhundertelang als lebender Fleischvorrat quer durch Europa zogen, stammte aus Ungarn. Obstsuppen gehören für die Ungarn zum ganz normalen Essen – im Stehimbiss, in der Mensa und zu Hause.
Auch Saucen werden mit Obst zubereitet; die Bauern haben sie früher zu Kartoffeln gegessen, heute sind sie eine Beilage zu Fleisch.
In Kochbüchern aus dem 19. Jahrhundert findet man übrigens eine Menge Obstsaucen zu Rinderbraten und Wild. Ich könnte mir vorstellen, dass diese Saucen von Ost nach West gewandert sind: mit den damals in deutschen Bürgerhäusern so begehrten Köchinnen aus der k. k. Monarchie. Erhalten haben sich leider nur Preiselbeeren zu Wild.

Ungarische Bauernhöfe sind von herrlichen alten Obstbäumen umgeben. Zäune kannte man früher nicht.

Apfelsuppe
Gyümölcs Leves

Aus Ungarn

Die ungarische Tiefebene ist sehr fruchtbar – dort wächst eine Menge Gemüse und Obst. Daraus kochen die Ungarn Suppe – kalt im Sommer, schön heiß im Winter. »Obstsuppen, obwohl süß wie Desserts, sind bei uns keine Süßspeisen, sondern Vorsuppen wie Ihre Brühen mit Grießklößchen oder Pfannkuchen«, erklärte mir Martha Lavallée, als sie mich ihre Apfelsuppe kosten ließ.

Für 4 Portionen
500 g säuerliche Äpfel (Boskoop, James Grieve oder gute Granny Smith)
1 1/2–2 l Wasser
100 g Zucker
250 g saure Sahne
1 TL Mehl oder Speisestärke
1 Prise Salz
Zimtpulver nach Geschmack
1 frisches Eigelb
1 unbehandelte Zitrone
Eventuell 1–2 TL Rum
Dauert etwa 45 Minuten

Obstsuppe schmeckt mit allen säuerlichen Früchten – auch mit Sauerkirschen oder Stachelbeeren.

› Äpfel vierteln, schälen, vom Kerngehäuse befreien und zerkleinern. Mit Wasser und Zucker aufkochen und zugedeckt bei mittlerer bis schwacher Hitze in etwa 20 Minuten weich kochen.

› Saure Sahne mit Mehl oder Speisestärke vermischen und zur Suppe geben. Die Suppe unter Rühren noch einmal kurz aufkochen, mit Salz und Zimt abschmecken. Topf von der Kochstelle nehmen, Eigelb mit etwas heißer Suppe verquirlen und in die Suppe rühren. Mit einigen Tropfen Zitronensaft, abgeriebener Zitronenschale und eventuell auch Rum abschmecken.

Ungarische Küche

Zur bäuerlichen Küche Ungarns gehört nur wenig Fleisch. Dafür umso mehr Gemüse und Obst, Brot und Nudeln, Kartoffeln und Reis.

Toasten ohne Technik

Als es noch keinen Toaster gab, wurden die Brotscheiben auf lange Gabeln gesteckt und über der Herdglut »gedörret«, wie es in einem alten bayerischen Kochbuch heißt.

Kartoffelsuppe

Aus Deutschland

Kartoffelsuppe gilt als typisch deutsch, und nach einer Umfrage gehört sie tatsächlich zu den beliebtesten Suppen – entweder dick mit Gemüse und Fleisch zum Sattessen oder leicht mit Sahne und Kräutern. Bis vor etwa 50 Jahren haben Oberpfälzer Bauern Kartoffelsuppe sogar zum Frühstück gegessen: Kartoffelwürfel wurden in Fett geröstet, mit Schwarzbrot dick eingekocht und zerdrückt.

Für 4–5 Portionen
2 mittelgroße Kartoffeln (mehlige Sorte)
1 Knollensellerie (etwa 100 g)
1 dünne Stange Porree
1 l Gemüsebrühe (instant)
1 große Zwiebel
1 EL Butterschmalz
2 dünne Scheiben dunkles Roggenbrot
1 EL Zitronensaft
1 EL saure Sahne
Salz
Schwarzer Pfeffer

Dauert etwa 40 Minuten

› Kartoffeln und den Knollensellerie schälen, waschen und in kleine Würfel schneiden. Geputzten Porree fein zerkleinern. Alles mit der Gemüserühe aufkochen und zugedeckt bei schwacher Hitze etwa 20 Minuten garen, bis Kartoffeln und Gemüse weich sind.

› Zwiebel abziehen und in feine Ringe schneiden. Im heißen Butterschmalz bei schwacher Hitze weich und goldgelb braten. Brot braun toasten, halbieren und in 4 Suppenteller legen.

› Die Suppe mit dem Schneidestab des Handrührers oder im Blitzhacker pürieren. Zitronensaft und saure Sahne darunter mischen und noch einmal erhitzen, aber nicht mehr aufkochen. Mit Salz und Pfeffer abschmecken und über das Brot gießen. Gebratene Zwiebelringe auf der Suppe verteilen.

Kartoffel-Pilz-Suppe

Spisská polievka s hubami

Aus der Slowakei

Die Suppe von Renata Sako-Hoess stammt aus dem Kochbuch ihrer Großmutter. »Wir essen in der Slowakei häufig süße Mehlspeisen als Hauptgericht. Aber die machen nicht so richtig satt, und deshalb gab es bei uns zu Hause vorweg eine Suppe. Diese hier mit Kartoffeln und Pilzen mochte ich immer am liebsten. Heute streue ich zum Schluß noch fein gehackte Kräuter darüber.«

Für 4 Portionen
500 g Kartoffeln (fest kochende Sorte)
100 g frische Mischpilze (ersatzweise Champignons)
30 g Butter oder Margarine
50 g Mehl
1 l Wasser
200 ml Milch
2 Lorbeerblätter
Salz
Schwarzer Pfeffer
1–2 EL Essig

Dauert etwa 45 Minuten

› Die Kartoffeln schälen, waschen und würfeln. Die Pilze putzen und in feine Scheiben schneiden.

› Die Butter in einem Topf schmelzen und das Mehl bei schwacher Hitze unter Rühren darin goldgelb rösten. Das Wasser zugießen und weiter rühren, bis die Suppe glatt ist. Einmal aufkochen und zugedeckt bei schwacher Hitze etwa 5 Minuten kochen.

› Die Milch unterrühren. Kartoffeln, Pilze und Lorbeerblätter zugeben. Erneut aufkochen und zugedeckt bei schwacher Hitze etwa 10 Minuten kochen, bis die Kartoffeln weich sind. Suppe mit Salz, einer kräftigen Prise Pfeffer und dem Essig abschmecken.

Die Würzpaste aus Knoblauch, Kümmel, Safran und Pfeffer ist das Besondere an dieser kanarischen Suppe, die Sie nur abseits der großen Touristenzentren kosten können.

Petersiliensuppe

Von den Kanarischen Inseln

Für 4 Portionen
1 Zwiebel
1 Tomate
1 grüne Paprikaschote
500 g Kartoffeln
1 1/2 Bund Petersilie
4 EL Olivenöl
1 l Wasser
3 Knoblauchzehen
1/2 TL Kümmelkörner
1 Prise Safran
5 schwarze Pfefferkörner
1 Prise Cayennepfeffer
50 g Mandeln
Salz
Dauert etwa 1 Stunde
Arbeiten müssen Sie etwa 35 Minuten

› Zwiebel und Tomate abziehen. Paprikaschote putzen, Kartoffeln schälen und waschen. Alles fein zerkleinern und im heißen Öl bei schwacher Hitze braten, bis die Zwiebel glasig ist.

› Gewaschene, unzerkleinerte Petersilie, Wasser und Salz zugeben, aufkochen und zugedeckt bei schwacher bis mittlerer Hitze etwa 25 Minuten garen.

› Knoblauch abziehen, hacken und in einem Mörser mit Kümmel, Safran, Pfefferkörnern und Cayennepfeffer zu einer Paste zerreiben. Mandeln ohne Fett goldgelb rösten. Suppe pürieren, mit Gewürzpaste mischen und mit Mandeln bestreut servieren.

Auf den Kanaren wird – anders als auf dem spanischen Festland – sehr viel mit Kümmel gekocht. Safran und Mandeln wiederum erinnern an die maurische Vergangenheit Spaniens.

Beste Qualität

Safran wird in Frankreich, den Mittelmeerländern, im Iran, in Indien, Pakistan, China und Japan angebaut. Selbst England und die Schweiz kultivieren die kostbaren Pflänzchen. Hauptanbauland ist Spanien mit 90 Prozent der Weltproduktion. Elagierter Safran besteht nur aus Narben, ist intensiv dunkelrot. Natureller Safran enthält auch Griffel und andere Blütenbestandteile. Als beste Qualität gelten der spanische »Coupé« (ganz ohne Griffel) und »Mancha« (mit bis zu fünf Prozent Griffel und Blütenresten).

Zum Sattessen

Gemüsesuppen mit Brot machen satt. Deshalb gehören sie in allen Ländern Europas zur einfachen bäuerlichen Küche. Kartoffelsuppe dagegen findet man eher in der bürgerlichen Küche. In Asien hat die Funktion eines Sattmachers natürlich Reis, allerdings nicht schlanker Langkorn- oder kräftiger Rundkornreis, sondern Klebreis: In Thailand z. B. ist Klebreis auf den kargeren Norden beschränkt.

Brot und Tomaten – typische Zutaten mediterraner Kochkunst.

Tomatensuppe

Aus Ibiza

Das Rezept habe ich bei meinem einzigen Besuch auf Ibiza vor Jahren aus einer Zeitschrift abgeschrieben. Mein Spanisch ist nur rudimentär, und ich bitte die unbekannte Autorin oder den Autor um Nachsicht, wenn sich ein Fehler eingeschlichen hat, die Suppe nicht aus Ibiza stammt. Und natürlich bitte ich wegen des Plagiats um Verzeihung. Es muß sein, denn diese Suppe sollte wirklich jeder kennen.

Für 5 Portionen
1 1/2 kg reife Tomaten
1 Zwiebel
2 Knoblauchzehen
6 EL Olivenöl
1/8 l Wasser
Salz, Pfeffer
1 Prise Zucker
5 dünne Scheiben weißes Landbrot
Dauert etwa 1 1/2 Stunden
Arbeiten müssen Sie etwa 30 Minuten

› Die Tomaten waschen und grob zerschneiden. Zwiebel und Knoblauchzehen abziehen und fein hacken.

› 2 Esslöffel Öl in einem Topf erhitzen. Zwiebel und Knoblauch darin bei mittlerer Hitze unter Rühren hellbraun anbraten. Die Tomaten zugeben und etwa 5 Minuten schmoren.

› Wasser, Salz, Pfeffer und Zucker zugeben. Tomaten zugedeckt bei mittlerer bis schwacher Hitze 1 Stunde garen, bis sie ganz weich sind.

› Inzwischen Brot im restlichen Öl bei mittlerer bis schwacher Hitze auf beiden Seiten knusprig braten.

› Die Tomaten durch ein Sieb drücken, wieder in den Topf geben, kräftig aufkochen und noch einmal mit Salz und Pfeffer abschmecken.

› Das Brot auf die Suppe legen. Alles zugedeckt bei schwächster Hitze etwa 10 Minuten ziehen lassen.

Tip: Nehmen Sie lockeres französisches oder italienisches Landbrot. Am besten schmeckt Brot mit sehr wenig Salz.

Gemüsesuppe
Soupe aux legumes

Aus Frankreich

Lyne Manuel bereitet diese Suppe auch als Creme zu – mit mehligen Kartoffeln und ganz weich gekochtem Gemüse.

Für 4 Portionen
4 große Möhren
4 große Kartoffeln (fest kochende Sorte)
1 Stange Porree
1 große Zwiebel
1 1/2 l Wasser oder Gemüsebrühe
Salz
2 EL gehackte Petersilie zum Bestreuen
Dauert etwa 45 Minuten

› Die Möhren und Kartoffeln schälen, waschen und in kleine Würfel teilen. Porree längs halbieren, waschen und in dünne Scheiben schneiden.

› Wasser oder Brühe aufkochen, Salz und Gemüse zugeben, aufkochen und zugedeckt bei mittlerer Hitze in etwa 15 Minuten gerade eben bissfest garen.

› Die Suppe in vorgewärmte Teller geben und mit der Petersilie bestreuen.

Bei diesem Anblick wundert man sich, dass manche glauben, vegetarisch zu essen sei langweilig.

Gurkensuppe
Soupe de concombre

Aus Frankreich

Die kalte Sommersuppe hat Joëlle Ribas aus ihrer Heimat, den Pyrenäen, mitgebracht: »Bei uns baut man diese Suppen – eine übrigens origineller als die andere – häufig ins Menü ein. Das mag mit dem Einfluss der Gazpacho unserer spanischen Nachbarn zusammenhängen. Doch gewiss ist die Vorliebe für kalte Gemüsesuppen mit dem heißen mediterranen Sommer zu erklären: Man hat nicht viel Appetit, nur Durst und braucht reichlich Flüssigkeit.«

Für 4–5 Portionen
1 Zwiebel
1/2 Salatgurke
1 EL Öl
600 g Joghurt
400 ml Gemüsebrühe
1 unbehandelte Zitrone
2 EL gehackte Minze
Salz
Schwarzer Pfeffer
Minzeblätter zum Garnieren
Dauert etwa 45 Minuten
Dazu kommt die Zeit (2 Stunden) fürs Kühlen

› Die Zwiebel abziehen und ganz fein hacken, Gurke schälen, halbieren und die Kerne entfernen. Gurkenhälften in dünne Scheiben schneiden.

› Öl in einem Topf erhitzen und die Zwiebel darin glasig braten. Gurke dazugeben und bei schwacher Hitze etwa 5 Minuten dünsten. In eine große Schüssel geben und abkühlen lassen.

› Den Joghurt, die Gemüsebrühe, die abgeriebene Zitronenschale, den ausgepressten Zitronensaft und die gehackte Minze mit den Gurkenscheiben mischen, mit Salz und Pfeffer würzen und 2 Stunden zugedeckt kühlen.

› Auf Suppentellern verteilen und, mit den Minzeblättern garniert, servieren.

Das kühle Sommerkraut

Grüne Minze, ein süßes, erfrischendes Kraut, ist aus wilder rundblättriger Minze und Pferdeminze entstanden. Ähnlich wie beim Basilikum, das zur selben Familie gehört, gibt es auch bei der Minze Unterschiede: Apfel- und Ananasminze schmecken besonders mild, Limonenminze nach Zitrone, Edelminze leicht nach Parfüm. Ohne Menthol sind Ingwer- und Orangenminze.

BROTE

Fladenbrotbäckerei in einem irakischen Basar.

Brot, Baguette, Fladen

Eines der ältesten Lebensmittel

Ob Fladen, dunkler Laib oder knuspriges Teilchen – kaum ein Land der Erde kommt ohne Brot aus. Entsprechend vielfältig sind die Formen, die Zutaten und die Geschichten zum Thema »Brot«.

Statistisch gesehen isst jeder Deutsche pro Tag ein Brötchen und vier Scheiben Brot – für ein Brotland wie die Bundesrepublik keine erstaunliche Sache. Doch es hat mich verblüfft, dass Brot in fast allen Ländern der Erde zur kulinarischen Tradition gehört. In China gibt es einen Namen für die Grundnahrungsmittel: »fan«. So nennt man Reis, Hirse, Nudeln und eben auch Brot.

Der englische Pirat William Dampier, der Profitdenken mit wissenschaftlicher Neugier verband, berichtete im 17. Jahrhundert von einem Brot aus Sago, das die Bewohner Mindanaos, der größten philippinischen Insel, backten. Aus der gefällten Sagopalme nahm man das Mark, stampfte es in einem Mörser, weichte es in Wasser auf und seihte es durch ein Tuch in ein Gefäß. Im Tuch blieben alle Fasern der Palme zurück, im Gefäß setzte sich die Stärke ab – genau wie man es bei der Flüssigkeit aus roh geriebenen Kartoffeln beobachten kann. Das Wasser über der Stärke gossen die Einheimischen ab und formten aus der Stärke eine Art Kuchen, »der, wenn er gebacken ist, ein gutes Brot abgibt, dessen sich die Einwohner auf Mindanao drei oder vier Monate des Jahres bedienen«; so erzählte Dampier.

Der deutsche Brotkorb hat eine Vielfalt an unterschiedlichen Sorten.

Aus der Türkei des 20. Jahrhunderts stammt ein Brot, dessen Zubereitung mir Erdogan Yarar so geschildert hat: »Man buddelt eine Grube, macht Feuer darin und stellt einen Tontopf hinein. Sobald der Topf heiß ist, kleidet man ihn mit Vollkorn-Brotteig aus. Dann schließt man Topf und Grube, bis das Brot in der Hitze fertig gebacken ist.« Erdogan warnte ausdrücklich davor, im eigenen Garten statt des Grillfestes ein Brotbackfest zu veranstalten: »Es ist eine gefährliche Sache, und ich weiß von Unfällen in unserer Nachbarschaft.«

Brot ist eines der ältesten Lebensmittel: Wann und wo die Menschen sesshaft wurden und sich mit dem Ackerbau statt der Jagd die tägliche Nahrung besorgten, weiß man nicht genau. Getreide hat man zuerst als Brei, dann als harten Fladen und schließlich als weiches Brot gegessen – mit Sicherheit bereits vor knapp 5000 Jahren, wie Gräberfunde in Ägypten belegen. Brot begegnet uns in Mythen, Märchen und Geschichten: Es kommt in einer Fassung des Gilgamesch-Epos vor, das vor etwa 4000 Jahren in Babylonien gedichtet worden ist. Gilgamesch, mythischer und historischer Herrscher, war so stolz und

Im französischen Roussilion werden Baguettes nach wie vor von Hand hergestellt.

machtbesessen, dass die Götter Engidu schufen, ein Wesen, ebenso stark wie der König. Doch Engidu lebte mit den Tieren in der Wildnis. Da nahm sich eine Hure seiner an, gab ihm auch Brot und Wein mit den Worten: »Iss das Brot, Engidu, es gehört zum Leben.« Und Engidu, nunmehr gezähmt, konnte der Gefährte, Diener und schließlich der Freund von Gilgamesch werden.

Brot begegnet uns in der Bibel, als Jahwe den Juden befiehlt, beim Auszug aus Ägypten nur ungesäuerte Brote mitzunehmen (siehe Seite 60). Es spielte bei der Errichtung und Erhaltung von Weltreichen eine Rolle: Römische Legionäre bekamen nicht etwa (getrocknetes) Fleisch als Verpflegung; sie erhielten pro Tag eine bestimmte Menge Brotgetreide. Weißes Brot hatte jahrhundertelang eine ähnliche Funktion wie heute Trüffelscheibchen, Kaviarkörnchen und Gänsestopfleber. Es wies die Reichen und die Möchtegerne aus, war – genau wie weißer, polierter Reis in Asien – wichtiges Statussymbol. Alle, die es sich leisten konnten, aßen weißes Brot und ließen den anderen das – nahrhafte – dunkle aus dem vollen Korn.

Sein tägliches Brot ist für den Menschen so wichtig, dass sich zu Notzeiten die Bäcker mit Stöcken der Hungernden erwehren mussten. Mit Getreide und Brot konnte man das Volk gängeln. Brot und Spiele, panem et circenses, richtig zu verteilen war anerkanntes Mittel römischer Innenpolitik. Die erste Szene von Shakespeares Drama »Coriolan« zeigt eine Menge aufgebrachter, von Hunger gequälter Plebejer, die mit einer klugen Geschichte und einigen Scheffel Getreide beschwichtigt werden. Shakespeare erzählt hier nicht allein Plutarchs Historie nach; er spricht auch von seiner Zeit. Mit Brot konnte man nämlich höchst lukrative Geschäfte machen: Getreidepreise wurden künstlich hochgetrieben, indem man die Vorräte kurz vor der Ernte zurückhielt. Brotberufe waren jahrhundertelang ein besonders einträgliches Handwerk: Die Müllerei warf am meisten ab – und das bis vor ein paar Jahrzehnten. Die Zahl der Mühlen war begrenzt, solange man Wind oder Wasser als Antrieb für das Mühlrad brauchte. Außerdem gehörten Mühlen zu den technisch besonders aufwändigen und damit teuren Einrichtungen, die viele Jahrhunderte lang nur von reichen Grundherren unterhalten werden konnten. Müller hatten also eine Monopolstellung. Die Bäckerei als Gewerbe – nicht als Arbeit in Haus und Hof – gibt es etwa seit 4000 Jahren, und sie ist älter als die Müllerei. Im Ägypten der Antike erledigten die Bäcker auch das Mahlen des Getreides und wurden entsprechend reich. Damals wurde auch der Sauerteig entdeckt oder erfunden. Im alten Rom galten die Bäcker als Künstler, die ihr Warenangebot ganz auf die Bedürfnisse ihrer reichen und anspruchsvollen Kunden abstimmten.

Erntemahl in Bergell in der Südschweiz: Bäuerinnen stärken sich nach der schweren Arbeit mit selbst gebackenem Brot, Wein und Käse.

Pizzageschichte

Die Pizza ist so wenig in Neapel erfunden worden wie Nudeln in China. Beim täglichen Essen ist es müßig, den Ursprung zu suchen. Und die meisten Gerichte, die uns heute als Spezialitäten gelten, waren einst nur Alltagskost: Dampfnudeln haben die bayerischen Bauern gegessen, Kaiserschmarren die Hirten auf österreichischen Almen, Paella die spanischen Fischer und Maistortillas die einfachen Leute in Mexiko. Dünnen Teig mit Gemüse und viel Würze zu belegen scheint typisch fürs nördliche Mittelmeer zu sein: Neapels Pizza mit Tomaten und Käsescheibchen korrespondiert aufgrund des Teigs mit der römischen Variante: Zwiebeln und Öl auf Hefeteig. Ein ähnlicher Belag, erweitert durch Oliven und Anschovis, begegnet uns auf der Pissaladière der Provence. Und die sizilianische Calzone (Rezept auf Seite 116) erinnert an Strudel, den lange vor den Österreichern die Türken gegessen haben: Einfache Teig- oder Brottaschen kamen vermutlich durch die arabische Küche nach Sizilien und ins osmanische Reich, waren einerseits praktisches Fastfood, das man gut in kurzen Arbeitspausen essen konnte. Andererseits entstand daraus die Leckerei für die Reichen und Satten: hauchdünner Teig, gefüllt mit fetten Nüssen und süßen Rosinen.

Pizza at its best: Da müssen Sie sich selbst in die Küche stellen, denn so eine Pizza kriegen Sie sonst nie!

Die Pizza
La Pizza

Aus Sizilien

Maria Fecondo backt die beste Pizza, die ich je gegessen habe. Deshalb soll dieser zarteste und knusprigste aller Pizzateige mit dem saftigsten und würzigsten aller Beläge hier einfach »Die Pizza« heißen.

Für 20 Stücke

Teig
1 kg Mehl
1 Päckchen Trockenhefe
1–2 TL Salz
1 TL Sodapulver
1 Ei
3/8 l lauwarmes Wasser
Saft von 1/2 Zitrone
100 g weiche Butter
Belag
2 mittelgroße Zwiebeln
3 Knoblauchzehen
Salz
750 g Tomaten
2–3 EL Olivenöl
Pfeffer
750 frische Champignons
1 Glas eingelegte grüne Pfefferschoten
1/2 Glas Kapern
1 mittelgroßes Glas schwarze Oliven
500 g Mozzarella
2 TL Oregano
Außerdem
Fett für die Backbleche
Mehl zum Ausrollen

Dauert etwa 3 1/2 Stunden

Arbeiten müssen Sie etwa 1 1/2 Stunden

› Für den Teig das Mehl mit Hefe, Salz und Sodapulver mischen. Ei, Wasser, Zitronensaft und Butter zugeben und alles zu einem glatten Teig verarbeiten.

› Teig zugedeckt an einem warmen Ort ungefähr 1 Stunde ruhen lassen, bis sich sein Volumen verdoppelt hat.

› Für den Belag Zwiebeln fein hacken, Knoblauch mit Salz zerdrücken. Die Tomaten abziehen und klein würfeln.

› Das Olivenöl erhitzen. Zwiebeln und Knoblauch darin bei schwacher Hitze glasig braten. Tomaten zugeben und bei mittlerer Hitze unter Rühren schmoren, bis die Flüssigkeit verdampft ist. Tomaten mit Salz und Pfeffer abschmecken und abkühlen lassen.
› Die Champignons putzen und in feine Scheiben schneiden. Pfefferschoten, Kapern und Oliven abtropfen lassen. Mozzarella in kleine Würfel teilen.
› Den Teig auf einer bemehlten Arbeitsfläche noch einmal kräftig durchkneten und in 2 gleich große Portionen teilen. Auf 2 gefettete Backbleche legen, dünn mit Mehl bestreuen und etwa 1 Zentimeter dick ausrollen.
› Tomatenmischung auf den Teig streichen. Champignons, Pfefferschoten, Kapern, Oliven und Mozzarellawürfel gleichmäßig darauf verteilen. Mit Salz und Pfeffer würzen und mit Oregano bestreuen. Bei Zimmertemperatur weitere 15 Minuten gehen lassen.
› Die Pizza auf dem ersten Blech in den kalten Backofen (mittlere Schiene) schieben und bei 200 °C (Umluft, 180 °C; Gas, Stufe 3) etwa 1 Stunde backen. Die zweite Pizza braucht im heißen Backofen nur etwa 50 Minuten.

Tomatenernte bei Neapel: Die vollreifen Früchte werden zu Konserven verarbeitet.

Frittiertes Fladenbrot

Puri

Aus Indien

Die aufgeplusterten Fladenbrote essen Inder zu so vielen Gelegenheiten wie wir Brot: Ramola Parbhoo empfiehlt sie als Snack mit Kartoffel-Auberginen-Curry (Rezept auf Seite 144), wie Reis als Beilage zu Gemüsecurry, zum Frühstück oder Nachmittagstee mit Konfitüre.

Für 10 Portionen
300 g Mehl
1 TL Salz
4 EL geschmolzenes Ghee oder Butterschmalz
125 ml heißes Wasser
Mehl zum Kneten und Ausrollen
750 ml Öl zum Frittieren
Dauert etwa 1 Stunde

› Mehl, Salz und Ghee in eine Schüssel geben und mit den Händen zu einer krümeligen Masse vermischen. Nach und nach das Wasser zugeben und alles zu einem festen Teig verarbeiten. Auf der bemehlten Arbeitsfläche so lange kneten, bis der Teig elastisch ist.
› Den Teig in 10 Stücke teilen und mit bemehlten Händen kleine abgeflachte Kugeln formen. Teigkugeln zu dünnen runden Fladen von etwa 10 Zentimeter Durchmesser ausrollen.
› Das Öl in einem hohen Topf oder einer Fritteuse erhitzen. Die Fladen einzeln darin etwa 1 Minute pro Seite ausbacken, bis sie anfangen, sich stark aufzuplustern. Dabei mit einem Schaumlöffel ins heiße Fett drücken, damit sie gleichmäßig aufgehen.
› Auf Küchenpapier gut abtropfen lassen und warm oder kalt servieren.

Tip: Puris bleiben sogar kalt stundenlang wie ein Ballon aufgeplustert. Zum Wärmen schiebt man sie bei 180 °C (Umluft, 160 °C; Gas, Stufe 3) in den Backofen.

»Puris sind köstliche indische Brote – ganz ohne Treibmittel wie Hefe oder Backpulver. Trotzdem gehen sie im heißen Fett auf wie ein Ball.«

RAMOLA PARBHOO

Toms Kartoffeln

Von Bataten habe ich zum ersten Mal in meiner Kindheit gehört – vermutlich bei meiner Lektüre von »Tom Sawyer und Huckleberry Finn«.
Mark Twains Schelme lagen mir viel mehr als Harriet Beecher Stowes trauriger Onkel Tom.
Noch heute verbinde ich Süßkartoffeln mit dem tiefen Süden der USA. Dabei stammen sie aus Mittel- und Südamerika, werden in allen warmen Ländern angebaut und gegessen – von Südafrika bis Peru, von Indonesien bis zu den Philippinen.
Anhand der Namen für die Pflanze kann man vermutlich die Wanderwege der Süßkartoffel nachzeichnen und ihre frühen Exporteure identifizieren: Als Bataten wurden sie von den Portugiesen aus Brasilien nach Afrika, Vorderindien und Indonesien gebracht. Als Camoten haben die Spanier sie aus Mexiko auf ihre Kolonie im Pazifik, die Philippinen, exportiert. Das Brot von Carmen Ramirez-Königsbauer, Pan de camote, erinnert noch an den alten spanischen Namen.
Es könnte übrigens sein, dass Süßkartoffeln bereits lange vor den Europäern nach Hawaii, Neuseeland und auf die Osterinseln gelangten: durch die Polynesier, geschickte Navigatoren, die in ihren hochseetauglichen Katamaranen die Küste Südamerikas erreichten. Denn das dritte Wort für Süßkartoffel, Kumara, gab es in Polynesien schon vor Ankunft der Europäer.

Brot mit Süßkartoffeln
Pan de camote

Aus Peru

Für 30 Stück
500 g Süßkartoffeln
1 EL Trockenhefe
4 EL brauner Zucker
1/4 l lauwarmes Wasser
1 kg Mehl
2 TL Backpulver
100 g Butter
1/8 l Milch
2 Eier
1 TL Salz
Mehl zum Kneten
1 Eigelb und 2 EL Milch zum Bestreichen
Dauert etwa 2 1/2 Stunden
Arbeiten müssen Sie etwa 1 Stunde

› Süßkartoffeln wie Pellkartoffeln in etwa 25 Minuten weich kochen. Abgießen, abschrecken, schälen, zu Püree zerdrücken und abkühlen lassen.
› Hefe, 1 Teelöffel Zucker und Wasser mischen und 10 Minuten ruhen lassen.
› Mehl, Backpulver und Hefe mischen und etwa 5 Minuten rühren, bis sich Blasen bilden. Zugedeckt 10 Minuten ruhen lassen. Butter schmelzen.
› Milch, Butter, Eier, Kartoffelpüree, restlichen Zucker und Salz zum Teig geben. Teig mit den Händen kneten, bis er geschmeidig ist; dabei eventuell noch Mehl zugeben. 1 Stunde ruhen lassen, bis das Volumen etwa verdoppelt ist.
› Mit einem Esslöffel zu 30 Portionen abstechen, auf Mehl zu Kugeln rollen, flach drücken und auf gefettete Backbleche legen. Eigelb und Milch verrühren, Brote damit bestreichen.
› Das erste Blech in den kalten Backofen schieben. Die Brote bei 180 °C (Umluft, 160 °C; Gas, Stufe 3) in etwa 40 Minuten goldgelb backen. Brote auf dem jeweils folgenden Blech brauchen etwa 30 Minuten. Warm oder gerade eben abgekühlt servieren.

Kartoffelbrot
Pão de Batata

Aus Brasilien

Dieses Kartoffelbrot, so hat mir Arnoldo da Silva-Pereira erzählt, ist typisches Gebäck zu den Festen der Heiligen Pedro, Antonio und Joao, die im Juni und Juli gefeiert werden. »Es geht zu wie bei einem kleinen Karneval: Abends zündet man riesige Scheiterhaufen an. Um das Feuer tanzen Quadrilhas, die für die perfekte Synchronisation ihrer Bewegungen oft monatelang geübt haben. Die beste und bunteste der Gruppen wird prämiert.«

Für 16 Stücke
550 g Kartoffeln (mehlige Sorte)
30 g frische Hefe
600 ml lauwarme Milch und Wasser (gemischt)
1 kg Mehl
2 TL Salz
Fett für die Form
Dauert etwa 1 1/4 Stunden
Dazu kommt die Zeit (2 3/4 Stunden) fürs Ruhen
Arbeiten müssen Sie etwa 30 Minuten

› Kartoffeln ungeschält weich kochen, abgießen, schälen und fein zerdrücken.
› Hefe in 6 Esslöffel der Milch-Wasser-Mischung unter Rühren auflösen und zugedeckt 15 Minuten ruhen lassen.
› Mehl, Salz und Kartoffelpüree mit den Händen vermischen. Hefe und die restliche Flüssigkeit zugeben. Alles zu einem glatten Teig verkneten und zugedeckt etwa 2 Stunden gehen lassen, bis sich das Teigvolumen verdoppelt hat.
› Teig nochmals leicht kneten und, mit einem feuchten Tuch bedeckt, weitere 30 Minuten gehen lassen.
› Brotteig in eine gefettete Kastenform füllen, in den kalten Backofen (mittlere Schiene) stellen und bei 220 °C (Umluft, 200 °C; Gas, Stufe 4) etwa 45 Minuten backen, bis das Brot eine hellbraune Kruste hat.

Im Hochland von Peru: Von der großartigen Kultur der Inkas sind nur noch ganz wenige Spuren vorhanden. Wichtige Nahrungsmittel leben in der europäischen Küche weiter.

Kartoffel

Kartoffelbrot ist für Europäer ziemlich fremd. Und Marmelade aus Kartoffeln, wie man sie in Peru kennt, kann man hier nicht mal nachkochen, denn die spezielle, längliche rosa Knolle gibt es auf unseren Märkten nicht zu kaufen.

Roquefort, Dali und New York

Joëlle Ribas hat mir die Geschichte von Frankreichs berühmtestem Käse erzählt: »Plinius der Ältere erwähnt den Roquefort bereits, und Karl der Große hatte ihn sogar zu seinem Lieblingskäse ernannt. Es war jedoch Karl VI., der im April 1411 den Einwohnern von Roquefort-sur-Soulzon das ›Monopol zur Veredelung‹ dieses Käses gewährte. Das Gesetz vom 26. Juli 1926 hat diese Charta König Karls nur weiter präzisiert. Roquefort als Warenzeichen auf dem internationalen Markt geht zurück auf die Konvention von Stresa am 1. Juni 1951«. Doch seine wirkliche Berühmtheit verdankt Roquefort dem katalanischen Maler Salvatore Dalí.
Als Dalí zum ersten Mal die USA besuchte, fragten ihn Journalisten nach dem Eindruck, den New York auf ihn gemacht habe. Und Dalí soll geantwortet haben: »New York ist ein gotischer Roquefort!«

Kann ein Gericht rustikal und elegant zugleich sein? Dieser Kuchen von Joëlle Ribas ist es: Ganz handfeste Käsesorten geben einem edlen Gebäck mit zartem Teig die Würze.

Roquefortkuchen

Tarte au Roquefort

Aus Frankreich

Für 6–8 Portionen
250 g Mehl
125 g Butter
2 EL kaltes Wasser
Salz
80 g Roquefort (regelmäßig grün gesprenkelt)
120 g Emmentaler
3 Eier
250 g Crème fraîche
250 ml Milch
Weißer Pfeffer
Fett und Mehl für die Form
Dauert etwa 2 Stunden
Arbeiten müssen Sie etwa 1 Stunde

› Für den Mürbeteig Mehl, Butter, Wasser und Salz verkneten, zu einer Kugel formen und 30 Minuten kühlen.

› Für den Belag den Roquefort mit einer Gabel ganz fein zerdrücken. Den Emmentaler fein reiben. Eier schaumig schlagen, mit Crème fraîche und Milch verrühren. Roquefort und Emmentaler untermischen. Mit wenig Salz und mit Pfeffer abschmecken.

› Eine Springform (Durchmesser: 28 bis 30 Zentimeter) mit weichem Fett ausstreichen, mit etwas Mehl ausstreuen und mit dem Teig auslegen. Dafür zuerst mit dem Handballen, dann mit den Fingerspitzen die Teigkugel in der Form auseinander drücken. Zuletzt mit dem Daumen rundherum einen 3 Zentimeter hohen Rand drücken.

› Die Roquefortmischung gleichmäßig auf dem Teigboden verteilen. Kuchen in den kalten Backofen (mittlere Schiene) schieben und bei 200 °C (Umluft, 180 °C; Gas, Stufe 3) etwa 35 Minuten backen. Die Oberfläche mit einem Stück Alufolie abdecken, sobald sich der Kuchen goldgelb färbt.

Gebratene Brötchen

Aus Taiwan

Die Brötchen schmecken am besten, wenn Sie den Teig kräftig kneten. »Insgesamt etwa 300-mal«, rät Tutty Wilpernig, die das Rezept aus Taiwan mitgebracht hat. Man isst sie als Vorspeise oder zum Tee – möglichst heiß und ganz frisch aus dem Bambuskorb. Die Körbe, die man zum Dämpfen von vielen anderen Gerichten – z. B. Reis oder Fisch – nehmen kann, gibt es preiswert in Asienläden.

Für 8 Stück
1/2 EL Zucker
1 EL lauwarmes Wasser
2 1/2 EL Trockenhefe
375 g Mehl
1 1/2 TL Essig
2 EL Öl
Dauert etwa 3 3/4 Stunden
Arbeiten müssen Sie etwa 1 1/4 Stunden

› Zucker und Wasser verrühren, die Trockenhefe darüber streuen, aber nicht mehr umrühren. Etwa 10 Minuten zugedeckt bei Zimmertemperatur ruhen lassen, bis die Oberfläche schaumig ist, dann etwas Mehl darüber streuen.

› Das restliche Mehl in eine Schüssel geben, in die Mitte eine Vertiefung drücken und die Hefe hineingeben. Zu einem geschmeidigen Teig verkneten.

› Teig zu einem Wecken formen, mit den Fingern kleine Vertiefungen eindrücken. Essig darüber gießen und mit den Fingern oder einem Pinsel gleichmäßig auf dem Wecken verstreichen. Dann zugedeckt bei Zimmertemperatur 2 Stunden ruhen lassen.

› Erneut kräftig durchkneten und weitere 30 Minuten ruhen lassen.

› Den Teig in 8 Portionen teilen und zu ovalen Brötchen formen. Ein Bambuskörbchen oder einen Siebeinsatz mit geöltem Pergamentpapier auslegen, die Brötchen nebeneinander hineinlegen.

› In einem Kochtopf etwa 3 Finger hoch Wasser zum Kochen bringen. Den Dämpfeinsatz oder den Bambuskorb über das Wasser stellen.

› Brötchen zugedeckt 30 Minuten dämpfen. Einsatz herausheben und die Brötchen darin abkühlen lassen.

› Das Öl in einer Pfanne erhitzen und die Brötchen darin 5 bis 6 Minuten rundum bei mittlerer Hitze goldbraun und knusprig braten.

Frittiertes Navajo-Brot

Navajo Fried Bread

Aus den USA

Das einfache Brot aus der indianischen Küche serviert Jutta Kogel zu kräftigen Suppen, Gemüseragouts oder indischen Currys. Zum Frühstück gibt es Honig oder Orangenmarmelade dazu.

Für 12 Portionen
1 kg Mehl
1 Päckchen Backpulver
1 TL Salz
1 1/2 EL Milchpulver
3/8 l warmes Wasser
Mehl zum Ausrollen
Öl zum Frittieren
Dauert etwa 1 Stunde

› Mehl, Backpulver, Salz und Milchpulver mischen.

› Wasser zugießen und dabei mit den Quirlen des Handrührgerätes einen glatten Teig mischen.

› Etwa walnussgroße Teigportionen abnehmen und auf wenig Mehl zu runden Fladen ausrollen.

› 2 Finger hoch Öl in einer tiefen Pfanne erhitzen. Fladen hineingeben und portionsweise darin auf beiden Seiten goldbraun backen.

› Auf Küchenpapier abtropfen lassen und heiß oder warm servieren.

Das geölte Pergamentpapier verhindert, dass die Brötchen im Bambuskorb ankleben.

Den Bambuskorb stellt man zugedeckt auf eine umgedrehte Kaffeetasse, damit er das Wasser im Topf nicht berührt.

Sauerteig

In Dänemark holt man Sauerteig vom Bäcker oder setzt ihn selbst an. »Häufig wird er auch unter Freunden weitergegeben«, erzählt Sonja Rye Mortensen. »Beim Brotbacken behält man dann ein wenig Teig für den neuen Sauerteig zurück. Im Kühlschrank hält er sich etwa drei Wochen frisch.« Bei uns bekommen Sie abgepackten Sauerteig in Reformhäusern und Naturkostläden.

Das Roggenbrot von Sonja Rye Mortensen schmeckt herrlich zu Rygeost, dem berühmten Räucherkäse aus Dänemark. Auch ein Rezept dafür finden Sie im Buch – auf Seite 208.

Roggenbrot

Rugbrød

Aus Dänemark

Für 20 Scheiben
Vorteig
250 g Roggenmehl
150 g Buttermilch
1 TL Salz
Teig
3 Päckchen Sauerteig (450 g; siehe links)
1 1/2 l lauwarmes Wasser
500 g Weizenmehl (Type 405)
1 kg grob geschroteter Roggen
4 EL Salz
1/2 l Wasser
1 kg Roggenmehl
Fett und Mehl für die Form
Wasser zum Bestreichen
Dauert etwa 6 Stunden
Dazu kommt die Zeit (4 Tage) fürs Ruhen
Arbeiten müssen Sie etwa 1 1/2 Stunden

› Für den Vorteig Roggenmehl mit Buttermilch und Salz mischen und zugedeckt 2 bis 3 Tage an einem kühlen Ort ruhen lassen.

› Für den Teig den Sauerteig, das lauwarme Wasser, das Weizenmehl und den geschroteten Roggen zum Vorteig geben. Alles mit einem Kochlöffel vermischen. Schüssel mit einem Küchentuch abdecken. Teig darin noch einmal etwa 24 Stunden kühl ruhen lassen.

› 4 Esslöffel Salz, Wasser und Roggenmehl unter den Teig kneten. Eine rechteckige Backform fetten und mit Mehl ausstreuen. Teig einfüllen und nun bei Zimmertemperatur weitere 3 Stunden zugedeckt ruhen lassen.

› Backofen auf 190 °C (Umluft, 175 °C; Gas, Stufe 3) vorheizen. Das Brot mit einer Gabel rundherum einstechen und mit etwas Wasser bestreichen.

› Brot in den heißen Backofen (untere Schiene) schieben und ein Gefäß mit Wasser darunter stellen. Roggenbrot in 1 1/2 bis 2 Stunden knusprig backen.

Große Pirogge

Pirog / Kulebjaka

Aus Russland

Zum Auftakt eines russischen Festessens gehört die große Pirogge, um die sich auf der festlichen Tafel viele Zakuski (siehe Seite 20) gruppieren. Piroggen kann man mit den Pasteten des Westens nicht vergleichen. Unsere Pasteten sind häufig so fein, dass sie fade wirken. Piroggen dagegen merkt man ihre Herkunft aus der bäuerlichen Küche an. Selbst die letzten 200 Jahre, in denen die Küche des Adels durch die der Bürger verdrängt wurde, die sich dann mit der Nouvelle Cuisine verband, änderten kaum den Charakter der Piroggen. Man nimmt für den Teig statt rustikalen Roggenmehls heute meist weißes Weizenmehl. Dabei sind die Teige mit Hefe, Quark oder saurer Sahne kräftig, die Füllungen mit Kohl, Pilzen, Kartoffeln, Fisch, Fleisch deftig. Piroggen sind festlich geblieben, aber nicht schick geworden. Deshalb mag ich sie so gerne.

Für 8–10 Portionen
Teig
40 g Hefe
1 EL Zucker
200 ml Wasser
200 ml Milch
1 kg Mehl
200 g Butter oder Margarine
2 Eier
1 TL Salz
Füllung
1 kleiner Kopf Weißkohl
100 g Butter
Salz
5 Eier
1 EL getrockneter Dill oder Petersilie
Außerdem
Mehl zum Kneten und Ausrollen
1–2 EL Öl für das Blech
1 Eiweiß
Dauert etwa 2 1/2 Stunden
Arbeiten müssen Sie etwa 1 1/2 Stunden

› Hefe mit dem Zucker im lauwarmen Wasser unter Rühren auflösen und zugedeckt 10 Minuten ruhen lassen.

› Milch leicht erhitzen. 800 Gramm Mehl und weiches Fett mit den Knethaken des Handrührgerätes mischen. Milch, zimmerwarme Eier und Salz dazugeben. Die Hefe zufügen und alles mit den Knethaken etwa 5 Minuten durchrühren. Teig zugedeckt an einem warmen Ort 1 Stunde gehen lassen, bis sich das Volumen etwa verdoppelt hat.

› Für die Füllung Weißkohl waschen und in reichlich Wasser einmal kräftig aufkochen. Herausnehmen, etwas abkühlen lassen und ganz fein hobeln. Portionsweise in etwa der Hälfte der Butter unter Wenden andünsten, leicht salzen und abkühlen lassen.

› Eier 8 bis 10 Minuten hart kochen, kalt abschrecken, schälen und grob hacken. Mit Weißkohl, der restlichen Butter und den Kräutern mischen. Mit Salz abschmecken.

› Den Teig auf wenig Mehl mit den Händen so lange kräftig durchkneten, bis er elastisch ist und nicht mehr klebt. Etwas mehr als die Hälfte des Teiges auf einem mit Öl bestrichenen Backblech etwa 1 1/2 Zentimeter dick ausrollen, so dass die Teigplatte rundherum etwa 2 Finger breit über den Blechrand reicht. Die Füllung darauf verteilen.

› Für den Deckel der Pirogge den restlichen Teig auf der mit Mehl bestreuten Arbeitsfläche in Größe des Blechs ausrollen; er soll dünner sein als der Teigboden. Auf die Füllung legen. Beide übereinander liegenden Teigränder rundherum mit Daumen und Zeigefinger zusammendrücken und zu einem gewellten Rand nach oben biegen.

› Pirogge mit dem verquirlten Eiweiß bestreichen. Mit einem Holzstäbchen feine Löcher in den Teigdeckel stechen, damit der Dampf entweicht und die Pirogge besser durchbackt. In den kalten Backofen (untere Schiene) schieben und bei 200 °C (Umluft, 180 °C; Gas, Stufe 3) 40 bis 50 Minuten backen.

Natalia Schkunajeva

Natalia Schkunajeva hat mir noch zwei Füllvarianten ihrer Pirogge aufgeschrieben: 10 mittelgroße Kartoffeln schälen, waschen und in kleine Würfel schneiden. 4 mittelgroße Zwiebeln fein hacken und mit den Kartoffelwürfeln in 3 Esslöffel Butter andünsten. Je 1/2 Bund Dill und Petersilie fein hacken (oder je 1 Esslöffel getrocknete Kräuter nehmen) und untermischen. Abschließend mit Salz abschmecken.

Für eine Pilzfüllung 10 Gramm getrocknete Steinpilze, Mischpilze oder Pfifferlinge etwa 30 Minuten in 1/8 Liter Wasser einweichen, aufkochen und zugedeckt bei schwacher Hitze 15 Minuten kochen lassen. Auf ein Sieb geben und mit kaltem Wasser gründlich abspülen. Abkühlen lassen und hacken. 500 Gramm Austernpilze putzen und in feine Streifen schneiden. 4 mittelgroße Zwiebeln fein hacken und in 3 Esslöffel Butter glasig braten. Alle Pilze, 1 Esslöffel getrockneten Dill oder Petersilie und Salz zugeben und bei mittlerer Hitze unter Rühren etwa 5 Minuten schmoren.

»Dieses Brot ist fast ein salziges Dessert und paßt hervorragend zur französischen Art, ein schönes Essen mit Salat und Käse abzuschließen. Aber ich backe es genauso gerne für ein Buffet mit Vorspeisen und für ein Picknick. Das Brot hält sich mehrere Tage frisch und läßt sich leicht transportieren.«

JOËLLE RIBAS

Brot mit Nüssen und Käse
Walnut and Cheese Loaf

Aus England

Joëlle Ribas hat das Brot in England kennen gelernt. Deshalb nimmt sie dafür am liebsten in Tüchern gereiften, würzigen Farmhouse-Cheddar, nicht den weichen Käse mit roter Wachshaut. Die Backform sollte rund sein: Gut eignen sich Springformen von 18 oder 22 Zentimeter Durchmesser oder andere ofenfeste Formen mit 5 bis 6 Zentimeter hohem Rand.

Für 10 Scheiben
250 g Mehl
2 TL Trockenhefe
1 TL Salz
Pfeffer
1 TL Senf
125 g weiche Butter oder Margarine
125 g Cheddar
30 g gehackte Walnusskerne
2 Eier
1/4 l Milch
Fett für die Form
Dauert etwa 1 1/4 Stunden
Arbeiten müssen Sie etwa 30 Minuten

› Mehl, Hefe, Salz und Pfeffer aus der Mühle in einer Schüssel mischen. Senf und das Fett in Stückchen zugeben. Alles mit den Händen zu einem krümeligen Teig verarbeiten. Nacheinander den geriebenen Cheddar, Nüsse, verquirlte Eier und Milch unter den Teig kneten.

› Den Backofen auf 180 °C (Umluft, 160 °C; Gas, Stufe 3) vorheizen. Teig in eine gefettete Form füllen. Brot in den Backofen (mittlere Schiene) stellen und etwa 35 Minuten backen. Dabei mit Alufolie abdecken, falls die Oberfläche zu schnell bräunt.

› Brot herausnehmen und in der Form etwa 30 Minuten ruhen lassen. Zum Abkühlen auf ein Kuchengitter stürzen.

Einfacher Pudding ohne Zucker
Plain Pudding

Aus den USA

Jutta Kogel serviert ihren Pudding zum Frühstück mit Marmelade, Sirup oder Honig. Ich mag ihn gerne als Beilage zu Gemüseeintöpfen und Salatplatten. Heiß schmeckt er am besten.

Für 10 Stücke
350 g Mehl
1 TL Backpulver
Salz
175 g Butterschmalz
Etwa 1/4 l lauwarmes Wasser
Dauert etwa 3 1/2 Stunden
Arbeiten müssen Sie etwa 30 Minuten

› Mehl mit dem Backpulver und etwas Salz mischen. Butterschmalz in kleine Stücke schneiden und mit den Händen unterkneten. So viel Wasser zugeben, dass ein elastischer Teig entsteht.

› Teig locker in ein feuchtes Tuch einschlagen und im Tuch zu einem runden Laib oder länglichen Wecken formen. Das Tuch darf nicht zu fest sitzen, weil der Teig beim Kochen aufgeht.

› Reichlich Wasser in einem großen Topf zum Kochen bringen und den eingeschlagenen Teig hineingleiten lassen. Das Wasser sollte den Teig ganz bedecken. Zugedeckt bei schwacher Hitze 2 bis 3 Stunden garen.

› Das Tuch etwas beiseite ziehen und die Garprobe mit einem Holzstäbchen machen: Wenn nur ein paar Krümel am Stäbchen haften, ist der Pudding fertig. Pudding aus dem Wasser nehmen, in Scheiben schneiden und auf einer gut vorgewärmten Platte anrichten.

Tip: Im heißen Backofen oder mit etwas Fett in der geschlossenen Pfanne kann man die Puddingstücke aufwärmen.

Das eingeritzte Kreuz in der Mitte des irischen Sodabrotes symbolisiert den erhofften Segen der Dreifaltigkeit, damit kein Brotkrümelchen verschwendet wird.

Sodabrot

Brown Soda Bread
Arán sóide

Aus Irland

Traditionell gehört das Brot zu Konfitüre oder Honig, Räucherlachs oder Hummer.

Für 20 Scheiben
675 g Weizenvollkornmehl
450 g Weizenmehl (Type 405)
30 g feines Hafermehl
1 TL Salz
2 TL Sodapulver (siehe rechts)
30 g Butter
1 Ei
730–860 ml Sauermilch oder Buttermilch
Dauert etwa 1 1/4 Stunden
Arbeiten müssen Sie etwa 25 Minuten

› Mehle, Salz und Sodapulver in einer Schüssel mischen. Die weiche Butter zugeben und alles mit den Händen zu feinen Krümeln zerreiben. In die Mitte eine Mulde drücken.

› Verquirltes Ei in die Mulde geben. Den größten Teil der Milch zufügen und mit den Händen zu einem weichen, aber nicht klebrigen Teig verarbeiten. Eventuell noch Milch zugießen.

› Backofen auf 230 °C (Umluft, 210 °C; Gas, Stufe 4–5) vorheizen. Teig auf einer bemehlten Arbeitsfläche kneten, bis er glatt und elastisch ist. Zu einer Kugel formen und zu einem 5 Zentimeter hohen Fladen flach drücken. In die Mitte ein Kreuz ritzen.

› Brot in den heißen Backofen (mittlere Schiene) schieben und 20 Minuten backen. Den Ofen auf 200 °C (Umluft, 180 °C; Gas, Stufe 3) schalten. Brot in 20 bis 25 Minuten fertig backen.

Sodapulver

Sie finden Sodapulver als Zutat in einigen Rezepten dieses Buches: Italiener nehmen es gern für ihren lockeren Pizzateig, Iren für ihr typisches Brot, Engländer für Crumpets (Rezept auf Seite 115). Das weiße Pulver ohne Geruch und Geschmack gibt beim Erhitzen Kohlendioxid ab und treibt so das Gebäck in die Höhe. Deshalb werden auch Eierkuchen mit Mineralwasser statt Milch besonders locker: Die Bläschen im Sprudel sind Kohlendioxid, das beim Backen »verpufft«. Sodapulver gibt es in den Lebensmittelabteilungen von Kaufhäusern und britischen Geschäften. Ersatzweise nimmt man Backpulver.

Wer keine Crumpet-Ringe hat, nimmt Spiegeleierringe von etwa 8 Zentimeter Durchmesser.

Die Ringe werden dann jeweils bis zur Hälfte mit Teig gefüllt.

Weißbrot
Pandesal

Von den Philippinen

Zenaida Panganiban backt dieses Brot oft für ihre Tochter zum Frühstück. Auf den Philippinen ist Pandesal so alltäglich wie bei uns frische Brötchen. Man isst es auch nachmittags zu Kokosmarmelade und Tee oder Kaffee.

Für etwa 40 Stück
1 TL Trockenhefe
30 g Zucker
Etwa 170 ml Wasser
3/4 TL Salz
3 EL Sonnenblumenöl
360 g Mehl
Mehl zum Ausrollen
1 Eigelb
Öl zum Bestreichen
100 g Semmelbrösel
Dauert etwa 4 Stunden
Arbeiten müssen Sie etwa 1 Stunde

› Hefe mit 1 Prise Zucker und etwas lauwarmem Wasser verrühren und zugedeckt etwa 10 Minuten gehen lassen.
› Restlichen Zucker, Salz und Öl verrühren. Hefe, den Rest des Wassers und die Hälfte des Mehls unterrühren. Mit dem restlichen Mehl nach und nach zu einem geschmeidigen Teig verkneten.
› Den Teig zu einem Kloß formen, mit etwas Öl bestreichen und, mit einem feuchten Tuch bedeckt, etwa 2 Stunden an einem warmen Ort ruhen lassen, bis sich das Volumen verdoppelt hat.
› Teig kräftig durchkneten und auf Mehl zu einem handbreiten Streifen ausrollen. Auf beiden Seiten mit Öl bepinseln, in Semmelbrösel wenden und 15 Minuten gehen lassen.
› Den Teigstreifen in 5 Zentimeter lange Stücke teilen und auf zwei gefettete Bleche legen. Mit den Semmelbrösel bestreut noch mal 30 Minuten gehen lassen.
› Den Backofen auf 200 °C (Umluft, 180 °C; Gas, Stufe 3) vorheizen.
› Brot in den Ofen (mittlere Schiene) schieben, die Temperatur auf 180 °C (Umluft, 160 °C; Gas, Stufe 2) zurückschalten und das Brot in 20 bis 30 Minuten hellbraun backen.

Apfelpastete
Apple and Onion Pie

Aus England

Für 4–6 Stück
6 tiefgefrorene Blätterteigplatten (etwa 270 g)
175 g Cheshire oder Cheddar
2 mittelgroße Zwiebeln
2–3 EL Öl
450 g feste, säuerliche Äpfel
Salz, Pfeffer
1 TL frisch gehackter Salbei
1–2 EL Crème fraîche
1 Ei
Dauert etwa 1 Stunde
Arbeiten müssen Sie etwa 20 Minuten

› Blätterteig auftauen lassen. Den Käse würfeln. Die Zwiebeln in feine Ringe schneiden und im heißen Öl goldgelb braten. Abkühlen lassen.
› Eine rechteckige Gratinform kalt ausspülen. So mit der Hälfte der Teigplatten auslegen, dass sie an den Rändern übereinander liegen. Mit einer Gabel mehrmals einstechen.
› Äpfel schälen, in Spalten schneiden und auf dem Teig verteilen. Zwiebeln und Käse darüber geben. Mit Salz und Pfeffer würzen, mit Salbei bestreuen. Restliche Äpfel darauf legen und mit Crème fraîche bestreichen. Pastete mit dem restlichen Teig abdecken, mehrmals einstechen und mit Ei bestreichen.
› Pastete in den kalten Backofen (untere Schiene) schieben und bei 200 °C (Umluft, 180 °C; Gas, Stufe 3) in 35 bis 40 Minuten goldbraun backen.

Crumpets

Aus England

Das Rezept stammt von Elizabeth David. Sie war eine der ersten Autorinnen, die Kochen nicht als Frauensache, sondern als Kulturthema betrachtet, Kochbücher nicht als Rezeptesammlung, sondern als Literatur verstanden hat. Ihr Bild hängt in der National Portrait Gallery in London.

Für 34 Stück
1 Päckchen Trockenhefe
600 ml lauwarme Milch
1 TL Zucker
500 g Mehl
1 EL Salz
2 EL Öl
1/2 TL Sodapulver
150 ml lauwarmes Wasser
Etwa 5 EL Öl zum Braten
Dauert etwa 3 Stunden
Arbeiten müssen Sie etwa 1 Stunde

› Hefe, 5 Esslöffel Milch und Zucker verrühren. 10 Minuten ruhen lassen.

› Mehl und Salz mischen. Hefe, restliche Milch und Öl zugeben. Alles mit den Quirlen des Handrührgerätes etwa 5 Minuten rühren, bis der Teig ganz glatt ist. Zugedeckt an einem warmen Ort 1 1/2 Stunden gehen lassen.

› Sodapulver im Wasser auflösen und unter kräftigem Schlagen langsam zum Teig geben. Zugedeckt weitere 30 Minuten ruhen lassen.

› 1 Esslöffel Öl in einer großen Pfanne erhitzen. Die Crumpet- oder Spiegeleierringe (siehe Foto links) innen mit Öl einpinseln und in die Pfanne legen.

› Die Ringe jeweils bis zur Hälfte mit Teig füllen. Crumpets knapp 10 Minuten bei schwacher bis mittlerer Hitze backen, bis die Oberfläche fest ist und sich viele Löcher bilden. Die Ringe abnehmen, die Crumpets wenden und in etwa 1 Minute fertig backen. Die Pfanne während des Backens immer wieder mit etwas Öl ausschwenken.

Crumpets, die halb knusprigen, halb weichen Brötchen, schmecken heiß und kalt – auch getoastet. Nur sehr frisch müssen sie sein.

Morgens in England

Mein erstes Crumpet-Erlebnis war sehr englisch: nebliger Herbstmorgen, altes Landhotel, kräftiger Tee mit Milch und heiße Crumpets mit so vielen Löchern, dass Butter und Orangenmarmelade auf meine Finger tropften – ganz wie es sich gehört. Seit damals in Woodstock, nahe Oxford und direkt um die Ecke von Blenheim Palace, dem großartigen Schloß der Herzöge von Marlborough – Sir Winston Churchill war eines der illustren Mitglieder der Familie –, bin ich ein großer Fan von Crumpets. Im Gegensatz zu Scones bekommt man sie in England leider fast nie frisch gebacken; nur verpackt wie unsere Brötchen zum Selberaufbacken gibt es sie in Supermärkten. Ich habe englische Freunde, die Crumpets tatsächlich nur dem Namen nach kennen. Für sie und für mich habe ich vergangenes Jahr ein Crumpet-Frühstück veranstaltet. Zum Backen reichen übrigens schon zwei Ringe: Man kann sie abnehmen und neu füllen, sobald der Teig am Rand fest geworden ist.

»Die Weihnachtscalzone backe ich auch hier in Deutschland. Das ist in unserer Familie Tradition.«

Maria Fecondo

Gefüllte Pizzataschen
Calzone

Aus Italien

Auf Sizilien sind diese Calzone das Essen am Heiligen Abend, bevor man zur Christmette geht. Früher mussten sich die Menschen für den oft weiten Weg zur Kirche stärken. Und weil Fleisch in den Stunden vor Jesu Geburt noch verboten ist, füllte man reichlich Gemüse, Kartoffeln und Oliven in die Pizzataschen.

Für 10 Stück
Teig
1 kg Mehl
1 Päckchen Trockenhefe
1–2 TL Salz
1 TL Sodapulver
3/8 l lauwarmes Wasser
1 Ei
Saft von 1/2 Zitrone
100 g weiche Butter
Füllung
500 g Brokkoli
1 kleiner Blumenkohl (etwa 500 g)
4 große Zwiebeln
500 g Kartoffeln
400 g Spinat
120 ml Olivenöl
120 g schwarze, entkernte Oliven
Salz
Schwarzer Pfeffer
225 ml Olivenöl zum Bestreichen
Fett für das Blech
Dauert etwa 3 Stunden
Arbeiten müssen Sie etwa 1 1/4 Stunden

› Für den Teig Mehl, Trockenhefe, Salz und Soda vermischen. Wasser, Ei, Zitronensaft und Butter zugeben und alles zu einem glatten Teig verarbeiten.

› Zugedeckt bei Zimmertemperatur ungefähr 1 Stunde ruhen lassen, bis sich das Teigvolumen etwa verdoppelt hat.

› Während der Teig ruht, die Füllung vorbereiten: Brokkoli und Blumenkohl waschen, putzen und in kleine Röschen teilen, die Strünke nicht verwenden. Alle Röschen in reichlich Salzwasser etwa 5 Minuten sprudelnd kochen lassen, bis sie gerade eben bissfest sind.

› Zwiebeln abziehen und fein hacken. Die Kartoffeln schälen und waschen. In möglichst dünne Scheiben schneiden und mit Küchenpapier trockentupfen. Spinat gründlich waschen und trockenschwenken.

› 2 Esslöffel Olivenöl in einer großen Pfanne erhitzen und die Zwiebeln darin goldgelb anbraten. Herausnehmen und abkühlen lassen.

› Weitere 3 Esslöffel Öl in der Pfanne erhitzen. Kartoffelscheiben darin kurz anbraten und zugedeckt bei schwacher Hitze 10 Minuten braten. Ebenfalls herausnehmen und abkühlen lassen.

› Zuletzt 2 bis 3 Esslöffel Öl in der Pfanne heiß werden lassen. Den Spinat darin zugedeckt bei mittlerer Hitze ungefähr 5 Minuten erhitzen, bis er zusammenfällt. Auf ein Sieb geben und abtropfen lassen.

› Alle diese vorbereiteten Zutaten für die Füllung mit den Oliven in einer Schüssel mischen und kräftig mit Salz und Pfeffer würzen.

› Die Arbeitsfläche mit Mehl bestreuen, den Teig darauf noch einmal kräftig durchkneten und in 10 gleich große Portionen teilen. Teigkugeln daraus formen und mit dem Nudelholz zu flachen Scheiben (Durchmesser: etwa 20 Zentimeter) ausrollen.

› Jede Teigscheibe mit 1 knappen Esslöffel Öl bestreichen. Die eine Hälfte jeder Scheibe mit 3 bis 4 Esslöffel Füllung belegen. Dabei den Teigrand frei lassen. Scheiben zusammenklappen und die Ränder gut festdrücken.

› Die Teigtaschen auf zwei gefettete Backbleche legen und mit dem Rest des Olivenöls bestreichen. Erstes Blech in den kalten Backofen (mittlere Schiene) schieben. Calzone bei 220 °C (Umluft, 200 °C; Gas, Stufe 4) etwa 30 Minuten backen. Die Calzone auf dem zweiten Blech brauchen 20 Minuten.

Miguel Angel Servidios Gemüsetorte ist ein tolles Ding für kulinarische Hochstapler: Sie geht ganz einfach – trotz vier Teigschichten und saftiger Füllung. Aber sie schmeckt ganz wunderbar.

Gemüsetorte
Tarta de verdura

Aus Argentinien

Für 10 Portionen

Teig
300 g Mehl
70 g Butter
2 EL Öl
8 EL Wasser
Salz
Füllung
300 g Spinat
2 EL Semmelbrösel
4 Eier
100 g Hartkäse
7 EL Öl
Salz
Weißer Pfeffer
Mehl zum Ausrollen
Fett und Mehl für die Form
Außerdem
4 hart gekochte Eier
1 Ei

Dauert etwa 2 Stunden

Arbeiten müssen Sie etwa 1 Stunde

› Mehl auf die Arbeitsfläche sieben und eine Mulde hineindrücken. Butter in kleinen Stückchen, Öl, Wasser und Salz in die Mulde geben. Alles mit den Händen zu einem glatten Teig kneten. In 4 Portionen teilen und in Pergamentpapier gewickelt 30 Minuten kühlen.

› Spinat waschen, trockenschwenken und zerkleinern. Mit Semmelbrösel, Eiern, fein geriebenem Käse, 5 Esslöffel Öl, Salz und Pfeffer mischen.

› Die Arbeitsfläche dünn mit Mehl bestreuen. Die Teigportionen sehr dünn darauf ausrollen. Eine gefettete und mit Mehl bestäubte Pie- oder Springform mit einer Teigplatte auslegen. Die Teigplatte mit dem Rest des Öls bestreichen, die zweite Teigplatte darauf legen und die Füllung darauf verteilen. Die hart gekochten, ganzen Eier in die Füllung legen und mit den beiden verbliebenen Teigplatten bedecken. Teigränder fest zusammendrücken und die Gemüsetorte mit dem Ei bestreichen.

› In den noch kalten Backofen (untere Schiene) stellen und bei 180 °C (Umluft, 160 °C; Gas, Stufe 2) 50 bis 60 Minuten backen, bis sie leicht gebräunt ist.

Auch gut mit weniger Eiern

Selbst wer bei 9 Eiern um seinen Cholesterinspiegel fürchtet, braucht auf die Gemüsetorte nicht zu verzichten: Nehmen Sie nur 2 rohe Eier für die Gemüsefüllung. Die hart gekochten Eier werden durch je 2 Esslöffel gegarte Erbsen und Maiskörner ersetzt, das Ei zum Bestreichen durch 2 Esslöffel Milch.

Gemüse

In der bäuerlichen Alltagsküche gab es traditionell nur wenig Fleisch.

Gemüse, Nudeln, Tofu

Vegetarisch oder fleischlos?

Hinter der fleischlosen Küche des Westens steht ein neues Bewusstsein für die Gesundheit und für die Umwelt. Die vegetarische Küche des Ostens ist Teil einer Weltanschauung.

Zuerst war vegetarisch essen für mich ganz einfach: Man lässt Fleisch und Fisch weg, spart mit Eiern und Butter. Im Laufe der jahrelangen Beschäftigung mit dem Vegetarischen wurde mir klar, dass es so einfach nicht ist. Im Westen gibt es den Unterschied zwischen der traditionellen fleischlosen Küche und der modernen vegetarischen Küche.

Zur fleischlosen Tradition bei uns im Westen gehören Fastenspeisen, ein großer Teil der Bauernküche und die meisten Gerichte der Alltagsküche. Dieses Essen konnte sehr üppig sein: Strudel mit Sauerkrautfüllung z. B. oder süße Dampfnudeln mit Karamellkruste. Es konnte auch so dürftig sein wie Brotsuppe, Mehlbrei oder Klöße, die man in die Kochbrühe von Dörrobst tunkte. Die moderne vegetarische Küche ist noch im vergangenen Jahrhundert entstanden und hat weder mit Fasten noch mit Kargheit zu tun. Sie war die Ernährung einer bestimmten bürgerlichen Schicht (vorwiegend Künstler und Intellektuelle), die ein neues Bewusstsein für den eigenen Körper und die Natur als Ganzes entwickelte. Die frühen Vegetarier verstanden sich als Rebellen und Ökologen. Im Osten dagegen gibt es eine lange Tradition der vegetarischen Küche: »Bei uns misst man die Kochkunst daran, wie gut ein Mann oder eine Frau vegetarisch kochen kann«, sagte mir Arun Das Gupta über sein Heimatland. Die großartige vegetarische Küche des indischen Subkontinents ist bekannt. Und es scheint mir nach all meinen Gesprächen mit Menschen aus etwa 40 Ländern auch die einzige auf der Erde zu sein, die so selbstverständlich zum Leben gehört wie Essen selbst. Millionen von Indern brauchen keinen Anlass, vegetarisch zu essen – sie tun es im Alltag und bei Festen, sie tun es, wenn sie fasten und wenn sie genießen, wenn sie sparen müssen oder wenn sie schlemmen können.

Christliche Mönche fasten strenger als Kleriker oder Laien.

In anderen Ländern Asiens hat man genau wie im Westen einen Grund, vegetarisch zu essen: »Bei uns gibt es die buddhistischen Gläubigen, die zweimal im Monat ganz streng vegetarisch essen«, sagte mir Phung Hoang und zog eine Parallele zum fleischlosen Freitag der Katholiken. Ich konzentrierte mich bei meiner Suche nach der vegetarischen Küche Asiens nun auf die buddhistischen Klöster – findet man doch auch im Westen die interessantesten Fastenspeisen in der klösterlichen Küche. Doch die Japanologin Regine

Ein neues Bewusstsein für Gesundheit macht Gemüse zum Renner in Europa und anderswo.

Nicht alle buddhistischen Mönche leben vegetarisch. Doch jedem gläubigen Buddhisten ist es verboten, ein Tier zu töten oder Tiere zu essen, die seinetwegen geschlachtet worden sind.

Glei warnte vor Verallgemeinerung: »Es wird nicht in allen buddhistischen Klöstern nur vegetarisch gegessen.« Phung Hoang machte mich auf eine andere Selbstverständlichkeit östlichen Kochens und Essens aufmerksam: «Fleischlose Küche ist genau wie in Europa eine sparsamere Küche. Doch kaum einer denkt darüber nach, ob er nun Fleisch, Fisch oder Gemüse isst.«

Das Zwanglose zeigt sich an der Speisenfolge in fast allen asiatischen Ländern: Fleisch, Fisch, Gemüse, Nudeln, Tofu, Geflügel und natürlich Reis kommen gemeinsam auf den Tisch, jeder nimmt, was ihm schmeckt. Doch die Strenge der Definition hörte ich gleich zu Beginn meiner Arbeit an diesem Buch: »Wir essen nicht vegetarisch«, sagten mir die Vertreterinnen Vietnams, Japans, Chinas, Koreas, Indonesiens und der Philippinen, als ich um authentische Rezepte bat. Genau wie in Indien bedeutet auch in diesen Ländern das Vegetarische weder Ersatz noch Verzicht. Man isst so aus ethischen oder religiösen Gründen. Man komponiert bewusst eine ganze Speisenfolge aus Gemüse, Soja, Nudeln. Wer sich aber gemischt ernährt und beim Essen meist Gemüse nimmt, wer sich Fleisch kaum leisten kann oder statt Fleisch nur Tofu isst, gilt in Asien deshalb noch nicht als Vegetarier. Xiaoyan Zhang erklärte mir: »Vegetarisch essen heißt bei uns nicht, dass wir Tofu essen. Es gibt sehr viele Arten von Gemüse oder Pilzen mit verschiedenen Saucen, es gibt gebratene Nudeln oder gebratenen Reis – ganz ohne Tofu. Dass chinesische Vegetarier nur Tofu essen, ist ein westliches Missverständnis.«

Herbstspinat mit kräftigeren Blättern als hellgrüner Frühlingsspinat schmeckt roh und gegart.

Winterspinat erkennen Sie an den groben, gewellten Blättern. Er eignet sich gut zum Braten und Schmoren.

Spinat mit grünen Chilis

Aus Pakistan

Für 2 Portionen
1 kg Spinat
2 Knoblauchzehen
1 Stück frischer Ingwer (2 cm lang)
2 Zwiebeln
4 grüne Chilischoten
1 1/2 EL Öl
150 ml Wasser
1/2 TL Currypulver
Salz

Dauert etwa 45 Minuten

› Spinat verlesen und waschen. Knoblauch und geschälten Ingwer hacken, Chilis entkernen und fein hacken.
› Zwiebeln in feine Ringe schneiden und im heißen Öl bei mittlerer Hitze braun braten.
› Knoblauch, Ingwer und Chilis zugeben und anbraten.
› Wasser mit Curry und Salz zugeben; aufkochen. Den Spinat unterrühren und alles bei starker Hitze schmoren, bis das Wasser verkocht ist.

Spinatgemüse
Sigumche Namui

Aus Korea

Für 2 Portionen
750 g Herbst- oder Winterspinat
4 l Wasser, Salz
3 Lauchzwiebeln
2 Knoblauchzehen
3 EL Sesamöl
2 EL helle Sojasauce
1 EL dunkle Sojasauce
1 TL Zucker
Schwarzer Pfeffer

Dauert etwa 20 Minuten

› Gewaschenen Spinat in 4 Liter leicht gesalzenem Wasser sprudelnd kochen, bis er ganz grün ist. In ein Sieb gießen, kurz in eiskaltes Wasser tauchen und abtropfen lassen.
› Lauchzwiebeln in Ringe schneiden. Knoblauch zerdrücken. Zwiebelringe im heißen Öl anbraten. Den Spinat und den Knoblauch kurz mitbraten.
› Mit Sojasauce, Zucker und Pfeffer würzen. Bei schwacher Hitze 5 Minuten garen, dabei ab und zu umrühren.

Gebratener Eisbergsalat mit Austernsauce
Haoyou Shengcai

Aus China

Austernsauce hat in einem vegetarischen Kochbuch eigentlich nichts zu suchen: In Asien aber, wo man ohnehin viel mehr Gemüse als im fleischreichen Europa isst, sind nur sehr strenge Vegetarier auch bei salzigen Würzsaucen so genau. »Sie können helle Sojasauce statt Austernsauce nehmen«, empfiehlt Xiaoyan Zhang für ihr ungewöhnliches Gericht aus Kanton.

Für 2 Portionen
1 Kopf Eisbergsalat
2 Knoblauchzehen
1 TL Salz
2 EL Öl
1 EL Austernsauce

Dauert etwa 15 Minuten

› Salat in mundgerechte Stücke teilen. Knoblauch mit Salz zerdrücken.
› Das Öl im Wok erhitzen. Knoblauch darin anbraten, bis er duftet. Den Eisbergsalat zugeben und unter Rühren so lange braten, bis er glasig ist.
› Sofort von der Kochstelle nehmen, mit Salz und Austernsauce würzen und anrichten.

Spinat mit Ingwersauce
Jiangzhi Bocai

Aus China

Zum Spinat serviert Xiaoyan Zhang gebackene Pfannkuchen (Rezept auf Seite 166: »Wir essen nie nur eine Gemüseplatte, sondern dazu mindestens ein warmes und ein kaltes Gericht.«

Für 2 Portionen
300 g Spinat
1 Stück Ingwerwurzel (etwa 2 cm lang)
Sauce
2 EL helle Sojasauce
3 EL Essig
1 TL Sesamöl
1/2 TL Salz
1 EL Zucker
2 EL Öl zum Braten
Dauert etwa 30 Minuten

› Spinat verlesen, mehrmals waschen, trockenschwenken und eventuell harte Stiele entfernen. Die Ingwerwurzel schälen und fein hacken. Die Zutaten für die Sauce in einer Tasse verrühren.

› Reichlich Wasser in einem großen Topf aufkochen. Spinat darin ein paar Sekunden sprudelnd kochen lassen, bis er intensiv grün ist. Auf ein Sieb abgießen, mit dem Sieb kurz in eiskaltes Wasser tauchen, abtropfen lassen und mit den Händen ausdrücken. Spinat auf einer Platte anrichten.

› Das Öl im Wok erhitzen und den Ingwer darin kurz anbraten, bis er zu duften beginnt. Die Sauce zum Ingwer geben und mischen. Sofort über den Spinat gießen und servieren.

Tip: Bei frischem Spinat sparen Sie viel Zubereitungszeit, wenn Sie ihn vorab verlesen, waschen und fest verschlossen im Kühlschrank aufbewahren.

Ein Gemüsegericht mit wenigen, aber sehr ausdrucksstarken Gewürzen: Ingwer sorgt für milde Schärfe im Spinat, Sojasauce für Salz, Essig für die säuerliche Note, und das Öl steuert feines Nussaroma bei.

Heilendes Essen

Die traditionelle chinesische Küche achtet streng auf die Wirkung der Speisen im Körper. Dahinter steht die Überzeugung, dass die beiden Urkräfte Yin und Yang das Universum, folglich auch unser Leben bestimmen.

Es kommt deshalb darauf an, die Zutaten im einzelnen Gericht und die Speisen im Menü so zu kombinieren, dass dunkles, kühles Yin und helles, heißes Yang einander die Waage halten.

Auf dieser Skala von kalt bis heiß sind alle Lebensmittel und Kochtechniken angeordnet: Die an sich »kühle« vegetarische Ernährung bedarf der Ergänzung durch »warme« Gewürze wie Ingwer, auf das »kühle« Blanchieren und Abschrecken des Spinats sollte die »heiße« Kochtechnik, das kurze Braten im Wok, folgen.

»In China weiß die ältere Generation noch viel über diese Zusammenhänge und das heilende Essen: In meiner Kindheit bekam ich Ingwer, wenn ich erkältet war. Doch langsam geht dieses Wissen verloren«, sagte mir Xiaoyan Zhang.

Reisblätter

Reisblätter aus Vietnam sind dünner als thailändische und deshalb schnell weich genug zum Rollen. Phung Hoang rät, sie nur unter ein nasses Tuch zu legen: »Wenn Sie die Blätter in kaltem Wasser einweichen, werden die Frühlingsrollen zu feucht, und das Fett spritzt beim Braten. Deshalb verarbeite ich auch die Glasnudeln trocken: So feine Nudeln müssen Sie nicht einweichen; sie werden in der feuchten Füllung weich.«
Wer die Rollen nicht aus der Hand, sondern lieber mit Stäbchen isst, füllt Reisblätter von zehn Zentimeter Durchmesser – Geübte können sogar noch kleinere Blätter wickeln.

Die vegetarischen Frühlingsrollen mit Reisnudeln und Salat sind mein Lieblingsessen bei Phung Hoang.

Frühlingsrollen mit Reisnudeln und Salat

Bun cha gio chay

Aus Vietnam

Für 4 Portionen

Sauce
1/8 l flüssige Speisewürze
1/8 l kaltes Wasser
3 EL Zitronensaft
2 EL Zucker
1 rote Chilischote

Frühlingsrollen
4 Mu-Err-Pilze
20 g Glasnudeln
50 g Tofu
2 mittelgroße Möhren
60 g Weißkohl
50 g Sojasprossen
Salz
Schwarzer Pfeffer
1/2 TL Zucker
16 Reisblätter von 15 cm Durchmesser

Salat
1 kleiner Romana- oder Batavia-Salat
300 g Salatgurke
200 g Sojasprossen
1 Hand voll Minze und Koriandergrün (gemischt)

Außerdem
Öl zum Frittieren
200 g dünne Reisnudeln

Dauert etwa 1 1/2 Stunden

› Für die Sauce die Speisewürze mit Wasser, Zitronensaft und Zucker verrühren, bis der Zucker sich aufgelöst hat. Chilischote waschen und in feine Ringe schneiden. In die Sauce geben.
› Für die Frühlingsrollen die Pilze 20 Minuten in reichlich heißem Wasser ziehen lassen. Abgießen, mit den Händen ausdrücken und fein hacken. Die trockenen Glasnudeln mit der Küchenschere in kleine Stücke schneiden.
› Tofu zerbröckeln, geschälte Möhren in feine Stifte, Weißkohl in hauchfeine Streifen schneiden. Sojasprossen kalt abspülen und abtropfen lassen.

› Diese Zutaten mit Pilzen, Salz, Pfeffer und Zucker in einer Schüssel mischen. Glasnudeln zugeben und alles mit den Händen durchkneten, bis die Mischung etwas zusammenhält.

› Grünen Salat waschen, putzen und in mundgerechte Stücke teilen. Geschälte Gurke in 2 Zentimeter lange Stifte schneiden. Sojasprossen waschen und trockentupfen. Kräuter grob zerkleinern. Alles auf einer Platte anrichten.

› Zwei Küchentücher unter fließendes kaltes Wasser halten und gut auswringen. Das eine Tuch auf der Arbeitsfläche ausbreiten, 1 Reisblatt darauf legen und mit dem zweiten Tuch bedecken. Ruhen lassen, bis das Blatt weich genug zum Rollen ist.

› Je eine Portion der Tofumischung als etwa fingerlangen Streifen in die Mitte des Blattes geben. Das Reisblatt zuerst an den beiden Schmalseiten des Streifens nach innen schlagen. Nun die Längsseite, die Ihrem Körper am nächsten liegt, über die Füllung legen und das Reisblatt vorsichtig, aber möglichst stramm aufrollen. Die anderen Blätter ebenso verarbeiten.

› Das Öl im Wok, in einem hohen Topf oder einer Fritteuse erhitzen. Die Reisblattrollen portionsweise 5 Minuten darin backen. Auf Küchenpapier kurz abtropfen lassen und zum Salat auf die Platte geben.

› Reisnudeln mit kochendem Wasser übergießen, knapp 3 Minuten ziehen lassen, abgießen, kalt abschrecken und neben den Frühlingsrollen anrichten. Dazu die Sauce servieren.

Das Reisblatt auf beiden Seiten nach innen schlagen und vorsichtig, aber stramm aufrollen.

Gegrillte Auberginen

Von den Philippinen

»Bei uns auf den Philippinen ist immer Sommer«, begann Zenaida Panganiban ihre Schilderung paradiesischer Zustände – bei uns in Deutschland war gerade nasskaltes Frühjahr, als wir über ihre Heimat sprachen. »Deshalb leben und kochen wir im Freien: Es liegt immer etwas auf dem Holzkohlengrill, und die Auberginen sind mit Reis oder Brot ein normales Essen.«

Für 2 Portionen
4 philippinische Auberginen
Salz, Pfeffer
1 EL helle oder dunkle Sojasauce
200 ml Pflanzenöl zum Frittieren
2 Eier
Dauert etwa 1 Stunde

› Backofengrill vorheizen. Die Auberginen waschen und abtrocknen. Unter dem heißen Grill 4 bis 5 Minuten grillen. Die gegrillten Auberginen sollten auf Druck leicht nachgeben.

› Herausnehmen, kurz abkühlen lassen und die Schalen abziehen. Mit Salz, Pfeffer und Sojasauce würzen und etwa 5 Minuten ziehen lassen.

› Das Öl in einem hohen Topf oder der Fritteuse erhitzen. Die Eier verquirlen und die Auberginen darin wenden. Im heißen Öl etwa 2 Minuten frittieren, bis sie goldbraun sind. Auf Küchenpapier abtropfen lassen und heiß servieren.

Phung Hoang

»Die vietnamesische Küche ist recht einheitlich: Traditionell essen wir weißen Reis, Reisnudeln und Reisblätter. Naturreis war früher auf dem Land üblich. Klebreis nehmen wir für festliche Gerichte: Zu Neujahr wird er mit Fleisch und Mungobohnen gefüllt, wie eine Wurst geformt und in Bananenblätter gewickelt zwölf Stunden gegart. Nudeln aus anderem Getreide gehören nicht zur vietnamesischen Küche, und Brot ist erst mit den Europäern gekommen. Besonderheiten gibt es beim Würzen: Im Norden isst man salzig, im mittleren Teil Vietnams chilischarf, im Süden süßsauer und mild durch Kokosmilch. Frisches ist ein wichtiger Bestandteil unseres Essens: Kräuter wie Koriander, Minze, Basilikum, grüne Salatblätter, Sprossen, dazu Knoblauch und Frühlingszwiebeln. Außerdem gehören noch frische Erdnüsse dazu: Sie werden gebraten oder geröstet und dann gemahlen über Salat und vegetarische Gerichte gestreut. Zur europäischen Küche gibt es drei wesentliche Unterschiede: Wir essen überhaupt keine Milchprodukte – weder Käse noch Joghurt. Außerdem verwenden wir sehr wenig Fett, würzen aber viel stärker.«

Die Nuss für Lampen

Kemirinüsse sind so fett, dass man ihr Öl früher für Lampen verwendet hat – das englische Wort »candlenut« und der alte deutsche Name »Lichtnuss« erinnern noch daran.
Die Kerne der etwa walnussgroßen Nüsse sind fest mit der extrem harten Schale verbunden. Beim maschinellen Aufbrechen zerbrechen die Nüsse deshalb oft.
Die Angaben in den Rezepten beziehen sich immer auf den ganzen Nusskern – gegebenenfalls müssen Sie die Stückchen zusammenklauben.
Roh sind Kemirinüsse schwach giftig, gegart harmlos und ein feines Gewürz.
Als Ersatz nimmt man Macadamianüsse oder Mandeln.

Gemüse mit Kokosflocken

Urap

Aus Indonesien

Für 4 Portionen
250 g frischer Spinat
100 g Spargelbohnen (oder Stangenbohnen)
250 g Sojasprossen
3 Zitronenblätter
2 Zwiebeln
3 Knoblauchzehen
2–3 rote Chilischoten
1 Stück frischer Ingwer (etwa 2 cm)
1 Stück Kentjoer (etwa 2 cm; ersatzweise großer Galgant)
6 Kemirinüsse (siehe links)
1/4 TL Salz
1 TL Zucker
4 EL Öl
200 g frisch geraspelte Kokosflocken (ersatzweise getrocknete)
1 TL Zitronensaft
150 ml Wasser

Dauert etwa 1 Stunde

› Spinat verlesen und waschen. Die Bohnen waschen und putzen, Sojasprossen kalt abspülen. Die Zitronenblätter in feine Streifen schneiden.
› Für die Gewürzmischung Zwiebeln und Knoblauch abziehen, Chilischoten waschen und halbieren, die Kerne und Scheidewände entfernen, Ingwer und Kentjoer schälen. Alle diese Zutaten grob zerkleinern. Mit Kemirinüssen, Salz und Zucker in einen Mörser geben und zu einer feinen Paste zerreiben.
› Öl in einer großen Pfanne oder im Wok erhitzen. Die Gewürzpaste darin bei mittlerer bis schwacher Hitze etwa 5 Minuten braten. Die Kokosraspel, Zitronenblätter, Zitronensaft und das Wasser zufügen. Alles bei mittlerer Hitze 15 Minuten unter Rühren garen, bis die Kokosraspel das Wasser aufgesogen haben. Zugedeckt warm halten.
› Bohnen in reichlich kochendem Wasser etwa 10 Minuten sprudelnd kochen, bis sie gerade eben weich sind. Mit dem Schaumlöffel herausnehmen und auf einem Sieb abtropfen lassen. Spinat und Sojasprossen einige Sekunden im Bohnenwasser blanchieren. Abgießen und abtropfen lassen.
› Gemüse und Kokoswürzpaste heiß mischen und sofort servieren.

Austernpilze in Kokoscreme

Hed Tomkha

Aus Thailand

Janja Rieser versucht immer, Zitronenblätter für die Pilze zu bekommen: »Nur sie geben der Sauce den charakteristisch herb-säuerlichen Geschmack. Zitronensaft oder Zitronenmelisse sind kein richtiger Ersatz.«

Für 2 Portionen
500 g Austernpilze
3 asiatische Schalotten
1/4 l Kokosmilch (Dose)
1/8 l Wasser
1 TL Salz
10 dünne Galgantscheiben
5 Zitronenblätter
1 EL Zitronensaft
2 EL helle Sojasauce

Dauert etwa 20 Minuten

› Pilzhüte von den Stielen schneiden, sehr große Hüte grob zerkleinern. Die Schalotten abziehen und halbieren.
› Die Kokosmilch in einem Topf mit dem Wasser verrühren. Salz zufügen und kurz aufkochen.
› Pilze, Schalotten, Galgantscheiben und Zitronenblätter zugeben und alles etwa 5 Minuten kochen. Mit Zitronensaft und Sojasauce abschmecken.

Die Gemüsesorten wählt Xiaoyan Zhang nach Angebot. Man muss nur darauf achten, dass alles in Farbe und Geschmack zusammenpasst.

Viererlei gebratenes Gemüse

Sushijin

Aus China

Die Sauce im bunten Wokgemüse kann auch klar bleiben. Doch die Bindung mit Speisestärke ist typisch für die chinesische Küche: »Die Sauce bleibt gut am Reis haften, und das Gemüse schmeckt besser«, sagte Xiaoyan Zhang zu ihrem Rezept.

Für 2 Portionen
10 g Mu-Err-Pilze
400 g Brokkoli
2 Bambusspitzen
2 mittelgroße Möhren
2 Frühlingszwiebeln
1 Stück frischer Ingwer (1 cm lang)
4 EL Öl
1/8 l Gemüsebrühe
2 EL helle Sojasauce
Salz
1 TL Speisestärke

Dauert etwa 45 Minuten

› Die Mu-Err-Pilze mit kochendem Wasser übergießen und 30 Minuten einweichen. Abgießen, Pilzhüte von den Stielen schneiden und waschen.

› Den Brokkoli waschen, putzen und in Röschen teilen. Bambusspitzen in Scheiben schneiden und kalt abspülen. Möhren schälen und in Scheiben, gewaschene Frühlingszwiebeln schräg in Ringe schneiden. Den Ingwer schälen und in feine Stifte schneiden.

› Das Öl im Wok oder in einer großen Pfanne erhitzen. Ingwer und Frühlingszwiebeln darin bei starker Hitze kurz anbraten, bis sie zu duften beginnen. Brokkoli, Möhren und Bambusspitzen zugeben und unter Rühren etwa 2 Minuten braten.

› Mu-Err-Pilze und Brühe zugeben und knapp 2 Minuten dünsten. Mit der Sojasauce und Salz abschmecken.

› Die Speisestärke mit dem Wasser glatt rühren, Gemüse damit binden und sofort servieren.

Tip: Damit Brokkoli und Möhren gerade eben weich sind, soll das Gemüse höchstens 5 Minuten dünsten.

Das grosse Gras

Der mächtige Bambus stammt aus der Familie der Gräser. Seine Schösslinge werden wie Spargel gestochen, wenn sie etwa 30 Zentimeter lang sind. Falls Sie frische Spitzen bekommen, greifen Sie zu: Sie sind viel zarter und schmecken besser als Bambussprossen aus der Dose. Bambus darf man nicht roh essen: Manche Arten enthalten giftige Blausäure, die erst beim Kochen, Dünsten oder Schmoren unschädlich wird.

Ramata Ebersbach-Dabiré

»Wenn Sie nach Symbolen für die traditionelle Küche Afrikas suchen, nenne ich Ihnen zwei: Das Mahlen von Getreide, das Stampfen von grünen Blättern und Gewürzen. Dazu werden Sie die Ruhe empfinden, die Frauen beim Kochen ausstrahlen: Eine Frau, die schnell was auf den Tisch bringt, gilt als schlechte Köchin. Kochen ist Frauensache ...« »Nein, denken Sie jetzt nicht europäisch«, warf Ramata ein, als sie meine Abwehr spürte. »Bei uns hat das nichts mit den drei Ks – Kinder, Küche, Kirche – zu tun, was Frauen zu Recht bekämpfen. Es hat mit dem Leben zu tun: Frauen sind diejenigen, die Leben schenken und erhalten. Natürlich verändern sich diese Strukturen, die Städte wachsen, die Frauen sind berufstätig. Ich verbringe nur wenig Zeit mit Kochen, ich esse sehr einfach. Doch jedes Jahr, wenn ich nach Hause komme, habe ich Lust auf unsere typischen Gerichte: Kürbis mit Gewürzen und Erdnüssen oder Hirsebuletten mit gewürzter Butter.« Dieses Lieblingsessen, auch von Ramatas Mann Dietrich, finden Sie auf der Seite 48 beschrieben.

Gebratene Süßkartoffeln

Aus Burkina Faso

»Süßkartoffeln dürfen Sie nicht zu dünn schneiden, sonst werden sie trocken«, rät Ramata Ebersbach-Dabiré. »Außerdem brauchen sie etwas mehr Öl als normale Kartoffeln. Richtig gebraten sind sie innen mehlig und außen knusprig.«

Für 4 Portionen
1 kg Süßkartoffeln
1/2 l Pflanzenöl
Sauce
500 g Zwiebeln
500 g Tomaten
2 EL Pflanzenöl
Knapp 1/2 l Wasser
1 EL Gemüsebrühe (instant)
1 EL getrocknete Kräuter der Provence
Salz, Pfeffer
Cayennepfeffer

Dauert etwa 1 Stunde

› Die Süßkartoffeln schälen und quer in 1 Zentimeter dicke Scheiben schneiden. Das Öl erhitzen und darin die Kartoffelscheiben portionsweise bei mittlerer bis schwacher Hitze in ungefähr 20 Minuten rundum weich und goldbraun braten. Mit einem Schaumlöffel herausnehmen, auf Küchenpapier abtropfen lassen und warm stellen.

› Für die Sauce abgezogene Zwiebeln und Tomaten in Scheiben schneiden. Das Öl erhitzen und die Zwiebelringe darin goldgelb braten. Tomaten zugeben und zugedeckt bei schwacher Hitze 10 Minuten dünsten.

› Wasser, Gemüsebrühe und Kräuter zugeben und etwa 15 Minuten garen. Die Sauce mit Salz, Pfeffer und einer Prise Cayennepfeffer abschmecken.

Ramata mag Süßkartoffeln mit rosa Fruchtfleisch am liebsten. Typische Variante dazu ist die Yamswurzel.

Gemüse in Erdnusssauce

Tigèdigè Nan

Aus Burkina Faso

Das Originalrezept wird mit Geflügel und Fleisch gekocht. Doch Ramata mag die vegetarische Variante lieber. Zum Gemüse mit dicker Sauce gibt es Reis.

Für 8 Portionen
750 g Zwiebeln
6 Knoblauchzehen
2 kg Tomaten
1 kleiner Kopf Weißkohl
200 g Okraschoten
4 EL Erdnussöl
1 l Wasser
4 EL Gemüsebrühe (instant)
Salz
Pfeffer
Cayennepfeffer
6 Lorbeerblätter
500 g ungesüßte Erdnusscreme

Dauert etwa 1 1/2 Stunden

› Zwiebeln und Knoblauch abziehen und fein hacken. Tomaten waschen, pürieren und durch ein Sieb streichen. Kohl achteln, waschen und grob zerkleinern. Die Okraschoten waschen, wie Bohnen am Stielansatz und an der Spitze kürzen und in Stücke schneiden.

› Öl in einem großen Topf erhitzen, Zwiebeln und Knoblauch darin bei schwacher Hitze glasig braten. Tomaten zufügen und 10 Minuten bei mittlerer Hitze schmoren.

› Etwa 3/4 des Wassers zum Tomatenpüree gießen und aufkochen. Kohl und Brühe unterrühren. Mit Salz, Pfeffer, Cayennepfeffer und Lorbeer würzen.

› Die Erdnusscreme mit dem restlichen warmen Wasser glatt rühren. Mit den Okras in die Sauce mischen, aufkochen und zugedeckt bei schwacher Hitze ungefähr 30 Minuten garen; dabei häufig umrühren, sonst brennt die Sauce an.

› In einer heißen Schüssel anrichten.

Zu Afrikas Küche gehören Gemüseblätter und Früchte. Das Stampfen von Blättern und Gewürzen in großen Mörsern können Sie überall beobachten – nicht nur auf den Dörfern, sondern auch in den Städten.

»Ein Mädchen fängt bei uns schon mit vier, fünf Jahren an zu lernen, wie gekocht wird. Die Mutter holt sie dazu: ›Komm, tu mal das stampfen.‹ Und da fängt sie an mit dem Stampfen von Gewürzen. Mit zwölf Jahren kann jedes Mädchen dann phantastisch kochen.«

RAMATA EBERSBACH-DABIRÉ

Polenta-Tips

Maria Fecondo kocht Polenta aus Instantmaisgrieß: »Das schmeckt genauso gut und geht viel schneller.« Die fertige Polenta schneidet sie mit einem dicken Faden auf: »Am Messer bleibt sie kleben, doch mit dem Faden kann man sie ganz glatt aufteilen.« Den Faden zieht man unter der abgekühlten Polentaplatte durch – als ob Sie ein Paket verschnüren wollten – und teilt dann die darauf liegende Polenta in Stücke.

Das Gemüse mit Polenta ist eine italienisch-deutsche Koproduktion: Maria Fecondo zeigte mir, wie sie Polenta zubereitet. Und ich schmorte statt des üblichen Fleischragouts viel buntes Sommergemüse dazu.

Geschmortes Gemüse mit Polentaschnitten

Aus Deutschland und Italien

Für 4 Portionen
Polentaschnitten
2 l Wasser
Salz
1 Paktet Instantpolenta (Maisgrieß; 500 g)
Gemüse
4 mittelgroße Kartoffeln (fest kochende Sorte)
2 schlanke Auberginen
4 kleine Zucchini
2 Bund Lauchzwiebeln
4 Tomaten
2 Knoblauchzehen
6 EL Olivenöl
3 EL Gemüsebrühe
2 Stängel Rosmarin
Salz
Schwarzer Pfeffer
100 g Parmesan
2 Stängel Petersilie
Dauert etwa 1 1/4 Stunden

› Wasser und Salz in einem großen Topf aufkochen. Instantpolenta einrühren, erneut aufkochen und zugedeckt bei schwächster Hitze etwa 5 Minuten garen. Dabei einige Male umrühren.

› Den fertigen Maisbrei auf ein kalt abgespültes Brett stürzen, etwa 3 Zentimeter dick als Rechteck verstreichen und, mit einem Küchentuch bedeckt, abkühlen lassen, bis alle anderen Zutaten vorbereitet sind.

› Geschälte Kartoffeln in dicke Scheiben, Auberginen und Zucchini in große Würfel schneiden. Die Lauchzwiebeln putzen und waschen, Tomaten abziehen und vierteln, Knoblauch hacken.

› 3 Esslöffel Öl in einem Topf erhitzen. Kartoffeln, Gemüse und Knoblauch darin anbraten. Gemüsebrühe, grob zerkleinerten Rosmarin, Salz und Pfeffer zugeben. Gemüse zugedeckt bei mittlerer Hitze etwa 30 Minuten garen, bis die Kartoffeln weich sind.

› Die Polenta mit einem Faden in ca. 6 Quadratzentimeter große Teile schneiden, und diese im restlichen Öl bei mittlerer Hitze 4 Minuten pro Seite braten, bis sie eine Kruste haben. Mit dem Gemüse auf heißen Tellern anrichten.

› Parmesan reiben. Einen Teil davon über Polenta und Gemüse streuen, den Rest dazu servieren. Petersilie hacken und das Gemüse damit bestreuen.

Kartoffelstrudel
Erdäpfelstrudel

Aus Österreich

Für 4 Portionen

Teig
250 g Mehl
1 Ei
1 EL Öl
1 Prise Salz
8 EL Wasser
Füllung
1 kg Kartoffeln (mehlige Sorte)
1 Zwiebel
Salz, Pfeffer
Geriebene Muskatnuss
6 EL Öl oder flüssige Butter

Dauert etwa 2 Stunden
Arbeiten müssen Sie etwa 1 1/4 Stunden

› Für den Teig alle Zutaten verkneten. Der Teig soll glatt sein, beim Eindrücken mit dem Finger elastisch nachgeben und nicht kleben. Zu einem Kloß formen, in Pergamentpapier wickeln und in einen Topf legen, den Sie zuvor mit heißem Wasser ausgespült haben. Teig zugedeckt ruhen lassen, bis die Füllung zubereitet ist.

› Geschälte Kartoffeln waschen, reiben, in ein Sieb geben und ausdrücken. Mit der fein gehackten Zwiebel mischen, mit Salz, Pfeffer und Muskatnuss kräftig würzen.

› Ein großes Tuch auf der Arbeitsfläche ausbreiten und mit Mehl bestreuen. Teig in 2 Stücke schneiden. Jedes Stück auf wenig Mehl ausrollen, hochheben und über die Handrücken legen. Nun die Teigplatte über die leicht gewölbten Hände vorsichtig und gleichmäßig dehnen.

› Teigplatte auf dem Tuch ausbreiten und mit etwas Fett bestreichen. Die Hälfte der Kartoffeln darauf verteilen und mit Fett beträufeln.

› Teigplatte an den Schmalseiten über der Füllung nach innen falten. Tuch am unteren Rand anheben, Strudel aufrollen, mit dem Tuch anheben und auf ein gefettetes Backblech geben. Die zweite Teigportion ebenso verarbeiten und neben den ersten Strudel legen.

› Mit dem Fett bestreichen, in den kalten Backofen (untere Schiene) schieben und bei 190 °C (Umluft, 175 °C; Gas, Stufe 2) etwa 45 Minuten backen.

Gemüse mit Linsen

Aus Marokko

Für 4 Portionen

1 große Zwiebel
1 rote Chilischote
2 EL Olivenöl
100 g grüne Linsen
1 TL gemahlener Kreuzkümmel
1 EL Paprikaflocken
Salz
1/4 l Wasser
600 g Tomaten
500 g gelber Gartenkürbis oder Zucchini
300 g Spinat
1 EL gehackte Pfefferminze

Dauert etwa 1 1/4 Stunden

› Zwiebel hacken, Chilischote putzen und in feine Streifen schneiden. Beide Zutaten mit den Linsen im heißen Öl bei mittlerer Hitze anbraten.

› Kreuzkümmel, Paprikaflocken, Salz und Wasser zugeben und aufkochen. Linsen zugedeckt etwa 45 Minuten garen, bis sie fast weich sind.

› Tomaten abziehen und grob zerkleinern. Kürbis schälen, von großen Kernen befreien und würfeln. Spinat waschen und grob zerkleinern.

› Tomaten und Kürbis zu den Linsen geben, mit Salz würzen, aufkochen und zugedeckt 15 Minuten garen.

› Spinat untermischen und kräftig aufkochen. Gemüse, mit der Pfefferminze bestreut, sofort servieren.

»Gurkensalat und grüner Salat schmecken zu meinem Erdäpfelstrudel am besten. Und zu trinken gibt es Apfelwein.«

JOSEFINE HELM

Gute Auberginen

Für Gerichte mit Auberginen wurden mir möglichst kleine Eierfrüchte empfohlen:
Jutta Kogel nimmt für ihr vegetarisches »Wellington« lieber zwei kleine als eine große.
Ramola Parbhoo bereitet ihr Curry mit einer 200-Gramm-Aubergine zu, die Sie bei uns entweder im Naturkost- oder im türkischen Lebensmittelladen bekommen.
Zenaida Panganiban kauft im China- oder Philippinen-Laden Auberginen aus ihrer Heimat: »Sie sind klein, schmecken sehr intensiv und sind nicht so wässrig wie große Früchte.«

Aubergine »Wellington«

Aus den USA

Arthur Wellesley, Herzog von Wellington, schlug im Jahre 1815 die Schlacht von Waterloo: Mit der Armee aus britischen, holländischen und hannoverschen Soldaten besiegte er Kaiser Napoleon I. Nach dem Herzog wurde das berühmte Rinderfilet mit Pilzpaste im Blätterteigmantel benannt. Jutta Kogel hat eine Version mit Auberginen erfunden, die mir viel besser schmeckt als das klassische Original.

Für 5 Portionen
450 g tiefgefrorener Blätterteig
400 g Champignons
2 Schalotten
1 Knoblauchzehe
1 Bund Petersilie
2 mittelgroße Auberginen (ca. 500 g)
5 EL Öl
Salz
Weißer Pfeffer
1 EL Butter
1 TL getrockneter Thymian
3 EL Madeira oder Weinbrand
125 g süße Sahne
Mehl zum Ausrollen
1 Ei zum Bestreichen
Dauert etwa 2 Stunden
Arbeiten müssen Sie etwa 1 1/4 Stunden

› Blätterteigplatten auftauen lassen.
› Geputzte Champignons, Schalotten, Knoblauch und Petersilie portionsweise im Blitzhacker fein zerkleinern.
› Auberginen waschen, abtrocknen und der Länge nach halbieren. Blütenansätze dabei abschneiden.
› Die Auberginenhälften im heißen Öl bei schwacher bis mittlerer Hitze rundherum in jeweils etwa 5 Minuten braun anbraten. Herausnehmen, mit Salz und Pfeffer würzen.
› Die Butter in der Pfanne erhitzen. Pilzmischung und Thymian darin bei mittlerer Hitze unter Rühren schmoren, bis die Flüssigkeit, die sich bildet, wieder verdampft ist. Madeira untermischen.
› Sahne nach und nach zugießen und bei mittlerer bis starker Hitze einkochen, bis die Mischung dick und streichfähig ist. Mit Salz und Pfeffer würzen und abkühlen lassen.
› Den Backofen auf 200 °C (Umluft, 180 °C; Gas, Stufe 4) vorheizen.
› Blätterteigplatten als Rechteck auf die bemehlte Arbeitsfläche legen: Die Platten an den Rändern etwa 1/2 Zentimeter breit übereinander legen. Teig zu einem Rechteck von etwa 40 mal 35 Zentimeter ausrollen. Ränder rundherum glatt schneiden und diesen Teigrest für die Verzierung des Blätterteigmantels kühlen.
› Auf die große Blätterteigplatte etwas unterhalb der Mitte eine Schicht Pilze in Größe der Auberginenhälften streichen.
› Die Auberginenhälften darauf legen, an den Seiten und oben mit der restlichen Mischung bestreichen. Nun zuerst die schmalen Teigseiten über die Auberginen klappen, dann die Längsseite darüber falten, die Ihrem Körper am nächsten liegt.
› Das Ei trennen, den Teigrand an der zweiten Längsseite mit Eiweiß bepinseln und ebenfalls über die Auberginen legen. Das Päckchen vorsichtig anheben und so auf ein kalt abgespültes Backblech legen, dass der Teigrand der zweiten Längsseite auf der Unterseite des Päckchens liegt.
› Den Teigmantel mit verquirltem Eigelb bestreichen.
› Die gekühlten Teigreste ausrollen, zu beliebigen Formen ausstechen und mit Eiweiß auf das Päckchen kleben.
› Das Päckchen in den heißen Backofen (mittlere Schiene) schieben und in 35 bis 40 Minuten goldbraun backen.

Tip: Zur Aubergine »Wellington« passen Zuckerschoten, Brokkoligemüse, Spargel und eventuell gemischter Salat.

Zu dieser vegetarischen Idee hat ein Klassiker inspiriert: Leipziger Allerei. Die Krebsschwänze habe ich weggelassen, die Grießklößchen durch üppigere Butterklößchen ersetzt. Auch Gemüseesser sind Genussmenschen.

Gemüse mit Butterklößchen

Aus Deutschland

Für 4 Portionen

Klößchen
80 g weiche Butter
Salz
Schwarzer Pfeffer
Frisch geriebene Muskatnuss
4 Eier
120 g Mehl
Gemüse
500 g frische dicke Bohnen in den Schoten (oder 1/2 Paket tiefgefrorene)
200 g Spitzkohlblätter
200 g grüne Bohnen
200 g Brokkoli
250 g Flaschentomaten (oder runde Tomaten)
1 Gemüsezwiebel
2 Knoblauchzehen
1 Bund Rosmarin, Thymian, Salbei und Lorbeer (gemischt)
Salz, Pfeffer
6 EL Gemüsebrühe
1 Bund Schnittlauch

Dauert etwa 1 1/4 Stunden

› Butter mit Salz, Pfeffer und Muskatnuss schaumig rühren. Eier und Mehl unterrühren. Zugedeckt ruhen lassen, bis das Gemüse vorbereitet ist.

› Dicke Bohnen aus den Schoten lösen. Spitzkohl und grüne Bohnen mundgerecht zerkleinern. Brokkoli in Stiele und Röschen teilen, die Stiele schälen. Alle diese Gemüse waschen und tropfnaß in einen Topf geben.

› Die Tomaten abziehen und halbieren. Zwiebel in Stücke schneiden. Knoblauch schälen, frische Kräuter waschen, aber nicht trockenschwenken.

› Alles mit dem Gemüse mischen. Salz, Pfeffer und Gemüsebrühe zugeben. Zugedeckt aufkochen und bei mittlerer Hitze etwa 15 Minuten garen, bis die grünen Bohnen weich sind.

› Reichlich Wasser mit Salz aufkochen. Den Teig mit einem in kaltes Wasser getauchten Löffel als Klößchen abstechen. Zugedeckt bei schwacher Hitze ungefähr 5 Minuten kochen, bei schwächster Hitze 10 Minuten ziehen lassen.

› Gemüse auf eine vorgewärmte Platte geben. Butterklößchen darauf anrichten und alles mit dem fein zerkleinerten Schnittlauch bestreuen.

Spitzkohl

Die hellgrünen spitzen Köpfe, von denen die größten an gotische Hauben erinnern, gibt es nur im Frühsommer von Anfang Mai bis Ende Juni.

»Austernsauce gehört zur Küche meiner Heimat Kanton. In Nordchina oder Sichuan verwendet man sie nicht. Strenge Vegetarier lassen sie einfach weg, obwohl dadurch das typische Aroma des Gerichts verloren geht.«

XIAOYAN ZHANG

Zweierlei Pilze mit grünem Gemüse

Shuangse Xianggu

Aus China

Die Sauce dieses Gerichts soll dickflüssig sein. Xiaoyan Zhang lässt sie deshalb stark einkochen oder gibt zum Schluss noch einen Teelöffel Speisestärke, in kaltem Wasser angerührt, dazu.

Für 2 Portionen
12 getrocknete Xianggupilze (oder Tonggupilze)
500 g frische Champignons
8 junge Chinakohlblätter (oder Senfkohlblätter)
4 EL Öl
2 EL Wasser
1/8 l Gemüsebrühe
1 EL Sojasauce
2 TL Zucker
1/2 TL Salz
1 EL Austernsauce

Dauert etwa 45 Minuten

› Xianggupilze in kochendem Wasser 30 Minuten einweichen. Abgießen und waschen. Champignons putzen, Kohlblätter längs halbieren.

› 2 Esslöffel Öl im Wok erhitzen. Kohl darin unter Rühren 1 Minute anbraten. Wasser zugeben, Kohl zugedeckt 2 bis 3 Minuten bei mittlerer Hitze weich dünsten. Auf Küchenpapier abtropfen lassen, auf einer Platte warm stellen.

› Restliches Öl im Wok erhitzen und Xianggupilze darin bei starker Hitze kurz anbraten. Champignons zugeben und unter häufigem Rühren bei mittlerer Hitze 1 bis 2 Minuten braten.

› Für die Sauce die Gemüsebrühe mit Sojasauce, Zucker und Salz mischen, zugießen und etwa 3 Minuten bei starker Hitze kochen, bis die Flüssigkeit dick und die Pilze gar sind. Mit der Austernsauce abschmecken. Kohl mit der Pilzsauce übergießen und servieren.

Blumenkohl-Erbsen-Curry

Kopi dalna

Aus Indien

Die indische Art, Blumenkohl zu kochen, tut dem oft aromaschwachen Gemüse nur gut: Arun Das Gupta würzt sehr kräftig.

Für 4 Portionen
500 g Blumenkohl
2 mittelgroße Kartoffeln (fest kochende Sorte)
1 große Tomate
200 g tiefgefrorene Erbsen
180 ml Pflanzenöl
1 TL gemahlener Kreuzkümmel
1 TL gemahlener Koriander
1 gehäufter TL gemahlene Gelbwurz
1/4 TL Chilipulver
1 TL Zitronensaft
1 1/2 TL Salz
1 TL Zucker
1/4 l Wasser
75 g Naturjoghurt

Dauert etwa 45 Minuten

› Blumenkohl in 5 Zentimeter lange Röschen, geschälte Kartoffeln in etwa 4 Zentimeter große Würfel, Tomate in Scheiben schneiden. Erbsen auf einem Sieb auftauen lassen.

› Öl in einem großen Topf erhitzen und die Kartoffeln darin unter Rühren 5 Minuten braten, aber nicht bräunen. Blumenkohl kurz mitbraten.

› Kreuzkümmel, Koriander, Gelbwurz und Chilipulver gleichmäßig über das Gemüse streuen. Tomate, Zitronensaft, Salz, Zucker, Wasser zugeben und alles zugedeckt bei mittlerer Hitze 15 Minuten garen.

› Naturjoghurt mit dem Schneebesen cremig rühren und langsam untermischen. Das Gemüse in weiteren 5 Minuten weich garen. Von der Kochstelle nehmen, Erbsen unterrühren und zugedeckt noch 2 bis 3 Minuten erhitzen.

Die schöne rote Farbe der Papayas kommt von Annato, einem Zierstrauch der Tropen. Der Farbstoff seiner Samen wurde einst zur Kriegsbemalung verwendet. Heute färbt man Lebensmittel und Ostereier damit.

Papaya in Kokosmilch

Von den Philippinen

Zenaida Panganiban lässt die Peperoni wirklich nur kurz im Gemüse ziehen: »Sonst wird es sehr scharf«, warnt sie.

Für 4 Portionen
1 TL Annato (siehe Bild oben)
3–4 EL Wasser
3 feste grüne Papayas
2 cm frischer Ingwer
1 kleine Zwiebel
2 Knoblauchzehen
1 EL Öl
Salz
Weißer Pfeffer
2 EL helle oder dunkle Sojasauce
400 ml Kokosmilch (Dose)
1 Peperoni
Dauert etwa 1 Stunde

› Annato mit Wasser in einem Schälchen 30 Minuten ziehen lassen. Durch ein feines Sieb gießen und dabei mit einem Teelöffel ausdrücken.

› Papayas schälen und halbieren, Kerne mit einem Löffel herauskratzen. Hälften längs halbieren und quer in Streifen schneiden. Ingwer schälen und in feine Streifen schneiden. Zwiebel hacken, Knoblauch zerdrücken.

› Öl im Wok erhitzen. Knoblauch und Ingwer darin bei mittlerer Hitze braten. Zwiebel zugeben und glasig braten.

› Die Papayas darin anbraten. Mit den Gewürzen abschmecken und zugedeckt 2 Minuten dünsten. Auf eine Platte geben.

› Die Hälfte der Kokosmilch im Wok unter Rühren aufkochen. Annato zugeben und alles 2 Minuten bei schwacher Hitze garen. Papayas und die restliche Kokosmilch zugeben und aufkochen.

› Peperoni halbieren, von den Kernen und Scheidewänden befreien und kurz im Gemüse ziehen lassen.

Tip: Statt der Papayas kann man Kohlrabi oder Chayoten (Seite 142) nehmen.

Gemüse und Obst

Papayas gibt es das ganze Jahr über zu kaufen – reif als Obst, grün als Gemüse. Die Frucht stammt vermutlich aus Mittelamerika und Mexiko und wird heute in tropischen Ländern aller Kontinente angebaut. Papayas sind sehr gesund: Sie enthalten reichlich Kalzium, Vitamin C und Karotin, fördern die Verdauung und lindern Darmstörungen. Ihre lackschwarzen Kerne werden übrigens zum verbotenen Strecken von schwarzem Pfeffer verwendet. Denn getrocknet sind sie so schrumpelig und dunkel wie Pfefferkörner.

Kartoffeln der ersten Ernte

Schweden sind große Kartoffelesser: Jeder, der die Möglichkeit dazu hat, baut die Knollen selber an. Die zarten, pflaumengroßen Frühjahrskartoffeln kocht man mit reichlich Dillkraut und Dillblüten. Dazu gibt es saure Sahne und viel Schnittlauch.

Originale Kroppkakor füllt man mit Speck- oder Schinkenwürfeln. Ewa Schimmer mag die Gemüsemischung lieber. Wenn die Bällchen richtig satt machen sollen, ergänzt sie mit Knoblauch und gewürfeltem Käse.

Kartoffelbällchen
Kroppkakor

Aus Schweden

Zu schwedischen Kartoffelbällchen isst man braune Butter, Preiselbeerkompott und grünen Salat.

Für 4 Portionen
800 g Kartoffeln (mehlige Sorte)
1 Zwiebel
1 Stange Porree
1 EL Butter
2–3 EL tiefgefrorene Kräuter (gemischt)
1 Ei
2–3 EL Mehl
1 TL Salz

Dauert etwa 2 Stunden

› Kartoffeln ungeschält in wenig Wasser weich kochen.
› Abgießen, kalt abschrecken, schälen, durch die Kartoffelpresse drücken und abkühlen lassen.
› Für die Füllung den Porree putzen, waschen und fein zerkleinern. Mit der fein geschnittenen Zwiebel in 1 Esslöffel Butter bei schwacher Hitze 5 Minuten dünsten. Kräuter untermischen.
› Kartoffeln, Ei, Mehl und Salz mit den Händen zu einem weichen Teig verarbeiten, der sich gut formen lässt und nicht an den Händen klebt. Teig in 12 Stücke teilen, flache Bällchen formen und dabei mit Porreemischung füllen.
› Reichlich Salzwasser zum Kochen bringen. Kartoffelbällchen darin einmal aufkochen und bei schwacher Hitze 12 Minuten ziehen lassen. Dabei den Deckel nur halb auf den Topf legen.
› Die Kartoffelbällchen mit einem Schaumlöffel herausnehmen und auf vorgewärmten Tellern anrichten.

Tip: Für Kartoffelfrikadellen das Mehl weglassen und ein zweites Ei unter den Teig mischen. Mit angefeuchteten Händen oder einem Esslöffel Frikadellen formen und in Butterschmalz auf beiden Seiten goldbraun braten.

Kartoffeln mit Birnen
Schnitz und Härdöpfel

Aus der Schweiz

Das kräftige Essen von Margaret Eicher hat man früher noch viel kräftiger gekocht: »Im Originalrezept meiner Mutter steht noch ein Stück Räucherspeck, das man mitgart. Diese Variante heißt Birnbraten und ist eine Spezialität aus Solothurn an der Aare, der vielleicht ältesten Schweizer Stadt.«

Für 4 Portionen
5–6 Birnen (Williams oder Gute Luise)
600 g Kartoffeln (vorwiegend fest kochende Sorte)
2 EL Zucker
200 ml Wasser
Salz
Weißer Pfeffer
250 g süße Sahne

Dauert etwa 45 Minuten

› Die Birnen schälen, achteln und vom Kerngehäuse befreien. Die Kartoffeln schälen, waschen und würfeln.

› Zucker in einer Pfanne erhitzen und leicht karamellisieren. Die Birnen und Kartoffeln zugeben, mit dem Wasser aufgießen, mit Salz und Pfeffer würzen. Sahne unterrühren.

› Alles einmal aufkochen und zugedeckt bei mittlerer bis schwacher Hitze in etwa 15 Minuten weich kochen.

Kartoffeldolken mit Sauerkraut
Zemiakové dolky s kyslou kapustou

Aus der Slowakei

Kartoffeldolken isst man eigentlich als Vorspeise oder als Beilage zu Schweine- oder Entenbraten. Renata Sako-Hoess serviert sie mit Salat als Hauptgericht.

Für 6 Portionen
1 mittelgroße Zwiebel
1 Knoblauchzehe
1 EL Öl
300 g Sauerkraut
1,2 kg Kartoffeln
200 g Instantmehl
1 Ei
100 ml Milch
Salz
Pfeffer
Öl zum Braten

Dauert etwa 1 Stunde

› Zwiebel und Knoblauch hacken und in 1 Esslöffel Öl glasig braten. Sauerkraut fein zerkleinern. Geschälte Kartoffeln fein reiben. Alles mischen. Mehl, Ei, Milch, Salz und Pfeffer zugeben und zu einem Teig verarbeiten.

› In einer kleinen Pfanne Öl erhitzen. Pro Kartoffeldolke 2 bis 3 Esslöffel Teig darin glatt streichen und bei schwacher bis mittlerer Hitze auf der Unterseite etwa 5 Minuten braten.

› Wenn der Teig sich leicht vom Pfannenboden löst, wenden und in etwa 4 Minuten fertig braten. Gebratene Kartoffeldolken im Backofen warm halten. Zum Servieren wie eine Tortilla in Viertel schneiden.

Nur in der Dolkenpfanne bekommen die Küchlein das richtige Format: etwa sieben Zentimeter Durchmesser und fünf bis acht Millimeter Dicke.

Auch gut als üppiges Dessert

Für süße Dolken mischen Sie den Teig nur mit Kartoffeln, Mehl, Eigelb, Milch und einer kleinen Prise Salz. Nach dem Backen werden die Dolken auf einer Seite mit Pflaumenmus bestrichen, zusammengeklappt, mit Mohn und Zucker bestreut. Als Garnierung schmeckt noch süßer Quark oder ein Häubchen aus Schlagsahne.

Okras

Die Schoten, grün wie Bohnen und geformt wie Pfefferschoten, gehören zu ganz unterschiedlichen Küchen:
Gombo Kreole, eine Hühnersuppe mit Reis und Okras, ist typisch für den Süden der USA.
In Ägypten bereitet man Auflauf damit zu, in der Türkei mischt man die Schoten ins Pilaw, in Westafrika kocht man sie in Gemüseeintöpfen mit oder ohne Fleisch.
Beim Garen geben Okras eine Flüssigkeit ab, die Saucen ähnlich wie Speisestärke bindet.
Wer das nicht mag, blanchiert die unzerkleinerten Schoten in kochendem Wasser (mit einem kräftigen Schuss Essig) und spült sie danach kalt ab.
Frische Okraschoten bekommen Sie bei uns fast das ganze Jahr über bei gut sortierten Gemüsehändlern und in ausländischen Lebensmittelgeschäften.
Dort gibt es sie auch in Dosen, tiefgefroren und getrocknet.

Süden in der Küche: Okras gehören zur Küche des Mittelmeers und der Kreolen – nach Afrika und Indien.

Okras mit Tomaten

Bámies laderés

Aus Griechenland

Das »Delphi« ist Griechen und Deutschen im Münchner Westen ein Begriff. Auf der Suche nach dem Vegetarischen aller Länder habe ich dort diesen Gemüsetopf gegessen und auch das Rezept bekommen.

Für 4 Portionen
500 g frische Okraschoten (siehe links)
Salz
1/8 l Essig
500 g Zwiebeln
4 Knoblauchzehen
3 Tomaten
1/2 Bund Petersilie
7 EL Öl
Pfeffer
1 Prise Zucker
4 EL Zitronensaft
3 EL Wasser

Dauert etwa 1 Stunde

› Die Okraschoten waschen, in einer Schüssel mit 2 Esslöffel Salz bestreuen, mit dem Essig begießen und zugedeckt 1 Stunde ziehen lassen.

› Zwiebeln in dünne Scheiben schneiden, Knoblauch hacken. Tomaten abziehen und in Scheiben schneiden. Die gewaschene Petersilie grob hacken. Die Okras auf ein Sieb abgießen, kalt abspülen und trockentupfen.

› Das Öl in einer Pfanne erhitzen. Die Okras darin bei starker bis mittlerer Hitze etwa 2 Minuten braten. In einen hohen Topf geben.

› Zwiebeln und Knoblauch im Öl bei mittlerer Hitze weich braten und dabei leicht bräunen. Auf den Okras verteilen. Mit Salz, Pfeffer und dem Zucker würzen; Zitronensaft, Wasser und die Petersilie darüber verteilen. Mit den Tomatenscheiben belegen, einmal aufkochen und zugedeckt bei schwacher Hitze etwa 30 Minuten garen.

Tip: Das Gemüse isst man heiß mit Reis oder lauwarm mit Weißbrot.

Reis-Zucchini-Auflauf
Suprême de riz et de courgettes

Aus Frankreich

Es ist ein wunderbarer, leichter Auflauf, den Joëlle Ribas für einen schönen Abend nach einem heißen Sommertag empfiehlt. »Er vereint so mediterrane Lebensmittel wie junge Zucchini, Olivenöl und Reis.«

Für 4–5 Portionen
1 1/2 kg Zucchini
3–4 EL Öl
200 g Langkornreis
400 ml Wasser
Salz
2 Eier
1/4 l Milch
Weißer Pfeffer
Geriebene Muskatnuss
100 g Emmentaler

Dauert etwa 1 1/2 Stunden
Arbeiten müssen Sie etwa 1 Stunde

› Zucchini waschen oder schälen und in etwa 3 Millimeter dicke Scheiben schneiden. Im heißen Öl portionsweise bei mittlerer Hitze goldbraun braten.

› Mit dem Reis in einen Schmortopf geben und bei schwacher Hitze unter Rühren 2 bis 3 Minuten braten. Mit Wasser aufgießen, Salz zugeben, zum Kochen bringen und zugedeckt bei schwacher Hitze 15 Minuten garen. Topf von der Kochstelle nehmen.

› Eier mit der Milch verquirlen, mit Salz, Pfeffer und Muskatnuss würzen. Den fein Käse reiben. 50 Gramm davon mit der Eiermilch verrühren. Zucchini-Reis untermischen.

› Auflauf in eine ofenfeste Form füllen und mit dem restlichen Käse bestreuen.

› In den kalten Backofen (mittlere Schiene) stellen und bei 200 °C (Umluft, 180 °C; Gas, Stufe 3) etwa 30 Minuten backen.

Kartoffelpuffer mit Zwiebeln
Lattkes

Aus der jüdischen Küche

In Öl Gebackenes wie Lattkes oder Sufganiot – Krapfen – gehört zu Chanukka, dem jüdischen Lichterfest. Zu Lattkes isst man Süßes: Bilha Widmann serviert dazu Apfelmus dazu.

Für 4 Portionen
2 EL Mehl
1 TL Salz
1 Messerspitze Pfeffer
2 Eier
2 EL Wasser
2 EL Öl
1 mittelgroße Zwiebel
500 g Kartoffeln (mehlige Sorte)
1 EL gehackte Petersilie
Öl zum Braten

Dauert etwa 1 Stunde

› Mehl, Salz und Pfeffer in einer Schüssel mischen. Eier, Wasser und Öl dazu geben und alles zu einem glatten Teig verarbeiten.

› Zwiebel abziehen und fein hacken. Kartoffeln schälen, waschen und fein reiben. In ein Sieb geben und mit einem Holzlöffel leicht ausdrücken.

› Kartoffeln, Zwiebel und Petersilie unter den Teig mischen.

› Öl in einer Pfanne erhitzen und darin pro Kartoffelpuffer 2 Esslöffel Teig zugedeckt bei schwacher Hitze etwa 10 Minuten backen, bis sie sich leicht vom Pfannenboden lösen lassen. Kartoffelpuffer wenden und weitere 5 Minuten backen. Den Rest des Teiges ebenso backen. Lattkes im Backofen bei 50 °C warm halten, bis alle fertig sind.

Tip: Mir schmecken die Lattkes auch mit festem Gemüse wie Zucchini, Kürbis oder Porree und Salat als Beilage.

Lattkes zum Fest

Das Lichter- oder Weihefest erinnert an einen wichtigen Sieg der Juden im Jahr 164 v. Chr. Bilha Widmann schrieb mir dazu die Stelle im Talmud auf: »Als die Syrer in den Tempel eingedrungen waren, machten sie alles Öl unrein, das im Tempel war. Als die Herrschaft der Hasmonäer erstarkte und jene besiegte, suchten sie nach und fanden nichts als ein Krüglein mit Öl, das mit dem Siegel des Hohepriesters versehen war, und nur noch so viel war darin, um einen Tag zu brennen.
Da geschah ein Wunder und sie brannten davon acht Tage.«
Die Syrer gehörten damals zum Seleukidenreich, das sich nach Osten über die heutigen Staaten Irak, Iran und Afghanistan bis Pakistan erstreckte.
Benannt nach Seleukos I., einem der »Erben« Alexanders des Großen, war es 150 Jahre nach Alexanders Tod zum größten Teil zerfallen. Palästina ging 164 v. Chr. verloren: Die Seleukiden hatten den Jerusalemer Tempel zur Kultstätte für Zeus erklärt.
Unter Führung der Makkabäerfamilie befreiten sich die Juden schließlich von dieser kulturellen und religiösen Unterdrückung und weihten ihren Tempel neu ein.

»Das Currygemüse ist appetitanregend, leicht verdaulich und nur mild scharf – ein Gegensatz also zu unseren anderen Speisen mit viel Chilischärfe.«

SUN HEE JUN-SAILER

Der Knoblauchstand auf dem Chagalchi-Markt in Pusan zeigt noch ein Gemüse, das sehr typisch für Ostasien ist:

Currygemüse

Curry Yachae

Aus Korea

Dieses Gemüse ist ein sommerliches Essen in Korea. Die sanfte Schärfe unterstreicht Sun Hee Jun-Sailer durch europäische Crème fraîche. Dazu serviert sie frisch gekochten Langkornreis.

Für 4 Portionen

4 mittelgroße Kartoffeln (fest kochende Sorte)
2 mittelgroße Möhren
1 mittelgroße Zucchini
2 Stangen Sellerie
1 gelbe Paprikaschote
1 große Zwiebel
2 Knoblauchzehen
3 EL Pflanzenöl
2 EL mildes Currypulver
1 EL scharfes Currypulver
4 EL Wasser
1/2 l Gemüsebrühe
2 EL Speisestärke
1 EL Crème fraîche
Salz
Schwarzer Pfeffer

Dauert etwa 45 Minuten

den großen gelben Kürbis. Sun Hee Jun-Sailer hat mir von dem Kürbisgemüse ihrer Mutter vorgeschwärmt.

› Kartoffeln und Möhren schälen, Zucchini, Sellerie und Paprikaschote waschen und putzen.

› Alles in mundgerechte Würfel oder Stücke schneiden. Zwiebel und Knoblauch hacken.

› Das Öl in einem großen Topf erhitzen. Die Kartoffeln darin bei starker bis mittlerer Hitze 2 bis 3 Minuten anbraten, bis sie leicht gebräunt sind.

› Restliches Gemüse, Zwiebel und Knoblauch zugeben und unter ständigem Rühren 5 Minuten braten.

› Beide Currypulver mit 2 Esslöffel kaltem Wasser verrühren und unter das Gemüse mischen.

› Gemüsebrühe zugießen, Gemüse zugedeckt bei mittlerer bis schwacher Hitze 15 Minuten garen. Zwischendurch einige Male umrühren.

› Speisestärke im restlichen kalten Wasser glatt rühren, zum Gemüse geben und unter Rühren kurz aufkochen.

› Crème fraîche untermischen, das Curry mit Salz und Pfeffer abschmecken.

Welches Gemüse Sie nehmen, spielt keine Rolle: Sun Hee richtet sich nach dem Angebot der Saison. In den Sommermonaten verwendet sie z.B. Auberginen, im Winter Chinakohl und Pastinaken.

Currypulver kaufen

Bei industriell gefertigtem Currypulver können Sie zwei Variationen wählen – benannt nach den indischen Regionen, die durch ihr Spezial-»Kari« berühmt geworden sind: scharfen oder mildaromatischen Madras-Curry und würzig-scharfen Bombay-Curry.

Der Kürbis aus den Tropen

Die Chayote, auch Choux-Choux genannt, Mitglied der Kürbisfamilie, gibt es fast das ganze Jahr über, vor allem aber von November bis April, bei uns zu kaufen. Sie stammt aus Mittelamerika und Brasilien, und vermutlich haben die Azteken sie bereits als Gemüse gegessen: Junge Triebe kann man wie Spargel, die Blätter wie Spinat zubereiten. Die Kletterpflanze mit den dekorativen Früchten wird in den Tropen auch als Zierde angebaut: »Bei uns hat sie die ganze Garage überwuchert«, erzählte mir Iris. In Brasilien gibt es ein typisches Gericht – Shrimps mit Choux-Choux – das selbst die berühmte Sängerin Carmen Miranda besungen hat.

Tip zur Vorbereitung

Beim Schälen von rohen Chayoten tritt ein klebriger Saft aus. Deshalb am besten unter fließendem Wasser arbeiten.

Chayotengratin mit Käsesauce

Choux Choux Casserole

Aus Mauritius

Zum Gratin von Ramola Parbhoo gibt es Bohnen- oder Okragemüse und Baguette.

Für 5 Portionen
6 Chayoten
1 Knoblauchzehe
Salz
2 EL Butter
1 EL Mehl
1/4 l Milch
120 g alter Gouda
Weißer Pfeffer
240 g Semmelbrösel
2 EL gehackte Petersilie

Dauert etwa 1 Stunde

› Chayoten wie Pellkartoffeln unter fließendem Wasser abbürsten, in einen Topf mit wenig Wasser geben und in 20 Minuten weich kochen. Längs halbieren, Kern herausschneiden, das Fruchtfleisch herauskratzen und in einer Schüssel zu Püree zerdrücken.

› Den Backofen auf 220 °C (Umluft, 200 °C; Gas, Stufe 4) vorheizen.

› Für die Sauce den Knoblauch mit Salz zerdrücken. Die Butter schmelzen, mit Knoblauch und Mehl zu einer Paste verrühren und in einem kleinen Topf erhitzen. Unter Rühren nach und nach die Milch zugeben. Sauce 5 Minuten bei schwacher Hitze kochen. Die Hälfte des geriebenen Käses unterrühren, mit Salz und Pfeffer abschmecken.

› Chayotenpüree in einer gefetteten ofenfesten Form glatt streichen. Mit der Käsesauce begießen. Den restlichen Käse mit den Semmelbröseln vermischen. und darüber streuen. Gratin im heißen Backofen in etwa 10 Minuten goldgelb überbacken. Mit gehackter Petersilie bestreuen und sofort servieren.

Gemüse mit Cashewnüssen

Padpag Seituahimapal

Aus Thailand

Sombat Kaewchum-Rozmus nimmt ungebleichten Stangensellerie für Gemüse und Salat: »Er lässt dem anderen Gemüse und den Gewürzen ihr Aroma.«

Für 2 Portionen
4 getrocknete Shiitakepilze
1/8 Wasser
2 mittelgroße Möhren
1 mittelgroße grüne Paprikaschote
1 Stange Sellerie
1 kleine weiße Zwiebel
2 Frühlingszwiebeln
2 EL Sonnenblumenöl
100 g Cashewnusskerne
1 EL Sojasauce
1 TL Salz
Schwarzer Pfeffer
1 TL Zucker

Dauert etwa 30 Minuten

› Pilze im heißen Wasser 30 Minuten einweichen, herausnehmen, kalt abspülen und in Streifen schneiden. Wasser für das Gemüse beiseite stellen.

› Geschälte Möhren in dünne Stifte, Paprikaschote in feine Streifen, Sellerie in dünne Stücke schneiden. Die weiße Zwiebel und die Frühlingszwiebeln mit dem Grün in dünne Ringe schneiden.

› Öl in einer großen Pfanne oder im Wok erhitzen. Nüsse darin bei mittlerer Hitze goldbraun braten. Möhren und Pilze zugeben und bei starker Hitze unter Rühren etwa 1 Minute braten. Paprikaschote, Sellerie und Zwiebeln zugeben und alles nochmals kurz braten.

› Pilzwasser, Sojasauce, Salz, Pfeffer und Zucker zugeben und unter Rühren einmal kräftig aufkochen. Von der Kochstelle nehmen und auf einer vorgewärmten Platte anrichten.

Gefüllte Paprikaschoten im Eimantel

Chiles Rellenos

Aus Mexiko

Für 4 Portionen
4 gleich große spitze Paprikaschoten
Füllung
50 g weicher Schafkäse (Feta)
3 bis 4 mittelgroße Champignons
1 mittelgroße Zwiebel
4 EL geriebener Gouda
2 EL gehackte Petersilie
Pfeffer
Eimantel
1 Ei
50 g Mehl
6 EL Öl
Salz
Sauce
1 reife Tomate
1/4 l Salsa Mexicana (fertig gekauft oder selbst gemacht)
2 EL saure Sahne

Dauert etwa 50 Minuten

› Die Paprikaschoten waschen, gut abtrocknen, backen und abziehen (siehe rechts). Schoten vorsichtig entkernen. Dabei das Fruchtfleisch möglichst nicht verletzen, damit man sie füllen kann.

› Den Schafkäse mit einer Gabel zerdrücken. Die geputzten Champignons und die abgezogene Zwiebel fein zerkleinern. Alles mit den restlichen Zutaten für die Füllung mischen, in 4 Portionen teilen und mit einem Löffel in die Paprikaschoten geben.

› Das Ei trennen. Das Eiweiß steif schlagen und das Eigelb unterheben. Die Paprikaschoten zuerst im Mehl und dann im Eischaum wenden. Öl in einer Pfanne erhitzen, Paprikaschoten darin bei mittlerer Hitze goldgelb braten.

› Die Tomate abziehen und grob zerkleinern. Mit der Salsa Mexicana bei mittlerer Hitze etwa 5 Minuten garen, pürieren und warm halten.

› Die heiße Sauce über die gefüllten Paprikaschoten gießen und jeweils mit 1/2 Esslöffel saurer Sahne garnieren.

Dazu serviert Llermi Reis, Bohnenmus (Rezept auf Seite 223) und grünen Salat.

Besser ohne Haut

Llermi Schröder zieht Paprikaschoten für Chiles Rellenos, das berühmte Gericht ihrer Heimat, immer ab:
Den Backofen auf 250 °C (Umluft, 220 °C; Gas, Stufe 5) vorheizen. Die Schoten mit dem Rost in den heißen Backofen schieben und backen, bis die Haut Blasen wirft. Herausnehmen, mit einem feuchten Tuch bedeckt etwas abkühlen lassen. Die Haut mit einem spitzen kleinen Messer vorsichtig abziehen.
Übrigens lassen sich reife Schoten viel besser abziehen. Nora Dubral macht es so: 3 Esslöffel Öl in einer Pfanne erhitzen und die gewaschenen, abgetrockneten Schoten darin rundum kurz anbraten, bis die Haut Blasen wirft. Herausnehmen, in eine Plastiktüte legen und etwas abkühlen lassen.

Die Paprikaschoten mit würziger Käsefüllung und einer Hülle aus leichtem Eierteig gehören sicher zu den bekanntesten Gerichten Mexikos.

Kosmopolit unter den Kräutern

Koriander ist schon sehr lange bekannt. »Es steht fest«, so der römische Naturwissenschaftler Plinius (24–79), »dass der ägyptische der beste ist.« Merkwürdigerweise rechnete er ihn zu den Kulturpflanzen, obwohl Koriander im Süden wild wächst. Vielleicht wurde er im antiken Rom intensiv kultiviert; jedenfalls war er äußerst beliebt: Das Kochbuch des Apicius gibt für über 70 Rezepte Korianderkraut oder Korianderfrüchte, die Samen, an.
In der Moderne ist Koriander der Kosmopolit unter den Küchenkräutern geblieben: Das frische Grün gehört zu den Küchen Nordafrikas, Mexikos, Thailands und Vietnams, während Nord- und Mitteleuropäer eher die Früchte bevorzugen. Die Zyprioten essen beides sehr gerne – die weit gereiste, große englische Kochbuchautorin Elisabeth David berichtet von einer Spezialität Zyperns: Grüne Oliven werden zerkleinert und kräftig mit Korianderfrüchten gewürzt.

Kartoffeln isst man in den meisten Ländern der Erde als Gemüse.

Kartoffel-Auberginen-Curry

Vengan Batata ni Sakh

Aus Indien

Für das einfache indische Essen brauchen Sie gute Zutaten: Kartoffeln, Tomate und Aubergine sollen fest, nicht wässrig sein.

Für 4 Portionen
500 g Kartoffeln (fest kochende Sorte)
1 kleine Aubergine
1 mittelgroße Tomate
3 mittelgroße Zwiebeln
2 Knoblauchzehen
2 EL Kreuzkümmelkörner
1 Stück frischer Ingwer (etwa 2 cm lang)
1 TL Chilipulver
1 TL Kardamomkapseln
2 EL frische Korianderblätter
3 EL Speiseöl
1 TL schwarze Senfkörner
1 TL Salz

Dauert etwa 45 Minuten

› Kartoffeln schälen, die Aubergine waschen, die Tomate abziehen. Alle diese Zutaten in Würfel schneiden. Abgezogene Zwiebeln hacken, Knoblauch mit Salz zerdrücken. Kreuzkümmel im Mörser zermahlen. Ingwer schälen und auf der Rohkostreibe fein reiben oder durch die Knoblauchpresse drücken.

› Das vorbereitete Gemüse mit den Gewürzen und den Korianderblättern in einer Schüssel mischen.

› Das Öl in einer großen Pfanne sehr heiß werden lassen. Die Senfkörner darin etwa 10 Sekunden unter Rühren braten, bis sie aufplatzen.

› Das Gemüse in die Pfanne geben, einige Male umrühren und zugedeckt bei schwacher Hitze in etwa 35 Minuten weich dünsten. Mit Salz abschmecken.

Tip: Das Curry wird mit frisch gebackenen Puris, den ballonartigen indischen Fladenbroten (Rezept auf Seite 105) oder mit Reis serviert. Außerdem schmeckt dazu schaumig geschlagener Joghurt, der die Schärfe mildert.

Zucchinifrikadellen
Kolokithokeftédes

Aus Griechenland

Athanase Mariggis würzt den Teig meist mit Petersilie, weil dieses Küchenkraut in Deutschland am einfachsten zu bekommen ist. »Typisch bei uns ist aber Dill oder Pfefferminze.«

Für 4 Portionen
4–5 mittelgroße Zucchini (etwa 750 g)
Salz
1 mittelgroße Zwiebel oder 4 Lauchzwiebeln
Etwa 4 EL Mehl
3 Eier
3 EL fein gehackte Petersilie
Pfeffer
Öl zum Braten

Dauert etwa 1 Stunde

› Zucchini waschen, schälen und fein reiben. Mit etwas Salz bestreuen und etwa 10 Minuten stehen lassen. Zwiebel abziehen und fein hacken.

› Die geriebenen Zucchini in ein Tuch geben und mit den Händen so lange fest ausdrücken, bis kein Wasser mehr herausläuft. In einer Schüssel mit Zwiebel, Mehl, Eiern und Petersilie mischen. Mit Salz und Pfeffer abschmecken. Falls der Teig zu flüssig ist, noch teelöffelweise Mehl untermischen.

› Etwas Öl in einer großen Pfanne erhitzen. Den Teig mit einem Esslöffel als knapp handtellergroße Frikadellen ins heiße Öl geben.

› Die Frikadellen bei schwacher Hitze 4 bis 5 Minuten braten, bis sie sich leicht vom Pfannenboden ablösen lassen. Wenden und auf der zweiten Seite in etwa 4 Minuten goldgelb braten.

Tip: Zucchinifrikadellen schmecken – so wie alle griechischen Keftédes – knusprig und frisch aus der Pfanne am besten. Man isst Fladenbrot und Joghurtsauce (Rezept auf Seite 164) dazu.

Kürbisgemüse
Tökfozelek

Aus Ungarn

Kürbis ist den Ungarn besonders lieb: »Als einziges Gemüse wird er nur leicht mit Mehl gebunden und nicht in einer dicken Mehlschwitze angerichet«, sagte mir Ingeborg Burger-Balogh. In der Tat ist das Kürbisgemüse von Martha Lavallée wunderbar leicht, dillwürzig und fein sämig, so dass Pellkartoffeln oder Getreidefrikadellen ausgezeichnet dazu passen.

Für 4 Portionen
1,3 kg Gartenkürbis
1 kleine Zwiebel
1 Bund Dill
3 EL Öl
1 TL mildes oder scharfes Paprikapulver
Salz
1 EL Essig
Zucker
1 EL Mehl
150 ml saure Sahne

Dauert etwa 35 Minuten

› Kürbis längs halbieren, schälen und die Kerne mit einem Löffel heraus kratzen. Die Kürbishälften mit der groben Rohkostraffel in möglichst lange Streifen schneiden. Zwiebel und Dill getrennt fein hacken.

› Das Öl in einem Topf erhitzen und die Zwiebel darin bei schwacher Hitze glasig braten. Paprikapulver darüber streuen, Kürbis untermischen, mit Salz würzen. Zugedeckt bei schwacher Hitze in etwa 20 Minuten weich kochen.

› Dill untermischen, Gemüse mit Essig und einer Prise Zucker würzen. Das Mehl mit saurer Sahne vermischen, unterrühren und alles noch einmal kräftig aufkochen.

Auf diese Art zubereitet, schmecken auch im Gemüsebeet zu groß geratene Zucchini noch sehr gut.

Kürbis

Man isst ihn in vielen Ländern der Erde: Bei uns in Europa sind mächtige orangerote oder gelbe Riesenkürbisse typisches Gemüse für Spätherbst und Winter, in den USA ist Pumpkinpie die Spezialität zu Halloween am 31. Oktober. In Japan und Korea gehören bestimmte Sorten zur sommerlichen Küche; gebackene Kürbisschnitten sind auch Bestandteil von Tempura. Auf den Philippinen werden ausgebackene Kürbisplätzchen im Straßenimbiss verkauft und in Indien zählen die länglichen Moschus- und die Wachskürbisse zur bäuerlichen Küche.

Heilpilze

Shiitake oder Tonggu, wie sie in China heißen, sind gesünder als andere Pilze: Sie enthalten einige Vitamine, senken den Cholesterinspiegel, wirken gegen Viren und Tumore im Magen- und Dickdarmbereich. Gesundheit und Genuss lassen sich aber nicht ganz unter einen Hut bringen: Getrocknete Pilze schmecken besser, doch frische sind zweimal so heilsam.

Der chinesische Name bedeutet Ameisen auf den Bäumen. Die Pilze sind die Ameisen, die Glasnudeln die Bäume. Xiaoyan Zhang würzt dieses Gericht sehr scharf – man kann auch weniger Chilischoten nehmen.

Tongupilze mit Glasnudeln

Mayi Shangshu

Aus China

Für 4 Portionen
50 g getrocknete Tongupilze (Shiitakepilze)
3 eingelegte rote Chilischoten
1 Stück frischer Ingwer (etwa 1 cm lang)
1 l Speiseöl
100 g Glasnudeln
2 EL Sojasauce
1 EL Sherry
1 EL Zucker
300 ml Gemüsebrühe
2 EL Sesamöl
1 TL scharfe Bohnenpaste
1 TL Speisestärke
1 EL Wasser
Dauert etwa 1 Stunde

› Pilze mit kochendem Wasser übergießen und 30 Minuten einweichen. Auf ein Sieb abgießen und kalt abspülen. Die Pilzhüte von den zähen Stielen schneiden und fein zerkleinern.

› Chilischoten halbieren. Kerne und Scheidewände entfernen, kalt waschen und fein hacken. Ingwerwurzel schälen und ebenfalls fein hacken.

› Das Speiseöl im Wok erhitzen. Glasnudeln darin etwa 1 Minute bei mittlerer Hitze frittieren. Auf Küchenpapier abtropfen lassen und auf einer Platte anrichten. Das heiße Öl aus dem Wok in eine Schüssel gießen, abkühlen lassen und zum Wiederverwenden in ein Schraubglas füllen.

› Sojasauce, Sherry, Zucker und Gemüsebrühe für die Sauce mischen.

› Sesamöl im Wok erhitzen, Ingwer und Pilze unter Rühren kurz anbraten. Scharfe Bohnenpaste und Chilischoten zugeben.

› Bei starker Hitze braten, bis sie zu duften beginnen. Die Saucenmischung zugießen und bei schwacher Hitze etwa 5 Minuten kochen.

› Speisestärke mit kaltem Wasser glatt rühren, Pilze damit binden. Auf den Glasnudeln verteilen und servieren.

Auberginen mit Ei
Dim bagoon

Aus Indien

Ein leichtes und schnelles Gericht von Arun Das Gupta. Er serviert es als dritten Gang in einem vegetarischen Menü.

Für 4 Portionen
400 g Auberginen
1 mittelgroße Tomate
1 mittelgroße Zwiebel
150 ml Pflanzenöl
1 gehäufter TL gemahlener Kreuzkümmel
1 gehäufter TL gemahlene Gelbwurz
1/4 TL Chilipulver
1 EL Tomatenketchup
1 TL Salz
1 Ei

Dauert etwa 30 Minuten

› Auberginen in 1 Zentimeter große Würfel, Tomate in Scheiben schneiden. Zwiebel abziehen und fein hacken.

› In einer großen Pfanne das Öl bis auf 1 Esslöffel erhitzen. Auberginenwürfel portionsweise darin bei mittlerer bis schwacher Hitze weich braten. Herausnehmen und auf Küchenpapier sehr gut abtropfen lassen.

› Die Zwiebel im restlichen Öl hellbraun anbraten. Kreuzkümmel, Gelbwurz und Chilipulver zugeben und alles 1 bis 2 Minuten braten.

› Auberginen, Tomatenscheiben, Ketchup und Salz zugeben und alles 5 Minuten braten. Gemüse mit Gabel oder Kartoffelstampfer zerdrücken.

› Das Ei verquirlen, unterrühren und etwa 2 Minuten mitbraten, bis es gerade eben gestockt ist.

Gebratener Wasserspinat
Pad Pakbung

Aus Thailand

Janja Riesers Rezept hat mich erst ratlos gemacht: Die Hauptzutat »Morningori« war mir gänzlich unbekannt und auch in keinem Asienladen zu kriegen. Da half »Teubners Gemüsebuch«. Wir blätterten es gemeinsam durch, bis Janja das Bild gefunden hatte. Nun war mir das Wort klar: Neben dem unattraktiven »swamp cabbage« haben die Engländer noch einen poetischen Namen für das edle Gemüse gefunden: »Morning glory«.

Für 2 Personen
700 g Wasserspinat (Pakbung)
3 Knoblauchzehen
1 TL Zucker
3 EL Sojasauce
3 EL Pflanzenöl

Dauert etwa 15 Minuten

› Den Wasserspinat waschen und wie bei Spargel die holzigen Enden abschneiden. Das Gemüse in 5 Zentimeter lange Stücke schneiden und in eine Schüssel geben.

› Knoblauch abziehen und fein hacken. Mit Zucker und Sojasauce zum Spinat geben und alles mischen.

› Das Öl in einer Pfanne oder im Wok stark erhitzen. Das Gemüse darin unter Rühren 3 bis 5 Minuten braten und sofort z. B. mit Reis servieren.

Flüchtiges Gelb

Wenn Sie mit Gelbwurz (Kurkuma) Gewürztes essen, nehmen Sie am besten weiße Tischwäsche, und das nicht nur aus ästhetischen Gründen. Kurkumaflecken verschwinden beim Waschen nämlich nicht. Sie müssen Flecken in Tischdecke und Servietten erst mit Wasser befeuchten und zum Bleichen in die pralle Sonne legen: Kurkumin, der gelbe Farbstoff in der Kurkumaknolle, ist lichtempfindlich.
Doch dabei können farbige Stoffe ebenfalls helle Stellen bekommen.

Wasserspinat bekommen Sie in asiatischen Läden – oft nur auf Bestellung. Er ist ein feines, bei uns aber ziemlich teures Gemüse. Die zarten Stiele kann man roh oder gegart essen. Als Alternative nimmt Janja Rieser asiatischen Brokkoli.

Matze

Das ungesäuerte, flache Brot der Juden besteht nur aus Mehl und Wasser. Die Matzen für das Rezept bekommen Sie immer – auch in vielen Supermärkten. Die etwa doppelt so große Matze vor Pessach gibt es erst ungefähr einen Monat vor dem Fest in jüdischen Lebensmittelgeschäften.

Porreeauflauf

Aus der jüdischen Küche

Jüdische Kochtradition kommt aus zwei Erdteilen: Mittel- und Osteuropa haben die Küche der aschkenasischen Juden beeinflusst, Spanien, Portugal und der Nahe Osten die der sephardischen Juden. Porree stammt vermutlich aus dem Mittelmeerraum, und jüdische Gerichte mit diesem Gemüse – Lauchlatkes oder Lauchauflauf – ordnet man der sephardischen Küche zu.

Für 4 Portionen
1 große Stange Porree
40 g Butter
1/2 TL Salz
1/2 TL Pfeffer
2 Matzen (siehe links; je etwa 20 x 16 cm groß)
1/2 l heißes Wasser
5 Eier
200 ml süße Sahne
Fett für die Form
Dauert etwa 1 1/4 Stunden
Arbeiten müssen Sie etwa 20 Minuten

› Den Porree putzen, waschen und mit allen saftigen grünen Blättern in fingerbreite Scheiben schneiden. Die Butter in einer großen Pfanne erhitzen und die Scheiben darin unter Rühren etwa 5 Minuten bei schwacher Hitze dünsten. Mit Salz und Pfeffer würzen.

› Die Matzen in einen Gefrierbeutel geben und mit der Nudelrolle sehr fein zerkleinern. Mit dem heißen Wasser verrühren und etwa 5 Minuten stehen lassen. Eier mit Sahne verquirlen.

› Angerührte Matzenmasse mit 1/3 der Eier-Sahne-Mischung verrühren und in eine gefettete Auflaufform füllen. Porreescheiben darauf verteilen und mit der restlichen Eiersahne begießen.

› In den kalten Backofen (mittlere Schiene) schieben und bei 180 °C (Umluft, 160 °C; Gas, Stufe 2–3) etwa 50 Minuten backen.

Polentakuchen

Aus der Schweiz

»Polenta ist typisch für die Südschweiz«, hat mir Paula Eicher zu ihrem Rezept gesagt. »Im Tessin gibt es eine Polenta mit Buchweizengrieß, die Polenta negra«.

Für 6 Portionen
Polenta
Etwa 800 ml Wasser
200 g Maisgrieß
2–3 TL Gemüsebrühe (instant)
Fett für das Blech
Belag
4 Fleischtomaten
3 kleine Zucchini
8 eingelegte Peperoni (Glas)
2 mittelgroße Zwiebeln
100 g Champignons
Salz
Pfeffer
1 TL getrockneter Oregano
200 g Schweizer Emmentaler in dünnen Scheiben
Dauert etwa 1 Stunde

› Wasser aufkochen. Maisgrieß und Gemüsebrühe zugeben, erneut aufkochen. Bei schwacher Hitze unter gelegentlichem Rühren etwa 15 Minuten kochen, bis das Wasser aufgesogen ist. Ist der Brei zu fest, noch Wasser untermischen.

› Polenta etwas abkühlen lassen, auf ein gefettetes Backblech streichen und festdrücken. Ofen auf 200 °C (Umluft, 180 °C; Gas, Stufe 3) vorheizen.

› Für den Belag Tomaten, Zucchini und Zwiebeln in Scheiben schneiden. Peperoni abtropfen lassen. Champignons putzen und in Scheiben schneiden.

› Alle diese Zutaten auf der Polenta verteilen. Mit Salz und Pfeffer würzen, mit Oregano bestreuen und mit dem Käse belegen. Polenta in den heißen Backofen (mittlere Schiene) schieben und etwa 15 Minuten backen, bis der

Kartoffeleintopf mit Wirsing
Colcannon

Aus Irland

Meine Mitarbeiterin Natascha Afanassjew liebt Irland sehr. Von dort hat sie das Colcannon-Rezept mitgebracht.

Für 3 Portionen

450 g Kartoffeln (mehlige Sorte)
250 g Wirsing
75 g Butter
1 mittelgroße Zwiebel oder
1 kleiner Bund Lauchzwiebeln
150 ml Milch
Salz
Pfeffer
1/2 Bund Petersilie

Dauert etwa 45 Minuten

› Die Kartoffeln schälen, waschen und würfeln. Mit wenig Wasser weich garen. Abgießen und mit dem Kartoffelstampfer zu Püree zerdrücken.

› Während die Kartoffeln kochen, den Wirsing putzen und waschen. In reichlich sprudelnd kochendem Wasser aufkochen und bei mittlerer Hitze in etwa 5 Minuten bissfest garen. Mit einem Schaumlöffel herausnehmen, abtropfen und etwas abkühlen lassen. Die dicken Rippen herausschneiden, Blätter fein hacken. Etwa 2/3 der Butter schmelzen, den gehackten Wirsing untermischen.

› Zwiebel fein hacken, mit Milch aufkochen und bei schwacher Hitze etwa 5 Minuten kochen. Von der Kochstelle nehmen und das heiße Kartoffelpüree kräftig unterrühren, bis eine cremige Masse entsteht. Wirsing untermischen.

› Den Eintopf mit Salz und Pfeffer abschmecken und in eine große, gut vorgewärmte Schüssel füllen. Mit einem Löffel eine Mulde in die Mitte drücken und den Rest der Butter in Flöckchen hineingeben. Mit der fein gehackten Petersilie bestreuen und sofort servieren.

Manchmal bekommt man bei uns kultivierten Meerkohl: bleiche Sprossen mit krausen, kleinen Blättchen.

Irische Bauern brauchten die Kartoffel zum Überleben. Als im 19. Jahrhundert eine Pilzkrankheit die Kartoffelpflanzen befiel, kam es zu einer schrecklichen Hungersnot.

Der gälische Topf

Colcannon ist ein irisches Fastengericht zu Halloween (31. Oktober). An diesem Tag wurde in Irland traditionell kein Fleisch gegessen. Der Name stammt aus dem Gälischen: »cal ceann fhionn« bedeutet weißer Kohlkopf. Früher hat man Meerkohl (sea kale) für den Eintopf gesammelt: Der große, helle Kohl wächst wild an den Küsten Nord- und Westeuropas. Er bildet keine Köpfe; seine Blätter einnern an riesige Kohlrabiblätter. Inzwischen kochen die Iren Colcannon oft mit Weißkohl oder Wirsing.

»In Indonesien nehmen wir etwa zehn Chilischoten: Damit werden die Kartoffeln schön scharf und bekommen eine kräftig rote Farbe.«

TUTTY WILPERNIG

Scharfe Kartoffeln
Sambal kering kentang

Aus Indonesien

Die chilischarfen Kartoffeln serviert man kalt als Beilage zu Gemüse und Reis oder einfach so zum Knabbern.

Für 3–5 Portionen
1 kg Kartoffeln
1 l Öl zum Frittieren
3–5 rote Chilischoten
4 Knoblauchzehen
2 Zwiebeln
10 Kemirinüsse oder Walnusskerne
1/4 TL Salz
2 EL Zucker
3 EL Öl
1 TL Essig
3 EL geröstete Zwiebeln (fertig gekauft)

Dauert etwa 45 Minuten

› Kartoffeln schälen und grob raspeln oder in streichholzdünne Stifte hobeln. 15 Minuten in reichlich kaltes Wasser legen, damit sie nicht braun werden. Abtropfen lassen und abtrocknen.
› Frittieröl in einem hohen Topf oder in der Fritteuse erhitzen. Kartoffeln darin portionsweise hellbraun braten. Mit dem Schaumlöffel herausnehmen und auf Küchenpapier abtropfen lassen.
› Chilischoten halbieren, Kerne und Scheidewände entfernen. Knoblauch und Zwiebeln abziehen. Diese Zutaten grob hacken. Mit Nüssen, Salz und Zucker in einen Mörser geben und fein, am besten zu einer Paste, zerkleinern.
› Öl in einer Pfanne erhitzen, Paste bei schwacher Hitze etwa 7 Minuten braten. Essig unterrühren und einkochen lassen. Geröstete Zwiebeln und Kartoffelstifte untermischen.

Die Kartoffeln gehören in Indonesien zum Vorrat: Kühl, trocken und fest verschlossenen, lassen sie sich ohne weiteres einen Monat aufheben.

Zucchinicurry
Chichinge torkari

Aus Indien

Arun Das Gupta gibt die Gewürzmengen für das Gemüsecurry exakt an. Er kommt aus Kalkutta, und bengalische Köche sind für ihre Kunst des Würzens berühmt: »Nehmen Sie von Kreuzkümmel, Gelbwurz, Koriander, Salz und Zucker jeweils einen gestrichenen Teelöffel voll. Beim Chilipulver können Sie selbst wählen, ob Sie das Curry lieber eine Spur schärfer oder milder mögen. In meiner Heimat würzt man übrigens viel milder als in anderen Regionen Indiens.«

Für 4 Portionen
500 g kleine Zucchini
1 große Tomate
1 große Zwiebel
1 mittelgroße Paprikaschote
75 ml Pflanzenöl
1 TL gemahlener Kreuzkümmel
1 TL gemahlener Koriander
1 TL gemahlene Gelbwurz
1/4 TL Chilipulver
1 TL Salz
1 TL Zucker

Dauert etwa 40 Minuten

› Gewaschene Zucchini und Tomate in knapp 1 Zentimeter dicke Scheiben, geschälte Zwiebel in feine Ringe, geputzte Paprikaschote in 2 Zentimeter breite Streifen schneiden.
› Öl bei mittlerer Hitze heiß werden lassen und die Zwiebel darin goldbraun anbraten.
› Kreuzkümmel, Koriander, Gelbwurz und Chilipulver darüber streuen. Unter Rühren 1 bis 2 Minuten mitbraten.
› Zucchini, Tomate, Salz und Zucker zufügen. Unter weiterem Rühren etwa 5 Minuten mitbraten. Gemüse zugedeckt bei schwacher Hitze 10 Minuten garen. Zuletzt Paprikastreifen zugeben und noch 5 Minuten mitgaren.

Eierschnitten haben eine lange Tradition: Die erste Nachricht davon stammt aus dem 16. Jahrhundert.

Spinatgemüse mit Eierschnitten

Aus Österreich

Feines aus der Gemüseküche von Josefine Helm: Wenn es schnell gehen muss, nimmt sie drei Pakete tief gefrorenen Blattspinat, sonst frischen Herbst- oder Winterspinat – möglichst aus alternativem Anbau.

Für 4 Portionen
1,5 kg Spinat
4 Eier
8 große Scheiben altbackenes Weißbrot (vom Vortag)
1/4 l Speiseöl zum Ausbacken
1 Zwiebel
1 EL Olivenöl
Salz, Pfeffer
Geriebene Muskatnuss
Dauert etwa 1 Stunde

› Spinat verlesen, gründlich waschen und abtropfen lassen. Reichlich Wasser in einem großen Topf aufkochen. Den Spinat darin einige Sekunden kräftig sprudelnd kochen lassen, bis er intensiv dunkelgrün ist. Auf ein Sieb abgießen und abtropfen lassen.

› Eier in einer flachen Schüssel leicht verquirlen. Die Weißbrotscheiben darin wenden, etwas abtropfen lassen und im heißen Öl pro Seite etwa 2 Minuten backen, bis sie goldbraun und knusprig sind. Auf einer dicken Lage Küchenpapier abtropfen lassen.

› Während das Brot backt, die Zwiebel abziehen, fein hacken und bei schwacher Hitze im heißen Olivenöl glasig braten. Den Spinat darin erhitzen, mit Salz, Pfeffer und Muskat abschmecken.

› Das Gemüse schmeckt auch mit Mangold, und die Eierschnitten werden mit Vollkornbrot besonders kräftig.

Der Spinat und das Nitrat

Spinat speichert Nitrat, das sich bei bestimmten Temperaturen in Nitrit umwandelt. Doch die Mengen bleiben gering und unschädlich, wenn Sie bei Spinat folgendes beachten:

- Aus alternativem Anbau kaufen, denn da sind die Böden weniger nitratbelastet
- Nur aus dem Freilandanbau kaufen, denn Sonne und Wärme reduzieren den Nitratgehalt
- Nicht warm halten, denn bei Zimmertemperatur entsteht besonders viel Nitrit
- Zum Aufwärmen ebenfalls schnell heiß werden lassen
- Immer blanchieren (siehe Rezept links) und das Kochwasser nicht verwenden

Aus Portugal

Tempura haben vermutlich Missionare und Händler aus Portugal im 16. Jahrhundert nach Ostasien gebracht.
Es heißt, der Name des Gerichts komme vom portugiesischen »temporas«, der Fastenzeit vor Ostern. Deshalb enthält originales Tempura kein Fleisch, sondern Gemüse, Fisch und Meeresgetier. Das Tempura von Sun Hee Jun-Sailer ist nur mit Gemüse zubereitet.
Für Gäste serviert sie es als Vorspeise oder Zwischengang, in der Familie auch als Hauptgericht. Dann nimmt Sun Hee noch Süßkartoffeln und Porree.
»Grundsätzlich können Sie Tempura mit jedem Gemüse backen, das nicht zuviel Wasser enthält«, sagt sie. »Shiitake und Zucchini schmecken gut, Gurken, Rettich und Tomaten eignen sich nicht.«

Gebackenes Gemüse
Tempura

Aus Korea und Japan

Für 6 Portionen

Sauce
2–3 TL Seetangbrühe (instant; ersatzweise Gemüsebrühe)
1/2 l Wasser
2 EL Zucker
5 EL Sojasauce
1 Prise Glutamat
100 g weißer Rettich
Gemüse
2 Kartoffeln
1 Aubergine
1 Paprikaschote
2 Möhren
1 mittelgroßer Strunk Brokkoli
Teig
150 ml kaltes Wasser
3–5 gehäufte EL Mehl (50–75 g)
2 Eiswürfel
1 l Pflanzenöl zum Frittieren

Dauert etwa 1 1/2 Stunden

› Für die Sauce die Brühe ins Wasser rühren und langsam erwärmen. Zucker, Sojasauce und Glutamat zugeben. Rettich schälen, reiben und kurz vor dem Servieren untermischen. Die Sauce in Portionsschälchen füllen.
› Gemüse (außer Brokkoli) in dünne Streifen oder Scheiben schneiden. Den Brokkoli in Röschen teilen. Die Stiele schälen und in dünne Stifte schneiden.
› Für den Teig das Wasser in eine Schüssel geben. So viel Mehl nach und nach einrühren, dass ein dünnflüssiger Teig entsteht. Eiswürfel zugeben, damit der Teig nicht klumpt.
› Das Öl in einem Topf oder Wok erhitzen. Jedes Gemüsestück einzeln in den Teig tauchen und portionsweise schwimmend im Öl ausbacken. Sobald es an die Oberfläche steigt, ist es gar. Heiß servieren. Zum Essen die Gemüsestückchen in die Sauce dippen.

Drei-Gemüse-Platte
Shanse Xianggu

Aus China

Xiaoyan Zhang nimmt zwei Zutaten, die Sie bei uns leider häufig durch ähnliche Zutaten ersetzen müssen: Xianggupilze sind chinesische Duftpilze; eine Alternative sind Shiitakepilze – nehmen Sie nur getrocknete, denn die sind aromatischer als frische. Für Senfkohl (Brassica juncea), leicht bittere kleine Kohlköpfe, die im Geschmack ein wenig an Senf erinnern, ist Paksoi oder fester kleiner Chinakohl der beste Ersatz.

Für 2 Portionen

10 getrocknete Xianggupilze (siehe oben)
500 g weißer Spargel
8 Stück Senfkohl (siehe oben)
2 EL Öl
300 ml Gemüsebrühe
1 TL Speisestärke
1 EL Wasser
1 TL Salz
Weißer Pfeffer

Dauert etwa 45 Minuten

› Pilze mit heißem Wasser übergießen und etwa 30 Minuten ziehen lassen. Abgießen und kalt abspülen.
› Spargelstangen schälen und eventuell holzige Enden abschneiden. Stangen waschen und in 6 Zentimeter lange Stücke schneiden. Senfkohl waschen, ebenfalls in 6 Zentimeter lange Stücke schneiden und jeweils halbieren.
› Das Öl im Wok erhitzen, die Pilze darin kurz anbraten. Brühe zugießen, einmal aufkochen, und die Pilze etwa 5 Minuten bei schwacher Hitze garen. Vorbereiteten Spargel und Senfkohl zugeben und alles 2 Minuten garen.
› Speisestärke mit dem kalten Wasser glatt rühren und das Gemüse damit binden. Mit Salz und Pfeffer abschmecken und auf einer vorgewärmten, tiefen Platte anrichten.

In Südafrika grillt man Sosaties im Freien über der Holzkohle. Sie gehören zum Braai, dem südafrikanischen Barbecue und werden als Vorspeise serviert. Ramola Parbhoo isst sie auch als Hauptgericht mit Reis und Salat.

Gegrillte Gemüsespießchen
Sosaties

Aus Südafrika

Für 4 Portionen
Spießchen
50 g getrocknete Birnen oder Aprikosen
100 g Brokkoli
100 g Blumenkohl
Je 1/2 rote und grüne Paprikaschote
1 kleine Ananas
100 g kleine feste Champignons
3 mittelgroße Zwiebeln
Marinade
3 Knoblauchzehen
2 TL Salz
4 EL geschmolzene Butter
1 TL frisch gemahlener Pfeffer
1/2 TL gemahlene Gelbwurz
2 EL brauner Zucker
60 ml Essig
2 TL Honig
2–3 EL Öl für das Blech
Dauert etwa 1 3/4 Stunden
Arbeiten müssen Sie etwa 45 Minuten

› Das getrocknete Obst in lauwarmem Wasser einweichen, bis die anderen Zutaten vorbereitet sind.

› Brokkoli und Blumenkohl in kleine Röschen teilen. Paprikaschoten grob würfeln. Ananas schälen und ebenfalls grob würfeln. Champignons putzen, Zwiebeln vierteln.

› Für die Marinade die Knoblauchzehen abziehen und mit dem Salz zerdrücken. Butter, Pfeffer, Gelbwurz, Zucker, Essig und Honig unterrühren.

› Das abgetropfte Obst und das vorbereitete Gemüse in die Marinade geben und 1 Stunde ziehen lassen.

› 16 Holzspießchen in Wasser einweichen, damit sie später beim Grillen nicht verbrennen. Den Backofen- oder Holzkohlengrill vorheizen.

› Abwechselnd Obst, Champignons, Brokkoli, Zwiebeln, Ananas, Blumenkohl und Paprikaschoten auf die Spießchen stecken.

› Spießchen auf das gefettete Grillblech oder auf den mit Alufolie bedeckten Grillrost legen und bei mittlerer Hitze 10 bis 12 Minuten grillen, dabei ein- bis zweimal wenden.

› Das Gemüse soll schön goldbraun, aber noch bissfest sein.

Regenbogenküche

»Die beeindruckende Vielfalt erwächst aus der Vielfalt der Kulturen«, schrieb mir Ramola Parbhoo über die Küche Südafrikas. »Xhosas, Zulus und Buschmänner, Portugiesen und Holländer, Malayen und Inder haben alle ihren Beitrag geleistet. Den Grundstock legten die Einheimischen mit den zahlreichen Gerichten aus Bohnen, Mais und grünen Kräutern.«

Das können Sie am traditionellen Essen »Samp und Mielies« (Rezept auf Seite 183) gut erkennen: Schwarzaugen-, Helm- und Pferdebohnen sind die - Bohnen der Alten Welt, und Mais gelangte vermutlich schon vor Kolumbus aus Zentral- und Südamerika in andere Erdteile.

»Die Malaysier – von den Portugiesen als Sklaven verschleppt – brachten exotische Gewürze und Früchte der pazifischen Welt mit. Die Buren, eingewandert aus Holland, schufen eine bodenständig bürgerliche Küche am Kap: Sie züchteten Gemüse, buken Brot, kochten Konfitüre aus Feigen, Aprikosen und Trauben.«

Das Pickle aus getrockneten Früchten (Rezept auf Seite 217) erinnert daran. »Viel später«, fuhr Ramola fort, »gelangten mit den Hugenotten auch die Kenntnis vom Weinbau und die französische Kochkunst zu uns. Ihnen verdanken wir sahnige Saucen, weinwürzige Desserts und die Patissierie.

Mit den Indern schließlich kamen im späten 19. Jahrhundert scharfe Currys.

Durch indischen Einfluß etablierte sich in Südafrika auch die feine vegetarische Küche.«

Reis, Getreide und Nudeln

Reisgarben lässt man trocknen und lagert sie ungedroschen über den Winter.

China, Japan, Bali

Der Reis und die Götter

Die Geschichte vom Reis beginnt in China, denn dort ist er zuerst kultiviert worden. In allen feucht- warmen Regionen Asiens ist das Korn seit Jahrtausenden Nahrungsgrundlage.

Die Geschichten reichen sehr weit zurück und handeln zuerst von Göttern. Denn sie erzählen, wie der Reis vom Himmel auf die Erde gelangt ist. Manchmal geht es in diesen Mythen recht blutig zu, schließlich ist Blut »ein ganz besonderer Saft« – bei allen Völkern der Erde.

Auf Borneo heißt es, die Tochter des Schöpfergottes sei von ihrer Mutter getötet worden, um die hungernde Menschheit zu nähren: Die Mutter zerstückelte den Leichnam der Tochter und pflanzte die Teile am Fluss ein. Aus dem Kopf wuchs die Kokosnuss, aus den Armen das Zuckerrohr, aus den Knien Taro (eine stärkehaltige Knollenpflanze wie Maniok oder Kartoffeln) und aus dem Blut der Reis. Auf Sulawesi, dem früheren Celebes, kennt man eine andere Version: Die Frau des ersten Menschenpaares brachte ein Mädchen zur Welt, und aus den Blutstropfen, die sie bei der Geburt verlor, wuchs Reis. Als der Reis verzehrt war, tötete der Mann seine Frau, sprengte ihr Blut über die Erde, und daraus entstand der Reis als Nahrung für alle Menschen. Manchmal gaben die Götter freiwillig: Die Balinesen glauben an ein Götterpaar, das den Reis vom Himmel auf die Erde sinken ließ. Oder dass Brahma, Schöpfergott der Hindu, vier Tauben mit Reissamen auf die Erde schickte. Unterwegs verwandelten sich die Samen in Dewi Sri, Göttin der Fruchtbarkeit und Gefährtin von Vishnu, dem zweiten wichtigen Gott im hinduistischen Glauben. Dewi Sri blieb als Reisgöttin bei den Menschen, um sie die Kultivierung von Reis zu lehren. Auf Bali, der einzigen Insel Indonesiens mit vorwiegend hinduistischer Bevölkerung, hat sich bis heute ein Reisbaukult erhalten, in dessen Mittelpunkt Dewi Sri steht. Eine philippinische Reisgeschichte erinnert mich an europäische Märchen: Der Gott Soro verliebte sich in ein schönes Mädchen. Sie versuchte, seine Liebe zu testen, und schickte ihn fort, eine Nahrung zu suchen, die ihr besser schmeckt als alles, was sie bisher gegessen hat. Soro kehrte nicht zurück, das Mädchen starb aus Reue über ihren Hochmut – und auf ihrem Grab wuchs die erste Reispflanze.

Nassreisbau in Terrassen auf den Philippinen.

In Japan ist Inari für den Reis zuständig: Ursprünglich eine weibliche Nahrungsgottheit, wird Inari – das Wort bedeutet Reis-Mann – heute als bärtiger Mann dargestellt, der zwei Reisbündel trägt. Götterbote ist der Fuchs; deshalb schmücken den Zugang zu Inari-

Gedroschener Reis ist auf der philippinischen Insel Bohol zum Trocknen ausgebreitet.

Opferschrein im Reisfeld: Vor allem auf Bali gelten Reis und eine reiche Ernte noch als Geschenk der Götter.

Heiligtümern Füchse aus Holz oder Stein. Denn in Japan und China gilt der Fuchs nicht – wie in Europa – als Sinnbild der Hinterlist und Lüge, sondern als zauberkundiges, weises Tier, das auch menschliche Gestalt annehmen kann.

Der Gottheit Inari ist übrigens ein Sushi gewidmet: Aburaage, die dünnen frittierten Tofuscheibchen (siehe Seite 180), werden wie kleine Taschen geöffnet und mit Sushi-Reis gefüllt.

In Europa gibt es keine Geschichten vom Reis – um darüber in Mythos und Religion zu berichten, lernten die Europäer ihn zu spät kennen. Die Griechen erfuhren davon durch den Indienzug Alexanders des Großen: In Mesopotamien und in Persien wurde im 3. Jahrhundert v. Chr. bereits Reisbau betrieben. Man untersuchte nun dieses exotische Getreide als neues Nahrungsmittel. Der Wissenschaftler und Philosoph Theophrast – wie auch der Herrscher und Krieger Alexander war er Schüler des Aristoteles – beschrieb als erster Europäer die Pflanze und ihre Verwendung. Der Anbau von Reis im Mittelmeerraum begann erst sehr viel später: Im 7. Jahrhundert kultivierten ihn die Araber im Nildelta und am Kaspischen Meer.

Etwa um die Jahrtausendwende begann man den Anbau in Spanien und Portugal – damals das maurische Kalifat von Córdoba. Noch heute isst man Reis vorwiegend dort, wo der arabische Einfluss bis ins 13. Jahrhundert bedeutend war: In der Levante, den Provinzen Murcia, Alicante und Valencia. Dabei mochten die Araber ihn gar nicht so gerne: Reis wurde vor allem süß oder als Beilage zu Fisch gegessen, galt überdies offenbar als Armeleutegericht. Von Spanien aus kam der Reis in den Rest der Alten und schließlich in die Neue Welt. Im heute so wichtigen Anbauland Kalifornien gibt es bedeutende Ernten erst seit knapp 100 Jahren.

Sumach

Der etwa drei Meter hohe Sumach- oder Färberbaum stammt aus dem Mittelmeerraum und Vorderasien; dort wächst er noch überall wild. Im Iran und in der Türkei wird er für Eigenverbrauch und Export kultiviert. Aus den kleinen gelblichen Rispen entwickeln sich dekorative Ähren mit leuchtend roten Beeren.

Sumach kaufen

Die getrockneten Beeren und das Pulver bekommen Sie in türkischen Lebensmittelgeschäften, das Pulver auch in speziellen Gewürzläden und in der Apotheke. Häufig enthält es etwa 10 Prozent Kochsalz, deshalb beim Würzen vorsichtig sein und das Pulver verschlossen und trocken in einem Schraubglas aufbewahren.

Mit Sumach würzen

Aus den getrockneten Beeren und dem Pulver kann man einen sauren Sud zubereiten, den man zum Würzen von Suppen, Salatsaucen und Gemüse nimmt, ähnlich wie Tamarindenwasser in Südostasien:
1 Esslöffel getrocknete Beeren mit 1 Tasse heißem Wasser übergießen. Oder 1 gehäuften Teelöffel Sumachpulver in einen Teefilterbeutel geben und in 1/2 Tasse heißem Wasser ziehen lassen, bis der Sud wieder abgekühlt ist.

Die »Türme des Schweigens« in der iranischen Hochebene sind Wahrzeichen des Zarathustra-Glaubens, neben der jüdischen Religion der älteste Monotheismus der Welt.

Reis
Jelou

Aus dem Iran

Der Reis passt gut zu gebratenem oder gegrilltem Gemüse mit Joghurtsauce.

Für 4 Portionen
400 g Langkornreis
1 1/4 l Wasser
2 TL Salz
1 mittelgroße Kartoffel
75 g Butter
Sumach zum Bestreuen (siehe links)
Dauert etwa 2 Stunden
Arbeiten müssen Sie etwa 30 Minuten

› Reis mit Wasser und Salz aufkochen und bei starker Hitze 5 Minuten sprudelnd kochen, bis die Körner bissfest, aber ohne harten, mehligen Kern sind.
› Kartoffel schälen, waschen, abtrocknen und in dünne Scheiben wie für Kartoffelchips schneiden.
› Reis auf einem Sieb abgießen, kalt abspülen und abtropfen lassen. Topf auswischen, damit er trocken ist und die Butter beim Erhitzen nicht spritzt.
› Die Hälfte der Butter im Topf zerlassen. Kartoffelscheiben nebeneinander in die Butter legen. Reis auf die Kartoffeln häufen. Mit einem Kochlöffel zu einer Pyramide formen, die den Topfboden bedeckt und sich nach oben verjüngt. Rest der Butter in Flöckchen teilen und auf den Reis legen.
› Topfdeckel mit einem Küchentuch umwickeln, fest auf den Topf drücken und beschweren, damit der Topf dicht schließt und der Reis im Dampf gart.
› Reis bei schwächster Hitze in etwa 1 1/2 Stunden garen. Die Temperatur ist richtig, wenn es während der gesamten Garzeit im Topf leise knistert.
› Zum Anrichten den Topfboden kurz in kaltes Wasser tauchen, damit sich auch die Kartoffelschicht ablöst. Reis mit einer Gabel aus dem Topf holen, auf vorgewärmte Teller häufen und mit Sumach bestreuen.

Reis
Gohan

Aus Japan

Michiko Yoshihara-Fink hat mir in ihrer Küche demonstriert, wie man Reis auf die japanische Art kocht. »Drei Dinge sind wichtig«, erklärte sie mir dabei. »Erstens müssen Sie den Reis dreimal waschen. Zweitens müssen Sie ihn ganz ohne Salz kochen. In Europa wird das oft falsch gemacht. Doch gesalzener Reis verliert an Aroma. Drittens dürfen Sie den Topfdeckel während des Kochens und Ruhens nicht abnehmen.« Übrigens misst Michiko immer mit Tassen ab.

Für 4 Portionen
4 Tassen Langkornreis
5 Tassen Wasser

Dauert etwa 40 Minuten

› Eine große Schüssel mit reichlich kaltem Wasser füllen. Den abgemessenen Reis hineingeben, mit einer Hand ins Wasser fassen und den Reis so waschen, als würden Sie die Körner kneten. Dabei reiben sie kräftig aneinander, so dass die Stärke abgewaschen wird.
› So viel Wasser wie möglich vorsichtig abgießen, den Reis mit frischem Wasser aufgießen und erneut »kneten«. Diesen Vorgang noch einmal wiederholen. Den Reis dann auf ein Sieb abgießen und sehr gut abtropfen lassen.
› Reis mit dem abgemessenen Wasser in einen Topf geben und bei stärkster Hitze rasch so stark aufkochen, dass er fast überkocht.
› Die Temperatur nun sofort reduzieren und den Reis im fest geschlossenen Topf bei schwächster Hitze 20 Minuten garen. Weitere 10 Minuten auf der abgeschalteten Kochstelle ruhen lassen.

Tip: Auf diese Art gekocht, passt Reis zu warmen Gerichten und zu Salaten aus China, Japan und Korea.

Pilau-Reis
Polau

Aus Indien

Pilau-Reis gehört in Indien zu Festessen. »Sie brauchen Zutaten, die man sich nicht jeden Tag leistet: feinen Basmatireis, reichlich Sultaninen und Mandeln – ich nehme auch Zucker, weil ich Pilau-Reis gerne ein bisschen süß mag«, sagte mir Arun Das Gupta. »Teurer Safran ist nicht unbedingt nötig, denn Kurkuma färbt den Reis ebenfalls sehr intensiv. Dieses festliche Gelb steht für Gold als Farbe der Götter und Könige.«

Für 4 Portionen
350 g Basmatireis
1 kleine Zwiebel
3 EL Pflanzenöl
6 EL Butter
3 Lorbeerblätter
1 gestrichener TL gemahlene Gelbwurz
50 g Mandelstifte
50 g Rosinen
4 gehäufte TL Zucker
1/2 TL Salz
850 ml Wasser

Dauert etwa 30 Minuten

› Reis mehrmals waschen und auf einem Sieb abtropfen lassen. Zwiebel abziehen und in dünne Ringe schneiden.
› Das Öl und die Hälfte der Butter erhitzen und die Zwiebelringe darin bei schwacher Hitze goldgelb anbraten. Lorbeerblätter und Gelbwurz darunter mischen und unter Rühren ebenfalls leicht anbraten.
› Reis, Mandeln, Rosinen, Zucker und Salz zugeben und 2 bis 3 Minuten mitbraten. Das Wasser zugießen, den Reis einmal aufkochen und zugedeckt bei schwacher Hitze etwa 20 Minuten garen, bis er weich ist und alle Flüssigkeit aufgesogen hat. Lorbeer entfernen.
› Die restliche Butter mit einer Gabel unter den Reis ziehen.

Basmati

Der indische Duftreis wächst in Nordindien und in Pakistan und ist die Langkornsorte mit den längsten Körnern. Beim Kochen beginnt er intensiv zu duften, und seine Körner nehmen noch an Länge zu – alle anderen Reiskörner werden beim Kochen nicht schlanker, sondern dicker.

Die Reistafel

Das angeblich indonesische Festessen beruht auf einem Missverständnis, dem die Holländer aufgesessen sind: Wie in vielen Agrarländern stand auch in Indonesien das Essen den ganzen Tag über bereit. Die Frauen hatten es schon frühmorgens gekocht, damit sie die Feldarbeit nicht unterbrechen mussten. Aus dieser bäuerlichen Art, einmal für alle zu kochen, entwickelte sich auch die festliche Tafel mit einem großen Angebot vieler verschiedener Gerichte – wie es in den meisten asiatischen Ländern üblich ist. Daraus haben die Holländer dann ihren Sonntagslunch und ein kalt-warmes Buffet, eben die Reistafel kreiert. Dabei wurden dann ganz unterschiedliche Speisen kombiniert: gebratener Reis, Nasi goreng, der eigentlich chinesisch ist; gelber Reis, der zum Selamatan, dem festlichen gemeinsamen Essen bei einem besonderen Anlass gehört; oder Saté, Fleischspießchen mit Erdnusssauce, die nur für den Straßenimbiss auf Java typisch sind.

Weltweit gibt es etwa 80 Reissorten, am begehrtesten ist Basmati für Herzhaftes und Klebreis für Süßes.

Curryreis
Nasi kuning

Aus Indonesien

Den schönen gelben Reis kocht Tutty Wilpernig zu großen festlichen Essen. Man serviert ihn traditionell auf einem großen runden Tablett aus geflochtenem Bambus, dem Tampah. Typische Beilagen sind Gemüse mit Kokosflocken (Rezept auf Seite 126), Omelettstreifen oder hart gekochte Eier und scharfe Saucen.

Für 8-10 Portionen

- 1 1/2 kg Langkornreis (thailändischer Duftreis)
- 3 Stängel Zitronengras
- 4 Zitronenblätter
- 4 asiatische oder europäische Lorbeerblätter
- 3 TL Currypulver
- 1/2 TL Salz
- 225 ml Kokosmilch (Dose)
- 2 TL Zitronensaft

Dauert etwa 2 Stunden

Arbeiten müssen Sie etwa 1 Stunde

› Eine große Schüssel mit kaltem Wasser füllen. Den Reis darin waschen und wieder abgießen. Den Vorgang so oft wiederholen, bis das Wasser klar bleibt. Den Reis auf ein Sieb schütten.

› Reichlich Wasser aufkochen und den Reis darin 25 Minuten bei schwacher Hitze garen. Erneut auf das Sieb abgießen und abtropfen lassen.

› Zitronengras waschen und auf der Arbeitsfläche mit der Nudelrolle flach klopfen. Die Stängel wie Bindfäden verknoten. Mit Zitronenblättern, Lorbeerblättern, Currypulver, Salz und Kokosmilch in einen großen Topf geben und unter Rühren aufkochen.

› Den Reis nach und nach in diese sprudelnd kochende Flüssigkeit rühren und so lange bei mittlerer bis schwacher Hitze kochen lassen, bis er die gesamte Flüssigkeit aufgenommen hat. Mit dem Zitronensaft würzen.

› Den Topfdeckel mit einem Küchentuch umwickeln und fest auf den Topf drücken. Den Reis so zugedeckt bei schwächster Hitze 1 Stunde dämpfen.

Gebratener Reis
Chinese Fried Rice

Aus Mauritius

Für 6 Portionen
600 g Basmati- oder Patnareis
1 1/2 l Wasser
Salz
2 große Möhren
Je 1 mittelgroße rote und grüne Paprikaschote
100 g Champignons
100 g tiefgefrorene Erbsen
2 Frühlingszwiebeln
100 g Bambussprossen (Dose)
80 ml Sesamöl
80 ml Sojasauce
Dauert etwa 1 1/4 Stunden

› Reis in Salzwasser in etwa 15 Minuten bissfest garen. Abgießen, kalt abspülen und abtropfen lassen.

› Möhren schälen, waschen und in dünne Stifte schneiden. Paprikaschoten waschen, entkernen und fein würfeln. Champignons putzen und in Scheiben schneiden. Die Erbsen in wenig Wasser etwa 5 Minuten garen. Frühlingszwiebeln mit allen saftigen grünen Blättern in feine Ringe schneiden. Die Bambussprossen gut abtropfen lassen.

› In einem Wok oder einer großen Pfanne 1 Esslöffel Sesamöl stark erhitzen. Möhrenstifte darin 2 bis 3 Minuten bei starker Hitze braten und dabei immer wieder kräftig durchmischen. Mit Sojasauce abschmecken und in einer zweiten Pfanne warm halten. Das restliche Gemüse nacheinander ebenso braten, würzen und warm stellen.

› Das restliche Öl im Wok stark erhitzen und den Reis darin unter ständigem Rühren braten. Mit dem Rest der Sojasauce würzen. Gemüse untermischen und weitere 8 Minuten bei starker bis mittlerer Hitze braten. Dabei immer wieder kräftig durchmischen.

› Den Reis mit den Frühlingszwiebeln bestreuen und sofort servieren.

Gemüsereis
Kayaku-Gohan

Aus Japan

Zuerst hat mir Michiko Yoshihara-Fink gezeigt, wie man in Japan Reis kocht. Dann hat sie mir das Rezept für diesen wunderbar würzigen Eintopf gegeben.

Für 4 Portionen
3 getrocknete Shiitakepilze
1 l lauwarmes Wasser, Zucker
1 Stück Kombu (etwa 2x5 cm)
1/2 Möhre
1 Aburaage
1/3 Konnyaku (siehe rechts)
1 Stück dünne Schwarzwurzel (15 cm lang)
4 EL Sojasauce
1 EL Sake
1 Prise Zucker
600 g Langkornreis
2 Frühlingszwiebeln
Dauert etwa 1 1/4 Stunden

› Pilze im Zuckerwasser 30 Minuten quellen lassen. Abgießen und das Wasser auffangen. 3/4 Liter davon abmessen und mit dem eingeschnittenen Kombu (Seite 191) in einen Topf geben.

› Pilze, geschälte Möhre, Aburaage, Konnyaku und geschälte Schwarzwurzel sehr fein würfeln. In einer Schüssel mit Sojasauce und Sake übergießen, etwas Zucker darüber streuen und etwa 10 Minuten ziehen lassen.

› Kombu mit dem Wasser erhitzen und knapp vor dem Aufkochen entfernen.

› Reis waschen (Seite 159) und in einen Topf geben. Pilzmischung und Kombubrühe zugeben. Alles mit einer Gabel mischen, aufkochen lassen und die Temperatur sofort reduzieren. Den Gemüsereis zugedeckt bei schwächster Hitze 20 Minuten garen und neben der Kochstelle 10 Minuten ziehen lassen.

› Frühlingszwiebeln mit allen saftigen grünen Blättern in feine Ringe schneiden und unter den Reis mischen.

Michiko Yoshihara-Fink

In Japan gibt es ein paar Lebensmittel, die sich geradezu ideal für die vegetarische Küche eignen: Aburaage (Seite 180), Wakame (Seite 26) und Kombu (Seite 191) bringen Abwechslung und Würze ins Gemüse. Am wenigsten konnte ich mir unter Konnyaku vorstellen, obwohl ich wusste, wie es aussieht und alle Japankenner, mit denen ich sprach, davon schwärmten. Michiko erklärte mir das Produkt: »Für die Konnyakupflanze gibt es keinen deutschen Namen: Es ist wie Kartoffel oder Maniok eine Knolle, die Stärke liefert. Pflanzenstärke können Sie gut formen: Tapiokaperlen sind ein Beispiel dafür. Konnyaku wird bei uns zu Quadern wie Tofu oder zu Nudeln geformt – eine typische Zutat für Sukiyaki. Außerdem bekommen Sie graues Naturkonnyaku und gereinigtes weißes. Wie Tofu oder Tapioka ist auch Konnyaku neutral im Geschmack; wegen seiner Festigkeit nimmt es den Geschmack von Brühe oder Gewürzen aber langsamer auf. Deshalb wird es oft nicht geschnitten, sondern in kleine Stücke gerissen. Dann können die Aromen durch die unebene Oberfläche besser eindringen.«

Reisnudeln

Türkische Reisnudeln werden aus Nudelteig gemacht und genau wie Nudeln getrocknet. Sie sehen aus wie schlanke, lange Reiskörner.

Reis abmessen

Am einfachsten geht es mit Tassen, und so macht man es auch in allen Reisländern. Denn bei italienischem Risotto und türkischem Pilaw, Kabab-Reis aus dem Iran und Pilau aus Indien kommt es ja nur auf das Verhältnis vom Reis und Flüssigkeit an. Wichtig ist natürlich, dass Sie für alle Zutaten dieselbe Tasse nehmen.

Risotto mit verschiedenen Pilzen

Risotto con funghi

Aus Italien

In den glücklichen und längst vergangenen Zeiten, da man Pilze einfach aus dem Wald holen konnte, hat Maria Fecondo ihren Risotto mit frischen Wildpilzen zubereitet. Heute nimmt sie Trockenpilze und ergänzt noch mit ein paar Austernpilzen oder Champignons.

Für 4 Portionen
2 Päckchen getrocknete Steinpilze oder Mischpilze (ca. 40 g)
1 Tasse lauwarmes Wasser
1 Zwiebel
3 Knoblauchzehen
4 große Austernpilze
3 El Olivenöl
1 TL getrockneter Thymian
2 Tassen Rundkornreis
6 Tassen Gemüsebrühe
50 g Butter
75 g geriebener Parmesan
Salz
Weißer Pfeffer
Dauert etwa 1 Stunde

› Pilze im Wasser etwa 15 Minuten einweichen. Zwiebel und Knoblauchzehen abziehen und fein hacken. Die zähen Stiele der Austernpilze entfernen, die Hüte in Streifen schneiden.

› Öl erhitzen, Austernpilze darin bei starker Hitze etwa 2 Minuten kräftig rösten. Herausnehmen und auf einem Teller beiseite stellen.

› Zwiebel, Knoblauch und Thymian im heißen Öl bei schwacher Hitze glasig braten. Den Reis unterrühren.

› Die eingeweichten Pilze mit dem Einweichwasser und etwa 1/3 der Gemüsebrühe zugießen. Den Risotto langsam zum Kochen bringen und zugedeckt bei schwacher Hitze 10 Minuten garen.

› Deckel abnehmen und den Risotto im offenen Topf bei mittlerer bis schwacher Hitze in 20 bis 30 Minuten fertig garen. Dabei die restliche Gemüsebrühe nach und nach zugießen.

› Butter, Parmesan, Salz und Pfeffer aus der Mühle untermischen.

Reis mit gebratenen Reisnudeln

Sariyili Pilav

Aus der Türkei

Zu diesem einfachen Hauptgericht serviert Çoskun Büyükgüçlü nur Zaziki.

Für 4 Portionen
2 Tassen Langkornreis
5 Tassen heißes Wasser
2 EL Butterschmalz
2–3 EL Sariyi (türkische Reisnudeln)
4 Tassen kaltes Wasser
1–2 TL Salz
1/2 TL schwarzer Pfeffer
Dauert etwa 1 Stunde und 10 Minuten
Arbeiten müssen Sie etwa 15 Minuten

› Reis mit dem heißem Wasser übergießen und 20 bis 30 Minuten quellen lassen. Abgießen und abtropfen lassen.

› Das Butterschmalz erhitzen und die Reisnudeln darin bei mittlerer Hitze unter Rühren braun anbraten. (Achtung: Das geht sehr schnell!) Das kalte Wasser zugießen, Salz zufügen und die Reisnudeln aufkochen. Den Reis mit einer Gabel vorsichtig unterrühren.

› Reis und Reisnudeln zugedeckt bei schwacher Hitze in 10 bis 15 Minuten garen.

› Ist der Reis gar, den Topf von der Kochstelle nehmen, ein doppelt gefaltetes Küchentuch zwischen Topf und Deckel legen und alles noch 20 Minuten zugedeckt ziehen lassen. Mit Pfeffer abschmecken.

Der einfachste Bratreis – nur mit etwas Gemüse und Ei.

Gebratener Reis

Von den Philippinen

Gebratener Reis ist Frühstück auf den Philippinen. Zenaida Panganiban mischt oft noch Erbsen oder Möhren darunter.

Für 2 Portionen
1 Ei
Salz, Pfeffer
3 EL Öl
3 Frühlings- oder Lauchzwiebeln
1 Knoblauchzehe
1/2 TL Gemüsebrühe (instant)
500 g gekochter, abgekühlter Basmatireis
2 TL helle oder dunkle Sojasauce
Schnittlauch zum Garnieren

Dauert etwa 40 Minuten

› Das Ei verquirlen, leicht salzen und pfeffern. In 1 Esslöffel Öl als Rührei braten. Aus der Pfanne nehmen, abkühlen lassen und in Stücke schneiden.
› Frühlingszwiebeln mit dem zarten Grün in feine Ringe schneiden. Knoblauch abziehen und fein hacken.
› Das restliche Öl erhitzen, Knoblauch darin hellbraun braten. Gemüsebrühe und Frühlingszwiebeln zugeben und kurz mitbraten. Reis mit Rührei mischen und braten, bis er heiß ist.
› Reis mit Salz, Pfeffer und Sojasauce abschmecken und mit Schnittlauchröllchen bestreut sofort servieren.

Reis in Kokosmilch
Arroz à Bahíana

Aus Brasilien

Für 3 Portionen
200 g Langkornreis
400 ml Kokosmilch (Dose)
1 TL Salz

Dauert etwa 30 Minuten

› Den Reis viermal in reichlich kaltem Wasser waschen und abtropfen lassen.
› Mit Kokosmilch und Salz aufkochen. Zugedeckt bei schwacher Hitze in etwa 20 Minuten körnig ausquellen lassen.

Reis aus Bahia

Einen wichtigen Teil der brasilianischen Küche haben Afrikaner geprägt, die einst als schwarze Sklaven verschleppt wurden. Reis mit Kokosmilch, benannt nach der Küstenstadt Bahía, gehört zu diesen afrobrasilianischen Gerichten. Man isst ihn vor allem zu Fisch. Ich habe den Kokosreis von Arnoldo da Silva-Pereira einmal mit geschmorten Zuckerschoten, Pilzen und Porree, ein anderes Mal mit Gemüsefrikadellen und Salat serviert.

Bulgur

Bulgur ist Weizen und wird im Vorderen Orient sowohl im Haushalt als auch industriell hergestellt: Zuerst weicht man die Körner in heißem Wasser ein, damit sie quellen und etwa 45 Prozent Feuchtigkeit aufnehmen. Nach dem Kochen werden sie getrocknet, von der Außenschicht befreit und grob zerkleinert. Bulgur als Beilage lässt man genauso ausquellen wie Reis, als Hauptgericht wird er wie Pilaw geschmort.

Türkischer Joghurt

Türkischer Joghurt – sahnig, fest und wunderbar aromatisch – ist hier leider (noch) nicht zu bekommen, weil die Türkei nicht zur EU gehört. Ersatz sind nach türkischer Art hergestellter oder griechischer Joghurt.

Bulgur-Grünkern-Pilaw

Firikli Bulgur Pilav

Aus der Türkei

Der Grünkern im Pilaw von Çoskun Büyükgüçlü ist schön bissfest. Wer ihn lieber weicher mag, lässt ihn auch vor dem Kochen noch eine Stunde quellen.

Für 3 Portionen

Joghurtsauce

- 2 kleinere Gärtnergurken (ersatzweise 1 große Salatgurke)
- 500 g türkischer Joghurt (3,5 % Fett)
- 100 ml Wasser
- 1 TL Olivenöl
- 1–2 Knoblauchzehen
- 1 TL Salz
- 1 TL getrocknete Pfefferminze
- Pfeffer

Pilaw

- 2 mittelgroße Zwiebeln
- 100 ml Olivenöl
- 700 ml lauwarmes Wasser
- 50 g Tomatenmark
- 1 TL Paprikaflocken
- 1 gehäufter TL Salz
- 1 TL Pfeffer
- 200 g Grünkernkörner
- 100 g Bulgur
- 1 Bund Petersilie

Dauert etwa 1 1/2 Stunden
Arbeiten müssen Sie etwa 45 Minuten

› Gurken schälen, grob reiben und im Sieb 10 Minuten abtropfen lassen.
› Joghurt, Wasser und Olivenöl verrühren. Knoblauch mit Salz zerdrücken und zugeben. Gurken und Pfefferminze unterrühren, Sauce mit Pfeffer abschmecken und bis zum Servieren zugedeckt in den Kühlschrank stellen.
› Zwiebeln abziehen und grob hacken. Das Olivenöl in einem Topf erhitzen und die Zwiebeln darin bei mittlerer bis schwacher Hitze anbraten. Wasser, Tomatenmark, Paprikaflocken, Salz und Pfeffer zugeben und aufkochen.
› Grünkern und Bulgur zufügen und zugedeckt bei schwacher Hitze in etwa 30 Minuten ausquellen lassen. Der Grünkern soll bissfest sein, der Bulgur aber weich.
› Petersilie fein hacken und über den Pilaw streuen. Die Joghurtsauce eventuell mit 2 bis 3 Eiswürfeln mischen.

Paprikaschoten-Pilaw

Pilaw de ardei

Aus Rumänien

Dieser Pilaw schmeckt am besten lauwarm. Elena Lupas serviert ihn auch auf einem kalten Buffet oder beim Picknick.

Für 4 Portionen

- Je 2 rote, grüne und gelbe mittelgroße Paprikaschoten
- 2 große Möhren
- 2 mittelgroße Zwiebeln
- 10 EL Sonnenblumenöl
- 300 g Naturlangkornreis
- 1 große Dose Tomatenmark (140 g)
- 800 ml Wasser
- Salz, Pfeffer
- 1 Bund Petersilie

Dauert etwa 45 Minuten

› Paprikaschoten putzen, waschen und grob würfeln. Geschälte Möhren fein reiben, Zwiebeln fein hacken.
› Öl in einem Topf erhitzen und die Möhren darin bei schwacher Hitze anbraten. Zwiebeln etwa 1 Minute mitbraten, bis sie glasig sind. Paprikawürfel zugeben und 1 bis 2 Minuten mitbraten. Zuletzt den Reis unterrühren.
› Tomatenmark mit dem Wasser verrühren und zugießen. Mit Salz und Pfeffer würzen. Alles aufkochen und zugedeckt bei schwacher Hitze etwa 20 Minuten garen, bis die Flüssigkeit aufgesogen und der Reis weich ist. Mit der gehackten Petersilie mischen.

Ganz falscher Hase

Aus Deutschland

Für 4–6 Personen
200 g Grünkern
Knapp 1/2 l Wasser
200 g Hirse
1 1/2 altbackene Vollkornbrötchen
1 große Zwiebel
1 Knoblauchzehe
Je 1 Bund Petersilie und Majoran
2 Essiggurken
50 g Emmentaler
200 g Magerquark
1/2 unbehandelte Zitrone
3 Eier
Salz
Cayennepfeffer
1/2 TL gemahlener Koriander
1–2 EL Mehl
50 g Butter
400 ml Gemüsebrühe (instant)
100 ml süße Sahne
1 TL edelsüßes Paprikapulver
Dauert etwa 3 1/2 Stunden
Arbeiten müssen Sie etwa 1 Stunde

› Grünkern mit Wasser aufkochen. Zugedeckt bei schwacher Hitze 30 Minuten kochen. Die Hirse zugeben, erneut aufkochen und beides 30 Minuten garen. Neben der Kochstelle zugedeckt 1 Stunde quellen lassen.

› Die Brötchen einweichen und wieder ausdrücken. Zwiebel, Knoblauch und Kräuter fein hacken. Essiggurken in kleine Würfel schneiden, Käse reiben.

› Alle diese Zutaten mit dem Getreide, Magerquark, Zitronensaft, der abgeriebenen Zitronenschale, Eiern, Salz, Cayennepfeffer und Koriander mischen. So viel Mehl unterrühren, dass der Teig wie Frikadellenteig bindet.

› Butter schmelzen und in eine flache, ofenfeste Form gießen. Teig in der Form wie einen falschen Hasen formen. Mit Brühe umgießen, in den kalten Backofen (untere Schiene) schieben und bei 200 °C (Umluft, 180 °C; Gas, Stufe 4) etwa 40 Minuten backen, dabei immer wieder mit Butter und Gemüsebrühe in der Form beschöpfen.

› Sahne mit Paprikapulver verrühren und um den »Braten« gießen. Den »Braten« weitere 10 Minuten schmoren.

Getreidehasen

Falsch ist ein Hasenbraten bekanntlich, wenn er aus Hackfleisch besteht. Solche Braten gibt es schon sehr lange: Im Mittelalter wurden sie auf dem Rost oder sogar am Spieß gegart. Ganz falsch, denn rein vegetarisch, ist dieser »Hase« hier. Und er ist keine Erfindung der modernen Vollwertküche, sondern eine Fastenspeise mit langer Tradition. Köche in großen Häusern formten die Masse, die auch Fisch enthalten konnte, so kunstfertig, dass selbst während der fleischlosen Zeit die beliebten Hasen, Rehe und Spanferkel auf den Tischen prangten – zum Schein.

Falsche Hackbraten können Sie mit Getreide (wie hier), mit Brot, Tofu oder mit allen diesen Zutaten formen. Wichtig sind Eier für die Bindung und würzige Zutaten wie Käse, eingelegte Gurken, Kapern und Kräuter.

Çoskun Büyükgüçlü

Die Theke in seinem Feinkostladen ist jeden Mittag gefüllt mit Vorspeisen und Häppchen, die er selbst zubereitet hat. Çoskun Büyükgüçlü versteht es meisterhaft, die Kochkunst der Türkei mit traditionellen Gerichten seiner Region und einer bewusst vegetarischen Lebensweise zu verbinden: Börek sind nur mit Pilzen und Rucola gefüllt (Rezept auf Seite 36), Schwarzaugenbohnen – die Traditionsbohnen der Alten Welt – mit Spinat mariniert (Rezept auf Seite 48). Die Teigtaschen rechts stammen ursprünglich aus Kaysen in Mittelanatolien. »Dort sind die Manti etwas kleiner, werden mit Hackfleisch gefüllt und mit kaltem Knoblauchjoghurt oder mit Tomatensauce serviert«, sagte mir Çoskun. »An der türkisch-syrischen Grenze, wo ich aufgewachsen bin, formt man sie etwa so groß wie italienische Tortellini und füllt sie ebenfalls mit Hackfleisch. Ich nehme nur ein paar frische Pfefferminzblätter: Die Teigtäschchen sind so ganz leicht und passen hervorragend zur Joghurtsauce. Die Sauce muss allerdings lauwarm sein, denn heißer Joghurt verursacht nicht selten Bauchschmerzen.«

Teigtaschen mit Joghurtsauce

Sicak yogurtlu Manti

Aus der Türkei

Für 3 Portionen

Teigtäschchen
200 g Mehl
1 Ei
1 TL Salz
100 ml Wasser
1 Bund frische Pfefferminze
Mehl zum Ausrollen
Sauce
3 mittelgroße Zwiebeln
1–2 Knoblauchzehen
1 gehäufter EL Butterschmalz
300 ml Wasser
500 g türkischer Joghurt (3,5 % Fett)
1 Ei
1 TL Salz
1 TL Paprikaflocken
1 TL getrocknete Pfefferminze

Dauert etwa 2 Stunden
Dazu kommt die Zeit (2 1/2 Stunden) fürs Ruhen und Trocknen

› Mehl mit Ei, Salz und Wasser zu einem glatten, geschmeidigen Teig kneten, der nicht an den Fingern klebt. In Folie wickeln und 30 Minuten ruhen lassen. Pfefferminzblätter abzupfen.

› Teig in 6 Stücke teilen und jeweils auf wenig Mehl etwa 2 Millimeter dick ausrollen. Teigstücke in 3 bis 4 Zentimeter große Quadrate schneiden, jeweils mit 2 bis 3 Pfefferminzblättern belegen, zu Dreiecken falten und die Ränder festdrücken. Dreiecke über dem Zeigefinger wie italienische Tortellini zum Ring formen und an den Enden fest zusammendrücken. Die Täschchen 2 Stunden trocknen lassen.

› Für die Sauce Zwiebeln und Knoblauch fein hacken und in Butterschmalz bei mittlerer Hitze anbraten. Wasser zugießen und aufkochen.

› Joghurt in einen zweiten Topf geben, Ei unterrühren. Auf die Kochstelle setzen, nach und nach Wasser mit Zwiebeln unterrühren und aufkochen. Von der Kochstelle nehmen, mit Salz und Paprikaflocken würzen.

› Reichlich Salzwasser aufkochen. Teigtaschen zugeben und im halb geschlossenen Topf bei schwacher Hitze in 15 bis 20 Minuten gar ziehen lassen. Abgießen, abschrecken, abtropfen lassen und mit der Joghurtsauce vermischen. Mit getrockneter Pfefferminze abschmecken und lauwarm servieren.

Gebackene Pfannkuchen

Congjou Bing

Aus China

Für 4 Portionen

400 g Roggenvollkornmehl
150 g Weizenmehl
300 ml Wasser
Mehl zum Ausrollen
100 ml Öl
1/2 TL Salz
Pfeffer
1 Lauchzwiebel

Dauert etwa 1 Stunde

› Die Mehlsorten mischen, mit dem Wasser zu einem glatten Teig kneten und zu einer Kugel formen. Auf Mehl zu einer Scheibe (etwa 5 Millimeter dick) ausrollen. Mit 2 Esslöffel Öl bestreichen. Salz, Pfeffer und die gehackte Lauchzwiebel darauf verteilen.

› Teig aufrollen und von beiden Enden wie eine Schnur gegeneinander verdrehen. In 4 gleich große Stücke teilen und etwa 30 Minuten ruhen lassen.

› Teigstücke auf Mehl zu Pfannkuchen von etwa 20 Zentimeter Durchmesser ausrollen und im restlichen Öl auf jeder Seite etwa 3 Minuten backen, bis sie goldbraun sind.

Getreide aus drei Erdteilen nimmt Lina Neudecker für die Puffer: Reis gehört zu ihrer Heimat Java, Weizen zum Norden Asiens, und den Mais haben die Portugiesen aus der Neuen Welt nach Indonesien gebracht.

Maispuffer

Perkedel jagung

Aus Indonesien

Lina Neudecker serviert die Maispuffer heiß als Hauptgericht: »Wir essen aber in Indonesien keinen Salat dazu, wie man es in Deutschland tun würde. Die typischen Beilagen sind gebratenes Tempeh, geschmortes Gemüse und scharfes Sambal.«

Für 2 Portionen
1 Stück frischer Großer Galgant (etwa 1 cm lang)
1 Stück frischer Echter Galgant (etwa 1 cm lang)
1 mittelgroße Zwiebel
1 Stange Sellerie
50 g Weizenmehl
50 g Reismehl
1/4 TL Backpulver
1/2 TL gemahlener Kümmel
1 TL gemahlener Koriander
1 TL Salz
80 ml Wasser
Saft von 1 Limette
1 Ei
375 g frische oder tiefgefrorene Maiskörner
1/4 l Pflanzenöl zum Backen

Dauert etwa 1 Stunde

› Beide Galgantstücke wie Ingwer schälen und im Mörser fein zerreiben. Abgezogene Zwiebel und den Sellerie ganz fein zerkleinern.

› Weizenmehl, Reismehl, Backpulver, Kümmel, Koriander und Salz in einer Schüssel mischen. Wasser, Limettensaft, Ei, Galgantpaste, die Zwiebel und den Sellerie unterrühren. Mais zugeben und alles gut vermischen.

› Öl nach und nach in einer Pfanne erhitzen. Mit einem Esslöffel den Teig als Puffer ins Öl geben und bei mittlerer bis schwacher Hitze pro Seite in etwa 3 Minuten goldbraun backen.

Tip: Ein Tempeh-Rezept finden Sie auf Seite 183, Rezepte für Sambals auf den Seiten 224 und 225.

Frikadellenkunde

Perkedel sind in Indonesien das, was die Berliner Buletten, die Rheinländer Pufferchen, die Bayern Pflanzerl und alle Menschen, die Hochdeutsch sprechen, Frikadellen nennen. Damit ist auch das indonesische Wort verwandt: Es kommt vom holländischen »frikadel«. Doch weil die indonesische Sprache kein »F« kennt, wurde der Anfangsbuchstabe zum ähnlich gesprochenen »P«.

»Der Tscholent ist das Sabbatmahl der Juden – sowohl der orientalischen als auch der osteuropäischen. Früher waren die Tscholent-Töpfe mit Namen versehen, denn jede Familie brachte ihren Tscholent zum Gemeinschaftsbackofen und holte ihn fertig gegart am Samstagmittag, dem Sabbat, wieder ab.«

BILHA WIDMANN

Das abendliche Sabbatmahl: Die ganze Familie versammelt sich und genießt die Speisen, die am Vortag zubereitet wurden.

Sabbatgericht

Tscholent oder Hamín

Aus der jüdischen Küche

Für 6 Portionen

150 g Kichererbsen
6 große Kartoffeln
3 mittelgroße Zwiebeln
50 g Margarine
150 g Weizenkörner
2 EL Gemüsebrühe (instant)
2 TL Rosenpaprikapulver
2 TL Salz
1 TL Pfeffer
4–5 Eier

Dauert etwa 16 Stunden
Arbeiten müssen Sie etwa 1 Stunde

› Die Kichererbsen 8 Stunden, in reichlich Wasser, zugedeckt einweichen.
› Danach auf ein Sieb abgießen und abtropfen lassen.
› Die Kartoffeln schälen, waschen und halbieren. Die Zwiebeln abziehen und grob hacken.
› Die Margarine in einem großen Topf erhitzen und die Zwiebeln darin glasig braten.

Sabbat

Das jüdische Sabbatgericht trägt drei Namen – zwei davon sind Hinweis auf die Art des Garens : »Tscholent« kommt vom französischen »Chaudlent« und bedeutet so viel wie sanfte Wärme. »Hamín« ist vom hebräischen Wort für »warm« abgeleitet. Die dritte Bezeichnung »Schul-Ende« sagt, wann das Gericht gegessen wird: »Schul« ist das jiddische Wort für Synagoge, und Tscholent kommt auf den Tisch, wenn die Familie aus dem Gottesdienst in der Synagoge nach Hause zurückgekehrt ist.

› Die Kichererbsen, Weizenkörner und Kartoffeln dazugeben und alles gut mischen.
› Mit Gemüsebrühe, Paprikapulver, Salz und Pfeffer abschmecken.
› Die Eier einzeln in einer Tasse aufschlagen und langsam über die Gemüsemischung geben.
› Kaltes Wasser zugießen, so dass die Mischung gerade bedeckt ist.
› Das Gericht im offenen Topf kurz aufkochen. Zugedeckt ca. 8 bis 10 Stunden bei schwacher Hitze auf der Kochstelle oder im Backofen bei 90 °C (Umluft, 70 °C; Gas, Stufe 1) ziehen lassen.
› In regelmäßigen Abständen die Wassermenge kontrollieren und eventuell nachfüllen. Das Wasser sollte das Gericht immer gerade bedecken. Den Tscholent heiß servieren.

Der Sabbat beginnt am Freitagabend mit Einbruch der Dunkelheit und endet am Samstagabend. An diesem letzten Tag der siebentägigen Woche dürfen gläubige Juden nicht arbeiten. Auch die Verbote von Kochen und Backen sind in der Bibel erwähnt. Das Essen für den Sabbat – Tscholent und Challoth, der typische Hefezopf – muß also bereits am Vortag zubereitet werden.

Llermi Schröder

Damit Sie von den vielen Tortillas auf mexikanischen Speisekarten nicht mehr verwirrt werden, hat Llermi Schröder ein Tortillalexikon erstellt: »Die meisten mexikanischen Tortillas werden mit Maismehl, nordmexikanische und amerikanische auch mit Weizenmehl gebacken. Tortillas nennt man sie, wenn sie – noch pur und ohne Beilage – den Grundstock einer mexikanischen Mahlzeit bilden. Kalt sind sie zwar weich, aber spröde, doch heiß kann man sie falten oder rollen: Gefüllt und gerollt heißen sie Tacos. Empanadas sind gefüllte, frittierte Taschen aus Tortillateig, Enchiladas weiche Tortillas, die man in eine Sauce taucht und wie Lasagne backt. Quesadillas sind mit Käse gefüllte und gratinierte Tortillas, Burritos mit weißem Queso fresco gefüllte Weizenmehltortillas. Tostadas sind knusprig frittierte Tortillas, die man wie Brötchen belegt – z. B. mit Avocado- und Käsescheiben. Tacoshells aus der Tex-Mex-Küche sind ebenfalls Tostadas, aber so geformt, dass man sie besser essen kann. Knusprige Tacochips – Nachos – stippt man in Guacamole oder Salsa.«

Gefüllte Tortillas
Quesadillas Mixtas

Aus Mexiko

Für 4 Portionen
Kartoffelfüllung
150 g Kartoffeln (mehlige Sorte)
1 mittelgroße grüne Paprikaschote
1 kleine Zwiebel
1 TL Öl
1 TL gehackte Petersilie
Salz, Pfeffer
Champignonfüllung
250 g Champignons
1 TL Öl
3–4 EL Salsa Mexicana
Zucchinifüllung
2 kleine Zucchini
1 große Knoblauchzehe
1 TL getrockneter Oregano
1 TL Öl
Salz, Pfeffer
Außerdem
250 g Edamer
15 mexikanische Tortillas

Dauert etwa 1 1/4 Stunden

› Kartoffeln ungeschält weich kochen, schälen und mit einer Gabel fein zerdrücken. Die Paprikaschote in Streifen schneiden, Zwiebel hacken. Beide Zutaten etwa 8 Minuten in 1 Teelöffel Öl dünsten. Mit Kartoffeln, Petersilie, Salz und Pfeffer mischen.

› Champignons in Scheiben schneiden und 5 Minuten in 1 Teelöffel Öl dünsten. Salsa Mexicana unterrühren.

› Zucchini würfeln, den Knoblauch fein hacken. Alles mit dem Oregano in 1 Teelöffel Öl 5 Minuten dünsten. Mit Salz und Pfeffer abschmecken.

› Backofen auf etwa 220 °C (Umluft, 200 °C; Gas, Stufe 4) vorheizen. Käse reiben, 4 Esslöffel davon unter jede der abgekühlten Füllungen mischen.

› Tortillas in einer heißen Pfanne zugedeckt etwa 2 Minuten erhitzen, damit sie beim Füllen nicht brechen.

› Warme Tortillas mit den Füllungen belegen, zusammenklappen und dachziegelartig mit der Öffnung nach oben in eine flache feuerfeste Form geben. Mit dem restlichen Käse bestreuen und etwa 12 Minuten backen.

Enchiladas mit Zucchinisahne
Enchiladas Verdes

Aus Mexiko

Für 4 Portionen
2 kleine Zucchini
1/4 l Salsa verde
200 ml süße Sahne
Salz, Pfeffer
1 große grüne Paprikaschote
3 EL Öl
400 g Gouda
8–10 mexikanische Tortillas

Dauert etwa 50 Minuten

› Zucchini würfeln und 8 Minuten bei mittlerer Hitze kochen. Abkühlen lassen. Mit Salsa verde und Sahne zu einer dickflüssigen Sauce pürieren. Mit Salz und Pfeffer würzen.

› Den Backofen auf 200 °C (Umluft, 180 °C; Gas, Stufe 3) vorheizen.

› Paprikaschote in Streifen schneiden. Im heißen Öl bei mittlerer bis schwacher Hitze 5 Minuten dünsten. Salzen und pfeffern. Den Käse reiben.

› Etwas Zucchinisahnesauce in eine ofenfeste Form gießen. 2 bis 3 Tortillas darauf legen und mit Sauce begießen. Darüber einen Teil von Paprikastreifen und Käse verteilen. Auf diese Weise drei weitere Schichten einfüllen. Obenauf den restlichen Käse streuen.

› Enchiladas in den vorgeheizten Backofen schieben und bei 200 °C (Umluft, 180 °C; Gas, Stufe 3) in 15 bis 20 Minuten goldbraun überbacken.

Tortillas backt man nicht wie europäische Pfannkuchen in der eigenen Küche. Das Grundprodukt mexikanischen Kochens und Essens wird in eigenen Fabriken am Fließband produziert.

Echtes aus der Tortilleria

Tortillas essen die Mexikaner wie Brötchen. Und so wie wir unser tägliches Brot beim Bäcker holen, kaufen die Mexikanerinnen die pfannkuchendünnen Fladen aus Mehl, Wasser und Salz, oft auch mit Fett und Zucker, fast immer in der Tortilleria. »Bei den Mengen, die wir essen, wäre eine Frau ständig mit Tortillabacken beschäftigt«, sagte mir Llermi Schröder. »Außerdem gelingen sie nur richtig mit Tortillamehl und nicht mal mit ganz feinem Maismehl. Die Rezepte, die man in Büchern findet, stimmen deshalb alle nicht so genau.« Wo Sie auch bei uns richtige Tortillas kaufen können, steht auf Seite 257.

Teigtaschen sind so international wie die Nudel. Ursprünglich eher Resteverwertung, sind italienische Ravioli, russische Pelmini und schwäbische Maultaschen nun feine Zwischengerichte.

Pelmeni, Manti, Ravioli

Die internationale Nudel

Die simple Idee, Mehl oder Stärke mit Wasser zu verkneten und zu formen, hat einen kulinarischen Renner geschaffen – Leibspeise von Kindern und Gourmets in aller Welt.

Keiner erhebt mehr den Anspruch, sie erfunden zu haben, aber alle essen sie – sei es aus Tradition, sei es, weil andere sie mitgebracht haben. Und bei so vielen Ländern ist es selbstverständlich, dass die Nudeln sich voneinander unterscheiden.

Besonders faszinierend fand ich Japans Nudeln: Außer Mehl für die Sorten Somen und Udon nimmt man noch Pflanzenstärke für Shirataki, die Nudeln aus Konnyaku (siehe Seite 161) – so, als würden wir aus Kartoffelstärke Nudeln herstellen. Dünne Buchweizennudeln, Soba, isst man im Sommer kalt; sie werden gekocht, in Eiswasser abgekühlt und mit hauchfeinen Streifen von geröstetem Meeresgemüse, Nori, angerichtet. Dazu serviert man eine Sauce aus süßem Reiswein, Brühe und Sojasauce, außerdem Wasabi und Zwiebelringe. Auch Nudeln zu essen ist anders in Japan: Man schlürft sie vernehmlich, weil sie dann besser schmecken. Die Chinesen kennen Nudeln seit dem 1. Jahrhundert v. Chr. Erst damals, so der Sinologe Wolfgang Bauer, kamen sich das chinesische und das römische Reich geografisch nahe genug, dass die Chinesen die römische Erfindung der Kornmühlen übernehmen und Mehl in großen Mengen mahlen konnten. Nudeln sind typisch für den Norden Chinas – der Süden ist das Gebiet für Reis. Es gibt dicke und dünne, schmale und breite Nudeln aus Weizen, Reis und Buchweizen oder Glasnudeln aus Mungobohnenstärke. Doch Eiernudeln isst man nicht – die sind für den Export bestimmt, sagte mir Xiaoyan Zhang.

Spaghetti, die längsten Nudeln Europas.

Das Geheimnis der ellenlangen Nudeln, die chinesische Köche aus einem Teigklumpen formen, liegt im Kleber: Durch Ziehen, Kneten und Schlagen werden die beiden Eiweißstoffe Gliadin und Glutenin im Weizenmehl aktiviert, und dieser Kleber macht den Teig so elastisch. Xiaoyan lenkte mein Augenmerk weg vom Ergebnis auf die Grundlage: »Der Koch, der das Geschick für einen solchen Teig besitzt, kann daraus ganz leicht Nudeln ziehen.«

Nudeln in Vietnam sind aus Reismehl und werden häufig wie eine Beilage angerichtet. Bei Phung Hoang habe ich eines meiner Lieblingsgerichte Vietnams kennen gelernt (Rezept auf Seite 124): Auf der Platte liegen vegetarische oder andere Frühlingsrollen, dazu Streifen von Salatblättern, frische Kräuter und eine Reihe Nudeln, dick bestreut mit Erdnüssen. Dazu gibt es noch Sojabohnen-

Vor einer chinesischen Nudelfabrik: Die Nudeln hängen über Bambusstangen zum Trocknen.

Nudeln aus Ost und West: Asiatische Glasnudeln (rechts) macht man ohne Mehl aus der Stärke von Mungobohnen, Tagliatelle aus speziellem Hartweizengrieß.

sprossen, Gurkenstifte und eine Sauce. International wie die Nudel selbst sind auch die Gerichte aus Nudelteig: chinesische Teigtaschen, russische Pelmeni, türkische Manti und italienische Ravioli. Zur Entstehungsgeschichte habe ich zwei interessante Theorien gefunden: Wolfgang Bauer sagt, dass die Chinesen beim Kochen und Essen zwischen zwei Grundprodukten unterscheiden. Alles Kohlenhydratreiche, das den Hunger stillt – Reis, Getreide, Brot und Nudeln –, ist immer dabei; es bildet den »Grundton der Speisenfolge«. Beim anderen wird abgewechselt; Gemüse, Fisch, Geflügel, Eier und Fleisch bilden die »Melodie« des Essens und dienen dem Genießen. Die Teigtaschen vereinen beides, denn der sättigende Mantel aus Mehl umhüllt das Gustostückl, wie die Österreicher etwas Feines so plastisch benennen.

Die Ravioli Italiens aber, heißt es bei Anne Willan, seien einst keine edlen Täschchen, sondern Resteverwertung gewesen: »Rabiole« bedeutet Reste.

Dafür waren die wohl berühmtesten Nudeln Italiens zur Zeit ihrer schriftlichen Aufzeichnung innovativ, trendy und komponiert für Gourmets, die sich anderen um eine kulinarische Nasenlänge voraus fühlten. Das erste bekannte Rezept für Pasta con sugo di pomodori (Nudeln mit Tomatensauce) soll vom italienischen Küchenchef Leonardi um 1760 bereits aufgeschrieben worden sein.

Knapp 20 Jahre davor hatten Wissenschaftler die Genießbarkeit der Frucht aus der Neuen Welt bestätigt, und es sollte noch mal 20 Jahre dauern, bis Tomaten auch außerhalb Italiens als mögliche Nahrungspflanzen akzeptiert wurden.

Parmesan

Parmesan für feine Nudelgerichte kauft man am besten frisch. Denn abgepackt in Tütchen, muss Parmesan nicht der lange gereifte Originalkäse aus Italien sein; erlaubt sind preiswerte parmesanähnliche Hartkäse, die viel weniger Aroma haben und überall produziert werden können. Deshalb schmeckt Parmesan frisch gerieben vom Stück am besten. Übrigens müssen Sie nicht selbst reiben. In italienischen Feinkostgeschäften können Sie ihn so auch kaufen. Das ist besonders praktisch, wenn man größere Mengen braucht, z. B. für ein Nudelessen mit vielen Leuten.

Zu den Nudeln serviert Maria Fecondo natürlich frisch geriebenen Käse: Parmigiano Reggiano und Pecorino Romano schmecken am besten.

Nudeln mit Tomatensauce

Pasta con sugo di pomodori

Aus Italien

Die würzige Sauce zu Maria Fecondos Nudeln gelingt nur mit Sommertomaten.

Für 4 Portionen
1 kg reife Tomaten
3 mittelgroße Möhren
2 Stangen Sellerie
2 mittelgroße Zwiebeln
2 Knoblauchzehen
7 EL natives Olivenöl
Salz
500 g lange Röhrennudeln (Bugatini, Perciatelle oder Makkaroni)
1/2 Bund Oregano
Je 2 EL frisch geriebener Parmesan und Pecorino
Dauert etwa 45 Minuten

› Tomaten abziehen, Möhren schälen, Sellerie waschen, Zwiebeln und Knoblauch abziehen.

› Alle diese Zutaten fein zerkleinern, mit Salz in einen Topf geben, einmal kräftig aufkochen und im offenen Topf bei schwacher Hitze etwa 30 Minuten kochen. Hin und wieder umrühren.

› 6 Esslöffel Olivenöl zugeben und die Sauce bei mittlerer Hitze 15 Minuten kochen. Dabei immer wieder umrühren.

› Während die Sauce gart, die Nudeln in reichlich sprudelnd kochendem Salzwasser al dente kochen.

› Oregano waschen, fein hacken und unter die Sauce rühren. Sauce weitere 5 Minuten kochen. Von der Kochstelle nehmen, zuerst den geriebenen Parmesan, dann den Pecorino und schließlich das restliche Öl darunter rühren. Sauce mit Salz abschmecken und mit den abgetropften Nudeln mischen.

Tip: Als Würze für die Sauce schmecken auch junger Knollensellerie oder Fenchel, frischer Thymian oder Rosmarin.

Nudelauflauf
Lazania

Aus der jüdischen Küche

Bilba Widmann serviert zum einfachen Nudelauflauf grünen Salat.

Für 6 Portionen
200 g breite Nudeln
Salz
2 Knoblauchzehen
2 kleine Dosen Tomatenmark
100 ml Wasser
1 TL Oregano
Schwarzer Pfeffer
400 g Hüttenkäse
2 Eier
1/2 Bund Petersilie
200 g Emmentaler oder mittelalter Gouda in dünnen Scheiben
Dauert etwa 1 Stunde
Arbeiten müssen Sie etwa 30 Minuten

› Die Nudeln in reichlich sprudelnd kochendem Salzwasser knapp bissfest garen. Auf ein Sieb abgießen, kurz kalt abschrecken und abtropfen lassen.

› Für die Sauce die Knoblauchzehen abziehen und mit Salz zerdrücken. Das Tomatenmark mit dem Wasser glatt rühren. Oregano, Salz und eine kräftige Prise Pfeffer darunter mischen.

› Für die Käsemischung Hüttenkäse und Eier verrühren. Petersilie sehr fein hacken und darunter mischen. Alles mit Salz und Pfeffer abschmecken.

› Schichtweise zuerst die Nudeln, die Käsemischung, die Sauce und die Käsescheiben in eine Auflaufform (20 mal 25 Zentimeter) geben. Fortfahren, bis alle Zutaten verbraucht sind. Die restlichen Käsescheiben obenauf legen.

› Auflauf in den kalten Backofen (mittlere Schiene) stellen und bei 200 °C (Umluft, 180 °C; Gas, Stufe 3) ungefähr 30 Minuten backen. Aus dem Ofen nehmen, etwa 10 Minuten in der Form ruhen lassen und servieren.

Almnudeln
Aelpler-Magronen

Aus der Schweiz

Nudeln und Kartoffeln in einem Essen finden Sie in der einfachen, bäuerlichen Küche sehr häufig. Früher mussten viele Frauen vor allem die Lebensmittel kombinieren, die richtig satt machen. Als Würze nahmen sie Gemüse und Käse – manchmal auch frische Kräuter. Zu solch einer delikaten Hausmannskost gehören die Käsenudeln aus der Familie meines Schweizer Schwagers: Seine Mutter servierte Apfelmus oder grünen Salat dazu.

Für 6 Portionen:
500 g Kartoffeln (fest kochende Sorte)
Salz
400 g Makkaroni oder grobe Hörnchennudeln
1 große Zwiebel
150 g Emmentaler oder Sbrinz
1 EL Öl
300 ml fettarme süße Sahne (Kaffeesahne mit 10 % Fett)
Schwarzer Pfeffer
Geriebene Muskatnuss
Dauert etwa 45 Minuten

› Die Kartoffeln schälen, waschen und in kleine Würfel schneiden. Reichlich Salzwasser in einem großen Topf aufkochen. Kartoffeln und Nudeln darin aufkochen und zugedeckt bei mittlerer Hitze in etwa 12 Minuten weich garen.

› Inzwischen Zwiebel abziehen und fein hacken. Den Käse grob reiben. Das Öl in einer großen Pfanne erhitzen und die Zwiebel darin bei schwacher Hitze unter Rühren glasig braten.

› Sahne zugießen, Käse hinzufügen und unter Rühren bis knapp unter den Siedepunkt erhitzen. Mit je einer kräftigen Prise Pfeffer und Muskat würzen.

› Die Kartoffeln und Nudeln abgießen und nur kurz abtropfen lassen. Mit der Zwiebel-Käse-Sahne mischen und sofort ganz heiß servieren.

Kritisch denken

Viele Menschen, die auf Fleisch und Fisch verzichten, tun das bewusst, um Tieren das Leiden und Sterben zu ersparen. Bei dieser vegetarischen Lebensform aus Verantwortung für alle Kreaturen muß man allerdings auch die Lebensmittel kritisch betrachten, die von lebenden Tieren stammen, wie Eier und Käse, Milch und Joghurt, Sahne und Butter. Am besten ist es gewiss, möglichst oft Produkte von artgerecht gehaltenen Tieren zu kaufen. In den Übersichtstabellen auf den Seiten 254 bis 259 finden Sie deshalb viele Hinweise auf Naturkostläden und Reformhäuser.

Sombat Kaewchum-Rozmus

»Zur Küche Thailands gehören vor allem rote Zwiebeln und Knoblauch, Zitronengras und Zitronenblätter, der Saft von Limetten oder Zitronen, Korianderkraut mit Wurzeln, Zucker und Fischsauce – bei der vegetarischen Küche ersetzt man diese durch Sojasauce, obwohl sich dadurch das Aroma verändert«, sagte mir Sombat. »Chilischoten spielen eine wesentliche Rolle: wegen der Schärfe und der Optik – die rote oder grüne Farbe der Schoten muss zum Essen passen.« Wie präzise die thailändische Küche ist, wurde mir klar, als ich Sombat beim Kochen zusah: Sie stimmte die Gewürze genau aufeinander ab. »Rezepte allein helfen da nicht; viel wichtiger ist die Erfahrung beim Kochen, und die kommt«, so beruhigte sie mich, »durch Üben. Unsere Küche läßt Raum zum Experimentieren, schließlich gibt es vier Kochstile, die Sie am besten in Restaurants kennen lernen: die traditionelle Thaiküche, die der Moslems, der Thai-Vietnamesen und der Thai-Chinesen. Die höfische Küche ist kein eigener Stil; sie unterscheidet sich von der normalen nur durch die aufwendigere Dekoration und durch die Anzahl der Gänge.«

Gebratene Nudeln

Pad Thai

Aus Thailand

Alle unbekannten Zutaten finden Sie im Special zur Würze auf Seite 52 erklärt.

Für 2 Portionen
250 g Reisnudeln
200 g Tofu
150 g asiatischer Schnittlauch
3 Schalotten
2 Knoblauchzehen
4 EL Öl
3 EL grob gehackter, salziger Rettich
2 TL Zucker
2 EL Sojasauce
1 TL getrocknete, gemahlene Chilischoten
3 EL Tamarindensaft
3 Eier
150 g Sojabohnensprossen
3 EL grob gemahlene Erdnusskerne

Dauert etwa 45 Minuten

› Reisnudeln mit lauwarmem Wasser übergießen und 30 Minuten einweichen. Tofu in schmale Streifen, Schnittlauch in 4 Zentimeter lange Stücke schneiden, Schalotten und Knoblauch fein hacken.

› 2 Esslöffel Öl in einer großen, beschichteten Pfanne oder im Wok erhitzen. Tofu darin bei mittlerer Hitze unter Rühren goldbraun anbraten und heraus nehmen. Schalotten und Knoblauch anbraten. Abgetropfte Nudeln zugeben und unter Rühren mitbraten.

› Tofu, Rettich, Zucker, Sojasauce, Chilischoten und Tamarindensaft zu den Nudeln geben, alles vermischen und an den Rand der Pfanne schieben.

› Das restliche Öl in die Pfannenmitte geben. Eier darin wie Spiegeleier bei mittlerer Hitze braten, bis nur das Eiweiß zu stocken beginnt. Schnittlauch, Sojabohnensprossen und Erdnüsse auf die Eier geben, durchmischen.

Thainudeln auf chinesische Art

Lad Nah

Aus Thailand

In Thailand gibt es die authentische und die chinesisch beeinflusste Küche. Janja Rieser zeigt es an zwei Nudelgerichten.

Für 2 Portionen
250 g breite Reisnudeln (etwa 1/2 cm breit)
150 g asiatischer Brokkoli
150 g Blumenkohl
2 Knoblauchzehen
4 EL Öl
1 EL dunkle Sojasauce
2 EL Mehl
1/4 l Wasser
2 TL Zucker
1 EL eingelegte Sojabohnen (Taojeaw)
2 EL helle Sojasauce
Pfeffer

Dauert etwa 45 Minuten

› Reisnudeln etwa 30 Minuten in lauwarmem Wasser einweichen. Brokkoli in 4 Zentimeter lange Stücke schneiden. Den Blumenkohl in Röschen und Strunk teilen und in Scheiben schneiden. Knoblauch fein hacken.

› 2 Esslöffel Öl in einer Pfanne oder im Wok erhitzen. Nudeln darin bei mittlerer Hitze anbraten. Mit dunkler Sojasauce verrühren, bis sie gleichmäßig braun sind, und aus der Pfanne nehmen.

› Mehl in 1/8 Liter Wasser glatt rühren. Restliches Öl erhitzen. Den Knoblauch darin bei mittlerer Hitze anbraten. Das Gemüse, Zucker, Sojabohnen und die helle Sojasauce unterrühren.

› Rest des Wassers zufügen, Gemüse darin 2 Minuten dünsten. Nach und nach die Wasser-Mehl-Mischung unterrühren, bis die Sauce dickflüssig ist. Noch einmal kurz aufkochen. Auf vorgewärmten Tellern verteilen, Gemüse darüber geben und mit Pfeffer würzen.

Weizen ist Luxus, und die feinsten Nudeln in China bestehen aus schneeweißem Weizenmehl.

Gebratene Nudeln mit Ingwer

Jiangsi Chaoman

Aus China

Es sind fast die einfachsten Nudeln, die ich jemals zubereitet habe, und vermutlich die besten, die ich je gegessen habe. Wichtig sind ganz frischer Ingwer, feine Gemüsestifte und nicht zu dünne Chinanudeln. Für die Sauce nimmt man möglichst milden Reisessig aus China.

Für 3 Portionen
1 Stück frischer Ingwer (etwa 2 cm lang)
3 Frühlingszwiebeln
2 mittelgroße Möhren
300 g chinesische Nudeln
6 EL Öl
Sauce
1 TL Salz
1 TL Zucker
2 EL Essig
3 EL helle Sojasauce
Dauert etwa 45 Minuten

› Die Ingwerwurzel schälen und zuerst in dünne Scheiben, dann in ganz feine Streifen schneiden. Frühlingszwiebeln putzen und waschen. Mit dem zarten Zwiebelgrün in 5 Zentimeter lange Stücke schneiden, längs halbieren und ebenfalls in feine Streifen schneiden. Die Möhren schälen und in möglichst streichholzdünne Stifte schneiden.

› Die Nudeln nach Packungsaufschrift garen. Auf ein Sieb abgießen, kurz mit kaltem Wasser abspülen und sehr gut abtropfen lassen. In einer Schüssel mit 2 Esslöffel Öl mischen.

› Für die Sauce Salz, Zucker, Essig und Sojasauce in einer Tasse mischen.

› Die restlichen 4 Esslöffel Öl in einer großen Pfanne oder einem Wok erhitzen. Den Ingwer und die Frühlingszwiebeln darin bei starker Hitze kurz anbraten. Möhren zugeben und alles unter Rühren bei mittlerer Hitze 2 bis 3 Minuten braten.

› Die Nudeln und die Sauce zugeben und alles mischen.

› Die gebratenen Nudeln auf einer gut vorgewärmten Platte anrichten und heiß servieren.

Ingwer

Frischen Ingwer gibt es beim Gemüsehändler, in Asienläden, Feinkostläden und manchen Supermärkten. Die Knollen müssen gleichmäßig weißlich oder gelbbraun und prall sein. Das Alter der Knolle erkennen Sie nur beim Aufschneiden: Junger Ingwer ist fruchtig, zart und saftig, älterer scharf und faserig. Dann wird er besser nicht gehackt, sondern durch die Knoblauchpresse gedrückt. So würzt der Saft, ohne dass die groben Fasern stören. Zum Aufbewahren wickelt man frischen Ingwer zuerst in Küchenpapier, dann fest in einen Folienbeutel und legt das Ganze ins Gemüsefach des Kühlschranks.

Hülsenfrüchte und Tofu

Weichen Tofu bewahrt man in Wasser auf.

Milch, Quark, Käse aus Soja

Die Geschichte vom Tofu

Tofu ist eines der vielseitigsten Lebensmittel, die der Mensch erfunden hat. Das Prinzip ist ganz einfach und entspricht der Herstellung von weichem Quark und schnittfestem Käse.

Tofu besteht aus Sojabohnen: Die eingeweichten Bohnen werden mit Wasser püriert und durch ein Tuch gepresst. Aus der milchigen Flüssigkeit, die dabei ausläuft, macht man Tofu: Man mischt sie mit einem Gerinnungsmittel – Zitronensaft, Essig oder einem bestimmten Salz. Dabei klumpt das Eiweiß wie in normaler Milch. Beim Abtropfen in einem Sieb wird es weich oder krümelig wie Quark oder Hüttenkäse, anschließend formt man es durch Pressen in einer Tofupresse zu schnittfesten Blocks. Die ausgepressten, zerkleinerten Sojabohnen wirft man nicht etwa weg: Im Westen unter der japanischen Bezeichnung »Okara« bekannt, nimmt man sie als ballaststoffreichen Brotzusatz, reichert Suppen damit an oder brät sie mit Gemüse im Wok. Aus Tofu macht man andere wichtige Lebensmittel: Aburaage z. B. – von »age«, dem japanischen Wort für frittierten Tofu – sind ganz dünne frittierte Tofuscheiben. Man kann sie wie normalen Tofu verwenden (siehe Rezept auf Seite 161) oder füllen: Ein berühmtes Sushi wird damit zubereitet (siehe Seite 157). Der Anbau von Sojabohnen reicht in China mehr als 2000 Jahre zurück. In China ist Tofu auch erfunden worden. Dafür gibt es gleich zwei Theorien: Nach der ersten hat der taoistische Philosoph, Alchimist und Politiker Huai-nan-tzu (Liu An) um das Jahr 164 v. Chr. mit Sojabohnen experimentiert, das dicke Sojabohnenpüree mit Natursalz vermischt und dabei zufällig die Gerinnung entdeckt. Dieser Tofu war körnig, weil er noch die zerkleinerten Sojabohnen enthielt. Im Laufe der Zeit wurde die Produktion verfeinert, man filterte die Sojamilch und bekam glatten weißen Tofu. Da Liu An zum Zeitpunkt seiner bahnbrechenden Entdeckung erst 15 Jahre alt gewesen sein kann, neige ich eher zur zweiten Theorie: Danach haben die Chinesen das Prinzip der Eiweißgerinnung von ihren Nachbarn gelernt. Mongolen und Inder betrieben Milchwirtschaft, wussten, wie man Quark und Käse macht. Die Chinesen, die Vieh nur zum Schlachten hielten, wandten dieses Verfahren auf die pflanzliche Sojamilch an und produzierten eben »Sojakäse« – übrigens eine veraltete westliche Bezeichnung für Tofu. Gegen Ende des 12. Jahrhunderts wanderten die Kenntnisse der Tofuherstellung über Nordchina und Korea nach Japan – gleichzeitig mit der Ausbreitung des Zen-Buddhismus. Damals etablierte sich dort auch das vegeta-

Fuzhu (siehe Seite 72) und Räuchertofu.

In der mit einem Tuch ausgekleideten Tofupresse bekommt die weiche Masse aus Sojabohneneiweiß die gewünschte Festigkeit. Von der Dauer der Pressung hängt auch der Geschmack des Tofus ab.

Getrocknete Tofublätter werden in erster Linie für Suppen verwendet.

rische Essen in den Zen-Klöstern. Die zunächst vermutlich recht eintönige Küche erhielt einen kreativen Schub, und jeder, der fernöstliche Klosterküchen kennt, spricht begeistert davon: Mit Tofu kann man höchst anspruchsvolle Gerichte zaubern – was Chinesen und Japaner aus Tofu machen, wirkt auf mich tatsächlich wie Zauberei (siehe Seite 72).

Im 18. Jahrhundert war die Tofuherstellung schon über ganz Japan verbreitet; das wirkt übrigens heute noch nach, denn die meisten Europäer verbinden Tofu vor allem mit Japan. 1782 entstand dort das erste Tofukochbuch. Der Verfasser blieb anonym, sein Werk wurde ein Bestseller. Die 300 Rezepte darin sind in sechs Kategorien unterteilt: von Standard- über Gourmetrezepte bis zum höchsten kulinarischen Niveau. Yu-Dofu (Rezept auf Seite 191) ist in diesem Buch der Spitzenkategorie zugeordnet. »Es zeigt die kulturelle Tendenz der Japaner, das Einfachste als das Beste zu betrachten«, stellte der Ethnologe Professor Isao Kumakura fest. »Denn je weniger man ein qualitativ hochwertiges Lebensmittel bei der Zubereitung verändert, desto mehr kann sich sein natürlicher Geschmack entfalten.« Tofu war immer als Ersatz für Fleisch und Milchprodukte gedacht – sei es aus ethischen Gründen, sei es, weil Fleisch nicht zur Verfügung stand. Sun Hee Jun-Sailer erzählte, dass sie mit Sojamilch aufgewachsen ist: »Ich habe Sojamilch getrunken wie Kinder im Westen Milch, Tofu gegessen wie später in Deutschland Quark oder Käse.«

An unseren Rotschmierekäse erinnert fühlte ich mich, als die Sinologin Barbara Spielmann mir den mit Salz, rotem Reis und Reiswein fermentierten Tofu beschrieb, eine Spezialität Chinas: »Ich dachte zuerst, es sei gebratener Tofu, doch es roch unheimlich stark, und als ich mich überwunden hatte, schmeckte er mit der starken würzigen Sauce darüber einfach göttlich.«

Tofupulver

Tofupulver ist praktisch, wenn Sie Tofu selber machen wollen – etwa für weichen oder mit Gewürzen aromatisierten Tofu. Das Pulver kommt aus Japan und macht die Eigenproduktion von Tofu schnell und einfach.

Fürs feine Pfefferaroma brauchen Sie weiße Körner und am besten den Mörser zum Mahlen.

Gebratener Tofu nach Art des Hauses

Jiachang Tofu

Aus China

Xiaoyan Zhang bestreut den Tofu ganz zum Schluss mit Pfeffer, mischt aber nicht mehr, um das würzige Aroma zu erhalten.

Für 2 Portionen

- 10 g Mu-Err-Pilze
- 400 g Tofu
- 3 Frühlingszwiebeln
- 3 Knoblauchzehen
- 1/2 TL Salz
- 1 Stück frischer Ingwer (etwa 1 cm lang)
- 1/8 l Gemüsebrühe
- 2 EL Sojasauce
- 1 TL Zucker
- 3 EL Öl
- 2 TL Chilipaste
- Weißer Pfeffer

Dauert etwa 45 Minuten

› Die Mu-Err-Pilze mit kochendem Wasser übergießen und etwa 30 Minuten einweichen. Auf ein Sieb abgießen, kalt abspülen und fein zerkleinern.

› Den Tofu in etwa 2 Zentimeter große Würfel schneiden. Frühlingszwiebeln putzen, waschen und mit den saftigen grünen Blättern schräg in dünne Scheiben schneiden. Den Knoblauch abziehen und mit etwas Salz zerdrücken, den Ingwer schälen und fein hacken.

› Für die Sauce die Gemüsebrühe mit Sojasauce, Salz und Zucker verrühren, bis sich der Zucker aufgelöst hat.

› Das Öl im Wok erhitzen, Ingwer und Chilipaste darin bei mittlerer Hitze anbraten, bis sie zu duften beginnen.

› Die Tofuwürfel zugeben und unter Rühren einige Sekunden mitbraten. Die zerkleinerten Pilze und die Sauce zugeben und alles bei schwacher Hitze etwa 3 Minuten dünsten.

› Zuletzt die Frühlingszwiebeln und den Knoblauch untermischen und noch 1 bis 2 Minuten mitdünsten. Mit etwas Pfeffer aus der Mühle bestreuen.

Bohnen-Mais-Gericht

Samp and Mielies

Aus Südafrika

Für 10 Portionen
500 g getrocknete Maiskörner
250 g schwarze Bohnen
100 g Butter
2 TL Salz
100 g gehackte Erdnusskerne
1/2 Bund Petersilie
Dauert etwa 2 Stunden
Dazu kommt die Zeit (etwa 8 Stunden) fürs Einweichen
Arbeiten müssen Sie etwa 15 Minuten

› Mais und Bohnen mit reichlich Wasser übergießen und zugedeckt im Kühlschrank etwa 8 Stunden quellen lassen.

› Einweichwasser abgießen, Mais und Bohnen in einen hohen Topf geben. Mit so viel heißem Wasser auffüllen, dass Bohnen und Mais gut davon bedeckt sind. 1 Teelöffel Butter zugeben.

› Alles aufkochen und zugedeckt bei schwacher Hitze in 1 bis 1 1/2 Stunden weich garen.

› Mit Salz abschmecken. Die Erdnüsse zugeben und weitere 15 Minuten bei schwacher Hitze kochen. Zum Schluss die restliche Butter unterrühren. Mit gehackter Petersilie bestreut servieren.

Mais gehört zur Küche des Schwarzen Kontinents: hier ein Imbissstand in Tansania.

Tempeh und Tofu in Kokosmilch

Opor tahu tempe

Aus Indonesien

Tempeh, in Indonesien wichtiges Lebensmittel, besteht aus gekeimten Sojabohnen oder Getreidekörnern, die durch Gären sehr aromatisch werden – ähnlich wie Sojasauce. Tempeh schmeckt nussartig und enthält viel Eiweiß, ist also ideal für Vegetarier. Tutty Wilpernig verwendet Sojatempeh, weil es als das beste gilt.

Für 5 Portionen
500 g Tofu
250 g Tempeh
1 Zwiebel
3 Knoblauchzehen
2 TL gemahlene Korianderkörner
1/2 TL Kreuzkümmelkörner
4 Kemirinüsse
1/4 TL Salz
1 TL Zucker
2 europäische oder asiatische Lorbeerblätter
450 ml Kokosmilch (Dose)
Dauert etwa 45 Minuten

› Tofu und Tempeh zuerst in etwa fingerdicke Scheiben, dann in 4 Zentimeter große Stücke schneiden.

› Zwiebel und Knoblauch abziehen und grob zerkleinern. Mit Koriander, Kreuzkümmel, Kemirinüssen, etwas Salz und Zucker in den Mörser geben und zu einer feinen Paste zerreiben.

› Tofu und Tempeh, die Gewürzpaste, Lorbeerblätter und die Kokosmilch in einen Topf geben und erhitzen.

› Die Kokosmilch bei mittlerer Hitze ohne Deckel auf 1/3 einkochen lassen, dabei mehrmals umrühren.

Tip: Zu diesem Tempeh schmecken Maisfrikadellen (Rezept auf Seite 167), Reis und Sambal Tomat oder Sambal Kemiri (Rezepte auf Seite 224 und 225).

Tradition in Afrika

Samp and Mielies gehören zu den Spezialitäten der schwarzen Südafrikaner. Es ist ein Essen für den Winter – es macht satt und warm. Zum Eintopf aus Bohnen und Mais gibt es möglichst selbst gebackenes Brot und grünes Gemüse: »Entweder kocht man es mit den in Südafrika typischen Winterkräutern wie Minze, Petersilie, Lauchzwiebelgrün und Schalotten«, schrieb Ramola Parbhoo zu ihrem Rezept, »oder man serviert es mit Imifino, das ist gedämpftes Amarantkraut.«

Amarant

Amarant ist in vielen Ländern Asiens, Afrikas und Lateinamerikas ein Blattgemüse wie bei uns Spinat. Hier bekommt man es kaum, weil es nur im Gewächshaus gedeiht. Doch die Samen der Pflanze können Sie in Naturkostläden und Reformhäusern kaufen: Eiweißreiche Amarantkörner schmecken ein wenig nach Roten Beten und werden in der vegetarischen Küche als Beilage wie Reis, geschmort mit Gemüse oder wie Brot als Fladen zubereitet.

Gemüse aus dem Wald

Sie sehen aus wie die Schnecke einer Violine und schmecken wie Spargel: Junge, noch eingerollte Blätter verschiedener Farnarten isst man vor allem in Kanada, Korea, Japan und Indonesien – gedünstet in Butter, in leichter Brühe gegart, als Tempura-Gemüse frittiert oder in Kokosmilch gekocht.

Kokosmilch ist eine der wichtigsten Zutaten der indonesischen Küche.

Sojabohnensprossen in Kokoscreme
Taoge gurih

Aus Indonesien

Als ich Tutty Wilpernig um ein Rezept für Gemüse in Kokosmilch bat, wollten wir eigentlich – typisch indonesisch – junge Farnsprossen nehmen. Doch leider gibt es das zarte Gemüse bei uns kaum zu kaufen.

Für 4 Portionen
350 g frische Sojabohnensprossen
1 Stängel Zitronengras
1 rote Chilischote
1 Stück frischer Ingwer (2 cm lang)
1 Stück frische Gelbwurz (2 cm lang)
1 Zwiebel
2 Knoblauchzehen
Salz
2 Eier
1/4 l Kokosmilch (Dose)
2 asiatische oder europäische Lorbeerblätter

Dauert etwa 20 Minuten

› Sojabohnensprossen auf ein Sieb geben, unter fließendem kaltem Wasser abspülen und sehr gut abtropfen lassen. Das Zitronengras auf der Arbeitsfläche mit der Nudelrolle leicht klopfen und wie einen Bindfaden verknoten.

› Chilischote halbieren, Kerne und Scheidewände entfernen. Ingwer und Gelbwurz schälen, Zwiebel und Knoblauch abziehen und grob zerkleinern. Chili, Ingwer, Gelbwurz, Zwiebel, Knoblauch und Salz im Mörser fein zerreiben. Die Eier verquirlen.

› Die zerriebene Gewürzmischung in einen Topf geben, Zitronengras, Kokosmilch und Lorbeerblätter zufügen und unter Rühren aufkochen.

› Sojabohnensprossen und Eier zugeben, unterrühren und 3 Minuten bei mittlerer bis schwacher Hitze garen. Sofort servieren.

Sojabohnensprossen in Kokosmilch gehören zu den ganz normalen indonesischen Gerichten, die man mit Reis und einem scharfen Sambal isst.

Frittierter Tofu
Agedashi-Dofu

Aus Japan

Agedashi-Dofu ist ein Gericht für den Winter, das sehr heiß auf den Tisch kommen sollte. Michiko Yoshinara-Fink serviert dazu frisch gekochten Reis.

Für 4 Portionen
1 Frühlingszwiebel
1 Stück frischer Ingwer (etwa 2 cm lang)
500 g Tofu
1 EL Mehl
Öl zum Frittieren
400 ml Seetangbrühe (instant)
3 EL Sojasauce
1 EL Zucker

Dauert etwa 1 Stunde

› Frühlingszwiebel putzen, waschen und mit etwas zartem Grün in feine Ringe schneiden. Ingwer schälen und fein reiben. Tofustücke quer halbieren und auf die Arbeitsfläche legen. Mehl in ein feines Sieb geben und den Tofu damit von allen Seiten bestreuen.

› Das Öl zum Frittieren erhitzen, die Tofustücke darin portionsweise goldgelb ausbacken. Herausnehmen und auf Küchenpapier abtropfen lassen.

› Seetangbrühe mit Sojasauce und dem Zucker bei starker Hitze unter Rühren kurz aufkochen. Tofu zugeben und die Kochstelle abschalten. Den Tofu höchstens 1 Minute heiß werden lassen.

› Je ein Stück Tofu auf einem vorgewärmten Teller anrichten, mit Frühlingszwiebelringen und Ingwer belegen und mit der Sauce umgießen.

Rote Linsen
Masoor Dal

Aus Indien

»Die Linsen sollen dick wie eine kräftige Suppe sein«, erklärte Arun Das Gupta. »Als Beilage essen wir Fladenbrot oder Gemüsecurry – Reis schmeckt zu Hülsenfrüchten nicht besonders.«

Für 4 Portionen
150 g rote Linsen
3/4 l Wasser
1 mittelgroße Zwiebel
1 große Tomate
1 große Kartoffel
4 EL Pflanzenöl
1 gehäufter TL gemahlene Gelbwurz
1/4 TL mildes Chilipulver
3/4 TL Salz
1 TL Zucker
1/2 TL Garam Masala

Dauert etwa 30 Minuten

› Linsen kalt abspülen und in einem Topf mit dem Wasser zum Kochen bringen. Den Schaum, der sich gebildet hat, abschöpfen. Linsen bei mittlerer Hitze ohne Deckel in etwa 15 Minuten weich garen. Von der Kochstelle nehmen.

› Zwiebel abziehen und fein hacken, Tomate in Scheiben, geschälte Kartoffel in 1 Zentimeter große Würfel teilen.

› Das Öl bei mittlerer Hitze nicht zu heiß werden lassen. Zwiebel darin hellbraun anbraten. Gelbwurz und Chilipulver darüber streuen und 1 bis 2 Minuten braten. Kartoffel und Tomate zugeben, unter Rühren etwa 3 Minuten mitbraten. Salzen und zuckern.

› Linsen hinzufügen, Gemüse erneut aufkochen und zugedeckt bei schwacher Hitze 10 bis 15 Minuten garen, bis die Kartoffelwürfel weich sind. Mit Garam Masala abschmecken.

Orangerote Linsen sind in Nordindien beliebt. Beim Kochen zerfallen sie zu Püree.

Arun Das Gupta

Garam Masala ist eine der drei typischen Würzmischungen des indischen Subkontinents: »Es gehört zur nordindischen Küche wie Panch Phoron zur bengalischen Küche des Ostens und wie Kari, von dem das europäische Currypulver abstammt, in den Süden Indiens«, sagte mir Arun Das Gupta. »Übersetzt heißt Garam masala heiße Gewürze; die Mischung aus 8 bis 13 aromatischen Gewürzen wärmt den Körper von innen und wird deshalb im Herbst und Winter verwendet. In unserer traditionsbewussten Küche bereitet man Garam Masala frisch zu. Die Gewürze werden etwa zehn Minuten sanft geröstet, bis sie duften, und nach dem Abkühlen im Mörser oder in einer Gewürzmühle fein zerrieben. Heute jedoch kaufen auch die meisten Inderinnen Garam Masala fertig gemixt: Sie wählen die Gewürze auf dem Markt oder beim Straßenhändler aus und lassen sie gleich mit einer Rolle auf einem Stein mahlen.«

Zweimal Galgant

Galgant würzt mit ausgewogener Schärfe und duftet zart nach Rosen. Es gibt zwei Arten: Großer Galgant (siehe Foto) ist milder als Echter oder Kleiner Galgant. Wer besonders intensiv würzen will, nimmt – so hat mir Lina Neudecker gesagt – die langen »Finger« des Kleinen Galgant. Sanfter würzt der »Kopf«, das knollige Ende der »Finger«. Beide Galgantarten werden wie Ingwer geschält und zerkleinert – notfalls auch durch frischen Ingwer ersetzt.

Viele Namen

Wenn Sie gezielt einkaufen wollen, müssen Sie das Foto zeigen oder den Galgant beim Namen nennen:

- Echter Galgant (Alpina officinarium) heißt in
  Indonesien: Buah Kunci
  Thailand: Kachai.
- Großer Galgant (Alpina galanga) heißt in
  China: Liang-tiang
  Indonesien: Kencur
  Malaysia: Lengkuas
  Thailand: Galangal, Kha.

Tofufrikadellen mit Spinatdip

Tofu-Burgers with Spinach-Dip

Aus den USA

»Meine Veggie-Burgers sind der absolute Hit bei den Kindern«, schrieb Jutta Kogel zu ihrem Rezept. Als Beilage gibt es meist bayerischen Kartoffel-Gurken-Salat – ein Andenken an die Heimat.

Für 4 Portionen
Dip
150 g tiefgefrorener Spinat
150 ml saure Sahne
150 g Magerquark
150 g Salatmayonnaise (Glas)
1 Bund Dill
4 Lauchzwiebeln
Frikadellen
3 altbackene Weizenbrötchen
1 große Zwiebel
500 g Champignons
250 g Tofu
1 Bund Dill
1 Ei
Salz
Weißer Pfeffer
Öl zum Braten

Dauert etwa 1 Stunde

› Spinat auf ein Sieb geben, auftauen und dabei abtropfen lassen.

› Saure Sahne, Quark und Mayonnaise mit dem Spinat verrühren. Dill und Lauchzwiebeln fein hacken. Dabei das zarte Zwiebelgrün mit verwenden. Beide Zutaten unter den Dip mischen.

› Für die Frikadellen die Brötchen mit lauwarmem Wasser übergießen und quellen lassen, bis sie weich sind. Abgießen und gut ausdrücken.

› Die Zwiebel abziehen, Champignons putzen und eventuell waschen.

› Beide Zutaten mit dem Tofu im Blitzhacker fein zerkleinern.

› Mit gehacktem Dill, Ei, Salz und einer kräftigen Prise Pfeffer mischen. Alles mit den Händen so lange durchkneten, bis der Tofuteig glatt ist und gut bindet. Mit angefeuchteten Händen 8 bis 12 Frikadellen formen.

› Die Frikadellen im heißen Öl bei mittlerer bis schwacher Hitze pro Seite etwa 5 Minuten braten.

Tempehfrikadellen

Perkedel tempe

Aus Indonesien

Noch ein feines Tempehgericht von Tutty Wilpernig. Sie serviert Reis, Gemüse und Kokosrapseln (Rezept auf Seite 126) dazu.

Für 3 Portionen
300 g Tempeh
4 Zitronenblätter
1 cm Großer Galgant (siehe links)
3 Knoblauchzehen
1 Zwiebel
2 rote Chilischoten
1/4 TL Salz
2 EL Öl zum Braten

Dauert etwa 1 Stunde

› Einen hohen Topf etwa 2 Finger hoch mit Wasser füllen. Einen Teller umgedreht hineinlegen. Darauf einen Bambuskorb oder Siebeinsatz stellen. Tempeh darin zugedeckt 20 Minuten dämpfen. Im Mixer pürieren.

› Die Zitronenblätter in feine Streifen schneiden. Geschälten Galgant, Knoblauch und Zwiebel fein hacken. Chilis von allen Kernen und Scheidewänden befreien und fein zerkleinern.

› Alle diese Zutaten mit dem Tempeh mischen und mit Salz würzen. Mit angefeuchteten Händen etwa daumendicke Frikadellen formen und portionsweise im heißen Öl etwa 4 Minuten pro Seite braten, bis sie goldgelb sind.

Linsenfrikadellen

Merkimeklim

Aus der Türkei

Die saftigen Frikadellen mit Linsen, Gemüse und Getreide gehören zum festen Repertoire in Erdogan Yarars Imbiss.

Für 4 Portionen
250 g Linsen
3/4 l Wasser
125 g Bulgur
1 kleine Möhre
1 dünne Stange Porree
1 Bund Petersilie
2 Zweige frischer Thymian
1 Knoblauchzehe
1 Eigelb
Salz, Pfeffer
Öl zum Braten
Dauert etwa 2 Stunden
Arbeiten müssen Sie etwa 1 Stunde

› Die Linsen auf einem Sieb kalt abspülen, mit dem Wasser aufkochen und zugedeckt bei mittlerer bis schwacher Hitze 45 Minuten kochen.

› Bulgur zugeben und alles auf der abgeschalteten Kochstelle zugedeckt noch 15 Minuten ziehen lassen. Den Topf von der Kochstelle nehmen, Linsen und Bulgur ohne Deckel abkühlen lassen.

› Inzwischen die Möhre schälen und fein reiben. Porree putzen, waschen und mit einem Teil der saftigen grünen Blätter fein zerkleinern. Kräuter und abgezogenen Knoblauch fein hacken.

› Diese Zutaten mit Eigelb, Salz und Pfeffer zur Linsen-Bulgur-Masse geben und gut durchkneten. Mit angefeuchteten Händen flache Frikadellen formen.

› Öl in einer großen Pfanne erhitzen. Die Frikadellen darin portionsweise bei mittlerer Hitze etwa 4 Minuten braten, bis sie sich leicht vom Pfannenboden lösen. Wenden und auf der zweiten Seite weitere 3 bis 4 Minuten braten.

Linsen waren – zusammen mit Erbsen – die wichtigsten Lebensmittel in der Frühzeit der Menschen. Sie stammen vermutlich aus Ägypten, wurden bald im gesamten Mittelmeerraum angebaut und sind wesentlicher Bestandteil auch der Küche Indiens.

»Merkimeklim schmecken im vegetarischen Hamburger: ein aufgeschnittenes Fladenbrot mit Salatblättern, Zwiebelringen, Tomatenscheiben und gebratenen Frikadellen füllen. Das Ganze wird mit einem Klecks Zaziki garniert.«

ERDOGAN YARAR

Sichuan-Pfeffer

Er stammt von einem Baum mit dornigen Zweigen und fiederigen Blättern – ähnlich wie die des Vogelbeerbaums. Aus den winzigen Blüten an kleinen verzweigten Stielen entwickeln sich die Früchte – rote Beeren mit schwarzen Samen. Deshalb sind in den Tüten mit getrocknetem Sichuan-Pfeffer immer kleine rötliche, aufgesprungene Kapseln, schwarze Körner und dünne Stielchen. Man kann alles nehmen – Fruchtkapseln, Körner und Stielchen.

Nicht täglich

In größeren Mengen kann Sichuan-Pfeffer gesundheitsschädlich sein. Sie dürfen ihn also nicht in die Pfeffermühle füllen oder so verschwenderisch wie echten Pfeffer verwenden.

Pfefferscharfer Tofu

Mapo Tofu

Aus China

Das Beste an Sichuan- oder Anispfeffer sind die roten Fruchtkapseln: Sie enthalten die pfeffrige Schärfe und ein Öl, das ihren Geruch und Geschmack nach Mandarinenschalen bestimmt. »Rösten ohne Fett verstärkt das Aroma der Pfefferschalen«, erklärte mir Xiaoyan Zhang.

Für 5 Portionen
10 g Mu-Err-Pilze
400 g Tofu
3 Frühlingszwiebeln
1 Stück frischer Ingwer (etwa 2 cm lang)
3 eingelegte rote Chilischoten
3 Knoblauchzehen
Salz
2 EL Sojasauce
2 TL Zucker
3 EL Öl zum Braten
15 Sichuan-Pfefferschalen (siehe links)
2 TL scharfe Bohnenpaste
Außerdem
20 Sichuan-Pfefferschalen

Dauert etwa 45 Minuten

› Pilze mit kochendem Wasser übergießen und 30 Minuten einweichen.
› Den Tofu in etwa 1 1/2 Zentimeter große Würfel schneiden. Frühlingszwiebeln waschen und quer in feine Scheiben schneiden. Ingwer schälen und fein hacken. Chilischoten längs halbieren, die Kerne und Scheidewände entfernen. Die Hälften kalt abspülen und in feine Streifen schneiden. Knoblauchzehen mit etwas Salz zerdrücken.
› Die Pilze abgießen, von den Stielen schneiden und abspülen. Sojasauce mit 1/2 Teelöffel Salz und dem Zucker in einer Tasse verrühren.
› Das Öl im Wok erhitzen. Ingwer, Pfefferschalen, Chilis und Bohnenpaste etwa 10 Sekunden darin anbraten. Sojasauce zugeben und aufkochen.
› Tofu und Pilze zugeben, bei schwacher Hitze 3 Minuten dünsten. Frühlingszwiebeln und Knoblauch untermischen und 1 bis 2 Minuten dünsten.
› Die Pfefferschalen 1 bis 2 Minuten bei schwacher Hitze rösten, im Mörser mahlen und über den Tofu streuen.

Gebratener Tofu

Tubu Bakum

Aus Korea

Als typisch koreanisches Essen serviert Sun Hee Jun-Sailer gebratenen Tofu, Seetangsuppe, Spinatgemüse, Gurkensalat und Reis – alle Rezepte finden Sie in diesem Buch. Über Kimchi, die wichtigste Beilage koreanischen Essens, berichtet Sun Hee auf Seite 80.

Für 4 Portionen
500 g Tofu
2 Frühlings- oder Lauchzwiebeln
1 Knoblauchzehe
3 EL Sesamöl
1 TL Speisestärke
1 EL Wasser
100 ml Gemüsebrühe
Salz, Pfeffer
2 EL helle Sojasauce
1 EL dunkle Sojasauce

Dauert etwa 25 Minuten

› Tofu in mundgerechte Stücke schneiden. Frühlingszwiebeln in feine Ringe schneiden. Knoblauch zerdrücken.
› Öl in einer Pfanne erhitzen und die Frühlingszwiebeln darin bei schwacher Hitze leicht braun anbraten.
› Tofu und Knoblauch zugeben und rundum anbraten, bis der Tofu goldbraun ist.
› Speisestärke mit Wasser verrühren, mit der Gemüsebrühe zum Tofu geben und einmal aufkochen. Mit Salz, Pfeffer und Sojasauce kräftig würzen.

Hülsenfrüchte in Höchstform – schön bunt, sehr fein und dazu noch richtig gesund.

Linseneierkuchen mit Gemüse

Lentil Pancakes with Veggies

Aus den USA

Für 4 Portionen

Eierkuchen
200 g rote Linsen
1 grüne Pfefferschote
100 g Weizenvollkornmehl
Salz
500 g Buttermilch
3 Eier
Öl oder Pflanzenfett zum Backen
Gemüse
1 Bund Lauchzwiebeln
1 kleine Dose rote oder schwarze Bohnen
1 kleine Dose Zuckermais
2 EL Maiskeimöl
1 kleine Dose Tomatenfleisch in Stücken
Salz
Harissa oder Sambal oelek nach Geschmack
1 Hand voll Koriandergrün oder Petersilienblättchen

Dauert etwa 1 1/2 Stunden

› Linsen im Blitzhacker so fein wie Mehl zerkleinern. Pfefferschote halbieren, Kerne entfernen, Schotenhälften waschen und fein hacken. Beide Zutaten mit Mehl, Salz und Buttermilch verrühren. Zugedeckt bei Zimmertemperatur 6 Stunden stehen lassen.

› Die Eier unter den Teig rühren. Das Fett in einer großen Pfanne erhitzen. Jeweils 1 Schöpfkelle Teig in die Pfanne geben und zugedeckt etwa 3 Minuten backen, bis sich der Eierkuchen leicht vom Pfannenboden lösen lässt. Wenden und etwa 2 Minuten backen. 7 weitere Eierkuchen backen und bei 50 °C im Backofen warm halten.

› Für das Gemüse die Lauchzwiebeln mit allen saftigen grünen Blättern fein zerkleinern. Bohnen und Mais abgießen und kurz kalt abspülen.

› Öl in einem Topf erhitzen. Lauchzwiebeln darin bei schwacher Hitze glasig braten. Bohnen, Mais und Tomatenstücke zugeben und bei starker bis mittlerer Hitze unter Rühren 5 Minuten schmoren. Mit Salz und Harissa oder Sambal oelek scharf würzen.

› Koriander oder Petersilie fein schneiden und über das Gemüse streuen.

Vegetarisch international

Mit dem feinen vegetarischen Essen waren die Amerikaner den Europäern um einige Jahre voraus. Vermutlich, weil sich in den USA alle Küchen unserer Erde mischen.

Das Gericht von Jutta Kogel zeigt eine dieser interessanten Kombinationen: Die scharfen Eierkuchen sind von indischen Linsenfladen beeinflusst, das Gemüse dazu wirkt lateinamerikanisch mit nordafrikanischem Würzeinschlag.

Pakistans Küche

Kulinarisch sind die Unterschiede zwischen Indien und Pakistan nicht besonders groß: Bei Fleisch gibt es die Trennung durch religiöse Gebote, denn Pakistanis sind überwiegend Moslems, Inder Hindus. Deshalb gibt es in Indien auch mehr und interessantere vegetarische Gerichte. Die Schärfe spielt ebenfalls eine Rolle. Grob gesagt: Je nördlicher das Land, desto milder das Essen. Südindien würzt mit brennend scharfem Kari, Pakistan mit sanfterem Garam Masala und Panch Phoron. Joghurt und andere Milchprodukte – einst aus der arabischen und persischen Küche übernommen – tragen auch zur aromatischen Milde vieler pakistanischen Speisen bei.

Von ihren Jahren in Pakistan hat Tutty Wilpernig einige Rezepte mitgebracht. Die auf indische Art scharf gewürzten roten Bohnen serviert sie mit Fladenbrot. Wer mag, gibt noch geschlagenen Joghurt dazu.

Scharfe rote Bohnen
Rajma

Aus Pakistan

Für 4 Portionen

250 g rote Kidneybohnen
1 1/2 l Wasser
3 Zwiebeln
2 Knoblauchzehen
Ingwerwurzel (2,5 cm lang)
1 grüne Chilischote
1 große Tomate
3 EL Öl
1 TL Kreuzkümmel
1 1/2 TL Salz
1/2 TL Currypulver
1/2 TL Chilipulver
1 TL gemahlener Koriander
1 TL gehackte Korianderblätter

Dauert etwa 2 1/2 Stunden
Dazu kommt die Quellzeit (8 Stunden)
Arbeiten müssen Sie etwa 45 Minuten

› Bohnen auf einem Sieb waschen. Mit Wasser übergießen und zugedeckt im Kühlschrank 8 Stunden einweichen.

› Das Einweichwasser abgießen. Die Bohnen mit 1 1/2 Liter frischem Wasser aufkochen. Zugedeckt bei schwacher Hitze in etwa 1 1/2 Stunden weich kochen. Abgießen und abtropfen lassen.

› Zwiebeln, Knoblauch und Ingwer schälen und fein hacken. Chilischote entkernen und fein schneiden. Tomate abziehen und fein hacken.

› Öl erhitzen und den Kreuzkümmel kurz darin anbraten. Salz, Curry-, Chili- und Korianderpulver zugeben, unter Rühren braten, bis die Gewürze nicht mehr auf dem Öl schwimmen, sondern sich damit verbunden haben.

› Tomate und Bohnen dazugeben und alles in etwa 30 Minuten zu einer dicklichen Sauce einkochen.

› Falls die Sauce zu trocken wird, 50 bis 100 Milliliter Wasser zugießen. Mit Korianderblättern bestreuen.

Heißer Tofu mit Sauce
Yu-Dofu

Aus Japan

Wie Agedashi-Dofu (Rezept auf Seite 185) gibt es auch diesen Tofu mit Sauce meist im Winter. »Wir essen frisch gekochten Reis und eingelegten Rettich oder Gurken dazu; dieses saure Gemüse können Sie fertig kaufen«, sagte Michiko Yoshihara-Fink bezüglich ihres Rezeptes.

Für 4 Portionen
1 Bund Frühlingszwiebeln
1 Stück frischer Ingwer (etwa 3 cm lang)
2 EL geschälte weiße Sesamsamen
Tsukejoyu-Sauce
70 ml Mirin
1 Stück Kombu (ca. 3x5 cm; siehe rechts)
140 ml Sojasauce
70 ml Wasser
Außerdem
500 g Tofu
1 Stück Kombu (ca. 3x5 cm lang)
Dauert etwa 30 Minuten

› Frühlingszwiebeln mit dem saftigen Grün in feine Ringe schneiden. Ingwer schälen und fein reiben. Sesamkörner ohne Fettzugabe rösten. Alle Zutaten getrennt in Schälchen geben.

› Für die Sauce Mirin in einen Topf geben und aufkochen. Kombu, Sojasauce und Wasser zugeben und erhitzen, aber nicht aufkochen. Die Sauce heiß halten, bis alle Zutaten angerichtet sind.

› Den Tofu in 2 1/2 Zentimeter große Würfel schneiden. Kombu in ein feuchtes Küchentuch wickeln, ausdrücken und mit dem Tuch leicht abreiben. Quer zur Faser versetzt einschneiden.

› Einen großen flachen Topf mit dem Kombu auslegen, den Tofu hineingeben und mit kaltem Wasser bedecken. Aufkochen und den Tofu bei mittlerer Hitze 1 bis 2 Minuten garen.

› Abtropfen lassen, auf einer heißen, tiefen Platte oder Gratinform anrichten.

› Kombu aus der Sauce nehmen, die Sauce in ein Schälchen gießen und alle Schälchen zum Tofu stellen.

› Zum Essen jeweils 1 Stück Tofu in Essschälchen oder Teller geben, mit der heißen Sauce beträufeln und mit den anderen Zutaten bestreuen.

Scharfes Tempeh
Sambal kering tempe

Aus Indonesien

Tempeh kann man wie Pommes frites goldbraun frittieren. Tutty Wilpernig serviert Reis und eines ihrer Sambals dazu.

Für 4 Portionen
300 g Tempeh
6 rote Chilischoten
5 Knoblauchzehen
3 EL Öl
3–4 EL Wasser
1 TL Essig
1 EL Zucker
50 g brauner Zucker
Salz
Öl zum Frittieren
100 g geröstete Zwiebeln (fertig gekauft)
Dauert etwa 30 Minuten

› Tempeh in 1 Zentimeter große Würfel schneiden. Chilischoten halbieren, Kerne und Scheidewände enfernen; Chilischoten fein zerkleinern.

› Knoblauch fein hacken und im heißen Öl bei mittlerer Hitze hellbraun braten. Wasser, Essig, Zucker und Salz zugeben und bei schwacher Hitze unter Rühren dick einkochen.

› Öl zum Frittieren erhitzen, Tempeh darin in 10 Minuten goldbraun backen. Herausnehmen und auf Küchenpapier abtropfen lassen.

› Mit den Chilischoten und den gerösteten Zwiebeln unter die leicht kochende Sauce rühren.

Meeresgemüse

Kombu, Konbu oder Kelp ist Meeresgemüse wie Wakame (siehe Seite 26). Die jod- und kalziumreichen Algen nimmt man in Ostasien zum Kochen von Brühen – meist zusammen mit Bonito, einer Thunfischart, die es getrocknet als Flocken oder Pulver zu kaufen gibt. Doch die rein vegetarische Kombubrühe – so haben mir Michiko und Michiyo gesagt – gilt in Japan als die feinste. Die besten Kombublätter sind dick, dunkelgrün und ganz flach – ein Zeichen, dass sie richtig getrocknet wurden. Man kauft sie quasi am Meter; die mächtigen Blätter sind etwa 20 Zentimeter breit und einige Meter lang. Deshalb finden Sie in Rezepten immer die Maße angegeben. Vor der Verwendung werden sie nicht gewaschen, denn der helle, pudrige Belag ist Aromaträger. Das Kombustück schneidet man ein (siehe Foto), setzt es mit kaltem oder handwarmem Wasser auf und erhitzt das Ganze. Achten Sie darauf, dass Sie den Kombu vor dem Aufkochen entfernen, sonst – so Michiko – »riecht die Brühe unangenehm«.

»Meine Mutter brät die Zwiebel mit Knoblauch, Gewürzen und rotem Paprikapulver im Olivenöl glasig. Das mischt sie mit dem Erbsenpüree und kocht alles noch einmal auf.«

VICKY KRUG

Erbsenpüree mit Zitrone und Öl

Fawa

Aus Griechenland

Heiß ist das Erbsenpüree Hauptgericht, kalt ein leichtes Abendessen – ähnlich wie die kalten Sommersuppen. Dazu gibt es Fladenbrot, Tomaten und Oliven.

Für 8 Portionen

1 kg gespaltene Trockenerbsen (grün oder gelb)
1/2 EL Soda
3 l Wasser
1 Zwiebel
200 ml Olivenöl
1/2 Lorbeerblatt
1 EL Essig
Salz
2 Knoblauchzehen
Schwarzer Pfeffer
1 große Zitrone
1 TL getrockneter Majoran

Dauert etwa 2 Stunden
Dazu kommt die Zeit (etwa 8 Stunden) fürs Einweichen
Arbeiten müssen Sie etwa 30 Minuten

› Erbsen in kaltem Sodawasser zugedeckt etwa 8 Stunden einweichen.
› Mit dem Einweichwasser aufkochen, bei mittlerer Hitze 5 Minuten kochen und wieder abgießen. Mit frischem heißem Wasser aufgießen, bis sie ganz davon bedeckt sind.
› Zwiebel abziehen und hacken. Im heißen Öl bei mittlerer Hitze hellbraun braten. Erbsen mit Wasser, Lorbeerblatt, Essig und Salz zugeben. Zugedeckt in etwa 2 Stunden bei schwacher Hitze zu einem dicken Brei einkochen.
› Knoblauch abziehen und mit etwas Salz zerdrücken. Zitrone auspressen. Erbsen mit Knoblauch und Zitronensaft vermischen, mit Salz und Pfeffer abschmecken und auf einem Teller anrichten. Den Majoran darüber streuen.

Fastenkoteletts

Aus Deutschland

Küchlein aus Bohnenpüree oder Getreidebrei wurden im 19. Jahrhundert wie Koteletts geformt und Fastenkarbonaden genannt. Grünkernfrikadellen gibt es noch heute in vielen Familien am Gründonnerstag.

Für 4 Portionen

Koteletts
2 Dosen weiße Riesenbohnen (Füllmenge je 400 g)
1 Bund Suppengrün
1 Bund Petersilie
50 g Nusskerne
1 Zwiebel
1 Knoblauchzehe
1 Ei
Salz
Cayennepfeffer
4 EL Öl

Sauce
200 g Crème fraîche
200 g Magerjoghurt
3 Tomaten
1 Bund gemischte Kräuter
Salz, Pfeffer

Dauert etwa 1 Stunde

› Bohnen auf einem Sieb abtropfen lassen. Suppengrün und Petersilie grob zerkleinern. Mit Bohnen und Nüssen im Blitzhacker pürieren.
› Zwiebel und Knoblauchzehe schälen und fein hacken. Beide Zutaten mit Ei, Salz und Cayennepfeffer unter das Bohnenpüree mischen. Teig durchkneten, bis er wie Frikadellenteig bindet.
› Entweder acht »Koteletts« oder zwölf Frikadellen formen und portionsweise im heißen Öl bei mittlerer Hitze pro Seite etwa vier Minuten braten.
› Crème fraîche mit dem Magerjoghurt verrühren. Tomaten klein würfeln, Kräuter fein hacken und untermischen. Mit Salz und Pfeffer abschmecken.

Alemannische Fasnet im Schwarzwald. Die Narren tragen verfremdete Zunftgewänder, denn einst war Fastnacht, Fasching oder Karneval auch ein Fest der Handwerker und markierte das Ende des Geschäftsjahres.

Fasten

Fasten gehört für uns zum Frühjahr. Was wir für modern und vernünftig halten, hat seine Wurzeln in Vorstellungen, Wünschen und Sehnsüchten, denen Zeit und Raum nicht viel anhaben konnten.
Früher glaubten die Menschen, beim Essen und Trinken seien Dämonen am Werk.
Das machte sich die Kirche zunutze und rationierte knappe Lebensmittelvorräte durch regelmäßige Fastenzeiten.

Käse und Eier

Erste Wahl für gesundheitsbewusste Ernährung und artgerechte Tierhaltung: Eier von frei laufenden Hühnern.

Hart, weich oder gefärbt

Das Ei und seine Geschichte

Eier gelten uns so viel wie kaum ein anderes Lebensmittel: Wir schätzen sie als Nährstofflieferanten, lieben sie als Frühstücksluxus, fürchten sie als Cholesterinbomben – und lassen sie vom Ursprung der Welt erzählen.

Nach einem japanischen Mythos hingen Himmel und Erde ursprünglich zusammen und bildeten die Form eines Eies, in dessen Mitte der Keim für alles Leben lag. Anders in Indonesien; dort glaubte man, das höchste Wesen habe als Vogel auf die Urgewässer ein Ei gelegt, aus dem dann die Welt entstand. Im alten Ägypten waren Ei und Vogel in einem Bild miteinander verbunden: Die Sonne ruhte im Ei eines Wasservogels wie in einer Wiege. Wasser, Vogel und Ei symbolisieren das Weibliche, die Sonne das Männliche. Zusammen sind sie Urquell des Lebens. Die altbabylonische Göttin Ischtar schlüpfte aus einem Ei, das vom Himmel in den Euphrat gefallen war. Fische brachten es ans Ufer und Tauben brüteten es aus.

Frische Eier sind beim Backen unentbehrlich.

Ein Schöpfungsmythos aus Südchina erzählt vom Gott P'an Ku: Zuerst war das Chaos, doch geformt wie ein Ei und umschlossen von einer mächtigen Eierschale. Im Chaos schwamm P'an Ku, der göttliche Embryo. Er durchbrach die Eierschale mit einem Meißel und schuf die Erde. Aus dem Ei entstanden Dynastien: Eine vietnamesische Sage erzählt, daß die Gemahlin von König Lae-Long ihrem Mann keine Kinder gebar, sondern hundert Eier legte. Aus jedem kam ein Kind hervor. Der Sohn aus dem ersten Ei begründete eine Dynastie von 18 Königen, die insgesamt 2500 Jahre regierten. Im Christentum gelten Eier als Sinnbild der Auferstehung: Christus habe das Grab gesprengt wie das Küken die Eierschale. Oder: Die Schale des Eies bedeute den Leib, das Eiweiß die Seele und der Dotter die göttliche Natur des auferstandenen Heilands.

Tatsächlich demonstriert die Natur am Ei die Entstehung des Lebens wie in einem Dokumentarfilm. Wer einmal ein Küken beim Schlüpfen beobachten konnte, begreift, dass die Henne das Ei nicht für unseren Frühstückstisch, sondern für ihre Fortpflanzung legt – ein guter Grund für viele Vegetarier, ganz auf Eier zu verzichten.

Daß bei uns in Europa Eier und Ostern zusammengehören, hat übrigens nichts mit heidnischen Bräuchen, sondern mit praktischen Erwägungen zu tun. Eier galten als Fleisch in flüssiger Form und waren deshalb während der Fastenzeit verboten. Vor Ostern hatte sich also eine ganze Menge davon angesammelt, die man verbrauchen musste. Früher bezahlten Bauern ihrem Grundeigentümer

Traditionell ist der Verkauf von Milchprodukten und Eiern ab Hof die Domäne der Bäuerinnen.

Nicht die bunte Farbe, sondern die Weihe macht ein Ei im Nest erst zum Osterei.

die Pacht nicht mit Geld, sondern mit Lebensmitteln, z. B. eben mit Eiern. Bäuerinnen, die Eier und Milchprodukte in der Stadt verkaufen wollten, entrichteten vor Ostern eine »Eiermaut« und konnten diese Waren dann das ganze Jahr über zollfrei zum Markt transportieren. Traditionell war der Erlös aus dem Eierverkauf das Taschengeld der Bäuerin.

Nicht nur Eier nahm man vor Ostern als Zahlungsmittel, sondern auch Gebäck mit Eiern – deshalb ist auch der goldgelbe Hefeteigfladen zum typischen Osterbrot geworden. Die Eigentümer von Grund und Boden – kleine und große Adlige, Klöster, Kirchenfürsten –, die auf diese Weise Pacht, Zoll und Spenden einnahmen, haben die Eier wiederum als Zahlungsmittel verwendet: Mit Eiern und Fladen entlohnte man Personal, unterstützte man Bedürftige. Allerdings waren das keine einfachen Eier mehr, sondern eben Ostereier – gefärbt, geweiht und deshalb besonders geschätzt. Als Eier im Laufe von Jahrhunderten ihre Kaufkraft einbüßten, wandelten sie sich zum schönen Geschenk – mal unendlich kunstvoll und kostbar wie die berühmten Juweleneier von Fabergé im zaristischen Russland, mal bunt und süß wie die Schokoladeneier im Osternest für Kinder.

Die Geschichte des Ostereies ist also eher christlich denn heidnisch: Erstens kennen ausgerechnet die Nordeuropäer, deren Vorfahren eigentlich schon immer herhalten mussten, wenn es um heidnische Riten ging, Eier zu Ostern erst seit etwa 1900 – ein bisschen zu spät für vorchristlichen Fruchtbarkeitszauber! Zweitens wird ein Ei erst dann zum Osterei, wenn der Priester es geweiht hat. Diese Weihe, die andere wichtige Lebensmittel wie Fleisch, Brot, Salz, Milch und Butter einschließt, war vermutlich schon vor der Jahrtausendwende üblich – als Karl der Große und seine Nachfolger bereits dafür gesorgt hatten, dass über Europa das Banner der christlichen Kirche wehte. Drittens stammt der erste sichere Beweis für ein geweihtes Osterei aus einem Gedicht des Jahres 1553. Damals war Europa tatsächlich wieder einmal richtig mit den »Heiden« beschäftigt – allerdings in Übersee!

Aus Spanien

Obwohl die Azteken alle Arten von Geflügel hielten – der Truthahn stammt ja aus der Neuen Welt –, haben erst die Spanier Hühner mitgebracht, und die vielen herzhaften Eiergerichte sind eigentlich europäischen Ursprungs.

Früher waren die Eier mit Käse und mexikanischer Sauce das zweite Frühstück wohlhabender Bauern.

Spiegeleier aus Yucatán

Huevos Motuleños

Aus Mexiko

Original sind die üppigen Frühstückseier von der Halbinsel Yucatán überhaupt nicht vegetarisch: Zwischen Bohnenmus und Käse liegt noch eine dicke Scheibe Schinken. Doch Llermi Schröder ist das zu mächtig, und sie lässt den Schinken einfach weg. Zu den Eiern isst man Reis.

Für 4 Portionen
1/4 l Salsa Mexicana
4 EL Bohnenmus
10 EL Öl
4 mexikanische Tortillas
4 dünne Scheiben Hartkäse (Emmentaler oder mittelalter Gouda)
4 Eier

Dauert etwa 15 Minuten

› Den Backofen auf ca. 100 °C (Umluft, 70 °C; Gas, Stufe 1/2) schalten, um die Tortillas warm zu halten.

› Die Salsa Mexicana und das Bohnenmus getrennt im Wasserbad oder in der Mikrowelle erwärmen.

› In einer Pfanne Öl erhitzen und die Tortillas nacheinander einige Sekunden darin anbraten. Sie dürfen dabei nicht hart werden.

› Gebratene Tortillas auf flache Teller legen, mit etwas Bohnenmus bestreichen, jeweils mit einer Scheibe Käse bedecken und im Backofen warm stellen.

› Eier im restlichen Öl als Spiegeleier braten, salzen und auf den geschmolzenen Käse legen. Mit der heißen Salsa Mexicana begießen und servieren.

Tip: Als einfache Variante die gebratenen Eier auf die heißen Tortillas legen. Mit Salsa Mexicana übergießen und mit geriebenem Käse bestreuen.

Käsekroketten
Croquetas de queso

Aus Spanien

Eigentlich gehören Croquetas zu den beliebtesten Tapas, den Kleinigkeiten, die man in Spanien zum Sherry isst. In der Familie von María Díaz gehörten sie sogar zu den Erziehungsmaßnahmen: »Das Formen der Croquetas ist sehr viel Arbeit, und manchmal setzte meine Mutter es als Strafe ein, wenn wir Kinder uns schlecht benommen hatten. So schlimm fand das aber keiner, denn wir freuten uns auf das köstliche Croquetas-Abendessen mit Salat.«

Für etwa 30 Stück
2 EL Öl
40 g Butter
4 EL Mehl
3/4 l Milch
150–200 g geriebener Käse
100 g Semmelbrösel
2 Eier
Öl zum Frittieren

Dauert etwa 1 1/2 Stunden

Dazu kommt die Zeit (2 Stunden) fürs Ruhen

› Öl und Butter in einem Topf erhitzen, Mehl zugeben und unter ständigem Rühren hellgelb braten. Milch unter Rühren zugießen und zu einer dickflüssigen Béchamelsauce einkochen. Topf von der Kochstelle ziehen, Sauce mit 150 Gramm Käse verrühren und mindestens 2 Stunden abkühlen lassen.

› Die Semmelbrösel auf einen tiefen Teller geben. Die Eier auf einem zweiten Teller verquirlen. Das Öl zum Frittieren erhitzen.

› Vom Teig mit zwei in kaltes Wasser getauchten Esslöffeln etwa 30 Kroketten (Croquetas) abstechen. Falls der Teig nicht fest genug ist, den restlichen Käse untermischen und den Teig noch etwa 10 Minuten ruhen lassen.

› Die Kroketten in Semmelbrösel, Ei und zuletzt noch einmal in Semmelbrösel wenden. Portionsweise im heißen Öl in etwa 3 Minuten knusprig braun braten, dabei einmal wenden.

› Im Backofen bei 50 °C warm halten, bis alle Kroketten fertig gebacken sind. Heiß servieren.

Gebackener Käse
Mont d'or chaud

Aus Frankreich

»Wenn der Käse gebacken ist, stellt man ihn auf den Tisch und löffelt ihn über frisch gekochten Pellkartoffeln. Dazu gibt es viel Salat«, erklärte mir Lyne Manuel ihr Rezept. Und obwohl ich keine große Käseesserin bin, lief mir bei dieser Beschreibung das Wasser im Mund zusammen – genau wie in meiner Kindheit, als ich von Alp-Öhis Raclette las, die er seiner Enkelin Heidi zubereitete.

Für 4 Portionen
1 Mont-d'or-Käse (etwa 15 cm Durchmesser)
1–2 Knoblauchzehen
Schwarzer Pfeffer
40 ml trockener Weißwein

Dauert etwa 50 Minuten

Arbeiten müssen Sie etwa 20 Minuten

› Den Käse in der Originalverpackung lassen und die Spanschachtel mit Alufolie umwickeln, damit sie beim Backen nicht verbrennt und der Käse nicht auslaufen kann.

› Ein Loch in den Käse schneiden (siehe Foto) und die zerdrückten Knoblauchzehen, Pfeffer aus der Mühle und den Weißwein hineingeben.

› Käse in den kalten Backofen (untere Schiene) stellen und bei 200 °C (Umluft, 180 °C; Gas, Stufe 3) etwa 30 Minuten backen, bis er ganz weich ist.

Ein Loch in den Käse schneiden und ein Glas trockenen Weißwein – möglichst aus dem Jura – hineingießen.

Lyne pellt Kartoffeln zum Käse.

»Mit Weißbrot schmeckt unsere Chässuppa fein, mit Schwarzbrot ist sie bedeutend herzhafter.«

ROSEMARIE KRAUS

Bergbauernhof im Wallis.

Luzerner Käsetopf
Luzärner Chässuppa

Aus der Schweiz

Viele Rezepte dieses Buches sind mit Erinnerungen an die Kindheit verknüpft. So verloren sie für mich die Sachlichkeit der bloßen Kochanleitung und wurden zu persönlichen Geschichten. »Chässuppa macht schön warm, weil sie so üppig ist. Meine Mutter hat sie oft gekocht, wenn der Vater im Winter ganz durchgefroren vom Holzfällen aus den Bergen zurückkam«, erzählte mir Rosemarie Kraus.

Für 6 Portionen
300 g altbackenes Brot (Weißbrot oder dunkles Mischbrot)
450 g Hartkäse (Schweizer Emmentaler oder Greyerzer)
Salz
Schwarzer Pfeffer
Geriebene Muskatnuss
1 l Milch
2 große Zwiebeln
2 EL Butterschmalz
Dauert etwa 45 Minuten
Dazu kommt die Zeit (etwa 12 Stunden) fürs Ruhen

Käseessen mit Tradition: Raclette.

› Brot und Käse in Scheibchen schneiden und in eine feuerfeste Form schichten. Mit Salz, Pfeffer, Muskat würzen. Milch aufkochen und darüber gießen. Alles zugedeckt über Nacht kalt stellen.
› Die Zwiebeln abziehen und in feine Scheiben schneiden. Im heißen Butterschmalz bei schwacher bis mittlerer Hitze weich und hellbraun braten.
› Die Form mit Brot und Käse auf die Kochstelle setzen und bei starker Hitze zweimal rasch aufkochen. Dabei nur wenig rühren, damit kein Brei entsteht.
› Zwiebeln mit dem Butterschmalz über dem Käsetopf verteilen.

Raclette

Aus dem Südschweizer Kanton Wallis stammt das wohl berühmteste Gericht der Eidgenossen.

»Große und kleine Pasteten sind typisch für Brasilien – vor allem da, wo der afrobrasilianische Einfluss stark ist: Moqueca, eine sehr bekannte Käsepastete mit Shrimps, kommt aus Bahía. Ursprünglich ein Gericht der Indianer, wurde sie von der afrikanischen Küche übernommen.«

ARNOLDO DA SILVA-PEREIRA

Käsepasteten
Empada de Queijo

Aus Brasilien

»Jede Region hat ihre eigenen Pasteten, mal mit einem Stückchen Huhn drin, mal mit Krabben, Gemüse, Mais oder Käse. Pasteten bekommt man immer, und im Karneval werden noch mehr Pastetenstände aufgebaut«, erzählte mir Arnoldo da Silva-Pereira.

Für 20 Pasteten

Teig

3 EL geschmolzene Butter
450 g Mehl
3 Eigelb
Salz

Füllung

300 g Hartkäse (Emmentaler oder Gouda)
1 EL weiche Butter
300 ml Milch
3 Eier
20 Pastetenförmchen (Durchmesser: etwa 10 cm)

Dauert etwa 2 1/2 Stunden
Arbeiten müssen Sie etwa 30 Minuten

› Mehl in eine Schüssel geben. Mit der geschmolzenen Butter, dem Eigelb und etwas Salz zu einem glatten Teig verkneten. In Pergamentpapier gewickelt im Kühlschrank 1 Stunde ruhen lassen.
› Den Backofen auf 220 °C (Umluft, 200 °C; Gas, Stufe 4) vorheizen.
› Käse fein reiben, mit der Butter verrühren, Milch und Eier untermischen.
› Die Pastetenförmchen so mit Teig auskleiden, dass noch genügend Platz für die Füllung bleibt. Jeweils 1 bis 2 Esslöffel Käsefüllung in die Pasteten geben und mit etwas Teig verschließen.
› Die Pasteten in den heißen Backofen (mittlere Schiene) schieben und in etwa 25 Minuten goldgelb backen.

Tip: Kleine Förmchen für die Pasteten bekommt man hier in Asienläden.

Käsepflänzchen
Kaspressknödel

Aus Österreich

Helga Pucker formt den Teig aus Brot, Kartoffeln und Käse entweder so groß wie Frikadellen und serviert sie mit buntem Salat als Hauptgericht. »Oder ich rolle kleine Knöderl und gebe sie in heißer Brühe als Suppeneinlage zu Tisch.«

Für 5 Portionen

6 altbackene Weizenbrötchen vom Vortag (etwa 180 g)
1/4 l Milch
2–3 gekochte Kartoffeln (mehlige Sorte)
2–3 Eier
300 g würziger Käse (Appenzeller oder Bergkäse)
1/2 Bund Petersilie
4 EL Mehl
Salz
Etwa 100 ml Sonnenblumenöl zum Braten

Dauert etwa 1 Stunde

› Brötchen in kleine Würfel schneiden und in eine Schüssel geben. Lauwarme Milch darüber gießen. Brötchen zugedeckt etwa 20 Minuten ziehen lassen, bis die Milch aufgesogen ist.
› Inzwischen die Kartoffeln schälen und durch die Kartoffelpresse drücken. Die Eier verquirlen, den Käse in kleine Würfel schneiden. Petersilie waschen, trockenschwenken und fein hacken.
› Kartoffelpüree, Eier, Käse, Petersilie, Mehl und Salz zu den Brötchen geben und alles mit den Händen verkneten, bis der Teig gut zusammenhält und nicht mehr bröckelt.
› Mit angefeuchteten Händen flache Frikadellen aus dem Teig formen. Jeweils etwa 6 Frikadellen, im heißen Öl schwimmend, goldgelb backen.

Tip: Nehmen Sie Sonnenblumenöl aus dem Supermarkt. Natives oder kaltgepresstes Öl wird beim Frittieren zu heiß.

Zum Coucou isst man Reis oder Fladenbrot.

Omelett mit Gemüse und Kräutern

Coucou sabzi

Aus dem Iran

Iranisches Coucou ist eine Art Omelett, das mit verschiedenem Gemüse und/oder gemischten Kräutern zubereitet wird.

Für 2 Portionen
100 g frischer Spinat
2 kleine gekochte Kartoffeln
2 Lauchzwiebeln
1 Bund Petersilie
1 Bund Dill
1/2 Bund Minze
4 Eier
Salz
Weißer Pfeffer
4 EL Öl

Dauert etwa 30 Minuten

› Den Spinat verlesen, waschen und tropfnass in einen kleinen Topf geben. Zugedeckt bei starker Hitze heiß werden und zusammenfallen lassen. Das dauert etwa 3 Minuten.

› Herausnehmen, abkühlen lassen, mit den Händen ausdrücken und fein zerkleinern.

› Kartoffeln schälen und mit einer Gabel fein zerdrücken. Die saftigen, grünen Blätter der Lauchzwiebeln und die Kräuter fein zerkleinern.

› Spinat, Kartoffeln, Zwiebelgrün und Kräuter mit den verquirlten Eiern, Salz und Pfeffer mischen.

› Öl in einer großen Pfanne erhitzen. Die Eiermischung hineingießen und bei schwacher Hitze auf der Unterseite etwa 5 Minuten braten, bis sie sich leicht vom Pfannenboden löst.

› Mit dem Pfannenmesser wie eine Torte in vier Stücke schneiden, die Stücke wenden und auf der Unterseite noch mal 3 bis 4 Minuten braten.

Die Kräuter fürs Omelett

Spinat, Zwiebelgrün, Petersilie, Dill und Minze nimmt man in Persien zum Coucou.
Die Kräuter müssen nicht frisch sein – iranische Hausfrauen haben gewöhnlich eine reiche Auswahl an getrockneten Kräutern.

Die Sauce zum Omelett

Das Weiße der Lauchzwiebeln fein hacken, eine Knoblauchzehe zerdrücken. Alles mit 300 g Joghurt verrühren, mit Salz und Pfeffer würzen und zum Coucou servieren.

Variante

Den Teig in der Pfanne mit Petersilie bestreuen, mit Tomatenscheiben belegen und das Ganze in den Ofen schieben. In Schweden brät man oft Speckwürfel dazu.

Dieser Backofen-Pfannkuchen ist Ewa Schimmers elegante fleischlose Variante zu einem deftigen schwedischen Klassiker: Ugnspannkaka med fläsk, was Backofen-Pfannkuchen mit Speck bedeutet.

Backofen-Pfannkuchen mit Spinat und Käse

Ugnspannkaka med penat och ost

Aus Schweden

Bei den Schimmers gibt's zum herzhaften Pfannkuchen Salat, Brot und Butter.

Für 4 Portionen
1 Packung tiefgefrorener Blattspinat (300 g)
125 g Mehl
600 ml Milch
3 EL Butter
100 g würziger Hartkäse (Emmentaler oder Appenzeller)
1 kleine Zwiebel
1 Knoblauchzehe
Salz, Pfeffer
4 Eier
Dauert etwa 1 Stunde
Arbeiten müssen Sie etwa 30 Minuten

› Spinat im Sieb auftauen, abtropfen lassen und sehr gut ausdrücken.

› Mehl mit der Hälfte der Milch glatt rühren und den Teig quellen lassen, bis die anderen Zutaten vorbereitet sind.

› 2 Esslöffel Butter in einer ofenfesten Form schmelzen. Käse reiben.

› Die Zwiebel und die Knoblauchzehe hacken und in der restlichen Butter bei schwacher Hitze glasig braten. Unter den Spinat mischen, Spinat in der Form verteilen, leicht salzen und pfeffern.

› Eier unter den Teig rühren. Restliche Milch und Käse untermischen, Teig mit Salz und Pfeffer würzen und auf dem Spinat verteilen.

› Form in den kalten Backofen (mittlere Schiene) schieben. Backofen-Pfannkuchen bei 225 °C (Umluft, 200 °C; Gas, Stufe 5) etwa 30 Minuten backen, bis er schön gebräunt ist.

Tip: Statt Hartkäse nimmt Ewa Schimmer manchmal Gorgonzola, den sie fein zerkrümelt unter den Teig mischt.

Liptauer Kartoffelnockerln
Bryndzové halusky

Aus der Slowakei

»Auf einem Fragebogen würde der slowakische Präsident vermutlich Kartoffelnockerln als sein Lieblingsessen angeben«, sagte mir Renata Sako-Hoess zu diesem Nationalgericht der Slowaken. Zu den Nockerln mit einem Belag aus gerösteten Zwiebeln serviert Renata die typischen Beilagen Dickmilch und Salat.

Für 6 Portionen
800 g Kartoffeln (mehlige Sorte)
2 Eier
150 g Mehl (Type 405)
150 g griffiges Mehl (siehe rechts)
Salz
300 g Schaffrischkäse (Liptauer oder Brynsen)
2 Zwiebeln
2–3 EL Öl
Dauert etwa 1 1/4 Stunden

› Die Kartoffeln schälen, waschen, abtrocknen und fein reiben. Die Eier, die beiden Mehlsorten und etwas Salz dazugeben und alles mit einem Kochlöffel zu einem zähflüssigen Teig rühren.

› In einem großen Topf reichlich Salzwasser zum Kochen bringen. Nockerlteig wie schwäbische Spätzle portionsweise von einem Brett in das sprudelnd kochende Wasser schaben: Dafür ein nasses Holzbrett etwa zu einem Viertel dünn mit Teig bestreichen. Das Brett mit der bestrichenen Seite über den Kochtopf halten. Für jedes Kartoffelnockerl einen knapp daumendicken Teigstreifen mit einem breiten Messer abschneiden und rasch vom Brett ins sprudelnd kochende Wasser schaben. Dabei hin und wieder umrühren.

› Sobald die Nockerln an die Oberfläche steigen, noch etwa 3 Minuten garen. Mit einem Schaumlöffel herausnehmen und in eine Schüssel geben. Sofort mit dem zerkrümelten Käse mischen und im Backofen bei 50 °C warm halten.

› Zwiebeln abziehen, in feine Ringe schneiden und im heißen Öl goldbraun rösten. Die heißen Nockerln mit den Zwiebeln belegen und sofort servieren.

Überbackenes Kartoffelpüree mit Käse
Purée gratinée

Aus Frankreich

Lyne Manuel nimmt am liebsten Comté, den Käse ihrer Heimat. »Doch Schweizer Greyerzer oder ein wirklich gut gereifter Bergkäse schmecken ebenfalls fein. Zum Gratin gibt es nur gemischten Blattsalat.«

Für 4 Portionen
1 kg Kartoffeln (mehlige Sorte)
2 Knoblauchzehen
Salz
1/8 l Wasser
1/4 l lauwarme Milch
180 g Comté (ersatzweise Greyerzer oder Bergkäse)
Pfeffer
Dauert etwa 1 Stunde
Arbeiten müssen Sie etwa 30 Minuten

› Die Kartoffeln schälen, waschen und würfeln. Mit den abgezogenen ganzen Knoblauchzehen, Salz und dem Wasser in etwa 20 Minuten sehr weich garen.

› Mit dem Kartoffelstampfer fein zerdrücken und mit der Milch verrühren. Püree mit etwa 150 Gramm geriebenem Käse mischen, mit Salz und Pfeffer würzen und in eine Gratinform geben.

› Mit dem restlichen Käse bestreuen, in den kalten Backofen (mittlere Schiene) schieben und bei 220 °C (Umluft, 200 °C; Gas, Stufe 4) in etwa 30 Minuten goldbraun überbacken.

Mehl für die Nockerln

Griffiges Mehl besteht aus feinsten Körnchen, weil es nicht so glatt gemahlen ist wie Mehl der Type 405. Die feinen Mehlkörnchen binden die Feuchtigkeit im Teig – aus Eiern, Wasser oder Milch – langsamer, der Teig bekommt mehr Stabilität und lässt sich besser verarbeiten.
In Deutschland bekommt man griffiges Mehl vorwiegend unter der Bezeichnung »Wiener doppelgriffiges Mehl« oder »Doppelgrießler«.

»Ich glaube, die Eskimos haben zwanzig Wörter, um den Schnee zu beschreiben. In Peru gibt es mindestens zehn Wörter, um Mais zu beschreiben. Und mehr als vierzig verschiedene Maissorten.«

CARMEN RAMIREZ-KÖNIGSBAUER

Ein edles Soufflee – mal nicht aus Frankreich, sondern aus Brasilien.

Maissoufflee
Soufflé de Milho verde

Aus Brasilien

Milho verde ist frischer, weicher Mais, keine getrockneten, harten Maiskörner. Iris Bichelmaier-Zalszupin gießt das Püree durch ein Sieb: »Ohne die Schalen der Maiskörner schmeckt es delikater.«

Für 6 Portionen
2 Dosen Zuckermais
Etwa 800 ml Milch
1 EL Gemüsebrühe (instant)
5 EL Mehl
1 mittelgroße Zwiebel
2 Knoblauchzehen
2 EL Öl
150 g Parmesan
6 Eier
Weißer Pfeffer
Margarine und Semmelbrösel für die Form

Dauert etwa 1 Stunde und 20 Minuten
Arbeiten müssen Sie etwa 30 Minuten

› Maiskörner abgießen und kurz kalt abspülen. Mit 1/8 Liter Milch und der Gemüsebrühe im Mixer sehr fein pürieren. Durch ein Sieb gießen. Mehl in der restlichen Milch glatt rühren.

› Zwiebel und Knoblauch abziehen, ganz fein hacken, im heißen Öl glasig braten und abkühlen lassen. Parmesan fein reiben. Eier trennen, Eigelbe verquirlen, Eiweiß steif schlagen.

› Maispüree mit Zwiebel, Knoblauch, Eigelb, Milchmischung und Parmesan verrühren. Mit Pfeffer würzen. Zuletzt den Eischnee unterheben.

› Eine ofenfeste Form mit hohem Rand fetten und mit Semmelbrösel ausstreuen. Den Maisteig hineingießen und in den kalten Backofen (mittlere Schiene) stellen. Maissoufflee bei 180 °C (Umluft, 160 °C; Gas, Stufe 2) etwa 50 Minuten backen, bis es hoch aufgegangen, an der Oberfläche leicht eingerissen und goldbraun ist.

Tip: Die Körner kann man auch von frischen Zuckermaiskolben abschneiden.

Tomatenpfanne mit Eiern
Matischa ma chlii

Aus Marokko

Tomaten sind das A und O in Marokko, und das Rezept für die Tomatenpfanne hat Sonja Samouh von ihrer Schwiegermutter bekommen: »Mit Weißbrot ist es ein schnelles, leichtes Sommeressen.«

Für 4 Portionen
5 mittelgroße Tomaten
1 rote Paprikaschote
2 mittelgroße grüne Chilischoten
1/2 Bund Petersilie
Salz
3 Eier
3 EL Öl

Dauert etwa 30 Minuten

› Tomaten abziehen und fein würfeln. Paprika- und Chilischoten halbieren, Kerne und Scheidewände entfernen, Schoten waschen und in kleine Stücke schneiden. Petersilie fein hacken.

› Alles mischen, mit Salz kräftig würzen, verquirlte Eier unterrühren.

› Das Öl in einer Pfanne erhitzen. Die Tomatenmischung darin bei schwacher Hitze etwa 10 Minuten dünsten, bis die Eier gestockt und cremig wie Rühreier sind. Sofort servieren.

Maispfannkuchen mit Käse
Torrejaz de maíz con queso

Aus Peru

Carmen Ramirez-Königsbauer nimmt für die Maispfannkuchen nicht unbedingt teuren Zuckermais: »Wenn ich einen Bauern bei seinem Feld mit Futtermais sehe, bitte ich ihn um ein paar junge Kolben.«

Für 4 Portionen
2 mittelgroße, frische Maiskolben
Eventuell 2 EL Milch
2 Zwiebeln
1 rote Paprikaschote
2 Eier
50 g Mehl
Salz, Pfeffer
100 g geriebener Käse (Emmentaler oder mittelalter Gouda)
Öl zum Braten

Dauert etwa 1 Stunde

› Hullblätter der Maiskolben abziehen. Körner mit einem Messer von den Kolben schneiden. Maiskörner pürieren, dabei bei älteren, trockenen Körnern die Milch zufügen. Zwiebeln und die Paprikaschote fein zerkleinern

› Eier trennen, Eiweiß steif schlagen. Eigelbe nacheinander unterrühren. Zuerst das Maispüree, dann Mehl – mit Salz und Pfeffer gemischt – unterrühren. Zuletzt Zwiebeln, Paprikaschote und den Käse unterrühren.

› Das Öl in einer Pfanne erhitzen. Pro Maispfannkuchen 2 Esslöffel Teig in die Pfanne geben und auf jeder Seite etwa 3 Minuten goldgelb backen.

Mais ist ein kerngesunder und nährstoffreicher Sattmacher.

Mais vom Imbiss

Nicht die Indios haben so viel Mais gegessen, sondern die Portugiesen. Noch heute sind Maiskolben schneller Imbiss in Brasilien: Wie in München die Maroniverkäufer stehen in Brasilien vor allem am Strand kleine Wägelchen mit einem Topf heißem Wasser, frischen Maiskolben und Salz.
In Peru isst man frisch gekochte Maiskolben mit Salz und einem Stückchen Käse als Vorspeise.

Gelegenheit zum Räuchern

Geräuchertes gilt als ziemlich ungesund. Das wissen auch die Dänen, und deshalb essen sie diesen köstlichen Käse nicht jeden Tag, sondern vor allem zur besonderen Gelegenheit des Mittsommerpicknicks.
In Dänemark verwendet man zum Räuchern einen eisernen Eimer. Diese Eimer gibt es meines Wissens bei uns nicht mehr zu kaufen, und bei anderen Metalleimern könnten schädliche Dämpfe entstehen. Verwenden Sie deshalb zum Räuchern den entsprechenden Ofen (im Fachhandel erhältlich) oder den gusseisernen Holzkohlengrill. Das Heu sollte leicht feucht sein, damit sich beim Räuchern genügend Rauch entwickeln kann.
Heu gibt es frühestens im Mai, spätestens im Juni beim Bauern. Oder nach dem Rasenmähen bei Freunden mit Garten.

Räucherkäse
Rygeost

Aus Dänemark

Räucherkäse stammt von der Insel Fünen und wird dort den ganzen Sommer über hergestellt; er gehört zum dänischen Mittsommerpicknick am 21. Juni. Sonja Rye Mortensen hat das Rezept für Rygeost von ihrer Großmutter bekommen.

Für 4–6 Portionen
3 l Vollmilch
1/2 l Buttermilch
4–5 Tropfen Käselab
Etwa 1/2 TL Salz
Kümmelkörner nach Belieben
Zum Räuchern
3 Hand voll Heu (siehe links)
6 Brennnesselzweige
Dauert etwa 2 Tage
Arbeiten müssen Sie etwa 2 Stunden

› Vollmilch, Buttermilch, Käselab und Salz in einem hochwandigen Gefäß aus Glas, Porzellan, Steingut oder Keramik mischen. Mit einem Küchentuch bedeckt etwa 24 Stunden in einem warmen Raum stehen lassen, bis eine Dickmilch entstanden ist.
› In einem Topf Wasser auf 40 °C bis 50 °C erhitzen. Die Temperatur mit einem Bratenthermometer kontrollieren, denn das Wasser darf nicht zu heiß werden. Das Gefäß mit der Dickmilch in das Wasser stellen und darin so lange warm halten, bis sich die Molke als klare Flüssigkeit abgesetzt hat und die festen Milchbestandteile eine schnittfeste Masse gebildet haben.
› Ein großes Sieb mit einem Mulltuch auslegen und über eine tiefe Schüssel legen. Dickmilch einschließlich Molke salzen und langsam in das Sieb gießen.
› Das Tuch zusammenbinden und etwa 12 Stunden über einer Schüssel aufhängen, damit die Molke abtropft und der Käse fest wird.
› Den festen Käse aus dem Tuch auf den Holzkohlenrost stürzen.
› Heu und zerkleinerte Brennnesseln im gusseisernen Holzkohlengrill mischen, anzünden und warten, bis es glimmt.
› Käse auf dem Rost darüber legen und in 10 bis 12 Minuten auf der unteren Seite goldbraun räuchern. Mit dieser geräucherten Seite nach oben auf einen Teller stürzen und nach Wunsch mit Kümmel bestreuen.

Rührei
Äggröra

Aus Schweden

Schwedisches Rührei, rät Ewa Schimmer, muss man sehr kräftig und ausdauernd rühren, damit die Masse cremig wird.

Für 4 Portionen
1 kleine Zwiebel
2 Tomaten
3 EL Butter
4 Scheiben Toast
8 Eier
1/2 TL Salz
4 EL Sahne
Dauert etwa 30 Minuten

› Die abgezogene Zwiebel und die gewaschenen Tomaten in dünne Scheiben schneiden. 2 Esslöffel Butter in einer Pfanne zerlassen. Toastscheiben darin auf beiden Seiten goldgelb rösten.
› Eier, Salz und Sahne in einer Schüssel mit der Gabel kurz verrühren.
› Die restliche Butter in der Pfanne schmelzen und die Eimasse dazugeben.
› Bei schwacher Hitze mit einem Holzlöffel unter kräftigem Rühren zu einer glatten, dicken Creme verarbeiten und so lange braten, bis die Rühreier nur noch leicht feucht sind.
› Auf den Broten verteilen und diese, mit Tomatenscheiben und Zwiebelringen belegt, sofort servieren.

Kreideklippen auf der dänischen Insel Mön.

Juni in Dänemark

Zum typisch dänischen Mittsommerpicknick trifft man sich im Garten, im Park oder überall dort, wo man ein schönes grünes Fleckchen findet, wie die Dänen es nennen. Es gibt marinierte Heringe mit Crème fraîche und gehackten roten Zwiebeln, neue dänische Kartoffeln (Samsö) als Beilage, Rygeost auf frisch gebackenem Roggenbrot (Seite 110) und jede Menge gut gekühltes Bier und eiskalten Aquavit.

»Statt der Eier oder als Ergänzung gare ich auch frittierten Tofu oder gebackenes Tempeh in der Kokossauce.«

LINA NEUDECKER

Zum indonesischen Menü gehören mindestens drei Gerichte, eines davon mit Sauce. Diese Schmorgerichte heißen Gulai, nach dem europäischen Gulasch. Eier in Currysauce schmecken besonders gut mit Duftreis.

Eier in Currysauce
Gulai Telur

Aus Indonesien

Als mir Lina Neudecker ihr Rezept gab, fragte ich sie, weshalb die Eier frittiert werden. »So zerfallen sie in der Sauce nicht«, erklärte mir Lina.

Für 3 Portionen
6 Eier
Öl zum Frittieren
1 rote Chilischote
2 Schalotten
1 Knoblauchzehe
Je 2 cm frische Gelbwurz, Ingwer und Galgant
3 Kemirinüsse
1 Stängel Zitronengras
1 EL Öl
1/4 l Kokosmilch (Dose)
1 TL Salz
4 Zitronenblätter
Dauert etwa 45 Minuten

› Eier hart kochen, kalt abschrecken, schälen und im heißen Öl 5 Minuten frittieren, bis sie goldbraun sind. Mit einem Schaumlöffel herausnehmen und auf Küchenpapier abtropfen lassen.

› Chilischote halbieren, Kerne und die Scheidewände entfernen, waschen. Schalotten und Knoblauchzehe abziehen. Gelbwurz und Ingwer schälen. Alle diese Zutaten mit den Kemirinüssen im Mörser fein zerreiben. Ungeschälten Galgant und das Zitronengras mit der Nudelrolle flach klopfen. Zitronengras wie einen Bindfaden verknoten.

› Öl in einem Topf erhitzen und die Chilimischung darin anbraten. Kokosmilch unterrühren. Galgant, Zitronengras, Salz und Zitronenblätter zugeben, alles mischen und einmal aufkochen.

› Die Eier in die Sauce legen und bei schwacher Hitze garen, bis sich das in der Kokosmilch enthaltene Öl oben absetzt. Galgant und Zitronengras entfernen, die Eier auf einer tiefen Platte anrichten und sofort servieren.

Käse mit Erbsen
Mattar Paneer

Aus Indien

Paneer ist ein selbst gemachter Weichkäse, ähnlich wie fester Quark, der aus dem Punjab in Nordindien stammt. Er paßt zu vielen indischen Speisen und ergänzt ein vegetarisches Gericht mit viel Eiweiß.

Für 4-6 Portionen
Käse
2 l Vollmilch
1/2 TL Salz
5 EL Zitronensaft
Sauce
2 mittelgroße Zwiebeln
3 Knoblauchzehen
Salz
3 große Tomaten
2 TL Kreuzkümmelkörner
2 EL Ghee (ersatzweise Butterschmalz)
1 TL Chilipulver
1/2 TL Kurkuma
1 TL Zucker
250 g tiefgefrorene Erbsen
3–4 frische Korianderblätter zum Garnieren

Dauert etwa 3 1/2 Stunden
Arbeiten müssen Sie etwa 1 1/2 Stunden

Vielseitiges Bambuskörbchen: Es ist geeignet zum Dämpfen und zum Pressen von Käse und Tofu.

› Für den Käse die Milch in einen großen Topf gießen, das Salz zugeben und die Milch zum Kochen bringen. Den Zitronensaft unterrühren und alles bei schwacher Hitze unter ständigem Rühren kochen, bis die Milch geronnen ist und dick wird.

› Ein Sieb über eine große Schüssel hängen und mit einem Mulltuch oder einem feinen Küchentuch aus Baumwolle auslegen. Die geronnene Milch hineinfüllen, mit einem Holzlöffel festdrücken und die herauslaufende Molke in der Schüssel auffangen. Die feste Masse mit den überhängenden Enden des Tuchs bedecken. Auf das Ganze einen mit Wasser gefüllten Topf stellen. Die Dickmilch so beschwert ungefähr 2 Stunden stehen lassen, bis sie zu einem festen Käse geworden ist.

› Das Tuch vom fertigen Käse lösen und den Käse in Würfel schneiden.

› Zwiebeln hacken, Knoblauchzehen mit etwas Salz zerdrücken. Tomaten waschen und in Würfel schneiden. Kreuzkümmel im Mörser zerreiben.

› Ghee oder Butterschmalz in einer Pfanne erhitzen. Zwiebeln und Knoblauch darin bei mittlerer Hitze unter Rühren goldbraun braten. Mit Chilipulver, Kreuzkümmel, Kurkuma, Salz und Zucker würzen.

› Die gewürfelten Tomaten zugeben und bei schwacher Hitze 10 Minuten dünsten, bis die meiste Flüssigkeit verdampft ist. Die Erbsen zugeben und zugedeckt 15 Minuten garen.

› Die Käsewürfel in die Sauce legen und mit den frischen Korianderblättern garnieren. Noch etwa 8 Minuten erhitzen und ziehen lassen, aber nicht mehr kochen. Heiß servieren.

Tip: Statt des Siebs kann man eine Tofupresse oder ein chinesisches Bambuskörbchen verwenden, wie man es zum Dämpfen von heißen Snacks nimmt (siehe Foto links). Der Käse bekommt dadurch eine schöne Form und lässt sich gut in Würfel schneiden.

Ohne Lab

Käse aus dem Westen wird in Indien nicht so häufig gegessen, weil er gewöhnlich Kälberlab als Gerinnungsmittel enthält. Paneer, den festen indischen Käse, und Chenna, der weich und krümelig wie Hüttenkäse ist, stellt man mit frisch gepresstem Zitronensaft, wie in Ramola Parbhoos Rezept links, mit Obstessig oder mit Naturjoghurt her.

Saucen und Mariniertes

Unreife, grüne Pfefferbeeren isst man frisch.

PFEFFER, CHILIS, HARISSA

FEURIG WÜRZEN UND MARINIEREN

Im Sommer und auf Urlaubsreisen in heißen Ländern sind scharf gewürzte Speisen ideal. Chili kurbelt den Kreislauf an, macht Hitze erträglicher und wirkt gegen Darminfektionen.

Chilischoten oder auch Chilis, Peperoni und Gewürzpaprika gehören zur selben Familie, Pfefferkörner zu einer anderen. Schließlich gibt es noch das, was scharf schmeckt, doch weder mit den Schoten noch mit den Körnern verwandt ist. Eines davon finden Sie auf Seite 188 beschrieben: Sichuan-Pfeffer. Die Schärfe von Pfefferkörnern ist vertraut und leicht zu dosieren: Je feiner gemahlen, desto schärfer ist er. Ob Sie aber nun schwarzen oder weißen Pfeffer verwenden, das hängt ganz von Ihrem eigenen Geschmack ab. Ich habe bei meinen Recherchen keine Regeln dafür entdeckt – weder geografisch noch kulinarisch. Schwarzer Pfeffer schmeckt kräftig und scharf, weißer etwas feiner, seine Schärfe »beißt« nicht so.

Chilis sind in Lateinamerika, Spanien, Indien, Thailand, Indonesien und vielen anderen asiatischen Ländern das wichtigste Gewürz für kalte und warme Gerichte, für Würzpasten, für eingelegtes Gemüse und Pickles. Durch Auslese und Kreuzung gibt es diese Schoten in höchst unterschiedlichen Größen, Formen und Farben: Sie können zwischen 2 und 15 Zentimeter lang, kegelförmig, rund oder lang, weiß, rot, grün, gelb oder orange sein. Form und Farbe der Schoten sagen nichts über den Schärfegrad aus, der von mild bis unerträglich scharf reicht. Doch gibt es eine Faustregel: orangefarbene Chilis schmecken milde. Rote, reife Schoten sind schärfer als unreife, grüne. Je kleiner die Schote, desto brennender auf der Zunge. Ganz verlassen kann man sich auch darauf nicht.

Säcke mit Paprikapulver in Ungarn.

Bei Peperoni, ebenfalls mit Chilis und Paprika verwandt, habe ich keine schlüssige Abgrenzung zu Chilischoten gefunden: Oft werden die langen, schlanken und milderen Schoten als Peperoni, die scharfen kleinen, rundlichen oder spitzen als Chilis bezeichnet. Manchmal heißen auch nur die europäischen Kapsikumgewächse Peperoni – etwa die langen, scharfen, grünen Schoten aus der Türkei, die Sie frisch bekommen, oder die schlanken, grünen Schoten aus Italien, die es vorwiegend sauer eingelegt gibt. Trotzdem: Peperoni müssen nicht milder sein, und Probieren vor dem Würzen oder dem Belegen der Pizza ist ratsam. Das Pulver und die Flocken von Paprika werden aus dem Gewürzpaprika hergestellt, der ebenfalls zur Chilifamilie gehört – allerdings mit etwa 20-mal weniger scharfem Kapsaizin als Chilischoten ausgestattet. Die Ersten, die das

Die getrockneten Schoten werden bis zum Mahlen kühl gelagert.

In Ungarn hat man zuerst begonnen, scharfe Chilischoten mit Gemüsepaprika zu kreuzen.

Pulver produzierten, waren Spanier und Ungarn. Auf der spanischen Hochebene und im ungarischen Tiefland ist das Klima ideal. In den heißen Sommern können die Schoten voll ausreifen und nach der Ernte rasch trocknen. Die ungarischen Bauern züchteten durch Kreuzung mit Gemüsepaprika auch scharfen und milden Gewürzpaprika. Heute reicht die Würzpalette von feurig scharfem Rosenpaprika über süß-milden Delikatesspaprika zu den aromatischen Paprikaflocken.

Bei Chilischoten ist es sehr wichtig, dass Sie die Schärfe so gut wie möglich dosieren. Auch dazu gibt es ein paar Regeln, weil sich das scharfe Kapsaizin in den weißen Trennwänden mit den Samen daran konzentriert. Die Menge der Samen und Dauer der Garzeit spielen deshalb eine Rolle für die Schärfe Ihres Essens: Milder schmeckt das Gericht, wenn Sie aus den frischen oder getrockneten Schoten alle weißen Scheidewände und Kerne entfernen und die Schoten vor dem Servieren wieder herausfischen. Kurz gebratene Chilischoten – etwa im Wok – würzen relativ zahm. Mittelscharf wird das Essen mit den zerkleinerten Schoten ohne Scheidewände und Kerne. Sehr scharf schmeckt das Essen, wenn Sie die Schoten mitsamt Scheidewänden und Kernen verwenden und lange garen. Es spielt kaum eine Rolle, ob Sie frische oder getrocknete Schoten verwenden, vorausgesetzt, Sie können aus den getrockneten die Samen herausbröseln.

Ich habe übrigens das Dosieren der Schärfe mit anderen Chiliprodukten geübt: zuerst mit Cayennepfeffer aus getrockneten, gemahlenen roten Chilischoten und mit Chiliöl – Erdnuss- oder Sesamöl, das mit getrockneten Chilischoten erhitzt und so geschärft wird. Außerdem mit roter Bohnenpaste aus dicken Bohnen oder Sojabohnen, Chilis und Salz. Das vierte Würzmittel, dessen Schärfe sich gut abschätzen lässt, ist Harissa, typisch für Nordafrika, Israel und die arabischen Länder. Die Paste besteht aus getrockneten roten Chilis, Knoblauch, Kreuzkümmel, Koriandersamen und Salz, manchmal auch Zitrone oder Minze.

Das Messer bekommt man in gut sortierten Haushaltwarengeschäften. Sonst nimmt man den Zestenreißer.

Das Muster möglichst symmetrisch einschneiden, denn die Orangen werden nach dem Kochen in acht Stücke geteilt und kandiert.

Orangenmarmelade
Varen'e

Aus Russland

Orangenkonfitüre nennt Nora Dubral ihre wunderbare Leckerei, die süß und schwer ist wie kandierte Orangen. »In Russland gibt es sie als Dessert oder zum Tee statt Gebäck«, erzählte mir Nora.

Für 12 Portionen
6 große unbehandelte Orangen (mit möglichst dicken Schalen)
Sirup
1/4 l Wasser
800 g Zucker
Dauert etwa 4 Stunden
Dazu kommt die Zeit (4 Tage) fürs Wässern
Arbeiten müssen Sie etwa 2 1/2 Stunden

› Die Orangen gründlich waschen und abtrocknen. Mit einem Spezialmesser oder dem Zestenreißer ein Muster einschneiden (siehe Fotos links). Orangen in einer großen Schüssel mit kaltem Wasser bedecken und 4 Tage ziehen lassen. Wasser alle 24 Stunden wechseln.

› Am vierten Tag die Orangen in den eingeschnittenen Kerben einige Male mit einem Zahnstocher einstechen.

› Reichlich Wasser in einem großen Topf zum Kochen bringen. Orangen hineinlegen und 15 bis 30 Minuten bei schwacher bis mittlerer Hitze kochen, bis man die dicke Orangenschale ganz leicht mit dem Zahnstocher einstechen kann. Orangen vorsichtig auf ein Sieb abgießen und darin erkalten lassen.

› Die Orangen genau an den Kerben in Viertel schneiden. Die Viertel jeweils an der quer eingeschnittenen Kerbe teilen. Die Kerne mit einem scharfen Messer entfernen.

› Für den Sirup Wasser und Zucker verrühren, aufkochen, Orangenachtel zugeben und etwa 1 Stunde bei kleiner bis mittlerer Hitze kochen lassen.

› Dabei immer wieder vorsichtig umrühren und die Orangenstücke mit zwei Gabeln wenden. Bei sehr großen Orangen muss man während des Garens eventuell noch ein paar Esslöffel Wasser zugeben.

› Orangen im Sirup erkalten lassen.

Maronenkonfitüre
Confiture de marrons

Aus Frankreich

Joëlle Ribas serviert kleine Portionen der Konfitüre zu Schlagsahne, Crème fraîche oder Quark. »Sie schmeckt auch zu hellen, hauchdünnen Crêpes aus Weizenmehl.«

Für 4–6 Gläser
2 kg Maronen
300 ml kaltes Wasser
1 Vanilleschote
1,3 kg Zucker
Dauert etwa 1 1/2 Stunden

› Die Maronen an der gewölbten Seite kreuzweise einschneiden. Ungeschält in reichlich kochendes Wasser geben, aufkochen und zugedeckt bei mittlerer bis schwacher Hitze 20 Minuten garen.

› Abgießen, kalt abschrecken und schälen, solange sie noch heiß sind. Die Maronen mit dem Wasser im Mixer oder Blitzhacker portionsweise zu einer cremigen Masse pürieren.

› Mit der fein zerkleinerten Vanilleschote und Zucker mischen. Langsam zum Kochen bringen und unter ständigem Rühren bei schwächster Hitze 25 bis 30 Minuten kochen. Die Konfitüre kochend heiß in saubere, mit heißem Wasser gut ausgespülte Twist-off-Gläser füllen und sofort verschließen.

Tip: Die Konfitüre hält sich etwa sechs Monate. Zum längeren Aufbewahren muss man die Gläser sterilisieren.

Eingelegte Früchte

Sweet Fruit Pickles

Aus Südafrika

Für 8–10 Portionen
500 g gemischte getrocknete Früchte (Birnen, Äpfel, Pflaumen, Aprikosen)
1 TL Senfpulver
1-1/2 TL Chilipulver
3 EL Branntweinessig
3 Knoblauchzehen
4 EL Honig
1 TL Salz
2 EL brauner Zucker
1 TL schwarze Pfefferkörner
4 Zimtstangen (jeweils 5 cm lang)
6 Gewürznelken
Dauert etwa 20 Minuten
Dazu kommt die Zeit (etwa 12 Stunden) fürs Marinieren

› Die getrockneten Früchte auf einem Sieb heiß abspülen und mit einem Tuch trockenreiben. Grob hacken und in eine Schüssel geben. Senf- und Chilipulver mit dem Branntweinessig verrühren und über die Früchte gießen.

› Knoblauch abziehen und mit etwas Salz zerdrücken. Mit allen restlichen Zutaten zu den Früchten geben und gründlich mischen, bis der Honig und die Gewürze die Früchte bedecken.

› Die eingelegten Früchte ungefähr 12 Stunden zugedeckt im Kühlschrank ziehen lassen und etwa 1 Stunde vor dem Servieren herausnehmen, damit sich das Aroma entwickeln kann.

Tip: Ramola Parbhoo empfiehlt diese süßsauren Früchte genau wie Chutney zu indischen Currygerichten oder gebratenem Gemüse. Mir schmecken die Pickles am besten so aufgeteilt: 1/2 Menge Pflaumen, 1/4 Menge Äpfel sowie jeweils 1/8 Aprikosen und Birnen.

Pickles und Chutneys sind typisch für alle Regionen, die von der indischen Kochkunst profitiert haben. In Südafrika ist das vor allem die Gegend um Durban.

Trockenobst

Es wird aus reifen Früchten – Äpfeln, Bananen, Birnen, Pflaumen, Aprikosen, Pfirsichen, Weintrauben – hergestellt: Man sortiert und reinigt das Obst und trocknet es an der Luft oder mit Wärmezufuhr. Trockenpflaumen und -Feigen enthalten noch relativ viel Wasser und dürfen mit dem Konservierungsstoff Sorbinsäure behandelt werden. Schädlingsbefall und Verfärbung verhindert man durch Schwefeldioxid. Beide Zusatzstoffe müssen auf der Verpackung angegeben sein. Manche Menschen vertragen Schwefeldioxid nicht und sollten daher Trockenobst mit dem Vermerk »ungeschwefelt« nehmen.
Übrigens sind nicht alle Trockenfrüchte süß: Aprikosen und manche Äpfel würzen fein säuerlich.

Die Milch in der Nuss

Nur frische Kokosnüsse enthalten die milchige Flüssigkeit, die Sie fürs Chutney brauchen. Beim Kauf stellen Sie die Frische so fest: Es muß in der Nuss richtig gluckern, wenn man sie kräftig schüttelt. Hört man nichts, ist die Nuss schon länger gelagert und das Kokoswasser darin durch die poröse Schale verdunstet.

Kokosnüsse sind in allen Anbauländern wichtige Exportartikel und Lebensmittel. Ramola Parbhoos Chutney passt gut zu scharf gewürztem indischem Essen: Kokos mildert Chilischärfe und bewahrt das Aroma.

Kokosnusschutney

Coconut Chutney

Aus Mauritius

Für 10 Portionen

1 Kokosnuss
8 Knoblauchzehen
2 TL Salz
1 Stück frischer Ingwer (etwa 4 cm lang)
1–2 grüne Chilischoten
2 Bund frische Pfefferminze (ersatzweise Korianderblätter)
100 g gehackte Erdnusskerne
4 EL Zitronensaft
Wasser
Eventuell 1 Zitronenscheibe zum Garnieren

Dauert etwa 1 Stunde

› Den Backofen auf 200 °C (Umluft, 180 °C; Gas, Stufe 3) vorheizen.

› Um die Kokosnuss zu öffnen, mit Hammer und Nagel einige Löcher in die drei Vertiefungen auf der Schale schlagen.

› Die Milch auffangen und mit kaltem Wasser auf 1/4 Liter auffüllen.

› Kokosnuss 10 Minuten in den heißen Backofen legen, damit sich die harte Schale mit der braunen Haut leicht vom weißen Fruchtfleisch löst.

› Nuss auf einen festen Untergrund legen und die Schale mit dem Hammer zerschlagen. Eventuell in der Schale haftendes Fruchtfleisch mit dem Messer herausholen. Die Hälfte des Fruchtfleisches in feine Stücke schneiden.

› Knoblauchzehen abziehen und mit Salz zerdrücken. Ingwer schälen und grob zerkleinern. Chilischoten halbieren und alle oder nur einen Teil der scharfen Kerne und Scheidewände entfernen. Pfefferminzblätter abzupfen, einige zum Garnieren beiseite legen.

› Den Rest der Pfefferminzblätter mit Kokosfleisch, Knoblauch, Ingwer, Chilischoten, Erdnüssen, Zitronensaft und Wasser mischen und pürieren, bis eine cremige Masse entsteht. Dann mit Salz abschmecken. Mit Pfefferminzblättern oder der Zitronenscheibe garnieren.

Kreolische Rougaille
Rougaille Creole

Aus Mauritius

In Ramola Parbhoos drittem Rezept für würzige Beilagen zu Vegetarischem ist der französische Einfluss klar: Rougailles, die scharfen Saucen mit rotem Chili (rouge) und Knoblauch (l'ail), stammen aus der kolonialen Küche, die sich im Süden der späteren USA und auf den Inseln des Pazifiks entwickelt hat. Ramola mischt ihre Rougaille mit Brunnenkresse und serviert sie heiß: »Besonders fein schmeckt sie zu gebratenen Kartoffelscheiben und Kokosnusschutney.«

Für 4 Portionen
300 g Zwiebeln
2 Knoblauchzehen
Salz
750 g reife Tomaten
50 g Brunnenkresse
1/2 grüne oder rote Chilischote
4 EL Öl
1 TL Zucker
Dauert etwa 45 Minuten

› Zwiebeln abziehen und sehr fein hacken. Knoblauchzehen abziehen und mit etwas Salz zerdrücken. Tomaten abziehen und würfeln. Brunnenkresse waschen und trockentupfen.

Rougaille, die scharfe rote Sauce mit Tomaten.

› Die Blätter abzupfen und grob, die fleischigen Stiele fein hacken. Alle oder einen Teil der Kerne und Scheidewände der Chilischote entfernen, Schote waschen und fein zerkleinern.

› Zwiebeln mit Knoblauch und Chili im heißen Öl glasig braten. Tomaten zugeben und bei schwacher Hitze etwa 15 Minuten schmoren; dabei hin und wieder umrühren.

› Die Brunnenkresse auf der Rougaille verteilen und alles zugedeckt noch einmal etwa 7 Minuten schmoren. Mit Salz und Zucker abschmecken.

Hausgemachter Kvas
Kvas domašnij

Aus Russland

Kvas ist das Nationalgetränk der Russen, Grundlage für Okroška (Rezept auf Seite 88) und der beste Durstlöscher.

Für 10–12 Portionen
400 g altbackenes Roggenbrot
3 l abgekochtes kaltes Wasser
1 Hand voll Rosinen
200 g Zucker
1/2 Päckchen frische Hefe (etwa 20 g)
Dauert etwa 30 Minuten
Dazu kommt die Zeit (2 Tage) fürs Ruhen

› Brot in kleine Stücke schneiden und im Backofen bei 100 °C (Umluft, 80 °C; Gas, Stufe 1/2) etwa 10 Minuten trocknen. Die Stücke in eine Schüssel geben. Etwa 1/4 Liter Wasser zugießen und kurz mischen.

› Rosinen, Zucker und in etwas Wasser aufgelöste Hefe hinzufügen. Alles mit dem restlichen Wasser begießen und gut durchrühren.

› Kvas, mit einem Tuch bedeckt, 2 Tage bei Zimmertemperatur stehen lassen. Danach filtern und kühl stellen.

»Kvas wird eigentlich nicht in Flaschen verkauft. Original sind große Fässer mit einem Hahn. Daneben sitzt die Babuschka und zapft den Kvas ins mitgebrachte Gefäß – das kann ein Krug oder eine Dose sein.«

MARINA SCHLICHTER

Olivenöl

Olivenöl gibt es in unterschiedlichen Qualitäten: Die beste heißt Natives Olivenöl extra (Huile d'olive vierge extra oder olio di oliva vergine extra) und wird ohne chemische Zusätze durch Kaltpressung aus den frisch geernteten Oliven gewonnen. Man isst dieses Öl am besten roh: in Salaten, auf frisch geröstetem Weißbrot, als Würze in kräftigen Suppen. Die zweite Qualität, Natives Olivenöl, stammt ebenfalls aus der ersten Pressung. Es enthält etwas mehr freie Fettsäuren, schmeckt deshalb nicht ganz so fein, aber immer noch so delikat und charakteristisch, dass Sie – wie beim Wein – verschiedene Lagen unterscheiden können. Dieses Öl eignet sich zum Braten bei sanfter Hitze, Schmoren und Marinieren. Öle, die nur Olivenöl heißen, sind eine Mischung aus nativen und raffinierten Ölen. Man nimmt sie zum kräftigen Braten und Frittieren.

Die eingelegten Paprikaschoten von Vicky Krug gehören zu den echten griechischen Vorspeisen.

Eingelegte Paprikaschoten

Piperies Tursi

Aus Griechenland

Sommergemüse, in (Oliven-)Öl und Essig eingelegt, gehört überall in Europa zum Wintervorrat: »Es waren die Konserven in unserer Familie«, erzählte Vicky Krug. »Auch im Süden gibt es ja während der kalten Jahreszeit kaum frisches Gemüse, und das Eingelegte sorgt für Vitamine.«

Für 10 Portionen
1 kg grüne Paprikaschoten
1 kg rote Paprikaschoten
1 EL Salz
800 ml Weißweinessig
100 ml Olivenöl
Dauert etwa 1 Stunde
Dazu kommt die Zeit (etwa 3 Wochen) fürs Marinieren

› Die Paprikaschoten halbieren, von den Kernen und Scheidewänden befreien und waschen. Die grünen Schoten in etwa 1/2 Zentimeter breite Streifen, die roten in kleine Stücke schneiden.

› Alle Schoten in einer großenSchüssel mit dem Salz vermischen und zugedeckt 24 Stunden stehen lassen.

› Paprikaschoten auf ein großes Sieb geben, gut abtropfen lassen und in verschließbare Gläser schichten. Den Essig mit dem Öl vermischen und über die Paprikaschoten gießen.

› Gläser schließen, die Paprikaschoten darin etwa 3 Wochen an einem kühlen, dunklen Ort stehen lassen.

› Währenddessen die Gläser immer wieder mal vorsichtig kippen, damit die Schoten gleichmäßig mariniert werden. Dabei aber nicht schütteln.

Tip: Das Rezept von Vicky Krug habe ich mit blanchierten kleinen Zwiebeln und mit schwarzen Oliven ausprobiert. Beide Varianten schmecken gut.

Eingelegter Weißkohl
Lahano Tursi

Aus Griechenland

Vicky Krugs Weißkohl ist die Beilage zu Bohnen-, Linsen- und Kichererbsensuppe.

Für insgesamt 3 kg
4 kg Weißkohl
400 g Salz
Dauert etwa 1 Stunde
Dazu kommt die Zeit (etwa 3 Wochen) fürs Marinieren

› Kohl putzen, vierteln, waschen und den Strunk herausschneiden. Die Kohlviertel in grobe Stücke schneiden und in einen großen, verschließbaren Topf aus Steingut oder Keramik schichten. Jede Schicht mit Salz bestreuen.

› So viel Wasser zugießen, dass der Kohl gerade bedeckt ist. Den Topf schließen und den Weißkohl bei Zimmertemperatur (etwa 18 bis 20 °C) 48 Stunden stehen lassen.

› In den folgenden 3 Wochen täglich das Wasser umschütten, damit die Gase entweichen können. Dafür das Wasser in eine Schüssel gießen und dann wieder zugießen, bis der Kohl gerade eben bedeckt ist.

Weißkohl enthält viel Vitamin C.

Dillgurken
Kovaszos uborka

Aus Ungarn

Ingeborg Burger-Balogh und Tibor Balogh schwärmten bei unserem Gespräch sehr von den wunderbaren Gurkengerichten Ungarns. Als Tibor bei den Dillgurken angelangt war, lief ihm so das Wasser im Mund zusammen, dass seine Erzählung stockte. Was mich natürlich vom Nutzen eines weiteren Gurkenrezeptes überzeugte. So bat ich Martha Lavallée um ihres.

Für 1 Glas von 3 l
1,5 kg mittelgroße Gärtnergurken
1 Bund Dill
2 Knoblauchzehen
Etwa 2 l Wasser
1 TL Salz
1 Scheibe Mischbrot
Dauert etwa 30 Minuten
Dazu kommt die Zeit (etwa 6 Tage) fürs Gären

› Gurken waschen, Stiel- und Blütenansatz abschneiden. In jede Gurke der Länge nach 4 etwa 1/2 Zentimeter tiefe Schnitte machen. Gurken mit dem gewaschenen Dill und dem abgezogenen Knoblauch in ein hohes Glas schichten.

› Salzwasser lauwarm erhitzen und über die Gurken gießen. Das Brot toasten, in ein Stück Mulltuch wickeln und auf die Gurken legen. Eventuell so viel Wasser nachgießen, dass das Brot davon bedeckt ist. Die Gurken mit einem kleinen Teller abdecken.

› 3 bis 4 Tage an einem warmen, sonnigen Platz stehen lassen, bis das Wasser trüb ist und sich Bläschen bilden.

› Sobald vom Brot nur noch die Rinde übrig ist, sind die Gurken fertig.

› Rinde entfernen und Gurken 2 Tage kühlen.

› Wasser abgießen, die Gurken in ein frisches Glas umfüllen und kühl aufbewahren. Sie halten sich etwa 3 Tage.

»Das Wasser der fertigen Dillgurken schmeckt sehr erfrischend und ist wegen der Milchsäuregärung so gesund wie Sauerkraut.«

MARTHA LAVALLÉE

Grüne Tomate

Sie ist keine unreife Tomate und nicht mal mit den normalen roten Tomaten verwandt: Tomatl, Tomatillo oder mexikanische Tomate gehört zur selben Familie wie Physalis, die uns vor allem als Dekoration auf exquisiten Desserts vertraut ist. Wie diese Kapstachelbeere trägt auch die Tomatillo ein papierdünnes Häutchen – allerdings nicht so ballonartig aufgeplustert, sondern um die hellgrüne Frucht anliegend. Tomatillos braucht man für die berühmte Salsa verde (Rezept rechts), Chilis und andere mexikanische Eintöpfe. Frisch bekommt man sie bei uns kaum, in Dosen gibt es sie in lateinamerikanischen Geschäften, manchen Reformhäusern und Naturkostläden.

Die grüne Sauce Mexikos kann man zu allem essen, unbedingt gehört sie zu Enchiladas verdes (Seite 170).

Scharfe grüne Sauce

Salsa verde

Aus Mexiko

»Salsa verde ist bei uns so wichtig wie Salsa Mexicana«, sagte mir Llermi Schröder zu ihrem Rezept. »Sie steht nicht nur als Würze auf dem Tisch, sondern wird auch zum Kochen genommen.«

Für 1/2 l
150 g Zwiebeln
3 Knoblauchzehen
5 grüne Peperoni
3 EL frisches Koriandergrün
4 EL gehackte Petersilie
1 Dose grüne Tomaten (Füllmenge 380 g; siehe links)
Salz, Pfeffer
Dauert etwa 20 Minuten

› Zwiebeln und Knoblauch abziehen und grob hacken. Peperoni halbieren, ganz oder teilweise entkernen, waschen und in Streifen schneiden.

› Alle diese Zutaten mit den gehackten Kräutern und dem Saft der grünen Tomaten unter häufigem Rühren bei mittlerer Hitze 5 Minuten kochen.

› Die grünen Tomaten hinzufügen und die Salsa pürieren. Noch einmal kurz aufkochen. Kochend heiß in saubere, heiß ausgespülte Twist-off-Gläser füllen und sofort verschließen.

› Salsa verde nach dem Abkühlen im Kühlschrank aufbewahren.

Tip: Man kann die Salsa verde statt mit grünen Tomaten auch mit 200 Gramm unreifen Kiwis zubereiten: Die Kiwis schälen, grob zerkleinern und mit den anderen Zutaten in 1/4 Liter Wasser ungefähr 5 Minuten kochen. Nach dem Pürieren 1 Esslöffel Zitronensaft zugeben und die Sauce in Gläser füllen.

Salsa de ocopa

Aus Peru

Mit dieser Sauce oder Salsa de huancaina füllt Carmen Ramirez-Königsbauer frisch gekochte, leicht ausgehöhlte Kartoffeln, richtet sie auf Salatblättern an und legt ein paar schwarze Oliven dazu.

Für 4 Portionen
1 Zwiebel
4 Knoblauchzehen
1 Peperoni
1 EL Öl
200 g Feta
250 g gesalzene oder ungesalzene Erdnusskerne
1/8 l Milch
Salz

Dauert etwa 30 Minuten

› Zwiebel und Knoblauch grob zerkleinern. Peperoni halbieren, von Kernen und Scheidewänden befreien und ebenfalls grob zerkleinern.
› Alle diese Zutaten im heißen Öl bei schwacher Hitze etwa 10 Minuten braten. Lauwarm abkühlen lassen.
› Mit Feta, den Erdnüssen und Milch pürieren. Mit Salz abschmecken.

Salsa huancaina

Aus Peru

Für 4 Portionen
2 Zwiebeln
1 scharfe Pfefferschote
1 rote Paprikaschote
1 EL Öl
1/8 l Milch
2 Weizenbrötchen
250 g Frischkäse
2 EL Olivenöl
Salz

Dauert etwa 30 Minuten

› Zwiebeln abziehen und hacken. Die Pfefferschote und die Paprikaschote waschen, von Kernen und Scheidewänden befreien und zerkleinern.
› Öl erhitzen, die Zwiebeln und die Schoten darin bei schwacher Hitze glasig und weich braten. Abkühlen lassen.
› Inzwischen die Milch in eine Schüssel geben, das Brot zerkrümeln und darin einweichen. Zwiebelmischung mit Frischkäse, Olivenöl, Brot und Milch pürieren. Mit Salz abschmecken.

Bohnenmus
Frijoles refritos

Aus Mexiko

Für 4 Portionen
250 g schwarze Bohnen
1 l Wasser
3 kleine Zwiebeln
1 Bund Petersilie
8 Knoblauchzehen
10 EL Öl
1/4 TL Oregano
Salz, Pfeffer

Dauert etwa 2 Stunden
Dazu kommt die Zeit (8 Stunden) fürs Einweichen

› Bohnen kalt abspülen und im Wasser zugedeckt etwa 8 Stunden einweichen.
› Bohnen im Einweichwasser mit grob gehackten Zwiebeln und Petersilie aufkochen.
› Zugedeckt bei schwacher Hitze in etwa 1 1/2 Stunden weich garen.
› Knoblauchzehen abziehen und fein hacken.
› Das Öl in einer Pfanne erhitzen. Die Bohnen nach und nach dazugeben und mit dem Kartoffelstampfer zu einem glatten Mus zerdrücken.
› Knoblauch zugeben, Bohnenmus mit Oregano, Salz und einer kräftigen Prise Pfeffer abschmecken.

»Salsa de ocopa und Salsa huancaina sind ideal für den Sommer – mit frisch gekochten neuen Kartoffeln.«

CARMEN RAMIREZ-KÖNIGSBAUER

»Bohnenmus gehört in Mexiko zu jedem Essen. Versuchen Sie als Imbiss mal Schafkäsestückchen, Tomaten und Tacos dazu.«

LLERMI SCHRÖDER

Sauce süsssauer

Zenaida Panganiban hat von ihrer Großmutter gelernt, wie man richtige süßsaure Sauce kocht: »Sie schmeckt so, wie es sich gehört – sauer, aber nicht nach Essig, süß, aber nicht fade. Der Zucker muss unbedingt leicht karamelisieren, denn das gibt den feinen Geschmack. Und ganz wichtig ist, die fertige Sauce durch ein Sieb zu drücken – sie muß glatt und gleichmäßig hellrot gefärbt sein. Statt Ananas können Sie Mango oder Orange nehmen.«

... und Europäisch

Zenaida verwendet immer milden Kokosnussessig und Palmzucker. Ich habe ihre Sauce mit gutem Himbeeressig und Zuckerrohrgranulat aus dem Naturkostladen ausprobiert und fand auch diese Variante – trotz des leicht veränderten Aromas – sehr gut.

Süßsaure Sauce

Von den Philippinen

Zenaida Panganibans süßsaure Sauce passt zu gebratenem Gemüse, zu Tofu oder Tempeh – entweder in Scheiben geschnitten und wie ein Schnitzel gebraten oder in Erdnussöl frittiert. Außerdem gibt es als Beilage frisch gekochten Reis.

Für 10 Portionen

1 kleine reife Tomate
1 kleine Zwiebel
1 TL Öl
40 g Palmzucker
60 ml Kokosnussessig
130 ml Wasser
90 ml Ananassaft (Dose)
1 EL Maisstärke
1 mittelgroße rote Paprikaschote
200 g Ananasstücke (Dose)
Salz
Schwarzer Pfeffer

Dauert etwa 45 Minuten

› Die Tomate waschen und würfeln, Zwiebel abziehen und hacken. Das Öl in einer Pfanne erhitzen, Tomate und Zwiebel darin anbraten. Den Palmzucker zugeben und unter Rühren bei mittlerer Hitze heiß werden lassen, bis er schmilzt und leicht bräunt.

› Topf von der Kochstelle nehmen und den Essig zur Zuckermischung geben, aber nicht umrühren. Topf wieder auf die Kochstelle setzen, die Sauce einmal aufkochen. Wasser und 2/3 des Ananassaftes unterrühren, erneut aufkochen.

› Sauce durch ein Sieb in einen Topf geben, dabei das Gemüse ausdrücken.

› Die Maisstärke mit dem restlichen Ananassaft glatt rühren, unter die Sauce mischen und Sauce aufkochen.

› Paprikaschote putzen, waschen und in feine Würfel schneiden. Mit den Ananasstücken in die Sauce mischen, mit Salz und Pfeffer abschmecken.

Scharfe Tomatenpaste Sambal Tomat

Aus Indonesien

Tutty Wilpernig serviert ihren Sambal als Würze für Suppen, Reis, geschmortes Gemüse und gebratene Nudeln. »Er soll süßsauer und scharf sein. Und am besten schmeckt er, wenn er nicht zu flüssig ist.« Wie fast alle indonesischen Würzsaucen sind auch Tomatenpaste und Kemirinusspaste (Rezept auf Seite 225) sehr scharf. Wer das nicht mag, nimmt weniger Chilis.

Für 10–12 Esslöffel

3 Tomaten
1 Zwiebel
3 Zitronenblätter
10 rote Chilischoten
2 Knoblauchzehen
3 EL Öl
2 TL Zucker
1 Messerspitze Salz

Dauert etwa 30 Minuten

› Tomaten abziehen, Stielansätze und eventuell auch die Kerne entfernen. Zwiebel abziehen. Beide Zutaten fein zerkleinern. Zitronenblätter in feine Streifen schneiden.

› Die Chilischoten halbieren, von den Kernen und eventuell auch von den Scheidewänden befreien und grob zerkleinern. Mit den abgezogenen Knoblauchzehen in den Mörser geben und zu einer Paste zerreiben.

› Die Paste im heißen Öl unter Rühren etwa 10 Minuten braten, bis sie dickflüssig wird. Tomaten, Zwiebel, Zitronenblätter, Zucker und Salz zugeben und bei mittlerer bis schwacher Hitze in etwa 15 Minuten dick einkochen.

Tip: Sambal Tomat und Sambal Kemiri halten sich in einem verschlossenen Gefäß bei Zimmertemperatur ungefähr eine Woche. Im Kühlschrank kann man sie bis zu drei Wochen aufbewahren.

Salsa Mexicana von Llermi Schröder und Sambal Kemiri von Tutty Wilpernig – zweimal Würze für alles, was Sie gerne scharf essen: gebratenes Gemüse, einfachen Reis, weiche Tortillas, vegetarische Hamburger.

Scharfe rote Sauce
Salsa Mexicana

Aus Mexiko

Für 1/2 l Sauce
5 grüne Peperoni
200 g Zwiebeln
3 Knoblauchzehen
1 kleine Dose geschälte Tomaten
3 EL gehacktes Koriandergrün
4 EL gehackte Petersilie
Salz
Weißer Pfeffer

Dauert etwa 20 Minuten

› Peperoni, abgezogene Zwiebeln und Knoblauchzehen fein zerkleinern. Mit Tomaten (einschl. Saft) und allen anderen Zutaten unter Rühren aufkochen.

› Die Sauce in heiß ausgespülte Gläser füllen, verschließen und ganz abkühlen lassen. Vor dem Servieren mindestens 24 Stunden ziehen lassen. Im Kühlschrank aufbewahren.

Kemirinusspaste
Sambal Kemiri

Aus Indonesien

Für 12–15 Esslöffel
16 rote Chilischoten
2 Knoblauchzehen
6 Kemirinüsse
2 EL Öl
1 TL Zucker
Salz
1 TL Zitronensaft
3 EL Wasser

Dauert etwa 30 Minuten

› Chilis halbieren, von Kernen und eventuell auch von den Scheidewänden befreien und grob zerkleinern. Knoblauch abziehen und mit den Kemirinüssen im heißen Öl braun anbraten.

› Chilis, Knoblauch, Nüsse, Zucker und wenig Salz im Mörser ganz fein zerreiben. Mit Zitronensaft und etwas Wasser zu einer Paste verrühren.

»Maggi« in Mexiko

Salsa Mexicana ist in Mexiko eine beliebte Universalwürze zu vielen Speisen und steht meist auf dem Tisch wie bei uns (früher) eine sehr bekannte Speisewürze, die der Schweizer Julius Maggi im 19. Jahrhundert entwickelt hat.
Die Schärfe der Salsa Mexicana können Sie steuern: Je mehr Peperonikerne man verwendet, desto schärfer wird sie.

Süsses

Zuckerrohr, das süße Gras.

Palmen, Rüben, Zuckerrohr

Die Lust am Süssen

Das Verlangen nach Süßem ist den Menschen wohl angeboren. Es läßt sich physiologisch begründen: Muttermilch schmeckt süß, und Zuckerhaltiges ist der schnellste Energielieferant.

Für Süßes gibt es viele Quellen, drei davon sind kulinarisch besonders wichtig: Palmen, Zuckerrohr und Rüben. Chronologisch stehen die Palmen vielleicht an erster Stelle; in Asien soll die Gewinnung von Zucker aus Palmen älter sein als die von Rohrzucker. Für Palmzucker schneidet man die noch geschlossenen Blüten von Zucker- oder Palmyrapalmen an, sobald der Saft in die Knospen der Blütenstände strömt, und klopft mit einem Holz dagegen. Das bewirkt Gewebeschäden, die den Saft noch reichlicher fließen lassen. Den aufgefangenen Saft kocht man in einer eisernen Pfanne zu dickem Sirup ein, bis das Wasser aus dem Palmensaft verdampft ist und der Zucker – die Saccharose – Kristalle bildet. Dann wird der Sirup in runde Formen abgegossen, wo er beim Abkühlen fest wird. Die runden, etwa daumendicken Scheiben lässt man über dem Feuer nachtrocknen und bringt sie als Jaggery oder Palmzucker in den Handel. Palmzucker hat aufgrund der vielen Geschmackskomponenten das feinste Aroma aller Zuckerarten. Die beste Qualität lässt sich leicht brechen. Palmzucker bekommen Sie auch bei uns, er ist aber sehr teuer; preiswertere Angebote können aus eingedicktem Zuckerrohr bestehen. Zuckerrohr ist die Zuckerquelle, die politisch, wirtschaftlich und sozial die meisten Umwälzungen bewirkt hat. Das süße Gras stammt aus Südostasien: Etwa 8000 v. Chr. soll es auf Neuguinea angebaut worden sein und 2000 Jahre später auf die Philippinen, nach Indien und nach Indonesien gelangt sein.

1500 Jahre alt: Die Verarbeitung von Zuckerrohr.

Bis aber Zucker in einem schriftlichen Dokument zum ersten Mal erwähnt wurde, verging noch sehr viel Zeit: Im Jahre 500 beschreibt ein Hindutext die Herstellung von Zucker aus Rohr. Die Europäer kannten Rohrzucker schon; im byzantinischen Reich galt er als Luxusgut aus Indien. Die Technologie der Zuckerproduktion brachten ihnen die Araber bei. Durch die arabische Expansion nach Westen und die Eroberung der iberischen Halbinsel verbreitete sich die Produktion im gesamten Mittelmeerraum. Zucker war besser verfügbar als Honig, weil man die Bienen nicht als Zwischenglied brauchte. Außerdem lässt er sich besser verarbeiten, was jeder weiß, der schon mit Honig gebacken hat. Man gewöhnte sich ans süße Glück, und das hatte weit reichende Folgen: Ein Teil der begehrten Anbaugebiete und Produktionszentren fiel den Europäern schon

Zuckerrohrernte in der Karibik.

durch die Kreuzzüge in die Hand – Jerusalem wurde 1099 erobert und war knapp 100 Jahre lang Kreuzfahrer-Königreich. Im 15. Jahrhundert etablierten Spanier und Portugiesen die Zuckerindustrie auf den Azoren, Madeira, den Kanarischen und Kapverdischen Inseln, legten Plantagen und Häfen an, brachten Lohnarbeiter und Sklaven mit als Arbeitskräfte. Deshalb kann man auf den Atlantikinseln heute nur noch die archäologischen Überreste der »Ureinwohner« ansehen – wie es in den Reiseführern heißt. Die Einheimischen der Atlantikinseln mussten dem Zuckerrohr weichen. Die Inseln dienten als Sprungbrett zur Neuen Welt; Kolumbus führte das Zuckerrohr 1493 auf Santo Domingo ein, und im Laufe der nächsten 200 Jahre veränderten Europäer das Gesicht eines Kontinents: Die einheimische Bevölkerung der karibischen Inseln, Mittel- und Südamerikas wurde »ersetzt« durch die Kolonisatoren und durch Menschen, die man als Sklaven aus ihrer Heimat Afrika verschleppte.

Süßwarenladen in Pakistan.

Es bildeten sich neue Handelswege, die für die Verbreitung vieler Produkte wie Kartoffeln, Tomaten, Bohnen, Maniok, Vanille und Tabak sorgten. Die europäischen Kaufleute wurden reich, und Europa rückte für ein paar Jahrhunderte ins Zentrum der Macht. Einer dieser Machtmenschen hat dann dafür gesorgt, dass Zucker so billig wurde, wie wir es heute gewöhnt sind. Mit der Blockade Napoleons I. gegen England war der Nachschub aus Übersee unterbrochen. Denn britische Schiffe brachten den Rohzucker nach England, wo er raffiniert und dann auf den Kontinent exportiert wurde – gegen Ende des 16. Jahrhunderts hatte sich London zum wichtigsten Raffineriezentrum Europas entwickelt. Am 21. November 1806 war das erst mal vorbei: Der französische Kaiser verhängte gegen England ein Handelsembargo, das auch den Import von Zucker untersagte. 20 Jahre zuvor war es jedoch schon gelungen, aus Rüben Zucker zu gewinnen und besonders zuckerreiche Rüben zu züchten: Zuckerrüben gehören zur selben Familie wie Rote Beten und Mangold.

Die Produktion von Rübenzucker war allerdings noch zu teuer, und als mit Napoleons Sturz 1813 die Blockade aufgehoben wurde, kauften die Leute erneut die Kolonialware Rohrzucker. Doch die Zuckerrübe lag dank Napoleons unfreiwilliger Unterstützung noch immer im Trend. Ausgerechnet in Frankreich wurden rentable Sorten gezüchtet und die Technologie so verbessert, dass Rübenzucker heute knapp 40 Prozent der weltweiten Zuckerproduktion ausmacht.

Obstkuchen international

»Gestürzte Kuchen« mit exotischen Früchten sind in der pazifischen Küche und in den USA beliebt. In Europa backen wir »versunkene Obstkuchen«. Das Prinzip ist dasselbe: Rührteig mit Obst. Doch bei der europäischen Variante sinkt das Obst beim Backen in den weichen Kuchenteig und wird mit Puderzucker bestreut. Upside-Down-Cakes haben eine sehr feuchte, saftige Oberfläche, weil die Sirupschicht beim Backen karamellisiert.

Zu Zenaida Panganibans philippinischem Ananaskuchen passt europäische Schlagsahne.

Gestürzter Ananaskuchen

Pineapple-Upside-Down-Cake

Von den Philippinen

Für 16 Stücke
2 TL Butter
60 g brauner Zucker
75 ml Ananassaft (Dose)
6 Scheiben Ananas (Dose)
110 g Butter
90 g Zucker
1 Prise Salz
1 Vanilleschote
3 Eier
150 g Mehl
1 TL Backpulver
75 g abgezogene, gemahlene Mandeln
Pergamentpapier für die Form
Dauert etwa 1 Stunde
Arbeiten müssen Sie etwa 25 Minuten

› Butter, braunen Zucker und Ananassaft in einem Topf aufkochen und bei mittlerer Hitze unter Rühren zu einem sehr dicken Sirup einkochen. Den Sirup ganz abkühlen lassen.

› Eine Springform von 26 Zentimeter Durchmesser mit Pergamentpapier auslegen. Ananasscheiben darin verteilen und mit dem Sirup begießen.

› Die Butter mit Zucker, Salz und dem ausgekratzten Mark der Vanilleschote so schaumig rühren, dass sie elfenbeinfarben ist. Nacheinander die Eier und zum Schluss das Mehl, mit Backpulver und Mandeln gemischt, unterrühren.

› Teig auf den Ananasscheiben glatt streichen. Kuchen in den kalten Backofen schieben und bei 180 °C (Umluft, 160 °C; Gas, Stufe 2–3) 30 bis 35 Minuten backen. Garprobe mit einem Holzstäbchen machen, den fertigen Kuchen herausnehmen und in der Form ungefähr 20 Minuten ruhen lassen. So auf ein Kuchengitter stürzen, dass die Ananas oben sind, und erkalten lassen.

Flan María

Aus Spanien

Als María Díaz mir dieses Rezept gab, dachte ich zuerst, der Flan sei ihr Lieblingsdessert, erfunden von ihrer Mutter. Aber keineswegs: »Runde spanische Butterkekse tragen die Aufschrift ›Galletas María‹. Nur deshalb heißt dieser Flan so«, erklärte mir María.
Sie schrieb ihrer Mutter nach Spanien, und postwendend schickte Señora Díaz uns ein Päckchen »Galletas María« – zum Kosten und fürs Foto.

Für 6 Portionen
200 g Butterkekse
1/2 l Milch
50 g Butter
150 g Zucker
3 Eier
Saft von 2 Orangen
Fett für die Form

Dauert etwa 1 Stunde
Arbeiten müssen Sie etwa 30 Minuten

› Den Backofen auf 180 °C (Umluft, 160 °C; Gas, Stufe 2) vorheizen.
› Die Kekse zerbröckeln und in der heißen Milch unter Rühren auflösen.
› Weiche Butter mit Zucker schaumig rühren.
› Eier nacheinander unterrühren.
› Zuerst die aufgelösten Kekse, dann den Orangensaft in die Eiercreme rühren.
› Die Creme in eine gefettete ofenfeste Form von 16 Zentimeter Durchmesser füllen.
› Die Form in ein Gefäß mit kochendem Wasser geben und in den heißen Backofen (mittlere Schiene) stellen.
› Flan ungefähr 30 Minuten garen, bis er fest ist.

Tip: Flan María isst man kalt, eventuell mit etwas süßer Sahne.

Apfelklöße

Aus Deutschland

Für 6 Portionen
3 Eier
1 Prise Salz
1 TL Vanillezucker
1 Prise geriebene Muskatnuss
60 g Zucker
1/8 l Milch
125 g Butter
2 EL gehackte Mandeln
400 g Mehl
500 g säuerliche Äpfel (Boskoop)
1 TL Zimtpulver

Dauert etwa 1 Stunde

› Eier mit Salz, Vanillezucker, Muskatnuss, 2 Esslöffel Zucker und Milch verquirlen. Die Hälfte der Butter schmelzen, aber nicht bräunen.
› Mit den Mandeln unter die Eiermilch rühren. Mehl nach und nach unterkneten.
› Geschälte Äpfel in kleine Stücke schneiden und unter den Teig mischen.
› Reichlich Salzwasser zum Kochen bringen.
› 2 Esslöffel in kaltes Wasser tauchen, den Teig damit als Klöße abstechen und ins sprudelnd kochende Wasser geben.
› Im offenen Topf bei schwacher Hitze in etwa 15 Minuten gar ziehen lassen. Herausnehmen und in eine vorgewärmte Schüssel geben.
› Restliche Butter schmelzen und leicht bräunen.
› Über die Klöße geben. Restlichen Zucker und Zimt mischen und die Klöße damit bestreuen.

Blühende Apfelbäume in Sachsen-Anhalt: Im Herbst tragen sie mürbe, säuerliche Äpfel – gerade recht für die Klöße.

Vanille

Am besten schmecken die ganzen Schoten und das Mark: Das typische, süßliche Aroma beruht auf Vanillin und noch anderen 35 Bestandteilen der Vanilleschote. Deshalb ist die Schote selbst noch aromareicher als das Mark. Und deshalb ist synthetisch hergestellter Vanillinzucker eine Notlösung, aber kein Ersatz für Vanille. Gut ist auch reines oder mit Zucker gemischtes Pulver, notfalls kann man Vanilleextrakt nehmen.
Die ganze Schote schneidet man mit einem kleinen, spitzen Messer längs auf und kratzt das Mark aus lauter winzigen, schwarzen Körnchen heraus. Die Schote können Sie einige Zeit in der Milch ziehen lassen, die Sie für die Sauce brauchen – natürlich auch in Fruchtsaft für Obstgrütze oder Sahne für Cremes.
Vanillearoma entfaltet sich am besten mit Zucker – egal ob weiß oder braun, von Palmen, Zuckerrohr oder Rüben.

Ramola Parbhoo richtet das Gratin wahlweise mit Vanillesauce oder mit Zimtsauce an.

Süßkartoffelgratin mit Vanillesauce

Baked Sweet Potatoes with Custard

Aus Südafrika

Für 6 Portionen

Gratin
2 Süßkartoffeln (etwa 600 g)
Butter für die Form
100 g Butter
100 g Zucker
1/2 TL Zimtpulver
1 l Orangensaft
1 EL Speisestärke
2 EL Wasser
Abgeriebene Schale von 1 unbehandelten Zitrone
Vanillesauce
2 EL Sahnepuddingpulver
1/2 l Milch
1 Vanillestange
2 EL Zucker

Dauert etwa 1 1/4 Stunden

› Süßkartoffeln schälen, waschen, in 1/2 Zentimeter dicke Scheiben schneiden und dachziegelförmig in eine gefettete ofenfeste Form legen.

› Butter schmelzen. Erst Zucker und Zimt, dann Orangensaft dazugeben und 10 Minuten bei schwacher Hitze kochen. Speisestärke mit Wasser und Zitronenschale glatt rühren und untermischen. Über die Kartoffeln gießen.

› Kartoffeln in den kalten Backofen stellen (mittlere Schiene). Bei 180 °C (Umluft, 160 °C; Gas, Stufe 2) in etwa 35 Minuten weich backen.

› Puddingpulver in etwas Milch glatt rühren. Restliche Milch mit dem ausgekratzten Mark der Vanilleschote und der Schote erhitzen. Puddingpulver zugeben und unter Rühren aufkochen. Zucker untermischen. Sauce von der Kochstelle nehmen. Schote entfernen.

› Die gebackenen Süßkartoffeln auf Portionstellern anrichten und jeweils mit 1 oder 2 Esslöffel ganz heißer oder gut gekühlter Vanillesauce überziehen. Den Rest der Sauce dazu servieren.

Zucchinikuchen
Kue zuchini

Aus Indonesien

Für 20 Stücke
400 g Zucchini
1/8 l Öl
3 Eier
300 g Rohrzucker oder brauner Zucker
1 TL Vanillezucker
50 g geriebene Haselnusskerne
300 g Mehl
1/2 Päckchen Backpulver
Fett und Semmelbrösel für die Form
Dauert etwa 2 Stunden
Arbeiten müssen Sie etwa 30 Minuten

› Zucchini waschen, fein reiben, in ein Sieb geben und abtropfen lassen.

› Öl, Eier, Zucker und Vanillezucker schaumig rühren. Zuerst Zucchini und Nüsse, dann Mehl und Backpulver gemischt nach und nach unterrühren.

› Kastenform von 30 Zentimeter Länge fetten, mit Semmelbrösel ausstreuen und den Teig darin glatt streichen.

› Den Kuchen in den kalten Backofen (untere Schiene) schieben. Bei 180 °C (Umluft, 160 °C; Gas, Stufe 2) 1 bis 1 1/2 Stunden backen.

Exotische Früchte auf dem Markt in Manila. Einige Sorten gehören zu Zenaidas Salat.

Salat mit junger Kokosnuss
Buco Salat

Von den Philippinen

Der Salat ist eine der ungewöhnlichsten Süßspeisen, die ich je gekostet habe. Ich wusste auch nicht, was drin war. Als ich zufrieden die Gabel weggelegt hatte, zählte Zenaida Panganiban die Zutaten auf. Am meisten verblüffte mich der Käse: In der harmonischen Kombination schmeckt man ihn nämlich nicht heraus. »Auf den Philippinen essen wir Käse sehr gern zu Süßem. Doch Europäer können sich das schlecht vorstellen. Deshalb erzähle ich meinen Gästen erst nach dem Essen, wie ich den Salat zubereite«, sagte Zenaida.

Für 4 Portionen
350 g junge Kokosnuss (siehe rechts)
150 g Ananas (Dose)
100 g Palmfrucht (Kaong aus der Dose; siehe rechts)
50 g Jackfrucht (Dose; siehe rechts)
50 g junger Gouda oder Butterkäse
100 ml Kokosmilch (Dose)
1 EL Crème fraîche
170 ml gezuckerte Kondensmilch (Dose)
30 g Rosinen
1 Hand voll Pfefferminzblätter
Dauert etwa 30 Minuten
Dazu kommt die Zeit (etwa 2 Stunden) fürs Kühlen

› Kokosnuss, Ananas, Kaong und Jackfrucht abgießen und abtropfen lassen. Ananas in Stücke, Käse in sehr kleine Würfel schneiden. Alles mit Kokosmilch, Crème fraîche, Kondensmilch und Rosinen in einer Schüssel mischen.

› Salat zugedeckt mindestens 2 Stunden kühlen. Mit den Pfefferminzblättern garniert servieren.

Tip: Nehmen Sie Ananas aus der Dose; frische Früchte werden im Salat bitter.

Aurea Galarpe-Helbig

Aurea ist Spezialistin für Lebensmittel aus dem pazifischen Raum. »Unsere Küche ist geprägt von fremden Einflüssen: Was vor der Ankunft der Europäer war, lässt sich kaum noch rekonstruieren«, sagte sie mir. »Doch das andere ist völlig integriert: Wir stellen eine Mahlzeit nicht nur aus spanischen, portugiesischen oder chinesischen Gerichten zusammen, sondern mischen alles. Trotzdem ist unsere Küche klar; wir kennen keine Eintöpfe, sparen mit Saucen und Fett. Frisches Gemüse und Obst spielen natürlich die Hauptrolle.

Wenig bekannt in Deutschland ist das weiche Fleisch von junger, unreifer Kokosnuss. Man kauft es in Dosen oder tiefgefroren, denn frisch gibt es nur die bekannten ausgewachsenen Nüsse mit bissfestem Fleisch.

Palmfrucht und Jackfrucht – die zu den größten Früchten überhaupt gehört – bekommt man hier ebenfalls in Dosen.«

Junge Früchte

Joëlle Ribas erzählte mir die Geschichte der Erdbeeren in Frankreich und Europa: »Noch im 16. Jahrhundert kannte man bei uns nur Walderdbeeren: Ludwig XIV. ließ sie in Versailles anbauen, weil er sie leidenschaftlich gerne aß. Der erste Setzling mit größeren Früchten wurde erst im 18. Jahrhundert eingeführt. Im Jahre 1713 brachte ein französischer Offizier – mit dem treffenden Namen ›Frézier‹, das im Französischen genauso klingt wie ›fraisier‹ (Erdbeerpflanze) – in seinem Gepäck eine aus Chile stammende Pflanzenart mit, aus der sich dann das Dutzend Varietäten von Erdbeeren entwickelte, die man heute überall in Europa anbaut.«

Fruchtgratins sind lange bekannt in der französischen Küche. Zu uns kamen sie mit der Nouvelle Cuisine.

Rote-Früchte-Gratin

Gratin de fruits rouges

Aus Frankreich

Mit vollreifen Früchten und ganz frischen Eiern ist Joëlles Gratin so köstlich wie ein schöner Sommertag. Sie serviert es nach einem leichten, festlichen Menü.

Für 5 Portionen
200 g Walderdbeeren
200 g Erdbeeren
200 g dunkle Kirschen
3 Eigelb
50 g Zucker
1 Päckchen Vanillezucker
100 ml Crème fraîche
1 EL Kirschwasser
Dauert etwa 30 Minuten

› Früchte verlesen, waschen und mit Küchenpapier trockentupfen. Kirschen entsteinen. Alle Früchte halbieren und in einer Schüssel vorsichtig mischen. In 5 ofenfeste Förmchen verteilen.

› Den Backofengrill auf der höchsten Schaltstufe vorheizen.

› Die Eigelbe mit Zucker und Vanillezucker schaumig schlagen. Die Crème fraîche unterrühren. Creme in einem Topf unter ständigem Rühren schwach erhitzen, aber nicht kochen. Sobald die Creme etwa wie geschlagener Joghurt leicht eindickt, den Topf sofort von der Kochstelle nehmen.

› Creme etwas abkühlen lassen, mit dem Kirschwasser verrühren und über die Früchte gießen.

› Unter den heißen Grill schieben und in ungefähr 1 Minute goldbraun gratinieren. Sofort servieren.

Pecanbrötchen
Pecan Buns

Aus den USA

Bei Kogels gibt's die Brötchen zum Sonntagsfrühstück. »Sie müssen wirklich frisch aus dem Ofen kommen«, schrieb Jutta. »Ich belege sie schon am Abend, lasse sie über Nacht gehen und muss sie morgens nur noch backen.«

Für 16 Stück
Teig
400 g Weizenvollkornmehl
1/2 Päckchen Trockenhefe
1 EL Zucker
1 Prise Salz
180 ml lauwarme Milch
150 g Butter oder Margarine
2 Eigelb
1 unbehandelte Zitrone
Belag
80 g Butter
300 g brauner Zucker
250 g gehackte Pecannusskerne
Mehl zum Bestreuen
Dauert etwa 1 1/2 Stunden
Arbeiten müssen Sie etwa 45 Minuten

› Mehl, Hefe, Zucker und Salz vermischen. Milch und Fett erwärmen, bis es geschmolzen ist. Eigelbe und abgeriebene Zitronenschale zugeben.

› Teig mit den Knethaken des Handrührgerätes etwa 5 Minuten durchrühren, bis er Blasen bildet. Zugedeckt bei Zimmertemperatur etwa 1 Stunde gehen lassen, bis sich das Volumen des Teiges etwa verdoppelt hat.

› Die Butter für den Belag schaumig rühren. Den Zucker unterrühren. Die Hälfte dieser Mischung auf ein kleines Backblech (etwa 32 mal 37 Zentimeter) streichen. Die Nüsse darauf streuen.

› Ein Küchentuch mit Mehl bestreuen, Teig darauf mit den Händen kräftig durchkneten. Mit den Handballen zu einer Platte auseinander drücken, mit wenig Mehl bestreuen und knapp fingerdick zu einem Rechteck ausrollen.

› Teig mit der restlichen Buttermischung bestreichen und mit Hilfe des Küchentuchs aufrollen. In daumendicke Scheiben schneiden und dicht an dicht auf die Nüsse legen. Zugedeckt weitere 15 Minuten gehen lassen.

› Blech in den kalten Backofen (mittlere Schiene) schieben und die Buns bei 190 °C (Umluft, 170 °C; Gas, Stufe 2) etwa 45 Minuten backen.

› Sofort vom Blech nehmen und mit der Nussseite nach oben zum Abkühlen auf ein Kuchengitter legen.

Stachelbeergrütze
Stikkelsbærgrød

Aus Dänemark

Die Dänen sind große Grützeesser: Von Ende Juni an sind Erdbeeren an der Reihe, danach kommen Himbeeren, und mit den Stachelbeeren ist der Hochsommer erreicht.

Für 5 Portionen
1 kg grüne Stachelbeeren
1/2 l Wasser
125 g Zucker
1 1/2–2 EL Speisestärke
Dauert etwa 30 Minuten
Dazu kommt die Zeit (etwa 4 Stunden) fürs Kühlen

› Die Stachelbeeren waschen, putzen und mit dem Wasser in einen Topf geben. Unter Rühren langsam zum Kochen bringen. Sobald die ersten Beeren platzen, 3/4 des Zuckers unterrühren.

› Speisestärke mit etwas kaltem Wasser glatt rühren, unter die Beeren mischen. Grütze unter Rühren erhitzen, bis sie dick wird. Mit dem restlichen Zucker bestreuen, abkühlen lassen und bis zum Servieren in den Kühlschrank stellen.

»Zwei Dinge braucht die Grütze: viel Zucker und viel kühle Sahne. Eine dicke Zuckerschicht auf der Grütze hat auch praktischen Nutzen – sie verhindert, dass sich beim Abkühlen eine Haut bildet.«

SONJA RYE MORTENSEN

Der Hut des Wesirs

Form und Name der Purim-Spezialität soll auf Haman, den Großwesir des persischen Königs Ahasveros, zurückgehen: Haman stachelte den König an, alle Juden im persischen Reich ermorden zu lassen. Doch Esther, die jüdische Frau des Königs, konnte das Unheil abwenden. Mehr noch: Der König gestattete den Juden, sich zu wehren und ihre Feinde zu vernichten.
Als Ersten traf es natürlich den bösen Haman. Er landete am Galgen, und sein dreieckiger Hut ging in Form von Hamantaschen in die jüdische Festtagsgeschichte ein.

Hamantaschen gehören zum Purim, dem weltlichen, fröhlichen Fest der Juden, das am 14. oder 15. Tag des Monats Adar (Februar/März) gefeiert wird. Man isst sie zum Festmahl oder schickt sie Freunden als Geschenk.

Gefüllte Teigtaschen

Ozne-Haman

Aus der jüdischen Küche

Hamantaschen werden traditionell mit Mohn gefüllt. Bilha Widmann hat wahlweise noch eine Nussfüllung mit Rosinen aufgeschrieben. Die Teigmenge reicht für eine der beiden Füllungen.

Für 30 Stück

Teig
30 g frische Hefe
1 EL Zucker
50 ml lauwarmes Wasser
600 g Mehl
200 g weiche Margarine
80 g Zucker
2 Eigelb
100 ml Milch
1 EL abgeriebene Schale von 1 unbehandelten Zitrone
Salz
1 Vanilleschote

Nussfüllung
80 g Zucker
100 ml Wasser
200 g gehackte Haselnusskerne
2 EL Zitronensaft
1 EL abgeriebene Schale von 1 unbehandelten Zitrone
80 g Rosinen

Mohnfüllung
80 g Zucker
1 TL Honig
50 ml Wasser
250 g gemahlener Mohn
2 EL Zitronensaft
1 EL abgeriebene Schale von 1 unbehandelten Zitrone
1/4 Tasse Rosinen

Außerdem
Mehl zum Ausrollen
Fett für die Bleche
1 Ei oder 2 EL süße Sahne zum Bestreichen

Dauert etwa 2 1/2 Stunden
Arbeiten müssen Sie etwa 1 1/2 Stunden

› Die Hefe, 1 Esslöffel Zucker und das Wasser verrühren und zugedeckt bei Zimmertemperatur 10 Minuten gehen lassen.
› Mehl, Margarine, Zucker, Eigelbe, Milch, Zitronenschale, Salz, das ausgekratzte Mark der Vanilleschote und zuletzt die aufgegangene Hefe in eine Schüssel geben. Zu einem glatten Teig verarbeiten und zugedeckt bei Zimmertemperatur nochmals etwa 1 Stunde gehen lassen, bis sich sein Volumen verdoppelt hat.
› Für die Nussfüllung den Zucker und das Wasser etwa 5 Minuten bei schwacher Hitze kochen, bis die Flüssigkeit zu einem Sirup eingedickt ist. Haselnüsse unterrühren. Zitronensaft, Zitronenschale und Rosinen zugeben und alles mischen. Die Füllung abkühlen lassen.
› Für die Mohnfüllung den Zucker, den Honig und das Wasser zum Kochen bringen. Bei schwacher Hitze kochen, bis sich der Zucker aufgelöst hat. Den Mohn zugeben und noch 1 Minute kochen. Die restlichen Zutaten untermischen und die Füllung abkühlen lassen.
› Teig auf Mehl dünn ausrollen und mit einer Tasse etwa 30 Scheiben ausstechen (Durchmesser: 10 Zentimeter). Jede Teigscheibe mit knapp 1 Esslöffel Füllung belegen. Rand so zur Mitte einschlagen (siehe unten), dass ein Dreieck entsteht. Den Teig gut andrücken, damit sich die Taschen beim Backen nicht öffnen.
› Die Teigtaschen auf zwei gefettete Bleche legen und mit verquirltem Ei oder süßer Sahne bestreichen.
› Das erste Blech in den kalten Backofen (mittlere Schiene) schieben. Teigtaschen bei 200 °C (Umluft, 180 °C; Gas, Stufe 3) 20 bis 25 Minuten backen. Die Taschen auf dem zweiten Blech brauchen etwa 15 Minuten.

Die Teigtaschen werden so gefaltet, dass sie wie flache dreieckige Hütchen aussehen – Erinnerung an den bösen Wesir aus Persien, der die Juden beim König verleumdete.

Tapioka in Kokosmilch
Xigu Jielu

Aus China

Die süße Suppe erinnert mich an unsere Obstgrützen, die oft auch mit Tapioka- oder Sagoperlen gebunden werden. »Sie ist in Kanton ein beliebtes Dessert«, erzählte mir Xiaoyan Zhang.

Für 4 Portionen
300 ml Wasser
50 g Tapiokaperlen
1 EL Zucker
200 ml abgekochtes Wasser
1 Honig- oder Netzmelone
400 ml Kokosmilch (Dose)
Dauert etwa 30 Minuten
Dazu kommt die Zeit (etwa 1 1/2 Stunden) fürs Abkühlen

› Wasser in einem Topf aufkochen. Die Tapiokaperlen zugeben und in ungefähr 3 Minuten bei schwacher Hitze glasig garen, dabei ab und zu umrühren. Auf ein Sieb abgießen und erkalten lassen.
› Den Zucker im abgekochten Wasser auflösen und kalt stellen.
› Melone schälen, alle Kerne herauskratzen, Fruchtfleisch klein würfeln. Mit Kokosmilch, Tapioka und Zuckerwasser mischen und kalt servieren.

Tapiokaperlen

Sie stammen von der Maniokwurzel (siehe Seite 36):
Sie sind die Stärke, die in weißgraue Perlchen gepresst und wie Sago verwendet wird – zum Eindicken von süßen und herzhaften Gerichten.
In der kantonesischen Küche verwendet manTapioka sehr häufig.

Tapiokamehl

Es heißt auch Maniokmehl und stammt ebenfalls aus der Maniokwurzel. In Brasilien ist es so wichtig wie Weizenmehl: Grobe Farinha, in Fett geröstet, nennt man Farofa.
»Sie sieht ein bisschen aus wie Sägespäne«, erzählte mir Iris Bichelmaier-Zsalzsupin, »schmeckt aber toll als Beilage.« Ähnlich wie gebratenen Reis in Asien mischt man Farofa auch mit vielen Zutaten: Oliven, Mais, Schinken, Gemüse, Eiern. Man nimmt Tapiokamehl zum Panieren von Fleisch, streut es über Bohnen, kocht es in heißer Brühe zu Püree. Feines Tapiokamehl nimmt man wie Weizenmehl zum Backen.
Außerdem gibt es Spezialitäten: Im kargen Inneren der Region Bahía isst man zum Frühstück dünne, gerollte Fladen aus Maniokmehl. Typisch für die indianisch beeinflusste Küche im Norden und Nordosten Brasiliens ist Brei.
Maniok- oder Tapiokamehl bekommen Sie auch bei uns in 500-Gramm-Packungen zu kaufen.

Noahs Pudding

So wird Asure auch genannt. Denn mit dem Fest wird der Rettung Noahs gedacht. Als die Arche auf dem Berg Ararat – ganz im Osten der heutigen Türkei – »landete« und das Hochwasser sank, sollen die Frauen alle Lebensmittel gesammelt haben, die sie in der Arche nach den langen Wochen der Sintflut noch fanden. Und daraus kochten sie ein Festmahl.

Süßes Getreide

Asure

Aus der Türkei

Das süße Essen ist Teil eines Brauches. Erdogan Yarar beschrieb ihn mir so: »Zum Fest Asure am 10. Tag des 1. Monats im moslemischen Kalender wird Asure in vielen Familien gekocht. Dann teilt man es auf: Die Nachbarn bekommen ein Schälchen davon, die Freunde und Bekannten. Man gibt es, ohne etwas dafür zu erwarten. So soll Asure Zeichen der Solidarität unter den Menschen sein.«

Für 8 Portionen
300 g Weizenkörner
50 g getrocknete weiße Bohnen
50 g Kichererbsen
1 l Wasser
50 g Langkornreis
3 getrocknete Feigen
Schale von 1/2 unbehandelten Orange
50 g Rosinen
100 g Walnusskerne
100 g Haselnusskerne
250 g Zucker
1 TL Zimt
5 Tropfen Rosenwasser
1 Granatapfel
2 EL ungesalzene, gehackte Pistazienkerne
Dauert etwa 2 1/2 Stunden
Dazu kommt die Zeit (etwa 14 Stunden) fürs Einweichen und Abkühlen
Arbeiten müssen Sie etwa 1 Stunde

› Weizen, Bohnen, Kichererbsen mit dem Wasser übergießen und zugedeckt im Kühlschrank 8 Stunden einweichen.

› Alles aufkochen und etwa 1 Stunde garen, bis die weißen Bohnen fast weich sind. Den Reis zugeben und alles 20 Minuten kochen. Eventuell noch etwas Wasser nachgießen

› Feigen heiß abwaschen, trockentupfen und fein zerkleinern. Die Orange ebenfalls waschen und abtrocknen. Die Schale dünn abreiben.

› Diese Zutaten und die Rosinen zur Weizenmischung geben. Alles ungefähr 15 Minuten garen, bis Getreide und Hülsenfrüchte weich sind.

› Nüsse hacken, mit dem Zucker, dem Zimt und dem Rosenwasser darunter mischen. Asure in eine große Schüssel füllen und erkalten lassen.

› Granatapfel quer halbieren, die Kerne herauslösen und mit den Pistazien über das Asure streuen.

Birnen in Tequila

Peras en Tequila

Aus Mexiko

Llermi Schröders vom mexikanischen Nationalgetränk beschwipste Birnen.

Für 8 Portionen
4 feste Birnen
1/4 l Wasser
100 g brauner Rohrzucker
8 entsteinte Trockenpflaumen
2 Zimtstangen
4 Gewürznelken
Saft von 1 Limette
1 EL Speisestärke
60–80 ml Tequila
2 EL gehackte Mandeln
Dauert etwa 30 Minuten
Dazu kommt die Zeit (24 Stunden) fürs Ruhen

› Birnen halbieren und schälen. Mit Wasser, Zucker, Pflaumen, Zimt und Nelken aufkochen. Zugedeckt bei mittlerer Hitze 5 Minuten kochen.

› Limettensaft mit Speisestärke verrühren, zugeben und 1 Minute kochen. Von der Kochstelle nehmen, Tequila zugeben. Birnen zugedeckt 24 Stunden im Kühlschrank ziehen lassen.

› Zum Servieren Gewürznelken und Zimtstangen entfernen. Birnen mit gehackten Mandeln bestreuen.

Gedämpfter Kuchen aus Südostasien erinnert an europäischen Pudding aus dem Wasserbad. Man isst ihn morgens zum Frühstück oder nachmittags. Dazu gibt es Tee oder Kaffee.

Gedämpfter Kuchen
Kue Kuskus

Aus Taiwan

Tutty Wilpernig hat das Kuchenrezept aus Taiwan mitgebracht. Doch auch in ihrer Heimat Indonesien gibt es gedämpften Kuchen häufig: »Wenn es sehr heiß ist, kann man Backofenhitze nur schwer ertragen. Und da ist ein leichter Kuchen aus dem Dampf genau richtig.«

Für 6 Portionen
3 Eier
250 g Zucker
1 Päckchen Vanillezucker
250 g Mehl
1 Päckchen Backpulver
200 ml Milch
2 TL lieblicher Weißwein (ersatzweise Orangensaft)
2 EL Rosinen
Butter zum Dämpfen
Dauert etwa 1 1/4 Stunden
Arbeiten müssen Sie etwa 30 Minuten

› Die Eier, Zucker und Vanillezucker mit den Quirlen des Handrührgerätes zu einer dicken, schaumigen Creme aufschlagen. Das Mehl mit Backpulver mischen und unterrühren. Die Milch und den Weißwein untermischen und alles zu einem glatten Teig rühren. Zum Schluss Rosinen mit einem Kochlöffel darunter mischen.

› Den Dämpfkorb (siehe Seite 101) mit einem Bogen gebuttertem Pergamentpapier auskleiden. Papier mit weicher Butter bestreichen, Teig einfüllen und den Deckel auf den Dämpfkorb legen.

› In einem hohen Topf etwa 2 Finger hoch Wasser zum Kochen bringen. Einen Teller umgedreht in den Kochtopf legen. Dämpfkorb darauf setzen, den Topf ebenfalls zudecken. Kuchen 45 bis 60 Minuten dämpfen.

› Mit einem Holzstäbchen die Garprobe machen: Wenn beim Einstechen keine feuchten Teigreste mehr, sondern nur ein paar Krümel daran haften, ist der Kuchen gar.

› Kuchen aus dem Kochtopf nehmen, aber im Dämpfkorb abkühlen lassen.

Kochtechnik aus Ost und West

Kuchen und Brot aus dem Dampf sind Chinaversionen unserer süßen und herzhaften Puddings aus dem Wasserbad. Die Garmethode hatte zwei Vorteile: Erstens konnten auch diejenigen »Gebackenes« essen, die keinen Backofen hatten – und das waren früher eine ganze Menge Menschen in Ost und West. Zweitens gelingt empfindlicher Teig nur mit der richtigen Hitze. In den alten Backöfen konnte man die Temperatur nicht so gut regulieren. Dampf oder Wasserbad aber geben die sanfte Hitze, die zarter Teig braucht.

Rosenwasser

Rosenwasser gibt es in türkischen Läden und in der Apotheke zu kaufen. Achten Sie drauf, dass Sie wirklich das Wasser, nicht die Essenz bekommen. Rosenessenz ist zum Essen zu intensiv und wird nur für kosmetische Zwecke verwendet. Rosenwasser mit seinem edlen, zarten Aroma nimmt man für viele Süßspeisen aus dem östlichen Mittelmeerraum. Natürlich auch für Marzipan, denn das »Haremskonfekt«, wie Thomas Mann es nennt, stammt aus dem Orient und wurde vor etwa 1000 Jahren bei uns bekannt.

Milchkonfekt
Burfi

Aus Indien

»Zu indischen Festtagen gehört eine Vielzahl feiner Süßigkeiten«, schrieb Ramola Parbhoo. »Das Konfekt aus Milch, Sahne, Gewürzen und Mandeln ist berühmt – vielleicht, weil es unter allen Süßigkeiten eine Sonderstellung einnimmt: Es wurde nämlich traditionell mit echtem Gold oder Silber verziert – auf königliche Art.«

Für 48 Stücke
300 g Milchpulver
375 ml süße Sahne
180 ml Wasser
150 g Puderzucker
2 EL Ghee (ersatzweise Butterschmalz)
1 TL Kardamompulver
3 EL fein gehackte Mandeln
Öl für die Form
1 EL fein gehackte Pistazienkerne
8 Safranfäden
Dauert etwa 45 Minuten
Dazu kommt die Zeit (etwa 12 Stunden) fürs Kühlen

› Das Milchpulver in eine Schüssel geben. Die Sahne zugießen und alles mit den Fingerspitzen zu einer krümeligen Mischung verarbeiten.
› Das Wasser in einem Topf zum Kochen bringen. Den Puderzucker zugeben und 5 bis 7 Minuten bei schwacher Hitze kochen, bis ein Sirup entstanden ist; dabei nicht rühren.
› Die Milchpulver-Sahne-Mischung unter den Sirup rühren und alles bei schwacher Hitze 8 Minuten garen; dabei immer langsam umrühren.
› Das Ghee, Kardamom und 1 Esslöffel Mandeln dazugeben, alles mischen und 2 Minuten kochen.
› Eine quadratische Form von etwa 16 mal 16 Zentimeter mit Öl ausstreichen. Heiße Milchcreme hineingießen.
› Mit den restlichen Mandeln, Pistazienkernen und den Safranfäden garnieren und über Nacht zugedeckt im Kühlschrank fest werden lassen.
› Das Konfekt in kleine Würfel schneiden und zum Tee servieren.

Milchnudeln
Shimai Payesh

Aus Indien

Milchnudeln sind in Bengalen ein typisches Geburtstagessen wie Gugelhupf in Süddeutschland. Arun Das Guptas Mutter hat sie immer für ihren Sohn gekocht: »... auch als sie mich während meines Studiums in England und Deutschland besucht hat«.

Für 4 Portionen
1 l Milch (mindestens 3,5 % Fett)
50 g Rosinen
50 g Mandelstifte
2 EL Pflanzenöl
100 g feine Suppennudeln
50 g Zucker
2 Tropfen Rosenwasser
Dauert etwa 45 Minuten
Dazu kommt die Zeit (etwa 1 Stunde) fürs Abkühlen

› Milch aufkochen und bei schwacher Hitze etwa 30 Minuten im offenen Topf leicht kochen lassen. Rosinen und Mandelstifte zugeben und alles 5 bis 10 Minuten garen.
› In einem zweiten Topf das Öl heiß werden lassen. Die Suppennudeln darin bei mittlerer Hitze goldbraun braten. Mit einem Schaumlöffel herausheben, das Öl abtropfen lassen und die Nudeln in die Milch geben.
› Zucker zugeben und alles 5 bis 10 Minuten bei schwacher Hitze garen. Mit Rosenwasser würzen und zum Servieren abkühlen lassen.

Verknüpft mit dem indischen Brauchtum sind viele farbenfrohe Feste. Zu den unterschiedlichen lokalen Zeremonien werden vor allem zahlreiche süße Köstlichkeiten zubereitet.

Feste in Indien

Sie sind religiösen Ursprungs und bedeuten, dass sich die Gottheit den Menschen zeigt. Trotzdem gehören Vergnügungen dazu – in Nordindien heißen die Feste Mela, was oft mit »Jahrmarkt« übersetzt wird.

Iris Bichelmaier-Zalszupin

Iris ist eine exzellente Köchin, die aus dem Handgelenk 40 Personen bewirtet. Ich kann das beurteilen, denn ich war mit 39 anderen bereits ihr Gast. Sie kocht auf Bestellung – bei Kongressen und Privatfesten. »Ich will den kulinarischen Reichtum Brasiliens vermitteln. Die meisten Leute denken bei Brasilien nur an Karneval in Rio, Zuckerhut und tolle Frauen. Dass sich unser Land über einen halben Kontinent erstreckt, dass man von Norden nach Süden vier große, grundverschiedene Kochtraditionen findet, weiß kaum jemand. Im Norden und kargen Landesinneren ist die Indioküche mit Maniok und Chilischärfe präsent, an den Küsten wird mit Kokos und Palmöl afrobrasilianisch gekocht, Süden und Südosten wurden im 19. Jahrhundert von arabischen Einwanderern mit Couscous, Kichererbsen und Taboulet geprägt. Die Europäer in dieser Region haben Käse, Salate und Teigtaschen mitgebracht. Speziell von den Portugiesen stammen die vielen Desserts und Kuchen. Bei dieser Vielfalt und dem Überfluss an frischem Gemüse und Obst rund ums Jahr ist vegetarisch kochen sehr leicht.«

Limettencreme
Creme de limao

Aus Brasilien

Wie so viele Kreative in der Küche hält Iris Bichelmaier-Zalszupin von genauen Maßangaben oder Küchenwaagen gar nichts. »Nimm die Kondensmilchdose zum Abmessen von Limettensaft und Wasser«, riet sie mir, als ich sie nach Mengen fragte, »das ist am einfachsten.«

Für 4 Portionen
1 Dose gezuckerte Kondensmilch (340 ml)
3–4 kleine grüne Limetten
200 g Mascarpone
1–2 EL Zucker
2 Päckchen gemahlene weiße Gelatine
2 1/2 Milchdosen Wasser
4 Eiweiß
Speiseöl für die Form

Dauert etwa 30 Minuten

Dazu kommt die Zeit (etwa 12 Stunden) fürs Kühlen

› Die Kondensmilch in eine Schüssel geben. 2 bis 3 Limetten auspressen, die Milchdose zur Hälfte mit dem Saft füllen und zur Kondensmilch geben. Den Mascarpone und Zucker zugeben und alles mit den Quirlen des Handrührgerätes verrühren.

› Die Gelatine in eine Schüssel geben. Wasser erhitzen, zugießen und rühren, bis sich die Gelatine gelöst hat. Unter die Limettencreme rühren.

› Eiweiß steif schlagen und unterziehen. Die Creme in eine leicht geölte und mit kaltem Wasser ausgespülte Ringform geben und zugedeckt 12 Stunden kühlen.

› Auf eine große Platte stürzen. Die restliche Limette waschen und gut abtrocknen. Frucht entweder in Scheiben schneiden und die Creme damit garnieren. Oder die Schale mit einem Zestenreißer abschneiden und die Limettencreme damit bestreuen.

Joghurtkuchen
Yoghurt Cake

Aus England

Auch Engländer brauchen keine Küchenwaage. Roger E. Cope misst alle Zutaten für den saftigen Kuchen mit dem Joghurtbecher ab. Bei der Zuckermenge variiert er: »Zu kräftigem Assam-Tee mit Sahne darf der Kuchen ruhig süß sein. Sonst reicht ein Becher Zucker. Und wenn Sie nicht auf Ihren Cholesterinspiegel achten müssen, nehmen Sie vier Eier und lassen das Backpulver weg.«

Für 16 Stücke
1 Becher Joghurt (175 g; 3,5 % Fett)
3 Joghurtbecher Mehl
1–2 Joghurtbecher Zucker
1 Joghurtbecher Sonnenblumenöl
1 TL Backpulver
1 Päckchen Vanillezucker
Abgeriebene Schale von 1 unbehandelten Zitrone
3 Eier

Dauert etwa 1 1/2 Stunden

Arbeiten müssen Sie etwa 30 Minuten

› Den Joghurt in einer Schüssel glatt rühren. Joghurtbecher ausspülen und sehr gut trocknen. Zuerst Mehl und Zucker, dann das Öl damit abmessen. Mehl und Backpulver mischen.

› Nach und nach Öl, Zucker, Vanillezucker, Mehl, Zitronenschale und die Eier unter den Joghurt rühren.

› Den Teig in eine gefettete Kastenform von 30 Zentimeter Länge füllen und in den kalten Backofen (mittlere Schiene) schieben. Den Joghurtkuchen bei 150 °C (Umluft, 130 °C; Gas, Stufe 2) 50 bis 60 Minuten backen.

Tip: Der Kuchen ist eines der praktischen Gerichte Englands. Sie können ihn gut einfrieren und in der Mikrowelle auftauen. Man kann ihn auch mit Rosinen oder Nüssen abwandeln.

Eischneeklöße mit Vanillesauce

Schneenockerln mit Kanarimilch

Aus Österreich

»Können Sie sich vorstellen, wie diese Nachspeise auf den Tisch kommen muss?«, vergewisserte sich Helga Pucker, als sie mir ihr Rezept gab. »Schneeweiß und locker müssen die Nockerln sein, gelb wie ein Kanarienvogel – in Wien auch liebevoll Singerl genannt – die Sauce.«

Für 6 Portionen
6 Eiweiß
200 g Puderzucker
1/2 l Milch
1 Päckchen Vanillezucker
Öl für die Platte
4 Eigelb
100 g Zucker
Dauert etwa 1 1/4 Stunden
Dazu kommt die Zeit (etwa 1 Stunde) fürs Kühlen

› Eiweiß mit den Quirlen des Handrührgerätes sehr steif schlagen. Dabei den Puderzucker zugeben.
› Die Milch mit Vanillezucker in einem flachen, weiten Topf aufkochen. Topf von der Kochstelle nehmen.
› Aus dem Eischnee die Klöße formen und auf die Milch gleiten lassen. Die Klöße 2 Minuten ziehen lassen, mit 2 Löffeln vorsichtig wenden und 1 weitere Minute ziehen lassen. Heraus nehmen, nebeneinander auf eine leicht geölte Platte legen und kalt stellen.
› Eigelb und den Zucker mit einem Schneebesen sehr schaumig rühren. Die Milch noch einmal aufkochen. Unter ständigem Schlagen mit dem Schneebesen langsam zur Eiercreme gießen. Kräftig weiter schlagen, bis sich alles gut miteinander verbunden hat. Die Vanillemilch etwas abkühlen lassen.
› Die Klößchen auf tiefen Tellern anrichten, Vanillemilch darüber gießen.

Tip: Für die Klöße brauchen Sie wirklich frische Eier, damit Sie das Eiklar sauber vom Eigelb trennen können und der Eischnee gut gelingt.

Es scheint fast, als wäre der wichtigste Punkt in Österreichs Speisenfolge das Dessert. Mit Helga Puckers feinen Schneenockerln schließen Sie am besten ein leichtes Menü ab.

Klösse beim König

Eiweißklöße gibt es seit langer Zeit in vielen Ländern und in vielen Varianten: »Floating Islands« war eine der aufwendigsten; die Eischneeinsel auf einem See von Creme, verziert mit kandierten Früchten und Blüten, gehörte Ende des 18. Jahrhunderts in England zu den »Royal Recipes« in der Hofküche von Georges III. Der große Koch Antonin Carème nahm sie 1815 in sein Lehrbuch der Patisserie auf.

»Œufs à la neige« sollen ein Lieblingsdessert von Emile Zola gewesen sein. Und die Schokoladensuppe mit Schneeklößchen zählte bis zum Zweiten Weltkrieg zu den Süßspeisen, mit denen man artige Kinder erfreute: Noch heute erzählt meine Mutter gerne von dieser Köstlichkeit ihrer Kindheit.

»Im Spätsommer gehe ich immer Hagebutten sammeln – das bin ich seit meiner Kindheit gewöhnt. Bei uns in Schweden wachsen überall wilde Rosen, und die Suppe ist beliebte Zwischenmahlzeit oder Nachspeise.«

EWA SCHIMMER

Jämtland in Schweden.

Hagebuttensuppe
Nyponsoppa

Aus Schweden

Ewa sammelt mit einem Eimer und misst die Hagebutten deshalb in Millilitern. »Wie viel Gramm ich für die Suppe brauche, kann ich nicht sagen. Ich koche sie nach Gefühl; es soll eine recht dünne Fruchtsuppe werden.«

Für 4–6 Portionen

600–700 ml frische Hagebutten

1 3/4 l Wasser

100–150 g Zucker

1 EL Speisestärke

20 g gehackte Mandeln zum Bestreuen

100 ml süße Sahne

Dauert etwa 1 1/2 Stunden

Dazu kommt die Zeit (etwa 3 Stunden) fürs Abkühlen

› Die Stielansätze und die trockenen Blütenreste der Hagebutten entfernen. Hagebutten halbieren, entkernen und gründlich waschen.

› Wasser aufkochen. Hagebutten darin zugedeckt bei schwacher Hitze in etwa 30 Minuten zu einem Mus einkochen. Dabei ab und zu mit einem Kochlöffel

Ewa Schimmers herbstliche Hagebuttensuppen.

kräftig durchrühren, damit die Hagebutten schneller aufbrechen.

› Das heiße Hagebuttenmus durch ein Sieb passieren, in einen Messbecher geben und gegebenenfalls mit Wasser auf 1 1/4 Liter auffüllen.

› Mus mit Zucker und Speisestärke vermischen und in einem sauberen Topf unter Rühren aufkochen, bis die Suppe bindet. Von der Kochstelle nehmen und abkühlen lassen.

› Auf Suppentellern verteilen und mit gehackten Mandeln bestreuen. Sahne steif schlagen und als Kleckse auf die Hagebuttensuppe setzen. Suppe mit Mandelbiskuits servieren.

Kalte Obstgrützen

Kalte Obstgrützen und Fruchtsuppen gehören zum Norden Europas: Man findet sie in Skandinavien und Russland ebenso wie in England und Dänemark.

»In Indonesien ist Martabak ein Snack, den man – süß oder herzhaft gefüllt – beim Straßenimbiss kaufen kann. Er schmeckt frisch aus der Pfanne am besten.«

LINA NEUDECKER

Hefeeierkuchen mit Nüssen und Schokolade

Martabak

Aus Indonesien

Diesen wunderbaren Eierkuchen, in dem sich Süßes und Salziges harmonisch ergänzen, hat Lina Neudecker für mich an einem kalten Februarabend gebacken. Albrecht, Linas Mann, hatte Tee gekocht, und mir wurde mit dem großen Stück Martabak richtig warm und gemütlich.

Für 4 Portionen
Teig
300 g Mehl
5 g Trockenhefe
75 g Zucker
1/2 TL Backpulver
3 Eier
1/2 TL Salz
500 ml lauwarme Milch
Füllung
60 g Butter
125 g gesalzene Erdnusskerne
125 g Schokolade
1 1/2 EL gezuckerte Kondensmilch (Dose; siehe reche Seite außen)
Dauert etwa 1 1/4 Stunden
Dazu kommt die Zeit (2 Stunden) fürs Ruhen

› Alle Zutaten für den Teig in einer Schüssel mischen. Mit den Knethaken des Handrührgerätes etwa 3 Minuten durchrühren. Zugedeckt 2 Stunden bei Zimmertemperatur gehen lassen.

› Eine große, beschichtete Pfanne bei schwacher Hitze erwärmen und mit etwas Butter auspinseln. Pfanne etwa zu 1/3 mit dem Teig füllen und so schwenken, dass der Teig den Rand rundherum etwa fingerhoch benetzt.

› Eierkuchen zugedeckt bei schwacher bis mittlerer Hitze etwa 10 Minuten backen, bis sich auf der Teigoberfläche viele Löcher gebildet haben.

› Während der Teig backt, Erdnüsse hacken und Schokolade reiben.

› Auf dem Teig 1 knappen Esslöffel Butterflöckchen verteilen. Eierkuchen zugedeckt 3 bis 4 Minuten backen.

› Eine Platte mit 1/2 Esslöffel weicher Butter bestreichen. Den Eierkuchen mit einem Spatel so auf die Butter schieben, dass die gebackene Seite unten liegt. Mit 1/2 Esslöffel Kondensmilch bestreichen, mit je 1/3 der Nüsse und Schokolade bestreuen und zu einem Halbmond zusammenklappen.

› Den Eierkuchen mit dem Rest der weichen Butter bestreichen und in etwa 3 Zentimeter dicke Streifen schneiden.

› Aus dem restlichen Teig 3 weitere Eierkuchen backen und füllen.

Grießbrei mit Moosbeersaft

Mannaja kaša s kljukvoj

Aus Russland

Getreidebrei ist in Russland so wichtig wie Pasta in Italien – als Alltagskost genauso wie als Festessen. Natalia Schkunajevas Grießbrei gehört zu den Fastenspeisen und gelingt mit jedem Beerensaft; Moosbeeren gibt es in Deutschland leider nur selten zu kaufen.

Für 4 Portionen
700 ml Moosbeersaft
2 EL Zucker
60 g Hartweizengrieß
Dauert etwa 45 Minuten

› Den Moosbeerensaft mit dem Zucker zum Kochen bringen. Grieß unterrühren, kurz aufkochen und den Topf von der Kochstelle nehmen.

› Grießbrei unter häufigem Rühren quellen lassen, bis er abgekühlt ist.

Die Kekse von Miguel Angel Servidio wirken so vertraut europäisch. Doch der Teig besteht aus Maniok- und Maismehl, und gefüllt werden sie nicht mit Konfitüre, sondern mit dicker süßer Milch.

Maniokplätzchen mit Kokosraspeln

Alfajorcitos de Mandioca

Aus Argentinien

Für etwa 45 Stück
150 g weiche Butter
150 g Puderzucker
3 Eigelb
1 Eiweiß
Abgeriebene Schale von 1 kleinen, unbehandelten Zitrone
1 EL Weinbrand (ersatzweise frisch gepresster Orangensaft)
400 g Maniokmehl
150 g Maismehl
1 EL Backpulver
Mehl zum Ausrollen
Fett für das Blech
1 Dose Dulce de leche (siehe rechts; ersatzweise Crème fraîche mit etwas Zucker)
3–4 EL geriebene Kokosnuss
Dauert etwa 1 1/2 Stunden

› Butter und Puderzucker schaumig rühren. Eigelb nach und nach zugeben. Eiweiß mit den Quirlen des Handrührgerätes halbfest schlagen.

› Mit Zitronenschale und Weinbrand unter die Creme rühren. Maniokmehl mit Maismehl und Backpulver vermischen und portionsweise unter den Teig rühren.

› Die Arbeitsfläche dünn mit Mehl bestreuen. Teig portionsweise darauf ungefähr 1/2 Zentimeter dick ausrollen. Mit einem Glas Kreise von 3 Zentimeter Durchmesser ausstechen und auf zwei gefettete Backbleche legen.

› Plätzchen auf dem ersten Blech in den kalten Backofen (mittlere Schiene) schieben, bei 180 °C (Umluft, 160 °C; Gas, Stufe 2) etwa 25 Minuten backen, bis sie leicht goldbraun sind. Die Plätzchen auf dem folgenden Blech brauchen nur noch 15 bis 20 Minuten. Vom Blech lösen und erkalten lassen.

› Je 2 Plätzchen mit Dulce de leche bestreichen und zusammensetzen. Ränder ebenfalls mit Dulce de leche bestreichen und in Kokosnussraspel wälzen.

Süsse Milch

Dulce de leche ist gezuckerte, stark eingekochte Kondensmilch, dick wie Karamell und sehr beliebt in Lateinamerika und auf den Philippinen – Ländern, die kulinarisch von Spanien beeinflusst sind. Diese dicke Milch in Dosen bekommen Sie in Spezialgeschäften: Man legt die ungeöffnete Dose 3 Stunden bei schwacher Hitze ins Wasserbad, lässt sie wieder abkühlen und öffnet sie. In Supermärkten gibt es auch dünne gezuckerte Kondensmilch zu kaufen, die man sofort verwenden kann.

Gute Eier

Noch immer stammen die meisten Eier aus Käfighaltung, die von vielen Menschen zu Recht als schlimme Quälerei bezeichnet wird. Die Tiere sind zu reinen Legemaschinen degradiert, die angeblich weder Leid noch Schmerz empfinden. Lässt die Legeleistung nach, kommen sie zum Schlachten. Eine artgerechte Haltung von Hühnern können nur wir Verbraucher erreichen. Wenn immer mehr Menschen keine Produkte aus Massentierhaltung und lieber die teuren Eier von frei laufenden Hühnern kaufen, müssen sich auch immer mehr Züchter zu artgerechten Haltungsmethoden entschließen – ganz einfach, weil sie sonst Probleme mit dem Absatz der Eier bekommen. Und die Entsorgung von liegen gebliebenen oder gar verdorbenen Eiern ist recht kostspielig.

Iris Bichelmaier-Zalszupins Erdnusstorte fand bei unserem Fototermin reißenden Absatz.

Erdnusstorte
Torta de Amendoim

Aus Brasilien

Erinnern Sie sich an den »Kalten Hund« der fünfziger Jahre? Es war die kalte Torte für Teenager, die damals noch Backfische hießen – leicht zu machen, billig und schön üppig. Brasilianische Erdnusstorte ist genauso kalt, leicht zu machen und preiswert. Aber viel feiner.

Für 8 Stücke
300 g ungesalzene Erdnüsse
3 frische Eier
100 g Butter
150 g Zucker
5 EL Mascarpone
1 EL Calvados
400 g Butterkekse
Fett für die Form
Dauert etwa 1 Stunde
Dazu kommt die Zeit (1–2 Stunden) fürs Kühlen

› Die Erdnüsse sehr fein hacken. Eier trennen, Eiweiß steif schlagen.

› Eigelb mit Butter und Zucker zu einer dicken, schaumigen Creme aufschlagen. Nacheinander Mascarpone, Calvados und Erdnüsse unter die Eigelbmischung rühren. Eischnee mit einem Kochlöffel mit Loch unterheben.

› Eine rechteckige Form oder ein Backblech (etwa 40 mal 30 Zentimeter) mit Fett bestreichen und mit Butterkeksen auslegen. Darüber abwechselnd Erdnusscreme und Kekse schichten. Mit Erdnusscreme abschließen.

› Erdnusstorte 1 bis 2 Stunden in den Kühlschrank stellen. Etwa 20 Minuten vor dem Servieren herausnehmen.

Tip: Die Torte schmeckt noch besser, wenn sie bei Zimmertemperatur durchzieht. Dann ist die Creme zwar etwas weicher, aber die Kekse werden besser durchtränkt. Wegen der rohen Eier darf man die Torte jedoch höchstens einen Tag aufbewahren. Im Sommer muss sie grundsätzlich im Kühlschrank ziehen.

Süßkartoffeln in Zuckersirup
Ubi Jalar Manis

Aus Taiwan

Als Getränk zu den Kartoffeln passt am besten ungesüßter schwarzer Tee.

Für 6 Portionen

1,2 kg Süßkartoffeln
300 ml Wasser
300 g Rohrzucker (ersatzweise brauner Zucker)
125 g Zucker
3 EL Öl

Dauert etwa 1 Stunde

› Die Süßkartoffeln schälen, waschen, abtrocknen und schräg in etwa 2 Zentimeter dicke Scheiben schneiden.
› Wasser, beide Zuckersorten und Öl in einem Topf aufkochen und bei mittlerer Hitze unter Rühren kochen, bis der Zucker sich aufgelöst hat.
› Kartoffeln zugeben und bei schwacher Hitze in etwa 20 Minuten gar kochen. Dabei mehrmals vorsichtig umrühren. Fertige Süßkartoffeln abkühlen lassen und kalt servieren.

Statt Süßkartoffeln nimmt Tutty Wilpernig auch normale, fest kochende Kartoffeln, feste Bananen oder frische Ananasscheiben.

Je kleiner die Banane, desto besser ist ihr Aroma.

Kastanienspaghetti
Vermicelli

Aus der Schweiz

Die Kastanienspaghetti gehören zu den ganz berühmten Schweizer Süßspeisen – sehr üppig und sehr raffiniert. Cecilie Messmer hat ein altes Familienrezept zu diesem Buch beigesteuert.

Für 8 Portionen

1 kg Maronen
100 ml Wasser
200 ml Milch
1 Prise Salz
1 Vanilleschote
50 g Butter
80 g Zucker
200 ml süße Sahne

Dauert etwa 1 1/2 Stunden

› Den Backofen auf 250 °C (Umluft, 220 °C; Gas, Stufe 5) vorheizen. Die Maronen an der gewölbten Seite kreuzweise einschneiden und auf dem Backblech im heißen Ofen etwa 15 Minuten rösten, bis die Schalen aufspringen.
› Die harte Schale und braune Haut entfernen. Die Maronen mit dem Wasser aufkochen und zugedeckt in ungefähr 45 Minuten weich garen.
› Milch, Salz und Mark der Vanilleschote zugeben. Unter Rühren bei mittlerer Hitze dick einkochen. Durch ein feines Sieb drücken. Butter und Zucker untermischen, Püree abkühlen lassen.
› Püree durch die Kartoffelpresse auf Portionsteller drücken. Die Kastanienspaghetti mit der steif geschlagenen Sahne garnieren.

Esskastanien

Esskastanien waren früher der karge Ersatz für Getreide: Man pflanzte sie dort für Brot und Kuchen an, wo Weizen, Roggen und Hafer schlecht gedeihten. Heute sind sie als Grundnahrungssmittel nicht mehr bedeutsam: In Bayern werden sie den ganzen Winter über in Fußgängerzonen geröstet und stückweise für teures Geld an Passanten verkauft. Schweizer, Franzosen und Italiener kennen wunderbare Süßspeisen aus Maronen. »Es ist amüsant«, sagte mir Joëlle Ribas, »dass die Kastanie, die im Bewusstsein der Menschen so eng mit Armut verbunden ist, erst den Namen und die Speisen wechseln musste, ehe sie auf die bürgerlichen Tische gelangte: Als kandierte Marone, als Konfitüre oder gegrillt wurde sie salonfähig.«

Natürlich färben

Pandanusblätter mit ihrem jasminähnlichen Duft und die geschmacksneutralen Sujiblätter bekommt man in Asienläden. Sie sehen aus wie die Blätter von Yuccapalmen und färben Süßspeisen grün. Hinweise zu Annatosamen für rote Farbe finden Sie auf Seite 135, die Blüten sind oben abgebildet.

Süße Reisklöße

Kelepon

Aus Taiwan und Indonesien

Die Klöße serviert man in Taiwan und Indonesien heiß zum Tee: »Sobald sie nicht mehr dampfen, steckt man sie auf einmal in den Mund, damit der heiße Zucker nicht ausläuft«, erklärte Tutty Wilpernig zu ihrem Rezept.

Für 6–8 Portionen

- 20 Sujiblätter (siehe links)
- 10 Pandanusblätter (siehe links)
- 1/4 l lauwarmes Wasser
- 250 g Klebreismehl
- 100 g roter asiatischer Würfelzucker oder brauner Würfelzucker
- 50 g frisch geraspelte Kokosnuss (ersatzweise trockene Kokosflocken)
- 1 Messerspitze Salz

Dauert etwa 1 Stunde

› Suji- und Pandanusblätter mit dem Wasser übergießen. 5 Minuten ziehen lassen, bis sich das Wasser leicht grün färbt. Gut ausdrücken, damit Farbe und Aroma ins Wasser übergehen. Die Blätter herausnehmen und wegwerfen.

› Wasser und Klebreismehl mit einer Gabel verrühren. Mit den Händen ungefähr 20 Minuten kneten, bis ein glatter Teig entstanden ist. Daraus walnussgroße Klöße formen und jeweils mit 1 Stück Würfelzucker füllen.

› Reichlich Wasser aufkochen. Klöße darin ziehen lassen, bis sie hochsteigen und knapp 2 Minuten garen. Herausnehmen und abtropfen lassen.

› Kokosraspel in einem Tuch in den Dämpfkorb geben. Etwa 2 Finger hoch Wasser in einem Topf aufkochen. Einen Teller umgedreht hineinlegen. Dämpfkorb darauf setzen, Topf zudecken.

› Die frischen Flocken etwa 5, die getrockneten etwa 10 Minuten dämpfen. Auf einen vorgewärmten Teller geben, leicht salzen, Klöße darin wälzen.

Grießschnitten

Halvas

Aus Griechenland

Zur Fastenzeit vor Ostern ist Halvas von Vicky Krug eine richtige Mahlzeit. Sonst isst man es als üppiges Dessert.

Für 8 Portionen

- 100 g ganze Mandeln
- 100 g Pinienkerne
- 200 g Butter
- 400 g Grieß
- 600 g Zucker
- 800 ml kaltes Wasser
- 2 Zimtstangen
- 3 Gewürznelken
- Schale von 1 großen, unbehandelten Orange
- 200 g Puderzucker
- 1 EL Zimtpulver

Dauert etwa 1 Stunde

› Mandeln mit kochendem Wasser übergießen, kurz ziehen lassen, kalt abschrecken und aus der Haut drücken. Jede Mandel längs vierteln. Pinienkerne fein mahlen.

› Butter schmelzen. Zuerst den Grieß, dann Mandeln und Pinienkerne unterrühren und bei mittlerer Hitze so lange rühren, bis die Mischung goldbraun ist. Von der Kochstelle nehmen.

› Für den Sirup 400 Gramm Zucker mit Wasser, Zimtstangen, Gewürznelken und dünn abgeschnittener Orangenschale bei mittlerer Hitze 5 Minuten kochen lassen; dabei nicht umrühren, sonst gelingt der Sirup nicht.

› Heißen Sirup durch ein Sieb zum Grieß geben. Gewürze im Sieb wegwerfen. Grieß bei schwacher Hitze zu einem sämigen Brei rühren.

› Den restlichen Zucker zugeben und rühren, bis er sich aufgelöst hat. Grieß einige Minuten abkühlen lassen und auf eine dekorative Platte streichen. Nach dem Abkühlen mit Puderzucker und Zimtpulver besieben.

»Engelshaar isst man warm, so lange der Käse noch weich ist«, sagte Çoskun Büyükgüçlü zu seinem Rezept. Die hauchdünnen Teigfäden kann man nicht selber machen. Es gibt sie in türkischen und griechischen Läden.

Engelshaar mit Mozzarella

Künefe Peynirli Kadayif

Aus dem Nahen Osten

Für 6 Portionen
500 g Kadayif (Engelshaar-Teigfäden)
125 g Butter
450 g Mozzarella
1/2 unbehandelte Zitrone
500 ml Wasser
500 g Zucker
1 TL Zimtpulver
Dauert etwa 1 1/4 Stunden
Arbeiten müssen Sie etwa 45 Minuten

› Den Backofen auf 200 °C (Umluft, 180 °C; Gas, Stufe 3) vorheizen.

› Kadayif in einer runden, ofenfesten Form von etwa 35 Zentimeter Durchmesser verteilen. Butter bei schwacher Hitze schmelzen, darüber träufeln und etwas abkühlen lassen. Die Teigfäden in kleine Stücke reißen oder mit der Küchenschere auseinander schneiden.

› Die Hälfte der Fäden aus der Form nehmen und in einer Schüssel beiseite stellen. Teigfäden in der Form gleichmäßig festdrücken. Den abgetropften Mozzarella in Scheiben schneiden und darauf legen. Teigfäden aus der Schüssel darauf verteilen und festdrücken.

› Engelshaar in den heißen Backofen (mittlere Schiene) stellen. Bei 200 °C (Umluft, 180 °C; Gas, Stufe 4) 20 bis 25 Minuten backen, bis die Oberfläche goldbraun ist. Herausnehmen und abkühlen lassen, bis der Sirup fertig ist.

› Zitrone in 3 Stücke schneiden, mit Wasser und Zucker in einem Topf unter Rühren aufkochen. 30 Minuten bei schwacher Hitze unter gelegentlichem Rühren kochen, bis ein leicht gelber, dickflüssiger Sirup entstanden ist.

› Sirup heiß über das Engelshaar verteilen und mit Zimtpulver bestreuen. In Stücke schneiden und servieren.

› Dazu trinkt man kaltes Wasser.

Wie Zimtstangen entstehen

Wilde Zimtbäume wachsen bis zu zwölf Meter hoch, in Plantagen hält man sie als höchstens drei Meter hohe Sträucher, damit man sie besser nutzen kann. Für die Zimtproduktion schneidet man ein bis zwei Jahre alte, etwa eineinhalb Meter lange Triebe und trennt in Handarbeit die Rinde ab. Übrig bleibt die aromatische Innenrinde – hauchdünne Platten von 0,3 bis 1 Millimeter Dicke. Sie werden getrocknet – abwechselnd in Sonne und Schatten – und rollen sich dabei von beiden Seiten zu etwa ein Zentimeter dicken Stangen ein.
Daraus werden Zimtstangen geschnitten.

Zimtpulver

Zimtpulver kann, muß aber nicht von so guter Qualität wie die Stangen sein.
Für Zimtzucker, Cremes und Kuchenteig muß man mit Zimtpulver arbeiten.
Zimt entfaltet sein Aroma am besten in Begleitung von Süßem – auch bei herzhaften Gerichten. In der asiatischen Küche können das Würzsaucen oder Früchte, in der westlichen Küche Wein oder Bier sein.

Traditionelle Getreidebearbeitung in Indien: Die Frau wirft das geerntete Getreide durch ein Sieb und trennt damit die Körner von den Spelzen (Seite 252/253).

ANHANG

Welche Lebensmittel sind wo erhältlich?

LM-Abteilung = Lebensmittelabteilung von Kaufhäusern u. Ä.
J = Japanladen
G = Gewürzladen
A = Afrikaladen
B = Britishshop
R = Russlandladen
C = Gartencenter

Lebensmittel	Supermarkt	LM-Abteilung	Naturkostladen	Gemüsehändler	Mittelmeer-Feinkost	Asienladen	Lateinamerikaladen	Sonstige Läden
Aburaage								J
Ananas, klein		•		•	•	•		
Anissamen		•	•		•	•		G
Annato			•					A
Artischockenherzen, Dose	•	•						
Artischockenherzen, in Öl eingelegt		•			•			
Auberginen, philippinische, klein						•		
Austernpilze	•	•	•	•	•			
Austernsauce						•		
Balsamessig	•	•			•	•		
Bambusspitzen, Dose						•		
Bambussprossen, Dose	•	•				•		
Bananenblätter						•		
Basilikum	•	•	•	•	•	•		
Basilikum, getrocknet	•	•	•		•			G
Basmatireis	•	•				•		
Bataviasalat		•		•				
Blätter vom schwarzen Johannisbeerstrauch			•					
Boembae Nasi Goreng	•	•				•		
Bohnen, dicke, in den Schoten			•	•	•			
Bohnen, dicke, getrocknet			•			•	•	
Bohnen, Kidneybohnen, Dose und getrocknet	•	•	•		•	•	•	
Bohnen, schwarze, getrocknet		•	•		•	•	•	
Bohnen, schwarze, Dose						•		
Bohnen, weiße, Dose und getrocknet	•	•	•		•		•	
Bohnen, Wachtelbohnen, getrocknet		•	•		•	•	•	
Bohnenkraut, frisch		•	•	•				
Bohnenkraut, getrocknet	•	•	•			•		
Bohnenmus			•				•	
Bohnenpaste, scharf		•					•	
Brennnesselzweige			•	•				
Brokkoli, asiatischer							•	
Brotgewürz			•					G
Brunnenkresse		•	•	•	•	•		
Buchweizengrütze (Kasha)		•	•		•	•		R
Bulgur		•	•		•			
Cashewnusskerne	•	•	•		•	•		
Chayoten				•		•	•	
Cheddar, einfach	•	•						
Cheddar, Farmhouse-		•						
Chiliöl			•		•	•	•	
Chilipaste		•	•		•	•	•	

Lebensmittel	Supermarkt	LM-Abteilung	Naturkostladen	Gemüsehändler	Mittelmeer-Feinkost	Asienladen	Lateinamerikaladen	Sonstige Läden
Chilipulver	•	•	•		•	•	•	G
Chilischoten, getrocknet und gemahlen		•			•	•	•	G
Chilischoten, grüne		•	•	•	•	•	•	
Chilischoten, grüne, mild, eingelegt	•	•	•		•	•		
Chilischoten, rote		•	•	•	•	•	•	
Chilischoten, rote, eingelegt		•	•		•	•	•	
Chinesische Eiernudeln						•		
Comté-Käse		•			•			
Crème double	•	•	•					
Curryblätter						•		
Currypulver, mild	•	•	•			•		
Currypulver, scharf		•	•			•		
Dill, getrocknet	•	•			•	•		G
Dillblüten				•	•			
Dulce de leche (gezuckerte Kondensmilch)	•	•				•	•	
Erdnussmus	•	•	•			•		
Erdnusscreme, ungesüßt		•	•			•		
Erdnüsse, roh						•		
Erdnüsse, ungesalzen	•	•	•		•	•		
Erdnussöl	•	•	•		•	•		
Estragon, frisch		•	•	•	•	•		
Estragon, getrocknet	•	•	•		•	•		G
Farfalle	•	•			•			
Feigen, getrocknet	•	•	•		•			
Feta	•	•	•		•			
Frischkäse, geschlagen (fromage battu)	•	•			•			
Früchte, kandierte	•	•						
Fuzhu						•		
Galgant, Großer						•		
Galgant, Kleiner						•		
Garam Masala		•				•		G
Gartenkürbis		•	•	•	•			
Gelbwurz, frisch						•		
Gelbwurz, gemahlen		•	•			•		G
Getreideschrot	•	•	•		•	•		
Gewürznelken	•	•	•		•	•	•	G
Glasnudeln	•	•	•			•		
Gouda, alt		•			•			
Granatapfel		•		•	•	•		
Graupen	•	•	•		•			
Greyerzer Käse		•			•			
Grüne Tomaten							•	
Grünkern		•	•					
Gurke, thailändische, Dose und frisch						•		
Hafermehl		•	•					B
Hagebutten, frisch			•	•				
Hagelzucker	•	•						
Harissa		•	•		•	•		
Hartweizengrieß	•	•	•		•			
Havarti-Käse		•						
Herbst- oder Winterspinat	•	•	•	•	•	•		

Lebensmittel	Supermarkt	LM-Abteilung	Naturkostladen	Gemüsehändler	Mittelmeer-Feinkost	Asienladen	Lateinamerikaladen	Sonstige Läden
Hirse	•	•	•		•	•		
Holunderbeeren			•	•				
Honigmelone	•	•	•	•	•	•		
Hüttenkäse	•	•	•					
Ingwer, eingelegt		•	•			•		B
Ingwer, frisch	•	•	•	•	•	•		
Ingwerpulver	•	•	•		•	•		B
Ingwersirup		•			•	•		B
Instantseetangbrühe (Dashi jira)			•			•		
Instantmehl	•	•						
Jackfrucht						•		
Joghurt, griechischer	•	•	•		•			
Kadayif, (Engelshaar-Teigfäden)					•			
Käselab			•					
Kaffeesurrogatextrakt	•	•	•					
Kaffirlime (Bai magrud)				•		•		
Kaong (Palmfrucht)						•		
Kapern	•	•	•		•			
Kardamomkapseln			•		•	•		
Kardamompulver	•	•	•		•	•		
Kefir	•	•	•		•			
Kemirinüsse						•		
Kentjoer (Gewürzlilie)						•		
Kerbel, frisch		•	•	•	•	•		
Kerbel, getrocknet	•	•	•		•	•		G
Kichererbsen, getrocknet		•	•		•	•		

Lebensmittel	Supermarkt	LM-Abteilung	Naturkostladen	Gemüsehändler	Mittelmeer-Feinkost	Asienladen	Lateinamerikaladen	Sonstige Läden
Kokosmilch, Block und Dose	•	•				•		
Kokosnuss, frisch	•	•		•		•		
Kokosnuss, gerieben						•	•	
Kokosnuss, jung (Bulco)						•		
Kokosnussessig						•		
Kokosraspel	•	•	•			•		
Kombu		•				•		
Kondensmilch, gezuckert	•	•				•	•	
Konnyaku								J
Koriander, gemahlen	•	•	•		•	•		G
Koriandergrün				•	•	•	•	
Korianderkörner		•	•		•	•	•	G
Korianderwurzeln						•		
Kräuter der Provence, getrocknet	•	•	•		•			G
Kräuteressig	•	•	•		•			
Kreuzkümmel, gemahlen		•	•		•	•		G
Kreuzkümmelkörner			•		•	•		G
Kürbis, gelber Riesenkürbis			•	•	•			
Kürbis, Flaschenkürbis			•	•	•	•		
Kürbis, Gartenkürbis			•	•	•	•		
Kürbis, süßsauer, eingelegt im Glas oder in der Dose	•	•	•					
Kvas			•					R
Limette		•		•	•	•	•	
Linsen, grüne		•	•		•	•		
Linsen, rote		•	•		•	•		

Lebensmittel	Supermarkt	LM-Abteilung	Naturkostladen	Gemüsehändler	Mittelmeer-Feinkost	Asienladen	Lateinamerikaladen	Sonstige Läden
Lorbeerblätter, asiatische						•		
Maisbrot						•		A
Maisgrieß (Polenta)	•	•	•		•	•		
Maiskolben, frisch und klein		•		•	•	•		
Maiskolben, tiefgefroren	•					•		
Maiskörner, getrocknet		•	•		•	•	•	
Maiskörner, tiefgefroren		•					•	
Maismehl	•	•	•		•	•	•	
Maisstärke = Speisestärke	•	•				•		
Malagueta-Pfeffer						•	•	
Mangoldblätter		•	•	•	•	•		
Maniokmehl			•			•	•	A
Maniokwurzel				•		•	•	A
Maronen	•	•	•	•	•			
Mascarpone	•	•	•		•			
Matze		•	•		•			
Matzenmehl			•		•			
Meerrettichwurzel, frisch	•	•	•	•				
Melasse			•			•	•	
Milchpulver	•	•	•			•		
Minze, frisch				•	•	•		
Minze, getrocknet	•	•	•		•	•		G
Mirin			•			•		J
Mischpilze, getrocknet	•	•	•		•			
Miso			•			•		J
Mock Abalone						•		
Mohn, gemahlen	•	•	•		•	•		

Lebensmittel	Supermarkt	LM-Abteilung	Naturkostladen	Gemüsehändler	Mittelmeer-Feinkost	Asienladen	Lateinamerikaladen	Sonstige Läden
Mohnsamen			•		•	•		
Mont-d'or-Käse		•			•			
Moosbeersaft								R
Mu-Err-Pilze, getrocknet	•	•	•			•		
Muskatblüte		•	•			•		G
Nelken, gemahlen	•	•	•		•	•		G
Nestnudeln	•	•				•		
Netzmelone		•	•	•	•			
Okraschoten			•	•	•	•		
Oliven, schwarze	•	•	•		•	•		
Oliven, schwarze, entsteint	•	•	•		•	•		
Olivenöl, extra vergine		•	•		•			
Olivenöl, kaltgepreßt	•	•	•		•			
Orangeat, gehackt	•	•	•					
Orangenmarmelade, mit Schalen	•	•	•					B
Oregano, frisch		•	•	•	•			
Oregano, getrocknet	•	•	•		•			G
Palmherzen		•				•	•	
Palmzucker, gemahlen		•				•	•	
Palmzucker, ganz						•	•	
Pandanusblätter						•		
Papaya, frisch		•	•	•	•	•	•	
Paprikaflocken					•	•	•	G
Paprikapulver, mild	•	•	•		•	•	•	
Paprikapulver, scharf	•	•	•		•	•	•	
Paprikaschote, rote und hellgrüne, spitz		•		•	•	•		
Pastinakenwurzel			•	•	•			

Lebensmittel	Supermarkt	LM-Abteilung	Naturkostladen	Gemüsehändler	Mittelmeer-Feinkost	Asienladen	Lateinamerikaladen	Sonstige Läden
Patnareis	•	•	•		•	•		
Pecannusskerne		•	•					A
Pecorino		•	•		•			
Peperoni, grüne	•	•	•	•	•	•	•	
Peperoni, rote		•	•	•	•	•	•	
Pfefferminzblätter, frisch				•	•	•		
Pfefferblätter (Paprikaschoten)								C
Pfefferblätter (schwarzer Pfeffer)						•		
Pfefferminze, frisch				•	•	•	•	
Pfefferminze, getrocknet	•	•	•		•	•	•	G
Pfefferschoten, grüne, eingelegt		•	•		•	•	•	
Pimentkörner		•	•		•	•	•	G
Pinienkerne		•	•		•	•		
Polenta (Maisgrieß)	•	•	•		•	•	•	
Raclettekäse		•			•			
Reis, Kleb-						•		
Reis, Risottoreis		•			•			
Reis, thailändischer Duftreis		•				•		
Reisblätter						•		
Reisessig, chinesischer						•		
Reisessig, japanischer						•		
Reisessig, thailändischer						•		
Reishefepulver						•		
Reismehl, Kleb-						•		
Reisnudeln, türkische (Sariyi)		•			•			

Lebensmittel	Supermarkt	LM-Abteilung	Naturkostladen	Gemüsehändler	Mittelmeer-Feinkost	Asienladen	Lateinamerikaladen	Sonstige Läden
Reisnudeln, breit, dünn		•	•			•		
Rettich, salzig, grob gehackt						•		
Roggen, grob geschrotet		•	•					
Roggenmehl	•	•	•					
Rosenwasser		•			•	•		
Rosmarin, frisch		•	•	•	•			
Rosmarin, getrocknet	•	•	•		•			G
Rucola (Rauke)		•	•	•	•	•		
Rundkornreis	•	•	•		•	•		
Safran, Pulver und Fäden		•	•		•	•		
Sago	•	•	•		•	•		
Sake (japanischer Reiswein)		•				•		J
Salbeiblätter		•		•	•			
Salsa Mexicana		•					•	
Salsa Verde		•					•	
Sariyi (türkische Reisnudeln)		•			•			
Sauerampfer			•	•	•			
Sauerteig	•	•	•					
Schaffrischkäse (Liptauer)		•						
Schafkäse, türkischer		•			•			
Schalotten, asiatische						•		
Schichtkäse	•	•	•		•			
Schnittlauch, asiatischer (Schnittknoblauch)				•		•		
Schwarzaugenbohnen, getrocknet			•		•	•		A

Lebensmittel	Supermarkt	LM-Abteilung	Naturkostladen	Gemüsehändler	Mittelmeer-Feinkost	Asienladen	Lateinamerikaladen	Sonstige Läden
Seetang, getrocknet (Miok)			•			•		J
Seetangbrühepulver			•			•		J
Senfkohl			•	•	•	•		
Senfpulver		•	•		•	•		B
Sesamöl		•	•		•	•		
Sesamsamen, geschält, weiß		•	•		•	•		
Sesamsamen, ungeschält, braun	•	•	•		•	•		
Shiitakepilze, frisch		•	•	•	•	•		
Shiitakepilze, getrocknet	•	•	•		•	•		
Sichuan-Pfefferschalen						•		G
Sodapulver		•						B
Sojabohnen, eingelegt						•		
Sojabohnenkeime	•	•	•	•	•	•		
Sojaöl	•	•	•		•	•		
Sojasauce, dunkel	•	•	•		•	•		
Sojasauce, hell		•				•		
Steinpilze, getrocknet	•	•	•		•			
Sujiblätter						•		
Tabascosauce	•	•	•		•			
Tahin (Sesampaste)		•	•		•	•		
Tamarinde			•			•		
Tapioka			•			•	•	A
Tempe			•			•		
Thymian, frisch		•	•	•	•			
Thymian, getrocknet	•	•	•		•			G
Tofu		•	•			•		

Lebensmittel	Supermarkt	LM-Abteilung	Naturkostladen	Gemüsehändler	Mittelmeer-Feinkost	Asienladen	Lateinamerikaladen	Sonstige Läden
Tongupilze (= Shiitakepilze)		•	•	•	•	•		
Topinamburknollen			•	•		•		
Tortillas, mexikan., weich							•	
Tortillas, amerikan., weich							•	
Trockenobst	•	•	•		•			
Vanille, gemahlen	•	•	•		•	•	•	
Vanilleschote	•	•	•		•	•	•	
Vollkorn-Couscous			•		•	•		
Wakame, getrocknet			•			•		J
Walderdbeeren		•	•					
Wasserspinat						•		
Weizengrütze		•	•		•	•		
Weizenkörner	•	•	•					
Xianggupilze, getrocknet						•		
Yufka, dreieckig vorgeschnitten					•			
Zitronellagras						•		
Zitronenblätter		•				•		
Zitronengras		•				•		
Zucker, brauner	•	•				•		
Zucker, asiatischer, rot, (Würfelzucker)						•		
Zucker, Rohrzucker		•	•			•		
Zuckerrohrgranulat	•	•	•					
Zuckersirup	•	•			•			
Zwiebeln, geröstet	•	•	•		•	•		
Zwiebeln, asiatische, klein, rote						•		

Alle im Buch angegebenen Lebensmittel sind in Deutschland erhältlich.

Bezugsquellen

Baikal
Original russische Spezialitäten
Irene Rehberg
Salomon-Idler-Str. 22
86156 Augsburg
Tel. 08 21/59 32 98
Fax 08 21/58 63 51
(Öffnungszeiten:
Di–Fr 8.30–17.00 Uhr;
Sa 9.00–13.00 Uhr)

Bionativ
Müllergasse 5
71364 Winnenden
Tel. 0 71 95/6 18 11
(Versand von Tropenfrüchten;
speziell im Programm:
Feigen und Datteln)

Café Latino
Miguel Angel Servidio
Jahnstr. 6
80469 München
Tel. + Fax 0 89/2 60 97 02
(Originalprodukte aus Lateinamerika;
auf Anfrage auch Lebensmittelversand)

Danel Feinkost Vilf
Zeev D. Vilf
Pilgersheimerstr. 44
81543 München
Tel. 0 89/66 98 88
Fax 0 89/66 98 20
(Verkauf und Versand von
koscheren Lebensmitteln)

Japan-Shop
Westenriederstr. 47
80331 München
Tel. 0 89/22 66 63
Fax 0 89/2 90 47 99

Mexico Haus
Import-Export GmbH
Wichmannstr. 4
22607 Hamburg
Tel. 0 40/8 90 58 40
Fax 0 40/89 22 81

Naturalien-Versand
Grabenstr. 6
65594 Hofen
Tel. 0 64 82/52 02
(Tropenfrüchte, auch Maulbeeren)

Naturkost Volker Schmidt
Rötestr. 5/1
75397 Simmozheim
Tel. 0 70 33/64 49
(Versand von Tropenfrüchten)

Orkos Diffusion
9 rue de Château
Soisy-Bouy B.P. 89
F-77483 Provins Cédex
Tel. 00 33/1/64 60 21 21
(Versand von Tropenfrüchten und
biologischen Lebensmitteln)

Sathi
Indische und asiatische Spezialitäten
Kirchenstr. 32
81675 München
Tel. 0 89/48 45 04
Fax 0 89/9 03 04 55

La Tortilla
Jesus Nevarez
Herstellung von Tortillas;
Originalprodukte aus Mexiko
Kistlerhofstr. 140
81379 München
Tel. 0 89/78 58 23 23
Fax 0 89/78 58 23 24

Walter Vassel
Import und Versand
Originalprodukte aus Lateinamerika
Postfach 1249
63305 Rödermark
Tel. 0 60 74/9 43 00
Fax 0 60 74/9 58 07

Claire Zurgeissel
Asiatische Spezialitäten,
Gewürze, Kräuter
Rostocker Str. 68
20094 Hamburg
Tel. 0 40/2 80 27 47

Danksagungen

Für Unterstützung und Hilfe an diesem Buch möchte ich einigen Damen und Herren besonders danken.

Maria Blaas hat mir die Kontakte zu Brasilien - auch kulturell - vermittelt.

Heidrun Emmert hat mich gleich zum indonesischen Stammtisch eingeladen und mir damit ermöglicht, interessante Kontakte zu knüpfen.

Ingeborg Burger-Balogh, Tibor Balogh und *Dr. Olga Zobel-Birò* haben mir zwei lange, informative Gespräche über Ungarn gewährt.

Dr. Barbara Spielmann hat mich einen ganzen Nachmittag mit Tee und selbst gebackenen Waffeln bewirtet und mir dabei die Gelegenheit gegeben, *Xiaoyan Zhang* kennen zu lernen.

Regina Glei und *Sanae Muraoka* haben mir über Japan berichtet.

Heide Wahr hat mir den Kontakt zu drei Damen aus Japan vermittelt, die wiederum mit Rat und Tat am Buch mitgewirkt haben. *Miyuki Tamura* hat für die Bewirtung an einem langen Nachmittag zu viert gesorgt.

Ellen Presser hat mir ermöglicht, *Bilha Widmann* und damit die jüdische Küche kennen zu lernen.

Traute und *Rolf Hatterscheidt* haben mir einen wertvollen Kontakt zu England vermittelt, der dieses Buch ganz entscheidend beeinflusst hat.

Traute hat auch dafür gesorgt, dass ich *Lyne Manuel* aus Frankreich, *Llermi Schröder* aus Mexiko, *Ramata Ebersbach-Dabiré* aus Burkina Faso und *Natalia Rykova* aus der Ukraine kennen lernen konnte.

Tatjana Lukina vom MIR in München hat mich mit *Natalia Schkunajeva* bekannt gemacht.

Mit *Marina Schlichter* durfte ich ein langes Gespräch über Russland und die russische Küche führen.

Durch *Barbara* und *Bodo Schieren* lernte ich *Sombat Kaewchum-Rozmus* aus Thailand und *Çoskun Büyükgüçlü* aus der Türkei kennen.

Çoskun wie auch *Erdogan Yarar, Miguel Angel Servidio, Iris Bichelmaier-Zalszupin, Dr. Phung Hoang* und *Joëlle Ribas* sind übrigens die einzigen Profis, die bei diesem Buch mitgewirkt und ihr Wissen vorbehaltlos zur Verfügung gestellt haben. Dass dies keineswegs selbstverständlich ist, habe ich bei anderen Gelegenheiten erfahren.

Beatrix Loos von Kikkoman Trade Europe hat mir postwendend wirklich informative Unterlagen, und nicht die leider inzwischen üblichen normierten Presseunterlagen, geschickt.

Danken möchte ich auch meinen Mitarbeiterinnen *Natascha Afanassjew, Monika Jocham, Luise Herrmann* und *Maria Fecondo.*
Natascha hat die Texte aus dem Russischen übersetzt, Kontakte hergestellt, eine Menge von Unterlagen und Literaturstellen sortiert.
Monika und *Luise* haben das Ordnen der vielen Lebensmittel besorgt, sich um Bezugsquellen und Einkaufsmöglichkeiten gekümmert - die ganze Kleinarbeit, die man nun als übersichtliche Tabelle im Buch findet.
Alle drei haben mir geholfen, Fragen zu klären, die beim Recherchieren und Texten ständig aufgetreten sind.
Maria schließlich hat Rezepte getestet, gekocht und einen kleinen Teil der großen italienischen Küche zu diesem Buch beigesteuert.

Über 40 Menschen unterschiedlicher Nationaliät haben an diesem Buch mitgearbeitet.

Rezepteregister

Almnudeln 175
Ananaskuchen, gestürzter 230
Apfel-Gurken-Salat mit Erdnusssauce 71
Apfelklöße 231
Apfelpastete 114
Apfelsuppe 94
Armenfrikadellen 22
Aubergine »Wellington« 132
Auberginen mit Ei 147
Auberginen, gegrillte 125
Auberginensalat 60
Austernpilze in Kokoscreme 126
Avocadococktail mit Milch 47

Backofenpfannkuchen mit Spinat und Käse 204
Bauernsalat 58
Birnen in Tequila 238
Blätterteigecken mit Austernpilzen und Rucola 36
Blätterteigecken mit Käse 44
Blini aus Hefeteig 32
Blumenkohl-Erbsen-Curry 134
Bohnen in Sesamsauce 45
Bohnen, scharfe rote 190
Bohnen-Mais-Gericht 183
Bohnenmus 223
Bohnensuppe (aus Griechenland) 86
Bohnensuppe (aus Ungarn) 88
Borschtsch 84
Brot mit Nüssen und Käse 112
Brot mit Pfifferlingen 39
Brot mit Süßkartoffeln 106
Brötchen, gebratene 109
Brote, geröstete, mit Artischockencreme 29
Bulgur-Grünkern-Pilaw 164

Chayotengratin mit Käsesauce 142
Couscoussalat 63
Crumpets 115
Currygemüse 140
Curryreis 160

Dicke Suppe 93
Dillgurken 221
Drei-Gemüse-Platte 152

Eier in Currysauce 210
Einfacher Pudding ohne Zucker 112
Eingelegte Früchte 217
Eingelegte Paprikaschoten 220
Eingelegter Weißkohl 221
Eisbergsalat, gebratener, mit Austernsauce 122
Eischneeklöße mit Vanillesauce 243
Enchiladas mit Zucchinisahne 170
Engelshaar mit Mozzarella 251
Erbsenpüree mit Zitrone und Öl 192
Erdnusstorte 248

Fastenkoteletts 192
Fladenbrot, frittiertes 105
Flan María 231
Frittierte Maniokwurzeln 36
Frittierter Tofu 185
Frittiertes Fladenbrot 105
Frittiertes Navajo-Brot 109
Früchte, eingelegte 217
Frühlingsrollen mit Reisnudeln und Salat 124
Frühlingssalat 55
Fuzhu-Salat 72

Ganz falscher Hase 165
Gebackene Pfannkuchen 166
Gebackener Käse 199
Gebackenes Gemüse 152
Gebackenes Gemüse im Teig 24
Gebratene Brötchen 109
Gebratene Nudeln 176
Gebratene Nudeln mit Ingwer 177
Gebratene Süßkartoffeln 128
Gebratene Teigtaschen 42
Gebratener Eisbergsalat mit Austernsauce 122
Gebratener Reis (aus Mauritius) 161
Gebratener Reis (von den Philippinen) 163
Gebratener Tofu 188
Gebratener Tofu nach Art des Hauses 182
Gebratener Wasserspinat 147
Gedämpfter Kuchen 239
Gefüllte Gurken 34
Gefüllte Paprikaschoten im Eimantel 143
Gefüllte Pizzataschen 116
Gefüllte Teigtaschen 236
Gefüllte Tomaten 28
Gefüllte Tortillas 170
Gefüllter Sellerie in Olivenöl 39
Gegrillte Auberginen 125
Gegrillte Gemüsespießchen 153
Gemischtes gebratenes Gemüse 35
Gemüse in Erdnusssauce 128
Gemüse mit Butterklößchen 133
Gemüse mit Cashewnüssen 142
Gemüse mit Kokosflocken 126
Gemüse mit Linsen 131
Gemüse, gebackenes 152
Gemüse, gebackenes, im Teig 24
Gemüse, gemischtes gebratenes 35
Gemüse, geschmortes, mit Polentaschnitten 130
Gemüse, viererlei gebratenes 127
Gemüsebrühe mit Rohkost 92
Gemüsekuchen 31
Gemüsepastetchen 40
Gemüsepflänzchen 45
Gemüsereis 161
Gemüsesalat (aus Thailand) 57
Gemüsesalat (aus Russland) 68
Gemüsesalat, Janes 66
Gemüsespießchen, gegrillte 153
Gemüsesuppe 99
Gemüsesuppe, sauerscharfe 80
Gemüsesuppe, süßsaure 81
Gemüsetorte 117
Geröstete Brote mit Artischockencreme 29
Geschmortes Gemüse mit Polentaschnitten 130
Gestürzter Ananaskuchen 230
Getreide, süßes 238
Glasnudelsalat 70
Glasnudelsalat mit Gemüse 71
Grießbrei mit Moosbeersaft 246
Grießschnitten 250
Große Pirogge 111
Grüne-Bohnen-Salat 61
Gurke und Wakame in Marinade 26
Gurken, gefüllte 34
Gurkensalat (aus Korea) 64
Gurkensalat (aus Thailand) 64
Gurkensalat (aus Ungarn) 65
Gurkensalat (aus Adana) 65
Gurkensuppe 99

Hagebuttensuppe 244
Hausgemachter Kvas 219
Hefeeierkuchen mit Nüssen und Schokolade 246
Heißer Tofu mit Sauce 191

Janes Gemüsesalat 66
Joghurtkuchen 242
Joghurtsuppe 79

Kalte Kvas-Suppe 88
Kalter Spinat mit Sesam 22
Kartoffel-Auberginen-Curry 144
Kartoffel-Pilz-Suppe 96
Kartoffelbällchen 136
Kartoffelbrot 106
Kartoffeldolken mit Sauerkraut 137
Kartoffeleintopf mit Wirsing 149
Kartoffeln mit Birnen 137
Kartoffeln, scharfe 150
Kartoffelnockerln, Liptauer 205
Kartoffelpuffer mit Zwiebeln 139
Kartoffelpüree, überbackenes, mit Käse 205
Kartoffelsalat 60
Kartoffelstrudel 131
Kartoffelsuppe mit Mozzarella 89
Kartoffelsuppe 96
Käse mit Erbsen 211
Käse, gebackener 199
Käsebällchen 23
Käsekroketten 199
Käsepasteten 202
Käsepflänzchen 202
Käsetopf, Luzerner 200
Kastanienspaghetti 249
Kemirinusspaste 225
Kichererbsenbällchen 49
Kichererbsenpaste 43
Kichererbsensalat 66
Kichererbsensuppe 86
Kokosnusschutney 218
Kokossuppe mit Pilzen 82
Kreolische Rougaille 219
Kuchen, gedämpfter 239
Kürbisgemüse 145
Kürbissuppe 82
Kvas, hausgemachter 219
Kvas-Suppe, kalte 88

Limettencreme 242
Linsen, rote 185
Linseneierkuchen mit Gemüse 189
Linsenfrikadellen 187
Liptauer Kartoffelnockerln 205
Luzerner Käsetopf 200

Maispfannkuchen mit Käse 207
Maispuffer 167
Maissoufflee 206
Maissuppe mit Austernpilzen 79
Mangosalat 59
Maniokplätzchen mit Kokosraspeln 247
Maniokwurzeln, frittierte 36
Maronenkonfitüre 216
Milchkonfekt 240
Milchnudeln 240
Möhrensalat 68

Nestnudeln mit Tofu 67
Nudelauflauf 175
Nudeln mit Tomatensauce 174
Nudeln, gebratene 176
Nudeln, gebratene, mit Ingwer 177

Okras mit Tomaten 138
Oliven im Teigmantel 43
Olivensalat, scharfer, mit Tomaten 62
Omelett mit Gemüse und Kräutern 203
Orangenmarmelade 216

Palmherzenpastetchen 38
Palmherzensalat 57
Papaya in Kokosmilch 135
Papaya-Orangen-Cocktail 47
Paprikaschoten, eingelegte 220
Paprikaschoten, gefüllte, im Eimantel 143
Paprikaschoten-Pilaw 164
Pecanbrötchen 235
Petersiliensalat 72
Petersiliensuppe 97
Pfannkuchen, gebackene 166
Pfefferscharfer Tofu 188
Pilau-Reis 159
Pilze, zweierlei, mit grünem Gemüse 134
Pilzkaviar 32
Pirogge, große 111
Pizza 104
Pizzataschen, gefüllte 116
Polentakuchen 148
Porreeauflauf 148
Pudding, einfacher, ohne Zucker 112

Radieschenblättersuppe 91
Räucherkäse 208
Reis (aus dem Iran) 158
Reis (aus Japan) 159
Reis in Kokosmilch 163
Reis mit gebratenen Reisnudeln 162
Reis, gebratener (aus Mauritius) 161
Reis, gebratener (von den Philippinen) 163
Reis-Zucchini-Auflauf 139
Reisbällchen mit Käse 34
Reisklöße, süße 250
Rettichsalat 56
Risotto mit verschiedenen Pilzen 162
Roggenbrot 110
Römersalat mit Joghurtsauce 59
Roquefortkuchen 108
Rote Linsen 185
Rote-Bete-Salat (aus Schweden) 56
Rote-Bete-Salat (aus der Ukraine) 61
Rote-Früchte-Gratin 234
Rougaille, kreolische 219
Rührei 208
Rumfordsuppe 85

Sabbatgericht 168
Salat aus Sojabohnensprossen 62
Salat mit junger Kokosnuss 233
Salat mit Roten Beten und Orangen 69
Salatplatte mit Saucen 54
Salsa de ocopa 223
Salsa huancaina 223
Salzgurken 30
Sauce, scharfe grüne 222
Sauce, scharfe rote 225
Sauce, süßsaure 224
Sauerscharfe Gemüsesuppe 80
Scharfe grüne Sauce 222
Scharfe Kartoffeln 150
Scharfe rote Bohnen 190
Scharfe rote Sauce 225
Scharfe Tomatenpaste 224
Scharfer Olivensalat mit Tomaten 62
Scharfes Tempeh 191
Seetangsuppe 80
Sellerie mit Roquefort 31
Sellerie, gefüllter, in Olivenöl 39
Sodabrot 113
Soja-Brotaufstrich 46
Sojabohnensprossen in Kokoscreme 184
Spiegeleier aus Yucatán 198
Spinat mit grünen Chilis 122
Spinat mit Ingwersauce 123
Spinat mit Schwarzaugenbohnen 48
Spinat, kalter, mit Sesam 22
Spinatgemüse 122
Spinatgemüse mit Eierschnitten 151

Stachelbeergrütze 235
Sultan-Suleiman-Suppe 85
Suppe mit Chinakohl 91
Suppe mit Ei 78
Süße Reisklöße 250
Süßes Getreide 238
Süßkartoffelgratin mit Vanillesauce 232
Süßkartoffeln in Zuckersirup 249
Süßkartoffeln, gebratene 128
Süßsaure Gemüsesuppe 81
Süßsaure Sauce 224

Tapioka in Kokosmilch 237
Teigtaschen mit Gemüse und Glasnudeln 27
Teigtaschen mit Joghurtsauce 166
Teigtaschen mit Mais 46
Teigtaschen, gebratene 42
Teigtaschen, gefüllte 236
Tempeh und Tofu in Kokosmilch 183
Tempeh, scharfes 191
Tempehfrikadellen 186
Thai-Nudeln auf chinesische Art 176
Thymiansuppe 90
Tofu, frittierter 185
Tofu, gebratener 188
Tofu, gebratener, nach Art des Hauses 182
Tofu, heißer, mit Sauce 191
Tofu, pfefferscharfer 188
Tofufrikadellen mit Spinatdip 186
Tofusuppe mit Pilzen 83
Tomaten, gefüllte 28
Tomatenpaste, scharfe 224
Tomatenpfanne mit Eiern 207
Tomatensuppe 98
Tongupilze mit Glasnudeln 146
Tortillas, gefüllte 170

Überbackenes Kartoffelpüree mit Käse 205

Viererlei gebratenes Gemüse 127

Wasserspinat, gebratener 147
Weißbrot 114
Weißkohl, eingelegter 221
Weißkohlsalat 60
Weißkohlsuppe 93
Wurzelsalat 69

Ziegenkäsebrote mit Knoblauchmus 48
Zigarrenbörek mit Dill-Käse-Füllung 29
Zucchinicurry 150
Zucchinifrikadellen 145
Zucchinikaviar 32
Zucchinikuchen 233
Zweierlei Pilze mit grünem Gemüse 134

Sachregister

Aburaage 157, 180
Algen 26, 191
Amarant 183
Annatosamen 250
Antipasti 21
Asure 238
Auberginen 132
Austernsauce 52, 122, 134
Avocados 47

Bambus 127
Bambuskorb 109
Basmati 159
Bataten 106
Bauernsalat 87
Blini 33
Bohnenpaste 215
Bonito 191
Börek 29
Borschtsch 84
Buchweizennudeln 172
Buletten 167
Bulgur 63, 65, 72, 164

Calzone 104, 116
Cayennepfeffer 215
Chai 24
Chayote 142
Chenna 211
Chiang 52
Chiliöl 215
Chilipulver 24
Chilischoten 214f.
Chilis → Chilischoten
Chinesische Teigtaschen 173
Couscous 63, 72
Crumpets 115

Dim Sum 20
Dolken als Dessert 137
Dulce de leche 247

Eier 190f., 248
Eingelegte Champignons 66
Eiweißklöße 243
Empanadas 170
Enchiladas 170
Erdbeeren 234
Erdnüsse 71, 125
Esskastanien 249

Falsche Abalone → Mock-Abalone
Farn 184
Fasten 193
Frühlingszwiebeln 91
Fuzhu 72, 180

Galgant 186
Galgappa 24
Garam Masala 185
Garen im Dampf 239
Gebratene Teigtaschen → Guo Tie
Gelbwurz 147
Gewürznelken 52
Gewürzpaprika 214
Ghee 41
Ghee zubereiten 41
Glasnudeln 27, 172
Grüne Tomate 222
Guo Tie 42
Gurke 64
Gurken einlegen 30

Harissa 215
Herbstspinat 122
Hors d'œuvres 20f.
Humus 49

Ingwer 177
Instantwakame 26

Jackfrucht 233
Japanischer Mörser 45

Kapstachelbeere → Physalis
Kartoffeln 136
Kasar peyniri 22
Kelp → Kombu
Kemirinüsse 126
Kichererbsen 49
Kimchi 53, 80

Klebreis 98, 125
Kochen mit Stäbchen 78
Kokosnuss 218, 233
Kokosnussessig 53
Kokosnussraspel 145
Kombu 81, 191
Konbu → Kombu
Konnyaku 161, 172
Koriander 144
Koschere Küche 60
Kreuzkümmel 93
Kvas 88, 219

Lattkes 139
Lauchzwiebeln 91
Limetten 53, 92

Mais 207
Mala 73
Malaguetta-Pfeffer 38
Mango 59
Maniok 36
Maniokmehl → Tapiokamehl
Manti 173
Matze 60, 148
Meerkohl 149
Mehl, griffiges 205
Meze 21
Minze 99
Miok 26
Mirin 45
Miso 52f.
Mock-Abalone 83
Mozzarella 23, 55, 89
Muskatblüte 52
Muskatnuss 52

Nestnudeln 67

Obstkuchen 230
Obstsuppen 94
Okra 138
Olivenöl 220

Pakoras 24
Palmfrüchte 233
Palmherzen 57
Palmitos → Palmherzen
Palmzucker 228
Pandanusblätter 250
Paneer 211
Papayas 135
Paprikaschoten 143
Parmesan 174
Pelmeni 173
Peperoni 214
Petersilie 35
Pfefferblätter 79
Pfefferkörner 214
Pfefferminze 65
Physalis 222
Pirogge 111
Pirośki 44
Pizza 104
Polenta 130
Puri 24, 105
Purim 236

Quesadillas 170
Queso de Minas 23
Queso fresco 55

Radieschenblätter 91
Raki 39
Räuchern 208
Ravioli 173
Reis abmessen 162
Reisbällchen 34
Reisblätter 124
Reisessig 53
Reisnudeln 162
Reistafel 160
Rohrzucker 228
Roquefort 108
Rosenwasser 240
Rübenzucker 229
Rucola 36

Sabbat 169
Safran 97
Sake 45
Salat 56
Salsa Mexicana 225
Samosas 40
Sauerteig 110
Schafkäse 22, 55
Schwarzaugenbohnen 48
Seetangbrühe 81
Senfkohl 152
Senfkörner 52
Sesamblätter 80
Sesamsamen 45
Shiitakepilze 146
Sichuan-Pfeffer 188
Sodapulver 113
Sojabohnen 72
Sojasauce 52
Sojasauce, dunkle 52f., 62, 67
Sojasauce, helle 53, 62, 122
Sommerportulak 58
Speisewürze 67
Spinat 151
Spitzkohl 133
Sumach 158
Suppenbeilagen 76f.
Suppeneinlagen 76f.
Sushi 38
Süße Milch → Dulce de leche
Süßkartoffeln 106

Tacos 170
Tahin 43
Tamari 45
Tamarinden 53
Tapas 20f., 197
Tapiokamehl 237
Tapiokaperlen 237
Tempura 152
Thymian 90
Tofu 121
Tofublätter 180
Tofupulver 182
Tomatillo → grüne Tomate
Tongupilze → Shiitakepilze
Topinambur 69
Tortillas 170f.
Tostadas 170
Trockenobst 217
Tscholent 168
Türkischer Joghurt 164

Vanille 232

Wakame 26
Wasserspinat 147
Winterportulak 58
Winterspinat 122

Xianggupilze 157

Yin und Yang 123
Yufka-Teigblätter 29

Zakuski-Tafel 20
Zimtstangen 251
Zimtpulver 251
Zitronenblätter 82
Zucker 52
Zuckerrohr 228f.

Länderregister

Argentinien

Teigtaschen mit Mais 46
Gemüsetorte 117
Maniokplätzchen
mit Kokosraspeln 247

Armenien

Gefüllte Tomaten 28
Blätterteigecken mit Käse 44
Joghurtsuppe 79

Brasilien

Käsebällchen 23
Frittierte Maniokwurzeln 36
Palmherzenpastetchen 38
Soja-Brotaufstrich 46
Avocadococktail
mit Milch 47
Papaya-Orangen-Cocktail 47
Palmherzensalat 57
Kartoffelbrot 106
Reis in Kokosmilch 163
Käsepasteten 202
Maissoufflee 206
Limettencreme 242
Erdnusstorte 248

Burkina Faso

Gebratene Süßkartoffeln 128
Gemüse in Erdnusssauce 128

China

Gebratene Teigtaschen 42
Fuzhu Salat 72
Sauerscharfe Gemüsesuppe 80
Tofusuppe mit Pilzen 83
Gebratener Eisbergsalat
mit Austernsauce 122
Spinat mit Ingwersauce 123
Viererlei gebratenes
Gemüse 127
Zweierlei Pilze
mit grünem Gemüse 134
Tongupilze
mit Glasnudeln 146
Drei-Gemüse-Platte 152
Gebackene Pfannkuchen 166
Gebratene Nudeln
mit Ingwer 177
Gebratener Tofu
nach Art des Hauses 182
Pfefferscharfer Tofu 188
Tapioka in Kokosmilch 237

Dänemark

Räucherkäse 208
Stachelbeergrütze 235

Deutschland

Gemüsekuchen 31
Wurzelsalat 69
Rumfordsuppe 85
Kartoffelsuppe 96
Roggenbrot 110
Geschmortes Gemüse
mit Polentaschnitten 130
Gemüse
mit Butterklößchen 133
Ganz falscher Hase 165
Fastenkoteletts 192
Apfelklöße 231

England

Janes Gemüsesalat 66
Brot mit Nüssen
und Käse 112
Apfelpastete 114
Crumpets 115
Joghurtkuchen 242

Frankreich

Sellerie mit Roquefort 31
Salatplatte mit Saucen 54
Thymiansuppe 90
Radieschenblättersuppe 91
Gemüsesuppe 99
Gurkensuppe 99
Roquefortkuchen 108
Reis-Zucchini-Auflauf 139
Gebackener Käse 199
Überbackenes Kartoffelpüree
mit Käse 205
Maronenkonfitüre 216
Rote-Früchte-Gratin 234

Georgien

Auberginensalat 60
Grüne-Bohnen-Salat 61

Griechenland

Bohnensuppe 86
Okras mit Tomaten 138
Zucchinifrikadellen 145
Erbsenpüree
mit Zitrone und Öl 192
Eingelegte
Paprikaschoten 220
Eingelegter Weißkohl 221
Grießschnitten 250

Ibiza

Tomatensuppe 98

Indien

Gemüsepastetchen 40
Frittiertes Fladenbrot 105
Blumenkohl-Erbsen-
Curry 134
Kartoffel-Auberginen-
Curry 144
Auberginen mit Ei 147
Zucchinicurry 150
Pilau-Reis 159
Rote Linsen 185
Käse mit Erbsen 211
Milchkonfekt 240
Milchnudeln 240

Indonesien

Teigtaschen mit Gemüse
und Glasnudeln 27
Gemüsepflänzchen 45
Apfel-Gurken-Salat
mit Erdnusssauce 71
Süßsaure Gemüsesuppe 81
Gemüse mit
Kokosflocken 126
Scharfe Kartoffeln 150
Curryreis 160
Maispuffer 167
Tempeh und Tofu
in Kokosmilch 183
Sojabohnensprossen
in Kokoscreme 184
Tempehfrikadellen 186
Scharfes Tempeh 191
Eier in Currysauce 210
Scharfe Tomatenpaste 224
Kemirinusspaste 225
Zucchinikuchen 233

Hefeeierkuchen mit Nüssen und Schokolade 246
Süße Reisklöße 250

Iran

Reis 158
Omelett mit Gemüse und Kräutern 203

Irland

Sodabrot 113
Kartoffeleintopf mit Wirsing 149

Israel

Oliven im Teigmantel 43
Weißkohlsalat 60
Scharfer Olivensalat mit Tomaten 62
Kichererbsensalat 66
Kartoffelpuffer mit Zwiebeln 139
Porreeauflauf 148
Sabbatgericht 168
Nudelauflauf 175
Gefüllte Teigtaschen 236

Italien

Geröstete Brote mit Artischockencreme 29
Reisbällchen mit Käse 34
Gefüllte Pizzataschen 116
Geschmortes Gemüse mit Polentaschnitten 130
Risotto mit verschiedenen Pilzen 162
Nudeln mit Tomatensauce 174

Japan

Kalter Spinat mit Sesam 22
Gurke und Wakame in Marinade 26
Bohnen in Sesamsauce 45
Salat aus Sojabohnensprossen 62
Suppe mit Ei 78
Gebackenes Gemüse 152
Reis 159
Gemüsereis 161
Frittierter Tofu 185
Heißer Tofu mit Sauce 191

Kanarische Inseln

Petersiliensuppe 97

Korea

Gurkensalat 64
Glasnudelsalat 70
Seetangsuppe 80
Spinatgemüse 122

Mallorca

Bauernsalat 58
Currygemüse 140
Gebackenes Gemüse 152
Gebratener Tofu 188

Marokko

Dicke Suppe 93
Gemüse mit Linsen 131
Tomatenpfanne mit Eiern 207

Mauritius

Kichererbsenbällchen 49
Chayotengratin mit Käsesauce 142
Gebratener Reis 161
Kokosnusschutney 218
Kreolische Rougaille 219

Mexiko

Salat mit Roten Beten und Orangen 69
Kartoffelsuppe mit Mozzarella 89
Gemüsebrühe mit Rohkost 92
Gefüllte Paprikaschoten im Eimantel 143
Gefüllte Tortillas 170
Enchiladas mit Zucchinisahne 170
Spiegeleier aus Yucatán 198
Scharfe grüne Sauce 222
Bohnenmus 223
Scharfe rote Sauce 225
Birnen in Tequila 238

Naher Osten

Kichererbsenpaste 43
Kichererbsenbällchen 49
Petersiliensalat 72
Engelshaar mit Mozzarella 251

Nordafrika

Couscoussalat 63

Österreich

Weißkohlsuppe 93
Kartoffelstrudel 131
Spinatgemüse mit Eierschnitten 151
Käsepflänzchen 202
Eischneeklöße mit Vanillesauce 243

Pakistan

Gebackenes Gemüse im Teig 24
Spinat mit grünen Chillis 122
Scharfe rote Bohnen 190

Peru

Frühlingssalat 55
Kürbissuppe 82
Brot mit Süßkartoffeln 106
Maispfannkuchen mit Käse 207
Salsa de ocopa 223
Salsa huancaina 223

Philippinen

Mangosalat 59
Maissuppe mit Austernpilzen 79
Weißbrot 114
Gegrillte Auberginen 125
Papaya in Kokosmilch 135
Gebratener Reis 163
Süßsaure Sauce 224
Gestürzter Ananaskuchen 230
Salat mit junger Kokosnuss 233

Rumänien

Kartoffelsalat 60
Paprikaschoten-Pilaw 164

Russland

Salzgurken 30
Pilzkaviar 32
Zucchinikaviar 32
Blini aus Hefeteig 32
Rettichsalat 56

Gemüsesalat 68
Borschtsch 84
Kalte Kvas-Suppe 88
Große Pirogge 111
Orangenmarmelade 216
Hausgemachter Kvas 219
Grießbrei
mit Moosbeersaft 246

Schweden

Brot mit Pfifferlingen 39
Rote-Bete-Salat 56
Kartoffelbällchen 136
Backofenpfannkuchen
mit Spinat und Käse 204
Rührei 208
Hagebuttensuppe 244

Schweiz

Kartoffeln mit Birnen 137
Polentakuchen 148
Almnudeln 175
Luzerner Käsetopf 200
Kastanienspaghetti 249

Sibirien

Möhrensalat 68

Sizilien

Pizza 104

Slowakei

Kartoffel-Pilz-Suppe 96
Kartoffeldolken
mit Sauerkraut 137
Liptauer Kartoffel-
nockerln 205

Spanien

Gefüllte Gurken 34
Kichererbsensuppe 86
Käsekroketten 199
Flan María 231

Südafrika

Gegrillte Gemüse-
spießchen 153
Bohnen-Mais-Gericht 183
Eingelegte Früchte 217
Süßkartoffelgratin
mit Vanillesauce 232

Taiwan

Gebratene Brötchen 109
Gedämpfter Kuchen 239
Süßkartoffeln
in Zuckersirup 249
Süße Reisklöße 250

Thailand

Gemüsesalat 57
Gurkensalat 64
Glasnudelsalat
mit Gemüse 70
Kokossuppe
mit Pilzen 82
Suppe mit Chinakohl 91
Austernpilze
in Kokoscreme 126
Gemüse
mit Cashewnüssen 142
Gebratener Wasserspinat 147
Gebratene Nudeln 176
Thai-Nudeln
auf chinesische Art 176

Türkei

Armenfrikadellen 22
Zigarrenbörek
mit Dill-Käse-Füllung 29
Gemischtes gebratenes
Gemüse 35
Blätterteigecken
mit Austernpilzen
und Rucola 36
Gefüllter Sellerie
in Olivenöl 39
Spinat mit
Schwarzaugenbohnen 48
Römersalat
mit Joghurtsauce 59
Gurkensalat aus Adana 65
Sultan-Suleiman-Suppe 85
Reis mit gebratenen
Reisnudeln 162
Bulgur-Grünkern-Pilaw 164
Teigtaschen
mit Joghurtsauce 166
Linsenfrikadellen 187
Süßes Getreide 238

Ukraine

Rote-Bete-Salat 61

Ungarn

Gurkensalat 65
Bohnensuppe 88
Apfelsuppe 94
Kürbisgemüse 145
Dillgurken 221

USA

Ziegenkäsebrote
mit Knoblauchmus 48
Frittiertes Navajo-Brot 109
Einfacher Pudding
ohne Zucker 112
Aubergine
»Wellington« 132
Tofufrikadellen
mit Spinatdip 186
Linseneierkuchen
mit Gemüse 189
Pecanbrötchen 235

Vietnam

Nestnudeln
mit Tofu 67
Frühlingsrollen
mit Reisnudeln
und Salat 124

Ostervorbereitungen auf der südgriechischen Insel Karpathos: Die Hefekringel werden nach alter Sitte in steinernen Holzbacköfen gebacken (Seite 269).

Literaturverzeichnis

Bärtels, Andreas: Farbatlas Tropenpflanzen. Zier- und Nutzpflanzen. 3. Auflg., Stuttgart: Verlag Eugen Ulmer, 1993.
Bauer, Wolfgang: China und die Hoffnung auf Glück. Paradiese, Utopien, Idealvorstellungen in der Geistesgeschichte Chinas. München: Deutscher Taschenbuch Verlag, 1974.
Bauer, Wolfgang: Die Nudeln des Marco Polo. In: Schultz, Uwe (Hrsg.): Speisen, Schlemmen, Fasten. Eine Kulturgeschichte des Essens. Frankfurt/Main und Leipzig: Insel Verlag, 1993.
Bitsch, Irmgard, Ehlert, Trude und *von Ertzdorf, Xenja:* Essen und Trinken in Mittelalter und Neuzeit. Sigmaringen: Jan Thorbecke Verlag, 1987.
Bitterli, Urs (Hrsg:): Die Entdeckung und Eroberung der Welt. Dokumente und Berichte, Band 2: Asien, Australien, Pazifik. München: Verlag C.H. Beck, 1981.
Brown, Michèle: Royal Recipes. London: Pavillion Books, 1995.
Clauss, Stephan: Essig. Der Guide für Kenner und Feinschmecker. München: Wilhelm Heyne Verlag, 1996.
David, Elizabeth: A Book of Mediterranean Food. Repr. 2nd edition, London: Penguin Books, 1991.
David, Elizabeth: Italian Food. Rev. edition, London: Penguin Books, 1989.
Das große Buch der Exoten. Obst aus den Tropen und Subtropen (Teubner Edition bei Gräfe und Unzer). Füssen: Teubner Edition, 1990.
Das große Buch der Gemüse aus aller Welt (Teubner Edition bei Gräfe und Unzer). 3. Aufl., Füssen: Teubner Edition, 1995.
Degner, Rotraud: Olivenöl. Ein Guide für Feinschmecker. München: Wilhelm Heyne Verlag, 1995.
Do Van, Paulette: Vietnamese Cooking. Exotic Delights from Indo-China. London: Apple Press, 1993.
Engelbrecht, Beate u. Keyser, Ulrike: Mexikanisch kochen. Gerichte und ihre Geschichte. 4. Auflg., St. Gallen, Berlin, São Paulo: Edition diá, 1993.
Fohrer, Georg: Glaube und Leben im Judentum (UTB für Wissenschaft: Uni-Taschenbücher; 885). Heidelberg und Wiesbaden: Quelle und Meier, 1991.
Franke, Wolfgang: Nutzpflanzenkunde. Nutzbare Gewächse der gemäßigten Breiten, Subtropen und Tropen. 4. Auflg., Stuttgart, New York: Georg Thieme Verlag, 1989.
Heine, Peter: Kulinarische Studien. Untersuchungen zur Kochkunst im arabisch-islamischen Mittelalter. Wiesbaden: Otto Harrassowitz, 1988.
Jaffrey, Madhur: Eastern Vegetarian Cooking. London: Arrow Edition, 1990.
Jaffrey, Madhur: What's Cooking in Japan. Healthy Home-Style Recipes the Kikkoman Way. Tokyo: Kikkoman Corporation, 1993.
Kongpan, Sisamon: The Best of Thai Cuisine. Bangkok: o. J.
Kräuter und Knoblauch (Teubner Küchenlexikon bei Gräfe und Unzer). Füssen: Teubner Edition, 1993.
Kreisel, Werner: Die Pazifische Inselwelt (Wissenschaftliche Länderkunden, Band 38). Darmstadt: Wissenschaftliche Buchgesellschaft, 1991.
Lambert Ortiz, Elisabeth (Hrsg.): Gewürze, Kräuter und Essenzen. Das Handbuch für die Küche. München: Christian Verlag, 1993.
Liebster, Günther: Warenkunde Obst & Gemüse, Band 1: Obst. Düsseldorf: Morion, 1988.
Liebster, Günther: Warenkunde Obst & Gemüse, Band 2: Gemüse. Düsseldorf: Morion, 1990.
Mintz, Sidney W.: Die süße Macht. Kulturgeschichte des Zuckers. Frankfurt/Main, New York: Campus Verlag, 1992.
Owen, Sri: Indonesian Regional Food & Cookery. London et al.: Doubleday/Transworld Publishers, 1994.
Owen, Sri: The Ricebook. The Definitive Book on the Magic of Rice Cookery. London et al.: Doubleday/Transworld Publishers, 1993.
Paprika. Gewürz und Gemüse (Teubner Küchenlexikon bei Gräfe und Unzer). Füssen: Teubner Edition, 1993.
Parbhoo, Ramola: Voyage to Vegetarianism. Stanley, Rose Hill/Mauritius: Editions de l'Océan Indien, 1994.
Rehm, Sigmund u. Espig, Gustav: Die Kulturpflanzen der Tropen und Subtropen. 2. Auflg., Stuttgart: Verlag Eugen Ulmer, 1984.
Ruf, Fritz: »Die sehr bekannte dienliche Löffelspeise«. Mus, Brei und Suppe – kulturgeschichtlich betrachtet. Velbert-Neviges: BeRing Verlag, 1989.
Sahni, Julie: Das große vegetarische indische Kochbuch. München: Wilhelm Heyne Verlag, 1987.
Shaida, Margaret: The Legendary Cuisine of Persia. London: Penguin Books, 1994.
Shurtleff, William und Aoyagi, Akiko: Das Tofu-Buch (Nahrung für alle, Band 2). Oberbrunn: Ahorn Verlag, 1981.
Stehr, Christopher (Hrsg.): Brasilien. Gesichter eines Landes. Ein Reisehandbuch. St. Ottilien: EOS-Verlag, 1994.
Tralow, Johannes: Roxelane. Reinbeck bei Hamburg: Rowohlt Taschenbuch Verlag, 1987.
Weijden, Gera van der: Indonesische Reisrituale (Dissertation Univ. Basel). Basel: G. Krebs, 1981.
Willan, Anne: Kochkünste aus sieben Jahrhunderten. Berühmte Köchinnen und Köche von Taillevent bis Escoffier: Ihre Rezepte – Ihre Gäste. Bern und Stuttgart: Hallwag Verlag, 1979.

TITEL-FOTO	Karl Newedel, München
FOOD-FOTOS	Karl Newedel, München

BILDNACHWEIS Alle Fotos Karl Newedel, München, mit Ausnahme von: AKG, Berlin: 85; Bilderberg, Hamburg: 20 li.o. (Wolfgang Volz), Mi. (Gert Wagner), 37, 269 (Klaus-D. Francke), 52 Mi. (Thomas Ernsting), 57 re.o. (Georg Fischer), 71, 76 li.o., 157 re.o., 172 Mi., 173 re.o., 180 li.o., Mi., 181 re.o., Mi. (Reinhart Wolf), 105 (Aurora), 120 li.o. (Kall), 139 (Hans-Jürgen Burkhard), 168 (Klaus Bossemeyer), 200 (Eberhard Grames), 241 (N.N.), 244 (Hans Madej), U4 (Andrej Reiser); Das Fotoarchiv, Essen: 29 re.o. (Henning Christoph), 32 (Eisermann/Babovic), 33, 231 re.o., 228 Mi., 229 re.o. (Toma Babovic), 56 (Klaus Reisinger), 63 (Thomas Mayer), 68, 94 (Peter Korniss), 87 (Peter Hollenbach), 90, 95 u., 103 Mi., 149, 201 u. (Andreas Riedmiller), 99 (Dirk Eisermann), 102 li. o., 229 Mi. (Sebastian Bolesch), 102 Mi., 191 Mi. (Rupert Oberhäuser), 107 (Lee Day), 121 re. o. (Ossi Baumeister), 140 (Martin Sasse), 156 li.o., Mi., 172 li.o., 233 Mi.u. (Jochen Tack), 158 (George Shelley), 218 (Michael Schwerberger), 228 li.o. (Bernd Euler); Dörfler Alexander, Hamburg: 65, 260; Dressler Fritz, Worbswede: 8; Ebersbach-Dabiré, München: 129; Gerg Franz, München: Umschlagklappe hinten u.; Hechenblaikner Lois, Raith (Tirol): 4, 252; Hein Norbert, München: 24, 25, 79, 121, 157 Mi., 213 Mi.; Kerth Ulrich, München: 193; Knüsel Beat, Birsfelden (Schweiz): 6; Leonhard Christl, München: 145; Manuel Lyne, München: 199 re.o., re.u.; Prangel Astrid, München: 14, 15, 16, 17, 46, 60, 72, 80, 82 li.. u., 111, 125, 128, 161, 166, 170, 176, 185, 233 re.o., 242, 261, Umschlagklappe hinten o.; Schieren Bodo A., München: 188, 188, 232; Teubner Christian, Füssen: 36, 48, 214 li.o.; Transglobe, Hamburg: 11 re.o. (Laski), 73 (Fred Krüger), 159 (N.N.), 171 (W. Jackson), 191 (H. Tschanz-Hofmann), 207 (Di Girolamo), 209 (Dieter Ti.), 249 re.o. (Aloha/Trizeps); Visum, Hamburg: 21 Mi., re.o. (Bernd Ludwig), 53 Mi. (Michael Wolf), 52 li.o., 214 re.o., 196 Mi., 213 re.o. (Günter Beer), 53 re.o. (Gerd Ludwig), 53 re.o. (Gebhard Krewitt), 76 Mi. (Christoph Engel), 77 Mi. (Tim Rautert), 77 re. (Regina Recht), 120 Mi. (Gregor Schläger), 183 (Gerhard Krewitt), 196 li.o. (Wolfgang Steche), 196 Mi. (N.N.)